南山教育 文丛

英语教学
微技能

庄 舍 ◎著

厦门大学出版社
XIAMEN UNIVERSITY PRESS

国家一级出版社
全国百佳图书出版单位

图书在版编目（CIP）数据

英语教学微技能 / 庄舍著. -- 厦门：厦门大学出版社，2024.6

（南山教育文丛）

ISBN 978-7-5615-9396-7

Ⅰ．①英… Ⅱ．①庄… Ⅲ．①英语-教学研究 Ⅳ．①H319.3

中国国家版本馆CIP数据核字(2024)第106826号

责任编辑	高奕欢
美术编辑	蒋卓群
技术编辑	许克华

出版发行　**厦门大学出版社**

社　　　址	厦门市软件园二期望海路 39 号
邮政编码	361008
总　　　机	0592-2181111　0592-2181406(传真)
营销中心	0592-2184458　0592-2181365
网　　　址	http://www.xmupress.com
邮　　　箱	xmup@xmupress.com
印　　　刷	厦门集大印刷有限公司

开本	787 mm×1 092 mm　1/16
印张	26.25
字数	630 千字
版次	2024 年 6 月第 1 版
印次	2024 年 6 月第 1 次印刷
定价	78.00 元

厦门大学出版社
微信二维码

厦门大学出版社
微博二维码

本书如有印装质量问题请直接寄承印厂调换

序

作为人才培养过程的核心部分，课堂教学往往决定着教育的质量。而课堂教学的好坏取决于教师的能力。2020年，习近平总书记在第三十六个教师节到来之际曾强调："希望广大教师不忘立德树人初心，牢记为党育人、为国育才使命，积极探索新时代教育教学方法，不断提升教书育人本领。""不断提升教书育人本领"的一项重要内容就是提升教师的教学技能。教学技能无所不包，大到教师从事教学活动、完成教学任务、指导学生学习等所需的各种能力，小到课堂导入技能、课堂提问技能、课堂讲解技能、课堂观察技能、课堂教学反馈技能、课堂教学板书技能、课堂教学强化技能等。因此，提升教学技能不仅关系到教师的教学能力，还关系到人才的培养质量。

不同学科的教学技能各有侧重。就英语教学来讲，不仅涉及大家所熟知的英语听力、表达、朗读、写作、翻译，而且还包括微技能，即对于英语教学在听、说、读、写、译各个部分更有针对性、更为细致化的技能。熟练掌握微技能，对提高英语教学能力有很大的促进作用。以下三点可供参考。一是课堂活动的有效性。英语课堂教学应该在一个丰富有趣的氛围之下，这样才能引起学生的学习兴趣。在讲解课文意思之余，可以设计语境让学生积极参与其中，如组织辩论赛、抢答竞赛、猜词游戏、头脑风暴、联想记忆等，在活动中融入新颖的知识内容，使学生在学习过程中其乐融融。二是提问点评。在英语课堂教学中要注重向学生提问，在听、说、读、写、译对学生提出要求，让学生在掌握知识和技能的同时学会积极思考。三是肢体语言教学。肢体语言教学包括手势教学、语调变化、表情教学等教学技能，它们都是语言教学的有效补充，可以加强教师与学生之间的互动及交流。很久以前，厦门大学外文学院一位老教授上课讲解"emerge"时将自己藏在讲台后面，接着慢慢伸出头、露出身体。他这一有趣举动让学生牢牢记住了这个单词的意思。总之，科学利用英语教学微技能可以有效提高学生对英语的学习兴趣，让学生在细节中记住英语、活用英语，从而提升学习成效。

我国关于英语教学法的研究硕果累累，特别是在英语教学技能方面的各种探讨不断深入，但对微技能方面的系统研究相对较少。庄舍的《英语教学微技能》是教学实践与理论相结合的著作。他脚踏实地，以自己多年的教学实践以及教学技能培训方面的经验为基础，汇集自己对教学的思考，对英语课堂教学进行微观透视，从真实的课堂出发，更加深入教学的内在机理，探讨教学过程中更为具体且更具操作性的技能。

多年前认识庄舍，他为人谦逊温和，热爱教学工作，深受学生喜欢。庄舍深耕教学三十余年，致力于英语教学法的研究。课堂上他挥洒热情和智慧，下课后他积极学习、总结经验、提升认识，然后再反哺教学，这应该是他能获得许多荣誉的原因。他是第四届全国教育硕士优秀教师，曾两次荣获闽南师范大学"教学十佳"称号，是一位备受学生喜爱的"最美教师"。同时，他还有一个人人皆知的特殊身份。2018年，他创办"漳州南山书院"，坚守"以文化人、以德育人、以仁助人"的人文精神，开展各项公益文化活动，在社会上产生广泛而积极的反响。

《英语教学微技能》是庄舍"十年磨一剑"的结晶。全书内容深入浅出，涉及英语课堂教学过程的方方面面。从宏观层面而言，他结合自己在教学一线的经验，将英语教学技能做了可操作性的解剖，详细定义和分类教师职业技能、语言教学技能和课堂教学微技能等。从微观层面而言，他总结、反思、提炼了多年实践的教学经验，将英语课堂教学技能进一步划分为九个关键因素：教学活动设计技能、导入技能、讲解技能、提问技能、调控技能、学习支架建构技能、板画与媒体应用技能、结束与强化技能以及评课技能等。这种系统分类的方法，可以让教师有针对性地进行技能训练和提升。庄舍不仅在分类上下了功夫，还结合教学法和心理学效应，提出了POT训练模式，为教师提供了具体的技能培训方法和路径。这种综合教学法与心理学的训练模式，能够进一步增强教学技能培养的操作性和实用性。

总而言之，庄舍的《英语教学微技能》折射出他对教学的倾注与思考。相信此书将对师范生的职前教学技能训练以及在职教师的教学技能提升都有很好的指导意义。衷心祝愿庄舍的教研之路就像东流入海的九龙江，一路向前。

是为序。

张龙海

2024年1月17日

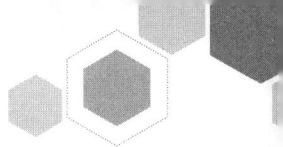

目录

第一章　英语教学法与教学技能·······························**1**

　第一节　教学理论与教学实践 ·····························1

　第二节　教学方法与教学行为 ·····························8

　第三节　英语教师的教学综合能力 ·····················18

第二章　英语教学要素分析·································**24**

　第一节　英语教学三要素 ·······························24

　第二节　影响教学的四要素 ·····························39

　第三节　影响教师教学能力的六要素 ···················45

第三章　英语教学微技能概述·······························**51**

　第一节　英语教学技能的层次 ·························51

　第二节　英语教学微技能的特点 ·······················54

　第三节　教学技能的形成与直觉教学 ···················65

第四章　英语教学微技能分类·······························**74**

　第一节　教学活动设计技能 ·····························74

　第二节　导入技能 ·····································99

　第三节　讲解技能 ·····································137

　第四节　提问技能 ·····································163

　第五节　调控技能 ·····································193

　第六节　学习支架建构技能 ·····························218

　第七节　板画与媒体应用技能 ·························243

　第八节　结束与强化技能 ·······························283

　第九节　评课技能 ·····································305

第五章　英语教学微技能训练······························ **332**

第一节　英语教学微技能体系·································· 332

第二节　英语教学微技能训练·································· 345

第三节　英语教学微技能评价·································· 365

第四节　过程导向型（POT）技能训练···················· 385

第五节　教学微技能训练的有效性·························· 398

参考文献··· **411**

后　记··· **414**

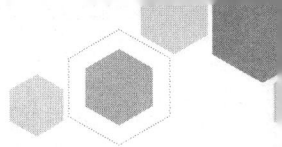

第一章 英语教学法与教学技能

❋ 本章要点

1. 影响英语教学的相关理论

2. 英语教学法和教学技能之间的关系

3. 常见英语教学法特点

4. 教学综合能力的构成

❋ 引导问题

1. 英语教师为什么需要学习教学理论？

2. 英语教师需要具备哪些教学综合能力？

3. 英语教师在课堂教学中需要具备哪些能力？

英语教学法是一门系统性的学科，主要研究英语教学规律及其应用，涵盖教学的各个方面。英语教学法探索复杂而有内在规律的英语教学方式，受到教育政策、教学环境、教师、学生等教育因素的影响，同时也受到教学目的、教学内容和教学形式等因素的影响。

英语教学法以教育学、心理学、社会学、语言学、哲学等相关学科的外语教学法理论为基础，注重研究基于这些理论指导产生的教学法流派。同时还研究师生的行为、教学评价、教学材料和测试方式等。此外，英语教学法还研究基于教学理论并经过实践检验的教学方法和教学模式，包括教学活动方式和教学技能。通过这些研究，英语教学法为教学实践提供理论支持，促进教学效果的提高。

第一节 教学理论与教学实践

在英语教学中，教学理论与教学实践密不可分。从广义上讲，影响英语课堂教学行为的理论依据都可以称之英语教学理论。这些理论之间既存在互相排斥、互相矛盾的特性关系，也存在相互联系、相互发展的共性关系。对于英语教师来说，了解影响英语教学的重要理论，有助于他们把握教学的本质，而不是只关注教学形式。因此，英语教师有必要熟悉一些影响英语教学的主要理论。这些理论能够为英语教学提供不同的教育方法和策略，英语教师需要理解和应用这些理论来指导自己的教学实践，从而更好地进行英语教学，提高学生的学习效果。

一、行为主义学习理论

行为主义学习理论，又称刺激—反应理论，认为人类的行为是通过对外界刺激做出反应形成的。这一理论主张个体的行为可以通过强化或模仿来塑造和改变，强调个体的思维与外部环境的相互作用，即行为是刺激和反应的关联结果。

行为主义学习理论主要包括了巴普洛夫（Pavlov）的条件反射学说，认为某种刺激能够引起特定的反应；桑代克（Thorndike）的尝试错误学说，强调学习是通过试错和纠正来实现的；斯金纳（Skinner）的操作条件作用学说，强调通过奖励和惩罚来加强或削弱某种行为的倾向；以及班图拉（Bandura）的社会学习理论，强调通过观察他人和社会交往来学习新的行为方式。这些理论共同强调了外部环境对于个体行为塑造和改变的重要性。行为主义者认为行为是学习者对环境刺激所做出的反应。接受该理论，教师就需要为学生创设一种环境并掌握塑造和矫正学生行为的方法，在课堂上尽可能在最大限度上强化学生的合适行为，消除不合适行为。

（一）行为主义学习模式

英国语言学家埃利斯（Rod Ellis）把行为主义学习理论下的语言学习模式概括为"观察—模仿—重复—强化—成形"五个步骤。

1. 观察

这主要指学习者对教师或周围环境提供的语言素材或语言信息的观察。在学习者观察的过程中，阅读材料、听力素材或教师讲授可被看作刺激物；学习者本身根据观察到的语言现象做出相应的反应。

2. 模仿

学习者的语言模仿是语言学习和实践的一种主要方式，也是"刺激—反应"过程中的一个重要环节。学习者通过视觉、听觉或经由有关文字材料刺激后，会做出相应的反应，然后进行模仿。通过这种积极的模仿，学习者为将来形成语言习惯提供基本的条件。

3. 重复

重复是巩固所学语言的重要手段之一，在模仿和实践的基础上，学习者需要通过不断地重复来进一步掌握所学的语言现象。重复的过程被认为是形成语言习惯的一个重要步骤。

4. 强化

行为只有通过强化才能得到内化，形成语言习惯。教师在看到学习者的"反应"后应给予及时的物质或精神的奖励，以便巩固和强化他们对语言做出的模仿和反应。

5. 成形

通过"观察""模仿""重复""强化"的过程，学习者的语言行为在正面强化的作用下最终得到"巩固"，并形成语言习惯。

（二）英语教学中的"行为主义"模式

将行为主义理论应用到英语教学上，就是把英语教学内容作为一种刺激物，利用文本、板书、图像、声音、动画等方式对学习者进行刺激，达到记忆的效果。其主要特点为重复性

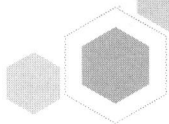

的语言训练，即所谓的"刺激—反应"模式。

首先，"刺激—反应"模式强调即时反应。反应在刺激后立即出现，如果刺激和反应的间隔太长，反应将被淡化。其次，重视重复。重复练习能加强学习和记忆，引起行为比较持久的变化。再次，注重反馈。让学习者知道反应正确与否，及时给出反馈，期待反馈作用于学习过程，修正语言学习过程中的行为。该模式亦提倡逐步减少提示，在减少条件的情况下，引导学生向着期望的方向发展，完成预定的学习任务。

行为主义理论在英语教学中的应用还体现在对学习者的奖励与惩罚机制上。根据行为主义理论，奖励可以增强学习者的正确行为，而惩罚则可以减少错误行为。在英语教学中，教师可以通过表扬、给予小礼物或其他奖励来增强学习者的积极学习行为，同时也可以采取适当的惩罚措施来避免学习者重复犯同样的错误。由于行为主义理论强调学习者的环境对学习的影响，在英语教学中，教师可以通过创设良好的学习环境来促进学习者的语言习得。例如，营造轻松愉快的课堂氛围、提供丰富多样的学习资源、鼓励学生参与互动等，都能够帮助学习者更好地吸收和掌握英语知识。

行为主义学习理论的存在始终伴随着认知主义等学习流派的批评，但是在语言教学领域中却产生了受其理论指导与影响的程序教学法与计算机辅助外语教学，以及曾经在我国普遍采用的听说教学法。尽管行为主义理论在英语教学中有其一定的局限性，但其强调重复、即时反应、奖惩机制和良好的学习环境等观点仍然对英语教学有一定的启示意义。同时，行为主义理论与其他学习理论相结合，可以更好地指导教师实施有效的教学策略，促进学生的语言习得和能力提升。

二、认知主义学习理论

源自德国格式塔（Gestalt）学派的认知主义学习理论与行为主义学习理论相对立。认知主义强调刺激反应之间的联系是以意识为中介的，强调认知过程的重要性，强调学习是认知结构建立与组织的过程，重视整体性与发现式的学习。该理论认为学习在于内部认知的变化，学习不是一个简单的"刺激—反应"联结过程，而是当遇到一定的问题情境时，在内心经过积极的组织，从而形成和发展认知结构的过程。因此，认知主义注重解释学习行为的中间过程，认为这些过程才是控制学习的可变因素。

美国教育心理学家布鲁纳（Jerome Seymour Bruner）认为学习是认知结构的组织与重新组织的过程。这意味着学习不是简单地接受和储存知识，而是将教材与学生原有的认知结构进行联系和交互，从而使得新的材料在学习者脑中获得新的意义。布鲁纳的观点强调了学习者的主动性和思维活动的重要性。他认为学习不仅仅是信息的输入，更重要的是学生通过不断地组织和重新组织知识，将其融入自己已有的认知结构中，从而赋予这些知识新的意义。这种新旧知识的交互作用不仅促进了学生的认知发展，也提升了他们的理解和应用能力。

布鲁纳的理论对教学实践产生了深远的影响。在英语教学中，教师可以根据学生已有的认知结构，设计教学内容和活动，引导学生将新知识与旧知识进行联系和组织，从而提升他们的学习效果。通过创设有意义的学习情境和激发学生的思维活动，教师可以帮助学生更好地理解和应用英语知识，促进他们的语言能力的发展和提高。

认知主义学习理论认为学习者具有主动性和能动性，强调了意识活动在学习中的重要地位。认为学习是信息加工的过程，人们对外界信息的感知、注意、理解是有选择性的，类似计算机程序处理信息的过程。学习的质量不仅取决于外部的刺激和个体的努力，还取决于个体已有的知识水平和认知结构等因素。认知主义学习理论鼓励学生自主探索、实验和独立思考，通过学习来挖掘学生的智慧潜力、培养他们的创新能力。

三、建构主义学习理论

建构主义学习理论起源于认知心理学，主要受到瑞士儿童心理学家皮亚杰（Jean Piaget）以及布鲁纳等人的思想影响。根据建构主义学习理论，知识的获取是个体与环境相互作用逐渐形成认知结构的结果。学习者在学习过程中是积极主体，通过参与各种情境性学习活动来建构知识，力图以个人原有的经验、心理结构和信念作为基础来理解和应用新知识。

建构主义学习理论强调学习者对知识的建构和理解，而非简单地接受和储存信息。学习的关键在于学生对知识的主动理解和运用，以及他们对知识之间内在联系的理解。因此，建构主义学习理论追求的是对知识的内在结构和灵活运用的掌握，而非仅仅对概念和事实的掌握。

在英语教学中，建构主义学习理论倡导创设丰富多样的情境性学习活动，鼓励学生通过实际体验、讨论和交流来建构和理解英语知识。教师应该创造有意义的教学情境，引导学生积极参与，将课堂知识与实际情境连接起来。通过这种方式，学生不仅能够更深入地理解英语知识，还能够培养他们的批判性思维和创造性解决问题的能力。

建构主义学习理论认为学习是一个由学生主动建构意义的过程，包括对新知识的意义建构和对已有经验和知识的重组和改造。教师在这个过程中扮演着引导和促进学习的角色，是学生学习过程中的合作者。学习者通过选择、加工和处理外部信息，根据自身已有的经验背景建构意义。建构主义学习理论倡导合作学习，通过学生之间的合作，促进理解的丰富性和全面性；主张创建适合学习内容需求的环境，提供学生自主学习和研究的资源，帮助学生形成学习动机，并促进他们的意义建构。教师在教学中应考虑学习者已有的知识经验，引导学生将新知识建构到原有的知识经验中。

四、支架建构理论

支架建构理论源于苏联心理学家维果茨基（Lev Vygotsky）的社会建构主义理论和他的最近发展区理论。

支架原本是建筑行业的术语，指的是建筑楼房前搭建的脚手架，用于提供支持和辅助建造。英国学者伍德（David Wood）将其引申为指导他人学习的有效支持。学习支架是指教师给学生提供的各种支持和指导，包括思维支持。

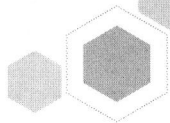

维果茨基将学生的实际发展水平与潜在发展水平相交的区域称为"最近发展区"。最近发展区存在于学生已知与未知、能胜任和不能胜任之间，是学生需要学习支架才能够完成任务的区域。通过学习支架的帮助，学生可以顺利穿越最近发展区并进一步发展，直至最终独立完成任务。

在教学中，教师需考虑学生的起点情况和教学目标要求，分析学生的最近发展区，并提供适时的学习支架，以促进学生的顺利学习。

学习支架理论认为通过给予适当的帮助和支持，可以创造有助于学习的环境。学习支架使学习保持复杂和真实，增加学生的思考经验，提高对知识的理解。学习支架灵活适用，教师可以根据学生的具体问题提供帮助和支持。支架式教学可以帮助学生在无法独立完成任务时取得成功，提高能力水平，并引导他们在日后独立学习时构建自己的支架。通过整合教学技巧，学习支架有助于学生达到教学目标。

从教学角度来看，学习支架建构是指教师通过适时适度的帮助，引导学生进行自主探索或协作学习，了解学生的学习状态，调动学生潜能，帮助学生进一步提高自己的能力，并逐渐撤去学习支架。

五、人本主义学习理论

人本主义学习理论建立在人本主义心理学的基础之上，代表人物包括美国心理学家马斯洛（Abraham H. Maslow）和罗杰斯（Carl Ransom Rogers）。人本主义理论强调从全人教育的视角阐释学习者的整个成长历程，并注重唤起学习者的经验和创造潜能。其核心理念是人类具有天生的学习愿望和潜能，可以在适当的条件下得以释放。人本主义学习理论认为，当学生学习内容与其自身需求相关时，学生的学习积极性最容易被激发，并在一种具有心理安全感的环境下，更好地学习。

人本主义学习理论注重创造一个良好的学习环境，让学生从自己的角度来感知和理解世界。这样的教学模式强调将学生置于学习的核心地位，以满足学生的知觉、情感、信念和意图，认为这些"内部行为"是导致人与人之间差异的关键因素。

人本主义学习理论强调人的价值，关注学生内在的心理世界，以顺应学生的需求和个别差异，开发学生的潜能，并促进认知与情感的相互作用；强调教育目标应以个人创造性为导向，培养积极愉快且心理健康的学生；强调意义学习和过程学习，主张在实践活动中学习，使学习成为乐趣，消除教师与学生之间的距离；重视教师的教学风格，注重师生关系、课堂氛围和群体动力的作用。

在英语教学中，人本主义学习理论的应用意味着创造积极、安全的教学环境，鼓励学生发挥自身的潜能，并以个体需求为出发点来设计和实施教学活动。教师应该关注学生的情感和心理状态，理解他们的个人需求，并尊重他们的差异性。通过这种方式，教师可以激发学生的学习动机，增强他们对英语学习的兴趣和积极性。整体而言，人本主义学习理论在英语教学中强调以学生为中心，重视学习的感情因素，贯彻"以人为本"的原则，以学生自我发展和自我实现为目标。

六、二语习得理论

20世纪60年代末，语言能力获得机制研究开始得到重视，这项研究综合了语言学、神经语言学、语言教育学、社会学多种学科，慢慢发展出"二语习得"这门新学科。与其他社会科学研究相比，二语习得研究是一个新的领域。二语习得理论主要派别大致可以分为三类：先天论、环境论和相互作用论。

二语习得的研究深受认知科学的影响。美国语言学家乔姆斯基（Avram Noam Chomsky）从认知科学出发，认为二语习得是人类先天具有的语言习得机制（language acquisition device），其主要观点是：假如没有这种天赋，无论是第一语言还是第二语言的习得都将是不可能的。

美国语言学家克拉申（Stephen Krashen）提出了二语习得理论，其核心内容是五个基本假说：习得—学习假说、自然顺序假说、监控假说、输入假说、情感过滤假说。

（一）习得—学习假说

习得—学习假说（acquisition-learning hypothesis）认为，成人是通过两条截然不同的途径逐步掌握第二语言能力的。第一条途径是"语言习得"，这一过程类似于儿童母语能力发展的过程，是一种无意识地、自然而然地学习第二语言的过程。第二条途径是"语言学习"，即通过听教师讲解语言现象和语法规则，并辅之以有意识的练习、记忆等活动，达到对所学语言的了解和对其语法概念的掌握。

（二）自然顺序假说

自然顺序假说（natural order hypothesis）认为，无论儿童或成人，语法结构的习得实际上是按照可以预测的一定顺序进行的。也就是说，有些语法结构先习得，另一些语法结构后习得。克拉申指出，自然顺序假说并不要求人们按这种顺序来制定教学大纲。实际上，如果我们的目的是习得某种语言能力，那么就有理由不按任何语法顺序来教学。

（三）监控假说

监控假说（monitor hypothesis）体现了"语言习得"和"语言学习"的内在关系。根据这个假说，语言习得与语言学得的作用各不相同。语言习得系统，即潜意识语言知识，才是真正的语言能力。而语言学得系统，即有意识的语言知识，只是在第二语言运用时起监控或编辑作用。这种监控功能能否发挥作用还得依赖于三个先决条件：有足够的时间、注意语言形式、知道语言规则。语言使用者必须要有足够的时间才能有效地选择和运用语法规则，其注意力必须集中在所用语言的形式上，必须具有所学语言的语法概念及语言规则知识。

（四）输入假说

输入假说（input hypothesis）也是第二语言习得理论的核心部分。只有当习得者接触到略高于他现有语言技能水平的第二语言输入，而他又能把注意力集中于对意义的理解而不是对形式的理解时，才能产生习得。如果习得者现有水平为"i"，那么就要给他提供"i+1"水平的输入。这种"i+1"的输入在习得者有足够的理解输入时，就能自动地提供。

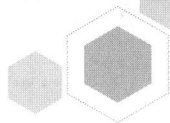

（五）情感过滤假说

情感过滤假说（affective filter hypothesis）认为情感因素对目标语的学习起着促进或阻碍的作用。心理上的因素影响着学生习得语言的速度和质量，这些因素是动力、性格和情感状态。学生的学习目的是否明确，直接影响他们的学习效果；乐于把自己置于不熟悉的学习环境，性格外向、自我感觉良好的学生在学习中进步较快；在第二语言或外语的学习中，焦虑较少的人容易得到更多的语言输入。

七、受其他学科影响的英语教学实践

狭义上，英语教学法重在研究如何教好英语，这个过程就是教师教学实践的过程，英语教师的教学实践依靠的是个体的教学技能，这种教学技能是基于对英语教学理论的认知从而在教学实际操作中展现的一系列教学行为。

英语作为一门语言，自然摆脱不了与语言学的关系。普通语言学帮助教师认识和掌握语言的整体规律和结构，有助于教师了解英语教学目的和一般规律；比较语言学可以比较分析两种语言的异同，使教师们把握甚至预测学生学习另一种语言时遇见的重点和难点；应用语言学把语言学理论应用于语言教学，其研究成果可用于英语教学的教材选择、测试、语用分析等方面。

心理学也是英语教学的理论基础之一，教师与学生的心理活动直接影响教学活动的效果。教师必须了解学生的生理和心理特点，教学活动设计必须适合学生的认知特点和心理活动规律。普通心理学研究人的心理活动和个性特征，英语教学活动中所采用的教学方式及教学原则都必须考虑学生的认知过程和个性特征；教育心理学主要研究学习者、学习过程和学习环境，学生个体心理活动规律、学习动机的激发等，对英语课堂教学的影响显而易见；外语教学心理学则从语言的心理特征出发，研究掌握外语的过程，从心理角度分析语言技能的内在联系，有利于英语教师更有效地促使学生掌握英语知识并使其发展语言交际能力。

研究英语教学的具体内容、教学过程和特殊规律离不开教育学的理论指导。随着系统化的发展过程，产生了外语教育学研究。外语教育学除了研究外语教学的理论基础，重点在于研究外语教学的原则、途径、方法和技巧，以及外语教学中的程序、步骤和实际操作。

英语教学法只有作用于具体的教学实践才能帮助新教师选择和运用行之有效的教学方法，设计出符合教学规律的教学活动；才可以帮助老教师运用教学法理论分析和总结英语教学问题，探究并提升自己的英语教学质量。

教学实践是实施和验证教学法的有效途径。教学实践的实施者是教师。每一个教学活动的组织都需要教师考虑组织形式和组织效果，涉及教学活动组织管理如教学内容的呈现、讲解、操练、巩固，教学过程中的检查、提问、评价等等。这些具体的教学实践需要由一系列的教学行为来实施，这些教学行为主要由教师的教学技能来体现。教学技能与教学实践活动紧密相关，不可分割。许多教师拥有较高的专业水平但是未能同时拥有较高的教学水平，其影响因素之一是教师未能掌握相关教学技能并有效使用。优秀的教学技能能够帮助教师运用自己的专业知识和经验来开展高效优质的教学活动，使学生在有限的学习时间里掌握英语知识和语言技能。

第二节 教学方法与教学行为

英语教学中需要处理好各种关系，如教师与学生之间的关系、教材与课程标准之间的关系、听说读写各语言技能之间的关系、母语和英语之间的关系、词汇语法篇章之间的关系等等。只有正确、客观地分析好这些关系，才能在课堂教学中把握好平衡点，确定具体的教学方法。教师需要借鉴一些教学观点，辩证思考教学方法。

一、五个主要教学观点

17世纪捷克的夸美纽斯（Johann Amos Comenius）是西方近代教育理论的奠基者，他强调教学内容的选择应该以"有用"为原则，教学过程应该以"感觉论"为基础。夸美纽斯相信"教育遵循自然"，教学方面强调直观性原则，认为教学应该从激活学生的自觉性和积极性入手，以系统性和循序渐进为原则，教师应该通过教学使学生牢固地持有知识，同时强调教学应根据学生的年龄及其能力来进行，也就是遵守量力性和因材施教原则。

19世纪德国的赫尔巴特（Johann Friedrich Herbart）被誉为"科学教育学的奠基人"。赫尔巴特有关教学法的论述以统觉理论为基础，他将教学方法分成三类：单纯提示的教学、分析教学和综合教学，这也是统觉过程的三个环节。单纯提示的教学实际上相当于直观性教学。分析教学是在单纯提示教学的基础上进行的，通过分析教学，学生对语言刺激的反应更加清晰，从而为观念的联合做准备。第三个环节就是综合教学，通过综合教学，学生可以从单一的提示和分析性教学中获得清晰的外显知识，从而产生对知识的整合和联想，形成新的认知和概念。

美国教育学家、现代教育学的创始人之一杜威（John Dewey）的教育思想对20世纪前期的中国教育界产生过重大影响。他强调"从做中学"，认为应当创设问题情境，引导学生发现情境中的问题，鼓励学生寻找问题产生的原因，引导学生提出并思考解决问题的假设，鼓励学生实践解决问题的方案。

20世纪认知心理学的先驱布鲁纳认为教学是教师引导学生学习的过程。他提倡学生要"发现学习"，教师要"发现教学"，目的在于培养学生终生习惯于发现，但发现并不是学习的唯一形式。布鲁纳要求教师辅以教授法、问答法、分组法等，同时还提出了让学生"学会如何学习"，强调"学会如何学习"比"发现什么"更为重要。

美国当代著名心理学家布鲁姆（Benjamin Bloom）提出了"掌握学习"理论。在他看来，学生学习的好坏受到三个变量的影响：认知前提行为、情感前提特征和教学质量。布鲁姆认为学生具备必要的认知结构是掌握学习的前提，学生积极的情感特征是掌握学习的内在因素，而反馈—矫正系统是掌握学习的核心。

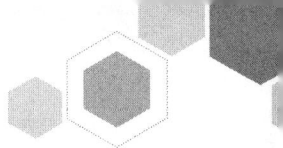

二、常见英语教学法及其特点

（一）语法翻译法

语法翻译法（grammar translation method）是一种传统的语言教学方法，主要通过比较语言的语法和词汇，以及进行翻译练习来教授语言。

1. 特点

（1）重视语法规则和结构，学习者需要掌握大量的语法知识。

（2）侧重于阅读和写作，强调学习语言的书面形式。

（3）以母语为基础，通过对比母语和目标语的语法和词汇来进行教学。

2. 优点

（1）有助于学习者理解目标语的语法规则和结构。

（2）便于教师进行教学和评估学习者的学习成果。

（3）适合对语法和写作感兴趣的学习者。

3. 缺点

（1）偏重于语法知识，忽视了口语和听力能力的培养。

（2）学习者可能会过分依赖翻译，难以流利地运用目标语言。

（3）学习者对语言的实际运用能力不足，难以适应实际交流场景。

（二）直接法

直接法（direct method）是一种强调口语交流和自然习得的语言教学方法，它避免使用学生的母语，而是直接使用目标语言进行教学。

1. 特点

（1）注重口语交流，学生需要通过实际运用来习得语言。

（2）避免使用学生的母语，以提高学生的听力和口语能力。

（3）通过视觉、声音等多种方式帮助学生理解和表达词汇和句子。

2. 优点

（1）锻炼了学生的口语和听力能力，有助于提高学生的交流能力。

（2）强调了语言的自然习得，有利于学生更深入地理解语言和文化。

（3）培养了学生的自信心，有助于增强学生的学习动力。

3. 缺点

（1）对于学生来说，直接法可能较为困难，特别是在理解语言的语法规则方面。

（2）需要更多的时间和耐心来进行实践，学习过程较为缓慢。

（3）有时会忽视语法和书面表达的学习，对于某些学生显得不够全面。

（三）听说法

听说法（audio-lingual method）是一种重视语音、听力和口语训练的语言教学方法，强调学习语言应该像母语习得一样通过听和说来进行。

1. 特点

（1）重视语音和语调的训练，注重口语和听力能力的培养。

（2）通过反复的模仿和机械性的操练来巩固语言结构和词汇。

（3）强调语言的环境和情境，希望学习者在真实交流中能够自如运用所学语言。

2. 优点

（1）有助于培养学习者的口语和听力技能，提高学习者的语言运用能力。

（2）培养学习者的语感和语言习得能力，鼓励学习者在语言环境中自由应用所学语言。

（3）注重细节和重复训练，有助于巩固语言结构。

3. 缺点

（1）过分强调机械性的操练可能会导致学习者缺乏创造力和表达能力。

（2）忽视语言的语法规则和逻辑性，难以培养学习者的语法意识。

（3）学习方法较为枯燥，有可能对学习者的学习兴趣产生负面影响。

（四）认知法

认知法（cognitive approach）也叫认知—符号法，是一种强调学习者主动思考、理解和应用知识的教学方法，注重学习者的认知过程，重视对语言规则的理解。

1. 特点

（1）聚焦于学习者的认知能力，注重学习者对信息的处理和理解。

（2）鼓励学习者积极运用逻辑推理和问题解决技能来学习和应用语言。

（3）侧重于学习者解决现实问题和面对语言难题的能力培养。

2. 优点

（1）注重学习者的思维过程和理解能力，有助于提高学习者的语言能力。

（2）培养了学习者的创造力和批判性思维，有助于学习者在实际运用中更自如地运用所学语言。

（3）通过认知训练，促进学习者对语言知识和技能的深层理解。

3. 缺点

（1）认知方法强调学习者的思考和理解，对那些需要更多语言实践的学习者不够友好。

（2）学习过程比较复杂，需要学习者具备较强的学习和解决问题的能力。

（3）有些学习者认为这种方法会使学习过程变得复杂和困难，从而对认知过程产生厌恶。

（五）交际法

交际法（communicative language teaching, CLT）是一种侧重于培养学习者在真实交际环境中运用语言的教学方法，强调语言的交际功能。

1. 特点

（1）强调语言的使用功能，注重培养学生在实际交际中的语言应用能力。

（2）侧重于语境化教学，鼓励学生在真实情景中运用所学语言，强调了语言实用性。

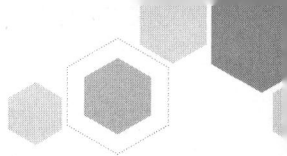

（3）鼓励交际活动，如对话和角色扮演，以提高学生的口语表达和交际能力。

2. 优点

（1）能够帮助学生更好地适应和运用语言，提高实际交际能力。

（2）注重学生的主动参与，有助于激发学生学习兴趣和内在动力。

（3）更符合现代语言教学的需要，强调实际运用和交际能力。

3. 缺点

（1）有些学生可能过于强调交际功能，对语法及语言知识的学习不够全面。

（2）难以在课堂中平衡语言教学的综合性，有可能忽略了语言知识的系统性和结构。

（3）在某些情况下，交际法的实践过于侧重交际能力的培养，而不是对语言的深层次理解和应用。

（六）视听法

视听法（audio-visual method）是一种以视听材料为主要教学工具的语言教学方法，通过视听多种方式帮助学习者理解和掌握语言。

1. 特点

（1）强调使用视听资料，如将录音、视频、图片等作为教学工具，以便学习者更直观地理解语言。

（2）注重多感官参与，通过视觉和听觉来帮助学习者形成对语言的印象和记忆。

（3）强调语言的实际运用，帮助学习者更自然地习得语言。

2. 优点

（1）多种感官的参与能够促进学习者更好地理解和记忆语言知识。

（2）使学习更加生动有趣，有利于激发学习者的学习兴趣和主动性。

（3）有助于培养学习者的听力理解能力，提高语言的听力表达和理解技能。

3. 缺点

（1）视听法使用专门教学设备和材料，成本较高，因而不太适合在一些资源受限的环境中实践。

（2）可能过分依赖视听资料，忽视了书面形式的语言训练。

（3）部分学习者可能不擅长从视听材料中获取语言信息，教学效果因人而异。

（七）折中法

折中法（eclectic approach）是一种将不同的语言教学方法与技术相互结合，为学习者提供多种学习资源与途径的教学方法。

1. 特点

（1）结合了多种不同的语言教学方法，如听说法、交际法、视听法等，以适应不同学生的需求。

（2）根据学生的学习特点、课程目标和教学环境的实际情况来选择和应用合适的教学方法和技术。

（3）强调教师的灵活性与个性化的教学，灵活应用多种方法以满足学生的需求。

2. 优点

（1）能够根据学生的特点和需求进行个性化的教学，提高教学的灵活性和适应性。

（2）能够充分利用各种不同方法的优势，使教学更加全面和多样化。

（3）更有利于提高学生语言学习的积极性和主动性。

3. 缺点

（1）需要教师具备较强的教学能力和丰富的经验，做出适当的选择可能较为困难。

（2）如果不加以适当引导，可能导致教学目标和方向不够明确。

（3）由于教学方法的多样性，需要大量的准备工作和资源，成本较高。

（八）沉默法

沉默法（silent way）是一种语言教学方法，注重学习者的自主探究和表达能力，教师在教学中通过沉默为学生提供更多的空间，促使学生主动参与学习过程。

1. 特点

（1）鼓励学生通过自主发现、探索和表达来习得语言。

（2）强调学生主动参与，鼓励自主思考和解决问题，培养学习者的自主学习能力。

（3）通过使用教学辅助物品来帮助学生理解语音、语调、语法等语言特点。

2. 优点

（1）能够激发学生的学习动机和积极性，培养学生自主学习和解决问题的能力。

（2）通过互动和合作，促使学生更深入地理解和掌握语言知识。

（3）能够帮助学生自主发展口头表达能力，提高学生的语音和语调的准确性。

3. 缺点

（1）依赖于学生的主动探究和表达，要求学生具备较强的自主学习能力。

（2）教师在教学过程中的引导极其重要，教师需具备较高的教学技能和扎实的专业知识。

（3）实践中可能与一些传统教学要求不太符合，导致教学效果难以保证。

（九）暗示法

暗示法（suggestopedia）由保加利亚教育家洛扎诺夫（Georgi Lozanov）创立，旨在通过放松和积极的暗示，帮助学生更快速、轻松地学习语言。

1. 特点

（1）教学环境轻松愉快，强调对学习者的心理和情感状态的积极影响。

（2）使用音乐、肢体动作、戏剧等多种元素帮助学生放松心态，创设开放的学习氛围。

（3）使用"身份定位"和"暗示性教学"，鼓励学生在放松和积极的情绪中接受语言信息。

2. 优点

（1）通过创造积极的心理氛围，能够有效降低学习焦虑，提高学习者的学习效果。

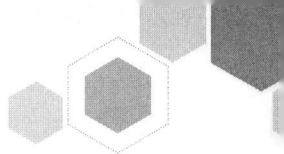

（2）提高了学习者的学习兴趣和主动参与，有利于激发学习者的学习动机。

（3）强调学习者的整体发展，注重语言技能培养，关注学习者的情感和个性发展。

3. 缺点

（1）对教师的要求较高，需要教师具备丰富的教学经验和音乐戏剧等方面的知识。

（2）需要特殊的学习环境和资源，在一些教育环境中，可能难以全面应用。

（3）某些学习者可能不适应这种过度放松的学习氛围，导致教学效果因人而异。

（十）情景教学法

情景法（situational language teaching，SLT）旨在通过真实的情境来教授语言，以帮助学生在特定情境中熟练应用语言。

1. 特点

（1）以真实的社会情景为基础，通过模拟实际交际情境来教学。

（2）强调学生在特定情境中的语言运用能力，通过角色扮演和实际交际来提高学生的口语能力。

（3）侧重于教授实用的日常用语和表达方式，帮助学生快速应用所学语言进行交流。

2. 优点

（1）培养学生在真实情景中实际应用语言的能力，提高了学生的语言应用技能。

（2）增强学生的学习兴趣和参与度，让语言学习变得更加生动和有趣。

（3）促进学生自主学习，鼓励他们在实际情景中积极参与，加深对语言的理解和运用。

3. 缺点

（1）有些情境不够真实，难以完全模拟现实生活，可能会降低学习的实际效果。

（2）依赖于语言教学的情境选择和设计，需要教师具备较强的教学设计能力和较丰富的经验。

（3）在某些情况下，情景的设置受到时间和资源的限制，导致教学效果的不确定性。

（十一）TPR 教学法

TPR 教学法（total physical response）强调将身体动作与语言结合，以帮助学生更容易地学习和理解语言。

1. 特点

（1）学习者通过模仿教师的动作来学习语言，例如，通过动作指令的方式来学习动词和句子结构。

（2）教学过程强调学生的动作参与，强调语言学习与身体感官的结合。

（3）侧重于初期语言习得，接近儿童学习母语的方式，强调先听后说的方式。

2. 优点

（1）通过身体动作，帮助学生更直观地理解语言，并提高语言的记忆与操纵能力。

（2）有助于降低学习焦虑，增强学习者的学习信心，激发学习兴趣。

（3）能够快速帮助初学者掌握基础词汇和语言结构。

3. 缺点

（1）对语法和复杂句式的教学相对不足，学习者在写作和语法方面缺乏表达和掌握。

（2）在应用上受到一定限制，可能不适用于特定专业词汇、文学作品或较复杂的语言技能的学习。

（3）对于不善于通过身体动作学习的学生来说，效果不尽如人意。

（十二）整体语言教学法

整体语言教学法（whole language approach）是一种综合的语言教学方法，强调语言学习应基于整体语言运用、意义和交际。

1. 特点

（1）强调语言应通过整体的语境和真实语言运用来学习，重视语言的真实应用情境。

（2）注重语言的真实交际功能并关注学生的情感与认知，鼓励学生通过真实的语言使用来学习。

（3）强调学生的自主学习，提倡通过实际阅读、写作、讨论等方式学习语言。

2. 优点

（1）能够帮助学生更好地应用语言，强调了语言学习的真实性，有助于提高学生的语言应用能力。

（2）注重学生的个体发展，鼓励学生通过自主学习来积极参与语言的习得过程

（3）提高学习者的阅读和写作能力，增强学生对语言和文学的理解和学习积极性。

3. 缺点

（1）并不是每个学生都适合使用整体语言教学法，对于一些需要更系统化教学的学生可能效果不佳。

（2）在某些情况下，整体语言教学法缺乏语言基本技能的训练，如语音、语法等。

（3）教学和资源准备需要更多的时间和精力，对教师要求较高。

（十三）产出导向法

产出导向法（production oriented approach）是一种以促进学生口头和书面产出为重点的语言教学方法。该方法着眼于培养学生的语言输出能力，鼓励学生在语言学习中进行自主探究和实际运用。产出导向法是以文秋芳为代表的中国外语教育家构建的"本土化"的外语教学理论，提倡"学用一体"的教学理念，适用于中高级英语学习者。

1. 特点

（1）强调学习者的积极语言产出，如口语表达和书面写作，以及实际交际情景中的语言应用。

（2）注重课程设计和教学活动的实际运用性，鼓励学生在真实情境中进行语言表达和交流。

（3）鼓励学生通过实际运用和输出语言来巩固所学语言知识。

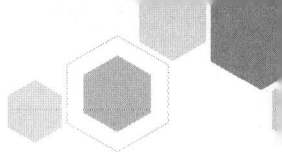

2. 优点

（1）提高学生的实际语言运用能力，有助于加强学生的口语表达和书面写作能力。

（2）通过实际运用促进学生对语言的深层理解，培养学生的自主学习和解决问题的能力。

（3）有助于激发学生的学习动机和兴趣，促使学生更加主动地参与语言学习。

3. 缺点

（1）有些学习者可能需要更多的语言输入和模仿来巩固语言知识，产出导向方法在这方面显得不够充分。

（2）过于强调产出，可能忽视了听力和阅读等其他重要的语言输入技能的培养。

（3）需要更多的教师引导和辅助来确保学生的产出能够规范和有效。

（十四）PAD 课堂教学

PAD 课堂教学（presentation, assimilation, discussion）是由复旦大学张学新教授提出的一种课堂教学理念，旨在激发学生的学习兴趣，提高教学效果。

1. 特点

（1）对半课堂：将课堂时间分为两半，一半时间由教师进行讲授，另一半时间由学生进行讨论和互动学习。

（2）错位教学：教师讲授和学生讨论错开，让学生在课后进行自主学习和吸收。

（3）鼓励学生交互：通过学生之间的互动，促使学生更深入地理解知识，培养批判性思维。

2. 优点

（1）激发学生学习兴趣，促进学生更深入地学习和思考。

（2）提高学生的学习主动性和参与度，培养学生的批判性思维和解决问题的能力。

（3）有助于提高教学效果，让教师能更好地关注学生的个性化学习需求。

3. 缺点

（1）依赖于教师和学生的配合度，需要教师具备较高的教学设计和指导能力。

（2）需要更多的时间来进行集体讨论和互动，课堂覆盖的知识点数量可能会有限。

（3）实践上可能因学生水平、兴趣等因素产生不确定性。

基于对学习和教学过程的不同认识，教育家和语言学家对英语教学和学习提出了不同的方法和策略。不同的学习理论为外语教学法提供了不同的理论支持和指导原则，直接影响了教学方法、策略和活动的选择与实践。

表 1-1 是不同学习理论对应产生的英语教学法。

表 1-1　学习理论对应产生的英语教学法

学习理论	外语教学法
行为主义学习理论	听说法、视听法

续表

学习理论	外语教学法
认知学习理论	认知法
人本主义学习理论	沉默法、TPR 教学法
暗示学习理论	暗示法
行为主义学习理论和认知学习理论的结合	折中法
各种学习理论的结合	情景教学法、交际法
官能学习理论	语法翻译法
联想主义学习理论	直接法
二语习得理论、教育学、心理学	产出导向法、PAD 课堂教学

三、教学行为

不同教学观点影响并生成了不同的英语教学方法，教师必须通过自己的教学行为来应用这些理论层面上的教学方法。实施教学法的教学行为是一个全面、复杂的行动过程，教师需要具备丰富的教学经验、优秀的教学技能，充分了解学生情况和准确把握教学目标。

教师是教学行为的执行者，需要根据教学目标、学习者的特点以及教学内容灵活运用各种教学策略和方法。教学行为具有以下几个特点：

（一）外显性

教学行为的外显特征对课堂教学有着重要的影响。除了语调、面部表情和姿势之外，教师的眼神、手势以及身体动作等也会直接影响学生的学习效果和对教学过程的感知。

通过注视学生，教师可以传递出兴趣、关注和鼓励等肯定的信号，使学生感到受到重视，增强他们的学习动力。同时，在教学过程中，教师的眼神还有助于与学生建立有效的目光接触，传递信息，吸引学生的注意力，提高他们对知识的接受度。

通过适当的手势辅助，教师可以帮助学生更好地理解和记忆知识。教师可以用手势模拟物体的形状、大小和运动轨迹，帮助学生形成具体的概念和感觉。教师的身体动作与言语配合，可以使教学内容更生动有趣，激发学生的兴趣，提高他们的参与度和专注度。

教师的面部表情也会影响课堂教学效果。教师愉悦的面部表情可以传递出积极的情绪和态度，使学生感受到轻松和友善的学习环境，促进学生情感的积极发展。此外，教师的面部表情还可以表达对学生正确回答或出色表现的肯定和鼓励，增强学生的自信心，激发他们学习的积极性。

（二）自主性

教师的教学行为受到多种因素的影响。道德观、价值观和情感态度影响教师对知识的选择、教学方法的决策和评价标准的制定，个人的教学习惯和教学机智的应用使得教师的教学行为更具有个性化和灵活性。教师通过综合运用这些因素，可以更好地适应不同教学环境和

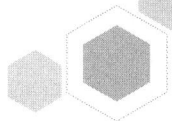

学生需求，提高教学质量和效果。

道德观、价值观和情感态度对教师的决策和行为有着重要影响。教师的道德观念和价值观决定了他们选择和传授的知识内容，以及对学生的行为和发展的评价标准。一个注重培养学生创新思维和合作能力的教师可能更愿意采用启发式教学方法，而一个重视学生考试成绩的教师可能更倾向于使用传统教学方法。教师的情感态度也会影响他们对学生的关怀和支持程度，进而影响到教学行为的表现。

教师的教学行为还受到个人的教学习惯和教学机智的应用的影响。教师通过多年的教学经验和反思，形成了一套自己独特的教学习惯和方法。这些教学习惯可能是针对不同内容、不同学生或不同教学环境而形成的，反映了他们对有效教学的理解和实践。同时，教师还可以根据具体需要，灵活运用教学机智，选择适合的策略和工具来引导学生学习。这种教学行为的个性化和灵活性可以提高教学效果，满足学生不同的学习需求。

（三）意识性

在教学过程中，教师的教学行为不是盲目进行的，而是充满了意识性和目的性。在教学过程中，教师需要密切关注学生的反应和表现，从而了解他们的学习情况和需求。通过观察学生的表情、动作、回答问题的准确度等，教师可以获得反馈信息，判断学生对知识的掌握程度和理解情况。

基于对学生反馈的观察，教师可以展开针对性的互动，与学生进行交流和讨论。通过鼓励学生的主动参与和质疑，教师可以引导学生思考和推理，激发他们的学习兴趣和动力。同时，教师也可以借助互动的机会，及时纠正学生的误解和错误，帮助他们更准确地理解知识内容。

在互动过程中，教师一般通过观察和分析学生的表现，判断教学方法和资源的有效性，灵活调整教学策略，以更好地满足学生的学习需求。如果教师发现学生对某个知识点的理解有困难，可以采用更具体的例子或多样化的教学资源来帮助他们理解。及时通过课堂互动反馈调整教学策略，教师能够更好地提高教学效果。

（四）示范性

教师行为在课堂上是学生的学习示范，学生常常会模仿教师的言行举止。教师行为态度对学生的行为和态度有着潜移默化的影响，对学生的个体和群体的发展和进步起着重要的促进作用。

教师的行为和态度可以为学生塑造良好的学习素养和品质起到示范作用。教师在课堂上展示积极的学习态度、严谨的学术态度和负责任的教学态度时，学生往往会受到启发和鼓励，也会受到教师的积极影响而养成对学习的认真态度和自律行为习惯。

学生的个体和群体发展也受到教师行为和示范的影响。教师的行为可以激发学生对知识的兴趣和热情，促使他们主动参与学习。当教师表达出对学生的关注、支持和赞赏时，学生会更有动力去尝试、探索和创新。同时，教师的行为还会影响课堂上的氛围和人际关系，塑造积极向上的学习环境，促进学生之间的合作和互助。这样的环境和人际关系有助于学生个体和群体的全面发展和进步。

通过教师的言行举止，学生能够模仿教师的行为和态度，将其吸收内化为学习素养和品质。教师的示范行为有利于塑造积极的学习环境和人际关系，可以帮助学生建立正确的学习价值观和学习态度，促使他们塑造积极的学习品质。

（五）一致性

教学行为的一致性体现在教师在教学过程中的各种行为和动作之间的协调一致，以及整个教学活动的协调一致。这种协调一致可以帮助教师提供清晰的教学指导和规范的教学环境，提高学生的学习效果和教学质量。

教师需要在课堂上展示出行为和动作之间的协调一致。教师的语言、面部表情、肢体动作等应该相互协调一致，形成一个统一的形象。讲课时，教师的面部表情要生动有趣，肢体动作要与所讲内容相匹配，这样可以提高学生对教学内容的理解和接受度。教师的行为一致性可以帮助学生更好地关注和记忆教师的教学信息，提高学习效果。

教学活动的协调一致指的是教师在教学过程中需要有一个清晰的教学目标和教学计划，确保各个教学环节之间的连贯性和衔接性。教师需要合理组织教学资源和活动，使得教学内容和教学方法相互补充和支持，形成一个整体的教学过程。教师可以在知识讲解后设计相关的练习和探究活动，以巩固学生的理解和应用能力。这种教学活动的协调一致性可以促进学生的全面发展和综合能力的提升。

第三节　英语教师的教学综合能力

顾明远先生主编的《教育大辞典》（1986）中指明"教学能力是指教师为达到教学目标、顺利从事教学活动所表现的一种行为特征。由一般能力和特殊能力组成。一般能力指教学活动中所表现的认识能力，如了解学生学习情况和个性特点的观察能力；预测学生发展动态的思维能力等。特殊能力指教师从事具体教学活动的专门能力，如把握教材、运用教法的能力"。英语教师的特殊能力是英语学科的语言教学能力，学科教学具备学科的认知特点和学科教学特点。英语教师的教学综合能力应从以下几个方面培养：

一、个人素养

（一）专业能力

英语教师应该是英语语言的熟练使用者和具备综合语言运用能力的示范者。除了拥有扎实的英语学科知识外，英语教师还应该提高自身人文素养，深刻了解中国优秀传统文化及其精神内核，兼具广博的英语文化背景知识。作为跨文化传播的启动者，英语教师应当具备中式儒家仁爱的优秀品格，借鉴西式绅士和淑女的优良德行，融合形成自己独特的个性气质。

英语教师能够熟练运用英语是最基本的要求。英语教师应该具备流利的口语表达能力、

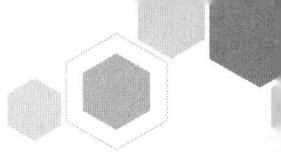

准确的语法应用能力和丰富的词汇储备。此外，他们还应该具备良好的听力和阅读理解能力，以便能够处理各种英语语言材料，并引导学生在听、说、读、写等方面全面发展。

除了语言能力，英语教师还应该有深厚的学科知识，掌握英语文学、语言学、语法和写作等各个方面的知识，并能够将这些知识运用到教学实践中。同时还应该了解不同年龄段学生的语言发展特点和学习需求，以便能够设计适合的教学活动和教案。

为了成为卓越的英语教师，还需要具备广泛的中英文化背景知识。除了了解中国及英语国家的文化，还应该熟悉相应的文学作品、历史事件、社会习俗等多个方面的知识。这有利于建立良好的教学环境和与学生保持良好关系，同时也有助于将英语教学与中国文化相结合，提高学生的跨文化交际能力。

英语教师还应该致力于培养自身人文素养。教师应注重自我修养，提升自身的道德品质和职业道德，不断学习和完善自我。通过不断努力，教师可以成为学生的榜样和引领者，有效地传授英语知识并促进学生的全面发展。

（二）思辨能力

一名优秀的英语教师需要在理论和实践两个领域都有所涉猎。对于英语教学理论，如认知主义、行为主义、二语习得、建构主义、教育学和心理学等，应该具备思辨性地理解和吸收的能力。英语教学往往借鉴国外的教学理论和方法，在本土化和课程化的过程中要根据实际情况进行选择、改造和适应。通过对教学规律的熟悉和把握，英语教师可以形成自己的思辨能力，制定合理、具有可操作性的教学目标，设计适应学生学情的教学内容和活动，创造性地选择和应用适合的教学方法，有效地利用教学平台和教育技术辅助教学，有组织、有目的地实施课堂教学，最终形成自己个性化的教学风格。

教师的思辨能力还包括对教学中的问题和挑战进行分析和解决的能力。英语教学中常常会面临学生的不同学习需求和问题，教师需要通过思辨能力来识别并理解这些问题，并提供合适的解决方案。这需要教师具备批判性思维和创新思维能力，能够主动探索和尝试不同的教学策略和方法，以不断改进教学效果。

英语教师还应该能够对教育政策和教学改革进行思辨，关注教育领域的动态和发展，思考和分析相关政策和教学改革的目的和意义，并在实践中提出自己的观点和建议。为了提升思辨能力，英语教师可以通过阅读各种教育学、语言学著作以及相关研究和案例分析，加深对教学问题的理解和思考；也可以通过与其他教师和教育专家进行交流和讨论、定期反思自己的教学实践和不断更新自己的知识储备，不断拓展自己的思辨能力。

二、课堂教学能力

（一）管理能力

良好的课堂秩序是英语教学活动的基本保障。教师的管理能力不仅包括课堂纪律的管理，还应涵盖学习环境的管理、学习行为的管理、人际关系的调节，以及协调课堂内各种教学因素和其他关系，将课堂教学过程视为一个整体来运作。为了提高管理能力，英语教师应确立良好的课堂规范，建立和谐的师生关系和同伴关系，营造良好的课堂环境和积极的学习氛围。同时，制定有效的课堂行为规范和奖惩规则，并确保其有效实施。

（二）应变能力

教师在英语教学中，经常会遇到各种偶发事件，例如教学问题、教师问题、学生问题、环境问题、设备问题等。这些偶发事件对教师的应变能力提出了很高的要求。教师需要具备快速、巧妙、灵活的处理方式，将这些偶发事件转化为教学机会，并使其成为教学过程的一部分。合适的处理方法可以为教学增加意外之喜，增添活力，同时提升教学效果。而处理不当可能会破坏课堂的连贯性，进而影响整个教学过程。因此，英语教师需要具备敏感的教学触觉，准确判断并迅速采取适当的处理方案，将不利因素转化为有利因素。这种应变能力基于英语教师个人素养的培养，需要教师在日常教学活动中通过反思、比对和优化的过程逐渐积累。

（三）沟通能力

课堂教学活动的组织需要与学生和其他教师进行充分沟通。英语教师的沟通能力主要体现在教学思维和口语表达上。当信息交流不畅或沟通有误时，英语教师应及时调整，善用板书、教具和肢体语言来提升学生的理解程度。与学生进行言语沟通时，教师应保持目光接触，聆听他们的意见，并重视反馈。同时，在批评时要注意区分事务和人员，并敢于承担责任。教学沟通能力实际上是教师个人素质的重要体现，它与教师的知识、能力和品德密切相关。

（四）决策能力

英语教师需要做出各种教学决策，以实现教学目标并更好地完成教学任务。这些决策不仅体现在课堂教学活动的执行过程中，还体现在教学材料、教学方法、教学媒介等方面的选择上。为了做出准确的决策，英语教师需要在个人丰富的教学经验和思辨能力积累的基础上，通过对教学实践的预测、分析和反思，制订更有效的教学方案。课堂教学过程可以描述为教师不断做出影响学习可能性的决策过程，其中包括师生互动、活动调控等方面。英语教师的决策能力是建立在个人素养、知识和经验的基础上的。

三、教学技能

英语教学涉及广泛的知识领域和技能要求。英语教学技能涵盖了不同层次和维度的技能，将广义上的教学技能分为不同的层次和细分项，有助于教师在实践中更加精确地了解和掌握自己的教学能力。将英语教学技能划分为教师职业技能、语言教学技能和课堂教学微技能可以更全面地覆盖和概括所需的技能范围。

（一）教师职业技能

作为一名教师，具备基本的职业技能是必要的。根据英语教学的特点，除了教师教态外，英语教师应具备以下职业技能：良好的英文书写和教学技能、英语歌曲教唱技能、英语游戏组织技能、常规教具制作技能、课件制作技能、备课和写教案技能、学期计划制订技能、作业布置和批改技能、课外活动组织技能、命题和测试技能等。这些技能属于基本层次的共

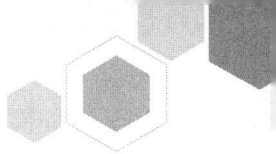

性教学技能。

（二）语言教学技能

英语教师的语言教学技能是指教师在英语教学时所具备的技能，包括教学方法、教学策略、课堂管理等方面的技能，也包括教师在教授听、说、读、看、写及相关语言技能方面的能力，其中包括语音教学技能、词汇教学技能、语法教学技能、听力训练组织技能、口语训练组织技能、阅读训练组织技能、写作训练组织技能等。英语教师需要掌握这些技能，以便能够有效地传授英语知识和培养学生的语言能力。

（三）课堂教学微技能

教师的课堂教学是一个复杂且系统化的过程。对于英语教师而言，把握一整节课的教学效果并不容易。因此，将整体的教学能力细化分解可以提高可控性和实用性，有助于通过训练快速提升综合应用能力。在英语课堂教学中，典型的微技能可以分解为以下几个方面：活动设计技能、导入技能、讲解技能、提问技能、调控技能、学习支架建构技能、板画与媒体应用技能、结束与强化技能以及评课技能。

教师职业技能涵盖了教师职业的基本要求和基本能力，语言教学技能关注教师在教授英语语言和相关语言技能方面的能力，而课堂教学微技能则着眼于教师在具体课堂教学环节中的能力需求。教师职业技能、语言教学技能和课堂教学微技能的细分项可以帮助教师逐步分解、分析和提升自己的教学技能，从而有针对性地进行专业发展和提高。

四、综合应用能力

（一）反思能力

反思能力是教师在教学实践中不断发现问题、分析问题和解决问题的能力。教师具备反思能力可以将自己的教学经验提炼为理论知识，进而促进教学实践能力的提升和专业能力的持续发展。具备反思能力是专家型教师的必备条件。英语教师可以通过反思自己的教学活动与学生发展状态之间的因果关系，提升自己的教学能力，整合学科知识和学科教学知识。在教学实践中对教学过程和学生学习过程进行深入的反思，能够增进对教学过程和学生学习过程的理解，并形成自主的专业发展意识和能力。

（二）研究能力

研究能力是指在教学过程中运用科学的思维方法解决问题的能力，是教师专业知识深度和广度的综合体现。教师需要掌握信息检索、媒体选择与开发、教学系统设计、统计学软件使用、教学过程管理、研究项目管理等基本技能，同时还要熟悉教学媒体、教学资源、教学过程和教学评价方法。这样才能进行深入的教学研究。

（三）创新能力

创新能力是教师反思能力提升后产生的副产品，通过反思过程发现问题并尝试采用新的教学思路和方法解决问题。教师的创新能力主要体现在基于现有的教学思维模式提出与常规不同的思路或见解。在提高教与学的质量和效能的思路下，教师可以改进和创造新的教学形式、教学模式或者提出新的教学方法。创新能力的培养需要扎实的知识基础和良好的个人品质，单一的专业知识很难培养出创新能力。英语教师的创新能力培养需要多学科的关联，互相启发、多领域协同才能保持创新的源泉。

◆ **引导问题答案**

1. 英语教师为什么需要学习教学理论？

教学理论可以帮助教师更好地理解和掌握教学技巧、提高教学能力，从而更好地为学生服务。教学理论可以提供实用的教学技巧和方法，帮助教师更好地理解学生的学习需求和特点，制定合适的教学计划和策略，提高教学效果。同时，了解教学理论可以让教师更加自信地面对教学挑战，更好地应对各种教学问题。因此，英语教师需要不断学习和更新自己的教学理论知识，培养终身学习的习惯，以适应不断变化的教育环境。

2. 英语教师需要具备哪些教学综合能力？

英语教师需要具备个人素养、课堂教学能力、教学技能和综合应用能力等方面的教学综合能力。在个人素养方面，英语教师需要具备专业能力和思辨能力。课堂教学能力方面，教师需要具备管理能力、应变能力、沟通能力和决策能力。在教学技能方面，教师需要掌握教师职业技能、语言教学技能和课堂教学微技能等。在综合应用能力方面，教师需要具备反思能力、研究能力和创新能力等。

3. 英语教师在课堂教学中需要具备哪些能力？

英语教师在课堂教学中需要具备管理能力、应变能力、沟通能力和决策能力等。管理能力包括纪律管理、学习环境管理、学习行为管理、调控人际关系、协调课堂内各种教学因素及其他关系等。应变能力指教师在面对课堂教学过程中出现的偶发事件时，能够快速、巧妙、灵活地处理。沟通能力主要体现在教学思维和口语表达上，需要注意保持目光接触，学会倾听，重视反馈等。决策能力则体现在教学活动组织、教学材料选择、教学方法选择等方面，需要根据实际情况进行决策。

◆ **再思考**

1. 请解释行为主义学习模式中的"观察—模仿—重复—强化—成形"五个步骤。

行为主义学习理论下的语言学习模式包括了五个基本步骤。首先，学习者进行观察，通过教师或周围环境提供的语言素材或语言信息的观察来获取信息。观察过程中，阅读材料、听力素材或教师讲授可被看作刺激物；学习者自身根据观察到的语言现象做出相应的反应。其次，学习者进行模仿，模仿是语言学习和实践的一种重要方式。学习者通过视觉、听觉或经由有关文字材料刺激后，会做出相应的反应，然后进行模仿。通过这种积极的模仿，学习者为将来形成语言习惯提供基本的条件。在随后的重复阶段，学习者通过不断的重复来进一步掌握和巩固所学的语言现象。重复的过程被认为是形成语言习惯的一个重要步骤。同时，

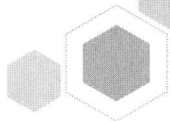

行为主义者认为，行为只有通过强化才能得到内化，形成语言习惯。在观察、模仿和重复的基础上，教师应给予学习者及时的物质或精神的奖励，以便巩固和强化他们对语言做出的模仿和反应。最后，通过观察、模仿、重复和强化的过程，学习者的语言行为在正面强化的作用下得到巩固，并形成语言习惯。

2. 请解释支架建构理论是如何定义学习支架及其与建筑的脚手架的关系。

支架建构理论源于苏联心理学家维果茨基的社会建构主义理论和他的最近发展区理论。这一理论借用了建筑工程中的术语"脚手架"，用以描述支持与指导学生学习过程的概念。支架建构理论认为，同行、成人或有成就的人在另一个人的学习过程中所给予的有效支持，可以帮助学生建立认知结构及完成学习任务。支架的概念是类似于建筑的脚手架，起初用来提供学习时所需的支持，促进学生的学习和发展。在学习完成后，这种支持就会逐渐减少和消失，类似于在建筑建成之后将脚手架拆除。这样的学习支架为学生的思维提供了一个结构性支持，在初期帮助他们完成学习任务和任务迁移，促进了学生的学习和认知发展。支架建构理论的关键是强调学生学习的过渡性，及如何通过适当的支持和指导帮助学生完成学习任务，最终使他们能够在没有支架支持的情况下独立应用所学知识和技能。

3. 英语教师的教学技能有哪些?

教师职业技能：英文书写及教学技能、英语歌曲教唱技能、英语游戏组织技能、常规教具制作技能、课件制作技能、备课和写教案技能、学期计划制订技能、作业布置与批改技能、课外活动组织技能、命题和测试技能。

语言教学技能：语音教学技能、词汇教学技能、语法教学技能、听力训练组织技能、口语训练组织技能、阅读训练组织技能、写作训练组织技能等。

课堂教学微技能：教学活动设计技能、导入技能、讲解技能、提问技能、调控技能、学习支架建构技能、板画与媒体应用技能、结束与强化技能、评课技能等。

第二章 英语教学要素分析

✳ **本章要点**

1. 教学三要素

2. 影响教学的四要素

3. 影响教学能力的六要素

✳ **引导问题**

1. 教师在英语教学中扮演不同的角色，如何能够更好地根据学生需求进行个性化教学？

2. 在英语教学中，教师如何通过移情作用来影响学生学习？

3. 针对英语教学中学生的不同年龄特点和认知特点，教师如何设计具有针对性的教学活动来促进学生的英语学习？

第一节 英语教学三要素

在顾明远先生主编的《教育大辞典》中，"教学因素"也称"教学要素"，它构成了教学活动中既独立又联系的基本实体成分。通常，教学要素被划分为教师、学生和教材（有时也被称为课程教材或教学内容）。有时候，教学技术手段也被包括在教学要素中。

综合英语学科的特点，英语教学的基本要素可以分为有效的教师、积极互动的学生和优选的教学内容。

在英语教学中，有效的教师至关重要。他们必须具备专业知识、教学技能和丰富的教学经验，能够激发学生对英语学习的兴趣，并引导他们进行有效的学习。有效的教师应注重学生的学习动机和参与度，构建积极的学习环境，并与学生进行良好的沟通与互动。

互动学生是指在英语教学中，学生积极参与其中。教师应注意激发学生的学习热情，鼓励他们进行口语交流、互动讨论和团队合作，以提高他们的语言表达和交际能力。互动学生能够加深对所学内容的理解和掌握，并培养自主学习的能力。

优选内容也是教学中不可或缺的要素之一。教师需要选择适合学生水平和需求的教材和教学内容，确保其质量和实用性，以满足学生的学习需求。此外，优选内容还包括多样化的学习资源，如音频、视频和阅读材料等，以帮助学生全面提高听、说、读、看、写能力。

除了这些基本要素之外，还有其他影响英语教学的要素，如语言环境、积极学习态度和教学技术手段等。

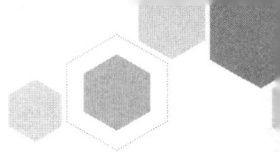

一、有效教师

英语学科教学的有效性受到多种因素的影响，其中教师因素起着最大的作用。教师直接参与和主持教学，他们的知识、教学技能、教学方法和与学生的良好互动直接影响着学生的学习效果和学习动机。有效教师对于保障课堂教学的质量和提高学生的学习动机至关重要。只有通过有效的教学方法和互动，教师才能保证课堂教学的质量，避免学生学习动机下降。

在课堂教学中，有效教师扮演着关键角色。他们不仅仅充当知识传授的渠道，更是激发学生学习兴趣和学习动机的重要因素。有效教师能够运用多种教学手段和方法，创造出积极而丰富的学习环境，使学生更好地理解知识、提高学习效率，并积极参与学习过程。在这种教学氛围中，学生能够避免学习动机下降的可能性，更倾向于以积极的态度面对学习中的挑战。

有效教师善于敏锐地观察和理解学生的学习需求，根据学生的不同特点进行差异化教学，使每个学生都得到充分关注和培养，从而激发他们的学习动机。通过给予学生挑战性的学习任务、提供积极的鼓励和支持，并在学生取得进步时给予相应的奖励，有效教师能够帮助学生保持学习的动力，并避免学习动机的下降。

因此，一位有效教师不仅能够提高学生的学习效率，更重要的是能够保持学生的学习动机，使他们在积极的学习状态中更好地发展和成长。

（一）分析教材

教材是服务于教学的材料和工具，英语教师应该在深入了解最新版《义务教育英语课程标准》《普通高中英语课程标准》以及熟悉自己所教的教材的基础上，进行教材分析，这是当一名有效教师的前提。教师需要了解和研究教材，领会教材编写的指导思想，理清教材脉络和结构，熟悉教材的内容，明确每一教学单元的重点和难点，了解相应教学方法等。教师在分析教材时需要注意教学目标、内容、组织结构、语言难度、教学方法、学生反馈和教师角色等方面。通过全面分析教材，教师可以更好地设计教学计划，提高教学效果。

教师分析教材时应注意把握课程的目标、基本理念、内容标准及实施建议等，并且能够根据学生的兴趣、需要、心理特征和实际情况来选择和调整教学策略。教师分析教材要考虑从实际出发，创造性地使用教材，在熟悉课程标准的基础上删减不合适的内容、补充必要的活动，从多种渠道开发教学资源，增加真实、有趣而鲜活的材料。在培养学生的语言能力、思维品质、文化意识和学习能力四大核心素养的基础上培养学生的综合语言运用能力。

（二）教师角色

英语教师在课堂上不能只是知识的拥有者和传授者，他们应该根据学生的学习需求和不同的学习阶段扮演不同的角色。教师的角色定位需要根据学生的认知水平、语言能力和学习动机进行调整，以更好地满足学生的需求。通过扮演不同的角色，教师可以促进学生在语言技能、文化理解、个性特点等方面的全面发展，使他们成为更具综合素养的英语学习者。

教师需要运用不同的教学方法和策略来适应不同的角色定位，丰富教学内容，激发学生的学习兴趣，并提高教学效果。通过扮演不同的角色，教师可以更好地进行个性化教学，根据学生的不同特点和需求制订具有针对性的教学方案。教师在课堂上应灵活调整自己的角色，根据教学目标、学生反应和教学资源的条件等因素进行随机应变，以提高教学效果。

教师扮演不同角色的应变能力对于英语教学效果和学生个性发展有着重要的影响。学生有不同的学习风格和喜好，教师需有能力应对这些差异，满足学生的需求。此外，教师的角色定位还需要根据教学目标调整，以确保学生在语言表达能力、词汇量、阅读能力等方面得到全面发展。因此，教师的角色定位和应变能力在英语课堂教学中至关重要。

1. 促进者

作为促进者，教师需尊重学生的个性发展，根据学生的个性制定目标，并为学生提供适合的学习环境，以提供安全感和舒适感。教师帮助学生实现目标，使他们获得成就感。支持学生制定适当的学习目标，促进学生养成良好的学习习惯，引导学生掌握学习策略并发展认知能力。教师鼓励学生分享自己的经验和学习过程，创造丰富多彩的教学情境，激发学生使用英语的动机。

2. 监控者

在组织课堂活动时，英语教师可以扮演监控者的角色。教师除了监控课堂纪律并通过提问、接近学生等方式提醒学生集中注意力外，还应该关注学生在活动中的参与度，并根据学生的参与度提供指导或重新安排学生的活动。作为监控者，教师的目的不只是监控学生的行为用以批评或纠正，更重要的是监控学生的学习过程，并不断发现学生的进步。

3. 评价者

英语教师在课堂中常常扮演评价者的角色，评价学生的学习活动。英国的英语教育学家哈默（Jeremy Harmer）认为，作为评价者，教师主要从两个方面进行工作：修正错误和组织反馈。对于学生在学习过程中出现的语言错误，教师需要掌握适度的原则，及时纠正重大错误，而对于一些小错误则不必过多纠正，特别是在口语练习中应以鼓励为主，避免因纠错而打断学生。而在组织反馈方面，教师主要是评估学生的表现，使他们对自己的成功和失败有清晰的认识。在课堂上，教师应创造以成功为导向的氛围，注重给予正面的反馈和鼓励。

4. 组织者

英语教师作为组织者，需要组织教学内容和课堂活动。组织教学内容主要指备课，明确重点难点，宏观上精心设计好各种教学活动，预计教学效果，重在内容。组织课堂活动是指微观上具体决定就某一项具体的活动怎样做，如何调动学生的主动性和能动性，重在形式。同样的内容采用不同的教学形式可以起到不同的教学效果。成功的课堂活动主要在于组织，应引导学生主动参与到学习过程中来。组织活动应该注意严格和宽容结合，注意在执行评价方式和评价标准时公平公正。

5. 激励者

在教师的教学和学生的学习活动过程中，教师应通过观察，注意学生的进步，能够通过各种鼓励方式强化巩固学生的进步行为，这就是英语教师作为激励者的角色作用。教师应鼓

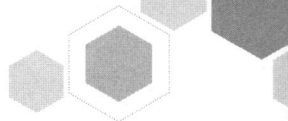

励学生克服自身的个性弱点，提升学生对活动的参与度。在口语的教学过程中教师需要经常鼓励那些因害羞或怕出错而不敢讲话的学生参加教学活动，应找出他们的困难所在，给予忠告和鼓励，以利于他们克服心理障碍。激励能激发学生的学习潜能。

美国心理学家威廉·詹姆士（William James）通过研究发现，一个没有受到激励的人，仅能发挥其能力的 20%～30%，而当他受到激励时，其能力可以发挥到 80%～90%。这就是说，同样一个人，在通过充分激励后，所发挥的能力相当于激励前的 3～4 倍。

6. 参与者

英语教师在课堂上应当以平等的身份参与所安排的练习活动，当一名参与者，参与教学活动，以便掌握该活动的进程，了解活动的细节，随时调整策略，确保活动的高效运作。在一些场景对话中，师生可以共同分担某些角色。在活动中教师以平等的交际者身份出现，不仅能使课堂气氛自由轻松，也能为学生提供与教师一起操练语言的机会。教师作为参与者实际上也是给学生提供一种心理支持，这有利于师生之间建立起一种良好的伙伴关系。从师生互动的角度看，英语教师参与学生的语言实践活动，也可以描述为一种交际的合作，即英语教师也可以是学生的合作者。

7. 调控者

因课堂违纪、偶发事件等引起的学生行为需要英语教师随机应变和调控。课堂教学节奏也需要英语教师来控制，教学节奏的快慢要考虑课型、教学内容、学生水平等，更需要在课堂教学活动中注意观察学生的学习反应来及时调整教学步伐。调控时要考虑适时适度，过度的控制，可能会引发学生不适应的对立情绪。此外，英语教师应该熟悉完全控制性练习、半控制性练习和非控制性练习等各种练习方式，根据课堂具体情形来选择使用。

8. 资源提供者

英语教师作为课堂上的主导，既是课堂上的英语权威，也是课堂上最方便的资源提供者，教师的学科知识储备和文化综合素养是学生独立开展活动时便捷的资源。英语教师还应该事先准备各种资源，如网络资料、课件、文本、专项练习等备用资源，随时给学生活动提供必要的支持。

9. 引导者

在合作学习、探究活动、阅读和写作教学中英语教师还应该做一个引导者，善于搭建学习支架，启发引导学生思维。把自己定位成一个导师，才能激活学生先前的知识，发现每一个学生的乐趣所在，并且激发他们的潜在能力。尊重学生个性、能力和发展的不同，因势利导，给予他们足够的平等学习机会，从这角度看，英语教师也要努力当好学生的人生导师。

英语教师还可以作为反思者和研究者。优秀的英语教师应该有理性的思维，要学会及时反思自己的教学过程，积累并筛选教学经验，同时要学习更好的教学理论和教学经验。具备理论研究基础的教师还可以作为研究者，以自身或同行教师作为行动研究的目标，研究教学现象，申请课题，等等，更好地服务教学实践。

（三）教师行为

英国的英语教育学家帕罗特（Martin Parrot）认为，一名好的英语教师应该具备良好的道德奉献精神（ethic devotion）、专业素质（professional qualities）和个人风格（personal styles）。通常情况下，品德高尚、态度良好、经验丰富、学生成绩优秀的教师会被认为是好教师。然而，仅仅以成绩论来评价教师，会对课堂教学产生负面影响。课堂教学是教师展示良好教学行为的舞台，也是师生相互观察和影响的过程。教师的教学方法和态度会直接影响学生的学习兴趣和学习效果。一名充满激情和耐心的英语教师能够激发学生学习英语的积极性，而灵活的教学方法和生动的教学内容也会直接影响学生的学习效果。此外，教师的示范作用也会对学生产生潜移默化的影响，教师的言传身教会对学生的英语学习产生深远的影响。教师是课堂教学活动的策划者、组织者和执行者，课堂教学能否高效运作首先取决于教师是否能够实施有效的教学行为。

美国教育学家鲍里奇（Gary D. Borich）通过课堂评估和标准化测验的研究发现，有五种教师行为严重影响课堂教学的有效性。结合鲍里奇的观点和目前国内英语课堂教学的特点，英语教师的课堂教学应该明确以下四种教师行为：

1. 授课清晰化

教师进行课堂教学时，英语发音必须清晰，表达连贯有逻辑，课堂指令简短可理解，授课清晰，这样可使学生提高理解程度，节约学生提问后解释的时间。要点的讲解可以被不同层次的学生理解，教师没有分散学生注意力的不良习惯。教师授课过程有逻辑，循序渐进，清晰易懂。

2. 具体的教学策略

教师在进行课堂教学时应使用具体的教学策略，如：在理想的难度水平上准备本节课的行为目标，向学生指出此行为将以什么方式运用；准备好单元计划，理清本节课所需的先前学习内容，告知学生先前学习内容在本单元的比重，并使学生知道后续所学是整体知识单元的一部分；在正式上课前，检查与学习任务相关的先前学习内容部分；缓慢而明确地发出指令，在需要时重复指令或把指令分成若干小指令；了解学生的注意力保持期，根据测验及以往的作业和爱好来确定学生的能力水平和兴趣爱好，调整教学目标；用举例、图解和示范等方法来解释和强化重点；回顾总结，使用关键词、重复、象征帮助学生有效记忆。

3. 教学多样化

教师在呈现课程内容时所表现的多样化形式之一就是用不同类型的问题提问，结合课时结构和情景序列，就可以产生出富有意义的多样化提问。一名有效教师需要掌握提问的艺术，能够区分问题的类型，包括事实问题或过程问题，复合性问题或者发散性问题。

多样化教学的另一方面体现在教学材料展示方式的多样化并且注意增加教室空间应用效果的多样性。使用吸引注意力的技巧、变化目光接触、变化语音和手势、变化教学位置、变化呈现方式、混合使用奖励和强化措施等都可以是教学多样化的具体体现。另外，反馈形式和教学策略的多样化也是有效教师要适时适度采用的策略。

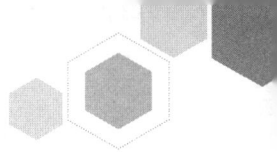

4.任务导向教学

任务导向教学注重目标导向，而非过程导向。它尽可能广泛地涵盖内容，充分利用教学时间。教师应该根据计划和课程标准，调整每个课时，研究它们之间的相关性，并选择最重要的部分。针对常见的不良行为，教师应制定规则，并将规则放置在显眼的位置，只在课堂上确认违规者和违规行为，待课后进行处理。为实现教学目标，教师应选择最合适的教学模式，还应制定进度表，通过明确的事件来开始和结束重要的课堂活动。

任务导向教学的特点是注重目标导向，将学习任务作为教学的核心。教师通过合理规划和组织教学过程，从学习任务中引发学生的学习兴趣，促使学生主动参与学习并达到教学目标。这种教学方式能够增强学生的学习动机和自主学习能力，培养学生的问题解决能力和合作精神。

（四）学习过程

英语教师需要采取一系列措施来减少学生分散注意力的机会，同时引导学生根据教学内容进行思考、操作和探索。在教学刺激之后，及时安排练习和问题，让学生有机会运用所学知识。同时，创造一个非评价性的氛围，为学生提供反馈机会。在练习初期，可以要求学生悄悄回答问题，促进他们积极参与并保持注意力集中。根据需要，组织个人活动和小组活动，并为学生准备个性化的教学材料。此外，使用有意义的口头表扬，引导学生积极投入学习过程并保持积极性。

在监督课堂作业方面，英语教师可以控制在每个学生身上花费的时间，根据作业的难度，控制在 10～30 秒。同时，教师应该巡视班级，检查学生的学习进展，并通过鼓励性的语言评价来激励他们。这样可以确保教学效果，并帮助学生增强学习英语的积极性。

在日常教学中，英语教师还可以通过设计丰富有趣的教学活动、提供真实情境和实践机会、开展群体合作和角色扮演等方法来吸引学生的注意力，激发他们的学习兴趣和积极性。同时，教师还应关注学生的个体差异，根据学生的特点和需求进行个性化的教学，让每个学生都能充分参与和获得成功经验。通过多样化的教学手段和灵活的教学策略，英语教师可以提高教学效果，培养学生的学习动力和主动性。

（五）确保学生成功率

在讲解过程中，教师应该将大部分时间用于设计中高难度的任务，以提高学生的成功率。制定逆序单元计划可以实现最高的学习输出效果。通过确定实现单元内容所需的最少课时，并根据逻辑顺序安排课程，可以提供给学生更好的学习体验和学习成果。教师在学生进行独立练习之前，可以提供指导性的练习，并在练习间隙提供自我评估和巩固所学的方法，帮助学生检查和加强自己的学习。

在从旧的语言材料向新的语言材料过渡时，教师应注意按照学生易于掌握的顺序安排步骤，帮助学生逐步掌握新的知识。为确保学生的学习成功率，教师还应注意调整语言刺激的呈现节奏，并持续进行复习、提供反馈和评估等活动，为教学的高潮或关键事件做好准备。通过这些修正和调整，英语教师可以提高学生的学习效果，增强学生的学习动机，并帮助他们充分发展语言能力。

（六）师生关系

师生关系是学校中人际关系的最主要体现。英语教学主要通过大量的教学活动来实现，教学过程需要师生之间的互动来完成。良好的师生关系对于提升教学效率和达成高层次的学习效果具有关键作用。通过建立积极的师生关系，教师可以更好地了解学生的学习需求和个性特点，针对不同的学生制订个性化的教学计划，提高教学的针对性和有效性。良好的师生关系可以增强班级的凝聚力和团队合作意识，能够更好地引导学生之间的合作与交流，增进学生之间的友谊和发扬团队合作精神，为学生创造一个和谐的学习氛围。良好的师生关系也有助于激发学生学习的积极性和兴趣。当学生感受到教师的关心和支持时，他们的学习动机和自信心会得到增强，从而更积极地参与到课堂学习中，提高学习效果。

1. 人格平等

良好的师生关系首先体现在人格平等上，师与生并不是上下级之间的关系，在知识爆炸的当代，教师的知识权威感被削弱。在知识和人格面前，师生是一种平等的关系，教师要严格要求学生，同时也要严格要求自己，只有把自己与学生放在同一层面上，对双方提出规范，教师的行为举止才有示范作用，才能够对学生提出同等的要求。

教师对集体和个体的要求要一致，应设身处地、公平公正地处理涉及学生的问题。教师应该经常听取学生的意见和要求，采用其中合理的部分不断改进自己的教学。学生敬爱教师，教师关爱学生，这样和谐的师生关系才能持久并在学生毕业后延续增强。

2. 移情作用

英语教学的过程是一个师生之间互相影响的系统，不仅仅是教师在塑造学生，学生也在塑造教师，同时学生也在塑造自己。只有在统一、和谐、平衡、循环的系统中进行教学，才能达到既定的教育目的。要运作这样的系统，最重要的是师生之间要有移情性理解，互相换位思考。师与生相互感受和理解对方的所见所闻，互相体验教学和学习，可以改变相互之间的原有看法。学生尽量体验教师教学活动和教学环境，教师要体会学生的学习困难、学习环境以及学习过程中的情感体验，这种移情作用能使师生之间达成基本尊重。

教师只有把自己放在学生的位置上才能够知道学生的学习需求，设身处地地体验学生学习英语的喜怒哀乐，才能够设计出符合学生特点的教学活动。移情理解的作用在于培养师生之间的情感，情感能打动人心，是人们行为的内在动因。师生和谐互助的情感具有增强学习动力、调节强化学习动机等功能，只有这样英语教学课堂才能最大化地保持一种和谐稳定、共同进步的氛围。

3. 默契交流

确保有良好的课堂纪律。在与学生商量的前提下制定英语课堂的学习规章，实行分级管理，确定各级别负责人。同时，教师要尊重学生，课外多与学生交流，了解学生的家庭背景、教育背景和兴趣爱好等。与学生交朋友，需要注意把握好度，过于密切则适得其反。

教师在课堂上要注意观察学生，了解学生的个性特点，熟悉学生的肢体语言。教师要学

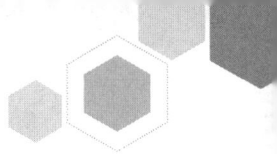

会利用非言语的行为如面部表情、肢体动作、目光接触等学生能接受的形式与学生进行信息交换，通过重复行为让学生了解教师的非言语交际形式，尝试不用语言去了解对方的态度并交流思想。在教学中，除了提升教师的积极性之外，还要提升学生的积极性，这样才能达到师生间的默契配合。

课堂教学的精彩有趣是师生达成默契关系的关键，课堂上课讲得精彩有趣最能拉近教师与学生的距离。备好课、上好课是教学默契的关键，精彩的课能调动学生的积极性，激活学生的学习动力。

英语教师可以和学生商定养成教学定式，如课前教学定式、活动组织定式、预习定式、检查定式、测试定式等等。英语教师可以创造性生成一系列手势方法、图形提示、课堂用语等来引导课堂学生行为，以教学定式来融洽和学生的活动默契度。师生间相互默契的形成，还需要教师保持良好的教学心态，教师不能将课堂外的情绪不加控制地带到课堂上，否则会严重影响学生课堂响应，不利于教学活动的开展，容易引起无效教学。

二、与学生互动

基于英语学科语言教学活动的特点，英语教学的第二个要素是强调学生的互动。对学生来说，英语教学过程就是学习过程，他们需要参与所有语言活动，并通过互动来体悟和使用英语。每个学生都经历了从小学到高中的英语学习过程，在这个过程中，学生的互动性与语言能力息息相关。只有学生最了解整个英语学习的过程，教师的作用是引导学生进行英语学习，而学习的主体仍是学生。如果学生不参与互动，语言学习的效果就会弱化。

在学生学习的过程中，无论教师采用何种教学方法，也无论教师如何指导学生，最终学生还是要用自己熟悉的方法来学习和提高。学习过程归根结底是学生通过自身的努力创造的过程，学生必须在认识自己的基础上，主动参与学习过程。英语教学活动需要满足学生的参与需求和成就需求，只有学生参与互动，英语教学才能更加有效。

语言学科重在鼓励学生使用语言，学生是言语活动的实施者，学生的主观能动性决定了他们自己的学习过程。教师和学生是教学实际操作中的两个主要因素，学生的心理特征、年龄特征、学习风格、认知特点和行为表现等都会影响教师的教学。因此，除了教师要素外，对学习者要素需要更多的了解。

（一）年龄特征和认知特点

1. 童年期

童年期一般指六岁到十二岁的年龄阶段。这个年龄阶段的孩子开始正式接受系统正规的学校教育，是走出家庭范围接受社会化的起始阶段。这阶段的学生自我形象反思一般来自于多样化角色和活动等过程中自己的感受和他人的评价，教师的教育教学行为对其影响很大，对成人有依赖性，容易产生对教师的认同感，学生心理上一般没有尖锐的心理冲突。童年期学生具有平静的心态、可塑的品格和极强的吸收能力，这一时期是培养其热爱学习、形成积极态度、养成良好学习习惯和道德行为习惯的重要时期。

童年期是一个从无意注意向有意注意过渡的时期，大多时候无意注意仍起很大作用。这阶段的学生容易被外界新鲜、突变和运动的事物所吸引，从而容易分散注意力。进行英语句子教学和阅读时应该帮助学生扩大阅读范围，也就是同一时间内阅读的数量。教师要充分运用直观教具，有条理性的学习材料，知觉对象要靠近学生，引导学生深入理解教材。

童年期学生的注意力稳定性较差，表现在集中于某一事物或活动上的时间较短。一般说来，5～6岁儿童连续集中注意力时间为10～15分钟，7～10岁儿童约20分钟，11～12岁儿童约25分钟，12岁以上约30分钟。连续集中注意力时间长短与年龄、兴趣、健康、情绪及对课程的理解程度有关。此外，童年期是儿童思维发展的一个重大转折时期，思维发展从具体形象思维向抽象逻辑思维过渡；思维过程从在直接感知条件下进行比较，发展到运用语言在头脑中引起表象条件下的比较。

2. 少年期

少年期指十二三岁到十五六岁，相当于初中阶段，少年期也是青春发育期。此阶段年龄特征极为明显。学生在与教师和其他成人的交往中，不再是被动的适应者、服从者和模仿者，而是力求成为主动的探索者、选择者和设计者。少年期学生由于生理和心理快速发展，认知水平明显提高，自我独立意识明显增强，成人感开始显现，心理上既独立又存有依赖。学生对教师的认同感和依赖感开始转向对同伴的认同感和依赖感。少年期学生往往会对他人的干预产生逆反心理，以执拗的态度和行为反抗。注意力开始由关注外部世界转为关注内部世界。少年期情绪不稳定但充满热情、精力充沛且自控能力有较大的发展。

英语教师如果熟知这阶段学生的心理，则有利于帮助他们理性思考，协助学生控制自己的行为。少年期的情感和意志教育是非常重要的，教师要本着教育的目的，不仅仅教授英语知识，更重要的是帮助学生健康成长。

少年期学生知觉的有意性和目的性有了较大提高，能自觉地根据教学要求去知觉有关事物。开始出现逻辑知觉，在空间知觉上也具有了抽象能力。此阶段学生注意力比较稳定和集中。在注意力的分配和转换上已经具备边听老师讲课边记笔记的注意力分配能力。少年期学生的思维发展也很快，但很大程度上还属于经验型思维。从初中二年级开始，学生的抽象逻辑思维开始由"经验型"向"理论型"转化，这种转化大约到高中二年级初步完成。本阶段学生思维的独立性和批判性有了进一步的发展，但容易产生片面性和表面性等缺点。少年期也是形式逻辑思维和辩证逻辑思维的发展阶段，初一年级的学生还是以相似逻辑思维为主，初二、初三年级的学生开始理解抽象概念的本质属性，初三年级是辩证逻辑思维发展的转折期。

英语教师在少年期阶段的教学中还是以情景和交际任务等具体活动为主，针对学生热情、富于想象、追求同伴认同感的心理特点，鼓励学生参与课堂设计、组建团队，组织教学上也可以适当由学生参与控制。针对他们认识上易产生片面性和表面性的特点，教师要循循善诱，以理服人，善用同伴影响力，用事实说话，公平公正，树立教师威望。

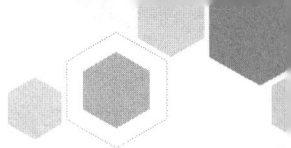

3.青年初期

青年初期指十六七岁至十九、二十岁，这个年龄阶段大致相当于高中教育阶段。青年初期学生的世界观、人生观、价值观已开始形成，学生个体在生理、心理上也接近成熟，处于定型阶段。此阶段的学生对学习、对社会、对生活有了比较深刻的思考，认知水平迅速提高，自我控制力也达到较高水平，能较长时间地注意自己感兴趣的事物并能分配注意力。本阶段学生思维活跃，在感性经验的支持下开始独立理智判断问题，初步完成从以具体思维为主到以抽象思维为主的过渡。高中生意志动机的主动性、目的性增强，能掌握自己的行为；动机层次提高，对社会各方面的关心程度增强，有一定的评价能力并逐渐转化为决定自己行为的动机；自我意识进一步增强，要求别人了解、理解和尊重自己；有自我发展、自我实现的要求。

青年初期学生自觉性增强，英语教师要主动引导学生制订学习计划、细化学习目标，有意识地集中展示阶段性学习成果，同时通过反馈引导学生自我调控修正。高中生已经能选择相应的识记方法，具备自我检查识记效果、总结经验教训、提高记忆水平的能力。本阶段学生一般以理解记忆为主要识记方法，借助思维，在理解事物意义和本质的基础上进行识记。高中生在思维过程中已具有预见性特征，即能在复杂活动开始之前或问题解决之前有计划、有策略，不但能考虑如何解决问题，还能对自己的思维进行自我反省、自我调控，确保思维的正确性和高效率。高中生抽象逻辑思维基本成熟，辩证思维迅速发展，抽象概括能力大有提高，思维形式化、思维过程简缩、迁移能力增强，能举一反三，触类旁通。根据高中学生认知特点和学习发展需要，英语教师应着重培养学生用英语获取信息、处理信息、解决问题的能力，提升用英语进行思维和表达的能力。

（二）心理特征及行为表现

各个阶段学生有各自的年龄特点，表现出来的心理特征也是不一样的，作为教师，了解每一阶段学生的心理特征和行为表现，能为教育和教学提供依据。在这一方面，教育心理学界已经做了大量研究。陈殿兵与杨新晓在《有效课堂教学的组织与实施》（2018）一书里做了列表总结，见表2-1。

表2-1　各阶段学生的心理特征、行为表现及沟通建议

段位	心理特征及行为表现	教育教学建议探讨
小学一年级	学生虽然已经开始小学生活，但还保持着幼儿园的很多习惯。在对小学生活充满了好奇和新鲜感的同时，会产生不适应感，对规则和责任的意识还未完全形成。学生的思维呈现出直观、具体、形象等特点。具体表现为好奇、好动、喜欢模仿，但很难做到长时间的专注。	该阶段的学校及家庭教育应当以培养学生的习惯和兴趣为主，一方面帮助学生逐步建立起对规则的认识和尊重，形成良好的行为习惯；另一方面，要引导、培养学生的观察能力和学习兴趣。教师和家长可以通过鼓励和奖励等言语及行为的奖励帮助学生形成独立自主、热爱学习的品性。

续表

段位	心理特征及行为表现	教育教学建议探讨
小学二年级	学生已经熟悉学校生活，并形成了自己相对独立的学习和生活习惯；开始发展并逐步形成自信心和自尊心。此时学生往往呈现出急躁、情绪不稳定、自控力较弱的外在表现。	该阶段的学校和家庭教育应当以学生学习行为的可塑性为主，通过不同形式的有效沟通，对学生的不良行为进行引导和规范，重视良好的学习和生活习惯的养成。
小学三年级	学生熟悉学校生活并基于自己的了解开始扩大探究、交往的范围。在此过程中学生的认识能力不断提高，情感开始发生变化，开始注意并懂得自觉控制自己的感情。但在学习和人际交往的过程中，情绪控制能力有待提升。一些不良的习惯如拖沓、马虎等开始外现，甚至呈并喷式爆发。	该阶段的学校和家庭教育需要足够的耐心来疏导学生，因为交流和探究范围扩大而带来的不安情绪需要引导。对于学生的积极体验，要引导其进行总结；对于孩子的消极体验，家长要通过"共情"进行疏导，与孩子一起解决问题，共渡"难关"。
小学四年级	学生处于成长的关键时期，大脑的内部结构及功能正处于发育的关键期。学生生理和心理呈现明显的变化。学生辨别是非的能力虽然有限，但开始主动学习并对一些事情发表自己的观点。此时是学生学习兴趣、能力、习惯，以及情绪调整能力和社会交往能力养成的最佳时期。	该阶段的学校和家庭教育要关注学生在学习知识、技能及综合能力等层面出现的困难，多与孩子沟通，鼓励学生勇于面对生活和学习中的困难和问题，引导学生形成发现问题和解决问题的能力，体会成功感，树立信心。同时，教育要关注孩子学习习惯的养成。
小学五年级	学生开始更加关注学校生活，竞争意识增强，自尊心加强，不甘落后。同时，该阶段学生在逐步增强自控能力、发展独立个性的同时，开始形成自己的人际关系圈。体验性学习是该阶段学生学习方式的特点。	学校教育和家庭教育要开始训练学生的恒心和意志力，帮助学生树立正确、积极的人生态度及主动学习的态度。同时，学校和家庭要为学生提供接触自然和社会的机会，让学生在体验中提升观察、解决问题的能力。
小学六年级	学生开始进入青春期，其自我意识逐步发展，喜欢用批判的眼光来看待周围的人和事，初步形成个性和人生观，对家长和教师的干涉产生抵触心理。意志力不够坚强，分析问题的能力还在发展中，在遭遇困难和挫折时容易产生灰心失望情绪。	学校和家长要了解和关注学生心理的变化，通过建立良好的沟通渠道为学生健康心理的发展和良好情绪控制力的养成提供准备，同时，要对学生处理问题的方法和方式提供引导，为学生健康个性和人生观的形成提供积极氛围。
初中一年级	学生从小学进入初中，身心都开始向少年时期发展，呈现出幼稚性与成熟性、独立性与依赖性、向上性与盲目性的矛盾。理性思维发展有限，思维的独立性和批判性也处于萌芽发展阶段。	学校和家长切记不能以青春期为借口，就放任或严格学生的管理。要注意学生心理辅导的艺术性，引导学生自我意识的养成，进行积极情绪的疏导，开展青春期教育，加强养成教育。
初中二年级	学生进入青春期，身心发展呈现出显著变化，学生性意识开始发展；学生实际上从众心理很严重，既想标新立异又担心脱离集体。	学校和家庭教育要关注并及时了解学生心理和生理的变化，采用沟通而不是说教的引导方法，给予学生必要的心理疏导和正确观念的引导，帮助学生形成健康的性观念和爱情观。

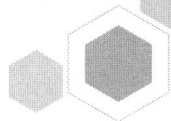

段位	心理特征及行为表现	教育教学建议探讨
初中三年级	学生学习和生活上的独立性得到较大发展，喜欢自由独立地进行活动；成人感更加明显，自尊心增强，从心理上渴望外界的尊敬和理解，心理更加成熟、稳定，学习能力进一步提升，学习兴趣基本稳定。	教师和家长应当培养和发展该阶段学生自我管理、独立生活的能力；与学生及时沟通协调生活、学习中遇到的问题，了解学生的学习情况和生活状态，引导学生设定目标，有计划、有步骤、有重点地学习和生活。
高中一年级	进入高中之后，学生处于心理上的"断乳期"。随着学生身体发育的迅速发展，其心理上也呈现出自我意识增强、自主能动性显著发展的特征。学生渴望自由，希望摆脱父母的束缚。但是由于该阶段学生感情的表现形式呈现出内隐的特征，教师和家长可能会感觉自己不了解孩子或者孩子不听话。	教师和家长要多关注学生，学会换位思考，从学生的角度去理解问题。要与学生平等地对话、交流，不能盲目地相信学生可以解决一切学习、生活中的问题，尝试着从不同的层面关注学生需求，走进学生的内心世界，同时，要引导学生正确地对待失败和挫折。
高中二年级	学生适应高中生活，独立性进一步增强，但是容易出现目标感不强的情况。很多学生容易出现心理上的动荡期和茫然期。遭遇挫折时往往会出现焦虑的情绪，严重时会怀疑自己的生活和学习能力，性机能的成熟与性心理的觉醒使得该年龄段的学生谈恋爱的现象比较突出。	教师和家长要了解学生这一阶段可能出现的生理和心理上的发展和波动。及时与他们进行沟通，提供必要的帮助，缓解学习、生活中出现的压力，让学生知道学校和家长是他们强有力的支柱；帮助学生分析其面临的困难，引导他们树立正确的生活和学习态度；对学生进行责任教育和引导，树立正确的交友观和爱情观。
高中三年级	学生的心理和生理得到进一步发展，社会意识已经接近成熟，人生观和价值观逐步形成，对现实的问题有自己独立的看法。面临大学的升学任务，学生会出现心理上的波动。	教师和家长要多沟通，了解学生日常的生活和学习状况。与孩子一起调整心态，关注其心理的发展状态。给予学生力所能及的帮助和支持，从而更好地度过这一关键阶段。

（三）学习风格与学习策略

每个学生都是独立的个体，在学习过程中的个体特性就显现出智力、认知、方法、价值观、人格等方面的个体差异，这些差异直接影响着学生的学习风格和学习策略，英语教师需要了解学生的学习特点才能做好教学设计。教学活动设计要依据学生的认知风格才能吸引学生参与，教学过程与学生的学习风格相匹配，才能提升学生的课堂参与度。此外，学生良好的学习策略能帮助学生提高学习效率，同时也影响着教师的课堂教学效率。

1. 学习风格

学习风格是学生持续一贯的带有个性特征的学习方式，涉及生理、心理和社会因素，制约着学生的学习行为和学习效率，是因材施教的基本前提。

影响学习风格的五个因素包括：环境、情绪、社会性、生理性和心理性。英语教学首先应创造一个舒适、安全的学习环境，并采用多样化的教学组织形式满足学生不同学习方式的需求。同时，教师应关注学生的情绪体验，激发学习动机和责任感。此外，鼓励独立学习和与他人合作学习，以适应不同学习风格的学生。在教学过程中，充分考虑学生的生理和心理需求，如提供适当的视觉、听觉和动觉刺激，以及让学生在最佳时间段进行学习。满足这些需求，有助于提高学生对学习的认可度和学习效率。近年来，英语教学更关注基于认知方式的学习风格，学生会随着年龄的增大从感官感知向思维认知发展。根据学习者认知方式的差异，学习风格可以分为分析型学习风格和综合型学习风格、审慎型学习风格和冲动型学习风格、场依存型学习风格和场独立型学习风格。

（1）分析型学习风格

学习者善于组织文本信息，考虑问题比较细致，分析推理能力较强，容易发现信息之间的异同，习惯于一步一步系统地展示语言材料，但信息整合能力较差。

（2）综合型学习风格

学习者整体意识感较强，善于将信息组织成整体，反应速度比较快，思维倾向于总结概括，不太重视细节，容易忽视部分间的区分。此类型学习者言语形式的逻辑推理能力相对较差，对文本的分析处理能力较弱。

（3）审慎型学习风格

此类型学习者做事多方面考虑，能够分析具体任务，选择适当的策略。通常会设定各种解决方案并加以预判，在确定没有问题的情况下才会给出答案。审慎型学习者更适合处理复杂问题和制订长期计划，他们相对理性和谨慎，能够选择最适合的策略以解决问题。

（4）冲动型学习风格

冲动型学习风格的学习者更倾向于根据个人感觉和直觉行事，他们可能会急于给出答案，不经过全面的思考和考虑。当面临复杂问题时，他们可能会表现出不适应，这可能导致错误增加和任务完成质量较低。冲动型学习者在需要快速做出决策和适应变化的情况下可能更有优势。

（5）场依存型学习风格

场依存型是指个体依赖自己所处的周围环境的外在参照，从环境的刺激交往中去定义知识和信息，受外在环境的影响较大。场依存型学习者主要采用整体知觉方式，有较强的整体综合性，其认识是以对象所处的客观场合为参照系，知觉容易受认知对象的错综复杂背景影响，很难从包含刺激的背景中将刺激分辨出来。学习倾向于循规蹈矩和条理化，偏好常规和求同，喜欢从现有的认知方式出发去寻找解题的方法。场依存型学习风格的学生在学习过程中易受环境因素的影响，学习努力程度往往被教师鼓励或别的暗示所决定，乐于在集体环境中学习，容易随大流，喜欢交往，能与别人和睦相处。

（6）场独立型学习风格

场独立型是指个体依赖自己所处的生活空间的内在参照，从自己的感知出发去获得知识和信息，不易受外在环境影响。场独立型学习者具有较强的分析能力，善于运用分析知觉方式，其认识是以自己的存贮信息为参照系，能较容易地把要观察的刺激同背景区分开来，不会因背景的变化而改变，并倾向于求异创新，喜欢多方面寻找问题的答案，常提出与众不同

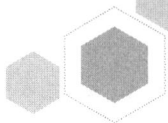

的想法和见解。场独立型学习风格的学生在学习过程中习惯单独学习，独立思考，具有较强的内在学习动机，在相互交往中，他们不易被个人感情所左右，也不易受群体压力的影响。

表 2-2 是场依存型学习者与场独立型学习者语言技能学习对比。

表 2-2　场依存型与场独立型语言技能学习对比

场依存型学习者	场独立型学习者
1.听力时受到背景噪音和冗余信息影响较大。	1.听力时能直接关注主要内容，比较能把握好时间、地点、人物、事件等信息。
2.口语表达易受话语者情绪和主题的影响，容易跟从话语者的表达。	2.口语表达较能坚持自己的观点，能分析表述者的主要信息并有选择地使用。
3.阅读较依赖上下文和词汇意思，根据自己经验猜测意思。	3.阅读较能依靠直觉寻找主谓宾和主从句直接关系，坚持自己的判断。
4.写作时容易基于作文的要求书写，少错误，少创新。	4.写作相对能提出自己的看法，也比较容易出现拓展较多不合要求的情况。

2.学习策略

为了提高学习的效果和效率，学习者需要有目的、有意识地制订有关学习过程的复杂方案，学习策略是学习者根据个人学习特点以及学习情境的特点和变化而采用的达到一种或多种学习目标的学习方式。其特点是揭示学习中各种变量与学习方法的关系。影响学习的变量很多，除了学习风格外，还包括学习的目标、任务要求、信息量、学习材料、学习结果评价等，学生已有的知识水平、能力、性格和气质等等也是变量。充分认识这些变量，了解这些变量与学习方法和技能之间的关系才能形成良好的学习策略。

一般认为，学习策略与元认知有着非常密切的关系，认知比较健全的学生，能够很好地运用学习策略。学习策略可以通过训练获得，其训练过程也就是学会学习的过程，有以下几个步骤：

（1）激活良好情绪与动机

这一步骤不仅要使心理活动处于觉醒与兴奋状态，更要激活同当前学习活动有关的注意情绪，以及与学习方法相关的意识，并使其保持良好的动机状态。

（2）分析学习情景

要求学生把握有关学习内容、学习时间、学习地点、学习原因和学习方法的问题，评估自己的学习风格，以提供选择学习方法的依据。

（3）制定学习计划

选择学习方法，制定学习计划。学生需要综合考虑学习情景的有关因素和学习方法的关系，确定学习时间安排表，把学习任务分为具体的几个部分，列出可能需要的学习方法。

（4）监控学习过程

执行学习计划，实际使用学习方法，监控学习过程。要求学生监控性地检查自己的学习行为，不断把有关学习变化与所实施的学习计划、学习方法联系起来对照检查，以评估学习计划与学习方法所能达到的效果。

（5）维持或更改学习方法

维持或更改已选用的学习计划和学习方法。这一步骤要求学生对监控结果做出反应，如果监控结果令人满意，可维持原有方法，反之则重新评价和修改原有计划与方法，可以调整部分内容，也可以改变整个计划与方法。

（6）总结性评价

总结性地评价选用的学习计划与方法所达到的效果，作为这次学习的反馈与下次学习的准备。这一步骤要求学生对学习过程进行总结性评价，如果学习效果佳，说明原有学习方法与各种学习因素相互适合的程度高。

然而，一个学生即使拥有很多学习策略方面的知识，但他可能并没有尝试这些策略的意愿。因此，在强调学生学习策略的同时，需要鼓励自我调节的学习。自我调节的学习，是指在学习过程中学生积极主动地激励自己和使用适当的学习策略。自我调节强调学生完全能够使用各种不同的学习策略和动机策略来促进自己的学习，面对一个学习任务，学生能设置管理目标，应用先前知识，考虑可选策略、设计实施计划，遇到困难时考虑相近的策略等等，以此来监视和控制他们的行为。学习策略是一种包含认知策略、元认知策略和资源管理策略的过程性知识，自我调节的学习则是积极使用学习策略的过程和能力。

三、优选内容

广义上的教学内容是指教师与学生在教学过程中为了实现教学目标而有意传递的信息和行为的总和。这种相互作用体现在师生双方的知识、技能、理念、思想、行为习惯等方面，一般包括课程标准、教材和课程等等。狭义上的教学内容一般指教师使用的教材，英语教师通常考虑的教学内容是对知识点的把握以及对语言知识的教授方法。教师与学生可以合理地利用教材教学，对教材内容进行优选，合理编排组织教学过程。使用教材进行教学的过程还包括引导、示范、动机培养、方法指导、价值判断、概念规范等，包含了师生在教学过程中的全部实践活动。

教师在使用教材的时候，可根据具体的教学目的、宏观的学习需求、学生个人需求和资源条件来调整教材的内容，还要根据教学目标来选择知识内容，以话题为中心选择教学内容。教学过程中应选择典型的、有代表性的、常用的知识作为主要教学内容，一些少用的、不会影响交际的知识可以做隐性处理。语言现象的深度和广度处理要依据教学目的来进行。在听说读看写语言技能上，技能教学要以技能知识为主，其教学内容侧重显著性技能知识。教学内容还应关注非语言内容的选择，比如策略知识、图式知识和文化知识等等。

通常，英语教师在教学中的教学内容重在词汇的教学、语法的教学、知识和技能的教学。2017年版《普通高中英语课程标准》和2022年版的《义务教育英语课程标准》更新了课程内容，强调英语以学科大概念为核心，使课程内容结构化，以主题为引领，使课程内容

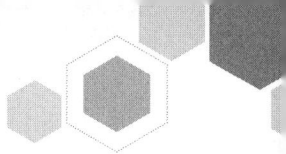

情景化，从而落实英语学科核心素养。两个版本的课程标准中课程内容均包含主题、语篇、语言知识、文化知识、语言技能和学习策略六个要素。

六个要素之间的关系是相互关联和相互依赖的。主题是课程内容的中心思想或话题，它贯穿于整个课程，为学习者提供学习和表达的背景和目标。语篇是基于主题的语言组织形式，它包括听、说、读、写等各种语言表达形式，通过语篇的学习，学习者能够实际运用语言进行交流和表达。语言知识是课程中包含的语法、词汇、语音等语言要素，它是语篇学习和语言技能发展的基础。文化知识是指学习者在学习英语的过程中，了解和认识英语所属的文化背景和相关的文化知识，通过学习文化知识能够更好地理解和运用语言。语言技能是指学习者在听、说、读、看、写等方面的能力，通过学习语言技能，学习者能够运用语言进行交际和表达。学习策略是为了促进学习者在学习英语过程中的主动性和积极性而提供的一系列学习方向和方法。通过学习策略，学习者能够更好地进行英语学习和提高自己的学习效果。

这六个要素之间相互交织，相互支撑，共同构建了英语课程内容，使学习者能够全面发展并提高英语学科核心素养。图 2-1 为课程标准中课程内容六要素在义务教育阶段与普通高中阶段的对比。图片来自 2022 年版《义务教育英语课程标准》和 2017 年版《普通高中英语课程标准》，有意思的是，义务教育阶段课程内容结构图的中心使用的是太极图案，凸显了中华传统文化元素，语言知识和文化知识共同形成了太极图上的两点，成为核心要素。

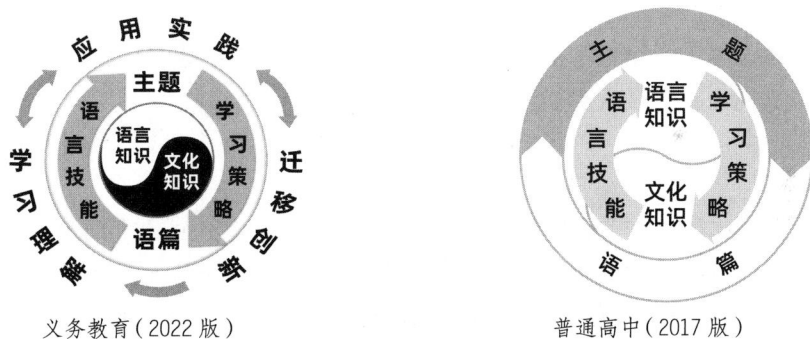

义务教育（2022 版）　　　　　普通高中（2017 版）

图 2-1　义务教育英语课程内容结构图与普通高中英语课程内容图

第二节　影响教学的四要素

一、教学目标

2017 年版《普通高中英语课程标准》和 2022 年版《义务教育英语课程标准》均明确了英语教学内容从基于综合语言运用能力设计向基于英语学科核心素养设计的转变。以往的英语教学内容涉及五个教学目标，除语言知识和技能以外，还包括文化意识、学习策略和情感态度的内容，未能明确各要素之间如何协同对综合语言运用能力产生影响。修订后的课程标准优化整合了原有的课程目标，提出了由语言能力、文化意识、思维品质和学习能力四要素构成的英语学科核心素养目标。语言能力的发展带动并渗透对文化意识、思维品质和学习能力的发展，而文化意识、思维品质和学习能力的发展又反过来促进语言能力的进一步提升。从教育的角度看，教学内容不能局限于教材内容，英语学科核心素养超越了综合语言运用能力的要求，将语言、文化和思维有机地融合，为实现立德树人和学科育人构建了具体可行的框架。语言能力构成英语学科核心素养的基础要素，文化意识体现英语学科核心素养的价值取向，思维品质体现英语学科核心素养发展的心智特征，学习能力构成英语学科核心素养发展的重要条件和保障。课程标准修订前后，关于课程目标的调整见图2-2。

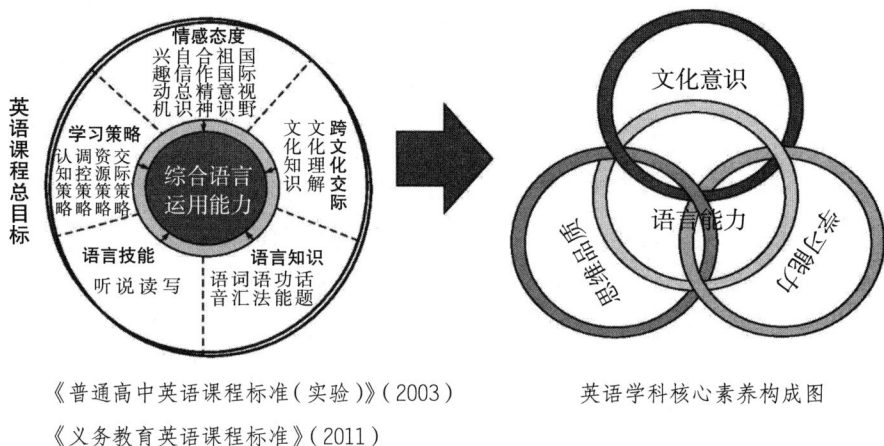

《普通高中英语课程标准（实验）》（2003）

《义务教育英语课程标准》（2011）

英语学科核心素养构成图

图2-2　五目标与四素养

2017年版《普通高中英语课程标准》指出普通高中英语课程的总目标是"全面贯彻党的教育方针，培育和践行社会主义核心价值观，落实立德树人根本任务，在义务教育的基础上，进一步促进学生英语学科核心素养的发展，培养有中国情怀、国际视野和跨文化沟通能力的社会主义建设者和接班人"。具体目标是"培养和发展学生在接受高中英语教育后应具备的语言能力、文化意识、思维品质、学习能力等学科核心素养"。普通高中英语学科核心素养各要素的发展分为三个水平等级，有各自对应的具体要求。

以往的教学目标，淡化了英语学科的育人价值。课标修订后，英语不仅是教授语言知识和技能的学科，还是促进学生心智、能力、情感、态度、品德、社会责任等方面发展的学科。这是从英语的工具性和英语学科人文性两个角度来设置英语课程的目标。英语教育，不仅要考虑帮助学生掌握英语综合运用能力，还要考虑学生在英语学习的过程中是否具备文化判断力，是否养成良好学习习惯和学习态度，是否拥有关键技能和必备品格。

语言能力是指在社会情景中借助语言进行理解和表达意义的能力。除了有关英语和英语学习的一些意识和认识之外，语言能力还包括应用英语语言知识建构和表达意义的能力。语言学习的核心活动应该围绕听、说、读、看、写等日常生活中的真实活动来设计，这样才能

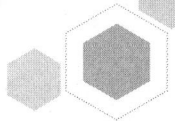

更好地理解和表达意义。英语教师要帮助学生建立语言意识，引导学生对语言形式、意义、社会功能等方面的认识，同时采取积极有效的方式方法帮助学生大量接触和使用语言，形成较强的英语语感。

文化意识指对中外文化的理解和对优秀文化的认同，是学生在全球化背景下表现出的跨文化认知、态度和行为取向。语言是文化的载体，语言学习离不开对文化态度和价值观的分析与判断。学习英语的过程本身也是增进国际理解和形成跨文化意识和能力的过程。学生在英语学习过程中要接触大量的英语国家社会现象和文化背景，英语教师应引导学生对获取的信息加以思考，为不同的文化信念寻找合理性解释，帮助学生在对语言和文化进行比较、分析、批判和评价的基础上形成正确的文化认知、态度和判断力，这有助于坚定文化自信，树立正确的文化价值观。

思维品质指在思维的逻辑性、批判性、创新性等方面所表现的能力和水平。语言与思维的关系十分密切，学习和使用语言需要借助思维，而学习和使用语言又能进一步促进思维的发展。使用英语进行理解和表达的过程，不仅是通过思维能力进行识别、理解和推断的过程，而且有利于学生逐渐形成使用英语进行思维的习惯。学生在这过程中通过获取、梳理、概括、整合、比较、分析、批判、评价等各种思维活动，提炼事物共同特征，借助英语形成新的概念，有利于树立文化自信并形成正确的价值观念，从而加深对世界的认识。

学习能力指学生积极运用和主动调适英语学习策略、拓宽英语学习渠道、提升英语学习效率的意识和能力。学习能力的发展必须基于学生对英语学习策略的有效运用和迁移。这些策略包括元认知策略、认知策略、交际策略和情感策略。策略的有效运用是构成学生学习能力的基础，也是他们终身发展必备的能力。但是学习能力不限于学习方法和策略，也包括对英语和英语学习的一些认识和态度。学会学习既要注意策略和方法，还要学会监控方法和策略的使用情况并学会评估使用效果。同时，教师还要注意引导学生学会调控个人情绪和情感，在语言实践活动中，注意交际的方式和得体性。

二、教学方法

教学方法首先是英语教师教学经验的规律性总结，教师既是创造者又是使用者，但是教学方法又不是单纯的教学经验总结，而是基于反思提升并在教育学、心理学、语言认知规律等理论指导下的具有能动性的教学策略。实际上，每个英语教师都在自觉或不自觉地使用着某种或好或坏的教学方法，如果仅凭着个体经验的总结而产生教学方法，教学就更有可能盲目、低效、不科学。英语教师如果认真钻研教学理论，学习好的教学法，通过反思提高就可以用较少的时间和精力，取得最佳的教学效果。英语教师专业水平的高低并不一定与教学效果成正比，这其中的关键因素在于教师是否能认真钻研并善于应用良好的教学方法。

通常教学相长指教师在教学的同时应该促进专业知识和教学方法的学习。教学相长的另一层含义是教师的教学和学生的学习是互相作用的，教学方法应该包括教师教的方法和学生学的方法。英语教师如何教影响着学生如何学，学生的英语学习体验大都是从英语教师的课堂教学中来的，一个好的教学方法不仅影响教学任务的完成，也影响着学生用什么样的学习方法去掌握知识，这影响着学生学习能力的发展。同样，学生用什么样的方式去学习和掌握知识也会影响教师教的方法，好的学习方法也会影响教师教学方法的改进。教学方法应该是教师教法和学生学法的高度统一。因此，教学方法是在教学过程中，教师和学生为实现教学目的、完成教学任务而采取的教与学相互作用的活动方式的总称。

英语教学方法首先受到教学内容和教学目标的影响，教学方法从听说法、翻译法到交际法（CLT）、任务型教学法（TBLT）等说明了这一点。教学内容和教学目标的改变或提升都带来教学方法的相应改变。教学方法也受到认知规律、学生的年龄特征和语言发展水平所制约，必须做到因材施教，依据语言水平和学生需求施教等，教学中需要及时调整修正或采用新的教学方法。此外，教学方法来源于教学实践的经验总结，具有相对的独立性，反映了教学的客观必然性。教学方法同时又具有继承性，应该批判吸收中外行之有效的教学方法并在新的时代赋予它新的内容。教学方法既是科学的规定性和规范化的方式，又是一种在实施中完成的教学艺术，教学方法的应用要根据教学对象、教学内容、教学条件、学习环境等因素创新发展，教师需要努力根据自己的个性特点形成独特的教学风格。

整体而言，教学方法是效率科学，影响着教学的有效性和教学质量。好的教学方法对实现教学目标、完成教学任务、提高教学效率和质量、减轻学生学习负担等都具有重要意义，教学方法应用得当可以起到事半功倍的教学效果。课堂上的教学方法涉及课堂变量，良好的教学方法能激发学生积极的学习动机，维持学生的注意和兴趣，强化和调节学生的行为，解决可能妨碍教学的智慧问题和情绪问题，给学生的学习带来满足感。良好的教学方法是实现英语学科核心素养和课程目标的重要保证。

三、学习过程

根据现代心理学研究，学生的学习活动在心理发展方面可以分为认知的发展和情感的发展两个方面。认知发展是整个学习过程的主线，而情感的发展伴随着认知的发展并反过来影响认知发展水平。

美国教育心理学家加涅（Robert Mills Gagne）将学习过程分为八个阶段，并为每个阶段设定了相应的教学事件。在这个过程中，学生对外部环境的刺激进行内部加工。

动机阶段是学习之前的预热准备阶段，学生的学习动机或期望会影响整个学习过程。因此，教师在进行教学设计时，应分析学习动机和教学目的，设计合理的教案和学习方案，以激发学生的学习积极性和主动性。

领会阶段建立在学习动机的基础上，学生开始接受与学习相关的刺激。当学生将注意力集中在特定的刺激上时，这些刺激特征会被进行知觉编码并存储在短时记忆中。为了帮助学生有效地进行选择性注意，教师应努力引起学生的注意，并确保外部刺激的特征能够轻易被分化和辨别。只有学生对外部刺激的特征进行选择性注意后，才能进入其他学习阶段。

习得阶段涉及对新获得刺激的知觉编码，并将其储存在短时记忆中。然后，这些信息经

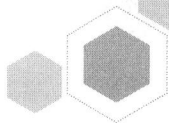

过编码加工后被转移到长时记忆中。当信息进入长时记忆时，需要经历一次编码的转换过程，以保持信息。教师可以提供各种编码策略，或者重点教授学生组织信息的方法，鼓励学生选择最佳的编码方式。

保持阶段是指学生将获取的信息储存在记忆系统中。尽管储存在长时记忆中的信息并不会随时间的推移而减弱，但一些信息可能会因长期不使用而模糊，另一些可能会因新信息或已有信息的混淆而受到干扰，使信息难以提取。因此，教师需要针对学习条件进行适当的安排，在遇到非常相似的刺激时，通过对比以区分它们的不同，减少相互干扰，间接地影响信息的保持。

回忆阶段涉及学生通过作业展示所习得的信息。信息的提取是必要的一步。教师可以通过各种方式提供线索，以增强学生的信息回忆。然而，最重要的是引导学生掌握为自己提供线索的策略，从而成为独立的学习者。教师要适当提供情境或线索，帮助学生将所学的知识和技能迁移到不同的情境中。

概括阶段是指学生将提取信息的过程应用于类似情境中的能力。教师希望学生能够将所学的知识应用于不同类型的情境中，以达到举一反三的目的。为了促进学习的迁移，教师必须让学生在不同的情境中学习，并提供在这些情境中提取信息的机会。此外，教师还应引导学生概括和掌握其中的原理和原则。

作业阶段是学习过程中必不可少的一部分，通过作业来反映学生是否掌握了所学内容。作业的一个重要功能是获得反馈，同时学生也可以收获对学习结果的满足感。通常来说，仅凭一次作业很难对学生的学习情况做出判断。因此，教师需要通过对多次作业的审阅才能对学生的学习状况进行评估。

反馈阶段发生在学生完成作业后。学生完成作业后，教师应给予反馈，让学生及时了解他们的作业是否正确，并强化他们的学习动机。在提供反馈时，教师不仅可以通过肯定或否定等方式来表达，还可以通过面部表情等微妙的动作来反馈信息。同时，在反馈过程中，教师也可以培养学生进行自我反馈。

加涅应用信息加工理论模拟学习过程的结构，思考了学生掌握知识、技能和形成能力的发展过程。其中动机和反馈在学生的学习过程中起着重要作用。缺乏学习动机将难以发挥学生的学习主动性和积极性，从而影响学习活动的顺利进行。如果在学习过程中忽视了反馈，学生将难以真正了解学习的结果，从而影响动机形成阶段的心理倾向。需要注意的是，只有当学生了解自己的学习结果时，才能进行自主性调控。愉悦的学习过程能对认知与情感起到积极强化的作用。

四、学习环境

教学环境和学习环境是相对的。对于教师而言，教学环境包括物理环境和教学方法等，而对于学生而言，学习环境则更广泛，不仅包括课堂和物理条件，还包括情感和社交环境等。学习环境是以学生为中心，促进学生主动构建知识意义和发展能力的学习空间，其中包括物质空间、活动空间和心理空间。学习环境需要各种信息资源和认知工具的支持。

（一）多维和谐互动

构建多维和谐的学习环境，需要注意师生之间的多维和谐互动。作为英语教师，应通过启发、引导和点拨等方式，引导学生使用英语进行思考、探索和语言体验。教师可以尝试将教材内容与互联网等相结合，创造相对真实的语言环境，以提升学习环境对学生学习和发展的正向作用。和谐的师生关系能够促使学生形成共同学习和成长的空间，良好的学习环境有助于学生分享学习资源、探索学习方式和使用学习工具。为了维护和谐的师生关系，教师应注意言行举止，尊重学生，平等对待学生，并注意培养学生的个性和共同体意识。一个能传递正能量的学习环境能够增强集体凝聚力，并使教师与学生形成一个享受教与学过程的共同体。

（二）激励系统

激励系统对于良好运作的学习环境至关重要。激励系统的构建应考虑学生的需求、年龄和心理特点。激励的目的是引导学生形成积极的情绪和行为，帮助他们培养良好的行为方式和习惯。激励机制应多元化，包括学生自我激励、教师激励和同伴间的互相激励。家长也可以是激励系统的一部分。

（三）评价系统

评价系统是维持良好学习环境的重要组成部分。了解学生当前的语言知识和技能水平后，教师应调整相应的教学干预措施，促进每个学生在原有水平上的发展，从而维持学习环境的平衡。评价系统应该是动态的，以培养学科核心素养为目标，通过了解、观察和测试学生多方面的能力来考察他们的综合语言运用能力，并评估学生的文化意识、思维品质和学习能力。

（四）规则意识

规则意识在学习环境中也很重要。即使在和谐的师生关系中，矛盾难免存在。为了解决矛盾，维护和谐，师生需要共同形成和遵守规章制度。规章制度是规则和契约精神的体现，教师和学生都可以参与并表达自己的意见和期望，达成促进有效学习的规章制度。一旦规章制度建立，师生双方都应严格遵守，坚持公平一致的原则，不根据时间、空间和学生个体的不同而有所区别。同时，规章制度的执行也需要教师具备执行力。

（五）舒适性和安全性

舒适性和安全性是有效学习环境的重要组成部分。学生只有在能够获得安全感、归属感和舒适性的学习环境中，才能全身心地投入学习，并努力维护这个学习环境。因此，学习环境需要创造有学习氛围、适合学习和交流，并具备良好学习设施的物理环境。同时，学习环境还需要提供精神层面的安全感，不能让学生有心理负担。在舒适和安全的学习环境中，学生可以自由地分享学习资料、学习方法和生活体悟，获得参与感和成就感。拥有舒适度和安全感的学习环境有助于学生与学校和教师沟通，并培养学生对学习环境的归属感。

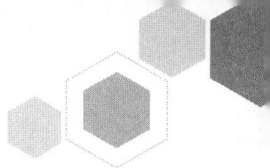

第三节　影响教师教学能力的六要素

一、教学经验

教师的教学经验对其教学能力有显著影响。经验丰富的教师更加熟悉学生的需求，能够更好地应对各种教学挑战。通过在教学实践中积累丰富经验，他们更深入地了解学生的学习特点与需求，更容易发现学生可能存在的问题并给予针对性的帮助。同时，经验丰富的教师在教学中也更加灵活多样化，能够根据不同学生的特点和学习方式进行个性化教学，协助学生更好地掌握知识和技能。

（一）课堂管理

经验丰富的教师在管理课堂和学生行为方面表现得更加熟练自如。他们通常能够更好地管理课堂氛围，有效掌握学生的学习状态和行为，确保学生能专心听讲并有效参与课堂讨论和活动。此外，经验丰富的教师还能够更好地应对突发事件和问题，保持冷静并及时有效地处理各种突发状况，确保教学秩序稳定。

（二）教学方法

在使用教学方法和策略方面，经验丰富的教师通常能够更好地运用丰富的教学工具和手段，设计更有趣、有效的教学活动和教学资源，协助学生更好地理解和掌握知识。同时，经验丰富的教师更熟悉教学的各个环节和流程，能够更高效地进行教学设计和组织，确保教学内容的连贯性和系统性。在实施教学过程中，他们还能更有效地调整教学策略，全面促进学生的学习和发展。

（三）技能训练

教学经验的积累可以通过教学微技能训练来获得。教学微技能是指教学中一系列细化的技能，包括教学活动设计、导入、讲解、提问、调控、学习支架构建、板书与媒体应用、结束以及评课等方面的技能。

通过针对这些微技能的专业培训和实践操作，教师可以逐步提高自己在教学中的表现和素质。例如，在教学活动设计技能方面的训练可以帮助教师更好地设计有针对性、生动活泼的教学活动，通过不同的教学方法和手段激发学生的学习兴趣和积极性。在提问技能方面的训练则可以帮助教师提出更具启发性和引导性的问题，促进学生的思考和讨论。

通过这些微技能的训练，教师可以更熟练地应对各种教学环节和挑战，提高教学过程的流畅度和高效性。同时，这些微技能的训练也能增强教师的教学信心和能力，使其能够更好地应对各种复杂的教学情境。

当然，要想获得丰富的教学经验，教师还需要通过实际的教学实践和不断的反思总结。只有在实际的教学实践中不断尝试和调整教学方法，才能逐渐积累起丰富的教学经验，提高自己的教学水平。因此，教学微技能的训练与实践相结合，可以帮助教师逐步提高自己的教学水平和积累丰富的教学经验。

二、教学方法和策略

英语教学的实际应用需要教师具备多种教学方法和策略，这些教学方法和策略的灵活应用对提高教学效果至关重要。教师需要不断磨炼自己的教学技能，充分运用不同的教学方法和策略，创设出丰富多彩的教学场景，引导学生积极主动地参与到英语学习中，促进学生的全面发展。

（一）多样化的教学技能

教师需要掌握多样化的教学技能，包括熟练掌握课堂管理技巧、灵活运用多种教学方法和媒体资源、善于设计具有挑战性和启发性的任务与活动、具备合作学习的组织和引导能力，以及在评估学生学习情况和调整教学策略方面的能力等。这意味着教师需要不断学习和提升自己的教学技能，积极参与教师培训和专业发展，保持对教学新理念和新技术的关注，从而不断完善自己的教学实践。

（二）运用多种教法

教师需要充分运用多种教学方法和策略，因为不同学生在学习英语方面的能力和兴趣各不相同。教师应根据学生的特点和需求选择合适的教学方法和策略。例如，针对语言较薄弱的学生，可以采用多媒体辅助教学；对于富有想象力的学生，可以采用任务型教学。此外，还可以利用小组讨论、角色扮演、情景模拟等方式，让学生在不同的教学场景中展现出自己的优势和特长，从而促进学生的全面发展。通过巧妙地结合不同的教学方法和策略，教师可以更好地满足学生的学习需求，激发他们的学习兴趣，提高教学效果。

（三）创设教学场景

教师需要创设丰富多彩的教学场景。通过灵活的教学方法和策略，教师可以创设各种形式的教学场景，如角色扮演、实地考察、多媒体展示等，使学生在生动活泼的情境中学习和体验。这能更好地激发学生的学习兴趣，引导他们积极参与到英语学习中。

（四）引导学生积极参与

教师需要引导学生积极主动地参与英语学习，促进学生的全面发展。通过教学方法和策略的巧妙运用，教师可以激发学生的学习兴趣，引导他们主动参与课堂活动，培养学生的自主学习和问题解决能力。这有助于学生积极主动地参与到英语学习中，促进他们的全面发展。

教学方法和策略的灵活应用需要教师通过专项教学训练来获得。教师也需通过教学实践来不断尝试和调整教学方法，逐渐积累丰富的教学经验，提高自己的教学能力。因此，教师需要将教学微技能的专业培训与实践操作相结合，运用具体的教学方法和策略，创设丰富多彩的教学场景，引导学生积极主动地参与到英语学习中，促进学生的全面发展。

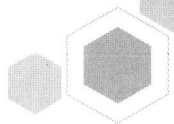

三、专业水平

语言能力和专业知识对教师的教学能力有着重要的影响。教师的语言能力对于教学效果至关重要。一名熟练的英语教师能够准确地发音和表达，能够向学生展示正确的语音和语法用法，从而帮助学生建立正确的语言模式。与此相反，一名语言能力较弱的教师可能会向学生传递错误的语言信息，导致学生掌握的语言不准确或不规范。

教师拥有良好的教育背景和专业知识通常能够更好地理解语言学习的规律和原理，能够结合教学实践运用这些理论知识来指导学生学习。他们更可深入了解语言习得的过程、语言教学的方法和技巧，以及如何根据学生的不同特点制订个性化的教学方案。这样的教师能够更有效地引导学生掌握语言技能，提高学生的语言水平。

教师的语言能力和专业知识是其教学能力的基础，需要不断提升和更新。随着社会的发展和变化，语言的使用和语言学习的方式也在不断变化。因此，教师需要通过持续学习和自我提升，了解最新的语言发展趋势和语言学习理论，以便更好地指导学生。教学理论和方法也在不断发展和更新，教师需要通过不断的专业培训和学习，了解最新的教学理论和方法。现代技术的发展也为语言教学提供了更多的工具和途径，如多媒体教学、在线教学等，教师需要不断学习并灵活运用这些新技术来提高教学质量。

此外，语言学科本身也在不断发展和演变，新的语言知识和研究成果也在不断涌现，教师需要不断学习更新自己的专业知识，以满足教学的需求。近些年来，语料库语言学、认知语言学等新兴的语言学理论已对语言教学产生了一定的影响，教师需要不断学习并将新的知识和理论应用到实际教学中。

教师的语言能力和专业知识是其教学能力的核心，为了更好地为学生提供教学服务，教师需要保持学习的热情，不断提升自己的语言能力和专业知识，了解最新的教学理论和方法，适应社会的发展和变化，提高自己的教学水平，以更好地培养和教育学生。

四、继续教育和专业发展

继续教育和专业发展是影响教师教学能力的重要因素之一。教师需要通过不断提升自身的知识水平、教学理念和技能来保持教学的活力和竞争力。

随着社会的不断进步和教育理念的更新，教学理论和方法也在不断演进和完善。参与各种培训、研讨会和学术交流活动，有助于教师了解最新的教学理论和方法，学习更科学、更有效的教学手段，从而提升自身的教学水平。

同时，科学的进步和学科知识的不断更新也促使教师不断充实自己的专业知识，通过持续学习来提升专业素养。语言学科的研究成果和教学法不断发展，教师需要不断学习新的研究成果和教学经验，以提升专业水平，更好地为学生提供优质教学服务。

现代技术的快速发展为教学提供了更多工具和途径，教师需要不断学习并灵活运用这些新技术，以提高教学效果。继续教育和专业发展也有助于教师完善教学技能，提高教学工具的应用能力，学习更多教学技能，拓展教学策略和方法，从而提高教学效率。

五、个人特质

个人特质对教师的教学能力有着深远的影响。教师的个人特质如耐心、责任感、好奇心和创造力，都会在教学中发挥重要作用。这些品质不仅能够影响教师的教学态度和方式，也会对学生的学习产生重要影响。因此，教师在培养自己的专业素养之外，也应该注重培养自己的个人品质，这样才能持续提高自己的教学综合能力。

耐心是教师必备的品质之一。耐心的教师能够倾听学生的问题，耐心解答学生的疑惑，并且能够耐心地指导学生克服困难，鼓励他们不断进步。耐心的教师能够更好地与学生建立良好的师生关系，创造积极的学习氛围，从而提高学生的学习效果。

责任感是一名优秀教师必不可少的品质。教师的责任感不仅体现在对教学工作的认真负责，还包括对学生的尊重和关心。责任感强的教师会为学生的学业成绩和全面发展负起更多责任，积极地关注学生的学习情况，及时给予帮助和指导，促使学生全面成长。

好奇心是激发教师不断学习和探索的动力。一个充满好奇心的教师会不断地探索新的教学方法和学科知识，积极地寻求解决问题的方法。通过与学生并肩探索知识，并将这些知识分享给学生，好奇心强的教师能够激发学生对知识的兴趣，带给他们积极向上的学习氛围。

创造力是教师创设丰富多彩教学环境的重要特质。一名富有创造力的教师能够设计丰富多彩的教学活动和课程内容，使学习过程更加生动有趣。他们会根据学生的学习特点和需求，灵活设计教学方式，激发学生的学习兴趣，提高学习动力。

六、教学资源和支持

拥有适当的教学资源并得到学校和同事的支持对教师的教学能力有着显著的积极影响。

教师拥有丰富的教学资源可以设计多样化、生动有趣的教学活动。教学资源可以包括教学媒体、教学工具、参考资料等。这些资源可以丰富教学内容、提高教学的吸引力和趣味性，让学生更好地理解和掌握知识。而且，教学资源的充足还可以帮助教师更好地进行个性化教学，针对不同学生的特点和需求开展差异化教学。

学校的支持可以帮助教师更好地专注于教学工作，同时提供安全、稳定的教学环境。学校可以提供相关的教学培训、专业发展机会，资助教师参加学术研讨会、课程研发等活动，从而帮助教师提升自己的教学能力。此外，学校的管理和组织也会对师生的教学活动起到一定的支持作用。

得到同事的支持可以帮助教师更加融入教学团队，互相体验和交流教学资源和经验，共同进步，形成更好的教学氛围。此外，同事之间的互相协作、共同合作也往往会为学校教学工作提供更多的机会和资源，促进教学质量的提升。

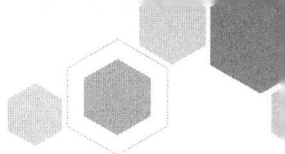

◆ **引导问题答案**

1. 教师在英语教学中扮演不同的角色，如何能够更好地根据学生的需求进行个性化教学？

教师可以更好地根据学生的需求进行个性化教学：首先需要了解学生的个性特点、语言能力和学习动机，以及他们在语言学习方面的优势和困难。通过建立良好的师生关系，教师可以与学生建立信任和合作，了解他们的学习风格和喜好，从而更好地调整自己的教学方式和策略。教师可以采用不同的教学方法、组织各种形式的活动，为学生提供多样化的学习资源，满足他们的多样化需求，并通过积极的反馈和激励，调动学生的学习积极性，使课堂教学更具针对性和有效性。

2. 在英语教学中，教师如何通过移情作用来影响学生学习？

教师需要设身处地，从学生的角度思考问题，体验学生学习的困难、情感反应和环境。教师应该关心学生的需求，展现出对学生的理解，从而打动学生的内心，激发他们的学习兴趣和动力。通过情感上的理解和共鸣，教师可以更好地设计教学活动，提供学生需要的支持和引导，促进学生积极参与学习活动，从而影响他们的学习效果和成长。

3. 针对英语教学中学生的不同年龄特点和认知特点，教师如何设计具有针对性的教学活动来促进学生的英语学习？

在童年期，教师可以利用学生感知对象靠近的特点，运用直观教具，帮助学生进行有目的的观察，引导学生结合实际场景进行英语句子教学。对于少年期的学生，英语教师可以以情景和交际任务等具体活动为主，鼓励学生参与课堂设计、组建团队，并且在教学上适当由学生参与控制。在青年初期，英语教师可以主动引导学生制定学习计划，细化学习目标，鼓励学生进行阶段性学习成果的展示，并通过反馈引导学生进行自我调控和修正。这样的教学设计更符合学生的心理发展特点，有利于激发学生的学习兴趣和积极性，从而提高英语学习效果。

◆ **再思考**

1. 如何在英语教学中建立良好的师生关系并体现人格平等和默契交流？

为建立良好的师生关系并体现人格平等和默契交流，教师可以采取以下措施：首先，教师应该尊重学生，关心并倾听学生的需求和意见，建立相互尊重、信任和友好的师生关系。其次，教师在教学中应设身处地，以平等的态度对待学生，处理学生事务时要公平公正。此外，教师应当观察学生，了解学生的特点和情感体验，通过非言语交流和观察来实现默契交流。最后，在课堂教学中，教师需要保持良好的教学心态，保持积极的情绪，创造精彩有趣的课堂，吸引学生的注意力，从而促进师生之间的默契交流。

2. 如何针对不同年龄阶段的学生，提高英语教学中的互动性和参与度？

为了提高英语教学中不同年龄阶段学生的互动性和参与度，教师可以采取一些具体的措施。对于童年期的学生，教师可以设计富有趣味性和互动性的语言游戏和角色扮演活动，使学生在轻松的氛围中积极参与英语学习，增强他们的参与度。对于少年期的学生，教师可以鼓励学生进行小组合作项目和讨论，在活动中培养学生合作的能力，增强互动性。针对青年初期的学生，教师可以设计开放型课堂讨论，鼓励学生展开独立思考，并鼓励学生分享和交流自己的意见和见解，在课堂上强调学生的主体地位。这些教学策略有助于激发学生的学习积极性，提高参与度，促进英语学习效果的提高。

3. 如何构建良好的学习环境？

构建良好的学习环境需要注重师生之间多维和谐的互动，以学习者为中心，促进学习者主动建构知识意义、发展学习能力。同时，学习环境的良好运作需要有激励系统保障，激励系统应该考虑学生的需求及其年龄特征和心理特征，提倡多元化激励，并注重过程性激励。此外，维持良好的学习环境离不开相应的评价系统，评价系统应该与教学方式协调，注重动态评价方式，并关注学生的文化意识、思维品质和学习能力。在维护学习环境的规则方面，应建立规章制度，并确保师生之间的执行力，不能无原则地妥协。另外，有效的学习环境还需要关注舒适性和安全性，为学习者提供舒适、安全、适合学习和交流的物理环境，并增强集体凝聚力，使教师与学生形成一个享受教与学过程的共同体。综上所述，构建良好的学习环境需要多方面的努力和保障措施，包括师生之间的互动、激励、评价、规则、舒适性和安全性等方面。

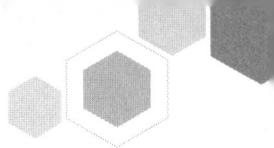

第三章　英语教学微技能概述

※ **本章要点**

1. 三种教学技能的区分

2. 教学微技能的细化和专注

3. 教学微技能的训练进程

4. 教学的四种境界

※ **引导问题**

1. 英语教学微技能有哪些？它们的程序性特点对教师的教学有什么影响？

2. 教学的四种境界中，自动化教学和直觉教学有何区别？

3. 教学反馈的作用和方法有哪些？如何通过反馈来提高教学质量？

第一节　英语教学技能的层次

教学理论知识不等同于教学技能，而是教学技能的基础。教师需要通过对理论知识的理解与应用来培养相应的教学技能。然而，理论知识的应用需要通过反复实践、反思和提升才能转化为具体的教学技能。教学技能的表现形式与教学理论不同，教学技能不像教学理论那样直观，而是作为形成教学综合能力的中间环节，在教学过程中体现出教师的动态行为。教学理论知识的应用需要通过使用技能来展现，例如语言的模仿、正负迁移和创新应用等。仅仅停留在理解层面的理论知识无法发挥应有的作用，需要通过理论引导实践训练来形成具体的教学技能。

教学技能是将教学理论应用于教学实践的具体行为方式。如果英语教师对于教育学、语言学、心理学和教学法理论，仅仅能够复述讲解一些教学原则，而无法掌握运用这些理论知识的教学技能，他们的教学能力将难以提升。教学技能是教学能力形成的中间环节，是教学能力发展水平的体现，教学技能的形成可以促进教学能力的提高。

因此，教学技能是教师在教学实践中运用语言教学理论、专业知识、教学经验等所采取的一系列教学行为方式。这些行为方式是教学理论、教学原则和教学策略的具体展示。英语教学技能以课堂教学为载体，旨在帮助学生掌握语言基本知识、语言基本技能、语言学习策略，并受到情感陶冶和文化共识的影响。这些技能具体体现了英语教师在课堂教学中所采取的具象化行为，如教学理念、教学模式和教学方式等。英语教师通过专业的教学实践，将理论知识转化为教学技能，以提高教学质量。

教师需要通过专项教学训练才能形成教学技能，这些训练旨在让教师掌握特定的教学方法和技能。从教师的职业共性看，英语教师首先应该具有教师的职业技能。从学科教学的特点看，英语教师应该具备语言教学技能；从课堂教学过程的效率看，英语教师更需要提升课堂教学微技能。

一、教师职业技能

除了学科教学特点，英语教师首先需要具备作为教师的共性素养：良好的师德修养，要求教师热爱教育、关爱学生、以身作则；深厚的知识修养，要求教师具备精深的专业知识和广博的知识基础；较强的能力素养，包括了解学生的能力、教育教学能力、语言表达能力和教育科研能力；健康的心理素养，涵盖广泛的兴趣、真挚的情感和坚韧的意志。除了思想、知识和心理方面的共性教师素养，所有教师还需具备一些共性的教学能力素养，如教态、音量控制、板书、备课、写教案、组织教学等，这些是一名教师必备的综合素养，即教师职业技能。

教师还需要具备创新能力和教学设计能力。教师需要不断学习，掌握最新的教学理念和方法，能够设计富有创意的教学活动和内容，激发学生的学习兴趣。同时，教师还需具备教学评估能力、团队协作能力和沟通能力。教师需要全面评估学生的学习情况，包括课堂表现、作业完成情况、考试成绩等，并及时调整教学方案，帮助学生解决学习困难。教师还需与校内其他教师、家长及学生建立良好的沟通渠道，共同促进学生成长。

基于英语学科特点，英语教师除具备以上教师的共性素养外，还需要教学生英文书写，通过教唱英语歌曲培养学生的兴趣和语感，组织游戏活动，制作教具，进行命题等。英语教师应该具备的职业技能包括英文书写及教学技能、英语歌曲教唱技能、英语游戏组织技能、常规教具制作技能、课件制作技能、备课和写教案技能、学期计划制订技能、作业布置与批改技能、课外活动组织技能和命题测试技能。这些属于英语教师的基础教学技能。

此外，英语教师还需要具备跨文化交际能力。在教学中，教师需要理解不同文化背景的语言使用习惯，尊重多样性，帮助学生培养跨文化交际能力。

一名优秀的英语教师需要具备全面的教学能力素养，不仅要有扎实的语言知识和教学技能，还需要具备跨文化交际能力、创新能力、教学评估能力、团队协作能力等综合素养，这样才能更好地完成教育教学工作，帮助学生取得更好的学习成绩和发展。

二、语言教学技能

英语教师的首要教学目标是提升学生的语言能力。语言能力是指使用语言进行理解和表达意义的能力，其具体表现为听、说、看、读、写。听、读、看是信息输入，说、写是信息输出。语言能力包括语言知识、语言意识和语感、语言技能、交际策略等。

为了使学生具备使用英语的能力，英语教师必须具备语言教学技能，帮助学生学习、提

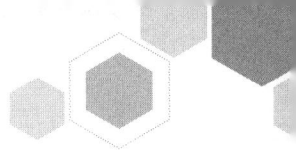

升和掌握听说读写的语言技能。在基本的英语教学层面上，教师需要做好听、说、读、看、写的教学，其中涉及词汇、句法、篇章和结构等。换句话说，英语教师需要在词汇教学、语法教学、听力教学、口语教学等方面做出努力，从而提高学生综合使用英语的能力。

具体而言，英语教师需要具备以下语言教学技能：

（1）语音教学技能：包括发音、语调、语音连读等。教师需要教授学生正确的发音和语音规律，帮助学生提高英语听力和口语交流能力。

（2）词汇教学技能：涉及词汇的选择、教学方法、词汇量的掌握，以及激发学生对词汇学习的兴趣。教师需要设计多样化的词汇教学活动，帮助学生扩展词汇量，并能够灵活运用。

（3）语法教学技能：包括语法知识的传授、语法规则的讲解和练习，以及如何帮助学生理解和应用语法知识。教师需要设计生动有趣的语法教学课程，提升学生对语法的理解和应用能力。

（4）听力训练组织技能：教师需要设计各种听力材料和活动，培养学生的听力技能，提高他们的听力理解能力和快速应对能力。

（5）口语训练组织技能：包括发音、语速、流利度、表达能力等的训练。教师需要帮助学生克服语音、语法障碍，提高他们的口语表达能力。

（6）阅读训练组织技能：教师需要设计各种阅读活动，引导学生掌握快速阅读技巧和阅读理解能力，培养学生对英语文本的理解能力。

（7）写作训练组织技能：包括写作结构、语言表达、文章逻辑等方面的训练。教师需要指导学生掌握写作技巧，提高他们的写作表达能力。

这些语言教学技能是建立在教师职业技能基础上的学科教学技能，需要教师通过实践不断提升自己的技能水平，以更好地帮助学生学习英语。

三、课堂教学微技能

英语教师的教学能力结构是一个多要素、多层次的动态系统，既可以分解，又可以组合。这些教学能力需要在长期的教学实践中逐步形成并逐渐完善。课堂教学需要英语教师不断提升自身的素养，在语言教学的实践中总结经验，以改进教学技巧，进而充分发挥教学能力结构的整体功能，有效提高英语教学质量。教师的课堂教学行为是一个系统化的复杂行为，把握一整节课的教学并非易事，因此需要将整体的课堂教学能力进行分解简化。分解简化教学能力的目的是使教师更容易掌握单项技能，学会整合技能，从而形成综合的教学能力。大的教学技能既可以分解，也可以重新整合。采用这种教学微技能的方式来提升教师的教学能力是经实践验证的有效途径。这种方法的好处是可控度高、易于训练，便于快速提高教学综合能力。

英语课堂教学的典型技能可以分解为以下微技能：教学活动设计技能、导入技能、讲解技能、提问技能、调控技能、学习支架建构技能、板画与媒体应用技能、结束与强化技能、评课技能等。

教学微技能不是教学的片断或环节，它是完成具体教学任务的动作或心智活动的方式。英语教学微技能指的是完成某一特定技能的一类有效教学行为。这种行为通过讨论、反馈、监控等方式来确保技能的高效运用。英语课堂教学是一个十分复杂的活动，根据课堂教学过程中教师行为的特点，教学技能可以分为不同的微技能。它们是具有特定功能特点的一类教学行为方式，统称为教学微技能。这些教学微技能的有机组合构成了完整的课堂教学能力。

教学微技能并不是教学原则的要求，它们是为了综合提高教学能力而针对单项教学活动设置的有效教学行为，是将教学理论与实践有效衔接的重要纽带，促进了教学理论的贯彻实施。在实践中不断运用这些微技能有利于教师的教学能力得到实质性提升。教学微技能也可以理解为课堂教学中与教师特定意图相关的有意性行动，它体现了教师在教学过程中的目的性和策略性。

教学微技能是在课堂教学中具体有效的教学行为，如提问技能、导入技能、板画与媒体应用技能等，包括动作技能和心智技能，其中心智技能起着主要作用。动作技能指的是具体的教学操作，如板书书写、课堂引导等；而心智技能涉及教师的认知和思维能力，包括教学设计、语言表达、问题解决等。这两者相互交织，但心智技能在教学微技能中的作用更为重要，因为它涉及教师的思考、决策和引导学生的能力。这些微技能的应用可以使教师更精确地引导学生的学习，更准确地实现教学目标，促进课堂互动，提高学生学习的积极性，有助于提升教学过程的质量。

教学微技能不会自发地产生，它们需要在学习现代教学理论的基础上，通过对这些理论的实际应用和丰富的教学实践进行反复训练才能逐渐形成。教师需要将理论知识与自身实际教学相结合，深入理解并专业应用教学理论和技能。同时，教学微技能需要通过反复训练才能巩固和提升。只有通过长期的实践探索和训练，教师才能逐渐将这些技能内化为自己的教学能力，形成有效应对各种教学挑战的能力。

第二节　英语教学微技能的特点

一、实用性与适用性的结合

英语教学九项微技能是在实际教学活动中提炼出的实用性教学技能，不仅可作为教学理论或教学方法论的研究主题，还是一套可供教师操作的指导方针。如教学活动设计技能和学习支架建构技能能确保教学内容贴近学生需求，使学习更具针对性，从而提高学习效果和体验；提问技能和调控技能使教学互动更为灵活，引导学生参与并激发其学习主动性；媒体应用技能和板书、简笔画的运用可提升课堂教学的趣味性和生动性，激发学习兴趣并促进多种感官参与，有利于加强学习效果；结束与强化技能和评课技能有助于全面评估教学效果，发现问题并改进，实现教学过程的优化与提升。

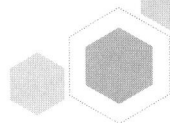

九项微技能的实用性体现在它们为教师提供了更具体、更有针对性的教学操作指南，有助于优化教学设计和实际操作。教师通过运用微技能，能更有效地设计和组织教学活动，提升学生的学习效果。这些微技能是语言教学的具体表现形式和组织形式，是各项语言教学技能的基础技能。其实用性源于其可实施性，易于在教学活动中操作实行。微技能的提炼总结对新手教师有指导作用，也为经验丰富的教师提供一个参照、思考、提炼、提升的平台。微技能是对真实教学技能的细化分解并总结提炼出的共性基础技能，与英语教学紧密结合，可即学即用，对教学过程产生积极效果。

　　由于其广泛适用性和易操控特点，教学微技能已成为适合各层次英语教师学习的重要资源。无论是口语、语法、阅读、写作还是听力等方面的语言教学，都可以从教学微技能中受益。例如，针对口语教学，提问技能、导入技能和支架建构技能等微技能可以帮助教师更好地引导学生练习口语表达；而在阅读教学中，学习支架建构技能和媒体应用技能则能提高阅读教学效果。

　　对于职前师范生来说，学习并训练教学微技能有助于更快更好地掌握教学基本技能，为适应教学实践、提升教学质量打下基础。对于在职教师，通过教学微技能的运用和学习，可提升自身教学水平，改进和完善教学实践。教学微技能的灵活性使其适用于不同风格和类型的教学，教师可根据自己的教学风格和学生需求选择并应用相应的微技能，实现个性化教学。

二、大技能与小技能的配合

　　从语言教学的角度来看，语音教学技能、口语教学技能、语法教学技能、阅读教学技能等这些相对大的技能是由教学微技能构成的，小技能是从实际教学的大技能中分解提炼出来的，更有利于操作。通过实践总结提炼出来的九项英语教学微技能包括教学活动设计技能、导入技能、讲解技能、提问技能、调控技能、学习支架建构技能、板画与媒体应用技能、结束与强化技能和评课技能，技能的细化和分解有助于教师更好地操作并将其应用在实际的教学中。这些微技能在各个大的教学技能中都有其独特的应用和作用。例如，在语音教学中，教学活动设计技能和调控技能有助于设计并实施有效的发音训练活动，学习支架建构技能则可以帮助学生系统地习得语音的发音规则和技巧。在口语教学中，讲解技能和提问技能对于引导学生进行口语表达以及纠正发音都至关重要。而在语法教学中，导入技能和提问技能可以帮助学生更好地理解和掌握语法知识。阅读教学中涉及的板画与媒体应用技能，以及评课技能都是必不可少的。

　　以阅读教学为例，阅读前必须要做好阅读的活动设计，重在培养和提升学生的英语阅读能力而不是测试学生的阅读能力；阅读前的导入工作，能引发学生思考，引起学生对主题的兴趣，帮助学生做好下一步的阅读理解；适时适度建构学习支架，帮助学生进一步探索文本；板画与媒体应用技能协助教师在阅读中使用视觉辅助来帮助学生降低对文本的理解难度。这是大的语言教学技能与小的教学技能的配合。教学微技能如提问技能，从大的范围来讲，属于微技能，但在微技能层面，提问技能还包括提问与位移的关系、提问与提问频率的关系、提问与学生水平的关系、如何使用提问类型等这些更小一点的技能，从这方面来说，英语教学微技能本身相对而言也是大技能和小技能之间的紧密配合。

教学技能的细化和专注有助于教师更好地应对各种不同的教学场景和学生需求，提高教学的效果。此外，教学微技能也有助于帮助教师不断提升和完善自己的教学能力，培养敏锐的教学观察力和反思能力。

三、程序性与自控性的组合

陈述性知识（declarative knowledge）是指对事或信息的了解，即我们知道的"是什么"，比如知道英语单词的意思、语法规则等。例如，学生掌握了"cat"这个词是"猫"的意思，或者学生掌握了英语中动词的过去式时态的表达。程序性知识（procedural knowledge）是指具体的技能或操作步骤，即知道"如何做"，比如发音技巧、语法应用等。例如，学生学会了如何正确地发出单词"cat"中的 /æ/ 音素，或者学生学会了如何正确运用过去时态构造句子。

在英语教学中，陈述性知识包括了英语词汇的意义、句子结构、语法知识等；而程序性知识包含了英语口语表达的技巧、听说读写的训练方法等。通过综合运用这两种知识，学生可以更全面地掌握英语的语言知识和技能。

教学微技能是陈述性知识与程序性知识的相互作用，重点借鉴了程序性知识中的"怎么做"的概念，也就是说教学微技能的程序性指的是教学微技能的具体实施步骤。教学微技能是细化后的技能，由于是分解的技能，容易从类型划分、行为分析、构成要素等方面入手建立一套操作流程，形成具体实施步骤，这就形成了教学微技能程序性的特点。教学微技能的程序性特点使得教师可以从具体的操作步骤和技能要素入手，有针对性地进行教学技能的训练和提升。例如，针对提问技能，教师可以根据不同类型的问题、提问频率、学生水平等分解出具体的操作步骤，并逐步进行训练，以提高提问的效果和指导学生思考。

程序性特点也意味着教学微技能容易进行反复训练。教师可以通过反复模拟和实践，逐步熟练掌握和应用这些微技能，从而使得这些技能更加娴熟和灵活地融入实际的教学活动中。由于程序性的特点使得教学微技能更具体化，教师可以更清晰地设定和理解每个微技能的教学目标，从而更有针对性地进行教学实践，并及时进行评估和调整。这有助于提高教学效果，确保教学微技能的实际应用能够达到期望的教学效果。

教学微技能的程序性特点为教师提供了有序、系统的方法来学习和应用这些技能，依据这些具体的操作步骤，教师可以通过反复训练来获得教学微技能。程序性使得教学微技能变得有章可循，更为具体化，教师可以按照步骤逐步达成微技能的教学目标。同时这些步骤也成为评价教学微技能的要点，依据这些操作过程中的要点，便于微技能的测评。

把握测评的要点之后，教师可以把自己的教学行为与操作流程中的评价要点进行参照对比，这也可以形成一种自控性的行为。有些教学行为难以进行自我控制，是因为没有具体的量化标准，多数依照主观的意识进行判断，自控行为难以把握。在了解具体要点的基础上，教师可以进行更深入的自我反思和调整，有效地识别出自己教学中存在的问题，并有针对性

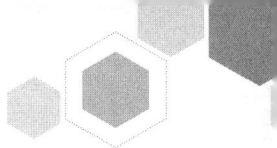

地进行改进和提升，从而形成一种持续的自我发展态势。

将教学微技能的程序化与教师的自控行为结合运用，有助于提高教师的教学水平和教学效果。这种结合可以促进教师的行为反思、成长和发展，同时也有助于优化教学过程，更好地实现教学目标。教学微技能的程序化是教师教学行为自控的参照，二者的组合运用有利于教师的教学行为反思和快速提高。

四、专项性与灵活性的整合

语言教学活动的组织过程需要具体化且更细化的技能来支持，这些特定的教学行为构成了语言教学过程中各种不同领域的专项技能。分解英语教学过程可提炼出共性的教学专项微技能，如教学活动设计技能、导入技能、讲解技能、提问技能、调控技能、学习支架建构技能、板画与媒体应用技能、结束与强化技能和评课技能。这些专项微技能是在语言教学技能下面具体的、可以被操作的共性行为。对于英语教学而言，专项微技能都是语言教学的具体操作，其运用效果决定着方法论的具体运用和语言教学技能的质量。这些特定教学行为服务于具体的教学活动，如专项微技能中的提问技能，包含提问的要素、问题的类型、组织方式、提问的时机、提问的对象和策略等，细化专项微技能的目的是易于掌握、便于应用，有利于教师自动化教学的形成。

专项的教学微技能在教学活动中必须具备灵活性，可以与其他技能进行自由组合、灵活运用。根据具体的课型、学生语言水平、教学媒介等来进行调整，才能更好地实现教学目标。举例来说，如果教学活动涉及多媒体教学，教师需要灵活运用板画与媒体应用技能，结合讲解技能和提问技能，通过多媒体展示相关内容，并提出引导性问题，激发学生思考，同时进行详细的讲解。而在口语教学中，教师可能会更多地运用导入技能和提问技能，引导学生自由表达，激发他们的口语交流能力。此外，根据学生的语言水平和课型特点，教师也需要根据具体情况调整这些技能的运用。对于初学者，可以更多地运用导入技能和讲解技能进行详细的讲解和示范；而对于高水平的学生，可以侧重于提问技能和调控技能，引导学生开展更深入的讨论和思考。灵活运用这些专项教学微技能可以帮助教师更好地适应不同的教学场景和学生需求，达到更好的教学效果。

教学微技能是细化后的教学技能，各单项微技能可以帮助教师在特定的教学环境中实现具体的教学目标。正因为如此，单独使用单项微技能容易偏离整体教学目标，必须要有其他的教学微技能互相整合才能达到更好的教学效果。如果教师只使用讲解技能，可能会导致学生过度被动，缺乏参与和思考。但是，如果将讲解技能与提问技能相结合，教师可以在讲解的过程中适时提出问题，引导学生思考，在交流中加深对知识的理解；如果再进一步加入调控技能，老师可以根据学生的反馈和参与情况，调整和引导教学内容，使教学更加灵活和贴近学生的需求。

因此，教学微技能需要相互整合，以便在教学过程中准确地应对不同的学习情况，并确保整体教学目标的达成。只有综合使用微技能，使其互为作用，才能实现更好的教学效果。

五、模拟性与真实性的融合

教学微技能是从教学实践中提炼出来的，其训练过程实际上是一个模拟教学活动的过程。微技能如提问技能、导入技能、结束与强化技能、学习支架建构技能等来自真实课堂，并且已经形成了程序化，相对于真实的课堂教学活动而言，教师获得技能的过程相当于依据这些程序化知识来反复实践的过程，这是一个模拟的训练过程。

熟练掌握教学微技能需要真实的教学演练，有真正师与生的参与，也可以师生互相模拟或互换角色。获得教学微技能的过程是一个模拟性与真实性互相融合的过程。教学微技能的模拟性和真实性互相融合，演练教学微技能既是训练过程中的模拟，又是应用于真实教学的一个实践。在教学模拟的过程中，教师可以在相对低压力的环境下尝试不同的教学技能，以便更好地掌握和应用。这种模拟训练有助于教师熟悉和理解各种教学技能，同时也为教师提供了一个容易纠错的机会。而在真实的教学活动中，教师需要将训练中获得的教学微技能应用到实际的教学场景中，根据学生的反馈和实际情况，灵活地调节和运用各项微技能，以适应不同的学习环境和学生需求。

教学微技能的模拟性和真实性是相辅相成的。模拟训练中积累的实践经验有助于教师在真实教学中更加自如地运用各项微技能，实施更有效的教学行为。英语教学微技能的训练模式也是从模拟教学环境入手，同时强调模拟后的教学反馈，用于修正教学行为。模拟课堂需要根据真实教学环境的特点进行合理设计，确保模拟的教学环境能够尽可能地接近真实教学情境。教学反馈需要及时、准确地反映教师在模拟教学中的表现和存在的问题，为教师提供有针对性的指导和建议。教师需要根据教学反馈对自己的教学行为进行反思和改进，并在后续的训练中加以实践和巩固。

通过模拟与真实的融合训练，教师可以在模拟的环境中不断练习和修正自己的教学行为，逐步提高各项教学微技能的实际运用水平，确保其在真实教学中能够得到有效应用。只有将教学微技能的模拟性和真实性融合，才能达到习得各项教学微技能的目的。

六、实践与反馈的综合

教学技能是一种需要经过反复实践才能掌握的教学行为，它需要教师具备丰富的知识和经验。英语教学微技能训练的三个要素是技能、实践和反馈。这三个要素之间相互影响、相互促进，共同构成了一个闭环系统。教师首先要了解各项教学微技能的知识，然后将这些知识付诸实践。通过实践，教师可以感受到教学技能的应用，并通过多种渠道收集反馈。这些反馈信息和评价将成为教师修正自己教学技能的重要依据。这三个要素在英语教学微技能训练中发挥了重要的作用。

此外，这种训练模式可分为四个阶段：技能准备、模拟教学、反馈评价和技能修正（见图3-1）。这四个阶段各自有对应的具体要求，并且都包含了训练的三个要素。教师和培训者

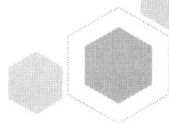

共同组成训练小组，建立模拟课堂，使用各种训练手段，并建立反馈系统，以最大限度地获取教学微技能。

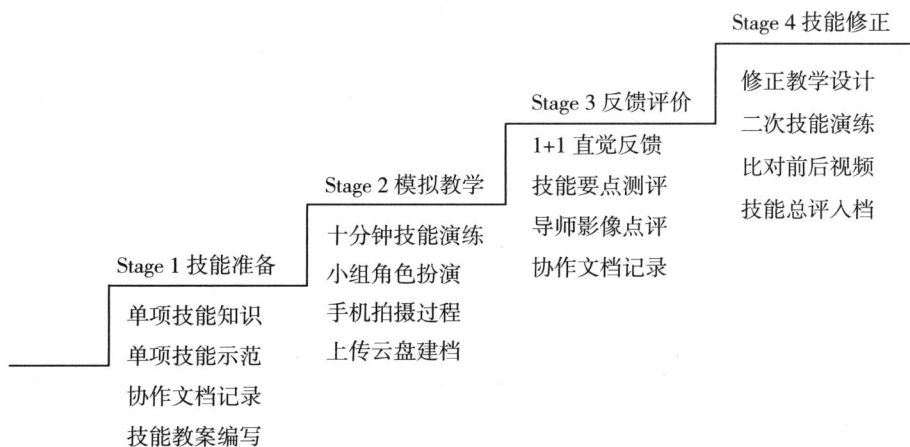

图 3-1　英语教学微技能训练模式

这种训练模式首先以单项教学微技能为训练目标，然后通过各种单项技能的组合训练，使教师能够熟练掌握各项微技能并灵活组合，从而形成教学技能的综合运用能力。经过这样的训练，教师的教学水平将得到显著提高，更好地满足学生的学习需求。

（一）技能准备阶段

第一步，指导者需确定技能类型和训练主题，使每次训练都能聚焦于单项教学微技能的观察、分析和评价，以便于受训者更容易掌握。在专项微技能的知识准备方面，主要为陈述性知识，包括单项技能的定义、作用、构成要素、使用原则、程序性操作和分析标准等。受训者在训练之前应具备必要的教学知识储备，熟悉《英语课程标准》和基本英语教学法，并掌握单项教学微技能所需的技术要领、操作程序和应用原则。

技能准备阶段的第二步是共同感知教学示范，以帮助受训者直观地理解即将学习的单项教学微技能。提供真实的教学信息有助于受训者感性认知教学微技能，从而更好地理解和分析该项技能，便于指导者现场指导和讲解。

教学示范可以是指导者现场演示的教学片段、优质课的教学录像、优秀教案或教学技能训练经验等文字材料。若没有合适的优秀教学示范，受训者也可现场参与理解性教学或采用一般的教学技能片段。此时，指导者需承担导师职责，对现场教学或教学录像进行具体分析，通过点评引导受训者认识该项教学微技能的操作方法和应用原则。真实的教学示范能让受训者身临其境，关注技能优缺点及教学流程，并做好书面记录。

观摩教学示范后，受训者开始编写教学微技能教案。教案是教师将教学微技能知识应用于教学实践的第一个动态过程，其质量反映了受训者对教学微技能的理解。教案同时也是受训者进行技能模拟教学的依据和完成教学任务的保障。英语教学微技能教案包括片段教学目标、微技能训练目标、教学时间、教学行为、技能要素、学生行为、教学辅助和教学意图等内容。微技能教案参考格式如表 3-1。

表 3-1　英语教学微技能教案

授课内容		训练技能		受训者		指导者	

片段教学目标：

微技能训练目标：

教学辅助：

反馈方式：（手机拍摄＋协同文档如腾讯文档等）

时间（分秒）	教学行为	应掌握的微技能要素	学生行为预测	教学意图
00 分 00 秒				

年　　　月　　　日

1. 授课主题

填写的是语言教学内容的授课标题，如第几单元第几课的题目。训练的微技能名称指的是需要训练的单项微技能名称，如导入技能、提问技能等。

2. 片段教学目标

片段教学目标指的是在十分钟内进行的片段教学要达到的语言教学目标。这些目标通常是非常具体和细化的，侧重于某一个语言技能或语言知识点的掌握和运用，如听力训练中的听力理解能力、口语训练中的语音准确性、阅读训练中的词汇应用能力等。在进行片段教学时，教师需要明确这段时间内想要教授的具体内容，并设计相应的教学活动和任务来达到这些目标。

3. 微技能训练目标

微技能训练目标是指在进行教学微技能的训练时，设置具体的训练目标和培养重点，以

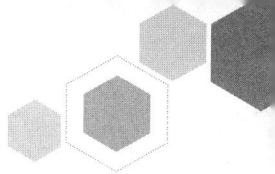

便受训者能够更好地掌握和运用这些微技能。如果训练的是导入技能，那么微技能训练目标可能包括以下几个方面：掌握视觉型导入和言语型导入的操作程序和应用原则；熟练运用不同类型的导入技巧，例如问题导入、图片导入、引用故事等；确保在导入过程中能够有效吸引学生的注意力和激发学习兴趣；理解和掌握不同导入方式的优缺点以及在不同教学情境下的选用原则。

在拓展微技能训练目标时，还可以根据受训者的实际需求和技能水平增加培训重点。例如，对于具有一定教学经验的教师，微技能目标可以侧重于提高教学效果和激发学生学习兴趣的技巧。而对于初级教师或者需要进行基础训练的教师，微技能目标可以更侧重于具体的操作步骤和技能要点的掌握。

4. 教学辅助

教学辅助通常指的是在教学过程中用来辅助教师进行教学的各种工具和媒体，是提高教师的教学效果和帮助他们更好地理解和消化所学知识的载体。教学辅助包括各种教学媒体，如投影仪、电脑、录音设备、幻灯片、视频，还包括不同类型的教学工具，例如模型、实物、教学卡片、教学游戏等。除此之外，教学辅助还包括学习支架建构、导学案、教学设计等，这些教学辅助能帮助教师更好地组织和呈现教学内容，设计教学活动，提供学习支持和引导。

5. 反馈方式

反馈方式是指在即将开展的教学模拟活动中，预先设定的用来传达评价、建议和指导信息的具体方法和形式。在教学模拟过程中，采取适当的反馈方式对于提升教学效果和师生共同成长至关重要。除了微格教室和手机拍摄，还可以通过视频会议的形式，让教师和评课者进行实时的沟通和讨论，以便及时给予建议和指导，提高教学模拟的反馈效果。利用投影仪或大屏幕来实时直播教学情境也可以带来反馈效果，让评课者能够更清晰地观察教学过程，从而提供更加具体和有效的反馈。

此外，还可以利用录音设备记录教学模拟的过程，并在之后进行听后感讨论，还可以利用在线调查问卷或者互动式投票工具，收集学生和评课者对教学模拟的反馈意见。在做师生多角度点评反馈时，除了使用协作文档，也可以设置专门的反馈表格或模板，让评课者和学生根据预先设定的格式写下反馈意见，促进多方面的交流和反馈。

6. 训练时间

使用教学微技能模拟教学的过程时间定为十分钟，这个训练过程的时间也是一般教师招考面试的基本时间。教案设计及模拟教学时应以分、秒进行强化，目的是使受训者具有时间观念，能够控制课堂教学各个环节进程，受训者应该严格把握预设时间，增强对时间的敏感度。

对于不同的教学环节，如导入、呈现、练习、总结等，要合理安排时间分配，确保每个环节都能得到充分的展开和展示，同时也不要过分拘泥于时间。长期根据预设时间来进行训练，受训者对上课各环节的时间把控都会比较到位。教师和受训者在教学模拟之后，可以对实际使用的时间和计划时间进行比较，以便于总结经验，进一步提高对时间的敏感度和掌控能力。

7. 教学行为

教学行为是指受训者在教学中运用各种教学微技能，如讲授、演示、板书等，进行片段教学活动的具体表现。它包括各种教学技能的运用和执行，如讲解行为、演示行为和板书行为等。讲解行为要求学训者思路清晰、重点突出、语言表达流畅，能够准确传达所要讲解的内容。演示行为是对特定技能或操作进行展示和演示。板书行为则需要书写清晰、布局合理，并能够有效地概括和总结教学内容。这些教学行为旨在帮助学生理解和记忆知识。

8. 微技能要素

填写单项微技能在教学行为中体现的要素，具体参阅第四章。

9. 学生行为预测

教师在编写教案之前，对学生的课堂行为进行预判是非常有必要的，这有助于增强教师的自信，做到有备无患，以便及时根据预设方案处理学生的行为，提高教学效率。学生在课堂教学中的行为包括观察、解答、操作、阅读、注意力迁移、情绪控制等，教师应从学生的角度出发，预测学生的学习行为。

10. 学生行为分析

教师在编写教案前，需要充分了解学生的年龄段、兴趣爱好、认知水平、学习风格、特殊需求等，以便更准确地预测学生在课堂中可能表现出的行为，这种分析有助于教师进行针对性的教学设计。

11. 针对不同学习活动的行为预测

在课堂教学中，学生在观察、解答、操作、阅读等学习活动中可能展现出各种不同的行为。教师在编写教案之前，需要预测学生在每个学习活动中可能出现的情况，以便制定相应对策。

12. 学生情绪控制

学生的情绪对课堂氛围和学习效果有着重要的影响，教师需要预测学生在不同学习情境下的情绪变化，并做好相应的应对措施，以保持课堂的秩序和学习氛围。

13. 学生参与度预测

在不同教学活动中，如小组合作、讨论、展示等，教师需要预测学生的参与度和反应，以便灵活调整教学策略和方法，确保教学的高效进行。

14. 体验式学习预测

在进行体验式学习活动时，教师需要预测学生对这种学习方式的接受程度，评估学生在实践中可能出现的疑惑，为学生提供及时的帮助和指导。学生行为预测有助于教师更好地应对不同的教学情境，增强教学的针对性和实效性，帮助提升课堂教学的质量和教学效果。

15. 教学意图

教学意图是受训者期望通过自己的教学行为实现的教学目的和意图。它包括教学活动中的期待和目标以及对学生学习效果的预期，同时也与受训者对学生情感态度的培养有关。教学意图不仅关注教学目标和效果，还注重对学生个性化关怀和情感态度的培养，以提升教学质量和效果。

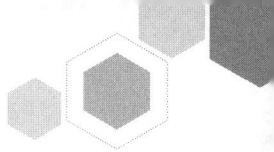

（二）模拟教学阶段

模拟教学训练是一种通过虚拟的教学场景来提高教师或教学工作者教学能力和水平的活动。它为教师提供了演练教学策略的机会，帮助他们在模拟的场景中掌握教学技能，并在真实教学中更加熟练地运用这些技能。通过模拟教学训练，教师可以尝试不同的教学方法和策略，找到最适合自己和学生的教学方式，提高教学效果。

模拟教学训练中的评估和反馈能够帮助教师及时发现问题并做出调整，提高教学技能和感知能力，为真实教学做好准备。通过模拟教学训练，教师可以更好地应对真实教学中可能出现的挑战，增强自信心并提升专业水平。

模拟教学训练是教师专业发展和成长的一部分，有助于教师的专业素养和教育观念的发展。尽管模拟教学训练与真实教学密切相关，但模拟教学训练仅是为了提高教师在真实教学场景中的表现和效果，模拟场景与真实教学场景存在一定差异，所以其目的是为了更好地应对真实教学中的挑战和要求。

在模拟教学训练中，受训者需要进行教学微技能的前期技能知识准备，并理解教学示范并编写教案，然后进入模拟教学阶段。模拟教学需要一个模拟课堂，通常由5～9成员组成。模拟课堂成员包括两名受训者扮演不同级别学生的角色，以及一名受训者作为主讲教师。通过模拟教学，主讲教师可以组织单项教学微技能活动，并学会管理课堂，处理学生对教师课堂教学的反应，兼顾不同级别学生的需求，以达到片段教学目标。模拟教学过程需要受训者使用手机拍摄记录，并将教学视频上传至云平台进行分类和建档，形成教学微技能资源库。

模拟教学训练的步骤包括组建模拟课堂成员、进行模拟课堂操作、操练教学微技能和拍摄教学视频。具体操作参考如下：

1.组建模拟课堂成员

模拟课堂成员以七人为宜，根据学生成绩表现分为三个等级，各由两名受训者扮演，一名受训者当主讲教师。

2.模拟课堂操作

主讲教师在十分钟教学时间内，组织单项教学微技能活动，学生角色扮演者需要模拟三个成绩等级的学生的课堂学习行为。

3.教学微技能操练

主讲教师需要学会管理课堂，处理学生对教师课堂教学的反应，并兼顾各个级别的学生，以达成片段教学目标。

4.拍摄教学视频

受训者使用手机拍摄记录模拟教学过程，上传至云平台，并建档形成教学微技能训练资料库。

（三）反馈评价阶段

模拟教学结束后，收集教学微技能的反馈评价是至关重要的环节。在这一阶段，六位模拟学生的受训者需要转变角色，成为评价者，参与教学过程评价，填写教学评价表，总结并反思学习过程中的成功经验和不足，以便于今后的学习。反馈评价可以分为两部分：

第一部分是1+1的直觉反馈。这一部分建立在参与教学过程、进行教学观察的基础上，从学生的角度提出的第一直觉反馈。每位评价者需要为主讲教师提出一条肯定的意见，同时提供一条供主讲教师参考的教学建议。这样，主讲教师能够获得六条肯定意见和六条建议，这将极大地帮助他们在未来的教学中不断改进和提高。

第二部分是填写教学微技能评议表。评议者依据事先制定好的教学技能表对主讲教师的教学技能进行评议。评议以量化的方式进行，评议者只需勾选教学微技能的评价要素，Excel表格将自动统计分值。在这一过程中，评价者和指导者可以使用腾讯文档等云协作文档进行记录评价。这种方式使得主讲教师在授课后立刻就可以收集到教学反馈，同时受训者和训练导师也不需要花费额外的时间去整理评议，大大提高了训练的效率。

（四）技能修正阶段

收集到的教学反馈主要用于修正教学微技能，并将其应用于实践中。教师在付诸实践后，应根据学生需求将原有的微技能教案修正为教学设计。新的教学设计并非仅仅简单地修改教案，而是需要考虑学生需求。教师将从教学反馈中得到的教学行为预测和学生行为预测转化为避免教学或学习负迁移的教学活动，以满足学生的学习需求，并将教学反馈转化为多样化的教学活动。根据学生的个体差异和不同层次的语言能力，布置不同形式的任务和活动，使每个学生都能在适合自己水平的环境中学习和提高。

在修正教学设计时，可以考虑设计成更具实际应用情景的教学活动和任务型教学活动。根据学生的实际生活、兴趣爱好等方面，创设丰富多彩的语言教学活动。将语言学习融入各种真实的生活情境中，可以激发学生的兴趣，促进语言学习的内化和运用。设计有明确目标和任务的教学活动，可以帮助学生在实际任务中运用语言进行交流和实践，提高语言能力。

除此之外，还可以将小组合作活动和创意课堂活动等其他教学活动纳入到新的教学设计中。鼓励学生在小组合作中展开讨论、交流和互动，可以促进其语言交际能力的提高，并增强学习动力和自主性。设计有创意和启发性的课堂活动，如角色扮演、模拟情景对话等，可以激发学生的创造力和想象力，促进语言运用和表达。

接着，教师应将单项教学微技能和语言教学技能有机地整合到一个完整的教学方案中，并通过重新设计和修改确保教学内容和技能得到充分整合和展示。基于新的教学设计，教师需要实际执行教学活动，演练教学微技能和语言教学技能的整合应用，通过实践提高教学的整体效果。在第二次教学微技能演练过程中，教师可以录制教学过程视频，并与第一次教学过程的录像进行对比分析。这有助于教师发现自己的教学短板，并及时进行调整和改进。通过对比前后两次教学过程视频，可以明显地发现教学不足以及修正后教学微技能的提升。

最后，教师填写教学反思及自评等级表，进行自我等级评定，并将来自学生、同事和领导的评价集中建档，形成个人教学微技能档案，并列入教师个人教学能力发展项目中保存。教师还可邀请教育专家、导师或同行进行对比分析后的指导和反馈，从他人的角度得到更具针对性的意见和建议，帮助自己更好地修正教学不足，提升教学水平。

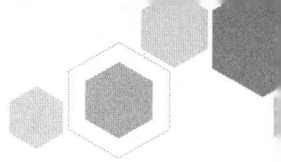

第三节　教学技能的形成与直觉教学

美国教育心理学家贾德（Charles Hubbard Judd）的概括化理论强调了学习活动的共同成分指数对于迁移的重要性，尤其是强调了将两个不同学习经验中的共同元素进行概括和抽象，会促进技能或情景的迁移。这一理论在后续研究中得到了认同，并引发了对教学的影响更深入的探讨。

在这个基础上，教学方法的作用成为研究的重点之一。一些研究者认为迁移并非自动产生，而是受到教学方法影响。因此，即使是相同的教学内容，采用不同的教学组织方法可能会对学习成效产生显著不同的影响。例如，一些教学方法更加重视对知识的整合和抽象概括，促进学生将所学知识应用到新的情境中，从而实现知识的迁移；而另一些教学方法可能更注重于单一环境下的训练和应用，无法使学生将所学知识迁移到新的情境中。

教师在教学设计和实施过程中应该注重教学方法的选择和设计，尝试采用能够促进学生理解和概括知识的教学方式，帮助他们将所学知识灵活地应用到更广泛的情境中，实现知识的迁移。这包括促进学生的概括和抽象思维能力，提供多样化的学习情境和案例，培养学生的创新和解决问题的能力等。通过这种方式，教学方法将成为促进知识迁移的重要因素之一，而教学方法的运用效果取决于教学微技能的掌握情况。

一、教学微技能的可训练性

（一）分解与综合

教学微技能是教学中的具体行为，能够被清晰地描述、观察和测量。这种特性构成了教师执行教学方法的基础，也是提高教学效果和教学质量的关键。教学微技能所涉及的教学行为是具体可操作的，比如导入、提问、讲解、探究式学习、课堂管理等等。这有助于教师理解和执行各个环节的具体任务和操作步骤，提高教学的系统性和方法性。

通过训练和实践，教师可以掌握和巩固各种教学微技能，提高操作的熟练度和效率。只有通过实践和反复训练，教师才能真正掌握和运用这些技能，并将其应用到实际的教学中。教学微技能的熟练掌握使教师能够更好地根据不同的教学目标和教学情境，灵活选择和运用相应的教学技能。巧妙运用教学微技能能够提高教学活动的质量和效果，促进学生的学习和发展。比如，恰到好处的提问能够激发学生思考，有效的讲解能够使学生理解内容，良好的课堂管理能够营造良好的学习氛围等等。

对于英语教师而言，掌握教学微技能需要经历从认识到实践、从生疏到熟练、从分解到整合的过程。在初期，教师需要对各种教学微技能进行系统认识和了解，明确各项技能在语言教学中的具体应用场景以及重要性。通过教学培训和专业学习，教师可以积累教学技能的知识储备，并尝试将其付诸实践。初阶段的实践往往会显得生疏和困难，但通过不断的练习和实践，教师会慢慢熟悉和掌握各项教学微技能，逐渐提高教学技能的熟练度。教师需要逐渐将各项技能进行分解学习，并在实践中不断整合运用。在实践过程中，教师还需要持续地进行反思和总结，发现自己在教学微技能方面的不足，并进一步改进和提高。

教学微技能训练是一个不断练习和实践的过程。通过刻意练习和不断的反思，教师可以逐步提高技能的熟练度并将其整合运用于实际的教学实践中。同时，教师还需要发挥创造性思维，根据自己的实际教学情境和学生的特点，灵活运用各种教学微技能，并结合自己的个人特质，逐渐形成独特的教学风格。教学风格反映了教师对于教学技能的独特理解和应用，是在实践中不断积累、总结和理论联系实际之后逐渐形成的。

（二）从认识到实践

教师接受教学微技能训练首先应该从认知开始，也就是从系统性的知识开始学习，教师需要理解每项技能的定义、功能、要素、应用原则等要点，了解各项技能的特点及知觉因素。教师应该具备通过教学目标、教材、教学环境等因素来判断所需采用的具体教学技能的能力，熟练分解和组合各项教学微技能，同时强调各技能间协调的重要性。教师必须知道教学微技能各项要素及类型并加以综合运用。再者，教师也需要了解自身个性气质对掌握技能的影响，可以用暗示的方法进行自我心理调节。根据心理学原理，英语教师熟练掌握教学技能应该具备以下特征：

1. 熟悉技能操作程序

教师需要通过系统性的学习，理解每项技能的定义、功能、要素、应用原则等，确保对于教学微技能的知识掌握。教师还需要准确辨别教学活动所需要的技能类型，并具备分解组合各项教学微技能的能力。新教师应用技能时动作迟缓，而熟练者则相反，操作反应迅速。

2. 熟练运用教学技能

教师需要经过大量的练习和实践，才能提高教学技能的熟练程度。练习次数越多，经验积累越多，有助于形成对教学活动的直觉判断，提高教学的自动化程度。教学技能的熟练运用也需要注重技能迁移，即将已掌握的技能应用到新的教学环境中。教师观察能力敏锐，善于调整应用微技能来达成教学目标，对学生的教学反应判断及时，可以收集反馈来调节或整合教学微技能。

3. 技能分解和快速变化

教师需要将教学技能分解为更小的技巧，并且能够快速地适应不同的教学环境，并及时调整技能的运用。只有通过对教学微技能的灵活运用和快速变化，教师才能更好地满足学生的学习需求，并提高教学的个性化和差异化。此阶段教师已突破教学技能模仿阶段，技能变化快，能适应各种教学环境并及时做相应调整。

教学微技能应用的熟练程度与技能练习时间和次数成正比，练习次数越多，经验积累越多，对教学活动的直觉判断就越强，综合运用教学技能的能力就越强。在这过程中，应用好教学技能迁移是掌握教学微技能的关键。教学微技能的形成需要陈述性知识和程序性知识的相互作用，每一项微技能的学习都反映着陈述性知识和程序性知识之间的互相迁移。旧的

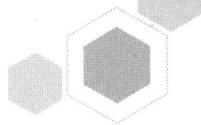

陈述性知识有助于或干扰新的陈述性知识的学习，教师需要分析新旧知识之间的联系，预估得失，避免负迁移产生的教学失效。教学微技能的形成还取决于教师的反省认知水平，认知策略可以在多种情境中运用，教师可以通过自我调节、自我监督、自我检查来修正和提升新技能。

二、教学微技能的形成

（一）形成阶段

教学微技能的形成类似于一般学习过程，但同时又有技能学习的特殊性，技能的形成过程一般由认知、建构和运用三个阶段构成。

1. 认知阶段

教学微技能的认知阶段是教师对于教学技能知识的了解阶段。这一阶段教师需要理解教学技能的定义、功能、要素、类型、应用原则等，从而构建起对教学微技能的概念性和陈述性知识。在此阶段，教师需要了解各项教学微技能的特点和适用范围，将具体的技能要素进行概括性的认识，从而形成对教学微技能相对深刻的理解。教师可以通过设计教学活动或撰写教案等方式来表现对教学微技能认知的掌握，在此过程中，教师需要将对教学微技能的理解融入具体教学实践中，明确教学目标和内容，并设计相应的教学策略和方法。教师还可以将教学微技能的认知联系到实际的教学情境中，理解不同教学微技能在不同场景下的应用和作用，从而提高对教学微技能的认知水平。

2. 建构阶段

教学微技能建构阶段是指教学微技能在课堂教学活动的反复操作实施中得到感知和增强的过程。此阶段要求教师将教学微技能应用于教学实际，并进行反复的操作实施，逐步提高技能的操作熟练度，将其转化为教学行为的外显活动。在使用教学微技能的过程中，教师需要仔细观察学生的反应和课堂的整体情况，及时感知教学微技能操作的效果和不足之处，及时针对问题反思和总结，并进行相应的调整，从而提升教学效果，不断完善和优化自己的教学行为。

3. 运用阶段

主要指教师能运用教学微技能的策略进行教学，并对自己教学微技能的应用进行实时监控的阶段。教师需要主动应用，控制整合自己的教学微技能，这是策略性知识的教学层次，属于教学微技能的提升阶段。

在教学微技能运用阶段，教师需要能够灵活运用各种教学策略来有效地传授知识。这包括组织教学内容、引导学生思考、调动学生的学习积极性等方面的技能。同时，教师还需要对自己的教学技能进行实时监控，不断反思和调整自己的教学方法，使之更符合学生的实际需求。

在此阶段，教师需要不断提升自己的策略性知识，也就是如何根据不同情境和学生的特点选择并应用最有效的教学策略。这需要教师具备丰富的教学经验和敏锐的教学观察力，能够敏感地捕捉到学生的反应，并及时做出调整。这个阶段是教师逐渐成熟和提升的阶段，需要教师在实践中不断总结经验、不断反思和调整教学方法，以提高教学效果和满足学生的学习需求。

（二）影响因素

教学微技能的形成也受到多方面因素的制约，包括内部条件和外部条件。内部条件主要指的是教师的年龄、经验、智力和个性等因素。外部条件包含有效指导、示范评价和合适的训练方法等。

1. 内部条件

（1）年龄

随着年龄的增长，教师的经验积累和教学观念会不断发生变化，这会直接影响教学微技能的发展。同时，年龄也与记忆力、理解力、反应力等认知功能相关，这些因素也会在一定程度上影响教师的教学微技能。

（2）经验

经验丰富的教师往往能够更好地应对各种教学情境，能够更灵活地运用各种教学策略和技能。教学经验的积累使得教师能够更加深刻地理解学生的学习需求，能够更好地设计和实施教学活动。

（3）智力和个性特质

智力水平的高低可能影响教师对教学理论和方法的理解和运用，而个性特质则会在教学中表现为不同的教学风格和方法偏好。

2. 外部条件

（1）有效指导

有效的指导包括示范指导、视听辅助指导、纠错指导、心理指导和反馈矫正等。指导方法不同，训练效果不同，把握教学技能的成效就不同。例如，通过示范指导，指导教师可以为受训教师展示优秀的教学方法和技能，让受训者通过观察和模仿来学习；而通过视听辅助指导，受训教师可以通过视频、音频等多种感官方式来进行教学技能的学习；纠错指导则能够帮助受训教师及时发现和纠正教学中的错误，提高教学效果。这些有效的指导方法能够为受训教师提供宝贵的参照和指导，帮助他们不断完善自己的教学微技能。

（2）示范评价

指导教师通过对受训教师教学过程的评价和示范，可以帮助受训教师发现自己教学中的问题并及时进行调整和改进。同时，示范评价也能够为他们提供具体的指导方向，促使其发展和提升教学微技能。

（3）合适的训练方法

受训教师可以通过系统的培训和训练课程来提升自己的教学微技能，例如参加教学技能的研讨会、课程培训等。这些训练方法能够帮助教师系统地学习和掌握教学微技能，不断完善自己的教学能力。

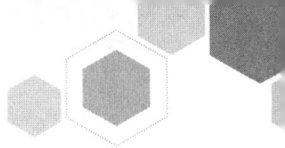

教师在提升教学微技能的过程中需要综合考虑这些内部和外部因素，通过不断学习和实践，不断提升自己的教学水平和能力。

三、教学的四种境界

教学过程高度融合了教师对待教学工作所持的信念、信息、概念、技能、方法、态度和价值观等等。教师在熟练掌握和应用教学技能后，通过自身的教师素养、教学修为和文化素质的综合提升，会逐步从计划性教学过渡到有意识教学，再通过自动化教学追求直觉教学。教师可通过经历这四个层面的教学来提升自己的教学境界。

（一）计划性教学

计划性教学是整个教学过程的基石，它要求教师在教学策划中全面考虑各种因素，以确保教学活动充分贴近课程目标、满足学生需求，同时合理使用教学资源，达到整体的预期效果。

明确课程目标是计划性教学的核心。教师需要深入理解课程的目标，包括知识、技能和概念等，并将这些目标转化为具体的教学内容和环节。教师还需要考虑如何评估学生是否达到了这些目标，这需要将教学目标与评估方法相结合。

教师需要了解学生的需求和特点。这包括学生的年龄、学习风格、兴趣爱好等。教师需要确保教学活动符合学生的实际情况，以便更好地激发学生的学习兴趣，提高教学效果。

教学资源也是计划性教学需要考虑的因素之一。教师需要充分考虑教学所需的各种资源，如教材、教学设备、教学场所等，并确保这些资源的充分利用和合理配置。这有助于确保教学活动的顺利进行。

概括而言，计划性教学是一种教师根据课程目标和教学计划，按部就班地实施教学计划的教学行为模式。通过全面考虑各种因素并进行合理的教学策划，确保教学活动充分贴近课程目标、满足学生需求，同时合理使用教学资源，从而达到整体的教学预期效果。这个过程中，教师不仅需要明确和转化课程目标，还需要充分考虑学生的需求和特点，并合理利用各种教学资源。

（二）有意识教学

随着教学经验和素养的积累，教师会逐渐进入教学的第二层面，即有意识教学的阶段。有意识教学标志着教师的教学已经逐渐超越了纯粹的遵循教学计划教学，而是基于对教学过程的自我反思、认知和经验的充分整合，从而更加灵活地运用各种教学技能和策略，应对实际的教学情境，达到更好的教学目标。

在有意识教学阶段，教师能够更加自觉地运用自己在教学实践中积累的各种技能和策略，实时地对教学过程进行监控和调整。教师能够更加主动地对教学进行反思和分析，了解何种策略和技能对特定学生、课程内容和教学方面更加有效，因而可以更具有针对性地进行教学。

此外，有意识教学要求教师根据学生的实际反应和学习情况，灵活地调整教学方法和策略，使之更好地适应不同的学习风格和水平，进而可以更有效地促进学生的学习和发展。在这一阶段，教师的角色更加全面，不再只是教学计划的执行者，而是教学活动的设计者、监控者和调整者。教师需要有意识地选择和应用各种适合的教学方法和策略，以更好地满足学生的学习需求，提高教学效果。

因此，有意识教学是教师教学素养和能力不断提升的表现，也是教师逐渐成长为教学专家的必经阶段。在这一阶段，教师通过元认知、反思实践和经验的互动，越来越能够主动地掌握和运用自身的教学技能和策略，从而更好地促进学生的学习和成长。对于教师来说，有意识的教学是非常重要的。

在理解和研究教学目标的基础上，教师可以通过元认知、反思实践和经验的互动，使得教学计划得到改进和完善，选择更合适的教学方式和方法。

元认知是指对自己的认知过程进行观察和理解的能力。在教学中，教师可以通过观察自己的思维过程和认知方式，及时调整教学方法和策略，使教学更加有效。通过对元认知的观察和调整，教师可以更清晰地认识到自己的教学行为、学习方式和学习效果，从而对教学过程进行有效的管理和指导。

反思实践是指教师在进行教学后对教学过程进行反思和总结，以便不断改进教学行为的过程。通过对教学实践的反思，教师可以更好地认识自己的教学特点和不足，并积极寻找改进方法，在未来的教学中不断自我提升。

经验的互动则是指教师在不断的教学实践过程中，通过经验积累和经验交流，提高自己的教学水平。通过和其他老师进行教学经验的分享和交流，教师可以获得新的启发和想法，从而提高自己的教学水平。同时，教师也可以通过总结自己的教学经验并予以应用，不断丰富自己的教学技能和经验。

有意识的教学是建立在教师对教育教学理论的理解和研究的基础上，教师通过元认知、反思实践和经验的互动，不断改进和完善自己的教学行为，选择更合适的教学方法和策略，从而提高教学效果和学生学习质量。

（三）自动化教学

教学的第三个层面是自动化层面。自动化教学是一种从大量反复的教学技能实践中发展起来的教学行为，是一个教学技能从量变到质变的过程。自动化教学是指教师在经历了计划性教学和有意识教学之后，教学技能得到了高度的内化和自主运用，具备了一种直觉性的教学能力。这时，教师已经可以在实践中更加自如地处理各种教学情境，不再需要特意思考采取什么行动，而是凭借内在的直觉和经验进行教学决策。

因此，自动化教学是教师在大量的实践中逐渐形成的一种教学行为模式。教师在教学技能不断实践和反复积累的基础上，具备了对于教学过程的高度敏感和熟练操作的能力。在自动化教学的阶段，教师能够基于自身丰富的教学经验和技能，对课堂教学的各个方面进行精准判断和高效控制。

首先，自动化教学确实能够使教师对课堂教学的各种时机和控制程度有着敏感的把握。

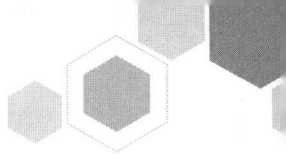

教师能够凭借丰富的经验和敏锐的感知，及时把握学生的反应以及教学情境的变化，这使得教学过程更加自如和高效。

其次，自动化教学也包括了教师在课堂中的瞬时决策和适时应对。基于教师内化的丰富经验和教学技能，教师能够在课堂上迅速做出决策并应对各种突发情况，让教学活动更加流畅和具备针对性。

在自动化教学的阶段，教师的教学行为会逐渐呈现出一种自发的、内化的特质，不再需要过多的思考和教学策略的有意识应用，而是能够直接根据自身的直觉和经验进行教学活动的展开和引导。这种教学行为的内化也会体现在教师肢体动作和表情等方面，使得教学更加自然和流畅。

自动化教学是教师在教学技能和经验积累的基础上逐渐形成的一种高效、高水平的教学模式，是教师教学能力不断提升的重要体现。处于自动化教学阶段的教师自信而富有洞察力，能够让学生轻松和灵活地学习，知道构成完整教学的标准，而且能够将这些标准转化成为有效教学。教师一直处于一种持续学习、构建和提炼教学实践的状态之中，再加上时间的积累沉淀，已经内化的教学行为体现在教师的一言一行中，从学科教师的状态转化成为教学专家的状态，

（四）直觉教学

直觉教学是教师在教学经验的基础上达到的高级教学境界，它要求教师将自动化和元认知结合起来，能够在教学过程中不断评估教学进展，实时调整教学策略，并利用大量自动反馈指令来发挥作用。当教师积累的教学经验与内化的教学技能融合达到一种自然而然的教学状态时，教学行为将更多地受到直觉的驱使，而非过多地进行思考和技能的有意识应用。直觉教学是一个相对复杂和高级的教学阶段，需要教师通过长时间的实践体悟和经验积累才能够达到。

在直觉教学的情境下，教师的教学行为和决策更多地依赖于内在的直觉、经验和敏感度，而非事先的计划和有意识的决策。教师能够更快速、更随意地做出应对教学情境的决策，并更加灵活地应对各种教学挑战。

直觉教学不意味着教师放弃了对教学的思考和规划，而是表现为在某些情况下教师能够快速做出明智的决策，因为其丰富的经验已经内化为一种直觉。在直觉教学层面，教师能够凭借丰富的教学经验和教学技能，对于教与学的过程有着敏锐的评估和洞察。教师能够随时预判教学进展的顺利与否，能够根据实际情况迅速调整教学策略，以更好地推动教学的实施和学生的学习。

在直觉教学的阶段，教师能够利用自动反馈指令来指导自己的教学行为，将高效的教学技能内化为一种直觉和敏捷的反应。这种直觉教学的能力通常是建立在大量实践和经验积累的基础上，需要教师具备丰富的教学经验和对教学过程的敏感度才能够实现。同时，每位教师在经历直觉教学的过程中，会形成自己独特的教学方式和风格，这也是教师个体差异和专业素养的重要体现。

直觉教学是教师的综合教学能力达到最高级别的一种自然表现。在教学境界提升的过程中，直觉教学是教师经过多年的教学实践和经验积累之后，达到的一种高级教学能力，这种教学能力与教师的自身言行结合，涵盖教学内外，是教师从教学专家转化成为教育家的体现。正如前文所述的教师在提升教学境界的过程中，最终目标之一就是通过自动化教学达到拥有直觉教学的能力。教师只有不断提高自己的教学境界，才能实现作为教师的人生意义。

教师在教学发展的过程中，上述四个教学层面的互相作用、相互渗透是不可或缺的。教师需要将个人的理念、技能和学习经验内化为一种教学表征，通过理性和感性的结合，实现最佳的教学效果和教育目的。教师的教学表现来自于内在的教学知识、理念、技能和经验的相互作用。教师在教学过程中根据自身理念和知识选择合适的方法和策略，同时运用自身的技能和经验来实施教学，这样才能够实现对教学的自如控制。而教学的表征需要通过思维的提炼升华。教师的思考和深度学习在教学表征中发挥着关键作用。教师只有通过持续的思考和学习，不断提升自己的教学理念、技能和态度，才能使得教学表征能够更贴近实际教学需求和教育目的，并在实践中达到最佳体现。

◆ 引导问题答案

1. 英语教学微技能有哪些？它们的程序性特点对教师的教学有什么影响？

英语教学微技能包括教学活动设计技能、导入技能、讲解技能、提问技能、调控技能、学习支架建构技能、板书与媒体应用技能、结束与强化技能、评课技能等。这些教学微技能具有程序性特点，意味着它们可以被分解为具体的操作步骤，并需要通过反复训练和实践来进行掌握。教师可以通过这些具体的操作步骤，有针对性地进行教学技能的训练和提升，从而提高教学效果。程序性特点还使得教师能够灵活地运用这些微技能，针对具体的教学环境和学生需求，有针对性地进行教学实践，并及时进行评估和调整，以确保实际应用能够达到期望的教学效果。

2. 教学的四种境界中，自动化教学和直觉教学有何区别？

自动化教学和直觉教学在教师的教学行为和决策方式上有所不同。自动化教学是指教师在经历了计划性教学和有意识教学之后，通过大量实践和经验的积累，使得教学技能得到了高度的内化和自主运用，能够直观地处理各种教学情境，不再需要特意思考采取什么行动，凭借内在的直觉和经验进行教学决策。而直觉教学是教师在教学经验的基础上达到的高级教学境界，教师能够在教学过程中不断评估教学进展，实时调整教学策略，并利用大量自动反馈指令来发挥作用。直觉教学要求教师将自动化和元认知结合起来，依赖于教师内在的直觉、经验和敏感度做出教学决策。因此，自动化教学更注重教师在实践中形成的内化的教学行为模式，而直觉教学更注重教师在教学经验和敏感度的基础上能够实时调整教学策略。

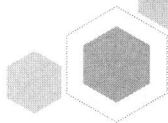

3. 教学反馈的作用和方法有哪些？如何通过反馈来提高教学质量？

教学反馈可以用于修正教学微技能，教师可以将教学反馈中的教学行为预测和学生行为预测，转化为避免教学或学习负迁移的教学活动，将学生的学习需求和教学反馈转化为多样化的教学活动。此外，教学反馈还可以帮助教师发现教学短板，并进行调整和改进。教学反馈的方法包括通过模拟教学训练收集教学微技能的反馈评价，以及通过视频录像进行对比分析等方式。通过对比前后两次教学过程视频，教师可以发现教学不足，并促进教学微技能的提升。通过教学反馈，教师能够及时发现问题并做出调整，从而提高教学质量。

◆ 再思考

1. 教学微技能的训练目标是什么？

教学微技能的训练目标包括设置具体的训练目标和培养重点，以便受训者能够更好地掌握和运用这些微技能。例如，训练的导入技能目标包括掌握不同类型的导入技巧、在导入过程中吸引学生的注意力等方面。

2. 教学反馈的主要作用是什么？如何利用教学反馈进行技能修正？

教学反馈的主要作用是修正教学微技能。通过收集教学反馈，教师可以发现教学中的问题并及时进行调整和改进。 教学反馈提供了在实践中运用教学技能的参考，帮助教师转化学生行为预测，以避免教学或学习负迁移的教学活动，并将学生的学习需求和教学反馈转化为多样化的教学活动，以满足学生的个体差异和不同层次的语言能力。

3. 有意识教学对教师教学素养和能力的提升有哪些作用？

有意识教学是教师教学素养和能力不断提升的表现，教师可以通过有意识教学对教学过程进行监控和调整，灵活应用各种教学方法和策略，满足不同学习风格和水平的学生需求，进而更有效地促进学生的学习和发展。有意识教学能够使教师更具有针对性地进行教学，不再只是教学计划的执行者，而是设计者、监控者和调整者，从而不断提高教学水平和能力。

第四章　英语教学微技能分类

第一节　教学活动设计技能

❋ **本节要点**

1. 教学活动设计技能的概念及其要素

2. 教学活动设计技能的功能

3. 教学活动设计技能的类型

4. 教学活动设计技能的应用原则

❋ **引导问题**

1. 学情分析的主要构成要素有哪些？

2. 教学目标与课程目标的关系是什么？

3. 如何将黄金分割率应用到教学时间管理中？

一、教学活动设计技能的定义

学会设计有效的教学活动是教师必不可少的技能。新教师首先关注基本的教学活动设计形式，包括确定教学目标、选择学习信息以及适宜的学生学习评估体系。在掌握基本教学活动设计的前提下，新教师才能进一步拓展和提炼教学能力。经验丰富的教师对基本教学活动设计非常熟悉，但在实施更加复杂的教学方法时也需兼顾多种考虑因素，例如不同教学方法所需的设计程序，包括提出不同的问题和做出不同的决策。即使有经验的教师在进行复杂的教学活动设计时，同样需要一些模式的引导，以便于进行讨论和理解教学活动设计。

拥有专业知识的教师不一定具备设计有效教学活动所需的能力，需要根据教学情境来分析专业信息、专业技能和专业的教学程序。教学活动设计是一个通过思考而产生教学计划的过程，教师需要思考关键问题并做出相应决策。教师进行教学活动设计可以先从结构化程序入手，在全面理解教学程序的基础上，根据各种教学变量进行修正，以适应各种情况。英语课程标准、教学条件、教学模板、教学案例等都可以促进教学活动设计。

教学活动设计过程始于学习者的学习需求，从中推导出教学活动的设计过程，并为教学活动提供中心和方向。教师需要明确学习者的需求以及一次教学活动与其他教学活动之间的相互联系。教学活动应引导学生了解学习内容以及如何进行教学活动，是帮助学生达到学习

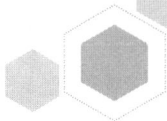

需求的工具。只有从期望的学习结果中推导出的设计过程才能为教学活动提供中心和方向。

教学活动设计技能指的是基于学习过程、以学习者为中心、强调教与学的相互作用，为满足学习者的学习目标而预设一系列教学活动的教学行为。它包括学习者学习需求分析、设计教学目标和教学过程、运用教学策略和教育技术并进行评价反馈。教师进行教学活动设计必须体现教学过程，并能体现教学效果的产出。

二、教学活动设计技能的构成要素

教学活动设计是教师进行教学前的准备活动，也是对教学过程中教学活动引起的学生学习反应的预判和应对预案。教学活动设计技能由学情分析、教学目标、过程设计、资源与技术支持、反馈修正和教学成效评价等几个要素构成。

（一）学情分析

学情分析是教学活动设计的基础，只有了解学生的知识经验基础，才能"以学生为中心"进行各种教学。影响学生学习的因素很多，教师应尽可能了解学生现有的知识结构、兴趣点、思维情况、认知状态和发展规律，同时顾及学生生理心理状况、个性及发展状态等，有针对性地使用教学策略。学情分析可以从以下几个方面入手。

1. 分析学生的生理、心理特点

教学活动设计是教师采取的一种预判性行为。学生的思维意志、情感态度、情绪等具有很强的可塑性，容易受到各种教学活动的影响，通过分析了解学生的生理心理特点，判断学生与所要学习内容的融合度及可能产生的知识误区，充分预见可能存在的问题，然后将这种分析反作用于课堂教学的设计，教学工作就具有较强的预见性和针对性并能提高教学效率。不同年龄阶段的学生，有不同形象思维和抽象思维的特点。学生开放或保守的性格、合作或抵触的态度、注意力的保持时间等等，都需要在教学活动设计中考虑。教学活动设计上既要满足不同年龄段学生的兴趣话题，也要注意不能单纯迎合学生的兴趣需求。

2. 分析学生已有的认知基础和学习经验

教学活动设计在引入新的学习内容时，需要考虑新内容与所学内容之间的关系，了解学生已经掌握的语言知识和技能，用以确定新的语言教学的起点，承上启下才能过渡自然。同时教师应针对本节课或本单元的教学内容，确定学生需要掌握的知识，利用学生已具有的生活经验来设计教学活动，调整教学步骤。了解学生已有的认知基础和学习经验可以通过分析学生的单元试卷、主题活动、问卷调查等较为正式的方式，也可以采取抽查或提问等非正式的方式。教师可根据学生的知识和经验储备来调整适应教学难度的活动设计。

3. 分析学生的个体差异

学生的个体差异主要是学习能力和学习风格的差异。不同学生理解和掌握新语言知识的能力不同，学习习惯和学习兴趣不同，自觉或不自觉采用的学习策略也不同。教师进行教学活动设计时需要全面了解学生的个体差异并据此设计各种难易程度的教学活动，在满足大多数学生学习水平的同时，兼顾差异较大的学生。学生的个体差异产生的原因可能来自其教育背景、家庭背景或生活环境，智力因素和非智力因素也能形成较大的个体差异，教师了解个体差异产生的原因有助于教师树立个性化引导的理念。因材施教就是教师针对学生个体差异而采取尊重学生、灵活应变的教学策略。

4. 分析学生学习英语的方法

教学活动设计需要预判学生的学习过程。学生对学习活动的反应和参与度影响着学生对英语学习的动机。教师的教学活动是为了引导学生的学习活动，教学活动与学习活动的最优化才能保证教学效果的最大化，这是教师教学活动设计的主要目标。不同的教学内容需要不同的学习方法，教与学的过程不仅需要教师的活动，而且更需要学生的活动，只有教师教学最优化和学生学习最优化融合在一起，才能保证教学效果的最优化。每个学生都有自己对英语学习的理解和学习方法，但不一定是高效的学习方法，分析学生的学习方法有利于教师在学生的学习活动中对学生的学习方法进行指导，学生学习方法的提高是教师提高教学效率的保障。

5. 分析学生的学习困难

学生在英语学习中遇到的学习问题和阻力会影响语言能力的进一步发展，学生对单词、语法的理解和学习方法上的困难会引发他们对英语学习的挫败感，教师需要及时发现并帮助学生克服学习困难。英语教师应该关注和发现学生在学习中可能存在的困难和障碍，具体分析这些困难和障碍产生的原因，采用针对性的教学策略，鼓励学生在运用语言中发展语言交际能力，提升学习自信。

6. 分析学生的学习需求

学习需求分析是为了保证教学活动设计的适应性。教学活动设计是面向学生群体的活动设计，一般考虑学生群体的需求而不是个体的需求。教师需要了解学生已有的元认知水平和认知水平、学生自我管理学习的能力以及计划调控和自我评价的能力、学生应具备的策略知识、处理听说读写任务的能力等。学习需求分析也需要分析图式背景如相关语言知识、话题知识和社会文化知识等，方便教师制定相对应的教学活动。了解学生听说读写语言技能方面的需求之后，教学活动设计可依据学生具体技能的提升要求来确认能力提升活动的设计，如阅读教学中根据学习需求分析可设计提升学生的文本解码能力、信息识别能力、信息转述能力、逻辑推理能力或问题解决能力的活动。

学情分析可以通过教师的观察获得。教师可以对学生的言谈、行为和表情等进行有目的、有计划的观察，以了解其心理活动。观察法可以是直接观察或间接观察、定期观察或长期观察，也可以采用重点观察和全面观察相结合的方式进行。此外，教师还可以通过对学生档案资料的分析或者能客观反映学生个体的资料如成绩单、操行评语和专题性作业等书面材料间接了解学生，要特别注意材料的真实性与可信度。教师也可以通过和学生相互交谈来了解学生情况，面对面的直接交流方便掌握第一手资料，在交谈时应注意拓展话题范围以便尽量做到全面和客观。条件允许的话教师应深入调查学生的生活、学习的环境，记录学生的进步情况，收集学生的知识水平、能力情况等学习信息。建立学生成长档案袋，将通过各种途

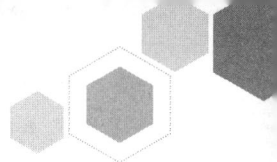

径收集整理的学生材料存入档案袋内，见证学生的成长过程。

（二）教学目标

教学是达到课程目标的主要途径，教学目标是对课程目标的细化。英语课程目标是国家教育部组织有关专家研讨、推敲的结果，指明英语课程本身要实现的具体目标和意图，是确定课程内容、教学目标和教学方法的基础，具有英语学科教学的导向作用。教学目标是关于教学将使学生发生何种变化的明确表述，是指在教学活动中所期待得到的学生学习结果。教学活动围绕教学目标的设计展开，要制定好英语课堂教学目标，先要明确英语课程目标。教育部《英语课程标准》细化为 2017 年版《普通高中英语课程标准》和 2022 年版《义务教育英语课程标准》，两阶段的核心素养与主要课程目标对比见表 4-1。

表 4-1 《英语课程标准》的核心素养与课程目标对比

		2022 年版《义务教育英语课程标准》	2017 年版《普通高中英语课程标准》
核心素养	语言能力	语言能力指运用语言和非语言知识以及各种策略，参与特定情境下相关主题的语言活动时表现出来的语言理解和表达能力。英语语言能力的提高有助于学生提升文化意识、思维品质和学习能力，发展跨文化沟通与交流的能力。	语言能力指在社会情境中，以听、说、读、看、写等方式理解和表达意义的能力，以及在学习和使用语言的过程中形成的语言意识和语感。英语语言能力构成英语学科核心素养的基础要素，英语语言能力的提高蕴含文化意识、思维品质和学习能力的提升，有助于学生拓展国际视野和思维方式，开展跨文化交流。
	文化意识	文化意识指对中外文化的理解和对优秀文化的鉴赏，是学生在新时代代表现出的跨文化认知、态度和行为选择。文化意识的培育有助于学生增强家国情怀和人类命运共同体意识，涵养品格，提升文明素养和社会责任感。	文化意识指对中外文化的理解和对优秀文化的认同，是学生在全球化背景下表现出的跨文化认知、态度和行为取向。文化意识体现英语学科核心素养的价值取向。文化意识的培育有助于学生增强国家认同和家国情怀，坚定文化自信，树立人类命运共同体意识，学会做人做事，成长为有文明素养和社会责任感的人。
	思维品质	思维品质指人的思维个性特征，反映学生在理解、分析、比较、推断、批判、评价、创造等方面的层次和水平。思维品质的提升有助于学生学会发现问题、分析和解决问题，对事物做出正确的价值判断。	思维品质指思维在逻辑性、批判性、创新性等方面所表现的能力和水平。思维品质体现英语学科核心素养的心智特征。思维品质的发展有助于提升学生分析和解决问题的能力，使他们能够从跨文化视角观察和认识世界，对事物做出正确的价值判断。
	学习能力	学习能力指积极运用和主动调适英语学习策略、拓展英语学习渠道、努力提升英语学习效率的意识和能力。学习能力的发展有助于学生掌握科学的学习方法，养成良好的终身学习习惯。	学习能力指学生积极运用和主动调适英语学习策略、拓宽英语学习渠道、努力提升英语学习效率的意识和能力。学习能力构成英语学科核心素养的发展条件。学习能力的培养有助于学生做好英语学习的自我管理，养成良好的学习习惯，拓宽学习渠道，提高学习效率。

续表

		2022 年版《义务教育英语课程标准》	2017 年版《普通高中英语课程标准》
课程目标	语言能力目标	发展语言能力。能够在感知、体验、积累和运用等语言实践活动中，认识英语与汉语的异同，逐步形成语言意识，积累语言经验，进行有意义的沟通与交流。	具有一定的语言意识和英语语感，在常见的具体语境中整合性地运用已有语言知识，理解口头和书面语篇所表达的意义，识别其恰当表意所采用的手段，有效地使用口语和书面语表达意义和进行人际交流。
	文化意识目标	培育文化意识。能够了解不同国家的优秀文明成果，比较中外文化的异同，发展跨文化沟通与交流的能力，形成健康向上的审美情趣和正确的价值观，加深对中华文化的理解和认同，树立国际视野，坚定文化自信。	获得文化知识，理解文化内涵，比较文化异同，汲取文化精华，形成正确的价值观，坚定文化自信，形成自尊、自信、自强的良好品格，具备一定的跨文化沟通和传播中华文化的能力。
	思维品质目标	提升思维品质。能够在语言学习中发展思维，在思维发展中推进语言学习；初步从多角度观察和认识世界、看待事物，有理有据、有条理地表达观点；逐步发展逻辑思维、辩证思维和创新思维，使思维体现一定的敏捷性、灵活性、创造性、批判性和深刻性。	能辨析语言和文化中的具体现象，梳理、概括信息，建构新概念，分析、推断信息的逻辑关系，正确评判各种思想观点，创造性地表达自己的观点，具备初步运用英语进行独立思考、创新思维的能力。
	学习能力目标	提高学习能力。能够树立正确的英语学习目标，保持学习兴趣，主动参与语言实践活动；在学习中注意倾听、乐于交流、大胆尝试；学会自主探究，合作互助；学会反思和评价学习进展，调整学习方式；学会自我管理，提高学习效率，做到乐学善学。	进一步树立正确的英语学习观，保持对英语学习的兴趣，具有明确的学习目标，能够多渠道获取英语学习资源，有效规划学习时间和学习任务，选择恰当的策略与方法，监控、评价、反思和调整自己的学习内容和进程，逐步提高使用英语学习其他学科知识的意识和能力。

　　在制定教学活动时，教师必须以英语课程目标为基础，只有这样才能顺利达到预期的结果。教学目标可以是长期教学活动结果的预期，也可以是短期教学活动结果的预期。一般来说，教师主要关注每节课的短期教学活动设计，因此教学活动设计技能的培养也以一节课的教学活动设计为目标。无论时间长短，教学目标都是为了特定的教学情境而设定的。教学目标起到调节教学活动的作用，合理的教学目标能够促进教学活动的顺利开展，提高教学活动的效果。

　　教学目标对教学活动具有指向、激励和标准的作用。指向作用通过影响学生的注意力来实现。具体而明确的教学目标能够提高教师教学活动的效率；同时，展示明确的教学目标能够引导学生将注意力集中在与目标相关的活动上，减少无关刺激对学习的干扰。激励作用要与学生的内部需求相一致，只有符合学生内部需求的教学目标才能引起学生的兴趣，提高教学活动的参与度，从而激发学习动机。

　　此外，适度的教学目标能够引发学生持久的学习积极性，目标过于简单或太难都难以引发强烈的动机和兴趣。一旦确定教学目标，就需要通过可靠的数据来衡量是否达到了既定目

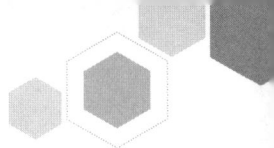

标，这成为评估教学效果的标准。教学评估以既定的教学目标为标准，检测教学效果是否符合既定的教学目标。同时，通过评估教学效果，也可以提供反馈信息，以调整教学目标的合理性。

教学目标的表述是英语课程目标的具体化。在义务教育阶段，每个课时的具体教学目标需要根据主题、语篇、语言知识、文化知识、语言技能和学习策略六个方面来细化，根据具体教学内容选择要细化的方面。并不是每个教学内容都需要六个方面的要求。在普通高中英语教学中，应从语言能力、文化意识、思维品质和学习能力四个学科核心素养入手，细化课程内容的六个要素：主题语境、语篇类型、语言知识、文化知识、语言技能和学习策略。教师通过比较教材的单元目标和课程目标，找出关联点，然后根据具体内容确定单元教学目标。如果教材内容与课程目标一致，可以根据活动要求明确教学目标，并具体描述为行为表现。在表述教学目标时，需要注意目标的层次结构，无论是阅读、听力、词汇还是语法教学，都包含不同层次的目标。可以根据《英语课程标准》中的具体要求，在这些方面做出具体描述。

教学目标的表述应该全面、适度、明确。全面指的是教学目标应涵盖知识和能力、情感、习惯方面的目标；适度指的是目标要求适中，既不过高也不过低，课时容量既不能太多也不能太少。在确定教学目标时，要考虑学生的实际情况，班级学生在认知水平和动机水平上可能存在差异，因此教师在设计教学目标时需要有针对性，活动设计也需要适应不同水平的学生。明确教材的重点，明晰教学内容的主次关系。对于知识方面的目标，可以使用学生的学习结果来进行描述，而不是使用教师和学生的行为过程来描述。在行为目标中，可以使用具体可操作的行为方式来表述目标，描述学生的外显行为表现，以及实现这些行为表现的条件。

（三）过程设计

英语教学过程是师生之间互为作用的教学活动过程，具备传授语言知识和技能、培养语言能力和综合素养的功能。过程设计，需要考虑教学内容、教学方法、教学时间、教学活动、教学后备活动等内容的呈现方式和形态序列。

1. 教学内容

英语教学内容是指在教学活动中为实现教学目标，师生共同作用的语言知识和技能、策略、文化意识、情感态度、思想观点以及行为习惯的总和。教学内容依据教学阶段的不同而有所变化，不同教学目标所涉及的教学内容也会存在不同程度的区别。《英语课程标准》、教材、练习册和教师用书都规定了每一单元甚至课时的教学内容，同时也提供了活动和练习等具体教学要求。但由于教学环境差异和学生群体或个体差异，学生的行为目标和学习需求也不同，教师需要对教学内容进行选择、组织和排序。根据行为目标和学习者的差异适当增减教学内容，确保学生以最合适的行为水平投入学习。

选择合适的教学材料需要考虑知识内容和语用内容。教师需要选择对学生起基本作用的基础性语言知识与技能作为教学内容，同时准备学习策略和文化知识。教学内容必须适合教学目标，适合学习者的认知特点和年龄特点。符合认知发展需求的教学内容必须难度适中，能吸引学生参与。教材内容可以经由多种形式呈现，如音频、视频、图片、文本、表演、活动等，其表现形式由教师根据学生的群体语言水平和认知发展来选择使用。教学内容上词汇和句法的选择要注意贴近学生生活，选用生活化的高频词汇和常用句式结构，语言技能的活动选择也应从生活化角度切入，选择学生熟悉的话题。教学内容的生活化选择使语言具有应用价值，具象化的语言容易激活学生的参与感，保障教学的有效性。整体而言，教师选择教学内容时可以从教学目标、语境话题、技能应用等语言内容方面入手，同时注意非语言内容方面的选择如策略知识、图式知识和文化知识等。

教师需要在选择优化教学内容后分析其中包含的语言现象和新旧知识等。不同的语篇有不同的结构图示、文化图式和阅读技巧，教师必须在总体把握教材的前提下，识别语篇中包含的语言、逻辑、篇章、结构、文化等各方面的信息，并确定核心内容。根据学生需求调整文本，语言材料如果过于简单，教师可以充分利用网络资源，选择适合学生语言水平的文本作为教学材料。处理教学内容时，教师还应该关注语用的真实性。由于教材自身的局限性，教学内容中的训练活动未必符合语用的要求，教师在呈现、练习以及应用环节，应充分考虑语用问题，努力创设交际发生的真实语境。

2. 教学方法

选择和使用教学方法是课程设计中需要考虑的重要因素。2017 年版《英语课程标准》将"倡导任务型的教学途径"（2001 年版）修订为"教师要通过创设接近实际生活的各种语境，采用循序渐进的语言实践活动，以及各种强调过程与结果并重的教学途径和方法，如任务型语言教学途径等，培养学生用英语做事情的能力"。任务型教学从 2001 年开始被各级英语教学教研部门广泛宣传和应用，甚至有时过分强调，导致教师在一线教学中面临"无任务不教学"的困扰。修订版的课程标准相对于旧版更加客观真实，并且具有指导意义。

课程标准要求教师创设与学生生活贴近的语境，强调过程与结果并重的教学方法都可以采用，任务型教学只是其中之一。这样的表述旨在鼓励教师根据教学内容和学生实际情况，灵活运用各种强调语言学习过程并有助于提高学生学习成效的教学途径和方法，创造性地设计贴近学生生活的教学活动，为学生提供在真实语境中运用语言的机会。这是对除任务型教学方法以外的其他教学途径和方法的包容和认可，鼓励一线教师灵活运用各种教学方法进行有效教学。使用多种教学方法不仅有助于保持学生的兴趣，也可以提高学生的学习成绩。相比于单一依赖一种方法，系统地应用多种方法可以达到更好的教学效果。

与传统方法相比，以探究导向为基础的可选策略对学生的学业成绩产生更积极的影响。在本书第一章中列举的一些常用的英语教学方法，教师可以根据学生的语言水平和教学环境进行相应的调整。教师可以灵活、创造性地使用这些方法来服务于教学。

3. 教学时间

教学时间管理可以分为广义和狭义。

（1）广义时间管理

广义教学时间管理是指英语教师对整个课程所规定的时间进行再分配和管理，以及教师对课堂教学时间的管理。除了按照课程目标分配的时间外，教师还需要确定用于常规管理和

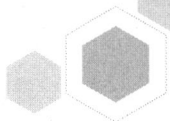

处理课堂行为问题等的教学时间。教学投入时间是教师专注于教学活动或任务的时间，同时也是学生实际上积极投入学习或专注于学习的时间。课程分配时间一般由课程标准规定，但教师需要具体到每个单元、每个课时的时间安排，总时间不能改变。

教学投入时间与学生的学习效率和学习成功率密切相关。教师应该争取更多时间用于教学，为此需要加强课堂管理措施，避免因管理学生不良行为而浪费时间。此外，增加教学投入时间可以提高学生的参与度，而学生参与度的提高又会促使学生在学习上投入更多时间。因此，教师设计的教学活动和任务应该具有趣味性和挑战性，并提供尽可能多的语言参与机会，同时保持课堂教学步骤紧凑高效，利用良好的节奏来保持课堂活动的流畅。讲课时应避免中断或讲话缓慢，以免分散学生的注意力。教师还应该避免花费太多时间处理一些不必要的小事，这样会干扰学生的参与度并浪费时间。

此外，教学的流畅性也能够增加教学投入时间。教师在课堂上流畅地转换活动所花时间较少，并且能够给学生一个注意信号，避免活动之间的突然转换。教学的不连贯容易使学生分散注意力或产生其他不良行为。教学投入时间还需要注意对学生集体和个体的时间分配管理，保持集体的注意力和个体的注意力是教师在争取教学投入时间时需要特别关注的问题，应避免大多数学生长时间充当旁观者。

（2）狭义时间管理

狭义的教学时间管理侧重于每个教学环节的具体时间分配。对于新教师来说，建议按照每分钟的时间频率进行教学环节的规划，甚至有时需要以十秒或半分钟为单位。每个教学环节都需要有整体的时间安排和具体的教学步骤的时间安排，这样可以培养新教师对时间的感觉。而老教师通常能够很好地把握整体的教学时间安排，一般只需要规划整体的教学时间，具体的教学步骤可以根据具体情况适当调整，以配合整体教学时间安排。

对于新教师来说，需要特别关注具体教学环节的时间安排。具体的时间分配需要根据课型、内容、学生的语言水平和教学环境进行调整，因此没有一个固定的时间模式。然而，如果以学生为主体，将学习过程置于中心，把教学视为一门艺术，就可以尝试将一些艺术定律应用于教学。黄金分割率是自然界和艺术界最能体现和谐美感和效率的定律之一。

将学生视为学习的主体，使师生互动成为学习过程的一部分，根据黄金分割率，可以计算出教师教学时间（TTT）和学生学习时间（SLT）之间的比例关系。以一节普通的中学英语课45分钟为例，教师的教学时间即话语时间宜为17分钟，学生的学习时间宜为28分钟，符合精讲多练的原则。

考虑到每个教师的操作熟练度和教学环境的不同，这个比例可以有几分钟的弹性。将教师的话语时间进一步细分，17分钟的教师话语时间可以由7分钟的导入和组织互动时间以及10分钟的新课讲解时间构成。7分钟的时间中，有3分钟用于导入，其余4分钟用于组织课堂教学和布置作业等事务。10分钟的新课讲解时间中，有4分钟用于知识点的呈现，其余6分钟用于语言的分解、演示和解读等。虽然17分钟的教师教学时间总量看似不多，但是它非常精炼高效。教师需要根据学生的需求设计精细、巧妙、高效的教学活动，并有效地安排各个教学环节，保证紧凑的教学步骤，减少与教学内容无关的时间浪费。

优秀的教学活动设计不仅仅是为学生灌输语言知识，更重要的是引导学生运用语言知识。课堂教学大部分时间应该花在学生的学习过程上。学生的28分钟学习时间可以分为两部分：学生主体学习时间和学生练习和巩固时间。教师在引导学生学习过程时需要同时关注个体和群体，因为语言技能的发展需要个体和群体之间的互动来提高交际能力。学生主体学习时间为11分钟，其中4分钟用于个体学习时间，7分钟用于集体学习时间。学生操练和巩固时间为17分钟，其中围绕体验性语言活动的时间为7分钟，应用性语言活动的时间为10分钟。上述时间分配指的是一节45分钟的课堂中教师和学生各项活动的总时间，便于教师控制各个具体教学活动的时间。这种时间分配模式经过了笔者七年的应用，适用于中小学的中小班教学，在这种环境下，学生的语言活动参与度高，自主学习能力强，教与学的过程轻松高效。由于没有进行大规模实证调查，无法确定是否具有广泛推广的价值，仅将分配方案列出供参考（见图4-1）。

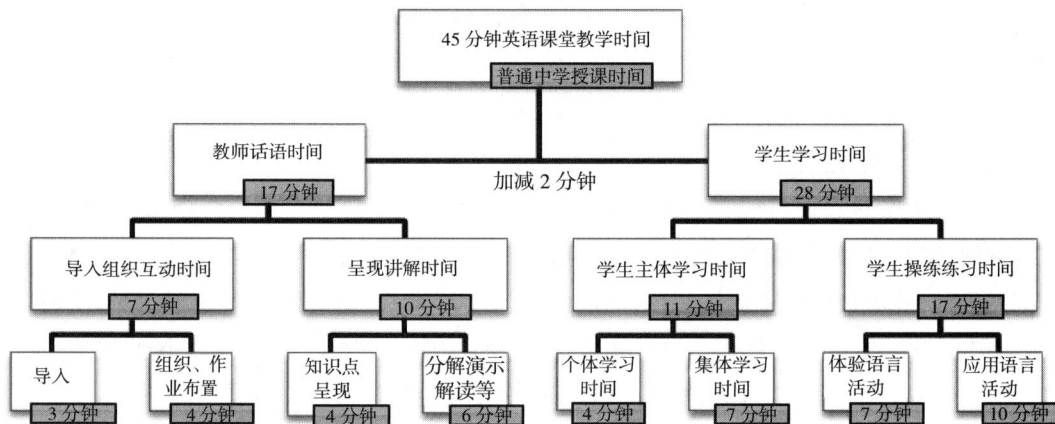

图4-1　课堂教学时间分配参考图

4. 教学活动

教学活动是实施教学目标的具体体现。在英语学科中，教学活动主要围绕语言技能的训练，旨在培养学生的听、说、读、看、写等语言能力。教学活动应区分语言输入和输出，其中听力和阅读属于语言输入部分，口语和写作则属于语言输出部分。

语言输入活动是课堂语言学习的前提。在组织听力教学活动时，教师应选择真实可信的听力材料，使其贴近生活、符合英语语言的使用习惯且易于理解。听力活动的难度应略高于学生已有的知识结构，过于困难会降低学生的学习动机。并且听力材料应多样化，以适应不同的交际场景。为了帮助学生树立自信心并保持思维的活跃度，教师应创设轻松愉快的学习环境。

口语活动的重点在于培养学生的交际能力，首先是语言的理解能力，其次才是语言信息的语用处理能力。口语活动需要学生接触大量语言信息，活动主题应贴近学生的生活，组织形式必须多样化以吸引学生的参与。口语活动可以从模仿读音和了解发音规则开始，逐渐过渡到意义操练。保持好奇心、创造新鲜感、注重趣味性是促进学生积极参与活动的三个途径。

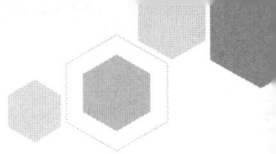

教师在组织口语活动时要考虑学生的语言水平，语言能力是高效口语活动的前提。同时，教师应树立学生的自信心，鼓励他们积极参与，并不需要经常纠正学生的错误，而是侧重培养学生的交际能力。

阅读活动既有助于培养学生获取信息的能力，也能提高学生的语感。教师在组织阅读活动时，应选择贴近学生生活的阅读材料。阅读材料的选择要兼顾真实性与学生的语言水平和可理解性。组织阅读活动关键是唤起学生的参与和集中学生的注意力。教师可以根据学生的认知特点，设计有针对性的教学活动，帮助学生提高利用信息处理问题的能力。

写作教学活动应与阅读活动相结合，适度进行写作输出。写作活动有助于培养学生的思维能力，是英语学习的重要表达手段。在组织写作教学活动之前，教师需做好充分准备，包括提供合适的材料、教具和语境等，并细化写作活动的各个步骤。教师可以给不同学生安排不同的写作任务，鼓励合作写作，让不同水平的学生共同完成写作项目。教师在组织写作活动时，应注重吸引学生的注意力，并保持学生的集中度。

总之，英语教学活动应注重语言输入和输出的平衡，关注学生的学习风格和情感因素，创设多样化的教学活动，以提高学生的语言能力和交际能力。教师应根据学生的认知特点，设计有针对性的教学活动，激发学生的学习兴趣和积极性。通过这些方式，教师能够更好地实现教学目标，培养学生的语言技能和交际能力。

5. 教学活动序列

课堂教学活动在设计过程中应该考虑活动的排列顺序，也就是通常说的教学程序。序列化的教学活动有利于教师明确教学过程，把握教学步骤。教学序列的安排必须符合语言学习的基本规律。无论是知识教学还是技能教学，活动序列的安排要前后相关，前一个教学活动要为后一个教学活动提供语言或者结构上的知识，从而引导学生从由易到难的台阶式支撑过渡到复杂语言学习及其应用。合理的活动序列设计能充分发挥单个课堂教学活动的作用，否则会影响到教学课堂教学活动的有效性，甚至影响到教学目标的达成。

（1）排序策略

语言教学活动序列的安排可以从以下几个方面进行：先输入后输出、先支架后参照、先集体后个体、先感知后应用。活动在进行顺序排列的时候，首先要考虑的是语言输入与输出的特征。语言的输入只有达到一定的量才有输出的可能，教师在进行活动序列安排的时候，首先要注意听力和阅读的语言输入量，许多时候教师在活动的开始就鼓励学生使用英语来进行表达，但实际上输入量不够，往往学生难以用英语进行表述；教师在看到学生表达有困难的时候，又重新进行输入，这种排序方式是导致低效教学的原因之一。语言的输入活动是语言输出活动顺利开展的保障。其次，在组织输入活动的时候，要及时提供支架，给下一个活动降低难度。支架可以是图表、话语暗示或肢体语言等有助于学生理解的方法，提供支架是为了帮助学生对输出有一个参照的概念，便于学生利用语言参照来调整自己的语言输出。

听力输入除了听力材料的输入之外，教师课堂用语的英语表达也是重要的输入来源，英语教师需要提升自己的英语口语表达能力，这样才能给学生一个正确的表达输入。另外，优秀学生的正确表达也可能是其他学生的一个参照和输入。在组织活动的时候，组织形式可以先集体活动，再进行个体活动，这样有助于集体之间有一个相互的参照标准。个体学生参与活动的时候，比较容易遵循集体的参照标准，能提高活动的参与率。语言教学活动与其他学科教学活动不同，语言的教学目标是让学生学会使用语言，只是理解语言是不够的，语言需要经历一个从感知到实践的过程。教师应该在课堂教学上利用各种活动创设语境，让学生在贴近真实语境的情况下，感知在不同语境使用语言的恰当性。

（2）EFGEF 模式排序

教学活动序列设计可以参照 EFGEF 模式来进行教学活动排列。在实践过程中总结的 engage-focus-generate-evaluate-facilitate（EFGEF）模式方便新教师把活动进行归类，按此模式来排列教学活动顺序。Engage 指的是导入或输入活动，以各种各样的活动表现形式来开始课堂教学活动，以最快速度吸引学生注意力并在教学内容上起承上启下的作用。focus 指的是教学的重点、难点以及教师的新课呈现和讲解等活动。generate 执行的重点在于教师帮助学生依据所学过的语言知识生成语言技能的活动，以提升交际能力的活动为主。evaluate 意在评价学生的进步，在学生的语言生成活动之后，教师应及时评价学生在语言技能使用上的进步，这时的教学活动不能简单的用测试的方式来评价，而应在各种巩固性活动的过程中记录个体学生的形成性评价，这些教学活动鼓励学生达成学习小目标，建立学生对课堂英语学习的自信心。facilitate 指能促使学生维持课堂学习兴趣，促进学生进一步学习的各种活动，可以是课堂上的角色扮演（role play），也可以是课后的多层次作业布置。EFGEF 可以是教学活动序列模式，也是教学过程模式的参考。

（3）后备教学活动

过程设计中还应考虑教学活动的后备教学活动。教学活动设计是一个预设的过程，在进行实际的教学活动时，会有偶发事件或者教学活动无法按照预计的活动设计进行的情况，需要启动后备教学活动方案。考虑后备教学活动有两个好处：一是在教学活动中，可以根据学生的实际学习反应来进行教学活动的调整，使用后备活动替代先前无效的教学活动。二是后备教学活动有助于教师弥补教学时间预设的不足。可能由于学生的良好配合和教学活动的顺利进行，教师可能会节余出预计的时间量，新教师也可能因为紧张而忘记某一个具体的教学步骤或讲解过快，产生时间余量，这时也可以启用后备教学活动来拓展课堂教学。后备教学活动应该是与预设的第一教学活动相同内容、同水平但形式不同的教学活动。

6. 教学策略

教学策略指的是为了适应学生认知需求，在特定的语言教学情境中为完成相应教学目标而实施的具体教学措施。语音、语法、词汇教学等都有针对具体技能的教学措施。

语音教学需要整合音素、音标、词汇、句子、语义、语用等各个因素，针对学习者的发音困难，采取相应的教学措施。教师可以根据不同学习阶段学生的学习特点，采用游戏竞赛、歌谣、歌曲、绕口令等方式或借助动画、图片、录像等教具来增加语音学习的趣味性。教师应尽量将语音教学置于特定的应用语境之中，让学习者领会分析语音的交际含义，将所学知

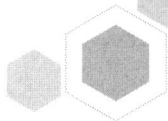

识用于交际活动，巩固所掌握的语调、重音等技巧，准确传达交际意图。对语音能力的评价也应置于交际语境中，不仅要看其发音是否准确，更要看其是否对交际活动有促进作用。

单词教学时，教师应根据词的不同特点、学生的认知规律和个性心理特点等采用不同方式揭示单词的音、形、义、用之间的联系。选择生活中的高频词要求学生熟练运用，一般外语学习者熟练使用的词汇是自身词汇总量的三分之一，其他三分之二是理解性的词汇，词汇教学上可以抓住这些重点词汇来提升学生学习和使用词汇的自信心。词汇教学的策略还包括直观性、情景性和趣味性等。直观演示有利于词义的传递，教师可以利用实物、教具或自身的动作来展示词义。对于抽象词的词义，可以使用例句或上下文的语境来示范，便于学生理解。情景的使用能够促使学生激活各种感官去感受词汇的真实运用，体验音形义的结合，满足交际的需求。教师还可以帮助学生了解词汇所包含的文化含义，引导学生了解单词的字面含义和语用含义，并掌握单词的文化意义。此外，根据学生的学习风格和记忆规律，教师可以采用不同的教学策略来帮助学生记忆单词。每个学生都有不同的学习风格，例如视觉型的学习者适合边看、边写、边拼读，而听觉型的学习者则需要边听、边看、边拼读单词。

语法教学时，教师应优先考虑语法教学的系统性。可以根据教材中的语法系统或根据学生的语言水平进行系统化总结。在语法操练的基础上，教师应旨在创设交际性语言环境，引导学生使用语法规则进行交际活动。同时，教师要多样化教学活动形式、话题和评价方式，采用不同的教学指令，以满足不同学生的需求。可将归纳法、演绎法和引导发现法等语法教学方式进行择优整合，以促进学生的语法学习。

在教学过程设计中还需要强调文化意识的培养。教师可以通过以文化为主题的对话、合作、表演、交流等方式，在英语教学过程中介绍一些文化内容，引导学生在语言学习过程中接受文化教育。以教师和学生作为不同文化的代表者参与文化互动活动，讨论各种文化现象，通过对比不同文化来学习化解文化冲突，培养平等、尊重和宽容的文化态度。教师还可以创造各种机会，例如通过在线交流的方式，在体验不同文化的过程中，让学生积极参与，培养对不同文化的理解和欣赏。

（四）资源与技术支持

2022年版《义务教育英语课程标准》明确提出了英语教学中开发与利用网络资源的教学建议，指出计算机和网络技术为学生个性化学习和自主学习创造了有利条件，为学生提供了适应信息时代需要的新的学习模式。通过计算机和互联网络，学生可以根据自己的需要选择学习内容和学习方式，使学生之间更有效地相互帮助，分享学习资源。建议各级教育行政部门、学校和教师积极创造条件，使学生能够充分利用计算机和网络资源，根据自己的需要进行学习。有条件的学校还可以建立自己的英语教学网站，开设网络课程，进一步增加学习的真实性、开放性和实效性。

在网络信息时代，英语教师需要正确认识教学与技术、教学与现代化教学手段的关系，了解网络资源、计算机技术和人工智能，加强计算机和 AI 辅助英语教学的能力。借助网络与教学资源的优势来优化英语课堂教学，提升英语教学质量。现代外语教学离不开现代信息技术的应用，但教学技术和教学资源只能作为辅助英语教学的技术手段。教师在教学活动设计中采用网络技术、信息技术和在线资源有助于增加英语教学手段的多样性，在激发学生学习英语的兴趣、保持注意力集中、提升教学效率方面有极大的优势。教师需要了解与英语教学有关的文字处理工具的使用，学会视频和视频素材的制作，运用语言分析工具，合理利用教学辅助程序，恰当使用电子翻译工具、语料库和英语网站等，这些都能提高教学的有效性。

教学活动设计需要加入教学技术设计元素。教师在做好学情分析、明确学习目标和教学策略后，在教学过程设计中要加入技术支持，依据各种教学媒体所具有的教学功能和特性，优化设计教学媒体辅助活动。教师在教学中使用现代技术支持时要合理使用计算机和 AI，做好时间分配，引导学生利用好多媒体和网络资源，培养学生正确且个性化的人机互动学习方法。各种教学技术和资源的教学功能不同，教学效果也不同，需要选择有效的技术支持和辅助资源，并且有效地使用，避免为了突出现代化英语教学辅助手段而不顾语言认知规律的技术辅助。

（五）反馈修正

教学活动设计实际上是教学前的理性准备工作，旨在预测教学过程。教师应该从多个角度考虑，尽可能详细地规划这一预测过程。然而，在实际操作中，由于分析误差或未考虑到的因素等原因，教学过程可能会偏离预期，这时就需要通过收集反馈信息来进行调整。教师可以通过观察学生在课堂上的行为、学习反应以及参与度等方式来获取反馈信息。根据这些信息，教师可以调整教学活动设计，以提升教学效果。

教学活动设计是一个从静态设计到动态调整的过程。除了预测教学过程，还应该准备备用教学方案。教师在实施教学方案的同时，应该观察教学进展情况，收集并处理各种教学活动中获得的信息。随后，将反馈信息与教学活动设计进行比较，不断调整教学策略，以提高教学效果。有经验的教师能够随时根据教学信息的反馈，并根据自身经验调整教学活动设计，以满足学生需求。新教师则需要通过实践积累经验，学会观察学生行为和反应，了解学生学习状态和思维方式，并及时反思和修改教学活动设计，以成为能够应对课堂教学的教师。

在教学活动设计中，教师需要考虑教学内容的量，因为在实际教学中可能会出现内容过多或过少的情况。当教学进度过快或过慢时，教师应该及时调整授课速度。同时，教师需要根据学生反馈调整教学活动的难易程度，当学生无法给出正确答案时，教师可以改变提问方式或给予提示。当学生在练习中出现典型错误时，教师应该进行全班点评和纠正。此外，在教学活动设计中可能会遇到学生现有知识和技能不足，或者教学环境条件不充分等特殊困难，这时需要根据教学反馈随时调整教学策略。

教师可以通过多种形式收集教学反馈信息。口头反馈是其中最常见的方式之一。教师可以通过课堂提问、讨论、口头评价、学生问答等形式进行口头反馈。在提问时，教师应选择具有启发性和难度适中的问题，以激发学生思考。讨论活动应紧密围绕教学重点，通过多样化形式提高学生参与度。口头评价涉及教师对学生回答、发言和学习态度等进行肯定和指出改进之处。学生也可以提出质疑或不同观点，促使教师和学生进行解释和讨论。

图文反馈也是一种收集信息的方式。教师可以通过清晰准确的板书和学生的板书演示等

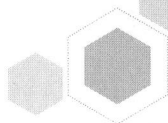

形式进行图文反馈。教师的板书应规范准确，书面练习和测试也应具有代表性。此外，教师还可以通过观察学生的表情、坐姿和态度等来判断学生是否专注、是否理解所学内容以及教师的讲解是否得当。师生之间的互动和反馈与教学效果密切相关，教师应充分利用时间进行提问、讨论、练习等教学活动，增加反馈和交流，以便随时调整教学活动。

教学活动设计和反馈修正是教学过程中至关重要的环节。教师应通过收集反馈信息及时调整教学活动设计，以提高教学效果。口头反馈和图文反馈是常见的收集反馈信息方式，教师可以根据具体情况选择适合的方式。通过持续观察和反思，并及时修改教学活动设计，教师逐渐能够应对各种教学情况。

（六）教学成效评价

从教师角度看待教学成效评价，首先是教学目标是否达成，教师可以将教学活动中完成的教学任务与教学活动设计中预设的教学任务进行对比，判断教学目标的达成度。其次，看教学活动组织过程中的有效性，教学活动的形式、趣味性、参与度、活动序列等都会影响教学活动的效果。从学习过程的角度看，教学成效评价也就是学生的学习成效评价。学习成效评价比教师自我判断的教学评价更重要。教学活动设计的主要目的是提高教学的有效性，成效评价对于教学活动设计有诊断和导向作用。确定学习成效的评价标准是开展教学评价的前提，主要是以学习目标为基础，通过学习过程中的实际教学情况，确定评价重点、方式和标准。

学习成效评价可以分为诊断评价、学业成就评价等，从形式上也可以分为形成性评价和总结性评价。诊断评价主要从教师的教学活动设计、教学方案、课程计划、教学方法、学习过程等方面入手，一般通过教师互评和专家点评等方式获得，也可以通过问卷、量表、座谈等方式从学生方面收集评价进行诊断。教师在收集信息时，可以侧重于收集某一方面的信息，从而让诊断更加切合实际。学业成就评价需要参照《英语课程标准》制定。常用的学业成就评价方式包括问卷、量表、试卷号，在收集数据的过程中应根据需要和实际情况进行选择。对学生的学业评价，除了语言知识与技能方面，还应该关注过程与方法、情感态度、文化意识与价值观。

学业成就评价一般分为相对评价、绝对评价和个人差异评价三种类型。相对评价是通过把个体的成绩与团体的平均成绩进行比较，从而确定其成绩等级的评价方法，有助于帮助学生确定自己在群体成绩中所处的等级。绝对评价是通过把个体成绩与他们需要达到的客观目标和要求进行比较，从而判断学生取得的学业成就情况的评价方式，通常以 60 分作为及格线。个人差异评价是对学生在不同学科间的成绩能力差异进行横向比较，以及对个体不同时间段的成就表现进行纵向比较的评价方法。英语教学中可以适当采用个人差异评价，对学生不同时间段的英语成绩进行纵向比较，帮助学生监控学习状态，判断个人学习情况，为教师做好个别教育提供有价值的信息。

形成性评价是基于学习过程的评价。在教学过程中为了获得有关学习的反馈信息，需要对学生所学知识的掌握程度进行系统性的评价。形成性评价由师生在学期教学过程中共同参与，评价标准可根据评价需要确定。形成性评价以诊断和促进为目标，其构成方式可以多样化，可由教师评价、学生自评、学生之间互评乃至于家长评价等综合构成，也可采用与课堂教学活动接近的形式以及平时测验、学习档案、问卷调查、访谈等形式。教师可以指导学生根据自己的特长或优势选择适合自己的评价方式，目的在于使学生获得学习成就感，增强自信心，有效调控自己的学习过程。形成性评价应基于激励原则，采用描述性评价、等级评定或评分等评价方式记录。

总结性评价是检测学生综合语言应用能力发展程度的手段，一般指在一个学习阶段结束时对学生学习效果的考查。总结性评价应依据《英语课程标准》的要求开展，将语言知识与语言技能相结合，着重考查学生在具体语境中运用语言的能力，并涉及思辨能力、文化意识、学习能力等学科核心素养方面的考查。英语教学的总结性评价应该围绕综合应用语言能力的总体目标来进行设计，根据教学的阶段性目标确定评价的内容和形式，包括口语、听力、阅读、写作和语言知识运用等部分。对语言知识的考查应着重考查学生的知识运用能力，不应孤立地考查知识点或对知识的机械记忆。

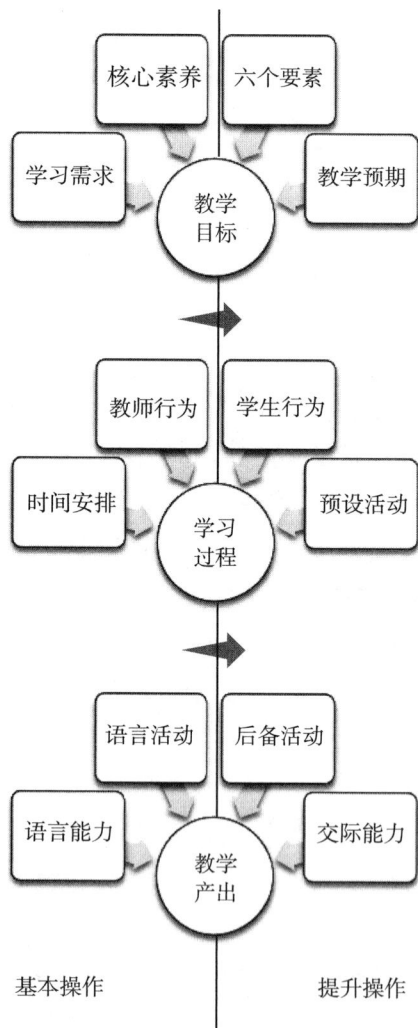

图 4-2 基础教学活动设计 APP 模式

三、教学活动设计技能的类型

（一）基础型设计

基本教学活动设计（APP 模式）是指英语教师根据学生的学习特点和需求，参照《英语课程标准》对课时进行详细要求后，确定教学目标，设计教学过程，运用教学策略和现代教育技术，并进行评估和反馈的教学活动设计。这是一个通用的教学活动设计，旨在提供给教师一堂课中具体的操作指导：如何处理学生的学习反应，将自己对教学的预测应用于实践，并在教学过程中收集信息反馈以调整教学过程。

基本教学活动设计可以从教学目标（aims）、教学过程（process）和教学产出（product）三个方面进行细分，也称 APP 模式。APP 模式提供给新教师一个教学活动设计的思路，适合基本的教学流程。APP 模式是一种分阶段、层次化的教学策略，旨在全面提升学生的语言运用能力。该模式将教学活动分为两个核心部分：基本操作（Basic Operation，简称 BO）和提升操作（Promotive Operation，简称 PO）。如图 4-2 所示。

在 BO 部分，教学设计首先基于课程标准对学生的核心素养提出的要求，结合对学生需求的具体分析，明确教学目标。随后，教师进入教学过程的设计

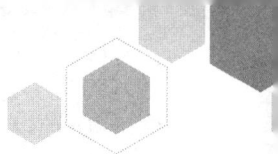

阶段，这实际上是一场学生学习过程的策划。在这一阶段，教师需要预设自身的行为，如课堂讲解内容、组织形式、采用的教学方法等，同时注意英语语言的输入量，并明确每个教学步骤和教学环节的具体时间安排。紧接着是教学产出的设计环节，教师在此要设计各种语言教学活动，激励学生参与产出性的语言练习，以加强其基础的语言应用能力。作业的布置是对产出性练习的进一步延伸，教师应提供多个层次的课外练习，允许学生根据自己的实际水平自主选择。

PO 部分则是在 BO 基础上的进一步提升，它使得教学活动更加周全和深入。在教学目标上，PO 部分加入了教师的教学预期，使教学目标更加具体。教师可以从课程内容的六个要素：主题语境、语篇类型、语言知识、文化知识、语言技能和学习策略出发，进一步细化教学目标。在教学过程中，教师需要预测学生的学习行为，并为学生的课堂反应准备相应的活动预案。在教学产出环节，建议教师准备一些后备活动，以备课堂教学进展不顺利或时间有剩余时使用，这些活动旨在强化学生的语言能力的同时，也提升他们的交际能力。

总的来说，BO 部分构成了 APP 模式的基础，而 PO 部分则是对 BO 部分的有力补充和提升。两者相互融合，共同构成了一个全面、系统的教学模式。通过这种模式，教师不仅能够确保教学目标的实现，还能有效提升学生的语言实际运用能力，使其在语言学习中取得更好的效果。

（二）融合型设计

融合型教学活动设计（LRSW 模式）指的是融合听、读、说、写（listening, reading, speaking, writing）语言技能的综合设计。通过精心设计的听、说、读、写活动，教师旨在提升学生的语言能力。在语言教学中，教师需要选择适当的知识内容，结合实际应用，确定相关话题，并明确语言输入与输出之间的关系，灵活调整教学顺序。通常，先进行大量的输入活动或操练，然后鼓励学生进行口语和写作的输出型活动。这样的教学设计以听力为切入点，辅以阅读，再通过主题设置引导学生进行口语和写作的练习。操作相对容易，效果较好。

然而，在实际教学中，教师往往过于强调学生的输出型语言活动，而忽视了输入的重要性。如果教师过多地采用讲解式的教学方法，学生的英语语言输入量会受到影响。为了确保学生具备进行输出活动所需的基础，教学内容需要在不同的语境和活动中进行至少七次以上的重复。如果学生没有足够的语言输入，就很难进行语言输出。

在课堂上，教师的英语口语和课堂组织用语成为学生的主要听力输入。因此，融合型教学活动设计的关键在于有效的语言输入设计。教师可以通过创设真实的语境、组织多样化的活动、引入竞争元素等方式来提高课堂语言输入的质量和数量。一个确保学生有充足语言输入的阶段之后，教学活动的重点转移到了输出型活动，鼓励学生进行口语表达和写作应用。在这个阶段，教师主要通过任务驱动的活动或其他形式的任务，提高学生的语言应用能力。因此，融合听、读、说、写的教学活动设计适用于中等水平的学生群体。

融合型教学活动设计是一种综合的教学方法，旨在通过有效的语言输入和输出活动提升学生的语言能力。融合型设计图示如图 4-3：

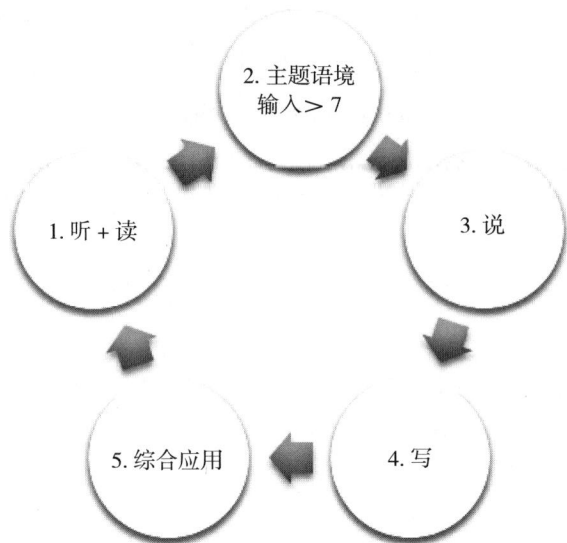

图 4-3 融合型设计（LRSW 模式）

（三）引导型设计

如果班级学生的语言水平已经达到一定程度，建议使用引导型模式（QADS 模式，即 question and answer, debate, summary）进行教学活动设计。在教学活动中，教师通常负责知识的呈现，但对于水平较高的学生来说，可以通过学生的参与来实现知识的呈现、发现和解读，有利于提升学生的语言综合运用能力。交互式课堂的最基本形式是问与答（question and answer，简称 QA），更高级的形式则是讨论或辩论（debate）。

QADS 模式的应用范围广泛，学生在语言使用方面更加自由，同时也意味着教师更难控制语言生成的过程，教学活动可能无法按照教师预设的方向进行。学生需要根据特定的语言信息思考问题，并围绕这些内容展开思考。问与答模式让学生有重复接触语言和思考的机会。辩论是一个启发学生思维、培养逻辑和运用语言解决问题的过程。总结（summary）是学生经过问与答和辩论的过程后，在教师的指导下进行的阶段，可以是个人或团队的总结。

使用 QADS 模式，教师需要具备细致的观察能力和判断分析问题的能力，同时需要有良好的课堂控制能力。在互动过程中，学生可能产生新的问题，这些问题不一定是教师预先设想的。教师需要对学生的回答做出反应，表达判断依据，必要时修改或补充学生的回答，以引发学生的思考。

使用 QADS 模式需要通过练习和反馈来巩固学生已有的语言知识和技能。教师需要善于整合封闭性问题和开放性问题。封闭性问题一般只需要学生回忆知识点即可回答，而开放性问题可能有多个合理答案，可以激发学生提供多样化的回答。开放性问题不一定有唯一标准答案，但存在错误回答，因此需要进行综合分析和评价。教师需要灵活运用封闭性问题和开放性问题。

在鼓励学生感知语言、操练语言点和使用特定语言结构时，封闭性问题和开放性问题的

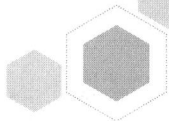

比例建议为7:3。然而，如果所讲授的内容强调较高层次的语言，两者的比例可调整为6:4。在进行问与答时，教师的提问应注意清晰度和频率。高频率的提问对学生的学习有积极的引导作用，但提问的次数需要与教学内容和学生特点相匹配，确保每次提问都是有效的，从而激发学生积极组织答案并参与学习过程。教师组织问与答的过程需要注意提出问题的清晰度和频率。提出问题时，教师的措辞必须简洁明了，易于理解，并且符合学生的语言能力水平。同时，教师需要连续提出有逻辑性的问题，具有水平区分度，能够适应不同的学生参与。教师提出的后续问题应与学生的反馈紧密相关，给予学生充分的思考时间，并鼓励学生提问，以便有效表扬学生的努力。

辩论是在问与答模式之后进行的，可以是教师与学生之间的辩论，也可以是学生与学生之间的辩论。辩论是通过语言进行逻辑培养并提升思辨能力的过程。教师与学生之间的辩论可以围绕一个开放性或高层次的问题展开，以呈现多个面向，并解决问题。学生之间的辩论可以测试和扩展他们已学内容，并培养他们的交流技巧。鼓励学生在辩论中成为良好的倾听者，注重收集和整理听到的信息。辩论还为学生提供了表达自己观点的良好平台。由于辩论需要了解、分析、改进和提出看法，因此有助于发展学生的团队协作、预测能力、组织能力和批判性思维能力。总结阶段可以由个人或小组代表进行总结。教师可以引导学生归纳他们在辩论过程中对主题的新认知或解决方法，并强调使用新的语言点的重要性。同时，通过点评学生的表现，为将来使用此模式的教学活动提供指导性建议。

QADS模式的有效使用需要考虑学生的语言水平和教师的综合教学能力。教学效果还取决于教师和学生之间的准备情况、话题的组织、教师的课堂控制能力、任务分配和组织方式等。在辩论之后，教师可以作为主持人引导学生进行总结。问与答模式对学生思维品质的培养有很大的益处。

四、教学活动设计技能的使用策略

（一）教学预期与教学活动的平衡

教学活动设计毕竟是一个预设的教学行为，实际教学活动中教学效果会受各种因素影响，与教学预期效果不同。教师在使用预设的教学活动设计时，必须时时观察学生的学习反应，平衡评估教学环境对教学的影响，保障教学活动的顺利进行；观察教学内容是否适合个体差异，活动形式能否得到多数学生的赞同与参与。教师预设的学生行为如果与实际教学过程中的学生行为不相同，教师应该及时调整教学行为，启动后备方案，在确保达成教学目标的前提下满足学生的需求。因此教师在做教学活动设计时，具体的语言活动、组织形式、激活策略等都应该有备用方案，在教学预期与实际教学活动中找到平衡点，努力使预期的教学活动设计达到预设的教学目标。

（二）适当调整时间分配

教师在进行具体的语言活动组织时，需要设计每个教学环节中的教学步骤，并做出具体的时间预设，一般精确到分钟。但教师的预设时间很容易受到偶发事件或者学生反应快慢、教学环境、组织教学或活动管理等因素影响，有可能无法按照预设的时间安排进行教学活动。教师需要对原先的预设时间进行再分配，每一个环节可以有加减两分钟的时间弹性，但要保持知识与技能获得的过程与学习实践的过程时间总量保持不变。同时，教师应该在教学活动的组织过程中，注意个体学习和合作学习的时间把控，避免受到教学活动中学生情绪的影响，随意增减或延长时间。教师在教学活动中的讲解时间要依据学生的年龄及语言水平进行微调。对于自主学习能力较弱的低年级学生，教师的引导或讲解时间可适当延长。对于语言水平较高的学生，教师可以缩短讲解时间，给予学生更多应用英语的时间。在计划性的时间策略上，教师在课堂组织教学中需要按照计划性的时间安排，程序性地执行时间分配，必须在处理事件中有轻重缓急的教学意识。

（三）以学习过程为中心，监控学生进步

教学活动设计虽然属于教师的教学行为，但是教学活动设计应该以学生的学习过程为中心，学生才是学习的主体，教师与学生是经由学习过程而产生联系的，教师与学生都是学习过程的参与者，并且在学习过程中互相作用、相互影响。学习是个能动的过程，英语教师在课堂上所起的作用不是简单传授语言知识，而是引导学生去使用语言，教师在实际课堂教学中使用教学活动设计必须要明确这一点，精讲多练，调整适合学生的学习活动，尽可能让每个学生都能够参与语言的应用。在学习过程中，教师需要建立一整套形成性评价体系，通过观察和监测等手段，记录学生的学习过程、行为表现、情感态度以及处理问题的能力等，鼓励合作学习和团队协作，建立学习过程中的激励机制，以描述性语言或者等级评定的方式来监控学生纵向和横向的进步。在发现学生进步之后，应该以在公共场合展示的方式，激发学生的学习动力。

（四）尊重个体差异，适当调整教学要求

学习过程也是一个凸显个体差异的过程，每个学生对语言的接受度不同，对文本的理解力不同，对行动的执行力也不同，智力因素与非智力因素对学生个体的影响也因人而异。语言的工具性特征对于个体学生的综合能力并没有起决定性的作用，教师需要在教学过程中容忍并尊重这种个体差异，对不同语言接受度的学生调整不同的教学需求，在确保最低水平的教学要求上，依据学生的不同语言能力，考虑教学活动中的层次，便于不同水平的学生参与。语言教学中学生的个体差异多数体现在语言技能的运用上，性格开朗的学生乐于参与口语活动，喜欢用英语与人交流；内敛的学生可能使用口语的机会少但乐于借助阅读来获取更多信息。不同的学习风格类型也会对语言的学习产生不同的影响。教师在进行教学活动设计时，难以全面预测学生的学习行为，课堂上需要根据教学现场的反馈和对学生个体的观察，及时调整教学方式和教学要求。

五、教学活动设计的原则

（一）有效性原则

英语教师在进行教学活动设计时应该先考虑教学活动设计的有效性。教学活动很容易落

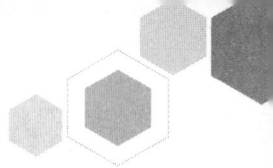

入为设计而设计的套路，如不考虑具体学生需求，容易出现教学内容面面俱到没有核心定位，过多使用辅助教学技术手段，过度强调以学生为中心的语言输出等现象。不少教学活动设计是为展示教师的教学能力而定制的，教师往往忽略了从学习者角度进行思考。不切合实际的教学活动设计难以保证教学效果和教学质量，有效的教学活动设计涉及教学内容的有效选择、活动设计、活动组织和教学评价四个方面。

教学内容的有效选择指的是，教师应该对教材中的教学内容进行适当的调整。英语教材虽然是依据《英语课程标准》编写，但教材是基于学习者的普遍性需求设计的，没有区域指向性和学习能力指向性。教师在进行教学活动设计时，只有对教材内容进行适当的处理才能适应学习者的具体需求，避免无效教学。教师可从话题、目标、语用功能、语言知识、文化知识和学生的认知水平等方面对教材中的教学内容进行过滤选择，通过删减、增补、替换等方式确定适合学生的具体教学内容，教师可使用新的活动设计替换教材中不适合学生水平的活动设计，也可增加必要的学习材料或教学内容，根据需要对教材内容进行适当改编。教师在进行教学内容的有效处理时，应关注学生的语言基础和对语言的认知，基于教学目标进行内容处理并注意语用的真实性。

教学活动设计必须服务于具体课堂的教学目标，教学活动应尽量在接近真实的语境中展开，活动设计形式需要考虑学生的多元智能差异，注意活动的多样性和序列性。教师还需要在组织教学活动时依据认知规律来呈现教学内容，关注内容的可理解性和直观性，注意课堂交互，建构性地使用现代教育技术提升教学效率。教学评价活动以检测教学目标的达成度为主，关注学生的学习过程，以学生为主体进行评价。评价可采用多种方式，但必须具有正面的导向性。慎用物质奖励的方式来达成对学生的学习认可，避免学生养成依赖物质奖励的习惯。

（二）引导性原则

教师的教学过程也就是学生的学习过程，教与学是教师引导学习和学生参与学习的统一。围绕学习过程必须有师生之间的交往和互动，没有交往和互动就没有真正的教育发生。教师在进行教学活动设计时应考虑培养学生的学习能力，引导学生积极交往互动、相互交流。在进行语言活动时，师生之间互相启发沟通、补充和完善，这样才能不断培养学生的应用语言能力，并伴随着师生之间情感的交融和对知识获取的体验，实现教学相长。

从学习过程的角度看，教师与学生都是学习过程的主体。只有基于师生人格平等的教学活动设计，才能形成积极丰富的人生态度和情感体验。因此，教师在进行教学活动设计时应以引导活动、探究知识为框架，设计可相互沟通、让学生积极参与的教学活动。教师在学习过程中要担任导师的角色，引导学生解决问题，寻找语言规律，共同创设语境。在这个过程中教师充当学习资源的提供者和问题解决的协助者，可以通过思维导图、话语提示、问题引导、创设语境和合作探究等方式来引导学生参与学习过程，达到共同学习语言知识和应用语言技能的目的。

（三）层次性原则

教师在预设学生行为时，应考虑学生个体差异的因素。这种差异应体现在教学活动设计上，即分层次的教学活动设计，需要建立在教师全面了解学生的基础上。教学活动设计是面向全班学生的，每个学生在学习上都有自己的特点。学生在心理、学习风格等方面都存在差异，而性别之间也可能存在学习差异。此外，每个学生对视觉、听觉和动觉的偏好程度也不同。这些因素会影响到教学活动设计的组织形式和内容呈现，需要通过不同形式满足不同学习风格学生的需求。

在教学内容的选择上，也需要注意分层次选择。学生语言水平的差异可能导致他们对活动难度有不同的感受，内容过难或过易都会削弱学生的学习动机。分层次的教学组织形式和内容有助于提高学生对教学活动的参与度。一般来说，教学活动设计以中等层次的学生为基准进行增减。教师在组织分层次教学活动时要注意避免引发学生的抵触情绪，因为分层次的目的是针对学生的不同差异进行区分，并不需要直接将学生明确地划分为不同层次。层次是一个动态变化的过程，教师需要在不同阶段、不同教学内容和不同教学步骤中把握好教学层次的影响。

（四）生成性原则

教学活动设计是一种教学预设，对应着教学生成。教学是预设与生成的统一体。教学预设体现着教学的基本要求。英语教学是有目标、有计划的活动，需要按照一定的程序运行，也因此表现出相对的封闭性。强调按部就班按照预设的方式执行教学活动，有可能使课堂教学变得机械和程序化而压制课堂活力，语言教学活动设计应该具备生成性，使语言回归生活，让学生在每一节课都能有实实在在的体验认同和使用自信，注重语言的生成才能使教师与学生的生命力在课堂中得到充分发挥。

语言生成既有显性生成又有隐性生成，显性生成是直接的语言表达，是应用语言的初级体验。隐性生成是间接、深层的语言应用，是从初级体验语言向高级使用语言的转化过程，影响着学生语用能力的发展。教学活动设计的生成性主要指隐性生成，隐性生成最具有发展的功能。从生成的主体看，课堂生成有学生生成，也有教师生成，课堂不仅是教师的舞台，也是学生的舞台。课堂教与学的过程是学生学习能力自我发现、自我提升的过程，也是教师自我提高、自我发展、自我实现的一种创造性劳动。优秀的教学活动设计影响着师生之间教与学的体验，促使师生之间相互生成，共同发展。

六、教学活动设计技能的评价

教学活动设计与教案有所区别，教学活动设计是教学的整体系统考虑，而教案是这个系统中的核心组成部分。教学活动设计要求教师运用系统方法，分析学情，优化教学策略和方法，制定教学流程，评价教学效果。它是为了最优化教学效果而制订的教学预案。教案则是具体实施一节课教学的方案，教师根据所教内容和学生情况，选择适合的教学方法和顺序，以确保学生有效学习。教学活动设计作为教师应掌握的基本教学技能，评价标准与教案不同，

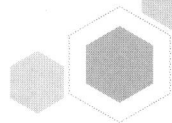

主要围绕教学活动设计技能的要素，考察教师教学活动设计的理念、学情分析、教学目标、教学过程设计、网络资源和教育技术的应用以及教学效果等方面。

教学活动设计的理念通常体现在教学过程设计和教学活动设计中，它反映了教师的教学理念、学习理念以及语言学、系统论、教育学等理论的运用。教学理念应与英语课程标准保持同步，并符合教学目标和学习者需求。先进的教学理念需要根据不同的教学环境和学情差异采取恰当的教学模式。教学活动设计通常包括对所采用教学模式、教学策略和方法的说明，并通过教学过程设计或教学活动设计体现教学理念的一致性。例如，在使用 TPR 教学时，评价点在于教学过程设计是否符合 TPR 要求，教学活动是否体现了 TPR 教学的特点；使用 CLT 或 TBLT 等模式时，也是如此进行评价。教学活动设计理念反映了教师对教学理论知识的储备，对教与学过程的理解以及对师生关系的把握。

（一）学情分析的评价

学情分析的评价主要关注教师是否能根据学生的年龄、生理和心理特点进行分析；是否了解学生的已有认知基础和学习经验；是否有调整教学难度的活动设计；是否了解学生的学习能力、学习风格差异及其产生原因；是否能预测学生在学习方面可能遇到的困难。详细的学情分析有助于教师进行教学活动设计时的针对性和预见性。尊重学生学习的个体差异，有助于在教学活动设计时灵活应用多样的教学策略。只有进行学情分析，教师才能保证教学活动设计的适应性。

（二）教学目标的评价

评价教学目标的主要标准是目标是否清晰具体、可操作，是否与教材内容和学习者实际相适应。教学目标可从语言能力、文化意识、思维品质和学习能力四个学科核心素养入手进行细化阐述。同时，教学目标也需要与教材内容相一致，并与学生的实际情况相适应。对教学目标的评价还需要建立相应的评估和反馈机制，通过不同的评估手段和工具对学生的学习达成情况进行检测和评估，并及时提供反馈。综上所述，评价教学目标的标准涵盖目标的清晰具体与可操作性、与教材内容和学习者实际相适应、学科核心素养的细化阐述，以及评估和反馈机制的建立。这些标准有助于确保教学目标的质量和有效性，推动学生的有效学习。

（三）教学过程设计的评价

教学过程设计需要详细描述教学过程，评价时需判断教学模式的合理性、时间分配的合理性以及教学环节的安排和序列的合理性。教学内容的选择和优化是否合理，教学方法是否适应教学内容和学生的知识水平，教学活动设计是否从学生需求的角度设计，能否激发学生的学习参与，学生能否形成学习期待，也是评价教学过程设计的一些标准。教学过程设计需要符合最近发展区理论、图示理论或认知发展理论，以合理的时间顺序和认知要求满足学习者的需求。

（四）教学活动设计的评价

在评价教学活动设计时，教学活动的评价重点集中在分析每个教学活动所处的教学环节是否恰当并与教学目标相一致。这包括评估教学活动是否能够有效地引导学生参与，是否切实反映了课程设置的要求。此外，评价还关注教学活动的操作方式，即教师在设计活动时是否选择了适当的教学方法和教学工具，以促进学生的主动参与和学习成果的提升。反馈方式也是评价的一项内容，即教师在教学活动中是否能够及时给予学生反馈，并帮助他们理解和改进。最后，评价还需要关注教学活动之间的衔接问题，确保教学活动之间的过渡流畅，使整个教学过程具有连贯性和可理解性。通过综合评价这些方面，可以评估教学活动设计的质量和效果，并帮助教师优化和改进教学活动设计，提升学生的学习体验和学习成果。

（五）网络资源和教育技术的应用评价

评价教学活动设计的网络资源和教育技术应用主要关注对它们的应用是否合理。教育技术应用的评价不仅仅是关注其是否使用多种教育技术来辅助教学，而是要评判教育技术的使用是否恰当、是否具有交互功能、是否提高教学效率、是否促进教学过程和实现教学目标。并非所有的教育技术都能促进教学目标的实现，教育技术可以提供多种语言学习形式，但也可能存在使用形式过多、时间过长和分散学生注意力的问题，所以有必要对教师提供的资源和教育技术进行评价，教师使用技术辅助时，需要熟知学生的认知规律和心理学定律，如视觉的吸收率高，教师在使用视频进行听力教学时，学生往往注重于图形符号而淡化语音符号，学生的回答有时候是基于对视频符号的理解，通过视频符号猜测听力内容，这种情况下的听力符号容易被弱化，如果视频材料不能促进学生对语音符号的识别，视频的使用就是无效的。资源和媒体使用必须有助于有效教学。

（六）教学效果评价

教学活动设计的评价应该确保活动设计不仅能提供更好的学习体验，而且能够提高教学的有效性。评价教学活动设计的一个主要方面是评价教学效果。教学效果的评价主要依据是教学目标的实现程度。教学活动设计不仅仅是为了给教师提供教学内容，更重要的是有效地促进学生的学习。教学活动设计容易受到教学环境、教师组织能力、课堂管理能力以及偶发事件等因素的影响。一个表面上看起来很好的教学活动设计可能由于各种因素的影响而无法达到预期效果。因此，教学活动设计的教学效果需要从多个维度进行综合评价。

在确定评价内容之后，可以建立评价标准，并根据具体情况列出评价项目表。评价应结合理论知识与实践经验，考虑评价要素的重要性和量化方法，制定相应的评价量表。

表4-2为skill 1教学活动设计技能评价表。

表4-2　skill 1教学活动设计技能评价表

评价要点	权重	指标	评价内容	权重	得分
学情分析	10%	1	身心特点	2%	
		2	认知基础	2%	
		3	个体差异	2%	
		4	学习方法	2%	
		5	学习需求	2%	

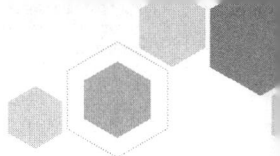

续表

评价要点	权重	指标	评价内容	权重	得分
教学目标	30%	6	语言知识	5%	
		7	语言技能	5%	
		8	文化知识	5%	
		9	学习策略	5%	
		10	语言类型	3%	
		11	主题语境	3%	
		12	情感态度	4%	
教学过程设计	30%	13	教学内容	5%	
		14	教学方法	5%	
		15	教学时间	5%	
		16	教学活动	5%	
		17	活动序列	5%	
		18	教学策略	5%	
教学活动	10%	19	引导学生参与、及时反馈	6%	
		20	教学活动衔接问题	4%	
网络资源与教育技术支持	10%	21	使用资源	5%	
		22	恰当性	5%	
教学效果	10%	23	目标是否达成	4%	
		24	活动组织是否有效	4%	
		25	评价方式	2%	
备注：				总得分	

◆ 引导问题答案

1. 学情分析的主要构成要素有哪些？

学情分析的主要构成要素包括：分析学生的生理、心理特点；分析学生已有的认知基础和学习经验；分析学生的个体差异；分析学生学习英语的方法；分析学生的学习困难；以及分析学生的学习需求。

2. 教学目标与课程目标的关系是什么？

教学目标是对课程目标的细化，课程目标是指课程本身要实现的具体目标和意图，是确定课程内容、教学目标和教学方法的基础，具有英语学科教学的导向作用。教学活动围绕教学目标的设计展开，教学目标与课程目标相辅相成，共同促进学生综合语言运用能力的形成与发展。

3. 如何将黄金分割率运用到教学时间管理中？

将黄金分割率运用到教学时间管理中，可以将教师话语时间（TTT）和学生学习时间（SLT）之间的比例控制在大约 0.618，即学生的学习时间（话语时间）约占总时间的 61.8%。具体到一堂英语课 45 分钟的课堂教学时间，可以将教师的教学时间（话语时间）设定为 17 分钟，学生的学习时间为 28 分钟。教师的话语时间可以进一步细分为组织导入和互动时间以及新课呈现讲解时间。在黄金分割率的基础上，教师可以根据学生的需求和教学环境，设计细致、高效的教学活动，促使教师紧凑课堂教学步骤，不浪费与教学内容无关的时间。同时，教师也需要兼顾个体和群体的学习过程，通过合理的分配时间来促进语言技能的发展。

◆ **再思考**

1. 什么是教学时间管理？

教学时间管理是指教师对课堂教学时间的计划和管理，包括课程分配时间和教学投入时间两个部分。课程分配时间一般由课程标准所规定和安排，而教学投入时间则与学生的学习效率和学习成功率密切相关。

2. 如何设计有效的英语课堂教学活动？

有效的英语课堂教学活动设计需要从教学内容的有效选择、活动设计、活动组织和教学评价四个方面进行。教师需要对教材中的教学内容进行适当的调整，以适应学习者的具体需求。教师需要关注学生的语言基础和对语言的认知，基于教学目标进行内容处理，并注意语用的真实性。教学活动设计必须服务于具体课堂的教学目标，教学活动应尽量在接近真实的语境中展开，注意活动的多样性和序列性。教师还需要在组织教学活动中依据认知规律来呈现教学内容，注意内容的可理解性和直观性，注意课堂交互，建构性的使用现代教育技术提升教学效率。教学评价活动以检测教学目标的达成度为主，关注学生的学习过程，以学生为主体进行评价。评价可采用多种方式，但必须具有正面的导向性。因此，有效的英语课堂教学活动设计需要综合考虑教学内容、活动设计、活动组织和教学评价，以确保教学效果和教学质量。

3. 如何评价教学活动设计技能？

教学活动设计技能的评价主要围绕教学活动设计技能的要素展开，包括教学活动设计的理念、对于学情的分析、有关教学目标的描述、教学过程设计的合理性、资源及技术应用和教学实施效果。具体可以从以下几个方面进行评价：

（1）教学理念是否与英语课程标准同步，是否符合教学目标和学习者的需求；

（2）学情分析是否详细，能否依据学生的年龄段分析学生的生理和心理特点，了解学生已有的认知基础和学习经验；

（3）教学目标是否清晰具体，是否具有可操作性，基本表述是否与教材内容以及学习者

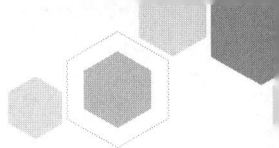

的实际相适应；

（4）教学过程设计是否合理，时间分配是否得当，教学环节安排及序列是否合理；

（5）教学活动设计是否从学生的需求角度出发，能否激活学生的学习参与；

（6）网络资源与教育技术的应用是否合理，是否有助于有效教学；

（7）教学活动设计的教学效果要从多维度进行综合评价，确定教学目标达成度。

一个好的教学活动设计应该是既考虑教学策略、教学内容和教学方法，又考虑到学习者的情况和学习环境等因素的综合考虑。在考虑如何优化教学活动设计时，教师需要关注学生的学习需求和认知规律，以便提供更好的学习体验和教学有效性。

第二节　导入技能

❋ 本节要点

1. 导入技能的定义

2. 导入技能的构成要素

3. 导入技能的类型

4. 导入技能的使用策略

5. 导入的教学设计

6. 导入技能的评价

❋ 引导问题

1. 为什么导入环节对于学生的学习动机和学习期待的形成是如此重要？

2. 导入技能的构成要素主要有哪些？

3. 导入技能的教学设计步骤包括哪些内容？

导入技能并不是可有可无的技能。部分教师认为直接进入讲解可以节约课堂时间，但这实际上跳过了学生从上课热身到准备思考的一段过程，难以形成一种学习期待。有些教师认为无需导入环节，因为学生的学习压力可以转化为动力，促进教学。然而，学习压力是一种客观现实对学生的要求。如果学生由于学习压力而被迫从事学习活动，当压力和成就感不相平衡时，压力难以转化为动力，反而会成为阻力。

导入是教学过程中的起始环节，合理巧妙的导入设计能够引导实现新旧知识的自然过渡，激发学生进行思考，导入的实质是激活学生学习动机的催化剂。导入环节应关注学生需求，通过引导理清新旧知识关联，设计生动有趣的活动，帮助学生形成学习期待。只有保持学习需求和学习期待，学生才会对下一活动感兴趣，促进良好的期待和探索欲望，长期坚持才能形成内在或外在学习动机。合理的导入能吸引学生注意力，营造新氛围，明确学习目标，促进师生情感沟通。

与课程带来的学习压力不同，优秀的导入设计容易帮助学生形成一个学习期待，让学生了解自己的学习需求，从而将这种期待和兴趣延续到下一个教学活动。精彩的导入语境和活动过程会对学习者产生一种吸引作用。如果学生经由导入形成一种学习思考或学习期待，就能够产生与学习目标相关的各种联系和期待结果。只有激发学生的学习需求和学习期待，教师才能把学习活动指向预设的方向，从而激发学生积极参与学习活动。良好的导入需要调动学生原有相关经验，引导学生将过去的经验与学习目标产生联系，并从中发现差异。只有当学生充分意识到探索问题的内在要求，才能发挥学习动机的动态作用。导入才能实现自身的价值。学习者只有将新知识与自己先前拥有的知识结构进行积极主动的整合，旧知识才能得到改造，新知识才能获得实际的意义。要使新旧知识在课堂能发生相互作用，教师在课堂上的引导起着至关重要的作用。

导入是对先前知识的延伸，也是一个完整课堂的开端，引导学生由非学习状态进入本堂课学习的准备阶段，可以激活学生的学习动机，唤醒他们对语言学习的兴趣，更有利于理解语言点。导入也是一种语言的示范性输入，能够吸引学生的注意力，深入浅出地讲解，并达到使用语言的目的。因此，有效的语言教学导入是英语教师良好掌控教学的必要条件。

一、导入技能的定义

导入技能是英语教师在开始新的语言教学内容或教学活动时使用的一类教学行为。通过语境和组织策略，教师能够激活学生的思维，使他们处于最佳学习状态。导入技能的目的是让学生做好接受和处理学习信息的准备，并对教学做出积极反应。

导入技能是教师教学策略和行为结合的基本教学技能之一。教师需要通过分析教学内容，确定学习目标，并考虑学生的语言水平，选择适合的语言导入活动，以激发学生对新课程或内容的兴趣。

一个良好的导入应该能够使学生的学习思路顺畅，并进入最佳的学习心理状态。这种心理状态涉及学生的学习心理、学习能力和学习习惯，而教师在设计导入时应考虑到这些因素。学生的学习心理状态与导入教学密切相关，良好的学习状态能够为导入提供强有力的支持。反之，精心设计和顺利实施的导入教学也能够调整学生的学习心理状态至最佳水平。导入能够衔接教学环节和阶段，整合主题和主线，从而优化整个教学过程。在设计导入时，应注重其有效性。有效的导入必须与所讲课文内容相关，适合学生的水平，并能吸引他们的注意力，否则将只是无效的导入，浪费时间。

教师通过巧妙的导入设计可以帮助学生更好地理解和应用所学的英语知识。导入技能是引导学生进入学习主题或概念的关键步骤，可以激发学生的兴趣，建立上下文联系，提前预习，并引发他们的思考，为学习提供一个良好的起点。导入技能的作用如下：

（一）激发学生兴趣

一个吸引人的导入能够在课程开始时引起学生的好奇心和兴趣，从而在整节课程中保持他们的专注度和积极性。这种引导方式可以激发学生对所学内容的兴趣，使他们更愿意参与

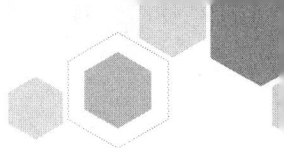

课堂讨论和活动。当学生对学习感兴趣时，他们会更主动地思考问题、提出疑问，甚至自发地探索相关主题。这种积极性不仅有助于提高他们的学习成绩，而且能够培养他们的问题解决能力和创造性思维，进而为未来的学习和生活打下良好的基础。

（二）提前预习

通过引入课程内容，教师可以帮助学生在学习新主题之前建立起一定的背景知识，这样学生就能更加容易地理解新的概念和主题。一个吸引人的导入也能够唤起学生的好奇心和求知欲，让他们在学习过程中保持积极的态度。此外，导入还可以帮助建立学生和教师之间的联系，让学生感受到教师对他们的关注和教导，从而增强学习动力。这种方式也有助于激发学生的学习兴趣，使他们更愿意积极参与课堂讨论和活动。

（三）建立联系

教师的有效导入可以帮助学生将新学到的知识与他们已经具备的知识和经验相联系起来。这种联系有助于学生更好地理解并吸收新的知识，因为他们可以将新知识融合到已有的框架中。通过建立知识之间的联系，学生可以更清晰地认识到不同学科之间的关联性，从而促进他们对知识的整体性理解。通过导入技能，学生也能理解新知识对他们已有的知识体系所带来的影响，并在这个过程中逐渐建立起知识的连贯性和一致性。这不仅加深了学生对所学知识的理解，也提高了他们应用知识的能力。导入技能为构建学生的知识体系奠定了坚实的基础。

（四）激发思考

一个好的导入不仅能唤起学生的兴趣，还有助于培养学生的批判性思维能力，使他们成为更为全面和有思想的学习者。这样的引导方式有助于学生不仅接受知识，还能自主提出问题、假设和探索解决问题的方式。通过导入过程，学生不再只是被动接受信息，而是被激发并鼓励积极参与到课堂讨论和学习中。这种积极参与有助于培养学生的思辨能力和批判性思维，使他们意识到问题具有多种解决方案，并通过逻辑和分析来解决问题。这样的学习方式促进了学生的自主学习和独立思考，并培养了他们的批判性思维能力，这对于他们未来解决问题和应对挑战起到至关重要的作用。

（五）建立语言背景

有效的导入技能不仅可以帮助学生建立与主题相关的词汇和语法背景，更能够提高他们对语言学习的兴趣。通过使用有效的导入技能，教师可以帮助学生引入新的词汇和语法。这种引入的方式使学生能够在学习过程中更快地理解和吸收新的语言材料。通过建立与主题相关的语言背景，学生能够将新学到的词汇和语法融入他们已经存在的语言知识中，从而更好地理解其用法和含义。除了帮助学生更好地理解和运用新的语言材料，导入技能还可以增加学生对语言内容的兴趣和投入度。生动有趣的导入方式，可以使学生更加积极主动地参与学习，从而促进他们更深入地学习和掌握所学的词汇和语法。

（六）提供上下文

通过提供适当的背景或上下文，教师可以帮助学生在英语学习中建立更加全面和深入的认知，避免对知识产生混淆和误解。英语教学中，导入适当的背景或上下文可以极大地帮助学生理解和应用所学的知识，这包括介绍与所学课文或课题相关的历史背景、社会文化或时事事件。如，讲解一则英语新闻报道，老师可以介绍有关报道所述事件的背景信息，例如报道发生的地点、事件的起因、相关人物或政治、经济环境等。这些背景信息可以让学生更快地理解新闻内容，并帮助他们更好地应用所学的语言知识。

（七）提高参与度

一个引人入胜的导入对于增加课堂的互动和参与度至关重要。通过设计生动有趣的导入方式，老师能够吸引学生的注意力，激发他们的学习兴趣，从而使他们更加积极地参与到课堂讨论和活动中去。这种互动性的引入方式可以是一个引人入胜的故事、一段有趣的视频或音频片段、一个反思性的问题，或是一个引人深思的情景设定。这些激活兴趣的元素能够给学生留下深刻的印象，激发他们对课堂内容的思考和热情，从而带动课堂参与度的提高。良好的导入也有利于打破学生固有的思维模式，激发他们的好奇心和求知欲；老师可以引导学生走出舒适区，促进他们积极思考与探索，增加与老师之间的互动。

二、导入技能的构成要素

（一）四个要素

英语课堂上导入技能的构成主要有语境设置、内容导引、知识联结、引发参与四要素。导入技能要素是一个完整的课堂导入过程所必须具备的组成部分，不同的导入类型都应该从教学目标出发，使学生明确学习目标和教学内容，激活学生的学习能动性，形成一种学习期待，更好地理解和使用语言知识。

1. 语境设置

语境在语言学习中的重要性不言而喻，2017年版《高中英语课程标准》和2022年版《义务教育英语课程标准》都提出了主题语境，分为人与自我、人与社会、人与自然。主题语境下的语言学习有助于学生探究语言知识、文化知识，培养学生的思维能力和学习能力等，逐步将学生培养成为具有核心素养的人才。

设置好相关的语境，能够让学生对即将学习的主题，有一个自然的了解和过渡，并对语境中的角色有自然的代入感。语境的作用有很多，首先语境可以限定用语。目前的中小学教材，都是以实现语言功能为基础而编制的。在不同的语境里需要使用不同的语言表达，这就使得语境有了限制表达用语的功能。在恰当的语境中，个人的生活学习经验能够较为容易地被语境所唤起并融入语境之中，学生容易寻找到恰当的词汇和句式结构来表达。

语境的创设有助于学生对语言现象和言语表达做出正确的理解。语境中的角色以及情景能使学生调动自己的认知背景，唤醒个体生活学习经验，从而形成个体经验对语境的参照，有助于增进学生对语境及其所容纳语言的理解。学生的心理状态、所处的学习环境、所在地的习俗、思维方式和文化传统等，都有可能成为语境理解的障碍或助力者。利用好语境的正迁移，教师可以引导学生更好地理解对话和文本。

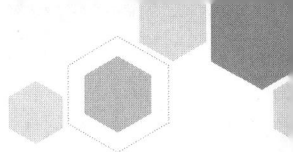

恰当的语境有利于学生根据情景生成理性意义之外的语义表达，对同一个语境有可能存在不同的理解，语义表达因此不同。语境本身所具备的生成功能，有益于学生创造性地使用所学语言知识进行删减、添加、转化等创造性思维活动，以此做出适合情景的英语表达。

在一定的语境帮助下，学生容易对话语或文本信息进行添加和补充。有了承上启下的语境，学生可以根据常识性的信息产生对另外一些相关事物的联想，也有可能借助特定的情景对语言进行信息补充，从而产生临时性的语义表达，这也是交流和理解各类新信息的基础。为了参与语境建设，学生需要学会在教师的引导下对语境所包含的内容和意义进行补充。

2. 内容导引

导入的关键在于将学生引导到最佳的学习状态，其核心在于启发引导。需要注意的是，导入并非将学生的学习思路引导到教师的教学思路上，而是从学生的实际需求出发，优选教学内容，以适当激发学生学习热情的方式，促进学生独立思考，初步体验和建构知识。因为导入环节中教师所设置的语境应引导学生转向对学习内容的认识，所以导入的学习内容应经过教师精心选择。教师应注意课堂导入形式与内容的高度契合，重视内容选择的准确性，避免导入环节的教学内容选择不当，导致导入内容与所教授内容毫无关联的情况。

教学内容的导引与学生学习环节的设置相关联，导入的作用侧重于由前一个学习环节向后一个学习环节自然过渡，从而引发思考。不同内容的学习环节之间应通过导入构成有效的连接。学习环节之间的有效连接有助于将各个学习过程串联成一个完整且优化的学习过程。教师在应用导入技能时，应注意引导学生的学习注意力，围绕学习目标进行有效学习，以提升学习效果；同时，善于引导学生关注、理解、贯通学习内容，帮助学生统一学习过程，在流畅的学习过程中养成良好的学习习惯。

3. 知识联结

导入应起到承上启下的桥梁作用，实现知识点的联结，教师需要在备课阶段熟悉任教课时的前后知识点，做好知识点的梳理工作。知识点和知识点之间相互关联，又相对独立，需要通过导入技能加以联结，使用符合学生需求的导入方式，引导学生发现、体验并总结新的知识点。使用诸如思维导图等视觉化的图表辅助学生对知识点的联结，以帮助学生更好地理解知识点以及知识点之间的联系。

新知识点的形成本质上是通过两个知识节点的组合，建立犹如神经元之间的突触关系，从而产生一个新知识。认知深度和认知效率需要通过知识点的联结来提升。知识联结需要考虑现有知识和已有知识之间的联系、运用的具体语境等。有效优化连续性知识和学生的认知结构有利于知识的保持和迁移运用。知识联结的观点应贯穿教学的全过程，尤其要关注英语知识点与学生的既有生活经验之间的联系。教师应善于利用导入技能分析知识的内在结构，通过多种方式将知识点联结，引导学生构建自己的知识结构。

4. 引发参与

导入要引导学生进入最佳的学习状态，从而引发学生参与学习活动。对于中学生而言，要吸引他们参与活动首先是唤起他们的好奇心，因此好的导入语境一般都包含信息沟通。在导入到新的语言点过程中，教师需要设计一些活泼新颖的学习方式和活动方式，并在导入过程中激励学生进行有效的学习思考。事实上，引发学生参与活动的另一个因素是教师的个人魅力，导入的参与度与学生对教师的信任度和权威度有关。教师对教学的投入、激情和教学价值观有助于调整学生的学习状态，快速生成较好的学习氛围。学生对活动的参与度是培养学生探究精神的基础。教师在实施导入技能时，所设置的语境应尽量满足学生的需求，引发学生探究兴趣。能引起学生好奇心的语境，需要从学生的生活体验和感悟中提炼，并且与教师需要讲解的知识内容有关联。另外，导入部分也需要考虑整合现代教育技术来增强导入效果，以此激活学生思维，调整学习状态，扩大学生需求。

（二）五个阶段

从教学操作上看，导入技能需要经历引起注意、激发兴趣、形成期待、激活思维和进入主题五个阶段。

1. 引起注意

一个良好的导入能够充分吸引学生注意力，引起学生的有意注意或者无意注意。课堂上学生的注意力，实际上是视觉、听觉、触觉、嗅觉和味觉五大信息通道对客观事物的关注能力，导入阶段所设置的语境要引起学生的注意，就需要唤醒学生的信息通道，调用越多种信息通道，引起学生注意的可能性就越大。视听、体验、观察等形式的分解与组合，能较好唤起学生的注意，如提问、视频、比赛、游戏、角色扮演等。课堂上学生的注意力很容易受到环境因素的影响，课堂环境的舒适度、语境的真实度、教师的言谈举止等都会影响到学生对学习内容或活动的注意力。

用导入激活学生的有意注意时，语言刺激物通常被区分出来作为注意对象，现代教育技术有助于增强语言刺激物的刺激效果。无意注意相对于学生而言是一种不需要做意志上努力的注意，取决于教学语言活动的强度、主题性和新颖性，需要关注学生的兴趣和情绪。在英语教学开始之初，学生难于进入学习状态，往往产生一些与学习无关的行为活动。导入的任务就是抑制学生所有与教学内容无关的行为，将学生引导到最佳的学习状态，吸引学生迅速将注意力集中在新的学习任务上并保持这种注意力。

2. 激发兴趣

导入作为英语课堂教学的第一个活动，直接作用于学生的兴趣导向。在导入中激发学生兴趣的操作要点在于通过特定的语境或问题，引起学生的兴趣并以兴趣开发学习需求，达到导入目的。激活兴趣可以延续学生原有的经验和兴趣爱好，也可以通过教师的语言创新活动来激活学生的学习思维。事先调查学生的兴趣爱好、学习风格、学习习惯等是做好教学导入的必要环节。教师需要预估学生的不同学习状态和差异性学习需求，善于针对导致学习过程不流畅的问题来进行导入。

通过导入引发学生兴趣的同时，既要通过有趣味的导入来活跃课堂，又要注意课堂教学活而不散，把学生导入到良好的学习习惯以及最佳学习能力的状态。兴趣的引发要与学生的学习问题和学习需求相关联，通过兴趣点寻求展开学习活动的切入点。兴趣是力求认识某种

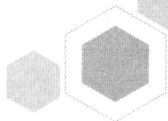

事物或爱好某种活动的心理倾向，这种倾向是和愉快的体验相联系的。导入就是用各种方法把学生的这种心理倾向激活，使学生体验愉悦的语言活动。英语教师良好的导入技能能够把新的语言内容变成学生的兴奋点，使学生带着浓厚的兴趣参与语言的学习互动，同时注意引发兴趣后应赋予思考价值。

3. 形成期待

导入语境的创设和语言刺激能够让学生对语境所带来的事件做出预判，并且期待自己的预想能够符合语境和活动的变化，这也是影响学习动机的一个重要因素。教师通过导入启发学生思考问题，使学生产生学习某种知识的需要，形成一种学习期待，为学习新知识做好铺垫。学习期待就是学习目标在学生头脑中的具体反映，只有当满足学生需求的目标或期望同时存在，学生才会将思维活动转向特定方向。

学习期待是学生基于过去的学习经验和当前的导入刺激而对下一步学习事件进行的预判，它能激活学生产生希望某种特殊教学活动出现的一种态度。学生的好奇心、好胜心、荣誉感、展示欲、竞争欲、求知欲等容易在老师的引导下形成学习期待。学生往往期待自己的预判能够在下一步的教学活动中得到验证，希望教师能满足符合自己要求的各种教学变化。形成学习期待是影响学生学习的一个重要因素，导入只有满足学生的需要，才能激发学习积极性，形成学习期待，使学生从上课前的被动接受走向自觉自主的主动接受。

4. 激活思维

导入的过程实质上是教师将教学目标转化为学生学习目标的过程，激活学生思维，使学生进入最佳的学习状态。只有让学生明确学习目标，才能调动学习动机，主动接近学习目标。为达到这一目的，需要调整学生的学习状态。

学生的个体学习状态总是在稳定与不稳定之间转换。教师需要通过激活学生的学习思维来调整学生的学习状态。激活学生的思维可以通过设立问题引发学生的基本思考；使用一些新颖的语境、认知问题的新角度以及新颖的表达方式等激发学生的好奇心；通过竞赛、讨论、演讲表演等激发学生的竞争心理；通过改变学习层次、学习角度，扩大学生的学习视野和学习背景等方式，从不同角度思考问题，激发学生的探究欲望；充分利用不同年龄学生的心理，在导入过程中通过激励的方式使学生重新认识自己，获得认可和激励。

激活学生的学习思维需要把握好激活时机，教师应针对学生的个性特点，在不同的时机运用不同的方法激活思维。在时机不明确的情况下，教师可以扩大学生的学习需求，及时给予学生指导和激励，创造时机。鼓励学生勇于提问的精神、参与问题解决。当学生持有多种不同观点时，教师可以利用这一时机引导讨论以激发思维。对于学习困难的学生，应给予必要的指导，帮助他们进一步思考问题，让他们获得阶段性的成就感，有效激活思维。对于学习较好的学生，教师可以帮助他们设定新的可达成目标，让他们在追求这些目标的过程中激活学习思维。

5. 进入主题

导入是一种有效的联结形式，是从前一个学习环节转向后一个学习环节的有效过渡，具有承上启下的作用，既是先前教学内容的自然延伸，也是本节课教学的开始，在新旧知识之间建立起一种有机的联系。导入总的时间有限，时间总长一般是 3～5 分钟。

导入的技能在于引导学生进入最佳的学习状态。在学生调整好各项学习行为之后，教师应该及时引导学生进入教学主题，帮助学生理解学习内容，使学生进入有效的学习状态。教学目标和教学主题是教师在备课的过程中明确的，但需要根据实际情况及时进行分解和整合，甚至可以临时根据学生课堂上的行为反应，调整实施目标的顺序，以达到有效教学。

导入促使学生的学习注意力始终围绕和集中于学习目标的主题，在导入阶段累计的学习成果和学习思维必须能与下一阶段的教学目标相关联，使学生保持着兴趣进入新的语言学习。

表 4-3 所列的简单导入案例展示了导入技能要素与实施过程之间的联系。

表 4-3　导入技能要素与实施过程

要　素	教学过程	时间	阶　段
语境设置	Today, we are going to talk about animals. Let's start by watching a short video about different animals. Pay attention and see how many animals you can recognize!	0.5 min	引起注意 激发兴趣
内容导引	Now that we've seen some interesting animals, let's talk about the words we use to describe them in English. We will learn about their names, characteristics, and habitats.	0.5 min	形成期待
知识联结	Before we begin, let's review some of the animals we have learned before. Can you tell me the names of some animals you know? What kind of animals do you like? Let's talk a little about them.	1.5 min	明确目的
引发参与	Now, I want you to work in pairs and discuss your favorite animal. Describe it to your partner and why you like it. We will then share our thoughts in the class.	2 min	进入主题

三、导入技能的类型

根据不同的分类标准，导入有不同的类型。事实上，教学没有固定的某种形式，导入也是如此。依据不同的教学内容，有不同的教学导入方式。从实践教学出发，常用的导入方式可以分成直接导入、话语导入，视觉导入，活动导入、提问导入和情景导入等。选择合适的导入方法需要考虑课程内容和学生的年龄和语言水平。

（一）直接导入

直接导入就是教师直接阐明学习目标和要求，以及本节课的教学内容和安排，通过简短的语言叙述和设问等引起学生的关注，使学生迅速地进入学习情境。这种导入能使学生迅速定位本节课的学习要点。相对而言，直接导入可以节省教学时间，但由于直接导入过于概括，比较枯燥，缺乏感染力，难以激起学生的学习兴趣。

当直接导入时，教师可以简要介绍本节课的学习目标和内容，并通过问题或故事来吸引学生的兴趣。例如：

"Good morning class! Today, we are going to focus on learning about the present

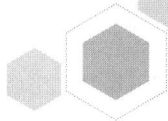

continuous tense. We will be talking about actions happening right now. Have you ever wondered how we describe actions that are currently taking place? Let's explore this together and see how it brings life to our conversations!"

大部分英语教师用演绎法授课的开始部分可看作直接导入的典型案例。例如：

教师可以使用直接导入来引入定语从句的概念："Today, we are going to learn about a special type of clause in English called an 'attributive clause.' Have you ever heard of it before?" 这种直接导入帮助学生思考并分享自己对定语从句的了解。接下来，教师可以进一步解释定语从句的作用和结构，例如：

"An attributive clause provides additional information about a noun in a sentence. It starts with a relative pronoun, such as 'who,' 'which,' or 'that,' and it adds more details to the noun it modifies. Let's look at an example: 'The book that I recommended is very interesting.' In this sentence, 'that I recommended' is an attributive clause that provides more information about 'the book.' It helps us understand which book we are talking about."

直接导入能够迅速定位本节课的学习要点，学生能够明确知道这节课的主题和目标，以及将要学习的相关内容。直接导入可以帮助学生迅速进入学习状态，提高学习效率。

然而，直接导入也存在一些不足之处。由于其内容较为概括，可能会给学生一种枯燥无趣的感觉，缺乏感染力，难以激起他们的学习兴趣。因此，教师在进行直接导入时需要注意采用一些具有吸引力的语言叙述和问题，以便更好地引起学生的关注和思考。此外，直接导入过于简短，可能会忽略一些细节和补充说明，教师需要确保学生能够全面理解所述的学习内容，避免造成理解上的困惑。

直接导入较适合连续性教学中的后续课程导入，例如一个教学内容的第二节课，或者一篇课文的第二、三课时等。高中阶段的学生自觉性和理解能力较强，学习积极性较高且具有一定意志力，比较适合使用直接导入。

（二）话语导入

话语导入也可以称为言语导入，是英语教学中一种富有创意和趣味性的方法，旨在吸引学生的注意力并引导他们进入学习主题。以下是一些不同类型的言语导入方法：

1. 英语歌曲导入

教师可以选择与当前课程内容相关的英语歌曲，供播放或演唱。这有助于学生通过音乐来感受英语语言的节奏和语调，并引发他们的兴趣。英语歌曲容易在课堂上创造一种宽松和谐的氛围，比较容易唤起学生的课堂注意，激发学生的学习动机，而歌曲本身具备的感染力有助于学生形成正确的英语学习态度。使用精选的英语歌曲作为导入手段时，要注意满足学生的好奇心，并培养正确的学习态度。学生的需求、情感和兴趣基本上都可以在英语歌曲中得到一定的满足。与此同时，学生的模仿性、环境的同化性和向师性有助于他们在英语歌曲中更好地参与。即使是对英语歌曲不太感兴趣的学生，也容易被其他学生踊跃参与的积极态度所感染，这种逐渐培养出来的兴趣也较易转移到英语语言学习上来。同时，英语歌曲也可以助力学生提升听、说、读、写四种语言技能。

英语歌曲作为导入手段之一，拥有其独特的魅力。学生对歌曲的节奏、歌词、语流的模仿也有助于提高他们的英语语音水平。在使用英语歌曲作为导入时，教师应注意结合课文内容、学生的年龄特点和语言水平来选择适合的歌曲，以达到最佳的导入效果。

在进行歌曲导入时，需要注意所唱歌曲要切合主题，易学易唱，符合学生当前的英语水平，并迎合他们的情感。例如，要讲解"how many"这个结构，教师可以吟唱"Blowing in the Wind"的前半部分："How many roads must a man walk down before you call him a man? How many seas must a white dove sail before she sleeps in the sand?"在继续导入的过程中，教师可以重点解释 how many 这一短语，这比简单地直接讲解要更有效。另一个例子是在讲授农场动物的词汇时，教师可以使用英语歌曲"Old MacDonald Had a Farm"作为导入。还有一个导入技巧是实行"每周一歌"的制度。教师可以每周向学生介绍一首新歌。学生可以推荐歌曲，然后教师从中选择一首进行教唱。学生需要自己整理歌词，并查找他们不熟悉的词语。通过这个过程，学生可以提高听、说、读、写四种语言技能，实现多方面收获。

使用英语歌曲进行教学导入有下面几个好处：

（1）吸引学生的注意力

通过播放英语歌曲，学生会被旋律和歌词吸引，从而激发学生的学习兴趣，增加他们对英语的兴趣和动力。

（2）重复和记忆

英语歌曲通常包含简单重复的歌词和旋律，这对于学生的记忆有帮助。通过不断地重复，学生可以更好地记住歌词中的词汇和相应的发音。

（3）学习发音和表达

英语歌曲中的词汇和句子通常以明确且清晰的形式呈现，这有助于学生练习正确发音和口语表达。

（4）互动和参与

英语歌曲可以通过一些互动活动，如齐声唱歌、做出相应动作等，促进学生的参与和积极性，提高学习效果。

（5）语言环境营造

通过播放英语歌曲，学生能够融入英语的语言环境中，更好地感受英语的语言韵律和语言习惯，提高他们的语感和语言学习能力。当然，教师在进行英语歌曲教学导入时，需要确保歌曲与学生的年龄和其英语水平相匹配，以及根据具体教学目标选择合适的歌曲。

2. 故事导入

语言教学中，故事是教学和学习过程中不可或缺的一部分。讲述一个与课程内容相关的小故事或情境，使学生能够在故事中找到学习的联系，这种方法有助于学生理解和记忆新的词汇和语法。故事导入是以生活中所熟悉的事例或报纸上的有关新闻以及师生经历的故事作为导入方法，在教学中可以根据具体教学内容适当改变一些趣味性较强且能唤起一定思考的

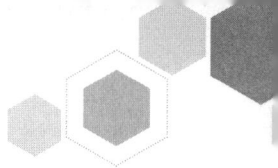

英语小故事。

现行中小学英语教材中，有一些阅读文章是学生耳熟能详的经典故事。使用故事进行教学导入时，教师应引导学生对所学的故事进行一定的了解和准备，并充分利用学生已有的背景知识进行有效的设计导入。故事导入重在针对性、目的性和实效性。和谐宽松的故事情景比较容易引导学生进入到听故事、讲故事的氛围中。故事导入重在帮助学生形成对故事中主要人物的好奇期待，可以通过分析故事人物的特征来导入教学，吸引学生主动参与交流，激活学生已有的经验。精心准备的英语小故事可以活跃课堂气氛，激发学生学习兴趣，也可以作为阅读前的准备。

英语小故事可以唤起学生的图式反应，调用学生的直接经验和间接经验，让学生进一步体验语言。选取一些适当的故事片段不仅有助于学生思维能力的培养，还可以引起他们对语言学习的兴趣。导入时要注意故事选用须有趣味性和启发性，故事以短小精悍为主，易懂且针对性强，能为讲课主题服务。

例如，教师讲授有关家庭的词汇和表达方式，可以选用一个关于家庭生活的小故事。比如以下的故事：

Tom's Busy Day

Tom is a little boy. He lives with his family in a small house. One day, he woke up early and helped his mother make breakfast. Then, he went to school and studied hard. After school, he played with his little sister in the park. When he got home, he did his homework and then had dinner with his family. After dinner, he read a book with his parents before going to bed.

故事短小精悍，容易理解，并且和学生的生活相关，能够引起学生注意，同时也可以帮助学生更好地理解所学内容。

当教学目标是教授英语词汇和语法知识时，使用英语故事进行教学导入是一种有效的方法。其好处有以下 6 个：

（1）营造情境

故事情节可以创造一个具体的情境，让学生能够在一个真实的语境中理解和使用新的词汇。

（2）产生吸引力

故事具有吸引学生的力量，因为它们激发了好奇心和想象力。学生对故事中的情节和角色可能会产生浓厚的兴趣，从而更容易吸收和记住相关的词汇。

（3）理解上下文

通过故事，学生可以在上下文中理解单词的含义和用法，而不仅仅是记住孤立的单词。这有助于他们更好地掌握语言的实际应用。

（4）增强记忆

故事情节通常包含一定的连贯性和逻辑性，这可以帮助学生更容易地记住词汇和句子。

他们可以通过回想故事中的情节来回忆所学的内容。

（5）综合语言技能

故事涵盖多种语言技能，包括听、说、读、写。通过听故事、参与角色扮演或回答与故事相关的问题，学生可以综合运用这些技能。

（6）连接情感

故事可能包含情感元素，让学生能够与故事中的角色产生情感连接。这有助于加深他们对故事和其中的词汇的记忆和理解。

因此，使用英语故事进行教学导入可以为学生提供更具吸引力和有趣的学习体验，帮助他们更好地掌握新的词汇和语法知识。

3. 配音导入

英语配音也可以作为教学导入的一个比较新颖的方法。播放一个视频片段或动画，然后要求学生为其中的角色配音，这样的互动能够激发学生的创造力和口语表达能力。英语配音题材丰富多彩、方式多样，从个人配音到小组配音或角色扮演配音应有尽有。以"英语趣配音"APP 为主导的配音软件是目前英语配音学习的重要媒介，为英语学习提供了更有效的途径。此类配音 APP 容易引发学生对配音的兴趣，配音素材有影视题材和动漫题材等，属于原声带发音。

使用英语配音作为导入需要选择性地使用题材，只有深受学生喜爱的配音题材才能够激发学生配音的主动性，大胆模仿发音和体验语境，增强语感。学生在模仿配音的同时也可以了解题材中隐含的文化背景。由于配音的情景贴近生活，时代感强而风格各异，使用英语配音进行导入时，应注意难度的调整和时间的把控，适当更改配音的文本内容也是可行的。

选择配音题材应该考虑配音内容与教学内容的连接，形成自然导入。配音导入实际上已经具备了声光电的视频效果，但由于配音是学生自行主导的话语训练，由学生自主选择感兴趣的素材，更能融入语境。氛围轻松的英语配音已成为目前一种新的英语学习方式，使用英语配音进行导入容易引起学生的学习兴趣和活力，鼓励学生主动开口听说英语。英语配音可以成为一种生动有趣的教学工具，有助于提高学生的听力、发音和口语表达能力，但需要根据学生的水平和课程要求进行合理的设计和应用。

英语配音作为课堂教学导入能在以下几个方面引导学生：

（1）提高听力技能

英语配音可以帮助学生提高 f 听力技能，因为他们需要聆听并理解原始音频，然后尝试模仿和配音。这有助于培养学生对语音、重音和语调的敏感性。

（2）提高发音准确性

通过模仿专业配音演员或母语讲者的发音，学生可以更好地掌握英语的发音。这有助于减少发音错误，提高口语表达的清晰度。

（3）提高口语表达能力

英语配音要求学生不仅模仿发音，还需要传达情感、语气和语调，这有助于提高他们的

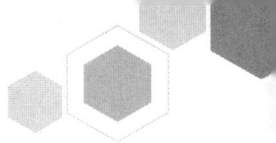

口语表达能力。

（4）提高语感和语言感知能力

学生需要理解和模仿角色的情感和意图，这有助于提高他们对英语语言的语感和理解能力。

（5）增强兴趣和参与度

英语配音可以让课堂变得更加有趣，学生会积极参与，提高学习的积极性。

使用英语配音首先要注意选取适当的与课程内容相关的素材，以确保学生在配音过程中能够学到有价值的知识。其次需要根据学生的语言水平和能力，逐渐增加配音难度。从简单的对话开始，然后逐渐过渡到更复杂的材料。另外，配音需要提供范例，让学生听到正确的发音和语调后，给予他们具体的指导和反馈，帮助他们改进。教师要鼓励学生在配音中发挥创造性，尝试不同的语音表达方式，培养他们的语言创造力。也可组织学生进行伙伴或小组配音活动，以增加互动和合作，让他们互相学习和交流。在必要的时候介绍与配音素材相关的文化背景和社会语境，帮助学生更好地理解和表达内容。

4. 值日报告导入

值日报告是训练学生开口说话的一种很好的形式。英语值日报告的主导者是学生，要求学生在课前做一些研究，然后在课堂上分享他们的发现，这可以让学生在主题上先有一定了解，同时也提高了他们的自信心。值日报告导入具备相对真实的语境，而且形式多样，一般以轮流的方式来进行，因此具备很大的普及性。只要教师做好适当的引导，学生提早准备，学生一般都能在值日报告中获得成就感和自信心。

将值日报告用作导入，有利于培养学生在真实语境下的英语交际能力，也是一种引导学生课外自主学习不断探究的有效手段。学生准备值日报告的过程是一个主动参与学习和探究知识的过程。教师在导入部分创造性地开展课前值日报告往往能调动学生的学习兴趣，使他们的注意力很快转移到英语学习上来，顺利地走进英语课堂。

在进行值日报告导入时，教师可以让值日学生到讲台前用英文做值日报告，报告形式可以多样化，例如表演，英文经典故事演绎、台词展示等，也可以组织学生共同编排对话，或是一起表演以合作形式完成。此外，主题报告、感想感悟、自编节目等形式都可以形成值日报告。学生也可以将自己的英文习作分享给其他同学，或是给同学普及有关英美文化的小知识，都是不错的值日报告形式。

例如：

T: Good morning, class! I hope you all had a great weekend. Before we start today's lesson, let's have our daily student report. Jack, you're on duty today, right? Could you please give us a quick update on what happened during the weekend?

Jack: Good morning, everyone! Over the weekend, our school's soccer team had an exciting match against the rival school. We played really well and won the game with a score of 3-2! It was a thrilling match, and all the players gave their best. I want to congratulate our team for the victory and thank our coach for all the hard work and guidance. Also, our school organized a charity event on Sunday. Many students volunteered and helped to raise funds for a local orphanage. It was heartwarming to see so many people coming together for a good cause. That's all for the weekend update. Thank you!

T: Thank you, Jack, for the fantastic report! It seems like we had an eventful weekend with both the soccer match and the charity event. Now, let's move on to our lesson for today, which is about community service and the importance of giving back. Based on what Jack just shared, can anyone tell me why volunteering and helping others is essential?

5. 绕口令导入

英语绕口令是英语初学者学习英语的一个重要素材，既是一种语言游戏，也可以用于语音层面的音素掌握和节奏训练。开始课程时给学生一个有趣的绕口令，让他们尝试快速而准确地发音，这有助于练习发音技巧，同时也容易引起学生的兴趣。学生练习英语绕口令不仅可以在灵活的语境中增进词汇辨析，扩展词汇量，而且还可以提高语音语调水平。教师同时可以引导学生初步理解语法层面的句法现象，进行简单的认知结构分析。使用英语绕口令进行导入，能够有效激发学生学习英语的兴趣。课前教师可收集相关绕口令素材在导入部分展示给学生，或者进行绕口令朗读比赛，达到寓教于乐的效果。如，教师在导入跟海洋有关的课文内容时，可以以这样的绕口令导入："She sells seashells by the sea shore. The shells she sells are surely seashells. So if she sells shells on the seashore, I'm sure she sells seashore shells."如此可增强了英语学习的趣味性，也可以很好地吸引学生的注意力。

使用英语绕口令进行课堂教学导入的好处如下：

（1）提高口语流利度

绕口令是一种有趣且具有挑战性的语言练习，通过反复练习绕口令，学生可以提高口语流利度和语音准确性。

（2）培养语音和发音技巧

绕口令要求学生快速而准确地发音，这有助于加深他们对语音和发音的认识，并提高他们的发音技巧。

（3）锻炼口腔肌肉

绕口令需要学生用特定的口腔动作和肌肉运动来产生特定的音节和音素，这有助于加强口腔肌肉力量和灵活性。

（4）提高听力技巧

学生需要仔细聆听并理解绕口令中的音素和音节，然后模仿和重复。这有助于提高他们的听力技巧和对语音细节的敏感度。

（5）激发学生兴趣

绕口令是一种有趣而富有挑战性的活动，可以激发学生对语言学习的兴趣，并增强他们的参与度和积极性。

（6）锻炼思维和集中注意力

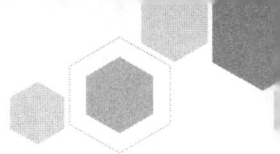

绕口令需要学生在短时间内快速地处理和运用语言信息，这有助于锻炼他们的思维能力和集中注意力的能力。

使用英语绕口令进行课堂教学导入可以有效提高学生的口语流利度、发音技巧和听力技巧，同时激发他们的兴趣和积极性。这是一种有趣而有效的教学工具，适用于各个年级和语言水平的学生。

下面搜集整理了部分英语绕口令供教学时参考：

① Thin sticks, thick bricks.

② Red leather, yellow leather.

③ Please, Paul, pause for applause.

④ She saw sharks swimming swiftly.

⑤ She sells seashells by the seashore.

⑥ A big black bug bit a big black bear.

⑦ I saw Susie sitting in a shoeshine shop.

⑧ A bloke's back bike brake block broke.

⑨ Six slippery snails slid slowly seaward.

⑩ It is a fine thing to sing in spring, I think.

⑪ Little Mike left his bike like Tike at Spike's.

⑫ How can a clam cram in a clean cream can?

⑬ Peter piper picked a peck of pickled peppers.

⑭ I'd buy my ties before the price begins to rise.

⑮ Famine and failure faced the frightened farmer.

⑯ Betty beat a bit of butter to make a better batter.

⑰ Around the rugged rocks, the ragged rascals ran.

⑱ I scream, you scream, we all scream for ice cream.

⑲ Mike likes to write by the nice bright light at night.

⑳ Lesser leather never weathered wetter weather better.

㉑ Do you agree, if you are free to come to tea with me by the sea?

㉒ Peter poked a poker at the piper, so the piper poked pepper at Peter.

㉓ "Shall I show you the shop for shoes and shirts?" Shirley said to Shelly.

㉔ I know. You know. I know that you know. I know that you know that I know.

㉕ A snow-white swan swam swiftly to catch a slowly swimming snake in a lake.

㉖ How many berries could a bare berry carry, if a bare berry could carry berries?

㉗ How much ground would a groundhog hog, if a groundhog could hog ground?

㉘ Bill's big brother is building a beautiful building between two big brick blocks.

㉙ How much wood would a woodchuck chuck if a woodchuck could chuck wood?

㉚ If two witches would watch two watches, which witch would watch which watch?

㉛ Paul called from the hall that he had slipped on the floor and couldn't get to the door.

㉜ Susie works in a shoeshine shop. Where she shines she sits, and where she sits she shines.

㉝ New cheese, blue cheese, chew cheese please. New cheese, blue cheese, chew cheese please.

㉞ Fuzzy Wuzzy was a bear. Fuzzy Wuzzy had no hair. Fuzzy Wuzzy wasn't very fuzzy, was he?

㉟ I wish to wish the wish you wish to wish, but if you wish the wish the witch wishes, I won't wish the wish you wish to wish.

㊱ How many cans can a canner can if a canner can can cans? A canner can can as many cans as a canner can, if a canner can can cans.

㊲ Betty Botter bought some butter, but she said the butter's bitter. If I put it in my batter it will make my batter bitter. But a bit of better butter will make my batter better.

㊳ How much wood would a woodchuck chuck if a woodchuck could chuck wood? He would chuck as much wood as a woodchuck would if a woodchuck could chuck wood.

㊴ Luke Luck likes lakes. Luke's duck likes lakes. Luke Luck licks lakes. Luke's duck licks lakes. Duck takes licks in lakes Luke Luck likes. Luke Luck takes licks in lakes duck likes.

㊵ Whether the weather be fine, or whether the weather be not. Whether the weather be cold, or whether the weather be hot. We'll weather the weather, whatever the weather, whether we like it or not.

6. 说唱导入

说唱是少年儿童喜闻乐见的一种活动，将说唱作为导入的一种方式，其效果和应用英语歌曲导入差不多，但更为活跃和动感。教师或学生可以使用说唱方式来介绍新的单词或主题。这种有节奏感的方法能够加深学生的印象和理解。英语教学导入会随着说唱而更富有活力，这种形式尤其契合小学阶段的英语学习特性。

说唱的方式容易将较难理解的英语表达通俗化，再加上现代教育技术提供的可视化、音乐化的渲染效果，在导入阶段比较容易引起学生注意，引发学习期待，活跃课堂气氛。实际运用中教师需要充分考虑学生的年龄特点及接受能力，选择适合学生的说唱内容和方法，鼓励学生参与，提供表现自我的机会，提升导入效率。

比如教师可以安排学生说唱 "Hey, everybody, say, say, say. It's time to walk. It's time to play." 等类似唱词，配上节拍，让学生拍拍手，动一动，就可以调整学生的学习情绪，吸引学生的注意力，犹如给课堂注入了一支兴奋剂，重新调动起了学生的学习积极性，活跃了课堂气氛，也加强了学生的口语练习。教师也可根据课堂需要灵活自创说唱词，自创节拍和旋律并演示给学生看，然后带领学生一起参与，提高其积极性。

再比如有挑战性的长段说唱（教师在课堂上播放一首旋律欢快的歌，并配以英文字幕）。

T: Good morning, class! Today, we're going to learn about the different types of animals. But before we dive into our lesson, let's start with a fun rap song to get us excited about today's topic.

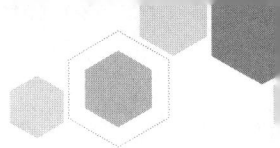

Listen carefully and try to follow along with the lyrics!（歌曲播放，教师模仿说唱风格，演唱以下歌词）

T: Yo, listen up, gather 'round

We're gonna learn some facts about animals right now

From the fierce lion to the swimming fish

There's so much to learn and it's gonna be a bliss

Chorus:

Animals, animals, all around

Living creatures, making sounds

From the forest to the deep blue sea

Let's explore the animal kingdom, you and me

Verse 1:

The lion is the king of the jungle, it roars so loud

With its golden mane and strong, majestic proud

Elephants, the giants of the land

With their long trunks and a memory so grand

Chorus:

Animals, animals, all around

Living creatures, making sounds

From the forest to the deep blue sea

Let's explore the animal kingdom, you and me

Verse 2:

In the ocean, we find the mighty whale

The largest mammal, diving deep without fail

Dolphins, playful and smart, they swim with glee

Jumping and splashing, truly a sight to see

Chorus:

Animals, animals, all around

Living creatures, making sounds

From the forest to the deep blue sea

Let's explore the animal kingdom, you and me

T: Great job, everyone! I hope you enjoyed the rap song. Now, let's start our lesson on animals. Can anyone tell me one interesting fact about a specific animal mentioned in the song?

使用富有活力和节奏感的英语说唱进行课堂教学导入能够吸引学生的注意力，增加他们对学习的兴趣。通过把知识点转化成有韵律和重复的歌词，学生可以更容易地记住和理解课堂内容，提高记忆力。说唱可以帮助学生巩固和应用所学的语法规则和词汇。通过歌词中的例句和表达方式，学生可以更好地掌握和运用语言知识。说唱需要学生用韵律和节奏流利地表达歌词，这有助于提高他们的口语表达能力和语音准确性。学生可以尝试根据课堂内容创作自己的歌词，这促使他们思考和整合知识，培养创造性思维能力。说唱这种与传统教学形式不同的学习方式，可以满足不同学生的学习风格和需求，提高他们的学习效果和参与度。这是一种有趣而有效的教学方法，适用于各个年级和语言水平的学生。

7. 诗歌导入

诗歌是语言的提炼，教师可以使用与主题相关的英语诗歌，让学生欣赏诗歌的美和语言的表达力，也可以帮助学生更深入地理解主题。英语诗歌不仅能激发学生的学习兴趣，还可以调节学生学习和生活氛围。学生在朗诵诗歌的过程中，容易心情愉悦而后积极参与。使用英语诗歌进行导入，也可以增强学生对文学艺术的感知，体验英语诗歌中跳跃的词汇以及文学中的韵律美。英语诗歌中所蕴含的意境美、音韵美对学生的审美观有积极的引导作用。使用诗歌进行导入，要明确教学目的，突出知识重点并做好时间保证。英语诗歌的教学导入不能演变成对英语诗歌的赏析和讲解。教师应该明确每一首诗歌在导入中所起的作用，可根据教学实际选用或自编诗歌。英语诗歌要与所学的新知识密切相关，才能起到强化教学目标、突出教学重点和提高学生能力的作用。

例如，谈论四季："Spring is green, summer is bright. Autumn is yellow, winter is white." 或者学习形容词的比较级和最高级："Good, better, best, never let it rest. Till good is better, and better best."

如果诗歌词句完整较长，教师还可播放与之基调匹配的背景音乐，创设意境，进行朗读或诵读，以这样的形式导入可以为学生营造一种文艺浪漫的情调，让学生情感得以完全投入，集中注意力。

例如，教师在课堂上展示一首有关自然景观的诗歌：

T: Good morning, class! Now, we're going to embark on a journey through the beauty of nature. But before we begin, let's set the mood with a captivating poem. Listen attentively and let the words paint a vivid picture in your mind.（教师朗读以下诗歌）

In fields of green, where flowers bloom,

Underneath a cerulean sky of blue,

The gentle breeze whispers through the trees,

And nature's symphony fills the air with ease.

Mountains reaching up, touching the clouds,

Streams flowing down, singing aloud,

Sunset paints the horizon with hues so grand,

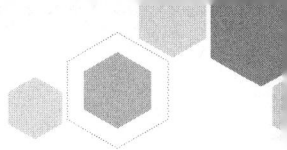

As golden rays stretch across the land.

Birds soar freely, with wings in flight,
Their melodies bringing pure delight,
Butterflies dancing with grace and charm,
Adding colors to this natural farm.

So let us explore this wondrous treasure,
Nature's gift, a source of endless pleasure,
Let's learn and protect, hand in hand,
For this enchanting beauty, let us take a stand.

T: What a beautiful poem, isn't it? Now, as we delve into our lesson on nature, I want you to think about your favorite aspect of nature mentioned in the poem. Is it the fields of green, the majestic mountains, or perhaps the melodies of the birds? Share with your classmates why that aspect of nature resonates with you.

诗歌导入教学建议使用泰戈尔的《飞鸟集》（*Stray Birds*）或克里斯蒂娜·罗塞蒂（Christina Rossetti）的小诗。

使用英语诗歌进行英语课堂教学导入能够激发学生的兴趣，提高听力技能，促进词汇和表达能力的提升，培养语感和审美能力，并帮助学生更好地理解和欣赏英语文学艺术。这是一种有趣且有效的教学方法，适用于各个年级和语言水平的学生。

8. 对话导入

对话是在一定的语境中发生的，以对话作为导入的方式是一种自然的、贴近生活的导入。教师可展示一个简短的对话或对话片段，让学生听或阅读后，回答相关问题或讨论对话内容，这样有助于学生练习听力和口语交流技能。教师要善于创设对话情景、变换对话方式，从 TS（teacher-students）, ST（students-teacher）到 SS（students-students）对话方式都可以进行尝试。对话导入重在培养学生在新的意境中创造性地运用所学语言与别人交际的能力，鼓励学生从掌握知识技能向应用语言能力转化。对话导入有助于从一开始就进入课堂互动状态，培养课堂生机。

一堂课如果是从师生之间的对话开始，就可以直接体现教与学之间的相互关系，从而激活教学，推进教学步骤的发展。对话导入需要注意使用导入引领学生进入知识点，激活学生思维，引导学生从参与对话到参与学习内容的思考。在导入环节中使用对话的形式，可增强互动性，提高参与度。

例如，在导入英语餐厅用语时可让学生先听一段简短的包括点餐、吃饭、买单在内的语音，然后让学生复述并表演这段对话，教师则可在旁起到指正和监督的作用。

T: Today, we are going to learn about restaurant phrases. First, I will play a short audio clip that includes ordering food, eating, and paying the bill. Listen carefully.

（After playing the audio）

T: Now, I want each of you to work in pairs. One of you will be the customer and the other will be the server. Try to reenact the conversation you heard. Use the phrases and expressions from the audio. I will give you some time to practice, and then each pair will perform the dialogue. I will provide feedback and guidance as you practice.

（This activity encourages students to actively engage with the language, practice their speaking skills, and receive immediate feedback from the teacher.）

使用英语对话进行英语课堂教学导入可以提高学生的口语表达能力、听力技能、实用语言表达能力，同时培养他们的社交技能和文化意识。对话导入适用于各个年级和语言水平的学生。

（三）视觉导入

根据美国哈佛商学院有关研究人员的分析资料，人的大脑每天通过五种感官接受外部信息的比例分别为：视觉83%，听觉11%，嗅觉3.5%，触觉1.5%，味觉1%。视觉对外部信息的吸收率大大超过其他感官。视觉导入在各种利用信息通道的导入中应列为首选。

视觉导入是在讲授新课题之前先引导学生观察图片、视频、实物卡片等视觉载体来激发学生视觉兴趣，再从观察中提出问题，创设研究问题情境的导入方法。视觉导入应该以视觉的高信息吸收率为基础进行设计，尽可能将文本视觉化，降低理解难度。可将各类信息以视觉的方式进行展示，引导学生进行信息收集与整理，鼓励学生在直观感知中产生疑问从而引起学生学习新知识的强烈动机。

视觉导入需注意视觉导入内容与所授教材之间的密切联结点和交叉点，教师在引导学生进行视觉观察的过程中要适时提出问题，引领学生的思考方向。

英语教学中常用的视觉导入方式有以下几种：

1.图片导入

图片展示有直观形象的效果，感官上能吸引学生的注意力，也容易使抽象的语言符号变得具体生动。取材于日常生活中的图片，能给学生一种学习的亲切感。使用图片辅助教学是英语教学中很重要的一种方式，用直观的图片用来进行教学导入对于单词教学、句型教学等具有很大的帮助。课前教师精选的与教学内容相关的图片不仅可以向学生直观展示教学内容，也可以节约课堂上绘图的时间，利用图片创设情境可以帮助学生快速进入学习氛围。

在具体操作上，教师可以运用实物图，营造会话的情景，并借助问题形成学习支架；单词教学中图片可以起到"音、形、义"教学中"义"的解释作用；连续或组合图片可以创设教学情境；图片可结合其他活动进行组合式导入；使用图片与教师或学生的现场表演相结合，

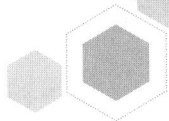

引导学生对当天的知识点产生浓厚的兴趣。

例如讲课时，可以使用一张描绘四季的图片作为导入。教师可以展示一张包含春季、夏季、秋季和冬季图像的大型海报或幻灯片。然后，教师可以提出以下问题来引导学生的思考和讨论：

① What do you see in the picture?

② How many seasons can you identify?

③ What kind of activities can you do in each season?

④ What is your favorite season and why?

图片导入和问题的结合，可以引起学生对季节和相关词汇的兴趣，并有机会分享自己对不同季节的喜好、体验和体会。教师可以通过图片引导学生讨论季节变化带来的不同气候、天气和景观，并引入相关词汇和表达方式。

图片导入可以吸引学生的注意力，激发学生的想象力和创造力。通过展示丰富多样的图片，学生可以了解不同文化背景下的事物和人物。这有助于培养学生的跨文化意识和理解，并促进他们在语言和文化上的发展和沟通能力。可以根据学生的个性和兴趣选择不同的图片来导入课堂。这样做可以提高学生的参与度和积极性，激发他们的学习热情，并创造一个积极、有趣的学习氛围。通过对图片进行分析和讨论，学生可以提高对英语语言结构、词汇和语言功能的理解和应用能力。

2. 视频导入

多媒体教室、智慧教室已经逐渐成为中小学教学必备的硬件设施。使用多媒体视频教学已经成为教学常态，大多数教师也具备了剪辑视频、添加字幕等基本处理多媒体素材的能力。视频在语言教学中的重要性日渐凸显，视频用于导入已经成为一种常规化的操作。引入形象直观、声情并茂的现代教学媒体的技术，能够有效地弥补传统教学的不足，更能创设情景，吸引学生注意力，激发学生好奇心和学习英语的兴趣，增加学生实践的机会，增加课堂容量，也有利于口语的培养，提供英语交际的环境，从而培养了学生的英语语感。同时，还可使英语教学形式多样化，学生学习方式多样化，更有利于教学效果的提高。

视频资料的选择是影响视频导入效果的关键，视频内容需要经过选择与剪辑，才能有针对性地引发学生对特定教学内容的思考。视频的剪辑可以结合教师的提问以及提示的字幕来帮助学生进行互动性思维。用于导入的视频以短视频为宜，可结合讲述、讨论、探究、分析等方法让学生参与。而多媒体在英语课堂导入的应用中必须遵循一定的原则，视频导入须与内容有关，可以选择一个切入点。

例如，以做沙拉为主题的教学导入案例：一般教师可能会想到可以播放做沙拉的视频，或者是给大家现场示范的方式来进行导入。笔者旁听了一堂课，上课教师选择了做沙拉的其中一个步骤作为切入点来导入，达到了很好的效果。这位老师剪辑了电影《天下无贼》中两个小偷（刘德华、葛优饰演）剥鸡蛋壳的比拼，并在播放后在 PPT 上输出 "Can you shell eggs like this?" 学生观看完视频后都是一副目瞪口呆的表情，这样的一种方式，在不到两分钟的时间让学生迅速对剥鸡蛋这一做沙拉的步骤产生了巨大的兴趣，是一个比较成功的导入。

当前是短视频的时代，海量的短视频是取之不尽的视频来源。将短视频应用于英语课堂教学的导入阶段有以下几种方法：

（1）话题引入

选择一个与本节课话题相关的短视频，让学生观看。通过观看视频，学生可以迅速进入课堂话题，引发他们的兴趣和思考。教师可以提出相关问题，促使学生展开讨论和表达自己的观点。

（2）情境模拟

播放一段包含具体情境的短视频，例如一个购物场景或旅行经历的视频。教师可以要求学生根据视频内容进行角色扮演或对话练习，从而提高学生的口语表达能力和语境理解能力。

（3）视觉描述

播放一个没有对话或解说的短视频，例如美景、自然现象或有趣的动画片段。然后要求学生以口头或书面形式描述他们所看到的内容，练习使用适当的词汇和句子结构进行视觉描述。

（4）推理猜测

播放一个悬疑或引人思考的短视频片段，例如一个引发疑问的故事情节或解谜游戏。教师可以要求学生观看后进行推理猜测，提出自己的理解和解释，并进一步展开讨论。

（5）文化探究

选择一个关于英语国家文化、传统或节日的短视频，让学生观看后分享他们的观察和了解。教师可以引导学生深入探讨文化差异和相似之处，从而培养跨文化意识和理解。

通过以上方法，短视频可以引发学生的兴趣、激活他们的英语思维和语言能力，并创造一个互动、有趣的学习环境。它可以为学生提供视觉化、音频化的学习材料，丰富课堂教学的形式和内容。

3. 实物导入

实物导入是一种通过实际物品来达到课堂导入目的的方式。凡是可以带进教室的任何实物都可以让学生体验到真实感，这是使用实物导入最大的好处。真实的物品在创设情景和认识名词方面有极大的优势，几乎可以调动学生的五种信息通道，完成视觉、听觉、嗅觉、触觉和味觉的整合。

例如学习水果的英语单词，教师可以提前交代同学将不同的水果带到课堂上，能起到很好的导入效果。如果要教"butter"（黄油）这个词，最好的方式就是到超市买一盒黄油，让学生通过吃黄油来对这个词产生印象。当然，这些方式都要求老师用心去准备。

再比如进行主题是关于食物和饮食习惯的英语教学，教师可以在课堂导入阶段带来一些实际的食物，如苹果、橙子、面包、牛奶等。然后，教师可以通过展示实物、词汇介绍、问题引导、对话模拟等步骤进行实际教学。

实物可以提供学生实际的触感和感官体验，让他们通过摸、闻、看、听等多种感官来认

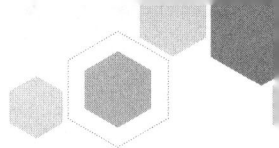

识和理解物品，直接的感官体验能加深学生的记忆。实物展示能够让学生更容易地理解抽象或复杂的概念，提供了具体的例子和实际应用场景。当学生看到教师带来的新奇实物时，他们往往会感到好奇并被吸引。学生可以亲自触摸和探索实物，这种互动性能够提高他们的参与度。学生可以提出问题、分享观察和交流关于实物的想法，促进课堂互动和讨论。

4. 卡片导入

卡片一般指的是单词卡、字母卡或者闪现卡，对于英语初学者尤为有用。对于低年级学生的各种学习活动，如认知、猜测、排序、造句、速度型比赛等，单词卡片也可以作为导入的形式，唤起他们的学习注意力。可以采用单套或者单套与多套卡片相结合的方式，来开展多样化的导入活动。

在英语课堂教学中使用卡片作为导入方式在下列方面能够提高低年级学生的学习兴趣和专注度。

（1）词汇学习

单词卡片是学习新词汇的有效工具。教师可以准备一套单词卡片，每张卡片上写有一个单词和相应的图示。通过展示卡片并与学生一起猜测、描述或造句，可以帮助学生了解和记忆词汇。例如，当学习动物的单词时，教师可以展示图示卡片，然后向学生提出关于这些动物的问题，如"What animal is this?"或"What sound does this animal make?"。这样的活动可以帮助学生更好地掌握新的词汇。

（2）字母识别和拼读

字母卡片可以用来帮助低年级学生识别字母和拼读单词。教师可以准备一套字母卡片，在卡片上写有单独的字母或字母组合。通过展示和要求学生辨认字母或拼读简单的单词，可以帮助学生发展字母意识和基础阅读能力。例如，教师可以展示字母卡片"b"，然后要求学生说出与该字母相关的词汇（如"ball"或"boy"），或者拼读与该字母相关的简单单词。

（3）排序和分类

使用卡片可以进行排序和分类的活动，帮助学生组织思维和理解概念。例如，教师可以准备一套包含食物的卡片，然后要求学生将卡片按照不同的分类进行排序，如水果、蔬菜、肉类等。这样的活动可以帮助学生理清思路，整理和分类信息。

（4）速度竞赛

卡片也可用于进行速度型比赛，以激发学生的竞争意识和学习动力。例如，教师可以准备一套连续数字的卡片，然后要求学生尽快阅读卡片上的数字并按顺序报出。这样的活动可以培养学生的数字意识和快速反应能力。

通过单套或多套不同类型卡片的组合，教师可以为低年级学生提供多样化、有趣且互动性强的导入活动。卡片的使用能够刺激学生的学习兴趣，提高他们的学习注意力和参与度，从而使他们更好地学习和掌握英语知识。

5. 教具导入

教具与实物不同，实物来自真实生活。实物可以被当作教具使用，但并非所有的教具都来自实物，教具是包含教学信息，以服务教学为目的的实物或器材。教具的使用具有直观性、教育性、实践性和研究性的特点，同时需要语音媒介，文字媒介的配合，是教师教学的辅助工具。学生在形成知识的起始阶段，大都借助于感觉。具体生动、直观形象的事物容易引起学生的注意，使其通过观察和接触形成感性认识。直观教具展示也就成了把学生的感性认识上升为理性认识的重要载体。

教师和学生也可以 DIY 一些废弃物品制作教具，这样的教具更有教育意义和环保意义，也能培养学生的动手能力。课堂上使用师生制作的教具，往往能让师生之间的关系更为和谐，让学生体验到成功的喜悦，从而维系对英语学习的兴趣，保持强烈的学习动机。

使用教具促进英语课堂教学的导入主要体现在以下四个方面：

（1）视觉辅助

教具能够通过图像、图表和模型等视觉辅助手段，帮助学生更直观地理解和记忆知识点。例如，教师可以使用一个地球仪来展示地理位置、国家和城市的关系，以帮助学生更好地理解地理概念。

（2）引发兴趣和激发好奇心

有趣的教具可以激发学生的兴趣和好奇心，增加他们对学习内容的投入和参与度。例如，使用一个立体拼图游戏来探索英语地理知识，学生积极参与到拼图过程中，从而提高对地理知识的兴趣。

（3）个性化学习和多样化策略

教具可以满足学生不同的学习风格和需求，帮助他们以多种方式学习和掌握知识。例如，使用语音识别工具可以帮助学生提高口语表达和发音准确性，同时也为那些更喜欢口语练习的学生提供了个性化的学习方式。

（4）促进合作与交流

教具可以作为学生之间合作和交流的媒介。例如，在学习团队合作和领导能力的课程中，教师可以组织团队进行拼图游戏，鼓励学生共同合作完成拼图，促进学生之间的合作沟通和团队精神。教具在英语课堂教学导入中能够提供丰富多样的学习体验，增强学生对学习内容的理解和记忆，同时也提供了个性化和互动式的学习环境。

6. 哑剧导入

哑剧是一种以非语言表达为主的表演形式，作为导入方式并不普及。哑剧导入主要是指通过无声的动作表演来让大家进行学习内容的猜测，可以让每位学生都参与到猜想中，实际上是利用肢体语言引起学生注意并参与活动的方式。类似于"你比我猜"的方式。这种方式对老师的肢体语言要求比较高，教师需要具备一定的肢体表现能力，或者请善于表演的学生参与，更能引起全班同学的注意。

哑剧通过面部表情、肢体动作等非语言手段吸引学生的注意力，激发他们的观察力和视觉感知能力。哑剧表演可以引发学生的情感共鸣。演员通过表情和动作传递情感和信息，激发学生的情绪和感受。学生容易与欢乐、悲伤、惊讶等情感产生共鸣，从而更好地理解和体

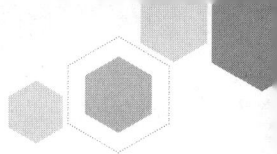

验课程内容。

哑剧的非语言表达让学生有机会发挥创意和想象力。他们可以通过观察演员的动作和表情，自行构建故事情节、角色和解决问题的方式。哑剧导入可以培养学生的想象力和创造力，同时提高他们的敏捷思维能力。哑剧是一种全球通用的表演形式，不受语言限制。它可以作为跨文化交流的媒介，帮助学生更好地理解和欣赏不同文化之间的表达方式和价值观。

哑剧鼓励学生通过观察和模仿参与其中。学生可以与同学一起合作，尝试表演自己的哑剧小品。这促进了学生之间的合作、互动和团队精神。

举例来说，讲解英语词汇中的动作动词，例如"run"（跑），"jump"（跳）和"swim"（游泳）。教师可以在导入阶段进行一个简短的哑剧表演：

（1）教师自己或一名学生扮演一个无声的"行动明星"，通过动作和表情来表达不同的动词，如快速奔跑（run）、高高跳跃（jump）和划水游泳（swim）。

（2）学生观察哑剧表演，并尝试猜测演员所表达的动作动词。他们可以通过动作和表情的线索来猜测并表达所见的动词。

（3）教师或其他学生可以再次表演，并邀请学生模仿表演。在整个过程中，学生通过参与体验，更好地理解和掌握这些动作动词的意义和用法。

利用哑剧作为导入的方式不仅能够激发学生的兴趣和好奇心，而且加强了学生对动作动词的理解和记忆。同时，通过观察和模仿表演，学生也培养了表达和合作的能力。

7. 简笔画导入

简笔画是一种简单又直观的艺术形式，它可以作为英语课堂教学的导入方式，但这种导入对教师的要求比较高，教师需要具备运用教学简笔画的能力。教学简笔画简约直观、形象生动，教师可以边讲边画边创设情景，极为便利。优秀的简笔画不仅可以增添教学内容的直观性和生动性，还能引发学生的想象能力。简笔画导入需要教师具有一定的绘画功底，便于快速地创设情景，同时可以让学生参与简笔画的情景创设。

简笔画可以用于课程中的词汇学习、故事情节演示、语法图解等方面。通过绘制相关的形象和图表，学生可以更直观地理解和记忆所学的英语知识点并且可以通过绘画来构建自己对课程内容的理解和展示。

简笔画是一种普遍的视觉语言，不受特定文化背景的限制。它可以作为跨文化交流的媒介，帮助学生更好地展示和交流自己的想法和观点。还可以满足学生不同的学习风格和需求。每个学生都可以通过绘画来表达自己对学习内容的理解和想法，促进个性化学习。

学生可以通过观察和分享自己的简笔画，与其他同学进行互动、交流和合作。这有助于培养学生的合作和沟通能力。

例如，教师要讲授关于动物的词汇，可以在导入阶段进行一个简笔画活动：

（1）教师展示一张由简单图形构成的简笔画海报，其中绘制了几种不同的动物。教师可以选择使用简洁的线条和形状，以便学生理解所描绘的动物。

（2）学生观察并猜测每种动物是什么。教师可以鼓励学生自己动手绘制学过的动物，并尝试分享他们的观察和猜测。

（3）学生可以选择一个自己喜欢的动物，绘制它的简笔画，并尝试用英语描述这个动物。教师可以引导学生运用适当的词汇和句子结构来描述动物的外貌、特征和习性。

通过这个简笔画导入的活动，学生不仅能够学习和记忆动物词汇，还能通过绘画来表达自己的想法和理解。这种亲身参与和创造的学习方式可以促进学生的学习兴趣和注意力，并增强他们对学习内容的掌握。同时，学生之间也可以分享和交流彼此的简笔画作品，从而促进合作和互动。

8. 漫画导入

漫画导入顾名思义是通过漫画来导入教学，是一种图像和文字结合的艺术形式。漫画现在已成为青少年的普遍读物，是学生喜闻乐见的一种阅读方式。漫画表现的手法简单、夸张、幽默，描绘生活或时事，再加上文本的注解，方便阅读理解。在英语学习低龄化的趋势下，漫画成了少儿英语学习的重要方式之一，漫画导入尤其受低年级学生欢迎。

例如，教师要导入关于环境保护的话题，在课堂导入中可以使用一幅有关环境保护的漫画。漫画可以呈现一个具体的场景，通过图像和文字，展示人们对环境的行为和态度。教师可以将这幅漫画展示给学生，并说明漫画中的情境和主题。

然后，教师可以向学生提出以下问题：

① What do you see in the comic?

② What is the main message or theme of the comic?

③ How do you think the characters in the comic feel about the environment?

④ What we can do to protect the environment?

学生可以观察漫画，理解其中的情节和信息，并在课堂讨论中分享自己对漫画的理解和观点。这样的导入活动不仅能够引发学生对环境保护话题的兴趣，还能够培养他们的批判性思维和创造力。教师可以利用这个漫画导入展开后续的探讨，鼓励学生提出自己的想法和解决环境问题的建议。

漫画导入的方式使学生可以通过视觉、图像和文字的结合来理解课程主题。这种互动式的学习方式能够激发学生的想象力和探究精神，并提供了一个有趣和参与度高的学习环境。

9. 演示导入

演示导入是教师通过演示或实验的方式设置问题情景，引导学生观察，利用已知知识、现有经验与新现象对比产生问题情景，通过提出新问题自然地过渡到新课学习。演示导入适合操作型、解说型的知识点，一般应用在学生对所学的新知识点缺乏感性经验，或者学生对新知识有所接触但没有引起充分注意和思考时。

演示导入在英语课堂教学中的应用有很多方式。假设教师要导入关于口语表达中的语气和情感的主题，可以使用演示导入的方式。以下是一个具体的教学活动：

（1）教师准备一段录音或视频，其中包含了不同的语气和情感表达，如愤怒、惊讶、开心等。学生集中注意力，仔细观察或听取其中的语言和表情。

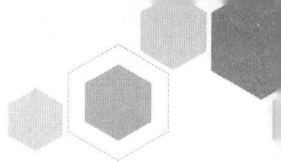

（2）教师播放录音或视频，学生观察演示场景中的人物和他们的表情、声音以及肢体语言。学生可以观察到不同语气和情感所带来的变化。

（3）接下来，教师向学生提出问题，鼓励他们讨论演示场景中人物所表达的情感以及他们是如何表达的，比如"Which character seems angry/happy/surprised?"（哪个人物看起来生气／开心／惊讶了？），"What clues did you use to know their emotions?"（你是通过什么线索知道他们的情感的？）等。

（4）教师引导学生关注语音语调、面部表情和身体语言等，解释不同的语气和情感表达方式，并提供相关词汇和表达方式。学生通过观察和思考，逐渐理解语气和情感在口语交流中的重要性和应用。

演示导入的活动使学生能够通过观察和分析，利用自己已有的知识和经验，发现和理解语言中的情感和语气。这种互动式的导入活动可以激发学生的思考能力和对语言表达的敏感性，引导学生主动探索和构建相关的语言知识。

（四）活动导入

活动导入的作用在于激发学生的学习兴趣、提供实践和应用机会、促进交流和合作、引发思考和探究，以及提供情感体验和身体参与的机会。这种活动导入的方式为学生创造了积极、互动的学习环境，为后续课程的学习和理解打下基础。活动导入包括游戏、角色扮演、TPR 教学法、竞赛、讨论（辩论）以及表演几种方式。

1. 游戏导入

将教学内容和生动有趣的游戏结合起来是常见的一种英语教学活动，游戏导入顾名思义就是通过游戏的方式来达到导入的目的。这种方式比较适合低年级学生使用，容易激活学生的学习动力。在使用游戏进行导入的时候，应该要明确游戏的教学目的，确保游戏行为可控并且制定好游戏规则和奖惩措施。除了常规游戏，也可以采用模拟游戏，由学生扮演生活中的角色来进行，更能贴近学生的学习和生活，提高记忆力。受导入时间限制，游戏应以小型游戏为主，如：猜测型游戏，凡是有信息沟的内容都可以进行小型游戏。课堂教学游戏主要是激趣、引发注意，如果游戏和教学内容不能紧密结合，游戏就失去了导入的教学意义。

例如，教师要导入关于家庭成员的课程主题，可以使用一个名为"Family Bingo"的游戏活动。

（1）教师提前准备一张九宫格 Bingo 游戏板，每个方格上面写有不同的家庭成员的单词，如"mother"（母亲）、"father"（父亲）、"brother"（兄弟）等。还准备一些家庭成员的图片卡片。

（2）在游戏开始前，教师向学生解释 Bingo 游戏的规则：每个学生拿出一张 Bingo 游戏板，屏幕上随机展示家庭成员的图片，学生需要在自己的游戏板上找到对应的单词并打个叉。

（3）教师开始展示家庭成员的图片，学生根据展示的图片找到对应的单词并打个叉。

（4）当学生达到连续一行、一列或对角线上有 3 个叉时，他们大声喊出"Bingo！"来宣布自己赢得了游戏。

（5）教师可以与学生一起评估游戏结果，提醒学生正确地发音和使用家庭成员的单词。

（6）及时向获胜者颁奖。

通过组织游戏活动来进行英语教学导入，不仅能够创造一个积极、互动的学习环境，还能够帮助学生以愉快的方式启动课程，激发学习兴趣并提高英语的学习效果。

2. 角色扮演导入

几乎所有学生对于角色扮演都不陌生，角色扮演需要基于一定的语言环境并由学生参与发挥。角色扮演有利于培养学生的交际能力。进行角色扮演，首先需要分配好角色，明确角色扮演的教学目标及各个角色所要承担的任务以及需要使用的语言表达。另外应该做好角色扮演前的准备，比如角色分配、材料准备、语言练习、场景设置和活动前讨论等。教师在角色扮演过程中可以随时提供必要的帮助，鼓励学生使用恰当的动作、眼神，并拓展对话中的语言表达。对于英语较好的学生，可要求他们在模仿该对话的基础上编写并表演新的对话。教师在角色扮演之后最好能进行点评式反馈总结。

例如，有关在饭店用餐的口语教学，教师可以设计一个角色扮演活动来导入这一课程。

（1）教师先向学生介绍角色扮演的活动，解释他们将会扮演不同的角色来模拟在饭店用餐的情境。

（2）教师分发不同的角色卡片给每位学生，卡片上写有不同的餐厅工作人员或顾客的身份，如，服务员、顾客 1、顾客 2 等。

（3）学生根据自己的角色扮演情境，即客人下订单或者服务员的工作职责，与其他同学进行对话。

（4）学生在角色扮演中使用英语对话，询问菜单、点菜模拟、服务员建议和结算等实际餐厅交流情境。

（5）教师与学生一起评估对话的流畅度和准确性，可以对发音、语法和词汇进行提醒和纠正。

角色扮演活动的导入使学生能够在实际情境中运用英语进行对话，提高口语表达能力和语言运用的自信心。角色扮演能够让学生身临其境地参与其中，通过互动和合作培养学生的团队合作精神和沟通技巧。此外，角色扮演也能够激发学生的兴趣和参与度，使他们更主动地参与到英语学习中。

3. TPR 教学法导入

TPR 教学法是建立在以"听"作为输入的基础上，将学生的语言与行为联系在一起。学生主要通过身体对语言的反应动作来进行语言的实践性体验，通常以句子为单位，重视语言的内容和意义，还需注意与阅读材料相结合。学生的参与使得 TPR 能迅速抓住学生的注意力，但其教学内容通常比较简单，学生难以依赖 TPR 进行深层次的学习。TPR 的优势是强调身体的互动性与教学的生动性，使用 TPR 导入适合青春期之前的语言学习者，可以更直观地在游戏中学习，强调英语生活化。

例如，教师要教授有关日常动作的英语词汇，如"stand, sit, jump, walk"等，教师可以利用 TPR 教学法来导入这个主题。

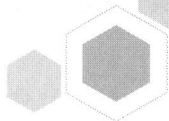

（1）教师先通过口头指令，要求学生执行与相关动词相关的动作。例如，教师可能会说："Stand up, walk around the classroom, go to the corner and touch the wall"等。

（2）学生根据教师的指令进行相应的身体动作，比如站起来、走动、碰墙等。

（3）教师接着口头命令学生进行其他动作，例如："Sit down, jump twice, walk to the door"等。

（4）学生根据指令进行相应的动作，同时教师对指令进行语言强调，模仿学生的动作。

（5）教师可以逐渐引入相关的英语动词，带动身体动作。例如，当学生站起来时，教师说："Stand up"，当学生坐下时，教师说："Sit down"。

通过 TPR 教学法的导入活动，学生能够通过身体动作与单词进行直接的联系和理解，从而更好地掌握和记忆英语词汇。这种活动能够利用身体动作促进学生的参与和提高注意力，使学习变得更加动态、有趣和身体化。同时，学生可以通过跟随教师的语言指令来提高听力理解能力，TPR 仅适用于低年级学生。

4. 竞赛导入

竞赛为课堂引入了一种乐观和活跃的学习氛围。学生们能够通过竞争展示自己的能力，并与同学们一起分享和鼓励，营造出一种积极互动的学习环境。学生通过竞赛的形式，主动运用所学的英语知识和技能，提高语言运用的准确性和流利性。

一些竞赛是以小组或团队为单位进行的，这促使学生之间合作与沟通。学生们必须相互合作，共同努力解决问题，这促进了团队合作精神和沟通技巧的发展。竞赛往往是将学生的知识与实际情境相结合的方式，提供了一个实践和应用这些知识的机会。学生在竞争中将学到的知识和技能运用到具体的任务中，加深了对学习内容的理解和记忆。

竞赛作为导入方式，可以激发学生的学习兴趣和竞争意识，增强学生的动手能力和团队合作意识，提供实践和应用英语知识的机会，有效创造积极的学习氛围，促使学生更好地理解和应用所学的英语知识。竞赛可以是个体之间的竞赛也可以是小组之间的竞赛，教师应该根据教学内容的实际情况，选择竞赛的形式和类型。速度型、理解型、判断型、展示型比赛都比较适合用于教学导入。

此外，竞赛导入也有助于培养学生的团队合作和沟通技巧，鼓励学生彼此合作，共同努力完成任务。通过这种形式的竞赛导入，学生能够在积极有趣的学习氛围中掌握更多的词汇，并增强他们的自信心和学习动力。

5. 讨论（辩论）导入

课堂讨论或辩论比较适于有一定英语基础的学习者。教师使用讨论或辩论进行导入的时候，应注意降低难度，事先做好任务分配和材料收集等充分准备工作。讨论的过程中教师应依据讨论具体情况加以引导，适当使用 back-up questions 来启发学生思考。教师在辩论时也应充当裁判的作用，引导学生向深层次以及教学内容靠近，同时做好组织者和资源的提供者。

例如，高年级阅读或写作教学可以使用讨论或辩论的方式导入。

（1）教师提出一个有争议性的话题，如 "Should students have to wear school uniforms?" 或 "Should junk food be banned in schools?"。

（2）教师将学生分成小组，每个小组代表不同的观点，如赞成和反对。教师要求每个小组独立讨论和准备支持他们观点的理由和证据。

（3）教师指定一个固定的时间，让每个小组派代表发表他们的观点，并进行对话和辩论。学生可以提出问题、回答问题以及为自己的观点辩护。

（4）教师促进学生之间的互动和辩论，鼓励学生提出反驳观点，并结合语言技巧表达自己的观点。

（5）辩论结束后，教师可以引导学生总结辩论中出现的关键观点，并提供一些补充信息和参考意见。

通过这个以讨论或辩论为导入的教学实例，学生可以运用英语表达自己的观点并学习倾听和尊重他人的观点。这样的导入活动鼓励学生思考和分析，提高他们的口语表达能力和辩论技巧。

讨论和辩论的方式，使学生能够从不同的角度和观点中理解和探索问题。这种学习方式培养了学生的批判思维和分析能力，帮助他们发展逻辑思维和有效的交流能力。

6.表演导入

无论教师还是学生在课堂上的表演都是最吸引学生的活动，师生共同参与的表演更能拉近师生之间的距离，使英语教学更具有亲切感。表演需要表演者驾驭表情、语言、肢体动作等在语境中的表现力，否则会影响表演导入的有效性。此外，表演导入必须切合教学主题，引发学生思考，不能单纯为了引起学生注意而表演，表演导入需要有语言的加入。

表演是一种具有视觉和听觉效果的生动形式，能够吸引学生的注意力并激发他们的学习兴趣。学生可以通过表演方式参与到活动中，增加他们对课程的关注度和参与度。通过表演，学生能够将所学的英语知识应用于实际情境中。他们可以通过角色扮演、剧本演绎等方式，运用英语进行实际的语言表达和交流。

表演要求学生不仅理解和记忆英语知识，还需要将其转化为具体的语言表达和演绎。通过表演，学生可以提高口语表达能力、语音语调的准确性以及肢体语言的运用。课堂表演往往需要学生进行小组合作，共同解决问题和达到共同目标。这促进了学生之间的合作精神和沟通技巧的发展，培养了团队意识和合作能力。学生可以通过表演展示自己的才华和创造力，同时也可以观看其他同学的表演并给予积极的反馈，营造出一种互动、鼓励和积极的学习环境。

使用表演作为导入的方式，教师可以为学生创造出积极、互动的学习环境。表演使学生能够以积极、动态的方式参与到语言学习中，更好地理解和应用所学的英语知识。此外，表演也提供了一个展示学生才华和创造力的机会，增强他们的自信心和学习动力。

（五）提问导入

问与答是一种自然的交际，因此提问导入被视为最自然的导入。提问导入应该根据学生的年龄特点、不同的教学内容以及课型来调整问题的难易程度。不同类型的问题有不同的作用。一般疑问句通常被用来进行普通信息的正误判断，选择疑问句有利于在进行判断的基础

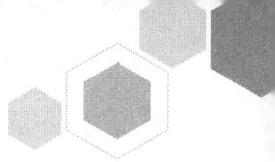

上进行句式体验，反意疑问句常用于求证特殊疑问句，可以用来收集信息并且判断学生水平。

　　使用提问导入需要依循由易到难的提问过程，启发学生思考，增强学生自主探索的意识，提高课堂教学效率，促进师生情感的交流。课堂上使用提问导入需要从常识性知识开始，联系学生的生活感悟和体验，以此降低学生回答问题的难度，引发回答问题的兴趣。

　　提问导入的重点在于使用问题来引导学生思考，从理性认知层面发现问题并且提出反问，这既能强化学生的学习思考能力，也能培养学生的发散思维能力和求异思维能力。提问导入中问题设置的重点在于激活学习思考过程。良好的提问导入，必须既能满足学生的学习需求，同时还能解决下一步将产生的学习问题；既要带动学生积极主动深入思考，还要能带动学生挖掘自身潜能，表现自己的能力。教师要根据教材内容及学生的认知水平，有意识地设置趣味性的问题，创设生动愉快的情景，把学生已有的知识与即将学习的内容有机地联系起来。

　　在英语课堂中使用提问进行导入是一种常见而有效的教学策略，它可以引起学生的兴趣，激发他们的思考，同时也可以帮助教师评估学生的理解水平。进行提问时，一些注意事项容易被教师所忽略。如选择问题时，要确保问题与本节课的主题或学习目标相关联，能够引导学生思考和讨论。使用开放性问题，鼓励学生深入思考和表达自己的观点，而不仅仅是简单的"是"或"否"回答；尝试使用不同类型的问题，如引导性问题、情境问题、假设性问题等，以激发学生不同层次的思考；鼓励每位学生都参与回答问题，创建一个积极的学习氛围；在导入阶段，问题可以设置得稍微具体一些，以引导学生进入主题，然后逐渐展开。

（六）情景导入

　　情景导入就是运用语言、环境、活动等各种手段创设一种符合英语教学需要的情境，以激发学生兴趣、诱发学生思维的导入方法，一般分为真实情景导入和模拟情景导入。情景创设具有直观性、启发性和情感性等特点，容易创造语言氛围。情景设置能够增强学生的情感体验，产生较为强烈的语言代入感。丰富的语境有利于语言材料的再现和组织，语言学习容易成为一种包括情感体验在内的综合性活动，从而提高学习效率。

　　情景设置需要依据学生的实际语言水平，结合学生生活经验，并且贴合教材的实际内容，依据教材内容和难度来创设情景，才能达到承上启下的教学效果。此外，情景创设要能够促进交际活动的进行，鼓励学生自由表达。恰当运用情景导入使学生身临英语场景，在潜意识中克服对目标语的恐惧并自然参与语言运用。

　　在英语课堂教学中使用创建的情景进行导入要尽量逼真，让学生感受到身临其境的效果。同时要确保情景与本节课的学习目标或主题密切相关，能够引导学生进入主题。让学生主动参与并扮演特定角色，这样可以增强学生的参与度和语言运用能力。此外，还可设计一些问题或情景，鼓励学生进行推理和表达，以激发他们的思考。在情景的结尾，可以引导学生对所体验的情景进行反思和讨论，以促进他们对所学知识的理解和巩固。

四、导入技能的使用策略

　　1. 明确导入目的

教师要明确导入技能教学的目的。无论采用何种导入方式都应该使导入设计的活动指向教学目标，要围绕教学和训练的重点，不能为了导入而导入。导入的目的既是为了引起学生的注意，引发学习期待，更重要的是要通过导入进入具体的学习目标。导入的教学活动应该使学生初步明确学习目标以及语言应用的方向。不可增加与教学目标无关的活动，导入的内容不能与教学内容脱节，而是要使导入成为学生实现学习目标的一个必经阶段。

2. 注意有效导入

导入是为教学服务的。导入引发的思考必须与教学内容相关，导入使用的知识点是对新知识点的铺垫。导入阶段的知识点起着承上启下、温故知新的作用，教师需要深刻了解新旧知识点之间的关系，使导入的内容与新课的知识点产生关联，在此基础上选择导入类型，设计导入活动。导入的活动设计要符合学生的年龄和思维特点，满足学生对活动的期待，贴近学生的实际生活。与教学内容脱节的导入、纯粹为取悦学生的导入，都不是有效导入，只会消耗课堂时间，甚至引发负迁移。

3. 提高导入趣味

导入的形式、内容，教师对语言的控制都能够影响导入的趣味性。导入要引起学生的注意，应该以新颖的方式开场，用鼓励的话语维系，并且建构性地使用幽默，尽量使学生对所学材料的认识活动积极化。积极的思维活动是课堂教学成功的关键，趣味性的导入能引导学生发现问题，吸引学生眼球，激发学生解决问题的强烈愿望，能创造愉快的学习情境，促使学生自主进入探究。

4. 把握导入时间

导入仅是一个引子，是课堂教学的开端，而不是对教学主要内容的铺开讲授。故导入时间不宜过长，一般以3～5分钟为宜，导入时间过长容易分散学生的注意力，有本末倒置的嫌疑。导入时的语言组织要力求简短明了，在导入时一定要合理取材，控制好时间，用简洁的语言，力求做到恰到好处、适可而止。

5. 调动课堂气氛

导入活动根据学生的实际语言水平来设计，才能吸引大多数学生参与。导入的过程中教师需要随时观察学生的参与状态，应用恰当的语音、语调和措辞调整学生的情绪。对于课堂，师生之间的心理准备是不一样的，对教学和学习的效果预期也不同。有许多原因会影响刚开始上课时学生的精神状态，常见的有气候、情绪、学习难度、师生关系、学生间关系和班级气氛等。

导入过程中教师需要灵活面对学生的各种精神状态，通过观察和调整创造和谐气氛，拉近与学生的距离，确保学生在轻松愉快的环境中开始学习。教师也可以在上课之前引导学生做些简单的活动或讲些有趣的笑话调节学生的情绪，让学生的思维活跃起来，做好上课的准备。同时教师也应该明白，课堂上师生之间的精神状态是互为影响的。教师的精神状态也会直接影响到学生的学习情绪，只有教师饱含教学激情和热情，才能激发学生参与的热情。另外，导入要充分利用教具和电子设备，用英语的声、像、图、文创造英语氛围，使其音、形、义、用都得到体现和展示。

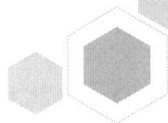

五、导入的教学设计

英语课堂导入的教学设计可以根据不同的教学内容和学生群体进行灵活调整，但基本的步骤和原则可以确保一个有效的导入环节。以下是一般的教学设计步骤：

1. 确定教学目标

在设计导入环节之前，先明确本节课的教学目标。这些目标应该与课程大纲和学生的水平相一致。确定了目标后，可以更有针对性地设计导入环节，以满足这些目标。

2. 考虑学生的背景和兴趣

了解学生的年龄、水平、文化背景以及兴趣爱好对于设计吸引人的导入环节非常重要。考虑学生的特点，以确保导入环节能够引起他们的兴趣和共鸣。

3. 选择适当的导入方法

根据教学目标和学生特点，选择适当的导入方法。常见的导入方法包括情境创设、问题提出、故事分享、多媒体呈现、游戏或小活动等。选择一个或多个方法，以确保导入环节多样且吸引人。

4. 设计引人入胜的情境

情境创设是一个有力的导入方式。通过引入一个生动的情景、场景或问题，学生可以更容易地投入课程中。确保情境与教学内容密切相关，有趣且引人入胜。

5. 利用多媒体资源

多媒体资源如图片、视频、音频可以增加导入环节的吸引力。它们可以用来展示实际情境、提出问题、讲述故事，或者展示相关内容。确保多媒体资源与教学内容一致，并在使用前测试其可靠性。

6. 提出问题或挑战

提出引导性问题或挑战可以激发学生的思考和参与。这些问题应该鼓励学生思考、讨论和探索主题，而不是得出简单的答案。

7. 与学生互动

保持与学生的互动是关键。鼓励他们分享自己的看法、经验和想法。积极参与学生的讨论，回应他们的问题和观点，以建立积极的学习氛围。

8. 明确学习目标

在导入环节的末尾，明确本节课的学习目标。这可以帮助学生了解他们将要学习的内容，增强他们的学习动机。

9. 确保流畅过渡

导入环节应该有一个流畅的过渡，将学生引导到正式的教学内容中。确保导入环节与课程主题的连接紧密，避免过渡突兀。

10. 反馈和评估

在导入环节结束后，可以收集学生的反馈，了解他们对导入的理解和反应。这可以帮助教师根据学生的需求进行调整和改进。

为便于记忆，以上十个导入教学设计步骤，用英文首字母概括为 ICCCI PEPEC。

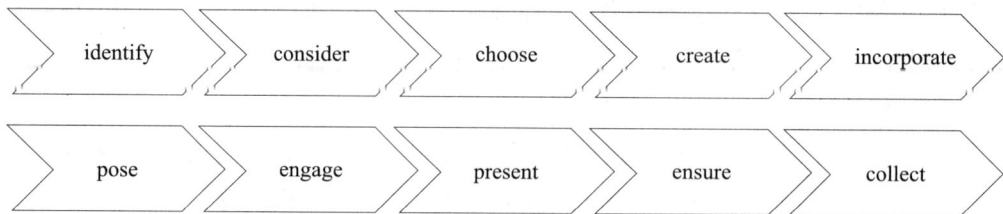

| identify | consider | choose | create | incorporate |
| pose | engage | present | ensure | collect |

图 4-4　导入设计步骤

最重要的是，教学设计应该根据具体情境和教学目标进行调整。不同的教材和学生群体需要不同的导入方法和活动。持续反思和改进是一个有效教学设计的关键部分。

六、导入的使用原则

1. 激趣性

导入部分的内容应当有吸引力，能够引起学生的兴趣和好奇心。不仅要通过视觉和听觉的刺激来吸引学生，而且要通过实际例子、有关学生生活的案例以及有教育价值的趣事来建立学生的认同感，使学习过程更加贴近现实且引发兴趣，引导学生进入更加动态和互动的英语学习体验中。

2. 关联性

导入部分的内容应当与学生已有的知识和经验联系起来，帮助他们理解新的学习内容。可以通过提问、回顾相关知识、观察图片或物品等方式来激活学生的已有知识。例如，可以通过观察图片谈论主题，回顾前一课的重点知识，或者创设与学生日常生活相关的话题。

3. 引导性

导入部分需要引发学生对新知识的思考和探究。可以通过提问、观察、分析或问题解决等方式来引导学生思考。例如，可以提出观点争议，让学生对某个问题表达自己的看法，或者给学生一个小任务，让他们探索并发现新的知识。

4. 互动性

导入部分应当鼓励学生积极参与，并与教师和同学展开互动交流。可以通过小组讨论、角色扮演、问答互动等方式来促进学生的参与和互动。例如，可以分组讨论问题，让学生分享自己的观点和想法，或者创设角色扮演情景，让学生在情景中运用新的语言知识。

5. 时间性

导入部分应该控制好时间，不占用过多的课堂时间，以确保其他教学环节也能得到充分的时间。导入部分应当具有令人感兴趣的特点，但同时也需要避免在导入部分中花费过多时间而影响到其他重要的教学活动。

总之，导入技能在英语教学中是一个重要的环节，通过激发兴趣、建立关联、引导思考、互动交流和控制时间等原则的运用，可以帮助学生更好地进入学习状态，提高学习效果。

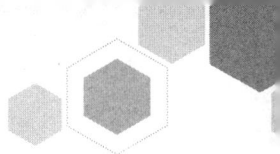

七、导入技能的评价

确定导入技能的评价要点，首先要从导入的要素出发，只有包含了导入要素的导入技能才是有灵魂的导入技能。同时，导入的五个阶段：引起注意、激发兴趣、形成期待、明确目的、进入主题是必要的评价要点，另外时间的把握、情感态度也是导入技能必须要注意的。

（一）综合考虑导入技能的四个要素

1. 语境设置

（1）是否通过适当的图片、视频、实物等引起学生的兴趣和好奇心？

（2）是否能够引起学生的注意力，使他们进入学习状态？

（3）是否能够提供足够的背景信息，帮助学生理解和记忆新的知识点？

2. 内容导引

（1）是否能够明确告诉学生本节课的学习目标和重点？

（2）是否能够简洁清晰地介绍新的知识点？

（3）是否能够通过具体的例子或问题引起学生思考，激发他们的学习兴趣？

3. 知识联结

（1）是否能够将已学过的知识与新的知识相联系，帮助学生建立知识框架，形成全面的理解？

（2）是否能够帮助学生发现新知识与已有知识的联系和差异？

（3）是否能够引导学生主动思考、提出问题、解决问题，从而加深对知识的理解和记忆？

4. 引发参与

（1）是否能够激发学生的学习积极性，使他们愿意参与互动和讨论？

（2）是否能够提供多样化的学习任务和活动，鼓励学生进行自主学习和合作学习？

（3）是否能够给予及时的反馈，帮助学生纠正错误，激励他们持续参与学习？

（二）综合考虑教学导入阶段的五个要点

1. 引起注意

（1）是否能够通过适当的方式和手段引起学生的关注和引导其集中注意力？

（2）是否能够提供足够的刺激和吸引力，使学生对课堂内容产生兴趣？

（3）是否能够创造积极的学习氛围，使学生在导入阶段就能积极参与课堂活动？

2. 激发兴趣

（1）是否能够提供有趣和相关的内容，引发学生的好奇心和兴趣？

（2）是否能够将学生现实生活中的经验和课堂内容相联系，使他们能够主动参与学习？

（3）是否能够使用多样化的教学材料和媒体，增加学生对课堂内容的兴趣和吸引力？

3. 形成期待

（1）是否能够明确告知学生本节课或本阶段将要学习的知识或技能？

（2）是否能够用简洁明了的语言介绍新的知识点或教学目标？

（3）是否能够激发学生对所要学习内容的期待和渴望，使他们主动参与学习？

4. 明确目的

（1）是否能够清晰地向学生解释本节课或本阶段的学习目标和重点？

（2）是否能够将学习目标与学生已有的知识和经验进行联系，帮助他们理解目标的重要性和意义？

（3）是否能够向学生明确展示所要学习的内容与他们个人或职业发展之间的联系，激发学习兴趣？

5. 进入主题

（1）是否能够有效引导学生进入学习状态，真正投入新知识的学习中？

（2）是否能够通过具体的例子、问题或活动激发学生的思考和探索？

（3）是否能够使学生在导入阶段就建立起解决问题和应用所学知识的能力？

通过对以上五个评价要点的综合评估，可以了解导入阶段在英语课堂教学中的效果，并针对不足之处进行调整和改进，以提高学生的学习积极性和成效。

（三）综合考虑其他几个方面

导入技能的评价角度除了要考虑五个要素和导入阶段的五个要点外，还需要考虑教师的表现、学生的学习成果、使用教材的有效性以及活动设计和导入的效果等。

1. 教师的表现

（1）教师在导入环节中是否能够清晰、自信地讲解新的内容？

（2）教师的语言和表达是否简洁明了，能够引起学生的兴趣？

（3）教师是否能够及时发现和纠正学生的错误，给予鼓励和肯定？

2. 学生的学习成果

（1）学生在导入环节后是否能够理解和运用新的知识点？

（2）学生在导入环节中是否能够主动思考和参与讨论？

（3）学生在导入环节中是否能够提出问题和解决问题，展示批判性思维的能力？

3. 教学材料的有效性

（1）使用的图片、视频、实物等材料是否能够准确地反映要学习的内容？

（2）这些材料是否能够引起学生的兴趣和好奇心？

（3）这些材料是否能够帮助学生理解和记忆新的知识点？

4. 教学活动的设计效果

（1）导入环节中的学习任务和活动是否能够激发学生的学习热情？

（2）这些任务和活动是否能够促进学生的自主学习和合作学习？

（3）这些任务和活动是否能够帮助学生巩固和应用已学过的知识？

综合以上各方面的评价结果，教师可以对导入技能的有效性进行综合评价，并对今后的教学进行改进和调整。

5. 导入效果

（1）观察学生的反应和参与程度，看其是否能够集中注意力并积极参与课堂活动；

（2）听取学生的意见和反馈，了解他们对导入环节的理解和评价；

（3）考察学生在学习活动中，是否能够有效地理解和应用新的知识点；

（4）对比不同教学方法和导入策略的效果，通过实际教学经验进行总结和反思。

表 4-4 为 skill 2 导入技能评价表。

表 4-4　skill 2 导入技能评价表

评价要点	权重	指标	评价内容	权重	总分
语境设置	9%	1	是否通过适当的图片视频实物等引起学生兴趣和好奇心？	3%	
		2	是否能够引起学生的注意力，使他们进入学习状态？	3%	
		3	是否能够提供足够的背景信息，帮助学生理解和记忆新的知识点？	3%	
内容导引	12%	4	是否能够明确告诉学生本节课的学习目标和重点？	3%	
		5	是否能够简洁清晰地介绍新的知识点？	3%	
		6	是否能够通过具体的例子或问题引起学生思考，激发他们的学习兴趣？	3%	
		7	是否能够激发学生对所要学习内容的期待和渴望，使他们主动参与学习？	3%	
知识联结	16%	8	是否能够凸显本节课的学习目标和重点？	4%	
		9	是否能够帮助学生发现新知识与已有知识的联系和差异？	4%	
		10	是否能够引导学生主动思考、提出问题、解决问题，从而加深对知识的理解和记忆？	4%	
		11	是否能够将学习目标与学生已有的知识和经验进行联系，帮助他们理解目标的重要性和意义？	4%	
引发参与	15%	12	是否能够激发学生的学习积极性，使他们愿意参与互动和讨论？	5%	
		13	是否能够提供多样化的学习任务和活动，鼓励学生进行自主学习和合作学习？	5%	
		14	是否能够给予及时的反馈，帮助学生纠正错误，激励他们持续参与学习？	5%	
引起注意	9%	15	是否能够通过适当的方式和手段引起学生的关注和集中注意力？	3%	
		16	是否能够提供足够的刺激和吸引力，使学生对课堂内容产生兴趣？	3%	
		17	是否能够创造积极的学习氛围，使学生在导入阶段就能积极参与课堂活动？	3%	
激发兴趣	9%	18	是否能够提供有趣和相关的内容，引发学生的好奇心和兴趣？	3%	
		19	是否能够将学生现实生活中的经验和课堂内容相联系，使他们能够主动参与学习？	3%	
		20	是否能够使用多样化的教学材料和媒体，增加学生对课堂内容的兴趣和吸引力？	3%	
形成期待	9%	21	是否能够明确告知学生本节课或本阶段将要学习的知识或技能？	3%	
		22	是否能够用简洁明了的语言介绍新的知识点或教学目标？	3%	
		23	是否能够激发学生对所要学习内容的期待和渴望，使他们主动参与学习？	3%	

续表

评价要点	权重	指标	评价内容	权重	总分
明确目的	9%	24	是否能够清晰地向学生解释本节课或本阶段的学习目标和重点？	3%	
		25	是否能够将学习目标与学生已有的知识和经验进行联系，帮助他们理解目标的重要性和意义？	3%	
		26	是否能够向学生明确展示所要学习的内容与他们个人或职业发展之间的联系，激发学习兴趣？	3%	
进入主题	9%	27	是否能够有效引导学生进入学习状态，真正投入到新知识的学习中？	3%	
		28	是否能够通过具体的例子、问题或活动激发学生的思考和探索？	3%	
		29	是否能够使学生在导入阶段就能够建立起解决问题和应用所学知识的能力？	3%	
其他	3%	30	教师的表现、学生的学习成果、使用教材的有效性，以及活动设计的效果等	3%	
备注：				总得分	

◆ **引导问题答案**

1. 为什么导入环节对于学生的学习动机和学习期待的形成是如此重要？

导入环节可以起到激活学生学习动机的作用，引导学生形成对学习内容的期待和兴趣，从而使他们更加积极参与学习活动。良好的导入设计能够帮助学生将过去的经验与新的学习目标联系起来，从而激发学生的学习需求和学习期待。只有激发了学生的学习需求和学习期待，教师才能把学习活动引向预设的方向，促使学生积极参与学习活动。因此，有效的导入环节对于学生的学习动机和学习期待的形成是至关重要的。

2. 导入技能的构成要素主要有哪些？

导入技能的构成主要有语境设置、内容导引、知识联结、引发参与、导入效果等五要素。

3. 导入技能的教学设计步骤包括哪些内容？

教学设计步骤包括：确定教学目标、考虑学生的背景和兴趣、选择适当的导入方法、设计引人入胜的情境、利用多媒体资源、提出问题或挑战、与学生互动、明确学习目标、确保流畅过渡、反馈和评估。

◆ **再思考**

1. 导入技能需要经历哪些阶段？

导入技能需要经历引起注意、激发兴趣、形成期待、明确目的和进入主题五个阶段。

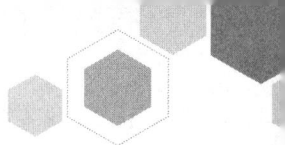

2. 导入的使用原则有哪些？

导入的使用原则包括：激趣性、关联性、引导性、互动性、时间性。这些原则有助于确保导入环节能够激发学生的兴趣，与学生已有的知识和经验联系起来，引导学生的思考和探究，并促进学生的互动交流，同时不占用过多课堂时间。

3. 为了评价导入技能的有效性，应该考虑哪些方面？

需要考虑教师的表现、学生的学习成果、教学材料的有效性以及教学活动的设计。这包括评估教师在导入环节中的表现是否能够清晰自信地讲解新内容、学生在导入环节后是否能够理解和运用新的知识点、教学材料是否能够准确反映要学习的内容以及教学活动是否能够激发学生的学习热情等方面。这些综合考虑可以对导入技能的有效性进行综合评价，今后的教学进行改进和调整。

第三节　讲解技能

✳ 本节要点
1. 讲解技能构成要素
2. 讲解技能类型
3. 讲解技能设计
4. 讲解技能使用原则和评价

✳ 引导问题
1. 为什么英语教师在课堂讲解中需要使用简单明了、清晰准确的口语表达？
2. 为什么在英语课堂讲解中需要合理的教学内容安排和逻辑性的表达？
3. 为什么课堂管理能力对于英语课堂讲解技能至关重要？

一、讲解技能定义

英语课堂讲解是英语教师进行英语教学的核心部分，在学生的学习过程中，教师的讲解是非常关键的一环。课堂讲解可以帮助学生更好地理解知识点，更快地掌握英语语言，提高自己的英语水平。同时，课堂讲解也可以提高教师的教学质量，使他们成为更好的英语教育者。尤其是在初高中阶段，英语课堂讲解技能的高低直接关系到学生的英语学习成果。英语课堂讲解技能中包括了诸如讲解语音、语法、词汇、句型等方面的技能，这些技能将使学生更容易理解英语知识，并且能够更流畅地表达自己的想法与感受。因此，对于英语教师来说，提高英语课堂讲解技能至关重要。

英语课堂讲解技能是指教师在英语教学中，使用一定的策略和方法，将知识点、内容、技能等用清晰、准确、流畅的语言进行展示与解说的一类教学行为，旨在使学生对展示内容获得更深入的理解和掌握。英语教师必须在课堂上不断提高自己的讲解技能，这样才能更好地改善教学效果，在有限的课堂时间里促进学生对知识点的吸收和理解。课堂讲解技能要求教师通过多种方式和技巧，用清晰、准确、流畅的语言向学生讲解知识点、内容和语言技能，以提高学生的学习效果和兴趣。在英语教学中，教师讲解技能主要通过以下几个方面来体现：

（一）适当的语言

教师应使用简单明了、清晰准确的口语表达来讲解知识点、内容和技能，避免使用难懂的词汇和表达，同时调整语调、语速、发音等，使学生能够听懂和理解。教师宜使用简单的句子和短语，尽量避免使用复杂的句子和冗长的表述方式，以免引起学生的混淆或分心。

教师的口语表达重点在于使学生理解所讲内容，应该具有描述性和生动性，使用具有视觉和情感上的感官描述性单词，可以帮助学生更好地理解和记忆。在做教学内容的讲解时避免使用俚语和不常用的表达方式，这些单词或语句可能会使学生感到困惑或误解；使用规范或正式用词，并使用示例、练习等方式强化讲解内容，可以促进学生对新学习的英语语言知识的理解，帮助学生在实践中更好地理解和运用所学的知识。

课堂讲解必须用清晰、直接的语言表达复杂的概念。当需要解释某个复杂的英语知识点时，应该使用简单、明确的语言表达来降低学生的理解难度。教师的课堂讲解中需要鼓励学生进行互动并让学生参与教师所组织的学习活动，在课堂教学中使用各种组合、分组和小组讨论等互动形式与教师的教学指令互动，可以激发学生的理解力和参与感，也可以作为课堂教师讲解表达能力的一种检测和反馈。

（二）恰当的多媒体教学工具辅助

在英语课堂讲解中，多媒体教学辅助工具具有重要的辅助讲解作用。教师可以使用教辅技术手段将学习内容以多样化的展示形式呈现给学生，通过技术化的载体进行讲解从而吸引学生的注意力，提高学生的学习兴趣。多媒体教学工具包括课件制作、投影仪、电脑、电视、录音机以及各种教学 APP 甚至 AI 技术等。

在使用多媒体辅助讲解工具时，教师需要明确自己使用工具的目的与方式。例如，是为了增强学生对课程内容的理解力，还是为了帮助学生掌握某种语言技能？是在教学过程中不断切换不同的多媒体工具，还是在课堂开始前准备好一些多媒体素材来辅助讲解？不同的讲解目的和要求决定着多媒体教学工具的选择和制作方式。选择适合课堂教学的多媒体辅助工具，使用 PPT 来呈现文字、图片、音频、视频等多种资源，或者利用白板软件、教学录像等方式来进行教学讲解，可以更好地传达课程内容。对于学生掌握语言技能的教学，可以使用在线语音识别、语音合成、交互式游戏等辅助教学工具。

多媒体辅助工具可通过生动形象的图片和视频素材帮助学生理解英语课程中的抽象概念和语言知识点，但需要使用清晰、简洁的素材来支持课堂讲解，因此教师需要在制作多媒体素材时要注意字体大小和颜色要清晰易读，图片和视频要与讲解内容紧密关联，音频和视频的音质要好、音量适中，整个素材要尽可能简洁明了，结合互动教学，让学生更积极地参与到课堂教学中。

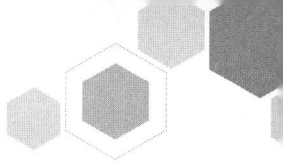

多媒体辅助工具在英语教学中有着重要的作用，而教师需要善于选择、合理运用这些辅助工具，才能打造出更优质的英语教学课堂。多媒体辅助工具为英语教师的课堂讲解提供了多样化的讲解形式，支持教师采取形式多样的教学措施，有利于满足不同学生的学习形式。例如，可以通过投影仪和电脑来展示 PPT 课件、学习视频等，也可以采用微信公众号、QQ 群等网络工具来开展线上互动活动，让学生在多元化的学习环境中获取英语知识和技能。同样，多媒体辅助工具可让语言知识以更生动的方式呈现，从而带来更好的学习效果。例如，可以通过漫画、动画、互动课堂游戏等形式，让学生在轻松有趣的环境中积极参与，提高课堂互动性和学生的学习兴趣。

（三）合理的课堂教学内容安排

合理的课堂教学内容编排和讲解逻辑性对于英语课堂教学讲解的效果有着不可忽视的重要性。在任何一节英语课堂中，教学内容需要紧密结合讲解逻辑以确保教学效果。

一方面，合理的课堂教学内容编排可以保证教学学习的连贯性。在一节完整的英语课程中，内容应该是相对独立但紧密联系的。但是，如果教学内容缺乏结构性或有明显的逻辑漏洞，学生很难理解听课内容，那么教学效果也会大打折扣。因此，在编辑和编排教学内容时，教师需要根据学生的认知水平和学科背景，注意知识点之间的关联性和相互依存性。同时，应在教学内容中，为学生编排贯穿始终的主线，设计穿插其中的分枝，以便在学习过程中加深各方面的理解和巩固知识点。对于英语教学来说，教学内容的合理编排可以帮助学生建立起良好的语言基础，促进词汇积累与语法本能的锻炼，有力地提高英语语言的水平。

另一方面，在选择教学内容时，教师应该以学生的学习能力、学科背景及教学目标为依据，达到批评性思维发展、知识扩展和语言运用能力提高的目的。同时，合理的教学内容可以帮助学生理解教学知识点，提高效率，从而在英语学习中获得更大的收获。

此外，课堂讲解逻辑性对英语教师课堂讲解效能也有着巨大的影响。逻辑性是指在讲解过程中，所表达的思想和信息以逻辑顺序呈现，即从基础概念到先进知识，从简单事实到更复杂的知识点。通过讲解中的逻辑连接，学生可以更好地掌握知识，并将这些知识点组合成有机的整体，提高学习效率。逻辑性的讲解需要教师在讲解时按照逻辑顺序组织讲述内容，将知识点之间的联系用清晰可见的方式展现出来。逻辑性的讲解可以让学生更好地理解和掌握知识点，从而更快速、深刻而且细致地学习英语。讲解逻辑性强的课堂，不但可以让学生更快速地获得知识，而且还可以提高学生对知识内容的深度理解。通过逻辑性的讲解，还可以引导学生深入思考，建立系统性的知识架构。

在实际教学中，围绕着合理的教学内容和逻辑性，教师可以采用不同的教学方法，如演讲、教学实践、小组合作学习等，来增强学生的英语语言能力并激发他们的学习兴趣。此外，教师还可以在教学中运用一些视觉、听觉和互动手段来扩大学生受益范围，使课堂更生动活泼；运用多媒体教学手段，如电子板书、多媒体演示等辅助讲解，以激发学生的学习兴趣，促进理解与融会贯通。适当运用多种教学方法也可以增强教学内容的鲜活度和灵活性，进而提高逻辑性的讲解效果。

对英语课堂教学而言，合理的教学内容和适当的逻辑阐述很重要。教师需要综合考虑许多因素，以提供有机和有用的教学资源。合理的课堂教学内容编排和逻辑性的讲解，可以帮助学生更好地掌握知识点，从而提高英语学习的效率。

（四）观察与评估

英语教师在课堂讲解过程中可以通过收集学生的课堂信息来对学生的学习情况进行评估，从而达到修正讲解方法和内容，使讲解效益达到最大化的目的。

在课堂讲解过程中，英语教师可以通过观察学生对讲课内容的反应来评估学生的学习情况。例如，当教师向学生提出问题时，可以观察学生的眼神、面部表情、手势等变化，看是否理解了问题。教师还可以通过观察学生的笔记来了解学生的学习进展。

教师可以通过观察学生的课堂表现尤其与老师的互动来评估学生对教师讲解的理解情况。如果学生经常分心走神甚至缺席，可能表明学生对教师所授知识不感兴趣或难以理解；如果学生在课堂上主动发言并提出问题，通常表明他们对所学知识产生了浓厚的兴趣并且已经掌握了相关知识；当学生互相交流和讨论时，教师可以参与并观察学生对所学知识的理解状况。通过观察这些行为，教师可以更好地了解学生的学习情况，修正相应的讲解策略。

因此，英语教师需要在进行课堂讲解的各个进程中细心观察学生的表现、反应以及学生之间的互动，从中了解学生对所学知识的理解状况，并根据需要及时调整教学策略，以提高教学效果。同时，教师还需注意提供正确有效的信息纠正方法和内容，帮助学生纠正不足之处，促进他们的进步和成长。

二、英语课堂讲解技能构成要素

英语课堂讲解技能包括以下构成要素：语言组织能力、内容知识储备、课堂管理能力、口头表达能力、视觉辅助手段运用能力和学生互动引导能力。

（一）语言组织能力

语言组织能力是教师在课堂上向学生传递知识的基础，在英语课堂讲解过程中的语言组织能力特指英语语言的组织能力。由于受到母语对英语语言的结构组织、词汇选择和篇章理解等方面的负迁移，课堂英语用语的组织能力对使用英语进行讲解的课堂组织过程是至关重要的。

英语语言组织能力是指一个人在使用英语语言时，能够把自己的思想和表达逐步组织成系统化的结构，并用恰当的词汇和语法表达清楚、准确的能力。英语教师需要运用简洁、优美、准确的英语语言进行讲解，同时表达清晰、逻辑清楚，使学生能够理解和掌握所讲知识。这需要教师具有良好的英语语言水平和语言运用能力。课堂语言组织和表述能力了英语教学共同构建的过程，它是英语教学的重要组成部分。教师在教学过程中使用的语言表述能力影响着学生的理解和学习成果。因此，英语教师必须具备良好的课堂语言组织和表述能力，以便清晰而有效地表达教学内容。

具体而言，英语语言组织能力主要由以下几个部分组成，见表4-5。

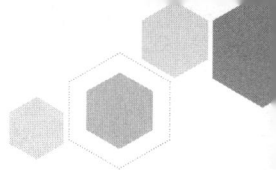

表 4-5　英语语言组织能力构成

名称	具体能力	各项能力描述
英语语言组织能力	语法能力	用正确的语法规则组织语言表达，构建句子和段落等结构，使意思更加清晰准确。
	词汇能力	能够选择合适的单词和词组，用适当的时态、语气和词汇语境表达思想，使表达更加丰富多彩。
	文字组织能力	能够恰当地使用各种句型、连词和标点符号等来组织文章，使文章更加连贯和具有逻辑性，更容易被读者所理解。
	思维能力	有能力清晰地表达自己的思想和观点，同时也有能力理解他人的语言表达，从而对不同的观点、观念和文化多样性有更好的理解和认识。
	表达能力	能够有效地运用上述的技能来组织语言表达，以更好地与听众或读者进行有效的沟通，使他人更准确、深入地理解自己想要表达的内容，显然是一种非常重要的语言组织能力。

（二）内容知识储备

　　一位拥有高超英语课堂讲解技能的优秀英语教师，一定是一位拥有强大内容知识储备的教师。教师只有合理且生动地解释知识点，不断挑战学生，激励学生的学习兴趣，才能为学生提供更加全面、有效且富有挑战性的英语教育。内容知识储备是教师教授英语的关键，它是指教师具有系统、全面的英语知识和教育教学理论，并能够将这些知识与实际情境相结合，完成所需的教学目标。只有具备扎实的英语语言能力和丰富的教学经验，才能有效地解说教材，从而帮助学生更好地掌握知识。

　　教学内容知识储备和英语课堂讲解技能互为依靠。教学内容知识储备是指教师对教学内容的掌握程度，包括听力、口语、阅读、写作等多个方面的知识。英语课堂讲解的系统性也直接影响到教学知识的储备和总结。在英语教学中，教师需要对每一个课堂内容细化精讲，让学生对知识点的分析有更深刻的理解和认知。在讲解的过程中，教师需要注重语言的组织和表达，将单个课程融合到大的教学内容中，让学生更好地理解和记忆英语知识。英语课堂讲解技能包括如何将教学内容传达给学生，如何指导学生，如何评估学生学习情况等多个方面。教学内容知识储备与英语课堂讲解技能可以从以下三个方面理解：

　　第一，英语教师的教学内容知识储备有助于英语课堂讲解的系统化，这直接决定了教师在英语课堂上的表现。在教学过程中，教师需要基于系统性考虑课堂知识点的安排，连贯地组织教学内容的结构，形成课程体系，将语音、听力、口语、阅读、写作等课程内容有机结合起来，系统地讲解英语知识，使得学生在学习目标的清晰性和知识系统化上有大幅度提升，才能够给学生提供全面的英语知识体系。课堂讲解中科学的教学语言、清晰的表达方式都需要建立在对英语课程内容的充分理解基础之上。为了提高教学知识储备，教师需要进行系统的英语知识学习、不断丰富学科知识，积累新的教学方法和技能，以更好地传授英语知识。同时，教师在教学前要仔细分析学生的学习需求和背景，针对不同层次的学生制定科学、合理的教学计划。

第二，英语教学的知识储备和英语课堂讲解的系统性是相辅相成、交织在一起的。教师在系统地讲解英语知识点的过程中，可以通过对教学内容的重组、删减和扩展，巩固甚至提高自己对英语教学知识的了解及掌握。同时，通过储备教学知识，教师也能够更深刻地理解每一节课之间的关系，从而进一步帮助学生学习，提高教学效果。英语教师在课堂上需要将课程内容分解为一些逻辑完整的部分，每一部分都要有明确的目标。在进行讲解时，教师需要采用多种教学方法，结合学生年龄、性别、学习习惯等不同因素，精心设计课堂讲解方式，针对性地调整英语教学过程中的问题点，帮助学生快速掌握所学英语知识。教师还需要使用精准、规范的语言表述方式，让学生更容易明确理解课程的重点、难点。

第三，根据《英语课程标准》，课程内容的核心部分是语言知识和文化知识的融合提升。除了英语语言知识，教师还必须具备并提高自身的文化意识和背景知识，以便将文化元素融入英语教学中，提高学生的文化素养和跨文化交际能力。拥有丰富的文化知识储备能够帮助英语教师更好地理解和教授英语课程中的词汇、语法和语言表达。只有了解中英文化差异，教师才能准确传达语言的意义和用法，帮助学生理解语言的内涵和使用场景。

文化知识的积累也能够帮助教师更好地设计课程和教学资源。教师可以利用文化知识来丰富教材内容，通过介绍和讨论不同文化的相关话题来激发学生的兴趣和参与度。同时，文化知识的融入也能够发展学生的跨文化意识和全球视野，帮助他们在跨文化交际中更好地理解和尊重不同文化。

在实际的英语教学过程中，无论是教学内容知识储备还是英语课堂讲解，都需要教师有着高度的自我认知和实践经验。教师在教学中需要对英语知识有深刻的理解和掌握，并在此基础上构建系统的教学体系和增强教学知识的系统性。只有这样，英语课堂教学才具有更好的教学质量和效果，学生的语言能力提升才更加明显。

（三）课堂管理能力

良好的课堂管理能力是教师成功完成教学任务的前提，也就是指教师需要具备规划、组织、引导和控制课堂教学的能力，能够有效地掌控课堂秩序，激发学生的学习兴趣，创建良好的学习环境。只有在有序、稳定的课堂环境中，学生才能更好地集中注意力，完成学习任务。

课堂组织和管理对于英语课堂讲解来说是至关重要的，因为它们能够确保学生在一个有序、安全、尊重和鼓励的环境中学习。教师的课堂管理能力对课堂讲解有以下几个方面的影响：

1. 建立学生的信任和尊重

在一个良好的课堂管理和组织下，如果学生感觉被重视，他们的参与和贡献得到尊重，这将有助于建立学生对教师的信任和尊重，确保学生在安全、舒适和支持性的环境中学习英语。

2. 保持学习秩序

有效的课堂管理和组织可以确保学生在良好的学习状态和秩序中学习和参与活动。在一个有效的课堂管理和组织下，学生可以更好地集中精力和注意力，能够更好地吸收教师讲解的内容。

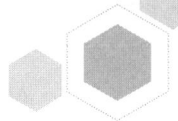

3. 提高学生的参与度

在一个积极、鼓励和支持性的环境中，学生会更愿意参与课堂活动和讨论。这将增加学习英语的乐趣和兴趣，学生也能够更好地理解和掌握英语知识和技能。

4. 鼓励学生的互动和合作

有效的课堂管理和组织还可以鼓励学生互相合作和互动，分享他们的想法和经验，增强学习体验、强化语言技能。

5. 帮助学生解决问题

在一个良好的课堂管理和组织下，学生可以随时向老师提出问题并得到解答，这也将增强学生的学习效果，加强他们的信心和独立思考的能力。

因此，良好的课堂管理能力也是英语课堂讲解技能的一个保障要素，能够确保学生在一个积极、鼓励、支持和有序的环境中学习，从而增强学生的参与度、互动性和学习效果。

（四）口头表达能力

口头表达能力特指英语口语表达能力，是英语教师向学生传授英语知识的重要途径。英语教师在说英语时的流利程度、词汇量、口音、语法准确性以及表达的连贯性、清晰度和逻辑性等方面的综合表现就是口头表达能力。英语教师需要清晰、流畅、生动地表达英语知识，让学生理解和记忆所讲内容。同时，英语教师讲解过程中的语速和语音语调，都会影响学生接受和理解教师所讲内容。

1. 语音语调语速

教师在语言表述上使用标准的英语发音，不仅可以提高学生听力水平，还可以减少学生的理解上的难度。教师需要准确地发出英语中的元音和辅音，使用正确的语音语调，使语言更加自然流畅。语速过快或过慢都会影响学生的听课效果，应该注意掌握一个适中的语速，同时让语调富有变化，有节奏性，使语言更生动、有吸引力。

2. 词汇量

英语教师必须确保口头表达的准确性。深入掌握词汇、语法、习惯用法等知识，可以更好地表达自己的意思，同时避免在讲解中出现口误、歧义等问题。掌握足够的词汇，才能够准确表达自己的观点和意见，避免重复和表达不清的情况。

3. 语法准确性

使用简单的句子和词汇，避免过于复杂的结构和措辞，能够让学生轻松地掌握所讲内容。教师在口语表达时应遵循语法和句型结构的规则，正确使用时态、人称和语态等。教师在教学时也需要避免使用口语化或者太过专业化的语言，这些语言难以被理解和接受。教师的口语表达应该避免口误或语法错误，在表达中不出现语言错误和自我矛盾，才能起到语言示范作用。

4. 表达连贯性和清晰度

教师在表述知识的过程中应该尽可能使语言组织简洁明了，语句通顺流畅，使用适当的连接词和衔接词，使话语连贯并且各知识点之间相互衔接严密。教师还需要注意语速的掌控，用适合学生的理解速度措辞和解释。

5. 逻辑思维能力

英语教师应该发掘自己的思想和表达要点，以合乎逻辑的方式，清晰、有说服力地表达论点。应该组合教学策略和手段，例如表格、图片、视频等，同时按照各个内容载体之间的内在逻辑来丰富和加强口头表达能力，这样可以让语言更加生动和具体，让学生更容易理解和掌握所讲内容。

6. 差异化调整

英语教师需要注重对学生的差异化教学，教师要根据学生的语言能力、文化背景、学习习惯等因素，对教学内容和语言表述进行较为合理的调整和选择，以便让学生更好的理解和记忆课堂知识。

此外，英语口头表达能力还体现在一个人的语言自信上。能够流畅自然、清晰明了地表达自己的意思，不仅能给人留下深刻的印象，也有助于实现更好的沟通。好的口头表达能力也能够促进教师与学生之间的良好交流。教师要与学生沟通和交流，需要有良好的口头表达能力，这样才能让学生更容易和教师交流，从而让教师更有效地传达知识和想法。良好的口头表达能力还可以提高教师的亲和力和吸引力。教师在讲解时，如果口才好，能够给学生留下良好的印象，激发学生对知识的兴趣和学习热情，从而进一步提高教学效果。

（五）视觉辅助手段运用能力

视觉辅助手段运用能力是教师进行英语教学的必要条件。它是指教师能够巧妙地使用多种视觉辅助手段，如教学视频、图片、演示文稿等，帮助学生更直观、有效地理解英语知识。通过合理地运用视觉辅助手段，教师可以激发学生的兴趣，提高学习效果。

运用视觉辅助手段能够提高英语教师的课堂讲解效果。视觉辅助手段是指教师在课堂上使用的图表、图片、视频等可视化工具。视觉辅助手段的优劣会直接影响英语教师的课堂讲解效果，好的视觉辅助手段能够提高学生的注意力和学习兴趣，提高教学质量和效益。但如果使用不当，视觉辅助手段也可能会降低英语教师的课堂讲解效率。比如，过度依赖视觉化工具会使教学内容冗长、复杂，影响效果。因此，英语教师需要恰当地运用各种视觉辅助手段，达到最佳课堂教学效果。

课堂讲解中使用视觉辅助手段的原因见表4-6：

表 4-6　视觉手段辅助教学的重要性

1. 提高关注度	视觉辅助手段可以吸引学生的注意力，增加学生的兴趣和参与度，帮助学生更加专注于英语教师的讲解内容。
2. 促进记忆	通过视觉辅助手段呈现的图像和表格能够让学生更直观地理解和记忆讲解的知识点，帮助学生更好地掌握语法、词汇等知识点。
3. 提高效率	使用视觉辅助手段能够让英语教师更有条理地安排课堂教学，节约时间，帮助学生更高效地掌握知识。
4. 加强互动	视觉辅助手段能够促进学生和英语教师之间的互动交流，帮助教师更好地反馈学生的学习情况，并及时纠正学生的错误。

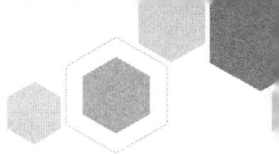

以下是一些可以帮助英语教师进行课堂讲解并提高讲解可理解性的视觉辅助手段：

1. 图表和图像

可以用图表和图像来辅助讲解某些抽象或复杂的概念。例如，用图表展示动词的时态变化，用图片展示名词的分类及特点等。

2. PPT 演示

PPT 演示可以方便地把复杂的语法、词汇和句型内容制作成清晰、简洁、易于理解的幻灯片。同时，PPT 演示也可以通过动画与互动的方式，活跃课堂气氛，增加讲解的趣味性。

3. 视频和音频材料

教师可以利用音频和视频材料，呈现正宗的语音和地道的语境，让学生更好地了解和学习口语表达和语境。

4. 模型、实验和原型展示

这是一种根据学科特殊的内容性质而展示的视觉化辅助手段。例如，让学生看到一个实时的语言社交情境，可以让学生更好的理解和掌握语言的应用。

5. 直观的教学道具

可以用直观的教学道具帮助学生更好地理解和掌握语法和词汇等概念。例如，使用具体的物品代表不同的名词，让学生更加直观地理解名词的概念及分类。

以上提到的这些视觉辅助手段能为英语教师的课堂讲解提供可视化的帮助，使学生更好地理解和掌握知识点，提高英语教师的讲解效果和质量。教师应该结合课程特点进行选择和使用，充分发挥其优势，提高教学效果。

（六）学生互动引导能力

学生互动引导能力是教师引导学生积极参与教学活动的重要手段，包含教师在课堂上通过提问、讨论、小组活动等方式，引导学生互动交流，促进学生之间的思想碰撞，共同掌握知识。只有通过充分互动，学生才能更好地理解和记忆所讲内容，提高英语应用能力。

英语教师在课堂上引导学生进行互动的能力，指的是英语教师能够通过适当的引导，让学生参与到课堂教学中来，与教师进行互动，共同探讨和解决问题。互动可以使学生有效地吸收和理解所学知识，同时也能够提高学生的参与感和兴趣，提高教学效果。

通过互动，英语教师可以更好地把握学生的学习情况和学习需求，适时地调整讲解方式，使其更加符合学生的实际学习情况和发展方向，达到更好的教学效果。

此外，英语教师的互动引导能力也能够提升课堂的活力，让课堂讲解更加生动活泼，贴近生活。通过带动学生积极参与和互动，教师可以更加灵活地运用多媒体、游戏等教学手段，让课堂讲解更加丰富多彩、有趣味性，增加学生的学习兴趣和主动性。

综上所述，英语课堂讲解技能构成要素是教师进行英语教学的基本素养和能力。只有全面掌握、熟练运用这六个要素，教师才能完美地完成英语授课任务，帮助学生更好地掌握英语知识。

三、讲解技能的类型

英语课堂讲解技能的类型一般以讲解内容进行归类划分，可以分为语言技能讲解、阅读技能讲解、写作技能讲解、听力技能讲解和口语技能讲解，其外在表现形式为文本讲解、图解讲解、演示讲解。

1. 语言技能讲解

这种类型的讲解技能主要是指向学生传授英语语法、词汇、句型和语音等方面的知识和技能。讲解者需要能够清晰地解释语言规则和用法，提供具体的例子和练习，并帮助学生理解和应用这些知识。

2. 阅读技能讲解

这种类型的讲解技能主要是指向学生传授阅读英语文本的技巧和策略。讲解者需要教授学生如何有效地阅读和理解英语文章，包括找到关键信息、推断含义、理解上下文等技巧，并提供相关的练习和教材。

3. 写作技能讲解

这种类型的讲解技能主要是指向学生传授英语写作的技巧和策略。讲解者需要教授学生如何组织和表达思想、如何使用合适的语言风格和句式、如何进行编辑和修订等技巧，并提供写作任务和指导。

4. 听力技能讲解

这种类型的讲解技能主要是指向学生传授英语听力的技巧和策略。讲解者需要教授学生如何提高听力理解能力，包括分辨不同语速和口音、捕捉关键信息、注意上下文暗示等技巧，并提供相关的听力材料和练习。

5. 口语技能讲解

这种类型的讲解技能主要是指向学生传授口语表达的技巧和策略。讲解者需要教授学生如何流利地表达观点、使用合适的语言表达、运用正确的语音语调等技巧，并提供相关的口语练习和对话活动。

需要注意的是，这些类型的讲解技能并不是相互独立的，而是相互关联的。在课堂讲解中，讲解者可能会结合多种技能进行讲解，以帮助学生全面掌握英语知识和技能。

上述五种英语课堂讲解技能的类型通常有三种表现形式：文本讲解、图式讲解和演示讲解。文本讲解是将英语内容文字化表达，图式讲解是将英语内容以图像、图表等形式表现，演示讲解是通过展示实物、模拟情境、视频等形式演示英语内容。

需要明确的是，英语课堂讲解技能的主要目的是帮助学生更好地理解课程内容，提高学习效果。因此，如何选择合适的讲解方式就显得尤为重要。

6. 文本讲解

文本讲解是一种文字化解释和说明的讲解方式，适合于需要精准表述、确定性强的内容。例如，词汇、语法、句型等相对固定的知识点可以使用文本讲解的方式来呈现。在文本

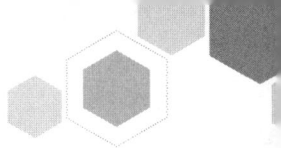

讲解的过程中，教师需要注重语言的准确性和语言的表达能力，以便学生能够准确理解和掌握所学内容。英语教师在课堂讲解中使用文本解读应该注意以下几点：

（1）确定文本类型和难度

教师需要确定所选用的文本类型和难度，以确保学生能够理解和跟随。此时，教师需要了解学生的英语水平和学习需求，适时选择适合的解读材料。

（2）引导学生阅读

教师需要引导学生在阅读文本时注意重点、结构和语言特点等方面，辅助学生理解文本内容和内涵。

（3）注重文本与生活联系

教师需要将文本和学生的现实生活联系起来，让学生认识到文本与生活的关系和意义，加深学生对文本内涵的理解和记忆。

（4）辅助学生提高英语水平

教师在文本解读过程中应该注重辅助学生提高英语水平，这包括提供新单词、短语和句型，并辅导学生正确使用英语语言。

文本解读的重点在于帮助学生正确理解并认识到文本所表达的信息和内涵，并且将其与现实生活联系起来，加深学生对英语语言的理解和应用。

在引导学生学习新知识时，教师可以选用适当的文本进行解读，帮助学生了解新单词、短语、句型等知识点，提高学生的词汇量和阅读理解能力。通过演示和练习文本的朗读、对话等方式，教师可以帮助学生提高听力和口语能力，使学生更加自然地运用英语语言进行交流。同时，教师必须注意到文本解读也是加强语言文化学习的一种方式。教师可以选用涵盖文化内容的文本，帮助学生了解英语国家的文化、传统和生活方式等。

教师应根据学生的英语水平来选择合适的文本进行解读，以确保学习效果。教师在文本解读中应该遵循英语语言规范，注重发音、语法和单词用法等方面，防止学生形成错误的语言习惯，引导学生理解文本的内涵和情感表达，帮助学生全面认识英语语言和文化。文本解读应该加强互动和演示，让学生通过听、说、读、写等方式进行全面学习。

7. 图示讲解

图示讲解是一种用图像或者图表演示的讲解方式，它可以帮助学生形象地理解课程内容。图像或者图表可以具体展现出所讲解的概念、过程和原理，加深学生的理解和记忆。图像或者图表的绘制需要教师进行精心设计，不仅要注重图像的美观性，还需要注重图像与内容的关联性和易懂性。

教师可以通过图示讲解的方式来帮助学生理解新的单词、短语或句子等，让他们更加直观地了解英语中的语言表达。图示讲解可以帮助学生分析和理解教材中的图片或示意图，从而不仅掌握基本语言知识点，而且能够更深入地理解其应用和内涵。图示讲解还可以增加课堂的趣味性，丰富学生的学习体验和教学乐趣。

应用图示讲解时，教师需要提前精选和准备好有意义和相关的图片和图示，以确保学生能够理解和记忆它们。教师应该掌握图示讲解的技巧，如清晰明了的描述、画面合理的安排，并采用举例、比喻等良好教学方法提高教学质量。在解读图示的同时，教师还需要注重英语语言规范，注意语音、发音、语法等方面，避免学习者形成错误的语言习惯。教师在图示解读的过程中应该着眼于教学效果，确保学生兴趣高、活动性强、掌握新知等目标顺利达成。

图示解读与课堂讲解能力密切相关，专业的英语教师会在需要的时候使用图示来解释单词、短语、句子等英语语言元素，以帮助学生更好地理解和掌握。在口语交际课程中，图示解读也可以帮助教师更好地向学生演示正确的发音和语调，帮助学生理解词汇和语法结构。图示解读也有助于加深学生对于语言架构的理解，从而提高阅读和写作技能。

8. 演示讲解

演示讲解是通过实物、模拟情境、视频等表现形式来演示课程内容。它能够生动形象地展现教学内容，并让学生深入体验相关的知识和技能。演示形式的选择需要根据课程内容的具体要求来进行，例如可以通过实物展示来解释词汇意思，通过模拟情境来演示语言的应用，通过视频来展现情景等。

英语教师在课堂讲解中使用演示讲解可以帮助学生更好地理解和记忆知识点，同时也提高了课堂教学的趣味性和互动性。教师常常通过演示的方式来让学生更加直观地理解知识点，这样可以加深学生对学习重点和难点的印象。英语教学中涉及的实例分析也需要教师通过演示来具体地展示，能够让学生更容易掌握和理解知识点。

使用模拟情景演示讲解可以帮助学生更好地理解和掌握语言知识，并提高其口语表达能力。模拟情景演示讲解的形式多种多样如角色扮演、实地讲解、多媒体演示和活动实践等，具体应根据教学内容和学生特点来选择合适的方式进行。

需要强调的是，不同的讲解方式之间并不是孤立的，它们可以辅助彼此，相互补充。教师在制订教学计划和实施教学过程中，应该根据具体的教学内容来选择合适的讲解方式（见表 4-7），从而提高课堂教学的效果。

表 4-7　讲解类型与形式对比

讲解类型	讲解形式	讲解重点
语言技能讲解	文本讲解、图解讲解、演示讲解	综合讲解各种语言知识及技能、语言规则及用法等。
阅读技能讲解	文本讲解、图解讲解	阅读技巧及策略、词义推测、关键信息、上下文理解、细节及理解等。
写作技能讲解	文本讲解、图解讲解	写作技巧和策略、行文组织、思想表达、语言风格和句式、编辑及修订技巧等。
听力技能讲解	图解讲解、演示讲解	听力技巧和策略、听力理解能力、分辨不同语速和口音、捕捉关键信息、注意上下文暗示等技巧。
口语技能讲解	图解讲解、演示讲解	口语表达的技巧和策略、流利地表达观点、使用合适的语言表达、运用正确的语音语调等技巧。

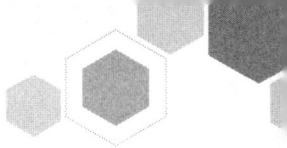

四、课堂讲解技能的使用策略

在英语课堂中使用一些讲解策略是为了提供更有效、有趣和互动的教学环境，以促进学生的学习和理解。课堂讲解需要有引导功能，学生通过教师引导可以更好地理解和掌握所学知识和技能，从而加深他们的学习效果。讲解语言表达的趣味性可以使学生更愿意主动参与课堂活动。讲解中通过提出问题、让学生讨论和解决问题，教师可以培养学生的思维能力和分析能力，帮助他们更好地理解和应用所学的知识。教师在讲解的过程中还需要教授学习策略和技巧，可以帮助学生更有效地学习和应用英语知识，提高他们的学习效果和自主学习能力。在课堂教学中使用一些讲解策略可以提供更有效、有趣和互动的教学环境，增加学生的学习积极性和深度思考能力，促进个性化学习，并培养学生的学习能力和技能。英语课堂讲解技能的使用策略大致有以下几种：

（一）引导思维

在英语课堂教学中，教师可以在讲解过程中提出问题，鼓励学生参与思考和回答。问题可以针对教学内容的理解、应用、解决问题等方面。问题的提出，可以促使学生主动思考和参与讨论，激发他们的思维能力。教师也可以通过创设情境，激发学生的思维，使学生更好地理解和应用所学的知识；教师还可以提供一些相关的素材和资源，如图片、视频、文章等，让学生观察、分析和思考。学生可以根据提供的素材进行问题解决、观点表达等。通过素材和资源的引导，学生可以从中获取信息，并进行积极的思考。除上述引导外，教师还需要教会学生分类、比较、分析、归纳、推理等思维方法，让学生在解决问题或理解知识时有系统性和深度性的思考。

1. 英语课堂教学中的问题引导

英语课堂上，教师可以在讲解某个语法知识点时提出问题，如："What are the differences between the present continuous tense and the simple past tense?"（现在进行时和一般过去时有什么区别？），引导学生思考和回答，帮助学生更好地理解和应用所学的语法知识。

2. 情境创设引导英语课堂

在讲解某篇阅读文章时，教师可以创设一个与文章内容相关的情境，如："Suppose you are a tour guide leading foreign tourists on a tour of the Forbidden City, how would you introduce the history and culture of the Forbidden City to them in English?"（假设你是一名导游，带领外国游客参观故宫，你将如何用英语向他们介绍故宫的历史和文化？）。通过这种方式，学生可以更好地理解和应用所学的英语知识，同时也可以激发他们的思维和表达能力。

3. 素材和资源引导英语课堂

在讲解某个话题时，教师可以提供一些相关的图片、视频、文章等素材和资源，如："Invite students to look at this picture and think about how to describe the scene in the picture in English."（请同学们观察这张图片，并思考如何用英语描述图片中的场景。）通过这种方式，学生可以从中获取信息，并进行积极的思考和表达。

总的来说，教师需要在教学过程中注重引导学生思考和参与讨论，激发他们的思维能力和创造力。同时，教师还需要教会学生一些基本的思维方法，如分类、比较、分析、归纳、推理等，让学生在解决问题或理解知识时能够有系统性和深度性的思考。这样不仅可以提高学生的学习效果，还可以培养他们的思维能力和创造力。

（二）互动化

讲解互动化是指在英语课堂教学中，通过与学生进行互动、积极引导学生参与课堂讨论和活动，从而激发学生的学习兴趣和主动性。使用提问来调动学生的思考和参与是讲解互动化的最直接体现，还可以在课堂中给学生一定机会轮流发言，让每个学生都有机会表达自己的观点和意见，增加学生之间的互动和交流。此外，教师还可以组织学生进行小组活动或团队合作，让学生共同解决问题、讨论和分享；利用多媒体设备如投影仪、电脑等，展示生动有趣的图片、视频和音频素材，以吸引学生的注意力，并通过这些多媒体素材与学生进行互动和讨论。

在进行互动化讲解时教师应注意把握好互动的节奏和方式，确保每个学生都有机会参与，保持课堂秩序和纪律。

1.英语课堂中的提问互动

在英语课堂上，教师可以通过提问来引导学生思考和参与。例如，在讲解某个语法知识点时，教师可以提问："How would you use this grammar in a sentence?"这样的问题可以引导学生积极思考并尝试使用所学语法来表达自己的观点。

2.学生轮流发言的互动

在英语课堂上，教师可以在讲解过程中给学生一定机会轮流发言，让每个学生都有机会表达自己的观点和意见。例如，教师可以组织小组讨论或全班讨论，让学生轮流发表自己的看法，增加学生之间的互动和交流。

3.多媒体互动教学

教师可以利用多媒体设备如投影仪、电脑等，展示生动有趣的图片、视频和音频素材，吸引学生的注意力，并通过这些多媒体素材与学生进行互动和讨论。例如，在讲解某个文化主题时，通过展示相关的图片和视频，教师可以引导学生思考和讨论该文化的特点、价值和意义。

互动化的讲解可以激发学生的学习兴趣和主动性，促进学生的思考和参与。教师应注意把握好互动的节奏和方式，确保每个学生都有机会参与，并保持课堂秩序和纪律。这样的教学方式可以提高学生的英语应用能力和思维能力。

（三）启发式

在英语课堂教学中，教师可以通过启发式的方法激发学生的学习兴趣和思考能力。例如，在讲解写作技能时，教师可以提供学生一个主题，然后引导他们自己思考和组织文章的内容和结构。启发式的教学方法可以培养学生的创造力和独立思考能力。启发式提问是一种普遍的讲解策略，通过向学生提问来激发他们的思考和对答案的探索，从而加深他们对课程

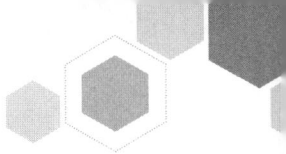

内容的理解。教师可以采取开放性或闭合性问题，或者设计具有探究性质的问题。在问题的设计和提问的过程中，教师应注意问题的难易度和学生的背景知识，以确保问题的有效性和针对性。

1. 启发式写作教学

在英语写作教学中，教师可以提供一个主题，然后引导学生自己思考和组织文章的内容和结构。例如，教师可以让学生写一篇关于环保的议论文，但不对文章的结构和内容做出具体规定，而是通过启发式提问来引导学生思考和探索："What are the main issues related to environmental protection? How can we solve these issues?"。启发式提问易于培养学生的创造力和独立思考能力。

2. 启发式阅读理解

在英语阅读理解教学中，教师可以通过启发式提问来引导学生思考和探索文章的内容和意义。例如，教师可以提问："What are the main ideas of this passage? What are the author's opinions or messages?"。此类问题帮助学生更好地理解文章的内容和意义，同时也可以培养他们的思考能力和分析能力。

启发式的教学方法可以激发学生的学习兴趣和思考能力，培养学生的创造力和独立思考能力。教师应注意问题的难易度和学生的背景知识，以确保问题的有效性和针对性。这样的教学方式可以提高学生的英语阅读和写作能力。

（四）运用案例

在英语课堂教学中，教师可以通过运用实际案例来讲解技能。在讲解中引用经典或实际案例，让学生观察、分析、解释案例中涉及的知识点，提高学生的实际应用能力。通过案例运用，学生可以更好地理解课程内容和解决实际问题，促进综合思考和创造性思维的拓展。

1. 听力技能讲解中的案例运用

在英语听力教学中，教师可以运用实际案例来讲解听力技能。例如，可以给学生播放一段真实的英语对话或新闻报道，然后提出问题，引导学生进行听力理解练习。真实的案例可以帮助学生更好地理解和运用所学的听力技能，同时也可以提高听力水平和解决问题的能力。

2. 阅读理解中的案例运用

在英语阅读理解教学中，教师也可以运用实际案例来讲解阅读技能。例如，可以给学生提供一篇真实的文章，引导学生分析文章的结构、主旨和细节。通过这种方式，学生可以更好地理解文章的内容和意义，同时也可以提高阅读理解能力和分析能力。

运用实际案例可以帮助学生更好地理解课程内容和解决实际问题，促进学生进行综合思考和发展性创造性思维。教师在运用案例时应注意选择适合的案例，并引导学生进行深入分析和讨论，以提高教学效果和质量。

（五）组织方式

在英语课堂教学中，教师可以通过合理的组织方式来讲解技能，如分组讨论等。分组讨论是一种通过小组讨论的方式来加强互动和思想碰撞的策略。教师可以根据课程内容和学生特点，将学生分成小组，让他们在一定时间内共同探讨问题。分组讨论可以增加学生的参与度和互动性，使每一位学生都有机会参与讨论，从而达到知识的共同建构和深度交流的目的。在讲解阅读技能时，教师可以采用分步骤的方法，先对文章进行整体理解，然后逐步深入细节。合理的组织方式，可以帮助学生更好地掌握和运用技能。

1. 阅读教学中的分组讨论

在英语阅读教学中，教师可以组织学生进行分组讨论，以加强互动和思想碰撞。教师可以提供学生一篇文章，并将学生分成小组，让他们在一定时间内共同探讨文章的主题、结构、细节等。通过这种方式，学生可以更好地理解和运用阅读技能，同时也可以提高阅读理解能力和分析能力。

2. 分步骤讲解阅读技能

在英语阅读教学中，教师还可以采用分步骤的方法，帮助学生更好地掌握和运用阅读技能。可以引导学生先对文章进行整体理解，再逐步深入细节，如分析作者的观点、推断文章的深层含义等。通过分步骤的讲解，教师可以帮助学生逐步掌握阅读技能，从而达到更好的教学效果。

合理的组织方式可以增加学生的参与度和互动性，使每一位学生都有机会参与讨论，从而达到知识的共同建构和深度交流的目的。教师应注意把握好组织的节奏和方式，以确保教学的效果和质量。

英语教师在课堂上顺利而高效地进行各项语言技能的讲解还需要以一个良好的教学环境做基础，需要创造一个积极、鼓励性和充满学习活力的课堂氛围，以便学生更好地聚焦和参与课堂教学，这包括了解学生个体差异、采用生动的语言形式和具体案例进行讲解等措施。为学生们营造一个充满兴趣、开放和互惠互利的学习环境，英语才能成为学生乐于参与的课程。

五、课堂讲解技能的教学设计

英语教师课堂讲解技能的教学设计应包括帮助学生理解讲解内容、提供实例和案例以加深学生的理解、引导学生的思考和提问、激发学生参与以及评估学生的学习效果等方面。英语课堂讲解技能的教学设计包含以下几个方面：

（一）开展前期准备

1. 确定讲解内容

根据教材和教学目标，确定需要进行讲解的内容。可以选择一两个重点难点进行讲解，或者是一个整体的知识点进行系统的讲解。

2. 准备讲解材料

为了提高讲解效果和学生的理解度，教师可以准备一些图表、实例、案例或者多媒体资料等辅助材料来支持讲解内容，并准备一些适当的问题来引导学生的思考。

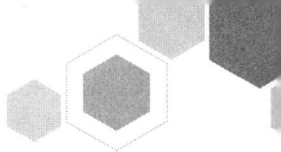

（二）讲解过程设计

1. 引入话题

可以通过提问、提供背景信息、分享有趣的故事等方式，引入讲解内容，并激发学生的兴趣。

2. 导入问题

通过提出一个简单的问题或对学生进行一个简单的测试，来了解学生对所要讲解内容的掌握程度，以便教师在讲解中合理安排讲解的内容和难度。

3. 清晰阐述

在讲解时，教师应注意清晰、简洁、具体地表达讲解内容，使用简单明了的语言，避免使用复杂的专业术语，以提高学生的理解。教师可以使用多媒体辅助工具或实物等形式来支持讲解，并适当使用肢体语言和面部表情来增加讲解的生动性。

4. 提供实例和案例

为了帮助学生更好地理解所讲内容，教师可以提供一些实例或案例，并与学生一起进行分析和讨论。实例和案例应具体、真实、生动有趣，能够与学生的实际经验和兴趣相关，以提高学生的参与度。

5. 引导学生思考和提问

在讲解过程中，教师应引导学生思考和提问，激发学生的学习兴趣和思维能力，培养学生独立探索和解决问题的能力。教师可以提出一些开放性问题，鼓励学生积极参与讨论，并互相交流和分享自己的观点和理解。

6. 注意语言输入和输出

在讲解过程中，教师应注意英语语言的输入和输出。输入是指教师在讲解过程中应选择简洁明了、符合学生水平的语言文本，避免使用过于复杂或难以理解的语言。输出是指学生对所讲内容的理解和表达，教师可以通过提问、小组讨论、练习等方式来促使学生进行输出，检查学生的理解情况，并及时进行纠正和引导。

（三）激发学生兴趣和参与

1. 创设情境

通过创设情境或真实生活中的例子，使学生在情境中体验和运用所学知识，增加学习的乐趣和实用性。教师可以使用多媒体、游戏、小组合作等方式来创设情境，激发学生的兴趣和参与度。

2. 多样化教学方法

教师可以采用多种教学方法，如讲解、示范、引导、探究等，以满足不同学生的学习需求和学习方式。教师还可以组织讨论、角色扮演、小组合作等活动，让学生积极参与，提高学习的积极性和主动性。

3. 鼓励学生表达

在讲解过程中，教师应鼓励学生表达自己的看法和观点，尊重学生的个性差异，允许学生犯错并提供积极的反馈。教师可以提供一些开放性问题，让学生展示自己的思考和创造力，同时也可以提供一些简单的练习和任务，来检验学生对所讲内容的掌握程度。

（四）评估学生学习效果

1. 反馈和纠正

教师在讲解过程中应密切关注学生的学习情况，通过观察、提问、作业批改等方式及时给学生反馈，并给予必要的纠正和指导。教师可以针对学生的理解程度和表达能力，进行个别化的指导和辅导。

2. 小测验和评估

在讲解结束后，教师可以进行一些小测验或评估，检查学生对所讲内容的掌握程度。可以设计一些选择题、填空题、问答题等形式的测验，以检验学生的知识掌握情况。

3. 自评和互评

教师可以引导学生自评和互评，让学生参与到评估的过程中。学生可以对自己的学习进行反思和评价，并与同学进行交流和讨论，从而提高对学习效果的认识和对自己学习的责任感。

良好的讲解教学设计，可以有效提升英语课堂讲解的教学效果。在教学实践中，教师还应根据学生年龄、英语水平、学习需求等因素，对课堂讲解的内容和形式进行灵活调整和改进，以适应不同学生的学习需求和学习风格，帮助他们更好地理解和掌握所学知识。

表 4-8 是根据学生年龄、英语水平、学习需求三个影响讲解效果的因素而制定的各阶段讲解要点。

表 4-8　影响讲解效果的因素及讲解要点

影响因素	阶段	讲解要点
学生年龄	小学阶段	以简单的语言，结合多媒体等形式进行教学，采用图像、音频、视频等形式，重视学生多元感知和基础训练。
	初中阶段	加强语言表达和交流训练，采用互动讲解、案例教学、话题讨论等方式，重视语言实践和实际应用。
	高中阶段	注重语言思维，引导学生进行创新性思考和实践，开展语言讲演、辩论等活动。
英语水平	初学者	在掌握基本词汇和语法的前提下，采用图示等方式，让学生更快速、更直观地掌握语言。
	中级学习者	注重语言表达、交流能力的培养，通过互动、讨论、演讲等活动，让学生更好地提升英语能力。
	高级学习者	重视英语文学和文化研究，通过阅读、写作、翻译等活动，让学生更深入地了解英语文化，培养高级语言应用能力。
学习需求	口语讲解	注重口语训练和提高学生语言表达、交际能力。
	听力讲解	强调听力训练和提高学生听力理解能力。
	阅读讲解	注重阅读技巧和阅读理解能力，提高学生英语阅读水平。
	写作讲解	以写作技巧和实际应用为重点，让学生在实践中提升英语写作能力。

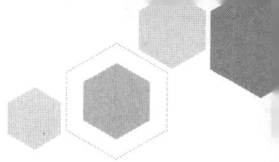

六、讲解技能的使用原则

（一）可理解性

在英语课堂讲解中，确保教师使用清晰、简洁的语言表达是至关重要的。教师需要根据学生的语言水平和背景知识选择恰当的词汇和句子结构，以便学生能够理解。适应学生的理解能力，避免使用过于复杂或晦涩的语言，才可以帮助学生更好地理解和掌握英语知识，提升他们的学习效果。

教师在讲解时可以选择较为简洁和生动的词汇及句型结构，帮助学生更好地理解和掌握知识。在讲解动词时，可以使用一些实际的例句来说明动词在句子中的用法，同时辅以图片或视频等视觉辅助手段，这样可以使学生更加直观地理解动词的含义和用法。又如在解释定语从句时，教师可以用简单的句子或者故事来演示定语从句的结构和用法，避免使用复杂的语法术语，让学生能够更容易理解。

此外，在教授新单词时，教师可以利用丰富多彩的课堂互动形式，如单词卡片，图片等，帮助学生理解新单词的意思及用法。通过情境式的教学，学生更容易理解单词的含义并且记忆深刻。

清晰简洁的语言表达有助于减少学生对知识点的误解和混淆，使学生更容易掌握和记忆。容易激发学生的学习兴趣，有助于提高学生对课堂教学的参与度。而且，简洁的语言表达能够使教师更好地引导学生进行互动，在课堂上更好地指导学生思考。

（二）逻辑性

一个具有逻辑性的讲解过程能够有条不紊地呈现信息，符合学生的认知结构，帮助他们更好地理解和吸收新的知识。教师可以运用各种教学方法和工具，如图表、思维导图或时间轴等，清晰地展示知识结构和发展脉络，使学生更加系统地掌握所学内容。

逻辑性有助于提高学生的学习兴趣：在教学过程中，具有逻辑性的讲解，能够使学生更容易感受到知识的魅力，激发他们的学习兴趣。通过具有逻辑性的教学过程，学生可以学会分析问题、解决问题的方法，从而培养他们的逻辑思维能力。

教师在教学过程中注意逻辑性，可以帮助学生巩固已掌握的知识，为新知识的学习打下坚实的基础。逻辑性的教学过程有助于学生对知识的理解和记忆，从而提高教学效果。

以英语语法教学为例，教师可以利用思维导图清晰地展示英语语法体系的结构。首先，教师将英语语法体系分为几个大类，如动词、名词、形容词等。然后，针对每个大类，进一步细分出若干小类。例如，在动词部分，可以分为一般现在时、一般过去时、一般将来时等。在每个小类下，列出具体的语法规则和用法。通过这种方式，教师将英语语法体系以思维导图的形式展示给学生，使学生能够一目了然地了解英语语法的结构和层次关系。

在教学过程中，教师还可以根据实际情况调整思维导图，使其更加符合学生的认知需求。通过这种具有逻辑性的教学方法，学生的英语学习效果将得到显著提高。

（三）视觉参与

视觉参与指教师通过使用图片、图表、动画或视频等多媒体教具，帮助学生更好地理解抽象概念或复杂的过程。这些视觉资源可以激发学生的好奇心，增加他们的注意力，同时也可以帮助他们更好地记忆和理解学习内容。

例如，当讲解英语词汇时，教师可以使用图片或动画来展示单词的含义和用法。如教师可以使用简笔画展示动词"run"的意思，而不仅仅是通过解释或举例来传达这个概念。另外，教师也可以使用视频来展示英语口语对话，让学生通过视觉和听觉的方式来学习并理解英语口语的应用场景和语调。

视觉资源也可以帮助学生更好地理解复杂的语法规则。比如，通过图表或示意图来展示复杂的句子结构，可以帮助学生更直观地理解句子中各个部分的关系和作用。另外，使用动画来演示动词的时态变化或形容词的比较级和最高级形式，可以让学生更清晰地理解这些语法规则的应用。

除了教学内容，视觉资源还可以用于激发学生的想象力和创造力。比如，在讲解写作技巧时，教师可以使用图片或视频来展示不同类型的写作风格和技巧，这样可以帮助学生更好地理解并为他们的写作提供灵感。

（四）语言管理

在课堂讲解中，教师需要根据学生的语言水平和教学环境选择恰当的词汇和语言表达方式，以确保学生能够理解和吸收所传达的知识，避免使用过于专业或难懂的术语。教师可以运用举例子、比喻或类比等方式来让学生更容易理解新的英语知识。

讲解新词汇时，教师可以使用日常生活中常见的场景或物品来解释这些词汇的含义。比如，讲解关于快餐店的词汇时，可以用图片或视频展示常见的快餐食品，同时标注它们的英文名称和描述，这样学生就能容易地理解这些词汇并记住它们。

讲授语法知识时，教师可以使用简洁易懂的表达方式，避免使用复杂的语法术语，并提供足够的语言支持，以帮助学生更好地理解和掌握新的英语知识。

（五）互动性

互动性在英语教学中扮演着至关重要的角色，完全没有互动要素的讲解只能是教师的独白。教师应该鼓励学生积极参与讲解过程，增强他们的思考能力和语言表达能力。教师通过提问、鼓励学生回答问题、引导学生发表意见或进行小组讨论等方式，激发学生的兴趣，帮助他们更好地理解和掌握英语知识。

例如在讲解英语阅读理解时，教师可以提出一些引导性的问题，让学生思考并回答。例如可以问："What do you think is the motivation of the hero of this story?"（你认为这个故事主人公的动机是什么？），"What choices do you think the main characters would make?"（你觉得主要角色会做出哪些不同选择？），这样的提问可以激发学生对故事情节的思考和讨论，帮助他们更好地理解阅读材料。

在讲解词汇和语法时，教师也可以使用小组讨论的方式来增加互动性。教师可以设置一

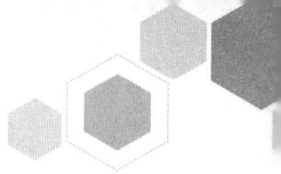

个讨论话题，让学生们在小组内进行讨论并展示他们的观点和理解。这样可以帮助学生更好地应用所学的词汇和语法知识，同时也能增强他们的口语表达能力。

总之，讲解技能在英语课堂中是有效的教学手段，教师通过可理解性、逻辑性、视觉参与、语言管理和互动性等原则的运用，可以帮助学生更好地理解和掌握所学知识，提高学习效果。

七、课堂讲解技能评价

评价英语课堂讲解技能主要涉及教师在语言表述能力、内容知识储备、课堂管理能力、口头表达能力、视觉辅助手段运用能力、学生互动引导能力等方面的表现。评价可通过学生的反馈、教师自我评价、同行评价等方式进行。

（一）语言表述能力

教师在语言表述能力方面的表现，包括教师的语音语调是否准确得体、用词是否恰当、语言的流利程度等方面。一般可以通过观察学生的反应、听学生的反馈等方式来进行评价。

英语教师的语言表述能力会影响学生的语言学习并产生直接的影响效应。按照英语教学原则和《英语课程标准》，评价英语教师的语言表述能力可以考虑以下指标：

1. 语音语调

教师的语音语调应当准确规范、流畅自然，有节奏感和语调分明的表现，发音准确，音调流畅，让学生更加容易理解和模仿。

2. 词汇掌握

教师的词汇应当丰富、准确；在教学中，其专业英语词汇掌握程度以及语言流利度可以反映其语言表述能力。

3. 句子表达

教师应当严格要求自己的句子结构和语法成分的搭配正确，语境言简意赅，不重复或言行不一。

4. 教材讲解

教师应该精通教材内容，实现相应的讲解，让学生更加深入理解英语专业学科的知识点和概念并能够充分领会教材内容。

5. 提问技巧

教师在提问时应当具有针对性和方法性，引导学生去正确理解想要达到的教育目标，并在回答过程中逐步引导学生进一步深化自己的思考和开阔自己的视野。

在评价英语教师的语言表述能力时，需要综合考虑上述指标，并结合活动设计和教学实践情况。同时，教师也应该不断自我提高和反思，提高自身语言表述能力，以更好的完成英语语言教学任务。

（二）内容知识储备

评价教师在内容知识储备方面的表现，需要考察教师的知识面、知识的深度和广度，以及对于各种英语知识的掌握和应用能力。这一方面的评价可以通过教学反馈、教师自评和同行评价等方式进行。

英语教师需要掌握丰富的英语语言知识和文化知识，包括英语的语音、语法、词汇、语用以及英语国家的文化背景等，以便能够准确、生动地传达知识并引导学生实现语言应用的目标。评价英语教师课堂讲解中的内容知识储备，可以考虑以下指标：

1. 语言水平

英语教师需要具备优秀的英语语言水平，可以通过听力、口语、阅读、写作等方式全面评估，如能否流畅地用英语表达和交流，并在不同场合运用相应的语言和语言策略。

2. 专业知识

英语教师需要掌握丰富的英语语言知识和文化知识，如英语教学理论、语言学、语法、词汇、语用、教育心理学等。

3. 教材知识

英语教师需要深入了解所授课程的教材，包括教材的组织结构、教学内容、教学目标、教学方法等。

4. 教学设计

英语教师需要在课堂讲解中充分考虑教学设计，包括课堂内容组织、教学效果评估、课堂互动、课堂管理等。

（三）课堂管理能力

评价教师在课堂管理方面的表现，主要考察教师在组织课堂教学中的能力，如控制课堂时间、处理学生纠纷、让学生保持注意力等方面。可以通过学生的反馈、教学反思等方式进行评价。英语教师在课堂讲解过程中应该注意以下几点，才能使课堂讲解不受影响，提高讲解效率。

1. 课堂纪律管理

英语教师需要严格要求学生的课堂纪律，如要求学生按时到校、安静听讲、注意礼貌、不随意离开教室等。在讲解过程中，教师应及时对学生违反纪律的行为进行制止和纠正，以维护课堂秩序。

2. 课堂时间控制

英语教师需要合理控制课堂时间，做到讲解内容的覆盖和学生问题的答疑。在讲解过程中，教师应注重时间的分配，严格遵守教育部确定的授课标准，不要过多浪费时间。

3. 个案关注

英语教师需要关注每个学生的学习情况，特别是针对个别学生的学习差异，采取措施进行针对性帮助。同时，还需关注学生的学习兴趣，积极开展各种形式的活动，使学生更有兴致地参与课堂讲解。

4. 多元教学

英语教师需要在讲解过程中采取多元化的教学策略，以增加课堂讲解的趣味性和实效

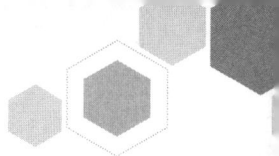

性。其中包括在听说读写等各方面给予充分关注，在讲解过程中采用多样化的课件和教具，以及与学生进行互动和讨论等。

（四）口头表达能力

评价教师的口头表达能力主要考察教师的口头表达流畅程度、语言组织能力和表达能力。通常可以通过学生的反馈、观察课堂表现等方式进行评价。

1. 口语流利度

英语教师需要具备流利的口语表达能力。教师流畅地用英语表达和交流，能够让学生更好地理解和掌握英语知识。在讲解过程中，英语教师应该具备一定的口头表达技巧，如正确使用语音语调、掌握合适的语速和节奏，以及注重清晰明了的表达等。

2. 语言组织能力

英语教师需要有良好的语言组织能力，能够清晰地向学生讲解英语句型和单词等语言学基础知识。在讲解过程中，英语教师应该掌握正确的讲解顺序，将语言知识组织成有层次、逻辑清晰的信息，使学生更好地理解。

3. 表达能力

英语教师在讲解英语知识的过程中需要具备较强的表达能力，能够清楚地表达语言知识，如语法、单词、发音等等，确保学生学到正确的知识点。在表达时应该注重用词准确、措辞得当，以及表达方式得体。

英语教师在课堂讲解过程中，需要有较好的口语流利度、良好的语言组织能力和表达能力。因为这些方面的表现会直接影响学生的英语学习效果，所以英语教师需要在日常实践中注重口语能力的训练，不断提高自己的口语表达水平。

（五）视觉辅助手段运用能力

视觉辅助手段可以帮助学生更加直观地理解和记忆所学内容。教师的视觉辅助手段运用能力主要考察教师利用多种视觉手段提高课堂讲解效果的能力，包括但不限于使用幻灯片、视频、实物展示等。

1. 幻灯片

通过使用幻灯片，英语教师可以将所要讲解的内容以图文并茂、有条理的形式呈现给学生，更加生动形象。同时，幻灯片也可以帮助教师更好地掌控课堂进度，更加轻松地组织讲解。

2. 视频

视频是另一个有效的视觉辅助手段，可以让学生通过影像来理解和记忆所学内容。教师可以选择与所要讲解的内容相关的视频素材，让学生通过观看视频来深入理解。

3. 实物展示

教师也可以通过实物展示等方式来加强教学效果。例如，在讲解某一个文化背景时，教师可以展示与文化背景相关的实物，如服饰、乐器等，让学生更深刻地感受到文化的特点。

4. 人工智能

人工智能（AI）在英语教学中的视觉辅助手段包括：使用虚拟现实（VR）和增强现实（AR）技术，AI 可以为学生提供沉浸式的英语学习体验，例如让学生置身于英语国家的场景中，促进他们的语言学习。AI 可以提供虚拟实践环境，让学生与虚拟角色进行英语对话练习，提高他们的口语表达能力。AI 提供的智能教学辅助系统可根据学生的学习情况自动生成图像和视频辅助材料，帮助他们更好地理解语言知识。

评价英语教师的视觉辅助手段运用能力可以通过学生反馈、观察课堂表现等方式进行。学生在完成作业、考试等任务时，能否准确无误地理解所学内容、是否能够流利运用所学知识，可以在一定程度上反映教师的教学效果。同时，观察教师在课堂上的表现，如使用多种视觉辅助手段的频率和能力，也能有效反映教师的视觉辅助手段运用能力。合理运用各种视觉手段辅助英语教师的课堂讲解，能更好地帮助学生理解和记忆所学内容。

（六）学生互动引导能力

评价教师的学生互动引导能力主要考察教师在课堂组织中引导学生积极参与、互动的能力。可以通过观察课堂表现、学生反馈等方式进行评价。评价英语课堂讲解中教师的学生互动引导能力包括以下几个方面：

1. 课堂互动形式

教师应该在教学设计和课堂组织中充分考虑学生的个体和群体需求，设计合适的课堂互动内容和形式，如故事讲解、游戏、角色扮演等，通过多种形式引导学生参与互动。

2. 课堂互动指导

教师应该通过精心设计和引导，寓教于乐，让学生在互动中自主探索、自我思考。教师应该提供积极的反馈和指导，帮助学生消除焦虑情绪，充分发挥学生的英语学习潜力。

3. 转化知识教学

教师应该通过课堂互动，根据学生的学习水平和语言背景，将知识转化为生动有趣的教学活动，激发学生的学习兴趣和动机。

4. 课堂互动策略

教师应该灵活运用各种教学策略，在教学内容和互动形式上不断创新，提高课堂互动的效果和吸引力。同时，教师应该适时调整课堂互动策略，以达到教学目标和学生的学习需求。

在英语教学中，评价教师的学生互动引导能力，需要从教师能否考虑学生的需求和兴趣，以及其课堂互动形式、指导、转化知识教学和策略等方面来考量。教师应不断提高教学技能和教学创新精神，以提高学生的学习成果和学习体验。

课堂讲解技能是英语教学技能的主要构成之一。教师应根据学生的年龄、英语水平、学习需求等因素，设计适合的知识内容，采用恰当的讲解策略和方式，从而提高教学效果。同时，教师应注重课堂管理、学生互动引导等方面，不断提高自己的讲解技能和水平，让英语教学变得更加简单、生动、有趣。教师如果想提高自己的英语课堂讲解技能，可以通过学习和实践两种方式。教师需要不断更新自己的知识储备、提高自己的英语水平，这样才能更好

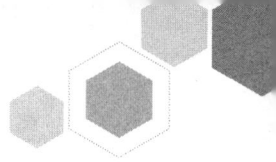

地教授学生。特别是在一些面向口语或听力方面的教学中，教师需要有类似于日常会话的经验和技巧。讲解技能不仅需要教师理论水平的提高，更需要实践演练。通过对学生进行真实的讲解，教师可以从中获得更多的实践经验，提高自己掌握技巧的能力。

表 4-9 为 skill 3 讲解技能评价表。

表 4-9 skill 3 讲解技能评价表

评价要点	权重	指标	评价内容	权重	得分
语言表述能力	25	1	语音语调	5%	
		2	词汇掌握	5%	
		3	句子表达	5%	
		4	教材讲解	5%	
		5	提问技巧	5%	
内容知识储备	25	6	语言水平	8%	
		7	专业知识	7%	
		8	教材知识	5%	
		9	教学设计	5%	
课堂管理能力	10	10	课堂纪律管理	3%	
		11	课堂时间控制	3%	
		12	个案关注	2%	
		13	多元教学	2%	
口头表达能力	15	14	口语流利度	5%	
		15	语言组织能力	5%	
		16	表达能力	5%	
视觉辅助手段运用能力	10	17	幻灯片	3%	
		18	视频	3%	
		19	实物展示	2%	
		20	人工智能	2%	
学生互动引导能力	15	21	课堂互动形式	5%	
		22	课堂互动指导	5%	
		23	转化知识教学	3%	
		24	课堂互动策略	2%	
备注：				总得分	

◆ 引导问题答案

1. 为什么英语教师在课堂讲解中需要使用简单明了、清晰准确的口语表达？

英语教师在课堂讲解中需要使用简单明了、清晰准确的口语表达是为了确保学生能够听懂和理解所讲内容。使用简单的口语表达可以使学生更容易理解知识点，避免学生产生困惑或分心。此外，清晰准确地口语表达具有描述性和生动性，可以帮助学生更好地理解和记忆知识点，从而提高学习效果。

2. 为什么在英语课堂讲解中需要合理的教学内容安排和逻辑性的表达？

在英语课堂讲解中需要合理的教学内容安排和逻辑性的表达是因为这可以帮助学生更好地掌握知识点，提高学习效率。合理的教学内容安排可以保证教学学习的连贯性，有助于学生建立系统性的知识架构。而逻辑性的表达可以帮助学生更快速、深刻地理解知识点，引导学生深入思考，提高对知识内容的深度理解。通过合理的教学内容安排和逻辑性的表达，学生可以增强对英语知识的理解和掌握，有助于提高英语学习的效率和效益。

3. 为什么课堂管理能力对于英语课堂讲解技能至关重要？

课堂管理能力对于英语课堂讲解技能至关重要是因为它能够确保学生在一个有序、安全、尊重和鼓励的环境中学习，从而提高学生的参与度、互动性和学习效果。良好的课堂管理能力能够帮助教师掌控课堂秩序，激发学生的学习兴趣，创建良好的学习环境，从而确保学生能够更好地集中注意力，完成学习任务。

◆ 再思考

1. 为什么英语教师在课堂讲解中需要具备良好的口头表达能力？

英语教师在课堂讲解中需要具备良好的口头表达能力是因为口头表达能力是向学生传授英语知识的重要途径。口头表达能力包括流利程度，词汇量，口音，语法准确性，表达的连贯性、清晰度和逻辑性等方面的综合表现。良好的口头表达能力可以让学生更容易理解和记忆所讲内容，提高英语教学的效果和学习质量。

2. 如何评价教师在课堂管理能力方面的表现？

评价教师在课堂管理能力方面的表现，可以考察教师的有效控制课堂秩序、处理学生纠纷、让学生保持注意力等能力。可以通过观察课堂表现、听取学生反馈，以及学生在作业、考试中的表现来进行评价。另外，也可以从课堂讲解的流畅程度、教学内容的紧凑度、学生的参与度等方面来评估教师的课堂管理能力。

3. 如何评价教师在视觉辅助手段运用能力方面的表现？

评价教师在视觉辅助手段运用能力方面的表现，可以考察教师利用多种视觉手段提高课堂讲解效果的能力，如使用幻灯片、视频、实物展示等。评价可通过观察课堂表现、听取学生反馈、以及学生在学习效果上是否有所提高来进行评价。同时，也可以考察教师的教学设计，观察其在课堂讲解中是否巧妙地融入了视觉辅助手段，并对学生的学习产生了积极的影响。

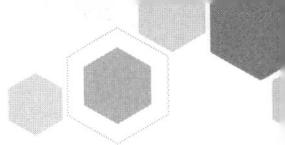

第四节　提问技能

❋ **本节要点**

1. 提问技能的构成要素

2. 提问技能的类型

3. 提问技能的使用策略

4. 提问的教学设计

5. 提问技能的评价

❋ **引导问题**

1. 提问技能在英语教学中有什么重要作用?

2. 提问技能的构成要素对于英语教师的重要性是什么?

3. 在英语教学中,提问技能的类型有哪些?

一、提问技能的定义

在英语教学中,提问技能的主要目标是激发学生思考语言的各个方面,探索其中的细微差别和复杂性。教师通过有效的提问可以激发学生的好奇心,培养智力,发展他们对学习过程的控制感。同时,教师鼓励学生提问,赋予他们更积极的参与角色,开发批判性思维,这是成为熟练语言使用者所必需的技能之一。

提问技能是教师在课堂上引导和激发学生思维的重要手段,是师生间相互探索、发现和成长的过程。通过提问,教师可以评估学生的理解和掌握程度,帮助学生澄清困惑,促进学习的深入和发展。优质的提问还能激发学生的学习动机和积极性,培养他们的批判性思维和解决问题能力。

通过提问,教师可以了解学生对已学知识的理解和掌握程度。不同类型的提问可以帮助教师全面评估学生的学习情况,及时发现和纠正他们的错误和困惑。提问可以帮助学生深入理解和运用所学知识。通过追问和延伸提问,教师可以引导学生进行更深入的思考和探索,帮助他们构建知识框架,拓展学习的深度和广度。学生通过回答问题,能够练习用英语进行思考和表达,增强语言实际运用能力。

良好的提问技巧还可以激发学生的学习兴趣和动机,使他们主动参与课堂讨论和思考。这种积极主动的学习态度有助于学生更好地掌握知识并保持持续的学习动力。教师还可以通过巧妙的提问技巧,了解学生的个体差异和学习需求,有针对性地进行个别辅导和指导。提问技能可以帮助教师更好地关注每个学生的学习进展,并根据学生的回答和反馈进行适时调整。教师的提问还可以帮助学生将所学知识与其他学科和实际生活联系起来,促进跨学科思维和综合能力的发展。

提问技能是一种促进语言习得的重要工具，涉及使用思考引发的问题来引导学生，鼓励学生对所提供的材料进行深入思考，促使学生分析、推理和评估信息，从而形成自己的观点和判断。这种批判性思维和解决问题的能力对学生的学习和未来的发展具有重要的影响。

良好的提问技能需要教师具备丰富的教学经验和专业知识、对英语语言的深入了解以及对每学生的个性化需求和能力的深入理解，同时，灵活运用各种教学策略和方法来培养学生的思维能力。教师需要提出具有适当挑战性、引发思考的问题，并促进创造性思维发展。因此，英语教师的提问技能是指教师能够运用适当的语言和问题类型来引导学生对话，培养学生具备分析、合理推断及批判性思维等能力的一类教学行为。掌握良好提问技能的教师具有在多个水平上激发学生兴趣的能力，提供梯度、指导和支持整个学习过程，他们善于利用各种问题类型来鼓励学生的批判性思维或评估理解和记忆。

二、提问技能的构成要素

对于语言教师而言，提问在传授语言知识方面起着至关重要的作用，教师掌握提问技能的程度影响着课堂教学的节奏和效果。提问技能的核心在于提问的有效性，了解提问技能的构成要素有助于教师系统掌握提问技能并加以应用。英语教学中提问技能的构成要素包括信息差、问题类型、提问技巧、提问顺序、提问语气和提问反馈。

（一）信息差

善于使用信息差（information gap），可以帮助教师引发学生的思考和兴趣，促进他们积极参与学习。使用信息差是指在提问过程中，教师故意保留或提供部分信息，而学生需要根据已有信息来补全或推测缺失的信息。这样的设计可以唤起学生的好奇心和求知欲，鼓励他们主动寻找和思考答案。通过设置信息差，教师可以设计出开放性和引导性的问题，从而激发学生的探索欲望，培养他们的批判性思维和解决问题的能力。

具体来说，有以下几种方式可以使用信息差来设置问题：

1. 图片描述问题

教师给学生展示一幅图片，并提出关于图片中的内容、人物或场景的问题。这样的问题通常需要学生通过观察和分析图像来回答，从而促进他们的观察力和描述能力。例如，教师可以展示一幅描绘城市街景的图片，并问学生在图片中能看到哪些建筑物、交通工具或人物。

2. 对话补全问题

教师可以给学生展示一段对话的前半部分，并留下部分空缺让学生来补全。学生需要根据已有的对话信息和语境来推测和构建合理的对话内容。这样的问题可以提高学生的语言推理和创造性表达能力。

3. 问题追溯

教师可以提供一个问题，然后要求学生从已有信息中找到或推断答案，并提供合理的依据。这样的问题可以培养学生的逻辑思维和批判性思维。例如，教师可以提问："Why do

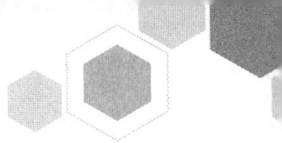

people recycle? Provide at least three reasons.", 然后学生需要根据已学知识和自己的思考来找到答案和相应的支持理由。

通过使用信息差设置问题，教师可以引导学生主动思考和积极参与学习过程。同时，学生也能够在实际操作中逐渐培养出观察、推理、解决问题的能力，提高他们的学习动机和自主学习能力。

（二）问题类型

作为教师，必须具有构造不同类型问题的能力，如封闭式和开放式问题、事实性或推理性问题、引导或非引导式问题。提问技能始于为特定任务或学习阶段选择合适的问题类型：开放式问题邀请学生反思、推理和自我发现；封闭式问题要求事实性答案，往往利用背诵记忆。教师需要有效地使用这不同类型的问题来评估学生的进展，并根据个体学习者的需求量身定制指导。问题类型是英语教学中提问技能的构成要素之一，主要体现在：

1. 激发思维

不同类型的问题可以引发学生不同层次的思考。简单的事实性问题能够检查学生对知识的掌握程度，而开放性问题能够激励学生表达自己的观点和思考方式。通过使用多种类型的问题，教师可以激发学生的思维，促使他们深入思考，培养批判性思维和问题解决能力。

2. 个性化学习

不同类型的问题可以适应不同学生的个体差异和学习风格。有些学生喜欢简单明确的问题，容易回答，而有些学生则喜欢有启发性和引导性的问题，可以激发他们的创造力和想象力。使用不同类型的问题可以满足不同学生的学习需求，提高教学的个性化水平，使每个学生都能参与并从中受益。

3. 提高参与度

通过使用多样化的问题类型，教师可以提高学生在课堂中的参与度。开放性问题和引导性问题能够启发学生思考和表达自己的见解，鼓励他们参与课堂讨论和互动。这样的参与可以提高学生的学习效果、增加他们的学习动力，培养积极参与课堂活动的习惯。

4. 综合应用能力

不同类型的问题可以促使学生综合运用所学知识和技能。开放性问题可以帮助学生将所学知识应用到实际情境中，并进行批判性分析和解决问题。引导性问题可以引导学生逐步深入地思考和生成答案，培养他们的思维能力和逻辑能力。通过使用不同类型的问题，教师可以培养学生的综合应用能力，使他们能够灵活运用知识和技能解决实际问题。

使用不同类型的问题作为提问技能的构成要素，可以激发学生思维，满足个性化学习需求，提高参与度，培养综合应用能力。教师在教学中应根据学生的学习目标和个体差异，合理运用各种类型的问题，促进学生的全面发展并提高教学效果。

（三）提问技巧

提问技巧是指教师在英语教学中，通过运用一定的提问策略，引发学生思考，促进有效交流，从而帮助学生理解和内化知识的一系列提问方法。使用不同的提问技巧，如等待时间和重新表述问题，对于增强学生参与和鼓励批判性思维非常重要。

1. 等待时间

等待时间是指教师在提问过程中暂停，给学生思考的时间，然后再让其回答问题。这种技巧的作用是多方面的。首先，等待时间可以帮助学生集中注意力地思考问题答案。有时候，学生可能需要一些时间来整理他们的思维和组织他们的回答。通过给予足够的等待时间，教师可以给予学生更多独立思考的机会，从而提高他们的自信心和参与度。其次，等待时间也能够给学生一个积极的氛围，让他们感受到教师对他们思考的重视，鼓励他们参与课堂讨论。

2. 重新表述问题

重新表述问题就是重新阐述问题，提供澄清或回答问题的提示，用于帮助那些最初难以理解问题的学生。重新表述问题可以帮助学生理解问题，并且为他们提供更清晰明确的指导，使他们更容易思考和回答。当一个学生对教师的问题感到困惑时，教师可以使用重新表述问题的技巧来澄清问题，通过换一种方式提问或提供更多的提示，帮助学生更好地理解问题的要点和意图。这样做可以使学生感到被理解和支持，鼓励他们继续参与课堂。

3. 增强提问质量

提问质量的增强对于学生的参与和批判性思维发展非常重要。通过使用等待时间和重新表述问题的技巧，教师能够给予学生更多自主思考的机会，激发他们对学习的兴趣和动力。此外，通过设计小组讨论或角色扮演等活动，可以鼓励全班参与，并提高提问的互动性。这些技巧也能够帮助学生更好地理解问题和思考问题的多个方面，还可以促进学生的积极思考和参与课堂。

（四）提问顺序

提问的顺序是提问技能的一个重要组成部分。教师必须对问题进行排序以强化概念。从需要基本理解水平的问题开始，逐渐转向需要更高层次思考的问题，教师可以增加学生的信心，增进理解并从而提高课程的有效性。教师所提问题的顺序对学生的理解和学习过程有很大影响。通过将问题难度逐步加深，教师可以逐步引导学生掌握和应用知识。

首先，提出一些基础的、相对简单的问题，使学生能够迅速回答并建立起对问题主题的基本理解。这样可以增加学生的自信心，使他们对问题主题感到舒适和熟悉。

其次，教师可以逐渐引入一些更具挑战性的问题，需要学生展开更深入的思考和分析。这些问题可能需要学生运用概念、理论或技能来解决或回答，从而促进他们的批判性思维和高层次的学习能力的发展。通过逐步增加问题的复杂性，教师可以激发学生的思维，帮助他们发展出更深入的理解和洞察力。

此外，问题的顺序也可以帮助教师将不同的主题和概念连接起来，形成一个连贯的知识框架。通过合理安排问题的顺序，教师可以帮助学生发现知识之间的关联和逻辑性，培养学生的综合思考和整体理解能力。这有助于学生更好地组织和扩展他们的知识，从而提高学习的效果和深度。

通过合理安排问题，教师可以增强学生的自信心，促进他们的理解和参与度，并且帮助

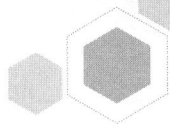

学生发展出更高层次的思维能力。这样可以提高课程的有效性，帮助学生更好地掌握和运用所学的知识。

（五）提问语气

在提问时，教师提问所使用的语气影响着学习者的回应。教师必须使用鼓舞而不是恐吓的语气。放松、积极的语气有助于营造舒适而有趣的学习环境，还可以鼓励通常怯场的学生参与课堂讨论。

教师的语调和态度对于学生参与和回答问题的意愿和能力有重要影响。当教师使用鼓舞、支持的语气提问时，学生会感到被尊重和鼓励，这种积极的语气可以提高学生的学习动机和兴趣，激发他们对学习的热情，并促使他们更愿意积极参与课堂讨论并回答问题。相反，如果教师使用威胁、恐吓的语气，学生可能会感到紧张、害怕出错，导致他们退缩或不愿回答问题。因此，教师提问的语气直接影响学生的参与度和动机。

放松、积极的语气有助于营造舒适而有趣的学习环境。当教师使用放松、积极的语气提问时，学生会感到轻松和愉悦，更有可能感到乐于参与课堂活动。这种积极的语气可以激发学生的兴趣和好奇心，使他们更愿意思考和回答问题。此外，积极的语气还可以创造一种积极的氛围，鼓励和支持学生，使他们感到自信和被认可。

积极、鼓励的语气可以激发学生更深入地思考问题。当教师使用鼓励和支持的语气提问时，学生会感到自信和被认可，他们更有动力思考问题的不同层次和角度。这样可以促进学生的批判性思维和分析能力的发展，并帮助他们获得更深入的理解。

教师的教学对象是有着各种不同性格和学习风格的学生，有些学生可能比较内向和害羞，不太愿意在课堂上开口回答问题。通过使用鼓舞而不是恐吓的语气，教师可以增加这些学生参与课堂的欲望，让他们感到自在和鼓励，进而激发他们的积极参与。

教师提问的语气对提问的效率有着重要的影响。使用积极、鼓励的语气可以提高学生回答的速度、拓展学生思考的深度，增加学生的参与度和动机，并创造积极的课堂氛围和学生情绪。这将促进课堂的高效学习和有效教学。

（六）提问反馈

从提问及观察中搜集到的反馈对于评估学习者的进步并提供纠正性反馈非常有益，这有助于学习者确定错误并了解更正的过程。提问反馈为教师提供了解他们教学效果的途径，这对于根据学习需要量身定制未来的教学至关重要。

教师在提问过程中得到的学生回应可以揭示学生对所教授内容的理解程度，帮助教师评估学生的学习进展。当教师使用开放式问题时，学生的回答可以显示他们理解的深度和广度。教师可以通过学生的回答判断他们是否已经掌握了教学内容，或者还需要进一步的指导和学习。

纠正性反馈是根据学生的回答提供的反馈。当学生的回答不正确或部分正确时，教师可以通过纠正性反馈帮助学生了解错误并了解如何更正。这种反馈可以是直接指出学生的错误，并提供正确的答案或指导。也可以是引导性的，通过进一步的问题和提示来引导学生思考和找到正确的答案。纠正性反馈帮助学生纠正错误和误解，巩固他们的学习，并指导他们在未来的学习中做出正确的选择。

从提问中获得的反馈也可以帮助教师评估自己的教学效果。通过观察学生的回答和反应，教师可以了解他们的教学是否已经有效地传达了知识和概念。教师可以发现学生的误解和难点，从而调整教学方法和策略，根据学习需要量身定制未来的教学。这种反馈机制帮助教师实时了解学生的学习情况，改进教学过程，并提高英语学习效果。

提问中的反馈机制能帮助教师了解学生的理解程度，纠正学生的错误和误解，有助于评估教学效果。反馈也能促进教师和学生之间的互动和学习过程的优化，为个性化教学和差异化指导提供了基础。

深入了解提问技能构成要素可以帮助教师更加有目的地设计和组织提问、设计具有启发性的问题、在课堂上创造积极的学习氛围、根据学生的学习需求和水平进行个性化和差异化教学、更好地与学生互动和沟通、增加学生的参与度和学习动力，有助于优化学习环境和提升学生学习成果。

三、提问技能的类型

（一）英语教学常用问题类型：

1. 一般疑问句

一般疑问句（yes/no question）要求回答者只用"是"或"否"来回答。它主要用于确认信息、询问喜好或能力等。例如"Do you have a pet cat?"（你养宠物猫吗？）。

2. 特殊疑问句

特殊疑问句（WH-question）要求提问者使用一个疑问词（如 what、where、when、why、how 等）来引导问题。它主要用于询问详细信息或解释原因等，例如"What is your favorite color"（你最喜欢的颜色是什么？）。

3. 选择疑问句

选择疑问句（alternative question）给出两种或多种选择供回答者选择。它主要用于要求回答者做出选择或表达偏好，例如"Do you want to go to the park or the beach?"（你想去公园还是海滩？）。

4. 附加疑问句

附加疑问句（tag question，又称"反意疑问句"）由一个附加的短语或标签来补充一个陈述句，通常以肯定句结构附带否定的标签，或以否定句结构附带肯定的标签。它主要用于征求对陈述的确认或寻求共鸣，例如"You're going to the party, aren't you?"（你要去参加聚会，对吗？）。

5. 开放式问题

开放式问题（open-ended question）需要回答者自己创造答案，没有固定答案。它主要用于激发思考、促进讨论或表达观点等，例如"What do you think is the most important social

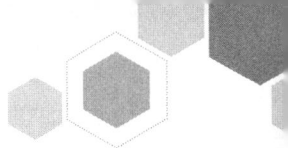

issue today?"（你认为当今最重要的社会问题是什么？）。

6. 嵌入式问题

嵌入式问题（embedded question）是指将一个疑问句嵌入一个陈述句中，而不是以独立的句子形式出现。它主要用于询问或询问信息，例如 "I don't know when the train will arrive."（我不知道火车什么时候到达）。

7. 假设性问题

假设性问题（hypothetical question）要求回答者想象一个假设的情景并给出答案。它主要用于测试回答者的逻辑思维能力、判断能力或表达能力等。例如 "What would you do if you could travel back in time?"（如果时光可以倒流，你会做什么？）。

8. 排序问题

排序问题（sequencing question）要求回答者按照一定的顺序（如时间顺序）来排列一组信息。它主要用于测试回答者的组织能力、记忆能力或理解能力等。例如 "What is the correct order to bake a cake?"（制作蛋糕的正确步骤是什么？）。

9. 修辞性问题

修辞性问题（rhetorical question，或称 "反问句"）的答案已经在问题中暗示或明确表示，通常不需要真正地回答。它主要用于引起思考、表达说话人的观点或引发对话等，例如 "Can you imagine a world without music?"（你可以想象一个没有音乐的世界吗？）。

英语教师在课堂教学中选择何种问题类型来提问主要是根据教学目标和学生的语言能力水平来确定。以下是一些指导建议：

1. 考虑教学目标

根据教师想要学生达到的目标，选择相应的问题类型。如果目标是测试学生的记忆能力和理解能力，那么选择嵌入式问题或序列式问题可能更合适。如要鼓励学生思考和表达观点，那么选择开放式问题可能更合适。

2. 考虑学生水平

要选择适合学生水平的问题类型。对于初学者，起初可能更适合使用简单的一般疑问句和特殊疑问句。一旦学生掌握了基本的语言技巧，可以逐渐引入其他类型的问题，如嵌入式问题和排序问题。

3. 多样性和变化

为了保持课堂的有趣和互动，应该在不同的问题类型之间进行变化。避免学生对重复类型问题的厌倦，并帮助他们在不同的语言和沟通背景中发展综合的语言能力。

4. 与主题或内容相关

问题类型要与正在学习的话题或内容相关，这样可以帮助学生将所学语言知识运用到实际情境中，并提高他们的语言应用能力。

最重要的是要根据学生的需求和实际情况来选择问题类型。不同的问题类型可以帮助学生在语法、词汇、逻辑思维和表达能力等方面发展不同的语言技能。

（二）英语教学中提问技能的类型

进行课堂英语教学时，教师常常需要用提问的方式来激发学生的思考和表达能力。不同的提问方式会对学生的思维和语言能力产生不同的影响。下面将八种英语教学中常用的提问技能的类型分别解读如下：

1. 客观性提问

客观性提问的问题通常有确定的答案，并且可以通过事实或知识来回答。客观性提问可以用来测评学生对英语语法、词汇和基本概念的理解程度。这有助于教师了解学生的知识水平，帮助他们更有针对性地教授和辅导学生。例如，教师问："What is the capital of France?"（法国的首都是哪里？），学生可以回答："The capital of France is Paris."（法国的首都是巴黎）。客观性提问要求学生集中注意力，仔细思考问题，并给出正确的答案，有助于培养学生的注意力和专注力。

虽然客观性提问主要用于测评和巩固知识，但与探究性提问结合使用可以创建一个更全面的英语教学环境，既能够评估学生的基础知识，又能够培养他们的思考能力和批判性思维。

2. 主观性提问

主观性提问要求学生根据自己的个人经验、感受和观点来回答，没有一个明确的正确答案。主观性提问鼓励学生表达主观意见、自我反思和情感，这有助于学生发展自我表达能力、思考能力和批判性思维。同时，由于答案是主观的，教师在评估学生的回答时应注重学生的论据和解释，而不仅仅关注是否与教师的观点一致。例如，"What is your favorite book and why?"（你最喜欢的书是什么，并解释原因）。学生可以根据自己的阅读经历、故事情节或书中的人物来表达自己的喜好和感受。

3. 开放性提问

这类问题没有确定的答案，要求学生自己思考、分析和表达意见。教师在使用开放式提问时，应该充分考虑学生的英语水平和背景知识，让问题既有足够的挑战性，又不过于艰深难懂，以促进学生进一步思考和语言表达能力的提高。开放式提问能够激发学生思考和创造，让学生产生更多的想法、观点和感受，鼓励学生发展批判性思维、创造性思维和表达能力。例如，"What do you think is the main theme of the text?"（你认为这篇文章的主题是什么？）。学生可以根据自己的理解和观点提供个人的看法。

4. 封闭性提问

封闭性提问在教学中常用于检验学生对具体事实、词汇或概念的记忆和理解能力。这种类型的问题可以提供明确的答案，并帮助教师评估学生的学习成果。这类问题需要回答者从给定的选项中选择一个准确的答案。它们通常有一个明确的正确答案，重在测试学生对特定知识点的掌握程度。例如，"What is the capital city of Germany? Is it A. Berlin, B. Paris, or C. London?"（德国的首都是哪个城市？是 A. 柏林、B. 巴黎，还是 C. 伦敦？）学生需要从给定的选项中选择正确答案。

封闭性提问还可以在组织和梳理知识时起到引导作用，帮助学生巩固学习内容。然而，

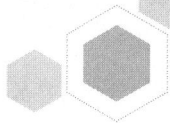

教师在运用封闭性提问时，应确保问题选项的准确性，且问题本身不应过于狭隘，以避免仅仅追求单一正确答案而忽略了学生的思考和创造力。

5. 探究性提问

探究性提问鼓励学生进行深入的调查、探索和分析，激励学生主动寻找答案和解决问题的方法，培养他们的独立思考和自主学习的能力。通过探究性提问，学生可以更深入地思考和理解语言知识，从而更好地应用到实际语境中，这有利于培养他们对信息的辨别和评估能力，从而形成批判性思维。例如，"Why do you think climate change is a global issue?"（你为什么认为气候变化是一个全球问题？）。学生可以研究相关资料，根据自己的理解和研究结果来回答。

6. 推理性提问

这类问题要求学生从已有信息中进行推理、推断并提供相关答案。这类问题不仅要求学生掌握基本知识，还需要他们运用逻辑思维、分析能力和推理能力来推断未知的信息。通过回答推理性问题，学生被迫思考更深入和复杂的问题，从而促进他们的深层思考和理解。例如，"Based on the description, why do you think the character is feeling sad?"（根据描述，你觉得这个角色为什么感到悲伤？）。学生需要根据文本中的线索和暗示进行推理和判断。

推理性提问的作用是激发深层思考，培养推理和分析能力，培养判断力和决策力，促进批判性思维和创造力。通过引导学生回答推理性问题，教师可以帮助他们发展更高级的认知能力，以应对各种复杂问题和现实生活中的挑战。

7. 立场性提问

这类问题要求学生以支持或反驳的方式表达观点，并提供理由和证据来支持他们的观点。立场性提问可以引发学生之间的辩论和讨论。通过在课堂上提出这类问题，教师可以激发学生之间的讨论和互动，培养他们的合作能力和团队合作精神。在辩论过程中，学生可以借此机会学会倾听他人观点、提出反驳，并学会通过合理的辩论来表达自己的意见。例如，"Do you agree or disagree with the idea that homework should be abolished? Why or why not?"（你是否同意废除作业的想法？为什么？）。学生可以陈述自己的立场，并给出相关论据和例子支持自己的观点。

立场性提问常常涉及社会和道德问题。通过回答这类问题，学生可以深入思考社会问题、道德问题以及个人价值观等。这种讨论的过程可以帮助学生建立自己的社会意识，加深对不同观点和文化的理解，并培养尊重他人观点和意见的能力。通过对立场性问题的讨论，学生还可以发展自己的价值观，形成清晰的道德观念，并为自己的信念和行为负责。

8. 学生提问

这类问题是由学生主动提出的。学生成为提问者，向教师或同学提出问题，旨在寻求进一步的解释、澄清或深入了解。学生提问是一个积极参与学习过程的表现，有助于学生的好奇心和求知欲的发展。学生提问可以是关于学习主题的疑问、深入探究的问题或与学习内容相关的个人观点。例如，"Can you explain how this process works in more detail?"（你能详细解释一下这个过程是如何运作的吗？）或者 "I'm not sure I understand the concept. Could you give another example?"（我不确定我理解这个概念。你能给出另一个例子吗？）

学生提问体现了学生的主动性和对学习的积极参与。它可以促进深入思考、知识的巩固和理解的加深。教师应鼓励学生提问，并积极回答学生的问题，以促进学生的自主学习能力和批判性思维的发展。同时，学生提问也为教师提供了获得反馈的机会，以了解学生对学习内容的理解和需求，并进行适当的指导和调整。通过学生提问，教师和学生可以共同建构知识，形成积极的学习氛围，促进知识的共享和交流。这也有助于培养学生的探究精神和批判性思维，激发对学习的兴趣和动力。

使用不同提问类型在教学中起到的作用也不同，教师可以根据教学目标、学生水平和课程内容选择合适的提问类型来指导学生的学习和思考，从而促进学生的思维和表达能力的发展，培养其批判性思维、创造性思维和合作能力。

四、提问技能的使用策略

课堂教学中提问必不可少，如何通过提问引发学生思考、激发学生参与，同时确保问题难度适当，又能激活学生的思辨能力等等？这就要求教师在使用提问技能时使用恰当的提问策略，这样才能鼓励学生进行多样化的回答，促进师生、生生交流和合作，并提供个性化的学习体验。良好的提问策略可以使英语教学变得高效。

（一）设计有针对性的问题

有针对性的问题设计需要与教学的目标保持一致。教师应该清晰了解学生在特定课程或主题中要达到的目标，然后设计问题以引导学生朝着这些目标发展。这确保了问题是有针对性的，有助于学生把精力集中在关键的知识和技能上。

问题需要具备引导性，能够引导学生逐步深入思考而不是让他们感到迷茫。通过平衡挑战性和引导性，问题才能够更好地满足学生的认知需求。在设计问题时，教师需要考虑学生的语言水平。教师需要通过提问激发学生运用他们已经掌握的语言知识，并适度鼓励他们扩展词汇和语法。避免使用过于复杂或超出学生理解能力的语言，以确保问题对所有学生都是可理解的。

有针对性的问题应该具有启发性，能够引发学生的思考。通过设计一系列问题，涵盖不同思维层次，教师可以更好地满足学生的个体差异。这种类型的问题通常需要学生深入思考、分析和综合信息，从而更好地理解课程内容。同时，问题应该引导学生积极参与讨论，分享他们的观点和理解，从而创造一个积极互动的学习环境。

（二）灵活运用不同类型的问题

不同类型的问题可以满足不同的教学目标和学生需求，教师应掌握各种类型的提问形式，根据教学目标和情境的需要灵活运用，促进学生成为积极的主体，参与到课堂讨论中。运用不同类型的问题可以增加课堂的变化和趣味性；运用多样性问题可以使课堂不再呈现单一的问答模式，从而避免学生的枯燥感和注意力的分散。教师可以应用互动的方式，例如小

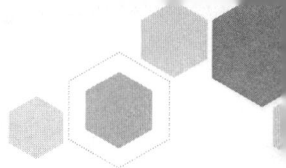

组讨论、角色扮演等，使学生更加活跃地参与讨论和思考。

运用不同类型的问题还可以帮助教师评估学生的学习成果和思维能力。通过观察学生对不同类型问题的回答，教师可以了解学生在知识掌握、思考方式和表达能力等方面的情况，从而为后续的教学提供有针对性的指导和反馈。

（三）善于追问和引导

追问是提问中的重要技巧，教师需要善于利用追问，引导学生深入思考和探究问题。追问要具有启发性和引导性，通过追问，教师可以进一步引导学生思考问题的深层次含义，鼓励他们推敲细节、分析原因或解释观点。这种深入思考的过程可以帮助学生更好地理解知识，形成全面的认识。教师在追问时需要注意给学生充分的时间和空间，让他们思考和回答。

通过追问和引导，教师可以引导学生进行思想交流和讨论，让学生在课堂上充分发言，分享自己的观点和想法。这样的互动不仅能增强学生的学习兴趣和自信心，也能提高他们的语言表达能力和沟通能力。追问和引导对于监控和调整个别学生的学习过程和学习效果也很有帮助。教师通过追问和引导可以及时发现学生学习中的困惑和问题，从而有针对性地给予帮助和指导，确保每个学生都能够达到预期的学习目标。

（四）注重学生的参与和互动

在课堂中，学生的参与和互动对于他们的学习起着至关重要的作用。教师在课堂提问中应该注重学生的参与，可以通过各种方式激发学生的兴趣，例如提出引人注目的问题、分享有趣的案例、使用多媒体素材等。同时，教师还应该给予学生足够的时间思考和回答问题，不仅要鼓励学生给出正确的答案，还要鼓励他们提出自己的问题和观点。

创造互动的氛围是非常重要的。教师可以通过小组讨论、合作学习和角色扮演等形式，让学生在课堂上进行互动和交流。小组讨论可以促使学生合作解决问题，培养他们的合作能力和团队精神。合作学习可以使学生相互扶持，共同完成任务，提高他们的问题解决能力和创新思维能力。角色扮演可以让学生亲身体验不同的角色，增加他们对问题的理解和解决方法的多样性。

（五）考虑学生的个体差异

教师需要根据学生的个体差异，灵活调整问题的难易度。教师可以根据学生的语言水平、学习能力和兴趣，适当调整问题的难度和复杂度，确保每个学生都能参与到问题的解决中。

学生的学习能力和兴趣水平不同，教师提问的层次性也不同。对于学习能力较强的学生，可以提出更具挑战性的问题，激发他们的思维深度和创造力；对于学习能力较弱的学生，可以提出一些基础性的问题，帮助他们巩固和理解基本概念。

教师可以根据学生的学习风格进行个性化的提问。不同学生有不同的学习风格，有些学生更喜欢逻辑性思考，有些学生更喜欢感性思考。因此，教师可以根据学生的学习风格适应性地提问，例如提出开放性问题来激发学生的创造性思维，或者提供案例来引导学生进行实际应用思考。

教师还可以根据学生的兴趣和知识背景进行个性化的提问。学生在不同的领域有不同的兴趣和知识背景。针对学生的兴趣和知识背景来提问是一个明智的办法，可以激发他们的学习热情和参与度。利用技术手段根据学生的个体差异进行提问是一个较新的提问途径，现代教育技术提供了许多个性化学习的工具和平台，教师可以利用在线问卷、互动投票等方式进行提问，以便更好地了解学生的需求和兴趣。

（六）给予充分的鼓励和反馈

在师生间的问答互动中，教师应当给予学生充分的鼓励和认可，不论学生回答得正确与否都要给予积极评价和反馈。适时引导学生，给予肯定、启示、提醒、纠错、意见等各种形式的反馈，可以增强学生的自信心，让学生感受到自己的成长和努力得到了他人的肯定，激发他们继续参与学习和思考。

教师在学生回答问题时及时给予正面反馈可以让学生感到被认可和鼓励，增强他们的学习动力和兴趣，这将激发他们更加努力地学习和参与课堂活动。正面反馈可以营造积极的学习氛围，鼓励学生参与课堂讨论和提问，还可以帮助学生对自己的回答进行自我评价和反思。当学生得到正面反馈时，他们会对自己的回答进行更深入的思考和分析，从而更好地理解问题和解决方法。

（七）注意问题的逻辑性和连贯性

教师设计问题时需要注意问题之间的逻辑关系和连贯性，这是因为问题的连贯性能够引导学生的思考和回答，使他们能够更好地理解问题的本质和解决问题的方法。合理的问题设计能够帮助学生形成连贯的思维，促进学习的深入和发展，还能够提高学生对学习任务的理解和参与度，激发学生的学习动力和创造力。

有序和连贯地提问可以帮助学生从一个问题延伸到另一个问题，形成一个连贯的思路。这种逻辑关系可以是因果关系、比较关系、分类关系等。通过问题之间的逻辑关系，学生能够更好地理解事物之间的关联性，形成完整的思维框架。具备逻辑性和连贯性的问题设计应当直接而明确，避免使用复杂和模棱两可的语言，以免使学生感到困惑或难以理解。教师可以使用具体的例子、明确的指令、开放性的问题等方式来引导学生思考。此外，问题的设计还应当给予学生足够的时间和空间来思考和回答，避免过于急促或过于冗长的问题。

（八）引导学生思考而非纯粹回答

教师提问的目的是引导学生思考和探索问题，而不是简单地寻求正确答案。教师应当关注学生的思维过程和推理能力，引导他们分析问题、提出证据和给出合理的论证。

提问的过程中，教师可以提供多个问题层次，以便于引导学生逐渐深入思考和探究问题；给予学生足够的思考时间和机会，鼓励他们用自己的话阐述问题并分享观点；引导学生尝试从不同角度分析问题，并比较不同观点的优缺点；提问后给予学生适当的反馈和评价，以鼓励他们继续思考和探索；引导学生进行批判性思考，培养他们的分析和判断能力。

提问技能在英语教学中是教师必备的重要技能之一。借助提问技能，教师能够激发学生的学习积极性，促进学生的思考和参与，培养学生的批判性思维和解决问题的能力。好的提

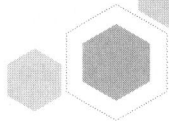

问技能能够丰富课堂教学的互动性和趣味性，提高学生的学习效果和学习兴趣。因此，教师在英语教学中应当重视提问技能的培养和运用，不断探索和实践有效的提问策略和技巧，为学生提供高质量的教学。

五、提问技能的有效性

提高英语教学中提问技能的有效性需要教师在设计提问时考虑问题的清晰度和准确度、难度和层次、灵活性和多样性，同时要因材施教和个性化教学，注重提问与批判性思维、实际应用、讨论和反思的结合。合理运用提问技巧，可以激发学生的积极性和参与度，促进他们的语言能力和思维能力的全面发展。

（一）提问的清晰度和准确度

提问应该具有明确的目标，并且提问的内容要求学生用英语进行回答。确保提出的问题简明扼要，避免使用复杂的句子结构和难以理解的单词。同时，在提问之前要确保自己已经理解问题的答案，以便及时纠正学生的错误。

1. 明确的目标

教师在提问时应有明确的目标，即期望学生通过回答问题来达到什么样的学习目标。例如，如果教学目标是让学生能够谈论日常活动，教师可以问："What did you do yesterday?"。这个问题直接指向学习目标，让学生用英语来描述他们昨天做了什么。

2. 简明扼要

提出的问题应该简明扼要，避免使用过于复杂或冗长的句子结构。例如，教师想考察学生对家庭成员的表达能力，可以问："How many family members do you have?"。这个问题简单明了，学生只需要回答一个数字即可，避免了使用复杂的句子结构。

3. 正确的语言表达

教师在提问时应该使用准确的语言表达，避免使用模糊或含混的措辞。例如，如果教师想让学生用英语描述一个人的外貌特征，可以提问："What does he or she look like?"而不是"Describe his or her appearance."。前者更直接地指示学生用适当的词汇和句型来描述外貌特征。

4. 示例说明

假设教师想考察学生对颜色词汇的掌握，可以问："What color is the sun?"。这个问题既简洁明了，又能迅速引导学生回答。学生可以回答："The sun is yellow."。这样，教师可以即时得知学生对颜色词汇"yellow"与"sun"的关系的理解程度。

（二）提问的难度和层次

在设计提问时，应根据学生的英语水平和知识掌握程度，合理地安排问题的难度和层次。对于初级水平学生，可以提一些基础的单词和句型的问题，以帮助他们巩固基础知识；对于中级水平学生，可以提一些涉及到语法和篇章结构的问题，以帮助他们提高语言运用能力；对于高级水平学生，可以提一些挑战性的问题，以激发他们的思维能力和创造力。

1. 初级学生

对于初级学生，提问应以基础知识和词汇为主，帮助他们巩固基础并扩展词汇量。例如：

What color is the sky?（天空是什么颜色？）

How do you say "你好" in English?（你用英语怎么说"你好"？）

Can you count from 1 to 10?（你能从 1 数到 10 吗？）

2. 中级学生

对于中级学生，提问可以涉及到更复杂的语法和篇章结构，以帮助他们提高语言运用能力。例如：

Why do people need to exercise?（为什么人们需要锻炼？）

Rewrite the following sentence in passive voice.（把下面的句子改为被动语态。）

Describe your favorite book and explain why you like it.（描述你最喜欢的书并解释你为什么喜欢它。）

3. 高级学生

对于高级学生，可以提出更具挑战性的问题，鼓励他们思考和运用高级语言表达。例如：

What are the potential advantages and disadvantages of globalization?（全球化的潜在优势和劣势是什么？）

How would you argue for or against the use of social media in education?（你如何论证支持或反对在教育中使用社交媒体？）

Can you explain the concept of cultural relativism and provide an example to illustrate it?（你能解释文化相对主义的概念，并提供一个例子来说明吗？）

根据不同层次学生合理安排提问的难度和层次，教师可以激发学生的思考和回答能力，帮助他们逐步提高语言运用和分析问题的能力。

（三）提问的灵活性和多样性

教师应该灵活运用各种提问方式和策略，比如直接提问、间接提问、闭合提问和开放提问等，以激发学生的思考和参与。同时，还应该设计一些具有启发性和趣味性的问题。不同的提问方式可以适应不同学生的学习风格和能力水平，从而增加学生对英语学习的兴趣和参与度。

1. 直接提问

直接提问是最常见的提问方式。教师可以直接提出具体的问题，询问学生的观点，要求学生根据既有知识或经验回答具体的信息或给出特定的答案。例如：

What do you think about climate change?（你对气候变化有什么看法？）

Can you tell me the capital city of France?（你能告诉我法国的首都是哪里吗？）

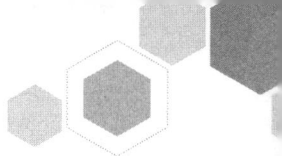

2.间接提问

间接提问是指教师通过提出一系列问题，引导学生进行推理和分析来回答问题，最终得出结论或答案。例如：

Why do you think people should learn a foreign language?（你为什么认为人们应该学一门外语？）

How do you think social media has changed the way people communicate?（你认为社交媒体如何改变了人们的交流方式？）

3.闭合提问

闭合提问是指教师提出的问题通常只有一个正确答案，学生需要说出符合标准答案的答案。闭合提问给出一些选项供学生选择，适用于测试学生的选择能力和对知识的掌握程度。例如：

Is English the official language in Australia? A. Yes, B. No, C. I don't know.（英语是澳大利亚的官方语言吗？ A.是的，B.不是，C.我不知道。）

4.开放提问

开放提问是指教师提出的问题没有固定的答案，鼓励学生表达自己的观点和想法，促进思考和讨论。开放提问要求学生用自己的话回答问题，鼓励他们进行更加自由的表达和思考。例如：

Tell me about an interesting place you have visited and why you liked it.（告诉我一个你去过的有趣的地方，并解释为什么你喜欢它。）

How would you solve the problem of air pollution in big cities?（你会如何解决大城市的空气污染问题？）

5.启发性问题

启发性问题是一种具有启发性和趣味性的问题，旨在激发学生的思考和想象力，帮助他们探索和发现新的知识。启发性问题的设计通常考虑到学生的兴趣和经验，通过提供有趣的情境或问题，引导学生思考和探索，从而激发他们的好奇心和求知欲。例如：

If you could have any superpower, what would it be and why?（如果你能拥有任何超能力，你会选择什么，为什么？）

Imagine you are a character in a book. How would you describe your personality and what challenges would you face?（想象一下你是一本书中的一个角色。你会如何描述自己的个性，会面临什么样的挑战？）

（四）提问的因材施教和个性化

不同学生之间存在差异，教师应该根据每个学生的特点和学习需求，采用不同的提问方式和策略。对于善于表达的学生，可以给予更多的机会发言和回答问题；对于害羞或者语言能力较差的学生，可以采用小组或者配对的形式进行提问，以降低他们的压力并增加互动。

1.学生特点

教师应该注意每个学生的学习特点，包括他们的学习风格、兴趣爱好、个性特点等。根据学生的特点，提问可以灵活调整，以更好地激发学生的兴趣和参与度。例如：对于喜欢竞争的学生，可以设置一些小组竞赛的提问活动，让学生在团队中互相竞争并回答问题；

对于内向的学生，可以采用小组或配对的形式，让他们在舒适的环境下与同伴合作回答问题，减轻他们的压力。

2.学习需求

教师需要根据学生的学习需求，安排不同类型的提问，以帮助学生达到他们的学习目标。例如：对于掌握了基础知识但需要提高口语表达能力的学生，可以设计一些开放性问题，鼓励他们运用所学知识进行口语表达练习；对于需要帮助整合和运用已学知识的学生，可以提出一些跨领域的问题，让他们能够将已学知识应用到实际问题中去解决。

3.学习能力

教师需要根据学生的学习能力，分别给予不同的提问机会和反馈方式。对于学习能力较强的学生，可以给予更多的挑战性问题，以促进他们的思维能力和创造力。对于学习能力较弱的学生，可以采用更直接和具体的提问方式，帮助他们更好地理解和掌握知识。例如：对于高级水平学生，可以问一些有挑战性的问题，如"Why does using the passive voice increase the expressiveness of a sentence?"（为什么使用被动语态会增加句子的表达力？）；对于低级水平学生，可以问一些直接的问题，如"Do you like sports and why?"（你喜欢运动吗？为什么？）。

通过因材施教和个性化的提问，教师能够更好地满足学生的学习需求和提供有针对性的帮助。每个学生都能根据自己的特点和能力参与到课堂中，从而更好地理解和掌握英语知识。

（五）提问的引导和反馈

提问的引导和反馈是教师在提问过程中进行的指导和评价。在提问的过程中，教师应该有意识地引导学生思考和回答，并给予及时的反馈和评价。可以通过给出相关的提示或者提出补充问题，帮助学生理清思路和找到正确答案。同时，教师还应该给予肯定和鼓励，激发学生的学习兴趣和自信心。

1.引导学生思考和回答问题

教师在提问时可以采取一些引导性的语言，帮助学生思考和回答问题。

（1）提供提示：当学生遇到困难时，教师可以通过提供提示来引导学生思考。例如，教师可以问："In what aspects can you answer this question?"（你可以从哪些方面来解答这个问题？）或者"What factors do you need to consider to answer this question?"（你需要考虑哪些因素来回答这个问题？）。这样的提示可以帮助学生组织思维和找到答案的方向。

（2）提供例子：教师可以给出一些具体的例子来帮助学生理解问题，并激发他们的思考。例如，当问到"What factors do you think can influence a person's academic performance?"（你认为什么因素会影响一个人的学习成绩？）时，教师可以给出一些可能的因素，如时间管理、学习方法、学习环境等，以帮助学生思考和回答问题。

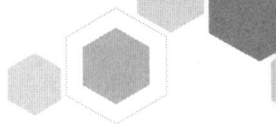

2. 及时给予指导和反馈

教师在学生回答问题后，应提供及时的指导和反馈，以帮助他们纠正错误和进一步提高。

（1）纠正错误：如果学生的回答错误或不完整，教师应给予及时的纠正，并解释正确答案。此外，教师可以帮助学生理解错误的原因，并提供必要的指导。例如，当学生回答 "The sky is blue because it reflects water" 时，教师可以纠正说 "Actually, the sky is blue because of scattering of sunlight by the earth's atmosphere. It has no direct connection with water reflection."

（2）提供评价：教师应当给予学生积极的评价，鼓励他们的努力和进步。同时，也应指出他们的优点和改进空间，以帮助他们提高。例如，教师可以说："Your answer is well thought out, but you can add some specific examples to support your point of view."（你的回答很有思考，但还可以加上一些具体的例子来支持你的观点），或者 "Great! You answered the question in English. Next time, you can try incorporating more complex sentence structures to enhance your language proficiency."（很棒！你用英语回答了问题，下次可以尝试加入一些更复杂的句子结构来提升语言表达能力）。

通过引导学生思考和回答问题，并及时给予指导和反馈，教师可以帮助学生理解问题的深层次和多样性，培养他们的批判性思维和分析能力，同时也激励他们积极参与学习。除了引导和反馈学生的回答外，教师还可以鼓励学生互相评价和提供反馈。

3. 学生的自我评价

教师还可以采用学生自我评价的方式，让学生对自己的回答进行总结和评价。例如，教师可以要求学生在回答问题后，自我评估自己的回答是否准确、清晰和具有逻辑性，并思考如何改进。通过这种方式，学生能够从自我反思中不断提升自己的学习能力和表达能力。

（六）提问与批判性思维的结合

提问与批判性思维的结合是指在提问的过程中，教师通过设计具有启发性和批判性的问题，促使学生进行推理、解释和评估，培养他们的批判性思维能力。提问不仅是为了检测学生掌握知识的程度，更重要的是促进学生的思维和分析能力的发展。教师可以设计一些有利于发展批判性思维的问题，鼓励学生进行推理、解释和评估。

1. 提出开放式问题

教师可以设计一些开放式的问题，鼓励学生从不同的角度思考和回答，培养他们的批判性思维能力。这些问题可以引导学生分析因果关系、挑战现有观点、进行比较等。例如：

What are the potential advantages and disadvantages of social media?（社交媒体有哪些潜在的优势和劣势？）

How can we balance economic development and environmental conservation?（如何平衡经济发展与环境保护？）

2. 鼓励分析和评估

提问时，教师可以要求学生进行分析和评估，以培养他们的批判性思维。教师可以要求学生解释原因、比较不同观点、评估不同的解决方案等。例如：

Why do you think people have different opinions about climate change?（你认为人们为什么对气候变化持不同的观点？）

Compare two different characters from the novel. How do their actions and choices influence the story?（比较小说中的两个不同角色。他们的行为和选择如何影响故事的发展？）

3. 引导提出反问

教师可以引导学生提出反问，促使他们深入思考问题和观点的合理性。这有助于培养学生的批判性思维和质疑精神。通过提问与批判性思维的结合，教师可以激发学生的思考和讨论，培养他们的逻辑思维、分析和评估能力。学生可以从不同的角度审视问题，追求更深入的理解和更全面的判断，从而提高他们的批判思维能力，并在解决问题和做出决策时更加理性和全面。这种批判性思维的培养对于学生发展终身学习的能力和批判性思维能力都具有积极影响。此外，提问与批判性思维的结合还可以培养学生的创新思维和问题解决能力。当学生被鼓励思考和评估不同的观点和解决方案时，他们将更有可能提出新颖的想法来解决问题。

例 1，教师可以问："Do you think homework is necessary for students? Why or why not?"（你认为学生有必要做作业吗？为什么或者为什么不？）。这个问题可以促使学生思考作业的目的、对学生学习的影响、可能的优点和缺点等。学生可以通过分析并评估这些方面来回答问题，并引发对学校作业政策的思考和讨论。

例 2，教师可以问："In what ways can technology enhance education? In what ways can it be detrimental?"（科技在哪些方面可以促进教育的发展？又在哪些方面可能有不利影响？）。这个问题可以激发学生分析和评估科技对教育的影响，从而培养学生的批判性思维能力，并引发对科技教育的更深入思考。

通过提问与批判性思维的结合，教师可以引导学生思考问题的多个角度，培养他们的分析、评估和问题解决能力，帮助他们发展深入思考、质疑和创新的能力，更好地适应日益复杂和变化的现实世界。

（七）提问与实际应用的结合

提问应该与实际应用相结合，帮助学生将所学的知识应用到实际生活中。教师可以设计一些实际场景的问题，让学生运用所学的英语知识进行实际应用。这种提问能够增强学生的学习动机和兴趣，培养他们的实际运用能力。

1. 设计实际场景问题

教师可以设计一些与实际生活相关的问题，要求学生运用所学的英语知识进行实际应用。例如：

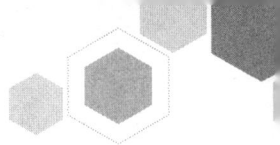

What English expressions do you use when ordering at a restaurant? Please describe the process of placing an order.（你在餐厅点餐时会用到哪些英语表达？请描述你点餐的过程。）

What English sentence structures and vocabulary did you use in a past travel experience? Please provide a detailed description of your trip.（你在过去的一次旅行经历中，用到了哪些英语句型和词汇？请详细描述你的旅行。）

2. 模拟实际情境

教师可以通过提问来模拟一些实际情境，让学生进行角色扮演或解决实际问题，以实际应用所学的英语知识。例如：

Suppose you are a tour guide and you need to introduce the famous landmarks and historical sites of your city to tourists in English. Please prepare the content you are going to say.（假设你是一名导游，你需要用英语给游客介绍你所在城市的名胜古迹。请准备一下你将要说的内容。）

You encountered some issues while taking public transportation to school. Please seek help from people around you in English.（你乘坐公共交通工具去学校的路上发生了一些问题，请用英语向周围的人寻求帮助。）

3. 制作语境项目

教师可以设计一些项目或任务，要求学生在实际语境中运用所学的英语进行交流或完成任务。例如：

（1）要求学生在小组中合作，设计并表演一段英语对话，模拟在商店购物时的情景。

（2）给学生一个真实的问题，要求他们以小组为单位，进行一次英语调查，并整理并呈现调查结果。

通过提问与实际应用的结合，学生能够将所学的英语知识应用到实际生活中，增强学习动机和实际运用能力。这种教学方法能够激发学生的兴趣和参与度，提高他们对英语学习的认识和理解，同时也培养了他们解决现实问题的能力。通过在实际情境中运用英语，学生能够更好地掌握语言的实际应用，增强英语学习的意义和实用性。

（八）提问的灵活运用

在课堂教学中，教师应该根据具体的教学目标和学生的学习状态，灵活运用提问技能。有时候可以采用集体提问，引导全体学生参与回答；有时候可以采用个别提问，让每个学生都有机会回答问题。此外，教师还可以设置一些小组竞赛或者游戏，通过竞争的方式激发学生对提问的兴趣和积极性。

1. 集体提问

教师可以采用集体提问的方式，向全体学生提出问题，并鼓励他们积极参与回答。这种方式适用于检查和巩固课堂整体学习效果，激发学生的团队协作意识。例如，教师问：

"Please answer in English, what is your favorite season and why?"（请用英语回答，你最喜欢的季节是哪个，为什么？）。

2. 个别提问

教师可以采用个别提问的方式，向每个学生提出问题，确保每个学生都有机会回答问题。这种方式适用于了解学生的个体巩固情况，并给予个性化的指导和反馈。例如，教师对某个学生提问："Please describe in English what you did last weekend."（请你用英语来描述一下上个周末你做了些什么）。

3. 小组或配对提问

教师可以将学生分成小组或配对，并提出问题，要求他们在小组内相互探讨和回答。这种方式适用于促进学生之间的互动和合作，并在小组间进行讨论和比较。例如，教师让学生两人一组，互相提问和回答："What new English words or phrases did you learn during the holiday?"（你在假期期间学到了什么新的英语单词和短语？）

4. 扩展提问

教师可以通过提问扩展学生的思维和语言表达能力，引导他们展开更深入的讨论和分析。这种方式适用于激发学生的批判性思维和创造性思维，培养他们的问题解决能力。例如，教师提出一个开放性问题："If you could have a superpower, what would it be and how would you use it to make a positive impact on the world?"（如果你拥有超能力，你希望是什么，并且你会如何利用它对世界产生积极影响？）。

（九）提问与讨论的结合

提问不仅仅是教师对学生的单向问答，还应该鼓励学生之间的互动和讨论。教师可以提出一个问题，然后要求学生在小组内进行讨论和交流，最后再进行集体回答。这种方式可以促进学生之间的合作和交流，培养他们的团队协作能力和交际能力，也有助于学生深入思考和理解学习内容，提高他们的表达能力和协作能力。

1. 提供起点问题

教师可以通过提出一个起点问题，引导学生展开讨论和交流。起点问题应该鼓励学生表达自己的观点，并激发他们思考和讨论。例如：

Do you think it is important to learn a second language? Why or why not?（你认为学习第二语言重要吗？为什么？）

Should mobile phones be allowed in classrooms? Why or why not?（手机是否应该被允许在课堂上使用？为什么？）

2. 小组或全班讨论

教师可以将学生分成小组或整个班级进行讨论。讨论可以围绕一个问题展开，学生可以就给定的话题进行交流和分享观点。例如：

Divide into small groups and discuss the benefits and drawbacks of social media. Then share your group's findings with the class.（分成小组讨论社交媒体的好处和缺点，

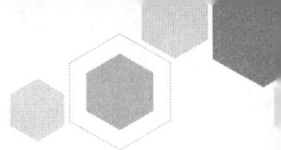

然后将小组的发现与全班分享。）

Have a class discussion about strategies for protecting the environment. Encourage students to share their ideas and consider different perspectives.（进行一场关于保护环境的班级讨论，鼓励学生分享他们的想法并考虑不同的观点。）

3. 小组竞赛或角色扮演

教师可以设置小组竞赛或角色扮演的活动，提出问题并要求学生在小组内进行讨论和解决问题。例如：

Divide into teams and have a debate on the advantages and disadvantages of online learning. Each team should present arguments and counter-arguments.（分成小组，并就网络学习的优势和劣势展开辩论。每个小组应提出论点和反驳论点。）

Assign different roles to students and have them act out a simulation about resolving a conflict. They can discuss the problem and find a solution together.（给学生分配不同的角色，让他们模拟解决冲突的情景。他们可以一起讨论问题并找到解决方案。）

通过提问与讨论的结合，教师可以激发学生的思考和表达能力，培养他们的合作和交流能力。学生可以通过互相交流和分享观点，从不同的视角思考问题，并学会尊重和理解他人的观点。此外，讨论也可以促进学生对学习内容的深入探究，增强他们的批判思维和问题解决能力。

（十）提问与反思的结合

提问与反思的结合是指教师在提问学生之后，引导学生进行反思和总结，帮助他们辨识自己的学习效果，强化对所学知识的理解和应用。这种结合方式可以促进学生对学习内容的思考和理解，并帮助他们发展反思和自我评价的能力。

1. 引导学生进行反思

在学生回答问题之后，教师可以引导学生进行反思，让学生思考他们在回答问题过程中的思路、策略和错误之处。通过提出一些问题，促使学生自我评价和分析。例如：

What aspects do you think you did well in answering questions? What areas do you think can be improved?（你认为你在回答问题时哪些方面做得好？有哪些可以改进的地方？）

What difficulties did you encounter in the process of finding answers? How did you overcome them?（你在寻找答案的过程中遇到了哪些困难？你是如何克服它们的？）

2. 总结并提供反馈

教师可以对学生的回答进行总结和评价，给予及时的反馈。这有助于学生回顾和梳理所学内容，并从中获得进一步的学习启示。教师可以总结学生回答的核心观点和关键信息，并对其准确性、清晰度进行评价。同时，教师也可以提供额外的信息或示范，帮助学生完善他们的回答。例如：

Well done, your answer covers most of the important points. Next time, try providing more specific examples to support your points.（很好，你的回答涵盖了大多数重要的观点。下次尝试提供更多具体的例子来支持你的观点。）

You mentioned many key details, but there is one aspect that needs further explanation. You can try providing more background information to make the answer more complete and clear.（你提到了很多关键细节，但有一个方面需要更进一步的解释。你可以尝试提供更多的背景信息，让回答更加完整和清晰。）

3. 提出引导性问题

引导性问题有助于引导学生深入思考和进一步反思。教师可以提出一些问题，要求学生运用他们的知识和经验，进一步探索与提问相关的主题和概念。例如：

Did this question trigger any thoughts in your mind about other related questions?（这个问题是否引发了你对其他相关问题的思考？）

How can you relate your answer to your experiences in other subjects or real-life situations?（如何将你的回答与你在其他学科或现实生活中的经验联系起来？）

通过提问与反思的结合，教师能够帮助学生回顾所学内容、发现和纠正错误，并促使他们形成更深入的理解。这种反思和总结促进了学生的元认知能力发展，使学生能够更好地评估和监控自己的学习进程，在学习中不断提高和成长。

六、提问技能的教学设计

英语教学中的提问技能在学生的语言能力提升和思维能力培养上起到了重要作用。英语教学提问技能的教学设计包含了提问设计的要素和设计原则，教师在进行提问技能的教学设计时需要考虑这些因素才能帮助教师有效实施教学。

（一）提问技能的教学设计要素

1. 提问目标

提问的目标要明确具体，针对特定的教学内容和学生能力进行设计。问题应当和课程内容相匹配，帮助实现课程目标。应关注学生的学习进展和反馈，不断调整和优化提问方式。

2. 学生背景

深入了解学生的英语水平、学习风格和个人特点，以提供更具有针对性的提问。根据学生的差异性调整提问的难度和方式，满足不同学生的学习需求

3. 内容选择

考虑学生的兴趣和经验，选择能够激发学生思维、启发学生思考和提高学生语言运用能力的问题。确保问题内容与教材和课程目标相符合，具有逻辑性和连贯性。

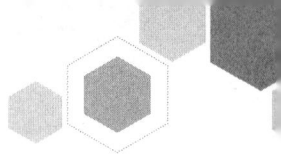

4. 问题类型

根据提问的目的选择不同类型的问题，如开放性问题（引导学生表达自己的观点和想法）、闭合性问题（提供标准答案）、推理性问题（要求学生通过推理得出答案）、判断性问题（对提供的信息或情境进行判断）等。根据学生的能力水平，逐渐提高问题的难度，并尝试多种类型的问题，以培养学生的多方面能力。

5. 提问方式

使用适当的语言和肢体表达，激发学生的兴趣和参与度。鼓励学生自由回答，给予积极的反馈和鼓励，增强学生的自信心。创造一个轻松、愉快的学习氛围，使学生愿意积极参与课堂活动。

6. 问题顺序

提问应有逻辑性和渐进性，从简单到复杂，有组织地引导学生思考和回答，并考虑问题的难度和学生的能力水平，逐步提高问题的难度，以满足学生的学习需求。

7. 辅助教具

根据需要，可以使用图片、音频、视频、实物等教具来辅助提问，使问题更加直观和生动。利用现代教学技术，如多媒体教学软件和在线资源，丰富课堂内容和提问方式。

（二）提问技能的教学设计原则

英语提问技能是英语学习中重要的一项技能，为了促进学生的学习、增强问题的有效性、适应学生的差异性以及提高教学效率，提问技能的教学设计应遵循以下原则：

1. 渐进性原则

渐进性原则是指在教学设计中从简单到复杂，从易到难的原则。具体来说，渐进性原则可以通过以下几个方面来体现：

（1）基础知识的引入

在教学设计开始的阶段，应先向学生介绍与提问技能相关的基础知识，如问句的语法结构、基本的疑问词等。通过简单的解释和示例，让学生了解基本概念和语法规则。

（2）简单问题的练习

接下来，可以引导学生练习构造简单的一般疑问句，这是提问技能中最基本的形式。老师可以给出一些例句，要求学生根据给定的陈述句来构造相应的问句。这样的练习有助于学生理解问句的结构和形式。

（3）逐步引入其他类型问句

一旦学生熟悉了一般疑问句的构造，可以逐步引入其他类型的问句，如选择问句、特殊疑问句等。可以通过示例、对话和练习题等方式，帮助学生理解和掌握不同类型的问句。

（4）练习复杂问题的构造

当学生掌握了基本的问句构造技巧后，可以引导他们练习构造更复杂的问题。可以使用实际情境、角色扮演等方式，让学生在有意义的交流中练习提问技巧，如在购物、旅行、学校等场景下提问。

（5）深化和拓展

一旦学生熟练掌握了基本的提问技能，可以引导他们进一步深化和拓展。可以通过更复杂的对话或文章来挑战学生，让他们学会根据上下文构造提问，理解和回答问题。

在渐进性原则的指导下，教师需要根据学生的兴趣、水平和学习进度，合理安排教学内容和练习任务，确保学生逐步掌握和运用提问技能。需要注意的是，教师应及时给予学生反馈和指导，帮助他们纠正错误和提高提问的准确性。

2. 实用性原则

实用性原则是指提问技能的教学设计应考虑问题的实用性，注重培养学生围绕实际的学习和生活场景来回答或提问的能力，问题的实用性设计可从以下几个方面考虑：

（1）围绕实际情境

提问应根据学生的学习目标和兴趣，选择与他们实际生活相关的情境来练习答问技能。例如，在购物、旅行、用餐等场景中，引导学生回答并提问。

（2）使用例句和对话

教师通过提供丰富的例句和对话，帮助学生理解和掌握答问技巧。可以使用真实的对话材料或编写情景对话，让学生在对话中准确回答并触发提问的需求。

（3）培养听说能力

提问技能通常与听说能力紧密相关。教学设计应包括听力和口语训练，让学生通过听懂他人的问题和有效地回答问题来强化提问技能的效率。

（4）创设情境练习

通过创设情境教师鼓励学生实际运用提问技能并与他人进行交流。例如，组织讨论、辩论或小组活动，让学生在真实的情境中提问并回答问题。

（5）真实交际活动

鼓励学生参与真实的英语交际活动，如与外教交流、参加英语角等。这样可以让学生与母语为英语的人士进行实际的对话，锻炼实际答问能力。

提问的实用性教学设计旨在通过提问让学生熟悉实际应用场景，提高他们的语言应用能力。在教学中，教师要给予学生充分的练习机会，并及时给予反馈和指导，帮助他们纠正错误并不断提高。

3. 交互性原则

教学设计应注重学生之间的互动和师生之间的互动，以培养学生在实际交流中提问的能力。在教学中，可以采用小组合作、角色扮演、讨论等形式，激发学生的积极性和参与度，使学生在实际的对话中练习提问技能。

（1）小组合作

将学生分成小组，让他们在小组中进行互动。教师可以设计各种小组活动，如小组讨论、角色扮演等，在活动中引导学生提问并相互回答问题。这种互动形式能够激发学生的积极性和参与度，并且学生可以从彼此的提问中学习和吸取经验。

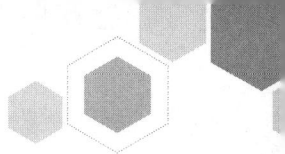

（2）角色扮演

通过角色扮演的方式，让学生在真实的情境中模拟提问场景。教师可以扮演一个角色，学生可以扮演另一个角色，在对话中进行提问和回答。这样能够增加学生的参与度，并且可以提供实际的语言环境来练习提问技能。

（3）讨论活动

组织学生进行讨论活动，让他们就某个话题展开讨论，并提出问题。教师可以引导学生提问并互相回答问题，促进学生之间的思维碰撞和观点交流。教师在讨论活动中充当指导者的角色，激发学生的思考能力，并帮助他们生成高质量的问题。

（4）反思和反馈

在教学结束后，让学生对学习过程进行反思，提出问题和意见。教师可以提供反馈，帮助学生改进和完善提问的能力。教师还可以通过学生反思的内容来调整教学设计，更好地满足学生的需求。

（5）多样化提问

引导学生采用不同的提问类型，如开放性问题、封闭性问题、推理性问题等。教师可以提供提问技巧的指导，帮助学生学会提问的艺术，并培养他们多角度思考问题的能力。

（6）倾听和尊重

在提问的互动中，教师应当倾听学生的问题，并尊重学生的观点和表达方式。教师可以鼓励学生提问，并给予积极的回应，以建立良好的师生关系和互动氛围。

4. 巩固性原则

教学设计应注重提问技能的巩固和复习，以确保学生的掌握程度。可以通过大量的练习题、游戏、互动活动等巩固学生的提问技能，同时及时给予反馈和指导，帮助学生纠正错误和提高提问的准确性。

教师应通过复习已学内容的方式温故知新，可以通过提问学生已学过的知识点，让他们回顾和巩固所学的基础知识。教师也可以设计一系列实践应用的活动，让学生在实际情境中应用提问技能。实践应用活动能够帮助学生将所学的提问技巧应用到实际情境中，并体验到技能的实际效果。

在巩固阶段，教师应引导学生进行反思和总结。教师可以提出一些问题，让学生思考他们在学习过程中的提问经验和发现。这种反思和总结有助于学生理解提问技能的重要性，并为将来的学习和提问做好准备。

5. 融合性原则

提问设计中的融合性原则是指将不同类型的问题或不同形式的提问方式融合在一起，以丰富教学过程，这要求教师具备综合运用提问技巧的能力。这种融合性原则有助于教师在实际情境中更加灵活和有效地提问，并促进学生思维的全面发展。

（1）开放性和封闭性问题融合

开放性问题能够调动学生的思考和创造力，激发他们探索的欲望。封闭性问题则要求学生给出明确的答案。在提问设计中，教师可以将开放性问题和封闭性问题结合起来，以引导学生思考并提供具体的答案。这样的融合可以在激发学生思考的同时，确保他们能够理解和记忆必要的知识点。

（2）进阶性问题和基础性问题融合

教师可以设计一系列的问题，从基础到进阶逐步提升难度。这样的融合设计可以帮助学生在掌握基础知识的同时，逐步拓展思维，并培养学生解决问题的能力。教师通过融合设计，确保提高学生对知识的理解和应用能力。

（3）事实性问题和推理性问题融合

事实性问题要求学生获取并记忆具体的信息，而推理性问题则需要学生进行逻辑推理和判断。教师将事实性问题和推理性问题融合在一起，可以帮助学生全面地运用所学的知识处理问题，学生不仅需要获取信息，还需要对信息进行分析和推理，从而培养他们的综合能力。

（4）个别提问和小组讨论融合

教师可以通过个别提问的方式，关注学生个体的学习情况，并进行针对性的指导和反馈。同时，教师也可以设计小组讨论活动，让学生在小组中进行互动和合作。将个别提问和小组讨论融合在一起，可以在个人实践和小组合作中促进学生的提问和解答技巧的综合发展。

七、提问技能的评价

评价提问技能可以促使教师反思自己的提问过程，发现存在的问题和不足，促进教师不断探索和掌握提问技能，从而提高提问质量和效果。对于英语教学中的提问技能，可以从以下几个方面进行评价：

（一）信息沟通

评估教师的提问技能时，教师是否能够有效地与学生进行信息沟通至关重要。这方面需要考察教师能否清晰地表达问题，让学生正确理解教师所提出的问题，同时还要考察教师能否及时准确地回答学生的问题或回应学生的回答。评价教师信息沟通的表现通常涉及教师的语言流利程度、语法准确性和用词恰当性等方面。

1.语言流利度

教师的语言流利度对于与学生的信息沟通至关重要。流利地表达问题能够帮助学生更好地理解问题的意图，同时也能为学生提供清晰明了的指导。

2.语法准确性

语法错误可能导致问题的含义模糊不清或产生误导，从而影响学生对问题的理解和回答的准确性。

3.用词恰当性

使用适当的术语和表达方式，能够使问题更有针对性、更易于理解，同时也促进学生正确理解问题并给出准确的回答。

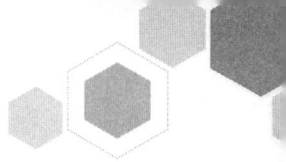

（二）问题类型

教师应当具有运用不同类型的问题的能力，包括开放性问题、封闭性问题和推理性问题等。教师灵活选择和引导不同类型的问题，对激发学生的思考和回答能力具有重要影响。

（1）开放性问题

开放性问题通常没有一个单一的正确答案，鼓励学生自由思考、探索和表达观点。教师灵活运用开放性问题，有助于激发学生的思考和激发他们的创造力。

（2）封闭性问题

封闭性问题需要学生给出一个明确的答案，通常有唯一的正确答案。教师合理运用封闭性问题，并引导学生回答，帮助他们巩固和检验基础知识。

（3）推理性问题

推理性问题要求学生进行逻辑推理、判断和分析。教师提出推理性问题，并引导学生进行推理，有助于培养学生的逻辑思维和问题解决能力。

教师需要通过灵活运用不同类型的问题，使学生面临各种不同的思考方式。同时，提问需要具有足够的深度，能够引导学生深入思考和探索。此外教师还需要能够根据学生的不同需求和水平设置合适的问题，以有效促进学生的学习和思考。

（三）提问技巧

教师的提问技巧可以起到激发学生思维和促进学习的作用，而适当的提问方式可以引导学生思考、分析和解决问题。

教师使用合适的引导词可以使学生更好地理解问题的意图，并指导他们对问题进行思考。合适的引导词可以引导学生从不同角度思考，促使他们产生新的观点和思考方式。

教师可运用肢体语言和语音语调来增强问题的效果和吸引学生的注意力。通过适当的肢体语言和语音语调，教师能够激发学生的兴趣和参与度，使学生更积极地回答问题。

（四）提问顺序

教师在提问时应考虑到提问顺序的重要性。教师需要根据学生的语言水平、问题的难度以及课程进度等因素，有选择地安排问题的顺序，逐步引导学生进行思考和回答。这种提问顺序的安排要考虑到问题的层次、递进和组织等方面。

通过合理安排提问的层次和递进，教师可以帮助学生逐步构建知识结构，从简单到复杂，从基础到高级。这样的提问顺序有助于学生更好地理解和掌握所学内容。

此外，问题的组织也是重要的。教师应确保问题之间有逻辑关联，有助于学生理解问题的意义和目的。组织良好的问题可以引导学生思考问题的多个方面，促进综合思考和批判性思维的发展。

（五）提问语气

使用友善的语气提问可以让学生感到被尊重和受到鼓励，从而增加他们参与课堂讨论的积极性。教师应该避免威胁或命令的语气，使用鼓励和支持的语气，让学生感到教师对他们的期待和鼓励。

同时，教师还应尊重学生的观点。当学生提出问题或发表意见时，教师应给予尊重和认可，并以建设性的方式回应。这可以帮助学生建立自信和提高参与课堂活动的积极性。

教师还应以礼貌和耐心的方式提问。他们应当避免急躁或不耐烦的反应，而是采用耐心和理解的态度，给予学生充足的时间来思考和回答问题。这样可以营造一个积极、安全和支持性的学习环境。

（六）提问反馈

评价教师的提问技能不仅要考察他们能否及时给予他人提问的反馈，还要看他们是否能够给予恰当的肯定和建设性的批评，以及是否能够提供合理的反馈和指导。这样的反馈和指导可以帮助学生不断提升和改进他们的提问能力。

当学生回答问题时，教师要能够给予恰当的肯定和赞赏，以鼓励他们的积极参与和努力。这可以增强学生的自信心和动力，促使他们继续参与学习。同时，教师也需要提供建设性的批评和指导。当学生的回答有错误或不完整时，教师应能够以友善和善意的态度指出问题，并给予针对性的指导和建议。这帮助学生了解自己的错误，并提供改进的方向。除了对学生回答的评价和指导，教师还应该能够给予合理的反馈和指导，可以向学生解释问题的解答，提供更多的背景知识和相关的资源，帮助学生更好地理解和掌握所学内容。此外，帮助学生分析问题和思考策略也是重要的反馈和指导方式。

（七）提问策略

评价教师的提问技能还需要考察他们是否能够灵活运用不同的提问策略。教师要能够熟练地运用各种提问策略，以提高问题的效果和效能，从而提高学生的学习动力和理解能力。

引导性提问是一种常见的策略，教师通过提出引导性问题，帮助学生思考问题，并引导他们逐步深入探究。这种提问策略可以培养学生的分析和推理能力，提高他们的学习能力。

激发学生思考的提问策略是让学生思考问题的各个方面，并促进他们独立思考和表达观点。这种提问策略可以培养学生的批判性思维和创新性思维，促进他们主动学习和探索。

追问是一种进一步挖掘学生思想、鼓励他们思考的策略。学生回答问题后，教师可以更深入地追问，帮助学生更全面地理解问题，并提供额外的见解。通过追问，学生能够发展他们的逻辑思维能力和问题解决能力。

（八）提问的有效性

教师的提问应该具备有效提问的主要特征。有效的提问应该清晰明确，没有歧义，能够准确传达教师的意图。评价时可以观察学生对问题的理解和回答是否与问题的要求相符。

教师应根据学生的知识水平和能力设置适当的难度和层次。评价时可以观察学生是否能够在问题中应对适当的挑战、获得一定的成长。

有效的提问应该具有灵活性，可以根据不同的情境和学生的需求进行调整。同时，提问应该具备多样性，涉及不同的认知层面和思维方式。评价时可以观察教师是否能够灵活运用不同的提问技巧和策略。有效的提问还应该考虑到学生的个体差异，并根据学生的特点和需求进行个性化教学。评价时可以观察教师是否能够根据学生的反应和能力，调整提问的方式

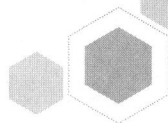

和内容。有效的提问不仅仅是为了获取信息或答案，更重要的是激发学生的思考、引导他们进行批判性思考、应用知识到实际情境中，并通过讨论和反思加深对知识的理解和运用。评价时可以观察学生在这些方面的表现和发展。

在评价教师的提问技能时，可以采用多种评价形式。如观察评价，教务人员或同行可以通过直接观察教师的课堂教学或观看教学录像来进行，观察提问方式和效果，并给予评价和反馈。也可以采用问卷调查、小组讨论、个别面谈等形式，了解学生对教师提问的认可度和影响。此外，教师对自己提问技能的评价和反思也是一种有效方式。教师可以回顾自己在教学中使用的提问方式和效果，并对自己的表现进行评估和改进。还可以通过课堂观察、作业报告、考试成绩等教学评价指标，评估学生在回答教师提问时的表现和理解程度。不同的评价形式相互结合，可以提供多角度、全面的反馈信息，并帮助教师改进提问策略和技能。

表 4-10 为 skill 4 提问技能评价表。

表 4-10　skill 4 提问技能评价表

评价要点	权重	指标	评价内容	权重	得分
信息沟通	15%	1	语言流利度	5%	
		2	语法准确性	5%	
		3	用词恰当性	5%	
问题类型	15%	4	开放性问题	5%	
		5	推理性问题	5%	
		6	封闭性问题	5%	
提问技巧	15%	7	合适的引导词	5%	
		8	运用肢体语言	5%	
		9	运用语音语调	5%	
提问顺序	15%	10	是否根据语言水平排序	5%	
		11	是否根据问题的难度排序	5%	
		12	是否根据课程进度排序	5%	
提问语气	10%	13	尊重与支持	5%	
		14	建设性回应	3%	
		15	耐心与理解	2%	
提问反馈	10%	16	及时性	5%	
		17	针对性	3%	
		18	鼓励性	2%	
提问策略	10%	19	引导性	5%	
		20	互动性	3%	
		21	追问	2%	

续表

评价要点	权重	指标	评价内容	权重	得分
提问的有效性	10%	22	准确表达	3%	
		23	层次性	3%	
		24	灵活性	2%	
		25	启发性	2%	
备注：				总得分	

◆ **引导问题答案**

1. 提问技能在英语教学中有什么重要作用？

提问技能在英语教学中起着至关重要的作用。它可以激发学生的思考，帮助他们提高表达能力，促进师生之间的互动交流，帮助学生发展不同的语言技能和思维能力，同时也可以帮助教师了解学生的学习情况和需求，从而更有开展更有针对性的教学。

2. 提问技能的构成要素对于英语教师的重要性是什么？

提问技能的构成要素对于英语教师的重要性在于提高教学质量和促进学生的思考和参与。教师通过有效的问题设置和提问技巧，可以激发学生的学习兴趣，引发他们的思考和探索欲望，进而提高他们的学习效果。同时，提问技能还可以帮助教师了解学生的学习情况和需求，及时调整教学策略和方法，提高教学效果和学生的学习满意度。

3. 在英语教学中，提问技能的类型有哪些？

提问技能的类型包括客观性提问、主观性提问、开放性提问、封闭性提问、探究性提问、推理性提问、立场性提问和学生提问。这些类型的问题可以帮助学生发展不同的语言技能和思维能力。教师可以选择适合教学目标和学生水平的问题类型来促进学生的学习和思考。

◆ **再思考**

1. 信息差在英语教学中如何应用？

信息差在英语教学中可以通过设置问题来引发学生的思考和兴趣，促进他们积极参与学习。具体来说，教师可以给学生展示一幅图片或一段对话的前半部分，并留下部分空缺由学生来补全。学生需要根据已有的信息来推测和构建合理的答案，这样的设计可以提高学生的语言推理和创造性表达能力，提高他们的观察力和描述能力。同时，信息差还可以用于问题追溯，教师给学生提供一个问题或陈述，然后要求学生从已有信息中找到或推断答案，并提供合理的依据。这样的设计可以培养学生的逻辑思维和批判性思维。通过使用信息差设置问题，教师可以引导学生主动思考和积极参与学习过程，同时也可以培养学生的观察、推理、解决问题的能力。

2.在英语教学中，教师如何根据学生的语言能力水平选择提问类型？

教师可以根据教学目标和学生水平选择适合的问题类型。对于初学者，使用简单的一般疑问句和特殊疑问句可能更合适。对于高级学习者，可以选择更多样化的问题类型，如嵌入式问题和序列问题。

3.如何评价教师的提问技能？

评价教师的提问技能可以从以下几个方面进行：教师与学生信息沟通的有效性、问题类型、提问技巧、提问顺序、提问语气、提问反馈、提问策略，以及提问的有效性。这些方面的评价可以帮助教师反思自己的提问过程，发现存在的问题和不足，促进教师不断探索和掌握提问技能，从而提高提问质量和效果。

第五节　调控技能

❀ 本节要点

1. 调控技能的定义

2. 调控技能构成要素

3. 调控技能的类型

4. 调控技能的使用策略

5. 调控的教学设计

6. 调控技能的评价

❀ 引导问题

1. 在英语课堂中，课堂管理的核心是什么？

2. 为什么教师需要及时给予学生反馈？

3. 教师如何利用教学方法和策略来提高学生的参与度和学习效果？

一、调控技能的定义

良好的课堂调控可以帮助教师更有效地组织教学内容，合理分配时间，提高教学效率，确保教学目标的实现。通过有效的课堂管理和调控，教师可以创造一个秩序井然、氛围良好的学习环境，有利于学生集中注意力、保持学习动力。英语课堂调控技能是指教师在英语教学过程中应用各种策略和技巧来有效组织和管理课堂活动的教学行为。教师基于教学目标和学生需求，通过调整教学方式、控制学习氛围、激发学生参与和提供个别指导等手段，影响和引导学生的学习行为和学习结果。课堂调控技能的目的是创设良好的学习环境，促进学生有效学习，并提高英语教学质量和学习成果。

英语课堂调控技能是教师在英语教学中必备的重要能力，具体可表现在课堂管理、学生指导、教学目标设定和反馈等多个方面。

（一）课堂管理

在英语课堂中，课堂管理是教师通过组织和调控学生的行为和学习环境，以确保课堂秩序良好并有效地进行教学的重要组成部分。

为了实现有效的课堂管理，教师需要制定并实施适当的纪律和规则，包括课堂上的讲话规范、行为规范以及设备使用规范等。明确的规则可以为学生提供清晰的行为指引，建立良好的课堂秩序，创造安静、有序、井然的学习环境。

教师还应合理安排学生的座次和教室布置，以促进教学活动的顺利进行。座次的安排可以根据教学需要将学生分成小组，或者让他们坐在视觉良好的位置，以帮助他们集中注意力。教室的布置也应当有助于促进学习活动的展开，提供一个舒适、有利于学习的环境。

此外，教师还需要善于时间管理，合理安排每个教学环节的时间，确保教学进度适中。在时间紧迫时，他们需要高效地组织学习活动；而在时间宽裕时，可以安排一些课堂互动、讨论或扩展内容，以提高学生的参与度和学习效果。

因此，课堂管理应与课堂教学有机结合，不应局限于行为管理。教师需要根据教学目标和内容，灵活运用各种管理策略和技巧，以促进学生的积极参与和有效学习。

（二）学生指导

学生指导在英语课堂调控中扮演重要角色，对教学及学习效果产生重大影响。在学生指导过程中，教师必须通过借助不同的教学方法与策略来个性化教学，以满足学生的需求与特点。

有效提问与引导学生思考是老师的基本技能之一。有针对性的提问能激发学生的学习兴趣与思维能力。通过合理问题设计，学生能更深入地理解与应用所学知识，培养他们的批判性思维和问题解决能力。

帮助学生解决问题与克服困难也是教师不可忽视的职责。学生在学习过程中可能面临各种挑战与困扰。教师需耐心聆听学生的疑惑与反馈，引导他们发现问题的解决途径。积极的鼓励与支持能增强他们的学习自信心，助其克服困难，圆满完成学习任务。

及时反馈是成功指导的关键。教师应向学生提供明确的反馈，帮助他们了解自己的学习状况与问题所在。好的反馈可以使学生调整学习策略，提高学习效果。口头或书面反馈皆可用于指导学生，指出他们的优点与改进之处，鼓励他们不断努力进步。

（三）教学目标设定

教学目标设定是英语课堂调控的关键要素之一，它指的是教师根据教材和学生的水平，合理设定教学目标和教学内容，从而确保课堂教学的连贯性和有效性。教师在设定教学目标时应尊重学生的个体差异，以确保目标的合理性，从而更好地调控课堂教学并指导学生，提高整体的教学效果。

在设定教学目标时，教师需要充分考虑学生的实际水平和需求。根据学生的英语水平和课程教学要求，制定合理且可达到的目标。这样可以确保学生能够参与到适合自身水平的学

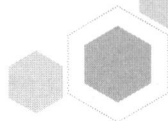

习活动中，并逐步提高英语能力。

此外，教师还需要关注课程的连贯性。他们要确保每个教学环节和教学活动与整个课程的目标和内容相一致。教师可以根据学生的学习进展和掌握情况，适时地进行调整，并相应地推进课程进程。

差异化教学也是教学目标设定的重要方面。由于学生之间存在差异性，教师需要根据不同学生的实际情况进行差异化教学，以帮助他们达到预设的学习目标。教师可以为不同水平的学生设定不同的目标，并采用相应的教学方法和策略，以满足每个学生的学习需求。

（四）有效反馈

教师的有效反馈能力是英语课堂教学调控技能中不可或缺的一部分。教师需要及时评估学生的学习成绩和进展，了解他们的学习情况，识别出在英语学习中的不足和需求。通过评估学生的学习成绩，教师可以为他们制订个性化的学习计划，帮助他们提高学习效果。

给予学生具体的建议和指导是非常重要的，这样学生才能明确修正学习的方向。在给予反馈时，教师应当注重具体和有针对性，指出学生的优点和需要改进的地方，并给出相应的建议和指导。这样可以帮助学生更好地了解自己的学习状况，并为学习提供具体的方向和方法。

教师可以采用口头和书面反馈的方式向学生提供及时的指导。口头反馈可以通过直接的面对面交流来给予学生鼓励和建议。书面反馈则可以通过评语、作业批改等形式，在学生独立学习的过程中促使他们进行反思和改进。

教师还需要与学生和家长保持良好的沟通，及时回答他们的问题，并为他们提供所需的信息和支持。通过与学生和家长的沟通，教师可以更好地了解学生的需求和问题，并为他们提供更好的指导和支持。

调控技能是教师在英语教学过程中应用各种策略和技巧来有效组织和管理课堂活动的一类教学行为，是教师根据教学目标和学生需求，通过调整教学方式、控制学习氛围、激发学生参与和提供个别指导等手段，影响和引导学生学习行为和学习结果的过程。

二、调控技能的构成要素

英语课堂教学调控技能涉及教学目标、教学方法、学生参与度、课堂管理及秩序维护、差异化策略和教学节奏六个方面。这些要素相互交织，共同构成教师有效组织和管理课堂的能力，以促进学生的学习和发展。

（一）教学目标的调控

教师依据《英语课程标准》设定教学目标，目的在于指导学生的学习方向和学习重点。教学目标必须与学生的学习需要和水平相匹配，教师需要根据学生的学习特点和需求，明确教学目标并进行适当的调整，确保学生能够达到预期的学习成果。在设定教学目标时，需要明确学生应该达到的知识、技能和能力的层次，并确保目标具备可量化、可观察和可评估的特点，具体需要注意以下几点：

1. 确定教学目标的内容和难度

根据学生的英语水平和学习需求，确定能够实现的教学目标，同时需注意教学目标的内容和难度应与学生现有的知识和能力相适应。

对于初级学生，教学目标包括掌握基本的语法知识、词汇量和口语表达能力。例如，学生应该具备自我介绍、询问时间、寻求方向、点餐等日常交流所需的基本语言技能。教学内容包括基本的动词时态、名词、形容词、副词等基础语法知识，以及日常用语和词汇。

对于中级学生，教学目标可以设定为能够较流利地进行日常对话和书面交流，理解和使用一定程度的复杂句式和语言表达。此外，还可以加强阅读和写作能力，使学生能够阅读简单的英语文章和书籍，并能够进行一定程度的书面表达和写作。

对于高级学生，教学目标包括提高听力和口语能力，使学生能够在复杂语境中进行交流和理解，同时加强阅读和写作能力，使学生能够理解并撰写较为复杂的英语文章和学术作品。同时，也可以加强语法和词汇的学习，使学生掌握更丰富和更准确的语言表达能力。

2. 确定教学目标的具体要求和衡量标准

具体要求包括学生需要掌握的语法知识、词汇量、口语表达能力和阅读理解能力等方面。例如，初级学生的要求包括掌握一定数量的常用词汇和基本语法知识，能够进行日常对话和简单的书面表达，理解简单的英语文章等。教师可以分解这些要求为具体的知识点和技能，以帮助学生更好地理解和掌握。

衡量标准可通过各种形式进行评估，如课堂测验、考试、口语表达练习和作文等。这些评估形式必须与教学目标相匹配，可以全面评估学生对教学目标的掌握程度。例如，针对初级学生的教学目标，可以通过课堂口语对话练习评估口语表达能力，通过阅读理解题目评估阅读能力，通过书面作文评估书面表达能力等。

同时，根据学生的实际表现和评估结果，教师可即时调整教学方法和内容，以帮助学生更好地达到教学目标。通过设定明确的教学目标要求和衡量标准，教师可有针对性地展开教学设计和评估，从而提升教学效果和学生的学习成果。

3. 制定合理的教学步骤和时间安排

根据教学目标的具体要求，教师需要制定合理的教学步骤，确保学生逐步掌握所需的知识和技能。例如，提高英语口语能力的教学步骤可包括学习基础词汇和语法、进行听力训练、进行口语练习和角色扮演等。教学步骤的设计应遵循"由浅入深，循序渐进"的原则，使学生能逐步提升学习的深度和广度。

教学时间的合理安排对于实现教学目标至关重要，教师需要合理安排每个教学步骤所需的时间，确保学生能够在规定时间内达到教学目标。对于每个教学步骤，教师可考虑适当的练习时间、讨论时间和总结时间等，使学生有充分的时间来消化和掌握所学内容。

在制定教学步骤和时间安排后，教师需要不断观察和评估学生的学习情况，及时调整教学步骤和时间安排。学生的学习情况可能因个体差异等因素而有所不同，教师需根据学生的反馈和表现即时调整教学步骤和时间安排，确保实现教学目标。

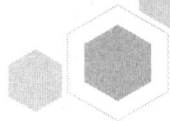

（二）教学方法的调控

教学方法调控是指教师在课堂上使用不同的教学技巧和策略，用于教授英语知识和培养学生的语言能力。教师可以运用多种教学方法以满足不同学生的学习风格和需求。教师需要根据教学内容和学生的学习风格，选择合适的教学方法和策略，使学生能够积极参与并理解和掌握知识。不同的教学方法适用于不同的教学目标和学生特点。

1. 传统教学法特点

传统教学法以语法教学为主，注重教师授课、学生记忆和背诵。教学内容主要依赖于教科书和课堂讲授，学生主要通过听讲、课后习题来进行学习。针对初学者或需要打好语言基础的学生，这种教学法可以帮助他们建立语法基础和词汇量，并有助于阅读和写作能力的提高。然而，这种教学法较缺乏互动和实际语言运用，学生可能会因此而缺乏实际的语言交流能力。

2. 交际教学法特点

交际教学法注重学生的语言交流和实际应用能力，教学目标主要是帮助学生掌握日常会话和交流所需的语言技能。通过口语和听力的训练，学生可以更好地适应实际的语言环境，提高语言流利度和实际交流能力。适合初级和中级学生，可以帮助他们更加自信地应对日常交流和社交场合中的语言需求。

3. 任务型教学法特点

任务型教学法强调学生通过完成实际任务来学习语言，注重培养学生解决问题的能力和实践能力。通过实际任务的完成，学生可以在实际生活场景中应用所学语言知识，并在实践中不断提高语言技能。适合中级和高级学生，可以培养学生的实际应用能力和创造力。

4. 情境教学法特点

情境教学法通过创设真实且有意义的语言环境和情境来帮助学生习得语言。通过情景角色扮演、真实交际情境等方式，学生可以更好地理解和掌握语言的表达，加强语言的实际运用能力。适合初级和中级学生，可以帮助他们更加自然地掌握语言技能。

5. 沉浸式教学法特点

沉浸式教学法通过将学生置身于全英语环境中，加速学生的语言习得。学生会在全英语的教学环境中进行学习和交流，进而提高听力、口语和阅读能力。适合初级和中级学生，以及具备一定英语基础的学生，可以帮助他们更快地适应全英语环境，提高语言技能和流利度。

6. 综合教学法特点

综合教学法将不同的教学方法和技巧结合起来，根据学生的需要和能力灵活地进行教学。这种教学法可以根据学生的学习需求和水平进行调整，灵活运用各种教学方法，如语法教学、交际教学、任务型教学等，使学生能够全面提高语言能力。适应的教学对象可以是任何级别的学生，因为它可以根据学生的个体差异进行调整，从而更好地促进学生的语言习得。

需要注意的是，教学法的选择和适应对象并不是绝对固定的，教师应该根据学生的实际情况和需求，灵活运用不同的教学方法和技巧，以提高教学效果。

（三）学生参与度的调控

学生参与度是指学生在课堂中积极参与学习活动的程度。教师需要通过各种方式激发学生的兴趣和动机，鼓励他们发言、提问、合作，并给予积极的反馈，以提高学生的参与度和学习效果。

教师需要鼓励学生积极参与课堂活动，并采用适当的教学策略，提高学生的学习兴趣和参与度。学生参与度调控是有效的教学策略之一。增加学生的参与度，可以激发学生的学习兴趣，提高学习效果。学生参与度调控是指教师通过不同方式和策略来激发学生的学习兴趣和积极性，提高学生在课堂中的参与程度。这种调控技能可以通过小组合作、角色扮演和情景模拟等方式实现。具体说明如下：

1. 个别讨论和小组活动的调控

教师组织学生进行口语对话练习，以小组为单位展开讨论。例如，教师可以给学生分发一张图片，让他们在小组内进行讨论，描述图片中的场景并进行角色扮演。学生可以根据图片上的内容，描述一个在超市购物的情景，可以讨论购买物品的目的、价格和交流方式，从而提高口语表达的准确性和流利度。

2. 角色扮演和情景模拟的调控

教师通过角色扮演和情景模拟活动，让学生置身于实际情境中。例如，教师可以设计一个餐厅就餐的情景，让学生扮演服务员和顾客进行对话练习。通过对话问答，学生可以练习点菜、询问菜单、收银结账等表达，从而提高实际语言运用能力。

3. 多媒体和互动工具的调控

教师利用多媒体和互动工具来呈现课件，吸引学生的注意力和兴趣。比如，教师播放一个关于旅行的短视频，然后安排学生进行小组讨论，让学生分享他们想要去的地方、喜欢的活动等，激发学生讨论和交流。

4. 创设互动性的教学环境

教师鼓励学生提问、回答问题和展示自己的观点。例如，教师提出一个话题，比如"family"，并要求学生依次发表自己的看法，并进行讨论和互动。

5. 利用合作学习

教师安排学生进行小组合作活动，让他们在合作中互相学习。例如，教师把学生分成小组，邀请他们一起准备一个有关当地文化和风俗的展示。每个小组可以负责不同的方面，如食物、节日庆典、传统服饰等，然后在课堂上展示并进行讨论。

（四）课堂管理与秩序维护的调控

此调控技能是指教师通过设立规则和引导学生遵守，维持良好的课堂秩序，创造良好的学习环境，是教师在课堂中有效组织和管理学生行为的能力。教师需要设立合理的规则和纪律，并运用行为管理技巧维护课堂秩序，确保学生能够集中注意力并参与到学习中。这种调控技能可以通过规则和纪律的调控、学生行为的引导和及时处理问题和冲突等方式实现。

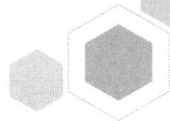

1. 规则和纪律的调控

在创建良好的教学环境中，规则和纪律的制定和实施至关重要。教师在课堂开始前，可以与学生一起明确课堂规则和纪律。通过讨论并达成共识，学生能清楚地知道在课堂中该做什么和不该做什么，从而营造出秩序井然的学习氛围。例如：在课堂上，教师可以要求学生准时到达，不使用手机，并在互动中彼此尊重。

2. 学生行为的引导

教师在课堂上可以通过示范和引导学生正确的行为，从而帮助他们养成正确的学习态度和行为规范。例如，教师可以示范整理学习用具的正确方式，然后要求学生模仿自己的行为。通过这种积极引导，学生会明白如何保持课桌的整洁和准备好上课所需的学习材料。这种引导不仅使学生养成良好的习惯，也有助于维护良好的教学环境。

3. 及时处理问题和冲突

教师需要具备处理学生问题和冲突的能力。当学生出现不当行为或课堂冲突时，教师应立即介入并采取适当的措施，以维护课堂秩序和和谐的学习氛围。例如，在学生之间发生争执时，教师可以采取主动沟通的方式，理解学生的观点，并引导学生有效地解决问题。这样的做法有助于学生学习如何有效地交流和解决问题，同时保持了课堂的秩序以及和谐的氛围。

4. 保持良好的师生关系

建立良好的师生关系对于师生互动和课堂管理至关重要。师生间应建立互相尊重和信任的关系，以行成积极的学习氛围。良好的沟通渠道和开放的态度将使学生更愿意遵守课堂规则并投入学习。教师可以与学生建立正面的对话，鼓励学生分享他们的想法和观点，并经常提供正面的反馈和鼓励，从而建立起积极的师生关系。例如，在课堂活动中，两个学生之间发生了冲突。一名学生指责另一名学生没有为小组任务做出贡献，紧张局势开始升级。老师注意到情况并立即进行干预，通过鼓励每个人分享他们的观点，并引导他们通过有效的沟通和合作找到解决方案。这种干预有助于缓解冲突并创造一个积极的学习环境。

当然，在实际情况中，处理问题和管理师生关系需要根据具体情境和个体学生进行细致的调整。

（五）差异化策略的调控

差异化策略是针对学生的个性差异和学习差异，为不同类型的学生提供个性化的学习支持和指导的重要手段。教师应充分了解学生的能力、兴趣和学习风格，差异化地设计教学活动和评估方法，以帮助每个学生实现最佳学习效果。

1. 了解学生的个性差异和学习差异

了解学生的差异是进行差异化教学的关键。教师可以通过观察、评估和与学生的一对一交流，深入了解他们的学习水平、学习风格、兴趣爱好、学习优势与不足等方面的情况。例如，有些学生可能更倾向于视觉学习，而另一些学生可能更为偏好口头教学。了解这些差异可帮助教师制订更有针对性的教学计划，满足学生个性化的学习需求。

2. 差异化教学设计

在了解学生的个性差异和学习差异后，教师可以根据这些差异进行差异化教学设计，以满足不同学生的需求。例如，在英语课堂上，针对视觉学习者，教师可以运用图表、图片、视频等形式呈现课程内容；对于口头学习者，教师可以组织口语对话练习和小组讨论。这样的差异化设计可以更好地满足不同学生的学习需求。

3. 提供个性化的学习资源和反馈

根据学生的不同学习需求和个性差异，教师可以为他们提供个性化的学习资源和反馈，可以更有效地帮助他们发现自身学习中的不足，并指导他们进行针对性的改进。教师事先通过学生问卷、个别对话等方式观察了解学生的学习风格和水平的差异。在教学设计上，教师根据学生的差异性，灵活调整了教学内容和教学方法。对于口头学习者，教师设计口语练习游戏；而对于视觉学习者，教师为他们提供了视觉化的学习资源，并进行了多媒体呈现。同时，教师为每位学生制定了个性化的学习目标和计划，并通过定期反馈和指导来跟踪学生的学习进度。教师还提供了个性化的额外练习和资源，以满足不同学生的学习需求。

（六）教学节奏的调控

教学节奏调控是指教师根据学生的学习进度和反馈，合理安排教学时间和进度，保持课堂活动的紧凑性和连贯性。这种调控技能可以通过时间管理的调控、教学步骤的调控和学习资源的调控等方式实现。教师需要合理安排教学内容的顺序和时间分配，以确保学生能够跟上课堂进度，并在限定的时间内完成学习任务。同时，适当的节奏还能够保持学生的专注度和兴趣。

1. 时间管理的调控

教师需要精确安排教学活动的时间，以确保学生有足够的时间进行学习和实践，并避免遗漏关键内容。在进行听力训练时，教师可以采用分层式时间分配。例如，在一个听力训练活动中，首先给学生播放一段录音，接着安排一段时间供学生听和回答问题，然后进行答案讲解和总结。这样的时间分配可以确保学生有足够的时间仔细倾听和思考问题，提高他们的听力理解能力。

2. 教学步骤的调控

教师应根据学生的学习进度和理解程度，以及实时的课堂反馈，对教学步骤和要求进行灵活调整。例如，在教授新的语法知识时，如果学生在理解概念上出现困难，教师可以增加例句演示和练习的时间，同时提供更多的互动和解释。这样可以确保每个学生都有机会充分理解和掌握新的语法知识。

3. 学习资源的调控

根据学生的需求和学习进度，教师应选择合适的学习资源，以帮助学生更好地学习和巩固知识。例如，在学习英语写作时，教师可以为学生提供与写作结构和技巧相关的参考资料和书籍。这些资料包括写作范文、写作指南、学习笔记等，学生可以根据个人需求选择适合自己的学习资源，提高写作能力和素质。

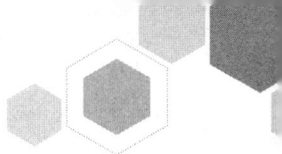

三、调控技能的类型

英语教学中的调控技能可以分为语言调控技能、课堂行为调控技能和元调控技能三种类型。

（一）语言调控技能

善于使用语言调控的教师可为学生创造一个在具体语境中学习英语的机会，良好的语言调控能够使课堂内容更加生动有趣。教师可以运用各种语言表达技巧和语言游戏，增加互动和参与度，从而激发学生的学习兴趣，使积极参与课堂活动。通过语言调控，教师可以引导学生在不同的语言交际情境中学会适当地运用英语，表达自己的思想和意见，并与他人进行有效的沟通。

语言调控不仅仅是教师对学生的引导和指导，还要鼓励学生主动参与和思考。教师可以通过提问、让学生对话、组织小组活动等方式，帮助学生培养自主学习能力，提高他们的语言学习效果。语言调控技能主要体现在以下的语言表达技巧：

1. 鼓励技巧

教师通过给予学生积极的反馈和肯定，激发学生的自信心和学习热情。当学生取得出色的成绩或进步时，教师可以给予肯定的鼓励。这种积极的反馈有助于学生树立自信心、增强学习动力，帮助其更加积极地投入学习中。

2. 提问技巧

通过提问来引导学生思考和参与课堂讨论。开放性问题可以激发学生的创造性思维，引导他们从不同的角度思考问题。封闭性问题可以检查学生对特定知识点的掌握情况。巧妙的提问可以激发学生的好奇心，促使他们主动思考和表达观点。

3. 解释技巧

教师在教学过程中需要使用清晰、简洁的语言和实际的例子来对知识进行解释，帮助学生更好地理解和消化所学的内容。通过生动的例子和比喻，学生更容易理解抽象的知识点，加深记忆。

4. 示范技巧

通过教师的示范，学生可以更直观地了解正确的学习技能、表达方式等。例如，教师可以示范正确的发音、口语表达或写作技巧，以及解题思路等，从而引导学生模仿和学习。

5. 概括技巧

教师通过总结和概括知识点的关键内容，可以帮助学生理清思路和把握重点。教师可以引导学生进行概括性总结，帮助他们归纳所学知识，从而更好地理解和记忆课程内容。

（二）课堂行为调控技能

课堂行为调控技能帮助教师有效地控制课堂秩序，确保学生能够专注于学习，鼓励学生积极参与课堂活动，提高互动与合作的氛围。教师可以了解学生的学习需求和兴趣，有针对性地分配任务和活动，提供不同难度的学习材料或辅导，及时提供具体反馈和评估，帮助学生了解自己的学习进展和需要改进的方面。通过以下课堂行为调控技巧，教师可以有效地管理课堂，提高学生的学习效果。

1. 组织技巧

合理安排学习活动和教学内容，使课堂教学达到预期效果。教师可以提前准备好教学材料，清晰地安排课堂教学的步骤和时间分配。

2. 反馈技巧

及时给予学生学习反馈，帮助他们了解自己的学习情况，及时调整学习策略。教师在课后可以对学生的学习情况进行评价和反馈。这可以通过作业、测验和口头评价等方式实现。教师可以指出学生的学习表现，并提供具体的建议，以便学生加以改进。

3. 管理技巧

教师应建立明确的纪律规则和课堂规范，要求学生遵守。教师还需要保持良好的师生关系，与学生进行良好的沟通和互动，建立互相尊重和信任的关系。当学生在课堂出现不当行为或冲突时，教师应及时处理，采取适当的措施，以维护课堂秩序和和谐的学习氛围。有效管理课堂秩序，可以确保学习环境安静、有序，提高学习效率。

4. 激励技巧

教师通过不同形式的激励手段，调动学生学习动力，促使他们积极参与课堂活动。例如，教师可以设置奖励机制，给予学习优秀的学生表扬和奖励，激励其他学生更加努力；或者通过布置有挑战性的任务和活动，激发学生的竞争心理，提高他们的学习积极性。

5. 指导技巧

教师通过给予学生指导和建议，帮助他们规划学习步骤和对策，解决学习中的困惑和问题。教师可以提供学习方法和技巧，引导学生制订学习计划和合理安排时间，帮助他们更好地掌握英语知识。

6. 互动技巧

教师可以通过创设师生互动性的教学环境和活动，激发学生的学习兴趣，提高学生的学习参与度。通过鼓励学生间的互动和合作，创造积极的学习氛围，促进知识的共享和交流。教师可以设置小组活动，让学生在小组中互相讨论和合作解决问题，提高他们的团队合作能力和沟通能力。

7. 导向技巧

通过引导学生思考和表达，促使他们主动参与课堂教学，发展自主学习能力和批判性思维。教师可以引导学生讨论和分析不同观点，培养他们的思辨能力和分析能力。

（三）元调控技能

元调控技能的本质是教师对于教学环境和教学资源等客观因素的调整和运用，以最佳方式促进有效的教学过程。通过适当的元调控技能，教师可以创造一个有效的学习环境，提供合适的教学资源和时间，设定明确的学习目标，从而增强学生的学习动机和参与度，提高教学效果。

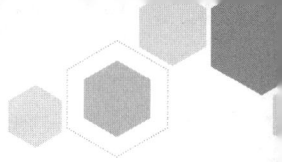

1.学习环境的调控

教师可以通过创造良好的学习环境来促进有效的教学。这包括确保教室整洁和安静，准备必要的教学材料和资源，提供舒适的座位以促进学生专注于学习。教师通过合理布置教室、创设良好的学习氛围和气氛来调控学习环境。例如，教师可以安排有趣的装饰和学习材料，使学生能够在舒适、温馨的环境中学习。

2.教学资源的调控

教师可以根据教学目标和学生的学习需求，恰当地选择和调整教学资源。这包括教科书、多媒体课件、实物示范等，以及与学习主题相关的图片、视频和音频等。通过有效地利用教学资源，教师可以增强教学的吸引力和有效性。

3.时间的调控

教师需要合理安排教学时间，使得学习和教学活动的安排紧凑有序。对于不同的教学内容和任务，教师可以根据学生的学习进度和需要，决定时间的分配和调整，以确保学生有足够的时间理解和掌握知识。如果一个语法点很难理解，教师可以给予更多的时间来解释和练习。而对于简单的内容，教师可以快速复习，加强知识巩固。

4.学习目标的调控

教师需要明确设定学习目标，并根据学生的学习水平和能力适当调整目标的难度和挑战程度。教师可以将目标具体化，明确指定学生需要掌握的具体单词数量、使用目标单词的语法结构或句型，并明确学生需要具备的能力水平，也可将大的学习目标分解为小的子目标，以便学生可以逐步达到目标。通过准确设定学习目标，教师可以引导学生朝着明确的方向努力，帮助他们更好地理解和掌握知识。

四、调控技能的使用策略

使用调控技能时应注意使用策略。策略可以帮助教师有意识地选择适当的调控技能来实现目标，使调控技能更加灵活地适应不同的教学场景和学生需求，确保教学的有效性和效果。教师可以对调控技能进行规划和整合，使其形成一个系统性的教学方法和框架，提高教学的一致性和连贯性。

（一）目标导向策略

目标导向的调控策略是在英语教学过程中，教师明确教学目标并确保教学过程和学习成果的一致性。这意味着教师需要在教学前明确预期学生在课堂结束时应该掌握的知识、技能和能力。教师应根据学生的年龄、水平和需求调整设定合适的目标，并确保教学过程紧密围绕这些目标展开。

以口语教学为例，教师的目标是让学生能够流利地进行英语口语表达。在设定这一目标后，教师可以通过多种教学方法和活动来达到这一目标。教师可以组织学生进行角色扮演活动，让他们在模拟真实场景中进行对话，从而提高他们的口语流利度。教师还可以通过听录音、观看影片等方式为学生提供大量的英语口语材料，让他们模仿、练习并逐渐掌握口语表达的技巧。在教学过程中，教师需要不断检查学生的口语表达情况，并提供及时的反馈和指导作为调控手段，确保学生朝着预期的目标不断努力和进步。

在目标导向的调控策略下，教师还可以根据学生的不同需求和水平差异调整设定不同的目标。例如，在教授写作技能时，教师可以根据学生的水平设定不同的目标。对于初学者，目标可以是能够正确使用基本的句型和词汇进行简单的写作；而对于高级学生，目标可以是能够运用各种复杂的句型和词汇进行有逻辑性和连贯性的写作。通过设定明确的目标，教师能够更好地指导学生的学习，并帮助他们取得更好的成果。

例如，教师打算在一个英语课堂上教授学生如何讲述自己的周末活动，设定了以下目标：

①学生能够使用正确的句子结构描述自己的周末活动。

②学生能够使用适当的词汇和表达方式。

③学生能够流利地讲述并能够回答相关问题。

在教学过程中，教师需要针对不同语言水平的学生调整相对应的目标，进行相关的听说读写练习，并提供相应的指导和反馈，确保学生在课堂结束时达到预期的目标。

（二）激发兴趣策略

激发兴趣是调控技能的策略之一。调控技能是指教师在教学过程中有效地管理和引导学生的学习，使他们达到预期的学习目标。而激发兴趣是其中的一项重要的调控策略，通过增加学生的学习动机和参与度，使他们更积极地投入学习中。

激发兴趣可以帮助学生更好地处理学习任务，并提高他们的学习效果。当学习变得有趣和有意义时，学生会更愿意投入时间和精力去学习，从而更好地掌握所学的知识和技能。而教师在激发学生兴趣方面起到了关键的作用。通过激发兴趣，教师可以调整教学环境和教学方法，以创造有趣的学习氛围，增加学习的乐趣。教师可以运用游戏化教学的方法，设计有趣的课堂活动，如角色扮演、团队竞赛等，让学生在游戏中体验到学习的快乐，同时提高他们的学习动机和合作能力。

激发兴趣还可以帮助学生形成积极的学习态度和学习习惯。当学生对学习有兴趣时，他们会更主动地学习探索知识，而不仅仅是在教师的指导下被动接受知识。他们会积极参与学习活动，提出问题，思考和探索解决方案，从而培养了自主学习和问题解决的能力。例如，在教授英语词汇时，教师可以使用游戏化教学的方法来激发学生的兴趣。教师可以设计一些词汇游戏，如词汇大挑战、词汇接龙等。学生在游戏中通过竞争和合作的方式来记忆和巩固词汇，增加了学习的趣味性和参与度。此外，教师也可以使用多媒体，如图片、视频等来展示有趣的词汇故事或情境，引起学生的兴趣和好奇心，让他们更主动地学习和掌握词汇。

在教授听力技能时，教师可以创设情境来激发学生的兴趣。例如，教师可以组织学生进行角色扮演，创造出一个真实的听力场景，如在餐厅点餐、在旅游中询问路线等。学生在扮演不同的角色时需要倾听并理解对话内容，这样能够增加学生的动机和兴趣。此外，教师也可以使用具有情感色彩的音频材料，如有趣的故事、幽默的笑话等，使学生更愿意去聆听并理解其中的细节。

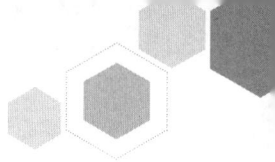

（三）差异化策略

差异化调控策略是指根据学生的个体差异和学习需求，采取不同的教学方法和策略，以满足每个学生的学习需要并促进他们的学习进步。以下是一些常见的差异化调控策略：

1. 分组教学

教师可以根据学生的学习水平、兴趣或学习风格将学生分组，使每个小组的成员具有相似的能力和需求。通过分组教学，教师可以提供针对性的教学，更好地满足每个小组学生的学习需求和水平。

2. 资源分配

教师可以根据学生的学习能力和需求，为每个学生提供适当的教学资源。对于学习进展较快的学生，教师可以提供更多具有挑战性的学习材料和任务；对于学习进展较慢的学生，教师可以提供更多的支持和辅导，以帮助他们缩小学习差距。

3. 不同的教学策略

教师可以根据学生的学习需求和个体差异，选择不同的教学策略。例如，在教授词汇时，对于视觉学习者，教师可以使用卡片或图片展示词汇；对于听觉学习者，教师可以播放录音或使用多媒体资源进行听力训练。这样可以更好地满足学生的学习方式偏好。

4. 个性化指导和反馈

教师可以提供个性化的指导和反馈，根据学生的学习水平和需求进行定制。这包括针对性的示范、指导和适时的反馈，以帮助学生理解和巩固知识，纠正错误，并提供进一步的学习支持。

5. 学习合同和学习计划

教师可以与学生制定学习合同或学习计划，明确学习目标和策略。学习合同可以使学生参与到目标制定和评估中，激发他们的主动性和自主性，同时也使教师能够更好地调控学生的学习过程和监督学习进展。

差异化调控策略旨在根据学生的个体差异和学习需求，提供个性化的指导和支持，使每个学生能够在适应自己的学习节奏和方式下取得学习进步。差异化调控策略需要教师不断观察和评估学生的学习进展，了解他们的学习特点和潜力。基于这些信息，教师可以调整教学中的内容、方法和资源，以更好地满足学生的需求和迅速响应他们的学习进展。此外，差异化调控策略也需要鼓励学生之间的合作和互助。教师可以促进学生之间的合作学习，在小组中进行互助和相互教学，使学生能够相互借力和提供支持，共同进步。

（四）教与学的平衡策略

教与学的平衡调控策略是指教师在教学过程中，根据学生的学习需求和能力，灵活地调整和平衡教学的内容、方式和节奏，以促进学生的主动学习和自主发展。教师可以通过以下措施尝试调控教与学的平衡：

1. 创设适应性的学习环境

教师应创建一个积极和支持性的学习环境，鼓励学生充分参与学习，并给予安全感和支持。同时，教师也应提供充足的学习资源和教具，以支持学生的自主学习和探索。

2. 个体化的学习目标

教师应根据学生的能力和学习需求，设定个体化的学习目标。这些目标应具有挑战性和可达性，使学生能够在适宜的学习水平上取得进步，并激发自信和动力。

3. 引导与授权的平衡

教师在教学过程中，应既发挥指导的作用，又给予学生一定的自主权和选择权。教师可以在提供清晰的学习指导的同时，鼓励学生主动思考、探索和解决问题。这种平衡可以激发学生的创造力和独立思考能力，并培养他们的自主学习能力。

4. 不同教学方法的灵活运用

教师应根据学生的学习需求和学习风格，灵活运用不同的教学方法和策略。教师可以通过讲解、示范、讨论、合作学习等多种方式来传授知识和技能，以满足不同学生的学习需求。

5. 反馈与评估的平衡

教师在教学过程中应定期提供及时有效的反馈，帮助学生认识到自己的学习进展和改进方向。教师还应通过不同形式的评估，如自我评估、同伴评估和教师评估，全面了解学生的学习情况，并根据评估结果进行相应的调整和指导。

6. 时间和任务管理

教师在组织教学时需要合理安排时间和任务，确保学生有足够的时间来完成学习任务。教师应根据学生的学习进展和能力水平，调整任务的难度和复杂性，确保任务既具有挑战性又可完成。

教与学的平衡调控策略能够更好地满足学生的学习需求，为其提供个性化的学习体验，并培养学生的自主学习能力。这种平衡调控可以激发学生的学习动机和兴趣，提高学生的学习效果和学习成就。

（五）反馈与评价策略

反馈与评价的调控策略是指教师及时给予学生反馈和评价，帮助他们认识自己的学习进展和问题，并提供相应的指导和支持。教师应该及时给予学生鼓励和肯定，同时指出他们的错误和疏漏，以促进他们的进步。当涉及反馈与评价时，教师应采取一系列调控策略来确保有效性和公正性：

1. 及时有效的反馈

教师应及时提供反馈，确保学生能够迅速了解自己的学习进展和错误。这可以通过口头或书面的方式来进行，例如针对学生的作业、考试或课堂表现进行评价和反馈。同时，教师可使用具体的例子和建设性的建议来帮助学生理解问题所在并提供解决方案。

2. 多元化的评价方式

教师应采用多种方法来评估学生的学习成果。这包括笔试、口试、作品展示、小组合作项目等。通过使用不同的评估方式，教师可以更全面地了解学生的知识和能力，减少单一测试对学生的评价局限性。

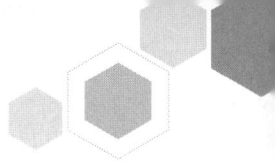

3. 引导学生自我评估

教师可以鼓励学生参与自我评估过程，让他们能够反思自己的学习进展、强项和改进点，以及设定明确的学习目标。学生通过参与自我评估，能够更深入地了解自己的学习需求，同时培养自我认知和自主学习的能力。

4. 同伴评估

教师可以组织同学之间的互相评估，让学生学会关注和尊重他人的学习成果。同伴评估可以促进学生之间的合作和交流，同时提供不同视角和反馈，有助于学生更全面地了解自己的学习情况。

5. 透明与公平的评价标准

教师应向学生明确指出评价标准，确保评价的公平性和一致性。评价标准应该具体明确，让学生清楚知道评估标准是什么，从而能够更好地调整学习策略和提升学习效率。

6. 个性化反馈

教师应针对每个学生的需求提供个性化的反馈。这意味着教师不仅要关注学生的错误和缺点，还要认可和强调他们的优点和进步。个性化的反馈可以激发学生的积极性和自信心，帮助他们建立积极的学习态度和成长心态。

7. 激发自主学习与反馈

教师应鼓励学生参与自主学习和主动寻求反馈。这意味着教师不仅是反馈的提供者，更是学生学习过程的指导者。教师可以引导学生建立自主学习的习惯，鼓励他们主动寻求反馈，并帮助他们学会从反馈中提取有益的信息，进一步完善自己的学习。

通过巧妙运用各种调控策略，教师能够更有效地促进学生的自主学习和自我发展，培养他们的学习动机和学习态度，营造积极的学习氛围，帮助学生进一步提升学习成绩和学习能力。

五、调控技能教学设计

调控技能教学设计是指在教学过程中，教师对学生的学习进行调控和指导，以促进学生的学习和发展。在进行调控技能教学设计时，教师应关注设计要点和设计原则。

（一）调控技能设计要点

1. 教学目标与学习者需求匹配

教师应该根据学生的学习需求和水平确定教学目标。这需要教师充分了解学生的背景知识、学习风格和学习目标。只有通过与学生进行有效的沟通和交流，教师才能了解学生的需求，并根据他们的需求制定合适的教学目标。确定教学目标时，教师应该考虑学生的语言水平、学习能力和学习目的。

通过清晰明确的目标，教师能够有针对性地选择合适的教学方法和教材，以满足学生的学习需求。同时，教师可以通过对学生的学习表现和反馈的观察，及时调整教学策略，以帮助学生更好地达到预期的学习目标。教学目标与学习者需求的匹配是个体差异化的体现。每个学生都有自己独特的学习需求和学习风格。教师应该尊重学生的个体差异，并根据学生的不同需求设定个性化的目标。这有助于激发学生的学习热情和动力，促进他们的主动参与和积极学习。

2. 调整教学策略和方法

教师在设计调控技能时，要先明确教学目标和学习内容。教学目标应该明确、具体，并能对学生的学习产生积极的影响。学习内容应该与教学目标相匹配，并能够引发学生的兴趣和激发他们的学习动力。

教师应该了解学生的学习特点和需求，包括他们的语言水平、学习风格、兴趣爱好等。根据学生的特点和需求，教师可以灵活选择适合的教学策略和方法，以更好地满足学生的学习需求；采用多样化的教学策略和方法，以适应不同学生的不同学习风格和能力水平。通过灵活地运用不同的教学策略和方法，可以提高教学的多样化和适应性。

教师还应注意利用教学资源和技术支持来增强教学效果。可以使用教学软件、多媒体教具、网络资源等来丰富课堂内容，提供更多的学习机会和资源。同时，在教学策略和方法的选择中，也要充分考虑到教学资源和技术支持的可行性和适用性。

在实施调控技能时，教师应通过及时的反馈来了解学生的学习情况和效果。根据学生的反馈和表现，教师可以及时调整教学策略和方法，以更好地满足学生的需求和促进学习进步。

3. 引导学生积极参与学习

教师进行调控技能设计时需要考虑创设积极的学习氛围，通过鼓励和赞赏学生的努力和成就来激发他们的自信心和学习动力，引导学生主动参与学习，在教学过程中给予他们适当的自主学习的机会。

教师应该采用互动式的教学方法，促进师生之间的互动和学生之间的合作，充分利用多种教学资源和工具，如多媒体教具、教学软件、实地考察等，来激发学生的学习兴趣和积极参与。

此外，教师应该给予学生个性化的指导和反馈，确保他们得到适当的支持和引导。根据学生的不同需求和能力水平，教师可以提供差异化的学习任务和辅导，帮助每个学生参与到学习中，并根据学生的学习表现及时给予积极的反馈和鼓励。

4. 提供及时的反馈和评价

在进行调控技能设计时，教师应注意设置及时的反馈和评价。教师可以尝试不同的调控策略来达到目标。通过及时的反馈，教师可以了解在特定情境下采用的策略的效果，在以后的实践中做出更明智的选择。从学生的角度看，通过及时的反馈，教师可以帮助学生识别并理解他们的错误或问题，并提供解决方案或建议。

及时的反馈和评价可以帮助学生了解自己的调控行为、纠正错误或问题，并激发他们的学习动机和自信心。为了实现这一目标，教师可以记录和总结学生的表现并给予具体和个性化的反馈，鼓励同伴评价和合作学习，并利用技术工具进行即时反馈。

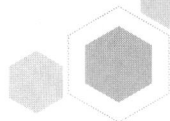

5.引导学生反思和总结

教师应该引导学生对学习过程进行反思和总结，帮助他们提高学习的效率和质量。教师可以提供多种机会让学生进行反思和总结，例如课堂讨论、写作任务、小组项目或个人反思日志，这样可以满足不同学生的学习风格和需求，促进对知识的深化和应用。

教师应帮助学生改善他们的反思和总结技能，提供及时和有针对性的反馈。这可以是教师的反馈、同学之间的合作反馈，或者使用自评工具得到的反馈。鼓励学生将他们的反思和总结应用到实际生活中，有助于巩固他们的学习并展示其实际应用价值。定期评估学生的反思和总结能力，以便了解他们的进展，并在需要时进行调整和改进教学方法。

（二）调控技能设计原则

1.学生中心原则

调控技能教学设计应该以学生为中心，重视学生的主体地位和参与程度。教师应该根据学生的需求和特点，设计符合学生能力和兴趣的教学内容和活动，激发学生的学习兴趣和积极性。

教师需要了解每个学生的学习需求、能力水平和兴趣爱好。这可以通过各种方式进行，例如调查问卷、个别对话、课堂观察等。通过了解学生，教师可以更好地调整教学内容和方法，以满足学生的学习需求；基于对学生的了解，教师可以根据学生的不同学习风格和能力水平进行个性化教学，可以帮助学生在适合自己的学习环境中更好地发展自己的技能。

调控技能教学设计应该鼓励学生主动参与学习和思考，培养学生的自主学习能力。教师可以采用让学生探索、提问和分享的方式来激发学生的学习兴趣和积极性。同时，教师还可以提供学习资源和指导，让学生自主地掌握知识和技能。调控技能教学设计应该注重提供及时有效的反馈和评估。教师应该给予学生具体明确的反馈，鼓励他们的努力和进步，同时指出需要改进的地方。通过反馈和评估，教师可以了解学生的学习情况，有针对性地调整教学策略，以便更好地满足学生的学习需求。

2.差异化原则

由于学生个体差异性很大，调控技能教学设计应该充分考虑学生的不同学习需求和水平。教师应该给予不同学生不同的指导和支持，以满足他们的学习需求，促进他们的学习进步。具体来说，差异化原则考虑学生在以下几个方面的差异：

（1）学习需求差异化

不同学生在学习上具有不同的需求，一些学生可能需要更多的支持和指导，而另一些学生则可能需要更多的挑战和激励。教师应该了解学生的学习需求，并根据这些需求来调整教学内容和方法，以满足每个学生的学习需求。

（2）学习能力差异化

学生在学习上的能力和水平存在差异，有些学生可能掌握较快，而其他学生可能需要更多的时间和练习。教师应该根据学生的学习能力来设置适当的学习目标，提供相应的指导和支持，并提供不同的学习资源和任务，以促进学生在适应自己能力的同时获得进步。

（3）学习风格差异化

学生在学习过程中有不同的学习风格和偏好，某些学生可能更喜欢听讲，而其他学生则更喜欢进行实践操作。教师应该根据学生的学习风格来灵活运用不同的教学方法和策略，创造多样化的学习环境，使每个学生都能在适合自己学习风格的情境中取得最佳的学习效果。

（4）个性化学习计划制订

为了更好地满足学生的学习需求，教师可以制订个性化的学习计划。这意味着为每个学生制定专门的学习目标、任务和评估标准，并根据学生的学习进展和反馈进行实时的调整和优化，以确保每个学生都能充分发展自己的潜力。

3. 透明性原则

教师应该将教学目标、教学内容和学习要求等信息传达给学生，使学生清楚了解课程目标和学习任务，从而更好地参与和调控学习过程。具体而言，透明性原则包括以下几个方面：

（1）传达教学目标

教师应该明确并清晰地向学生传达课程的教学目标，让学生知道他们将学到什么知识、掌握什么技能，以及通过学习能够达到怎样的学习成果。这样做可以帮助学生理解学习的意义和目标，并激发他们的学习动机和兴趣。

（2）传达教学内容

教师应该向学生传达课程的教学内容，包括教材、学习资源和学习材料等。学生需要了解其中的各个部分和组成要素，以便能够有的放矢地开展学习活动。教师可以提前给学生提供相关的学习材料和阅读材料，或者在课堂上介绍和解释教学内容，以确保学生对学习内容有清晰的认知。

（3）传达学习要求

教师应该向学生传达学习要求，包括学习任务、学习进程和作业要求等。学生需要明确了解每个学习任务的要求和目标，以便能够合理安排自己的学习时间和学习策略。教师可以通过口头或书面方式向学生传达学习要求，并与学生共同制订学习计划和安排进度，以保证学生能够在规定的时间内完成学习任务。

（4）学习过程透明化

教师应该将学习过程中的具体安排和步骤告知学生，让学生了解学习活动的进行方式和学习策略的选择，并指导学生如何有效地组织和管理学习时间，以提高学习效果。教师可以通过讲解、示范、指导和反馈等方式，帮助学生掌握合适的学习方法和技能。

4. 情境化原则

调控技能教学设计应该将学习和实际情境相结合，使学生能够将所学的知识和技能应用到实际生活中。教师可以通过创设情境、模拟实际场景等方式，使学生更好地理解和运用所学内容。具体来说，情景化原则包括以下几个方面：

（1）创设情境

教师可以通过创设情境来帮助学生更好地理解和应用所学的知识和技能。例如，在英语

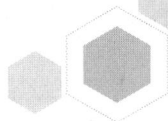

口语教学中，教师可以设计一些真实的情境，如餐厅对话、购物交流等，让学生在模拟情境中进行语言表达和互动，从而提高他们的口语交流能力。通过创设情境，学生可以更加深入地理解语言的实际应用，增强学习的实用性和可操作性。

（2）模拟实际场景

教师还可以通过模拟实际场景来帮助学生将所学的知识和技能应用到实际生活中。例如，在英语写作教学中，教师可以让学生模拟写作各种实际场景，如商务邮件、旅游指南等，以提高学生的写作能力。教师可以提供相关的指导和反馈，在模拟的实际场景中进行练习和实践，让学生逐渐掌握并灵活应用所学知识和技能。

（3）问题解决和探究

情景化原则还可以通过问题解决和探究的方式来促进学生将所学的知识和技能应用到实际生活中。教师可以引导学生提出问题，并通过课堂讨论、小组合作等方式，鼓励学生运用所学知识和技能来解决问题。通过问题解决和探究，学生能够在实际情境中思考和运用所学的知识和技能，增强他们的实际应用能力和创新思维能力。

六、调控技能使用原则

调控技能使用策略指的是教师在课堂中实际运用的方法和技巧，而使用原则提供了一种更宏观的指导性框架。这些原则提供了理论依据和指导方针，有助于指导教师在课堂中运用合适的教学策略和技巧。调控技能的使用原则包括以下几点：

（一）灵活性

调控技能需要教师保持灵活性，随时做出教学调整，以适应学生的需求和课堂的实际情况。教师可以根据学生的个体差异，调整教学方法和资源，以满足不同学习风格学生的学习需求。

教师应该根据实际情况，灵活调整教学进度。有时候，学生可能需要更多时间来消化和掌握知识，而有时候可能会出现某个课程内容学习得更快的情况。教师可以根据学生的学习进度，适当地调整课程安排和内容深度，确保学生在学习过程中不感到超负荷。

观察和注意学生的课堂反馈可以帮助教师调整教学方法。反馈可能来自课堂讨论、学生的提问、课堂作业等。如果学生对某一概念理解困难，教师可以尝试重新解释或者提供更具体的例子。如果学生对一个话题表现出特别浓厚的兴趣，教师可以充分利用这个兴趣，让学生更深入地学习这个话题。

教师需要灵活地适应学生的个体差异和课堂实际情况，随时调整教学方式和教学计划，确保学生能够获得积极的学习体验和良好的学习效果。

（二）个性化

教师应当根据学生的不同特点和学习需求，灵活运用调控技能。个性化的教学调控需要建立在了解学生的学习需求和倾向的基础上，教师可以为学生制订个性化的教学计划，提供多样化的学习资源，让学生根据自己的学习方式和喜好进行选择。同时，允许学生按照自己的方式展现知识和能力，减少标准化考试对学习的限制，为学生提供展示自我的机会。在课堂之外，根据学生的特点提供有针对性的个性化辅导和学术支持。

（三）时间管理

在运用调控技能时，教师需要合理安排教学活动的时间，确保学生有足够的时间进行学习和实践。教师应根据学生的能力和学习需求来分配教学任务，确保任务难度恰当，可以引起学生的兴趣并促进他们的学习。同时，教师还应考虑到任务的顺序和时间安排，有利于教学上的时间调控。教师还需要预防过长或过短的时间分配，以确保教学效果和学生的学习体验。通过充分利用教学资源以及培养良好的时间管理习惯，教师可以确保教学效果和学生的学习体验，同时提高自己的工作效率。

（四）多元化

教师在调控技能的使用上应采用多元化的教学方法和策略，以满足不同学生的学习需求，包括视觉学习者、听觉学习者和动觉学习者等。灵活地使用不同的调控技能有助于吸引学生的注意力，提高学习效果。对于视觉学习者，教师可以采用图表、图片、演示等方式来呈现知识，从而帮助他们更好地理解和吸收所学内容。对于听觉学习者，教师可以采用讲解、讨论、听力练习等方式来传达知识，满足他们通过听觉方式学习的需求。而对于动觉学习者，教师可以引入实践性的活动、小组合作项目，或者实际操作和实验等，让他们通过动手实践来加深对知识的理解和掌握。

除了考虑不同学习者类型的需求外，教师还应考虑到学生的个体差异和学习风格。通过灵活运用调控技能，教师可以更好地识别学生的学习需求，更有针对性地进行教学设计和指导，从而帮助他们取得更好的学习成效。同时，多元化的教学方法和策略也有助于激发学生的学习兴趣，提高他们的学习动机，促进他们在课堂中的积极参与和思维发展。

（五）及时反馈

在使用调控技能的过程中，教师需要及时对学生的学习情况进行观察和反馈，从而及时调整教学过程，满足学生的学习需求和提高教学效果。同时，教师还应鼓励学生主动反馈自己的学习情况，形成良好的师生互动氛围，共同促进教学相长。

以上原则可以指导教师在英语教学中灵活、多元化地运用调控技能，从而更有效地激发学生的学习兴趣和帮助其提高英语水平。

七、调控技能评价

英语课堂调控技能的评价取决于多个因素，例如教师的专业知识和教学经验、学生的参与程度、教学资源的支持等。对调控技能进行评价不仅要考虑调控技能的要素，还需要从教学资源利用等几个方面进行定量与定性评价。

（一）教学目标的设定和达成情况评价

评估教师针对课堂教学所设定的教学目标是否明确、具体、可操作，评估教学目标是否与学生的学习特点和需求相匹配。教学目标应该能够明确指导学生的学习方向，并让学生清

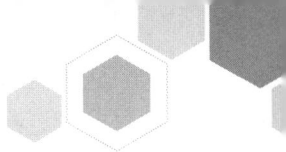

楚地知道他们需要达到什么样的学习成果。评价可以通过观察学生在学习活动中的表现来进行，通过观察学生的学习表现、听取他们的回答、收集作业、听取他们的演讲、评估他们的作品等方式进行评价。评价结果可以为教师提供反馈，指导其调整目标设定的方式和内容，进一步提高教学效果。

综合评价可以结合以上几个方面，综合考虑目标设定的明确性、合理性和学生目标的达成情况，以全面了解教师的目标设定和学生的目标达成情况。

（二）教学方法的运用和有效性评价

评估教师是否能够灵活运用多种教学方法，以满足学生的学习需求。教师应能够根据不同的学习内容、学生的学习风格和程度，选择适合的教学方法，如讲授、讨论、小组合作等。评价侧重于观察教师在教学中运用不同的方法，以及是否针对学生的不同学习需求进行差异化的教学方式。

学生的参与度是评价教学方法有效性的重要指标之一。通过观察学生的回答、提问、参与小组合作等方式，评估教师是否能够激发学生的学习兴趣，提高学习的积极性。

教师应该能够根据学生的学习差异，调整和改进教学方法，以适应不同学生的学习速度、语言能力和学习风格。评价时可以观察教师是否能够根据学生的不同学习特点和需求，灵活运用不同的教学方法。

评估教师使用的教学方法可以考察学生在教学方法引导下的学习成果，例如能力的提升、知识的掌握、兴趣的培养等。教学方法的效果需要根据学生的学习表现和学习成果来进行客观评估。

评价教师调控教学方法的运用和有效性可以通过直接观察课堂教学情况、收集学生的反馈、采取问卷调查等方式进行。教师也可以进行自我评价和反思，结合学生的学习成果和反馈意见，及时调整教学方法以提高教学效果。

（三）学生参与度评价

评估教师在课堂上的引导和激励学生积极参与的能力。通过观察学生回答问题的情况、发言频率和内容、参与小组讨论的程度等，来评价学生的参与度。参与度高的学生会主动提问、回答问题、发表意见，并积极与教师和其他学生进行互动。

评估教师是否能够通过教学方法和教材安排，激发学生的学习兴趣和主动性。学生的学习兴趣对于参与度的提高至关重要。可以通过观察学生的表情、态度、参与学习活动的热情等来评估学生的学习兴趣。

评估教师是否能够创造积极的学习氛围，鼓励学生彼此尊重和支持，促进合作学习。可以通过观察学生之间的交流和合作、班级中的互动氛围等来评估班级氛围。

（四）课堂管理及秩序维护评价

评估教师在课堂管理中的组织能力，包括上课前的准备、教学材料的安排、活动的安排等。评价时可以观察教师在课堂上是否能够有序地进行教学活动，是否能够合理安排时间和任务，以及教师是否能够有效利用教学资源。

评估教师对学生行为的管理能力,包括规则制定、行为引导、纪律维护等方面。评价时可以观察教师是否能够建立积极的学习氛围,设定明确规则和要求,并引导学生按照规则行为。此外,还可以观察教师对于学生行为问题的处理方式是否及时、公正。

评估教师与学生之间的互动和关系。评价时可以观察教师是否能够与学生建立良好的师生关系,是否能够关心和理解学生的需求,以及是否能够积极参与和支持学生的学习。

评价教师对课堂秩序的维护能力,包括学生之间的互动、学生的注意力和专注度、学习时间的分配等。评价时可以观察教师是否能够通过适当的方式和手段,维持课堂的秩序和纪律。

(五)差异化策略评价

评估教师是否能够充分了解学生的学习需求和特点。教师要能够通过观察、交流和评估等方式,了解学生的学习水平、学习风格、学习兴趣和学习困难等方面的信息。评价时可以考察教师是否能够收集和分析学生的个体差异信息。

评估教师是否能够根据学生的个体差异,灵活地运用不同的教学策略和方法。教师要能够根据每个学生的学习需求,提供个性化的教学,如根据学生的学习风格设计不同的活动、项目或任务,或者利用多媒体教材、学习工具、辅导材料等来支持学生的学习。评价时可以观察教师在课堂上的教学策略和方法是否能够满足学生的个体差异需求。

评估教师调控差异化策略的效果,即学生在教师差异化策略的指导下是否能够获得更好的学习成果。评价时可以采用多种方式,如观察学生的学习表现、考察学生的作业、进行小组讨论或个别口头表达等,来评估学生在差异化教学下的学习成果。

听取学生的反馈和意见,了解他们对教师差异化策略的体验和评价。可以通过问卷调查、访谈或小组讨论等方式收集学生的反馈,以了解他们对所获得的教学支持和差异化策略的感受。

(六)教学节奏评价

评估教师对教学内容的组织和安排,以确保合理的教学进度。教师应该在规定的时间内覆盖教学内容,同时避免过快或过慢的进度。评价时可以观察教师在课堂上的时间安排,看其是否合理利用教学时间,以及是否能够根据学生的学习表现和理解情况调整教学节奏。

评估教师安排教学活动的时长是否适当。教师需要根据教学内容和学生的学习需求来合理安排教学活动的时长。评价时可以考察教师对课堂活动时间的掌控,看其是否能够充分把握时间,确保每个教学活动都有充分的时间进行。

评估教师是否给学生足够的时间进行互动和思考。良好的教学节奏能够在适当的时机给予学生思考和交流的时间,以促进他们更好地理解和参与学习。评价时可以观察教师是否安排适当的思考和交流机会,并考察学生在这些时间段内的参与度和思考水平。

评估教师和学生在课堂上的时间管理能力。教师需要掌握好时间,确保教学活动按计划进行。同时,学生也需要学会合理分配时间,保持专注和参与度。评价时可以观察教师和学生在课堂上的时间利用情况,以及他们的时间管理能力。

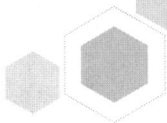

（七）教学资源利用评价

评估教师选择教学资源的能力。教师要能够根据教学内容和学生的学习需求，选择合适的教材、多媒体工具、辅助教具等资源。评价时可以考察教师在课堂上使用的教学资源的适应性和有效性。

评估教师是否能够充分利用教学资源，发挥其最大的效用。教师应该熟练运用教学资源，让学生主动参与学习、提高学习效果。评价时可以观察教师在课堂上对教学资源的使用情况，看其是否能够充分利用资源进行教学。

评估教师是否能够及时更新教学资源，追求教学的创新和多样性。教师应该关注最新的教学资源和教学方法，并不断更新和调整自己的教学资源。评价时可以观察教师是否在教学

（八）学生学习成果评价

评估学生在教师调控下对英语知识的掌握情况。可以通过课堂测验、作业、考试等方式评价学生对英语知识点的理解和应用能力。

评估学生在教师调控下的语言技能发展情况，在教师调控下对学习策略的运用情况，在教师调控下学习能力的提升情况，包括听、说、读、写技能等。可以通过听力练习的准确度、口语表达的流利度、阅读理解的准确度和写作的表达能力等方面进行评价。

评估学生通过教师的引导和指导，是否能够积极运用各种学习策略，如记忆、组织、思维等，提高学习效果。

通过观察学生学习的自主性、解决问题的能力、批判性思维能力等方面，评估学生在教师调控下学习能力的提升。

评估学生在教师调控下的学习兴趣和参与度。通过观察学生对学习的积极性和投入度，以及他们对英语学习的兴趣是否得到调动和激发，评估学生在教师调控下的学习成果。

（九）教师与学生的互动评价

评估教师与学生之间的沟通是否顺畅、有效。教师应该与学生建立良好的师生关系，与学生进行有效的沟通和交流。评价时可以观察教师是否能够倾听学生的意见和想法，以及是否能够给予学生充分的支持和鼓励。

评估教师是否能够及时获取和回应学生的反馈。教师应该促进学生对教学的反思和自我评价，以帮助学生更好地理解和掌握英语知识和技能。评价时可以观察教师是否能够鼓励学生提出问题和意见，并对学生的反馈进行积极的回应。

评估教师在教学过程中对学生的引导和支持。教师应该提供适当的指导和帮助，帮助学生解决学习问题和困难。评价时可以观察教师与学生的互动情况，观察教师在教学中对学生的指导和支持方式。

评价课堂调控技能涉及教学目标设定和达成情况、教学方法的运用和有效性、学生参与度、课堂管理及秩序维护、差异化策略和教学节奏等方面，同时需要考虑教学资源利用、学生学习成果和师生互动等几个方面。调控技能评价可以通过观察、学生反馈、学习成果等方式进行，以提供有针对性的反馈和改进建议，帮助教师进一步提升调控技能、提高教学质量

和学生学习效果。

表 4-11 为 skill 5 调控技能评价表。

表 4-11 skill 5 调控技能评价表

评价要点	权重	指标	评价内容	权重	得分
教学目标的设定和达成情况评价	15%	1	教学目标是否明确	5%	
		2	教学目标是否合理	5%	
		3	学生目标达成情况	5%	
教学方法的运用和有效性评价	15%	4	方法是否能引发学生参与	8%	
		5	学生的学习成果是否显著	7%	
学生参与度评价	10%	6	学生是否主动提问、回答或参与活动	4%	
		7	是否激发学生兴趣	3%	
		8	是否能创造学习氛围	3%	
课堂管理及秩序维护评价	10%	9	是否能够有序地进行教学活动	5%	
		10	是否能够建立积极的学习氛围	5%	
差异化策略评价	10%	11	是否提供个性化教学或指导	5%	
		12	是否能够满足学生的个体差异需求	5%	
教学节奏评价	10%	13	是否合理利用教学时间	5%	
		14	是否能够根据学生的学习表现和理解情况调整教学节奏	5%	
教学资源利用评价	10%	15	是否能够充分利用教学资源	5%	
		16	是否能够及时更新教学资源	5%	
学生学习成果评价	10%	17	在教师调控下的语言技能发展情况	4%	
		18	在教师调控下对学习策略的运用情况	3%	
		19	在教师调控下学习能力的提升情况	3%	
教师与学生的互动评价	10%	20	沟通是否顺畅、有效	4%	
		21	是否能够倾听学生的意见和想法	3%	
		22	是否能够鼓励学生提出问题和意见	3%	
备注：					
				总得分	

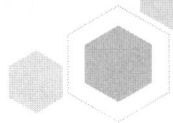

◆ 引导问题答案

1. 在英语课堂中，课堂管理的核心是什么？

在英语课堂中，课堂管理的核心是教师通过组织和调控学生的行为和学习环境，确保课堂秩序良好并有效地进行教学。教师需要制定并实施适当的纪律和规则、确定学生座次和合理布置教室、掌握有效的时间分配和利用方法，以及将课堂管理与教学目标和教学内容进行有机结合。

2. 为什么教师需要及时给予学生反馈？

教师需要及时给予学生反馈是为了帮助他们了解自己的学习进展和问题所在，及时调整学习策略和提高学习效果。通过具体的建议和指导，学生可以明确修正学习方向，提高学习效果。同时，教师的反馈也可以帮助学生制定个性化的学习计划，满足他们的学习需求。

3. 教师如何利用教学方法和策略来提高学生的参与度和学习效果？

教师可以利用各种教学方法和策略来提高学生的参与度和学习效果。例如，通过组织个别讨论和小组活动，让学生在小组内展开讨论并进行角色扮演，激发学生的口语表达能力；利用角色扮演和情景模拟活动，让学生置身于实际情境中，提高实际语言运用能力；利用多媒体和互动工具呈现课件，创设互动性的教学环境，以吸引学生的注意力和兴趣；鼓励学生提问、回答问题和展示自己的观点，创造一个积极的课堂氛围；利用合作学习，让学生在合作中互相学习，提高学生的学习效果。通过这些教学方法和策略，教师可以有效提高学生的参与度，激发他们的学习兴趣，从而提高学习效果。

◆ 再思考

1. 教师如何通过差异化策略调控来满足不同学生的学习需求？

教师可以通过差异化策略调控来满足不同学生的学习需求。首先教师需要了解学生的能力、兴趣、学习风格等方面的个性差异，在设计和实施教学计划时，采取针对性的策略来满足学生的学习需求。对于视觉学习者，教师可以运用图表、图片、视频等多种形式展现课程内容；对于口头学习者，则可以组织口语对话练习和小组讨论。以上策略旨在提供个性化的教学支持和指导，以满足不同学生的学习需求。

2. 如何评估教师的教学方法和有效性？

评估教师的教学方法和有效性需要从多个方面进行考虑，包括教师是否能够灵活运用多种教学方法，学生的参与度，教师是否能够根据学生的学习差异调整和改进教学方法等。可以通过观察教师的课堂教学情况、收集学生的反馈、采取问卷调查等方式进行评估。

3. 如何评估教师对课堂秩序的维护能力？

评估教师对课堂秩序的维护能力需要从多个方面进行考虑，包括教师在课堂管理中的组织能力、对学生行为管理的能力、与学生之间的互动和关系等。可以通过观察教师在课堂上的时间安排，看其是否能够根据学生的学习表现和理解情况调整教学节奏等方式进行评估。

第六节　学习支架建构技能

✳ **本节要点**

1. 学习支架建构的意义

2. 学习支架的构成要素

3. 学习支架建构技能的类型

4. 适时适度使用学习支架

5. 学习支架建构的教学设计

6. 学习支架建构技能的评价

✳ **引导问题**

1. 学习支架建构的核心理念是什么？

2. 教师在建构学习支架时应该做到哪些方面？

3. 在学习支架建构的过程中，如何评估支架设计的有效性？

一、学习支架建构技能的定义

"最近发展区"是维果茨基提出的一个概念，用来描述学生的实际发展水平和潜在发展水平之间的区域。在这个区域内，学生正在发展中，需要适当的学习支架来帮助他们完成任务。学习支架的作用是为学生提供所需的支持和引导，帮助他们逐步发展自己的能力并独立完成任务。

学习支架的建构目标是培养学生的自主学习能力。教师通过提供合适的学习资源和材料，引导学生思考解决问题，解释和澄清知识点，提供实践机会，并适时给予反馈和鼓励，帮助学生逐渐发展自己的学习策略和技巧。随着学生在学习过程中的发展，支架的作用逐渐减弱，学生能够独立思考、解决问题，并在没有外部支持的情况下完成任务。这意味着学生在教师的帮助下成功地穿越了"最近发展区"。

学习支架建构应当以建构学习过程为中心，师生共同参与。教师可以通过激发学生的兴趣和动机，提供有趣和互动的教学资源和活动，帮助学生保持明确的学习方向。同时，教师应根据学生的语言能力选择适合的学习资源和材料，引导学生思考和解决问题，鼓励他们发表观点并培养批判性思维和创新能力。教师还应激发学生的自主性，让他们独立思考、探索和解决问题，提供适当的学习策略和技巧，帮助学生发展自主学习的能力和习惯。同时，教师还应提供适当的支持和反馈，帮助学生克服困难，改进学习效果。

通过提供清晰的学习目标和任务、合适的学习资源、引导学生的思维过程以及给予适当的支持和反馈，学习支架建构可以帮助学生建立坚实的学习基础，提高学习效率和成果，并

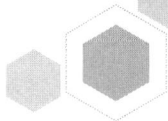

促进学生之间的合作与交流。教师可以组织学生进行小组活动、合作讨论或角色扮演等，增强学生之间的互动和合作能力。

学习支架建构技能的核心理念是"适时适度"。教师需要根据学生的学习状态和需求，及时提供必要的帮助和指导，以及根据学生的学习能力和水平，提供切合实际的支持和引导。适时适度的学习支架可以帮助学生更好地应对学习中的困难，同时培养他们的自主学习能力和问题解决能力。

在课堂上建构学习支架时，教师应该明确学习目标和任务，激发学生的兴趣和动机，提供适应学生能力和需求的学习资源和材料，引导学生的思维过程，提供适当的支持和反馈，并组织学生之间的合作与交流。通过学习支架建构技能，教师可以引导学生从一个辅助的学习状态到一个更为独立的学习状态，实现教与学的共同发展。

另外，在建构学习支架时，教师还应根据学生的认知发展阶段、能力水平和学习需求来选择合适的教学策略和方法。例如，在学习目标和任务明确的基础上，教师可以采用启发式教学法，让学生通过自主探索和发现来构建知识；也可以采用合作学习法，组织学生之间的小组合作，提供互助和支持，促进彼此之间的学习和交流。此外，教师还可以利用技术工具和多媒体资源，为学生提供更丰富和多样化的学习体验，提高他们的学习动机和积极性。

在学习支架建构过程中，教师应注意适应学生的个体差异。每个学生的学习能力、兴趣和学习风格都有所不同，教师需要根据学生的特点和需求来调整支架的形式和程度。有些学生可能需要更多的支持和指导，而有些学生则可以适当地自主学习。教师应密切观察学生的学习表现和进步，及时调整支架的形式和方法，以帮助他们更好地发展自己的潜力和能力。

当然，学习支架建构还需要教师不断反思和改进自己的教学实践。教师应通过评估学生的学习成果和反馈，了解自己的教学效果，并不断寻找和应用有效的教学策略和方法。教师还可以与其他教师进行教学交流和合作，分享经验和教学资源，共同提高学习支架建构的效果和质量。

课堂上建构学习支架时，教师应注意做到以下七个方面。

（1）了解学生学习状态

了解学生的学习状态是教师进行个性化教学的重要基础。学生的学习状态包括学习成就、学习风格和学习困难等方面。学生的学习成就可以通过考试成绩、作业表现、参与课堂讨论等方式来评估。学习风格是指学生的学习偏好和方式，有些学生更喜欢听课，有些则喜欢阅读，了解学生的学习风格可以帮助教师更好地设计教学内容和方法。同时，要了解学生的学习困难，包括学习上的障碍、学习动力不足等问题，这有助于教师及时发现问题并帮助学生解决。

（2）诊断学生学习困难

诊断学生学习困难需要教师具备敏锐的观察力和良好的沟通能力。通过与学生的交流和观察学生在学习中的表现，教师可以发现学生可能存在的学习困难和问题。诊断学生学习困难的目的是找出困难的根源，如学习方法不当、学习态度不佳、家庭环境等原因。只有了解问题的根源，教师才能有针对性地帮助学生克服困难，提高学习效果。

（3）设定学习目标

设定学习目标需要教师结合学生的能力和课程目标进行综合考虑。学生的能力包括认知能力、学习兴趣、学习习惯等方面，需要根据学生的具体情况来设定学习目标。而课程目标则是教师依据课程标准和学科要求确定的。在设定学习目标时，教师应该提出具体、可行的目标，并且能够激发学生的学习动力和兴趣，让学生能够明确自己的学习方向和目标，这有利于提高学生的学习积极性和主动性。

（4）选择具体教学策略和方法

具体教学策略和方法是根据学生的学习状态和目标来确定的。教师可以选择不同的教学策略和方法来满足学生的需求，比如启发式教学法，即通过提出问题或情境来引发学生的思考和探究，激发他们的学习兴趣；问题解决法则是让学生通过解决实际问题来学习知识和技能；而合作学习法则是通过小组合作来促进学生之间的交流和互助，提高学习效果。

（5）提供帮助和指导

提供帮助和指导是教师在学习过程中不可或缺的作用。教师要及时提供必要的帮助和指导，帮助学生解决学习困难，推动他们的学习进程。这包括对学生进行示范性的讲解，提问引导学生思考，给予提示和解释等，以帮助学生明确学习目标，掌握学习方法和技巧。

（6）鼓励学生自主学习和探索

鼓励学生自主学习和探索是培养学生学习兴趣和自主学习能力的重要途径。教师可以通过布置开放性的问题和任务，鼓励学生进行自主学习和探索，让学生在学习中发挥自己的主动性和创造性，培养他们的学习兴趣和学习动力。

（7）调整与撤去学习支架

学习支架的目的是帮助学生提高学习能力和自主学习能力，而不是让学生长期依赖教师的帮助。当学生的学习能力和自主学习能力得到提升时，教师需要适时地调整和撤去学习支架，让学生能够逐渐独立完成学习任务，实现自主学习。

二、学习支架建构技能要素

笔者在《学习支架建构技能训练》（2010）一书中总结了学习支架建构技能的六个要素包括确定学生水平、明确建构任务、适时提供支架、引导学生学习、适度提高层次和撤支架后强化。这些要素共同构成了有效的学习支架建构过程，帮助学生在学习中获得更进一步的发展。

（一）确定学生水平

确定学生的学习水平是教师制订个性化教学计划的重要步骤。通过评估学生的实际发展水平和潜在发展水平，教师可以更好地了解学生的学习需求，从而为他们设定合适的学习目标、提供适当的学习支持和指导。

观察学生在课堂上的表现、作业完成情况、考试成绩等是确定学生实际发展水平的重要

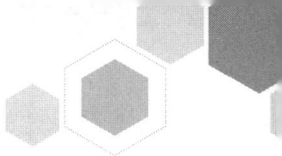

途径。这些数据可以帮助教师了解学生英语学习各方面的掌握程度和存在的问题。例如，观察学生的参与度、专注度和作业完成情况可以帮助教师了解学生的具体学习状况，以此为基础制订个性化教学计划。

同时，考虑学生的兴趣、学习动机和学习能力等潜在因素也是重要的。教师可以通过与学生的交流、心理测试、学习态度和情感指数等方法，更深入地了解学生的学习倾向和潜在发展水平。这有助于教师更全面地把握学生的学习需求和实际情况，为学生提供更贴切的学习支持。

在确定学生的学习起点时，教师需要了解学生的已知和未知领域。已知领域指的是学生已经掌握的知识和技能，而未知领域则是学生需要进一步学习和掌握的领域。了解学生的已知和未知领域有助于教师确定学生的学习起点，以此为依据为学生量身定制学习计划。

基于学生的学习水平和潜在发展水平，教师可以设定适当的学习目标。这些学习目标具有挑战性和可实现性，可以激发学生的求知欲，同时符合学生的实际情况，帮助他们逐步提高自己的能力和知识水平。因此，了解学生的学习水平是教师个性化教学的基础，有助于为学生提供更有效的学习支持并促进其全面发展。

（二）明确建构任务

明确建构任务是教学设计中非常重要的一步，它涉及到确定学生需要掌握的知识、技能或概念，以及相应的教学目标或学习任务。在明确建构任务时，教师需要充分考虑学生的实际发展水平和潜在发展水平，以确定任务的难度和挑战性。

建构的任务应当适应学生的实际发展水平和潜在发展水平，要求既能提供适当的挑战，激发学生的求知欲和探索精神，又不能过于困难，能够让学生在付出努力的同时，通过自己的努力和能力达到目标。任务的难度需要与学生的实际水平相匹配，既不能过于简单以至于无法激发学生的兴趣，也不能过于复杂以至于让学生望而却步。

教师在明确建构任务时必须考虑如何激发学生的学习兴趣和动力，帮助他们更好地理解和掌握知识、技能或概念，同时也有助于提高教学效果和质量。教师可以通过观察学生在课堂上的表现、作业完成情况、考试成绩等实际表现，以及学生的兴趣、学习动机、学习能力等潜在因素，来明确建构任务的难度和挑战性。

因此，建构任务是基于学生的实际水平和潜在能力，为学生设计合适的学习任务和目标，激发其学习兴趣和动力，促进其学习和发展的关键一环。明确的建构任务有利于引导学生的学习，提高教学效果，培养学生的学习能力，有助于教师更好地实施个性化教学。

（三）适时提供支架

在学习过程中，教师需要根据学生的需求和任务的复杂性，适时地提供支架。支架是指为学生提供的各种形式的帮助和支持，以促进学生更好地理解和完成学习任务。支架的形式多种多样，例如提示、解释、示范、建构模型等，旨在降低学习任务的困难程度，使学生能够更好地应对挑战。

适时适地的支架提供是指教师需根据学生的需求和教学环境的复杂性来灵活调整支架的

形式和时机。当学生遇到困难或产生疑惑时，教师需要及时提供支架，帮助他们克服困难、解决问题。例如，可以通过提示学生关注关键信息、提供相关的例子或模型来帮助他们理解概念，或者提供额外的解释和讨论来澄清疑问。

此外，教师还需要根据学生的学习进度和进展情况，适时调整支架的难度和形式，以适应学生的实际需求和能力水平。如果学生已经掌握了某些基本概念，教师可以逐渐减少支架提供的程度，鼓励他们更加独立地完成任务和解决问题。通过适时的支架提供，教师可以更好地满足学生的个性化需求，促进他们的学习和发展。

（四）引导学生学习

在学习过程中，教师的作用远不限于传授知识，更重要的是成为学生学习的引导者和支持者。教师需要积极发挥引导和支持作用，促进学生的思考、探索和解决问题能力的发展。

教师可以通过有启发性的问题来激发学生的思考和探索欲望。这需要问题的设计符合学生的认知水平和实际需求，既能引发学生的兴趣和好奇心，又能引导他们进行深入的思考和探索。教师还需要鼓励学生积极思考，勇于尝试和挑战。学生在思考的过程中，难免会遇到困难和疑惑，这时教师需要给予支持和帮助，引导学生逐步解决问题。

引导学生发现规律和建立概念也是教师的重要任务。教师通过引导学生观察、实验、分析等方式，帮助他们发现事物的规律和概念，同时给予适当的提示和指导，帮助学生逐步建立清晰的概念和认识。此外，提供范例和模板是帮助学生理解解决问题步骤和方法的有效途径。这些范例和模板可以是已经解决的问题、案例分析、模型等，也可以是教师自己设计的模板和框架。通过这些模板和范例，教师可以帮助学生逐步掌握解决问题的方法和技巧，提高他们的学习能力和解决问题的能力。

学习过程中，学生会遇到各种困难和挑战，这时教师需要及时给予支持和帮助，这包括提供必要的资料、工具、资源等，帮助学生克服困难。同时，教师还可以提供必要的指导和建议，帮助学生找到解决问题的方法和途径。这种支持和引导是教师必须充分发挥的作用，有助于促进学生的学习和发展。

（五）适度提高层次

随着学生在学习中的持续发展，教师需要适时地提高任务的复杂性和难度来挑战学生，激发他们的学习兴趣和动力，并进一步促进他们的成长和发展。

教师可以根据学生的知识储备、思维能力、学习经验和自我管理能力等方面的提升来调整教学任务和难度。例如，从简单、直观和有趣的任务逐渐过渡到复杂的问题，引入更具挑战性的案例和项目等。这种方式不仅可以激发学生的学习兴趣和动力，而且有助于逐步提高他们的学习能力和解决问题的能力。

在任务难度提高的过程中，教师需要密切关注学生的表现和反馈，及时给予支持和指导。当学生遇到困难和挑战时，教师需要及时提供支架，例如提供范例、模型、提示和指导等，帮助他们克服困难，提高解决问题的能力。

通过这种循序渐进的方式，教师可以帮助学生逐步适应更高难度的任务，培养他们的

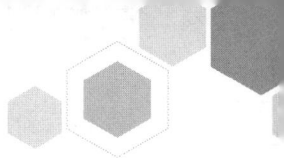

自主学习能力和创新精神，促进他们的全面发展。同时，教师也需要根据学生的个体差异和需求，灵活调整教学策略和方法，以满足不同学生的实际需求和能力水平。这种个性化的教学方法有助于确保每位学生都能在适合自己的挑战水平上取得进步，最大限度地发挥自己的潜力。

适度提高任务的复杂性和难度有利于激发学生的内在动机，培养其自主学习能力，并帮助他们逐步适应更为复杂的学习环境和挑战，为其未来的发展奠定坚实的基础。教师只有不断调整和优化教学任务和支持措施，才能促进学生的全面发展。

（六）撤支架后强化

当学生逐渐掌握学习的技能和知识时，教师应逐步减少对学生的支持，让学生逐步独立完成任务。这一过程被称为撤去支架，旨在培养学生的自主学习能力和独立解决问题的能力。在撤去支架后，教师仍需要提供强化措施，以确保学生能够持续进步，以增强他们的自信和继续努力的动力。

随着学生逐步掌握基本任务，教师可以逐渐增加任务的难度，并逐步撤去一些简单的支架。在这个过程中，教师需要密切关注学生的表现和反馈，给予必要的指导和支持，帮助他们克服困难。

当学生能够独立完成更高难度的任务时，教师需要给予积极的反馈、鼓励和奖励，以增强学生的自信和继续努力的动力。积极的反馈可以帮助学生了解自己的优点和进步之处，增强他们的自我效能感和学习动力。鼓励可以激发学生的积极情绪和动力，帮助他们更好地应对挑战和困难。奖励则可以作为一种外部强化，鼓励学生继续努力并提高自己的表现。

通过逐步减少对学生的支持，提供积极的反馈、鼓励和奖励，以及设置具有挑战性的任务和项目，教师可以帮助学生建立自信心，培养他们的自主学习能力和创新精神，并促进他们的全面发展。

上述六要素总结如表 4-12。

表 4-12　学习支架建构技能要素

确定学生水平	明确建构任务	适时提供支架	引导学生学习	适度提高层次	撤支架后强化
使用问卷、课堂回答、访谈、作业、预习单等。	避免学生不了解学习目标、学生对教师布置的任务感到迷茫。	当学生呈现迷思状态、学生呈现异议状态或学生呈现目光转移时。	注重科学实用、关注学习情感、改变教师角色。	联系学习背景、指导思维过程、关注学生成长。	采用准确强化、有效强化以及客观强化。

这六个要素共同构成了一个连贯的学习支架建构过程，彼此关联且相辅相成。确定学生的水平是建构有效支架的基础。通过了解学生的知识、技能和学习能力，教师能够根据学生的特点，设计适合他们的学习任务。然后帮助学生明确学习目标，激发他们的学习动机，明确建构任务。教师可以通过直接指导、提供学习资源和工具等方式来适时提供支架，帮助学生解决学习中的问题和困难。同时，教师在学习过程中对学生的学习进行引导和支持，包括

提供示范、解释概念、提问、回馈等活动，以帮助学生理解和掌握学习内容。适度提高学习任务的难度和复杂度可以逐步增加学习的挑战性，促使学生在学习中不断提高。在学生逐渐掌握学习任务后，逐渐减少对学生的支持，引导学生独立完成学习任务。在学生独立完成任务后，教师可以提供正面的反馈和强化，以巩固他们的学习成果。

以口语教学为例，学习支架建构六个要素与具体操作的对应关系如表 4-13。

表 4-13　学习支架建构要素与具体操作关系

支架建构要素	主要任务	具体操作
确定学生水平	了解学生的口语能力水平	进行口语水平测试，如询问学生对话或做简短演讲。
明确建构任务	教师明确任务的要求	教师对对话的内容、所用到的语言表达和交际技巧提出明确要求。例如：让学生在一个特定话题上进行角色扮演对话。
适时提供支架	提供个性化的学习资源	提供对话例句、交际技巧指导或相关词汇和语法知识的复习材料。教师还可以进行示范对话，帮助学生了解对话的结构和语言表达。
引导学生学习	帮助学生运用所学的语言表达进行对话	教师通过提问、反馈和讨论，引导学生理解对话的背景和情境，还可以提供互动活动，促进学生之间的对话交流。
适度提高层次	逐步增加对话的难度和复杂度	教师可以先选择较简单的对话话题和语言表达，然后让学生进行更具挑战性的实地角色扮演或辩论对话。
撤支架后强化	提供正面的反馈和强化	在学生逐渐独立完成对话任务后，教师可以表扬学生的进步，鼓励他们在其他话题上展开更多对话，并提供进一步的学习建议。

三、学习支架建构技能类型

不同类型的学习支架其建构目的和方式也不同。教师可以根据不同学习者的特点和需求，有针对性地选择和建构最适合的学习支架，提高学生的学习效果和能力。

（一）情境型学习支架

通过创造具体情境来帮助学生理解和应用知识。情境型学习支架包括角色扮演、案例分析等方式，帮助学生将知识与实际问题相联系。提供情境型支架需要注意以下几点细节：

1. 教学内容与情境匹配

教师在提供情景支架时应根据教材内容选择合适的情境，并考虑难易程度和学生的接受水平。情景支架应与教材内容相关，并能够帮助学生理解和应用知识。

2. 教材前后的关联

情景支架应该与教材前后的内容有关联，能够在教学中起到桥梁的作用。教师可以在课前导入时使用情境支架引起学生兴趣和思考，或者在课后巩固时使用情境支架来帮助学生复习和总结。

3. 时机的把握

教师应在教学过程中巧妙地提供情景支架，把握时机。情景支架可以在引入新知识时使用，或者在学生感到困惑和迷惑时使用，帮助他们更好地理解和应用知识。

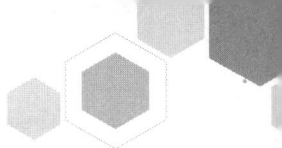

4. 解决问题

教师在提供情景支架时可能会遇到各种问题，如学生对情景的理解出现偏差或遗漏。教师需要巧妙地解决这些问题，提供适当的解释和引导，确保学生正确地理解和应用情景支架。

情境型支架还可以具体表现为以下几种类型，见表4-14。

表 4-14　情境型支架类型及使用目的

情境型支架类型	使 用 目 的
导入型情境支架	通过使用具体情境引起学生的兴趣和思考，激发学习动机，并为后续知识的理解和应用打下基础。
递进型情境支架	通过逐步引入新的情境，帮助学生在理解和应用知识上逐渐深入。递进型情境支架可以逐步提高难度，使学生在渐进的情境中学习和思考。
随机型情境支架	通过提供不同的情境并随机选取，帮助学生从不同角度和情境体验和理解知识。随机型情境支架可以培养学生的灵活思维和应对各种情况的能力。
强化型情境支架	通过加强和重复特定的情境，巩固学生的知识和技能。强化型情境支架可以帮助学生加深对知识的印象和理解，提高学习的效果。

（二）问题型学习支架

问题型支架是一种通过创建问题和情境来促使学生思考和解决问题的学习支架。通过引导学生提出问题，并解答问题来促进学习。教师在建构问题型支架时需要精心安排问题和反馈引导，以促进学生的思维启发和认知提升。建构问题型学习支架有以下几个步骤：

1. 创设问题情境

问题型支架通过创设问题情境，引发学生思维的矛盾冲突，激发学生的好奇心和求知欲。这有助于将学生从被动接受知识的角色转变为主动思考和解决问题的角色。

2. 多角度提问

问题型支架能够帮助学生开阔思路，培养他们的逻辑思维、批判性思维和创造性思维。通过针对问题进行交互和分析，学生可以从不同角度思考和探索，发现多种解决问题的方法和思路。

3. 分解教学步骤

教师可以将教学过程分解为多个教学阶段，再将每个阶段细分为具体的教学步骤。通过问题型支架的应用，教师可以在每个步骤中引入相应的问题，引导学生思考和解决问题，确保教学过程的顺利进行。

4. 设计和反馈引导

问题型支架的提供需要教师精心设计，根据教学目标和学生的情况确定适当的问题。教师还需要根据学生的回答进行反馈和引导，帮助他们进一步思考和理解。通过持续的问题提出和反馈引导，学生可以拓展思维，提升认知水平。

熟练使用问题型支架建构的不同步骤有助于教师熟悉整个问题型支架建构过程，帮助学生提高思维能力和问题解决能力，并促使他们更深入地理解和应用英语知识。建构步骤、使用情景、问题支架和使用目的之间的关系如表 4-15。

表 4-15　问题型学习支架建构步骤

步　骤	情　景	问　题	目　的
创设问题情境	如，环保话题，展示图片或播放视频。	What immediate actions can individuals take to protect the environment?	激发学生对环保的思考和关注，并鼓励他们设想自己能够做出的积极行动。
多角度提问	如，探讨一篇关于社交媒体的文章。	What are the positive effects of social media on society? What are the negative effects of social media on society?	帮助学生从积极和消极的角度探索和分析社交媒体对社会的影响。
分解教学步骤	如，口语对话时，可将教学过程分解为三个步骤：问答练习、角色扮演和自由对话。	What is your favorite hobby? 根据角色选择对话内容。 对话需要围绕特定的主题展开。	问答练习阶段，教师可以提出问题并引导学生回答。在角色扮演阶段，学生可以扮演不同的角色，进行对话练习。在自由对话阶段，学生可以自由发挥进行自由对话。
设计和反馈引导	如，写作教学	What are the challenges you face when writing a descriptive essay?	收集学生的回答并提供有针对性的反馈和引导。

（三）演示型学习支架

教师通过演示，引导学生集中注意力，让学生通过观察现象来推动学习。演示型学习支架较有代入感，可以帮助学生亲身体验，通过观察培养思考技能。演示型学习支架适合以下方面的英语教学：

1. 发音和口语

通过演示教师的正确发音和口语技巧，学生可以观察教师的口腔和舌头运动，了解正确的发音技巧，并尝试将其应用到自己的口语练习中。在英语口语中，语调的上升和下降可以影响句子的意思和表达方式。教师可以通过面部表情和身体语言来演示不同的语调差异，方便学生更好地理解和运用正确的语音节奏。通过观察教师的肢体语言，学生可以更好地理解和表达情感、意图和观点。教师还可以适时地运用手势和面部表情来强调重要的词汇或语句，帮助学生更好地理解和记忆。

2. 语法和句型

教师可使用不同的语法结构和句型进行演示，让学生观察和理解它们的用法和语境，帮助他们学会正确使用语法和句型。

教师可以使用具体的例句来说明语法结构和句型的用法，也可以演示不同语法结构或句型之间的区别和用法。还可以通过对比示范，帮助学生理解其中的差异并学会正确运用。教师还可以将语法结构和句型应用到实际情境中进行演示。

3. 阅读理解

在英语阅读教学中，教师可以通过演示阅读技巧和阅读策略来帮助学生提高阅读理解能

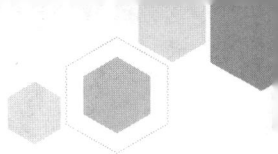

力。下面是一些具体的演示方式：

（1）预读演示：教师可以选择一篇文章，先阅读标题、副标题、引子和首段，并与学生分享自己在预读过程中得到的信息。教师可以解释自己为什么选择读这篇文章，以及从标题和首段中获得的文章的大致主题和内容。通过这种演示，学生可以了解预读的重要性，并学会在开始阅读之前获取一些背景知识。

（2）主旨句演示：教师可以选择一篇文章，找出其中的主旨句，然后解释自己如何通过理解主旨句来推断全文的主要内容。教师可以详细解释主旨句是如何概括文章的核心信息，并在演示过程中给出一些阅读主旨句的技巧和策略。学生可以通过观察和模仿教师，提高自己找出主旨句并抓住文章核心的能力。

（3）阅读过程演示：教师可以选择一段文本，并演示自己在阅读过程中的思考和解决问题的策略。教师可以指出自己在遇到生词或不理解的句子时是如何根据上下文推测词义或进行猜测的。教师还可以展示自己在阅读时如何提取关键信息、判断作者观点和进行推理。学生可以通过观察教师的演示，学会有效的阅读技巧和策略，并在自己的阅读中应用。

（4）反思演示：教师可以与学生一起回顾一篇已经阅读过的文章，展示自己的阅读过程，并进行反思和总结。教师可以与学生分享自己在阅读过程中的困难、解决问题的策略和理解文章的收获。通过这种演示，学生可以了解到阅读是一个动态的过程，他们也应该在阅读后进行反思和总结，以不断提高自己的阅读能力。

学生可以从教师的实际演示中学习并掌握阅读技巧和策略。这种观察和模仿的学习方式可以帮助学生在实践中运用这些技巧和策略，提高他们的阅读理解能力。

（四）现象型学习支架

现象型学习支架主要通过让学生观察、分析和解释现象来促进他们的学习。鼓励学生从真实的、具体的现象中获取知识，并通过观察和推理来深入理解和解释这些现象。

教师可以选择具有启发性和引人入胜的现象或情境建构现象型学习支架，并引导学生进行观察、收集数据、提出问题、进行分析和推理。学生通过亲自参与并深入思考这些现象，从而积极地参与学习过程。通过观察和分析现象，学生可以发现事物之间的关系、规律和原因，并提出自己的观点和解释。这种主动参与和思考的过程促使学生深入理解并尝试应用语言知识进行问题解决，适合于中高语言水平的学习者。

实际教学中，教师需要给予学生必要的指导和支持，例如提供相关资料、引导学生提出问题、指导学生进行数据分析、引导学生进行思考和讨论等。教师的角色是引导者和促进者，帮助学生通过观察和推理来探索和理解现象。

（五）课件型学习支架

通过使用教学课件和多媒体资源来辅助学生学习。课件型学习支架可以提供图表、动画等方式来呈现知识，帮助学生更好地理解和记忆。

课件应使用清晰、简洁、美观的设计风格，确保内容和呈现方式与学生的学习需求相匹配。如可以使用图表来比较和展示数据、使用动画来模拟过程和示范演示，使用演示来说明和解释概念和原理。应确保课件信息流畅、有条理，并在使用过程中遵循学生易于理解和接受的原则。

教师可以在课件中加入互动元素，如问题、练习和小测验，以鼓励学生积极参与；可以利用课件的交互功能，例如点击、拖拽等，来让学生主动参与到学习过程中；及时给予学生反馈，帮助他们检查和纠正错误。课件多样化的呈现方式也是课件型支架受学生欢迎的主要原因。

（六）范例型学习支架

范例型学习支架可以帮助学生理解问题的解决方法和步骤，主要通过展示范例来引导学生学习和模仿。因此范例的选择标准是教师可以引导学生针对范例进行分析、讨论和提问。通过与学生的互动，帮助他们理解范例中的关键步骤、技巧和策略。具有代表性和典型性，以确保学生能够从中获取关键信息和解决问题的方法。

根据学生的学习水平和能力，教师可以适当调整和设计个性化范例型学习支架。对于学习能力较强的学生，可以提供更复杂和更具挑战性的范例；对于学习能力较弱的学生，可以提供更简化和明确的范例，并提供更多的支持和指导。

（七）例题型学习支架

通过提供典型例题和解题思路来引导学生学习。例题型学习支架可以帮助学生掌握知识的应用和解题技巧。例题的选择需要既具有代表性又能覆盖主要的解题方法和技巧，确保例题能够引发学生的思考和挑战他们的思维。

实际操作中，教师宜引导学生共享他们的解题思路和答案，进行讨论和思考。通过学生的互动，教师可以指出解题过程中的关键点、常见错误、展示解题思路或优化解题思路，及时给予学生反馈，鼓励他们思考和探索更好的解题方法。

（八）板书型学习支架

与课件不同，板书可以随着教学的进展和学生的提问进行实时修改和补充，有利于增强课堂互动和学生参与度。板书型学习支架通过教师板书帮助学生梳理知识结构，提供视觉化和整理思路的方式，帮助学生更好地理解和记忆知识。

教师在教学前，需要精心规划和设计板书布局，确定合适的板书区域，并根据内容的逻辑关系和重要性进行布局安排。教师可以使用不同的颜色、形状、线条等增强可视化效果，或对部分板书使用加粗、加重颜色、使用符号等方式来强调关键概念、重要内容和核心知识点；确保板书内容的清晰可读和整洁美观；使用清晰的字迹、适当的空白和合理的布局，避免内容过于拥挤和混乱。板书的整洁和美观有助于学生集中注意力和理解内容。

（九）变式训练型学习支架

通过提供不同形式和难度的训练题来帮助学生巩固和应用知识。变式训练型学习支架可以帮助学生养成灵活运用知识的能力。

首先，教师需要根据学习目标，设计一系列不同形式和难度的练习题。练习题包括选择题、填空题、改错题、阅读理解题、写作题等，以涵盖不同的语言技能和应用能力。确保题

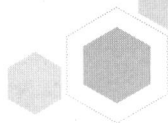

目涵盖学生需要掌握和应用的各个方面。

其次，教师根据学生的学习水平和能力，调整题目的难度和复杂度。对于初学者，可以提供相对简单和明确的题目；对于水平较高的学生，可以提供更复杂和具有挑战性的题目。确保学生能够逐步提高，巩固和拓展已学知识。

再次，及时给予学生有针对性的反馈，帮助他们发现和纠正错误。可以通过讲解、讨论或个别指导的方式，帮助学生理解正确的答案和解题思路，同时提供改进的建议和指导。然后根据学生的学习进展，逐步提升练习题的难度。可以设计连续的练习，使学生逐步积累和应用知识，提高自己的英语水平和能力。

四、学习支架建构技能使用策略

学生在认知水平、学习风格、学习需求等方面存在差异，教师在使用学习支架时应根据学生的个体差异选择适合的教学策略，以满足每个学生的学习需求。学生在学习过程中需要持续的支持和引导，特别是在他们逐步发展能力的过程中，教师应确保提供适时的指导和支持，帮助学生在"最近发展区"中实现进一步的发展。注意使用策略可以更好地满足学生的学习需求，个性化地支持学生的学习过程，并逐步促进学生的自主学习和发展。

学习支架建构技能的使用策略主要包含以下五个方面：

（一）支架搭建策略

支架搭建策略可以帮助教师在学习过程中为学生提供所需的支持和引导，以促进学生在"最近发展区"中的学习和发展。支架搭建前教师可通过评估学生的知识水平、技能和学习风格，了解学生的学习需求和潜力，从而确定适当的学习目标；根据学生的学习目标和需求，选择合适的教材、课件、多媒体教具等学习资源和材料，以供学生使用和参考，以支持学生的学习；设置具有挑战性但可完成的任务，通过与学生互动的课堂活动和教学任务，满足学生的学习需求，引导学生掌握知识和技能；在学习过程中，通过解释、演示、示范等方式，向学生提供适时的指导和支持，帮助他们理解概念和解决问题，促进学习的进行。

（二）情境引入策略

情境引入策略旨在为学生创造有趣和有意义的学习情境，以激发他们的学习动机，增加情感联结，提高学习效果，并鼓励积极的学习互动。

教师可以通过引入与学习内容相关的真实生活情境或模拟情境来激发学生的兴趣和动机，将学习与实际应用相结合，或者通过角色扮演等情景活动来实现。好的情景引入能够让学生更深入地理解学习内容，将语言知识应用到实际情境中，从而提高学习效果和记忆力。

（三）鼓励探索策略

鼓励探索策略旨在激发学生的主动性和独立思考能力，激发他们对学习的兴趣和动机，并培养他们的批判性思维和问题解决能力。教师在实施这些策略时需要提供适当的指导和支持，鼓励学生利用不同的学习资源和策略进行深入学习和探索。

鼓励学生主动参与学习过程是培养他们自主学习能力的关键。教师可以通过提供学习选择的机会，让学生根据自己的兴趣和需求选择学习内容或学习方式。同时，教师应鼓励学生提出问题、讨论和分享观点，以充分参与和主导学习过程。

开放性的问题和探究性的任务可以激发学生主动思考、独立探索和解决问题的能力。这些任务要求学生积极思考，并寻找多种解决方案。通过挑战学生的思维和问题解决能力，教师能够激发学生的好奇心和探索欲望，培养他们的批判性思维和创新能力。

教师应引导学生使用不同的学习资源和策略，如图书馆检索、互联网搜索、小组讨论等，以促进深入学习和扩展知识。通过学习资源的多样化使用，学生可以获取更广泛的信息，并从不同的角度思考问题。教师还可以教授学生如何有效利用学习资源，如如何进行信息筛选、评估和整合，以提高他们的信息素养和学习能力。

（四）协作学习策略

协作学习有利于培养学生的人际交往能力、组织协调能力和领导能力，为他们今后的学习和职业生涯做好准备。协作学习的核心是通过小组任务来促进学生的合作和交流。教师可以设计小组合作项目或任务，要求学生在小组内共同解决问题、完成任务或创作作品。这样可以激发学生的互动和合作精神，培养他们的团队合作能力。

教师可以合理地分配角色和任务，确保每个学生在小组中都有参与和贡献的机会。角色分配包括组长、记录员、讨论引导者等，每个角色有不同的职责和任务。这样可以推动学生承担责任、协调合作，促进小组成员之间的互助。

为了帮助学生有效地进行合作学习，教师还需要提供合作学习指导和支持。这包括教导学生有效沟通、倾听他人意见、相互尊重和协商解决问题。教师还可以组织合作学习技巧的培训或提供资源和工具，以帮助学生提高合作学习技能。

值得注意的是，在实施协作学习策略时，教师需要注意小组成员的平等参与和贡献，确保学生的角色不受限制和排斥，并及时提供反馈和评价，以促进学生的学习和成长。通过合理的协作学习安排和指导，教师可以激发学生的合作精神和团队意识，提升他们的学习效果和成就感。

（五）多元评价策略

多元评价策略旨在通过多种评价方式了解学生的学习进展。教师可以设计多种形式的评价任务，例如个人作业、小组项目、口头报告、学习日志、观察记录等，以便全面了解学生的学习成果和能力发展。通过多样化的评价方式，可以更准确地评估学生的综合能力和知识掌握程度。

及时的反馈和评价是多元评价策略的关键。教师应该在学生完成评价任务后，及时地给予具体和具有建设性的反馈。反馈应帮助学生了解自身的学习成果和改进方向，激发他们的学习动机。通过及时的反馈，学生可以意识到自己的学习进展并进行必要的调整。

多元评价策略不仅用于评价学生，还可以用于评估教师的教学效果和教学策略的有效性。教师可以根据评价结果了解学生的学习需求和问题，并相应地调整和改进教学策略。通过反思和反馈的循环过程，教师可以不断提高自己的教学效果，并更好地满足学生的学习需求。

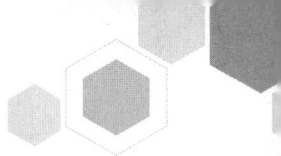

然而，在实施多元评价策略时，教师还需要注意保证评价的公正性和客观性，避免评价的偏见和主观性。此外，教师还要确保评价方式和标准与学习目标和课程要求一致，以保证评价的有效性和相关性。通过综合考虑这些因素，教师可以更好地利用多元评价策略，促进学生的全面发展和有效学习。

五、学习支架建构技能教学设计

学习支架建构技能设计旨在帮助教师灵活建构学习支架，通过归类设计，更有效地掌握学习支架建构技能。它结合了情境支架设计、资源支架设计、自主学习支架设计和问题支架设计等关键概念，为学生提供一个有针对性、多维度的学习支持体系。

（一）情境支架设计

情境支架设计强调将学习嵌入与实际情境相关的环境中。学习者在与真实情境相似的背景下学习，更容易理解和应用所学内容。

1. 真实性与相关性

情境支架设计的第一原则是确保情境的真实性和与学习主题的相关性。这意味着所创设的情境应该在学生的日常生活或实际工作中具有现实性，同时与当前学习的主题密切相关。这样一来，学生更容易将所学知识应用到实际生活中，增加学习的实用性。

2. 生动与直观

情境支架应该具有生动性和直观性。通过生动的描绘和直观的场景呈现，学生可以更容易地投入学习中，激发学习兴趣。这可以通过多媒体、图像、视频等方式来实现，使情境更具体、更可感知。

3. 激发联想和记忆

一个好的情境支架可以激发学生的联想能力和长期记忆。通过与学习主题相关的情境，学生可以将新知识与旧知识相连接，形成更为牢固的记忆。这种情境中的关联性有助于帮助更好地理解和记忆所学内容。

4. 引发"顺应"过程

有时学生的原有知识和经验可能无法完全同化新知识，这时就需要引发"顺应"过程。情境支架的设计应该具有足够的启发性，能够引导学生重新组织和改造他们的认知结构，使之能够适应新的知识。这可能需要教师提供额外的引导或者促使学生进行更深入的思考。

5. 个性化和多样性

不同学生可能对不同类型的情境有不同的反应。因此，在设计情境支架时，需要考虑到学生的个性化差异和多样性。这意味着情境支架可以多样化，以满足不同学生的需求和学习风格。一些学生可能更喜欢文字性的情境描述，而另一些学生可能更喜欢视觉或多媒体呈现的情境。

情境支架的设计并不是一成不变的，它需要不断地反馈和调整。教师应该收集学生的反馈，了解他们对情境的反应，以便在需要时进行调整。这有助于优化情境支架，使其更符合学习目标和学生的需求。

（二）资源支架设计

资源支架设计关注学生获取和利用信息资源的能力。这包括确定资源的种类、获取渠道以及有效利用这些资源的方法。

1. 信息资源的类型和多样性

资源支架设计首先涉及确定学习主题所需的各种信息资源的类型。这些资源包括文章、图书、网络资源、视频等。资源的类型应根据学习目标和主题的特性而定，以确保学生能够获得广泛而多样的信息来源。

2. 信息获取途径

资源支架还需要明确学生应该从何处获取这些信息资源。这包括图书馆、在线数据库、网络搜索引擎、书店等。学生需要了解不同信息来源的可信度和适用性，以便能够有针对性地获取信息。

3. 信息获取方法

除了了解信息来源外，资源支架设计还涉及信息获取的方法。这包括如何有效地搜索、筛选、评估和整合信息。学生需要掌握信息检索技巧，了解如何使用关键词、引用文献查找可信赖的来源等。

4. 信息资源的有效利用

获得信息只是第一步，学生还需要学会有效地利用这些信息来支持他们的学习目标。这包括如何整合信息到他们的任务、项目或作业中，以及如何引用信息源以保护知识产权。

5. 个性化支持

不同学生在信息获取和利用方面可能存在不同的需求和挑战。一些学生可能需要额外的帮助，尤其是那些信息素养较低或有特殊需求的学生。资源支架设计应该考虑到这些差异，为有需要的学生提供额外的支持和指导，以确保他们也能够充分利用信息资源。

6. 数字素养培养

随着数字时代的来临，数字素养成为重要的能力之一。资源支架设计包括培养学生的数字素养，帮助他们更好地利用数字工具和技术来获取和利用信息资源。

教师进行资源支架设计时需要考虑反馈机制，以便学生能够了解他们的信息获取和利用技能的水平，帮助学生改进他们的信息处理技能。资源支架设计应关注信息资源的时效性和实用性。学生需要了解如何识别最新的信息，以及如何将最新信息应用到他们的学习和任务中。

（三）自主学习支架设计

自主学习支架设计强调学生的主动角色，鼓励他们探索、提出问题和构建知识。

1. 以学习过程为中心

自主学习支架设计强调在学习过程中将学生置于学习的核心，让他们成为学习的主体。这意味着学习主题应当与学生的兴趣、需求和背景相关，以激发他们的主动性和投入度。

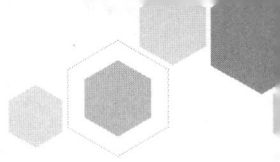

2. 建立概念框架

自主学习的基础是建立一个相关的概念框架。这个框架应该反映学习主题的核心概念和原理，并且要根据维果茨基的"最近发展区"理论来确保它与学生的知识水平相匹配。概念框架有助于引导学生逐步向更高水平的认知发展。

3. 启发引导和自主探索

自主学习的过程应当由教师的启发引导开始。教师可以提供启发性的问题、示例或资源，以帮助学生进入学习主题。然后，学生应当被鼓励自主探索、独立思考、提出问题，并找寻答案。

4. 逐步减少引导

一开始，教师的引导可以较多，但随着学生的逐渐理解和自主学习能力的增强，引导应当逐步减少。这有助于学生逐渐承担更多的学习责任，并培养他们的自主性。

5. 个性化学习

每个学生的学习速度和方式可能不同，因此自主学习支架设计应该考虑到学生的个性化差异。教师可以根据个体的需求和能力来提供不同程度的支持和挑战。

6. 培养元认知技能

自主学习也需要培养学生的元认知技能，即他们对自己的学习过程的认知和控制能力。学生应当了解自己的学习风格、策略和效率，以便能够调整和改进自己的学习方法。

（四）问题支架设计

问题支架设计将学习目标转化为具体问题，引导学生在解决问题的过程中深入理解知识。

1. 问题的转化

问题支架设计的第一步是将语言学习目标中的词法、句法、篇章结构等学习过程转化为相关问题。这些问题应该涵盖学习主题的核心内容，以引导学生深入思考和探索。

2. 启发性问题

问题支架应该包括一系列启发性问题，以激发学生的思维和好奇心。这些问题应该具有挑战性、引人思考和有趣，同时与学习目标和主题密切相关。

3. 问题的复杂性和多样性

问题支架设计应该考虑到学生的学习水平和需求，提供不同层次和类型的问题。问题的复杂性可以逐步提高，以适应学生的学习进展。

4. 问题解决策略

问题支架设计也应该提供问题解决的策略和方法。学生应该学会分析问题、引用适当的知识和技能来解决问题，并提供合理的论证和解释。

5. 鼓励合作学习

问题支架设计还可以促进学生之间的合作学习。学生可以以小组形式共同解决问题，分享思考和策略，相互学习和支持，从而丰富学习体验。

（五）技术整合设计

利用现代科技和教育工具，将多媒体、虚拟技术、AI 等融入学习支架中，提升学习体验和效果。

1. 多媒体资源

技术整合设计可以利用多媒体资源，如图像、音频和视频，来呈现学习内容。多媒体资源可以丰富学习材料，提供更具视觉和听觉冲击力的学习体验，从而帮助学生更好地理解和记忆所学内容。

2. 虚拟和 AI 技术

技术整合设计可以利用虚拟和模拟技术，为学生提供与实际场景相似的学习体验。通过虚拟和 AI 技术，学生可以在虚拟环境中进行实践、观察和探索，从而更好地理解和应用语言。

3. 交互式学习工具

技术整合设计包括使用交互式学习工具，如互动软件、AI 对话等。这些工具可以增加学生的参与度和互动性，使语言学习过程更有趣和吸引人，同时提供实时的反馈和评估。

4. 在线协作和交流

技术整合设计可以利用在线协作和交流工具，促进学生之间的合作和交流。学生可以通过在线平台与同伴进行讨论、分享资源和互相支持，从而建立学习社区，丰富学习体验。

5. 数据分析和个性化反馈

技术整合设计还可以利用数据分析和学习分析工具，收集学生的学习数据，并提供个性化的反馈和建议，这有助于教师了解学生的学习进展和需求，同时帮助学生更好地调整学习策略和目标。

六、学习支架建构技能使用原则

（一）适时性原则

适时性原则强调教师在提供学习支架时需要抓住时机，给予学生必要且及时的帮助。在学生需要帮助时提供合适的学习支架，避免给学生不必要的支持，以提高学生独立学习能力。

1. 根据学生的学习需要判断时机

教师应该通过观察和评估学生的学习过程，了解学生遇到的困难和问题。当学生遇到困难时，教师可以及时干预和提供支持，而不是等到学生任务彻底失败后再去帮助。通过对学生的学习过程的准确观察和评估，教师能够更加准确地判断适时提供学习支架的时机。

2. 提供及时而不过早地帮助

适时性意味着在学生尝试解决问题时才给予支持，而不是在他们刚开始尝试时就立即提供答案或解决方案。教师应该鼓励学生尽力解决问题和思考，只有当学生在充分尝试后仍然无法应对时，教师才提供必要的、适时的帮助。这样可以让学生在自主探索的过程中获得更多的学习经验和发展机会。

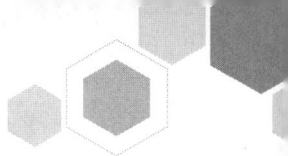

3.学生的自我评估和反馈

教师可以帮助学生养成自我评估和反馈的能力，让学生学会判断自己是否需要和何时需要帮助。通过引导学生自我诊断和评估，他们能够更好地了解自己的学习需求，并及时向教师寻求帮助或提出问题。这种自主性的学习支架请求可以有效地促进学生的自主学习能力和问题解决能力的发展。

（二）动态性原则

动态性原则强调课堂教学是一个动态发展的过程，教师应根据学生的课堂表现和需求，及时进行调整和变化，以满足学生的学习发展。

1.根据学生的表现调整教学进程

教师在教学过程中应密切观察学生的学习情况，包括学习进展、理解程度、兴趣程度等。通过此观察，教师可以及时了解到学生的学习状态和需求，从而调整教学进程，提供更合适的学习支架。如果学生对某个概念理解较差，教师可以针对性地增加相关的示例或练习，加强他们的理解。

2.适应学生的学习发展

学生的学习能力和学习需求会随着时间的推移和学习的积累而发展变化。教师应随时调整和更新学习支架，以切实满足学生的不断变化的学习需求。当学生的学习进展明显超过"最近发展区"时，教师应提供更具挑战性的任务或课程扩展，以促进学生的学习进一步发展。

3.个别化学习支架调整

由于每个学生的学习进展速度不同，教师需要根据个体学生的学习发展情况进行个别化的学习支架调整。某些学生可能需要更多的支持和指导，而其他学生需要更多的自主学习的机会。教师应根据学生的特点和需求，调整教学策略和学习支架，确保每个学生都能够得到适时和合适的支持。

动态性原则强调教师的灵活性和敏感性，以适应学生个体差异和学习发展的变化。教师需要不断观察和反思，根据实际情况灵活调整教学策略和学习支架，以确保学生能够在最恰当的时机得到恰当的学习支援，提高学生的学习效果和学习成果。

（三）引导性原则

引导性原则强调教师在学习支架的设计和使用中扮演的是引导者的角色，旨在帮助学生理解和掌握所学的知识，而不是简单地提供答案或完全代替学生完成任务。

1.启发性引导

教师通过启发性的问题、提示和情境创设，激发学生思考和探索。教师可以提出引人深思的问题，以激发学生的好奇心和求知欲，鼓励学生运用所学的知识和技能解决问题。

2.指导性引导

教师在学习支架中应提供明确的指导和引导，帮助学生理解和应用概念或解决问题。这包括解释关键概念、提供示范演示、给出方法和策略等。教师可以与学生一起探讨学习目标和步骤，明确学习过程中的问题，以提供必要的指导和支持。

3. 学生自主性

引导性不意味着教师完全控制学习过程，而是要鼓励学生在适当的引导下发挥主动性和自主性。教师可以激发学生自主思考和解决问题的能力，鼓励他们尝试不同的方法和策略，并培养他们的创新和批判性思维。

4. 个体差异的引导

教师需要根据学生的个体差异，以及他们的智能准备情况和学习目标的难度，提供个性化的学习支架引导。教师应考虑学生的学习风格、兴趣和需求，以确保引导性的有效性和相关性。

教师需要在学习过程中合理引导学生，帮助他们发展问题解决能力、批判性思维和自主学习技能。教师的引导应与学生当前的学习水平和智力发展相匹配，以支持学生在自己的"最近发展区"内探索和学习。

（四）多元性原则

多元性原则强调教师应提供多样化的学习支架，以满足学生的不同需求和学习风格，从而激发学生的创新能力和个性发展。

1. 多样的学习支架形式

教师可以通过不同的方式提供学习支架，包括书面材料、多媒体资源、实践活动、实地考察、小组合作等。不同形式的学习支架可以充分适应学生的多样性，满足各种学生的学习需求和偏好。

2. 学生参与和自主学习

多元性原则鼓励学生参与学习支架的设计和选择。教师可以让学生参与制定学习目标、选择学习资源、共同决策学习活动等。学生通过积极参与和主动选择，可以找到适合自己的学习支架，更好地发展自己的学习能力和兴趣。

3. 多元化的评价方式

多元性原则也适用于评价学生的学习成果和学习过程。教师可以通过多种评价方式，如作业、项目、口头报告、学习日志、观察记录等，来全面了解学生的学习进展和能力发展。多元化的评价方式可以更准确地捕捉学生的多样化表现和学习成果。

4. 学生间的协作和互助

构建多样性的学习支架还可以借助学生间的协作。学生之间可以共享和交流自己的学习支架，并在协作中互相促进和学习。通过与他人的互动和合作，学生可以从不同的观点和经验中汲取灵感和启发，拓宽自己的思维和学习视野。

5. 教师的灵活性和创新性

为了实现多元性原则，教师需要灵活运用和创新教学策略和资源，以满足学生的不同学习需求。教师可以探索教育技术的应用，例如利用计算机软件和互联网资源，为学生提供多样化的学习支架。

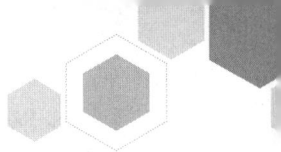

通过遵循多元性原则，教师可以为学生提供丰富多样的学习支架，激发学生的创新思维和个性发展。多元性的学习支架可以充分考虑学生的多样性和个体差异，使每个学生都能找到适合自己的学习途径和方式，从而提高学习的积极性和学习效果。

（五）渐退性原则

渐退性原则强调在适当的时机逐渐撤销或减少学习支架，以促进学生逐步独立完成学习任务，培养他们的学习自主性和责任心。教师需要判断何时适宜撤销或减少学习支架，以便学生能够在没有外部支持的情况下成功应对学习任务。这样的渐进式过渡有助于学生在学习过程中逐渐发展自己的学习能力和自主性。

1. 观察学生的发展和进展

教师应通过观察和评估学生的学习进展，判断学生是否逐步达到了独立学习的水平。这包括学生解决问题的能力、自主学习的能力和学习责任的承担程度。通过观察学生的发展，教师可以决定何时适宜撤销或减少学习支架。

2. 逐步减少指导和支持

渐退性原则要求教师逐步减少对学生的指导和支持，让学生逐渐承担更多的学习责任。教师可以约束自己的介入，给学生更多的自主学习空间。逐渐降低支架的使用程度和频次，让学生逐渐独立思考、解决问题，并在自主学习的过程中发展自己的学习能力。

3. 提供渐进式挑战

教师可以给学生提供渐进式的挑战，逐步增加任务的难度和复杂度。这样能够激发学生的学习动机和探索欲望，让他们在支架逐渐减少的情况下，迎接更高水平的学习挑战，并逐步发展自己的学习能力。

七、学习支架建构技能的评价

评价是教育过程中的重要组成部分，其目的是衡量和改进学习和教学的质量。评价不是一个单向的过程，而是涉及教育者和被教育者双方的互动。学习支架建构技能的评价同样涉及教师建构学习支架的效果和学生学习效果的评价：

（一）掌握支架式教学的核心要素

评价教师是否理解并掌握了支架式教学的核心要素，如确定学生水平、明确建构任务、适时提供支架、引导学生学习、适度提高层次和撤支架后强化等。评价需要考察教师对这些要素的掌握程度。

1. 确定学生水平

教师的能力包括准确评估学生的先前知识水平和学习需求。评价会检查教师是否能够有效地确定每个学生的起点，以便为他们提供适当的支架。

2. 明确建构任务

教师需要明确定义学生需要建构的任务或目标。评价会考察教师是否能够清晰地传达学习目标和任务，以确保学生理解和专注于重要的知识和技能。

3. 适时提供支架

教师应该在学习过程中适时提供支架，以帮助学生充分理解和掌握材料。评价将关注教师是否在学生需要帮助的时候及时介入，以提供必要的指导和资源。

4 引导学生学习

教师的角色包括引导学生使用支架，而不是代替他们完成任务。评价会检查教师是否能够有效地指导学生使用支架，发展他们的学习策略和问题解决能力。

5. 适度提高层次

支架式教学应该逐渐降低支架的使用程度和频次，以促使学生逐渐独立地建构知识。评价将关注教师是否能够适度提高支架的难度，以确保学生不过多依赖的支援。

6. 撤支架后强化

教师需要确保学生在支架撤除后仍能够继续学习和建构知识。评价会考察教师是否采取措施来强化学生的自主学习能力，以确保他们能够在没有外部支援的情况下成功学习。

评价这些要素的掌握程度将有助于确保支架式教学的有效性和学生的学习进展。这可以通过观察教师的教学实践、听取学生的反馈、分析学生表现和成绩，以及进行教育课程评估来实现。这种评价有助于教师不断改进他们的教学方法，以满足学生的需求并提高他们的自主学习能力。

（二）支架类型选择的恰当性

不同类型的学习支架其建构目的和方式不同，产生的教学和学习效果也不同。在评价支架类型选择的恰当性时，需要考虑以下几个方面：

1. 学习者的特点和需求

教师应了解学生的不同学习风格、水平、需求和兴趣。评价将检查教师是否能够根据学生的个体差异，选择适合他们的支架类型。例如，某些学生需要更多的图像支架，而另一些学生更适合文字或音频支架。

2. 学习任务和目标

每个学习任务都有其特定的目标和要求。教师需要评估学习任务的性质，以确定哪种类型的支架最适合。例如，如果任务需要解决复杂的问题，教师可以选择给予提示和指导，以帮助学生更好地理解问题的本质。

3. 支架类型的有效性

不同类型的支架适应不同的情境。评价将考察教师是否根据已有研究和实践经验选择了最有效的支架类型。教师可能需要进行前期研究和试验，以确定哪种支架对于特定学习任务或学生群体最为有效。

4. 支架的多样性

教师可以选择多种类型的支架，以满足学生的多样化需求。评价会检查教师是否有足够的灵活性，以在不同情境下选择和调整支架类型。这可以帮助适应不同学习任务和学生的要求。

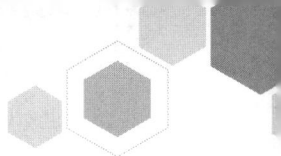

5. 支架的适应性

教师需要确保所选的支架类型适应学生的需求，并促进他们的学习。评价将关注教师是否能够根据学生的反馈和表现来调整支架，以提高其适应性和有效性。可以通过观察学生的学习表现、分析学生成绩和听取学生的反馈来实现。

（三）支架设计的有效性

评价支架设计的有效性可以通过教育者和学生的反馈、观察学生的学习表现、分析学生成绩和调查学生的满意度来实现。这有助于确保支架设计合理且有效，能够支持学生的学习，提高他们的自主学习能力，以及促进知识建构和问题解决能力的培养。可从以下几个方面进行评价：

1. 支架工具或资源的可访问性

教师需要确保学生可以轻松访问支架工具或资源。评价会检查支架设计是否包括易于获得的材料，如文本、视频、音频等，以便学生能够有效地利用这些资源。

2. 支架与学习任务的整合

支架应与学习任务紧密结合，以提供帮助并增强学习效果。评价将关注支架设计是否与具体学习任务相匹配，以确保支架在学习过程中有实际应用性。

3. 支架的引导性

支架设计应具有引导性，以帮助学生逐步理解和掌握知识。评价将检查支架是否提供逐步引导，以促进学生的学习进展。

4. 支架的灵活性

教师需要考虑不同学生的需求和学习风格。评价会关注支架设计是否具有一定的灵活性，以适应不同学生的差异性，如语言能力、认知水平等。

5. 支架的互动性

一些支架工具可以提供互动性，例如在线学习平台或虚拟实验室。评价会检查支架设计是否包括互动元素，以增加学生的参与度和积极性。

（四）支架式教学目标

评估学习支架的建构是否有助于学生自主学习能力的培养，是否能帮助学生逐渐独立地掌握学习过程。评估需要检查学生是否在使用支架后表现出更强的自主学习能力，例如自主解决问题、自我监控和调整学习策略等。

1. 学生的自主学习能力

教师应考察学生是否在使用支架后表现出更强的自主学习能力。这包括他们是否能够独立解决问题、制订学习计划、自我监控和评价学习进展，以及调整学习策略。

2. 学生的问题解决能力

支架式教学的目标之一是培养学生的问题解决能力。评价将关注学生是否能够有效地识别问题、应用所学知识和技能来解决问题，并不断改进解决方法。

3.学生的自我监控和调整学习策略的能力

学生应能够自我监控学习进展，及时发现问题并调整学习策略。评价将考察学生是否能够有效地自我反馈和调整学习方法，以提高学习效果。

4.学生的学习独立性

支架式教学的成功表现在学生能够逐渐变得更加独立。评价需要检查学生是否渐渐不依赖外部支援，能够自主地建构知识和解决问题。

5.学生对学习过程的掌控感

自主学习能力的培养应当提高学生对学习过程的掌控感。评价将关注学生是否感到更有信心掌控学习，以及是否愿意主动参与学习活动。

（五）小组协作中学生参与度

这需要评估学生在小组协作学习中的积极性、参与度和对组内合作的贡献。教师建构学习支架是为学生服务的，教师需要考察学生是否有效地与同伴合作、互相支持和共同进步。

1.学生的积极性和参与度

评价应关注学生在小组协作中表现出的积极性和参与度。教师在提供学习支架后可以观察学生是否自愿参与小组讨论、激发了兴趣和动机，了解他们是否主动提出问题和分享意见。

2.学生对组内合作的贡献

教师需要评估学生在小组协作学习中对组内合作的贡献。评价包括学生的责任感、承担任务的能力、分享资源和知识的程度以及协助他人的意愿。

3.有效的合作

教师应观察学生在小组中是否能够有效地合作。评价将关注学生能否相互交流、解决问题、提供反馈和支持，能否促进小组内的学习进展。

4.共同进步的努力

教师应评估学生是否有意识地与小组成员共同进步。评价可以考察学生是否主动帮助其他组员解决问题、分享有价值的资源，以及是否倾向于在合作中互相促进和提高。

（六）学生对意义建构的达成度

在教师撤支架后学生能够独自完成所学知识的意义建构，是支架式教学的最终目标，即帮助学生独立地应用所学知识和技能。评估需要确定学生是否能够在支架撤除后继续进行意义建构、解决问题或者独立完成任务，可从以下五个方面入手：

1.独立应用所学知识和技能

教师应观察学生在支架撤除后能否独自应用所学的语言知识和技能。评价将关注学生是否能够将所学语言知识应用于实际情景，并用合乎自己水平的语言表达。

2.问题解决能力

支架式教学的目标之一是培养学生的问题解决能力。评价会检查学生是否能够运用所学语言知识进行问题解答，并评估他们在解决问题时的创造性和批判性思维能力。

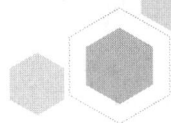

3. 任务的独立完成

教师应评估学生在支架撤除后是否能够独立完成分配的任务。这包括学生是否能够自主管理学习时间、组织学习材料、制订学习计划，并按时完成任务。

4. 意义建构的深度和广度

教师应评估学生在支架撤除后对所学知识进行的意义建构的深度和广度。评价将关注学生是否能够建立新的联系、进行综合性思考和创造性的应用，使所学知识具有更大的意义和影响。

5. 自我评价和反思能力

学生应能够自我评价和反思其在意义建构过程中的学习成果和提高方向。评价可以考察学生能否对自己的学习进行准确的自我评估，并提出改进策略。

评估学生对意义建构的达成度可以通过观察学生的学习成果展示、分析他们的解决问题过程、进行学术项目评估、收集学生的反馈和自我评估等方式来实现。

总之，支架式教学的评估过程应强调学生的自我控制和自我评价，以激发学生的积极学习行为。评价方法包括小组互评、自我评估以及教师评估，旨在促进学生相互合作、鼓励和共同进步。此外，也要关注教师的教学设计质量和实施效果，以确保支架式教学的有效性。评价过程应贯穿整个支架式教学过程，从开始到结束都要有评估的参与。评价可以以教师、学生自评和互评，以及总结等多种方式进行，以确保全面了解学习支架建构技能的发展情况。这些评价可以在教学的各个环节中进行，也可以从不同环节中抽取指标，以便更全面地了解学生的学习进展和教师的教学质量。

评价学习支架建构技能的最终目的是优化教学效果，使支架式教学真正实现教与学的共同提高。通过不断评估和反馈，教师可以不断改进自己的教学设计和学习支架的使用，以满足学生的需求并提高他们的自主学习能力。学生也能从评价中获得反馈，了解自己的学习进展，并在撤除支架后继续独立地建构知识和技能。

表 4-16 为 skill 6 学习支架建构技能评价表。

表 4-16　skill 6 学习支架建构技能评价表

评价要点	权重	指标	评价内容	权重	得分
支架式教学核心要素	25%	1	确定学生水平	5%	
		2	明确建构任务	5%	
		3	适时提供支架	5%	
		4	引导学生学习	5%	
		5	适度提高层次	3%	
		6	撤支架后强化	2%	

续表

评价要点	权重	指标	评价内容	权重	得分
支架类型选择的恰当性	20%	7	学习者的特点和需求	4%	
		8	学习任务和目标	4%	
		9	支架类型的有效性	4%	
		10	支架的多样性	4%	
		11	支架的适应性	4%	
支架设计的有效性	20%	12	支架工具或资源的可访问性	4%	
		13	支架与学习任务的整合	4%	
		14	支架的引导性	4%	
		15	支架的灵活性	4%	
		16	支架的互动性	4%	
支架式教学目标	15%	17	学生的自主学习能力	3%	
		18	学生的问题解决能力	3%	
		19	学生自我监控和调整学习策略的能力	3%	
		20	学生的学习独立性	3%	
		21	学生对学习过程的掌控感	3%	
小组协作中学生参与度	10%	22	学生的积极性和参与度	3%	
		23	学生对组内合作的贡献	2%	
		24	有效的合作	3%	
		25	共同进步的努力	2%	
学生对意义建构的达成度	10%	26	独立应用所学知识和技能	2%	
		27	问题解决能力	2%	
		28	任务的独立完成	2%	
		29	意义建构的深度和广度	2%	
		30	自我评价和反思能力	2%	
备注：				总得分	

◆ **引导问题答案**

1. 学习支架建构的核心理念是什么？

学习支架建构的核心理念是"适时适度"，即根据学生的学习状态和学习需求，及时提供必要的帮助和指导，并根据学生的学习能力和学习水平，提供切合实际的支持和引导。

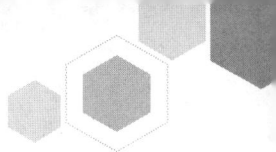

2. 教师在建构学习支架时应该做到哪些方面?

教师在建构学习支架时应该做到以下方面:了解学生学习状态、诊断学生学习困难、设定学习目标、选择具体教学策略和方法、提供帮助和指导、鼓励学生自主学习和探索,以及适时调整和撤去学习支架。

3. 在学习支架建构的过程中,如何评估支架设计的有效性?

在学习支架建构的过程中,评估支架设计的有效性时,可以从考察支架工具或资源的可访问性、支架与学习任务的整合、支架的引导性、支架的灵活性和互动性以及支架的适应性等方面进行评估。这有助于确保支架设计合理且有效,能够支持学生的学习,提高他们的自主学习能力,以及促进知识建构和问题解决能力的培养。

◆ 再思考

1. 学习支架建构技能的六个要素包括哪些?

学习支架建构技能的六个要素包括确定学生水平、明确建构任务、适时提供支架、引导学生学习、适度提高层次和撤支架后强化。这些要素共同构成了有效的学习支架建构过程,帮助学生在学习中获得更进一步的发展。

2. 在学习支架建构的过程中,教师如何适时提高任务的复杂性和难度,以激发学生的学习兴趣和动力,并促进他们的成长和发展?

在学习支架建构的过程中,教师根据学生在知识储备、思维能力、学习经验和自我管理能力等方面的提升,调整教学任务和难度,并密切关注学生的表现和反馈,以及如何给予支持和指导,帮助学生逐步适应更高难度的任务,培养其自主学习能力和创新精神。

3. 在评价教师掌握支架式教学核心要素方面,应该注意评估教师哪些方面的能力?这些方面的能力为何在学习支架建构中至关重要?

评价教师掌握支架式教学核心要素时,应注意评估教师确定学生水平、明确建构任务、适时提供支架等方面的能力。这些能力对于学习支架建构至关重要,因为它们决定了教师能否根据学生的个体差异做出有效的个性化教学安排,并及时地对学生提供必要的支持和指导,从而促进学生在学习过程中的成长和发展。

第七节　板画与媒体应用技能

❈ 本节要点
1. 板画和媒体融合的意义
2. 板画与媒体应用技能的设计
3. 板画与媒体应用技能的使用原则
4. 板画与媒体应用技能的评价

❋ 引导问题

1. 板画与媒体应用技能在英语教学中有什么优势和劣势？
2. 教师如何更好地应用板画与媒体应用技能来提高英语教学效果？
3. 在教学中如何提高信息的呈现能力？

一、板画与媒体应用技能的定义

尽管现代多媒体工具如 PPT 等提供了很多教学演示的便利，但传统板书技能和教学简笔画技能在英语教学中仍然非常有价值，因为它们能够提供多样化的教学方式，满足学生的不同需求，并加强课堂互动，帮助学生更好地理解和掌握英语知识。板书和简笔画可以与现代多媒体工具相辅相成，共同创造更富有启发性和有效的学习环境。

与 PPT 等预设型媒体不同，板书和简笔画的制作通常是实时的过程，这允许教师在教学中灵活地调整内容，根据学生的反馈和需要进行修改。这种互动性和即时反馈有助于确保教学过程更加动态和有效。

学生在学习中有不同的学习偏好和需求。传统板书和简笔画技能提供了一种补充和多元化的教学方式。有些学生可能更容易理解和记忆通过图像和图表呈现的信息，因此使用简笔画可以满足他们的需求。同时，板书和简笔画可以与其他教学方法结合使用，从而更全面地满足学生的需要。

教师可以根据学生的学习程度和学习风格使用个性化的板书和简笔画，以满足他们的不同需求。这种个性化的教学方式可以提高学生的学习体验，使他们更容易理解和掌握英语知识。有些概念可能比较复杂或抽象，难以用预设的文字或 PPT 演示文稿来准确传达。在这种情况下，通过板书和简笔画来绘制示例、图示和图表，可以更清晰地解释这些概念，使学生更容易理解。

教师可以通过简笔画鼓励学生参与创造性思考，让他们参与绘制、注释或改进图示，从而激发他们的创造性思维和参与感。在一些学校或地区，可能没有充分的多媒体设备或宽带，这使得传统板书和简笔画成为有效的教学工具，不需要依赖高级技术。

实际教学中，教学 PPT 等现代多媒体演示工具和板书/简笔画在教育环境中各有其优劣势，表 4-17 是两种演示方式的对比。

表 4-17　多媒体演示与板画演示优劣对比

	PPT 等现代多媒体演示工具	板书与简笔画
优势	预先准备和规划：PPT 等演示工具允许教师提前准备教学材料，包括文字、图像、音频和视频。这使得教师能够更精确地组织和呈现教学内容，减少错误和不必要的重复。	实时互动：板书和简笔画是实时制作的，允许教师根据学生的需求和反馈进行即时调整。这种互动性有助于深化学生的理解，回应他们的问题，并促进课堂参与。

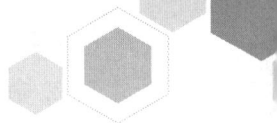

续表

PPT 等现代多媒体演示工具		板书与简笔画
优势	多媒体资源: PPT 可以集成多种媒体资源,如图片、音频和视频,以丰富教学内容,增强学习体验。这些资源可以生动地展示概念,激发学生的兴趣,以及满足不同学习风格的要求。	个性化和表达: 教师可以在板书和简笔画上进行个性化的绘制,以满足不同学生的需求。这有助于展示教师的教学风格和创造力,并鼓励学生参与讨论和注释。
	一致性和重用性: 教师可以在不同的课堂中重复使用 PPT 幻灯片,确保内容一致性和质量。这有助于节省时间和精力,特别在处理大量课程材料时。	低成本: 板书和简笔画通常需要较少的成本,不依赖于高级技术设备。这使得它们适用于资源有限的学校或地区,也有助于降低教育成本。
	可远程共享: PPT 等演示工具可以通过电子邮件或在线平台轻松地与学生分享,特别是在远程教育环境下。学生可以随时随地访问这些材料,进行复习和学习。	激发创造性思维: 学生可以参与绘制、注释或改进板书和简笔画,从而促进他们的创造性思维和批判性思考。这有助于培养学生的问题解决能力和创造性能力。
劣势	缺乏互动性: PPT 通常是教师控制的静态演示,学生在观看时有较少的机会互动。这可能导致学生的被动学习和对教材的理解不深入。	时间消耗: 制作高质量的板书和简笔画可能需要更多的时间,特别是在每堂课都要进行的情况下。这可能会在教师的准备时间上造成压力。
	不适应实时调整: PPT 绝大多数是预先制作的,因此教师无法灵活地根据学生的反馈和需要进行实时调整。如果学生需要额外的解释或更深入的讨论,PPT 可能无法满足这些需求。	可变质量: 板书和简笔画的质量受到教师书写能力和绘画技能的影响。如果绘制不清晰或不准确,可能会导致学生的困惑。
	依赖技术设备: 使用 PPT 需要计算机或投影设备,而一些学校或地区可能没有足够的技术设备,也可能因技术设备出现故障,导致教学中断。	有限多媒体元素: 板书和简笔画通常受到文字和手绘图形的限制,无法提供丰富的多媒体资源。对于某些教材,特别是需要动画或复杂互动的内容,这种限制可能不足以满足教学需求。

从上表可以看出,PPT 等演示工具和板书/简笔画各有其优劣势。最佳选择通常取决于教学目标、学生需求和教育环境。在实际教学中,教师可以灵活运用这些工具,结合它们的优点,以创造更富有启发性和有效的学习环境。因此,在英语教学实践中,教师通常将应用 PPT 等现代演示工具与应用板书、简笔画交替或融合使用,取得比使用单项技能更好的教学效益。

(一)多媒体演示与板画演示融合

1.综合利用多种媒体

融合多媒体与板画可以充分利用现代科技提供的多媒体资源和传统手绘的优势。通过结合文字、图像、音频和视频，教师可以更全面地呈现教学内容，满足学生多样化的学习需求。

2. 提升互动性

结合 PPT 等演示工具的静态呈现和板书简笔画的实时制作，创造一个更具互动性的学习环境。教师可以在 PPT 中预先准备主要内容，然后在板书上实时补充、解释，以更灵活地回应学生的提问和需要。

3. 促进创造性思维

融合多媒体与板画可以激发学生的创造性思维。通过让学生参与绘制、注释和改进板书简笔画，教师可以培养他们的批判性思考和创造性解决问题的能力。

4. 适应不同学习风格

学生有不同的学习风格和偏好，有些可能更喜欢通过观看 PPT 等演示工具来学习，而另一些可能更受益于实时制作的板书简笔画。融合两者可以更好地满足学生的多样性需求。

5. 增强信息传递效果

结合多媒体与板画可以提高信息传递的效果。PPT 等演示工具可以提供清晰的结构和多媒体支持，而板书和简笔画则可以用更生动、具体的方式强调关键概念，帮助学生更好地理解和记忆内容。

6. 提高课堂吸引力

教师融合多媒体与板画可以创造更具吸引力的课堂氛围。学生在课堂中既能够享受现代技术带来的便利，又能感受到传统手绘的温暖和人性化。

7. 灵活应对教学环境

融合不同的技能使教师能够更灵活地应对不同的教学环境。在有限的技术设备或网络条件下，教师可以依然通过板书和简笔画有效地进行教学，而在有先进设备的环境中，可以更充分地利用 PPT 等演示工具。

综合来看，将 PPT 等现代演示工具与板书、简笔画融合成一项新的教学技能，有助于提升教学的多样性、互动性和创造性，更好地满足学生的需求，使英语教学更为丰富和有效。

因此，板画与媒体应用技能是指在英语教学中，教师善于运用板书、简笔画和现代多种媒体工具，以更有效地支持教学和学习的一类教学行为。这种技能结合了传统的教学方法和现代多媒体资源，旨在帮助学生改善学习体验和提高英语语言技能。

板画与媒体应用技能的融合是教师在实际教学中应用教学方法整合三种技能的综合能力，教师在获得综合技能的学习过程中，仍然需要将三种技能分开学习并了解三种技能的应用范围才能做到结合有度、应用有道。

（二）板书应用

板书是一种传统的教学工具，它通过文字、图像和图表将教材呈现在黑板或白板上。教师可以使用不同颜色的粉笔或马克笔来吸引学生的注意，强调关键概念，绘制图表以解释复杂的概念。

板书应用技能包括书写清晰、有组织的内容，使用适当的图形来辅助教学，以及及时更

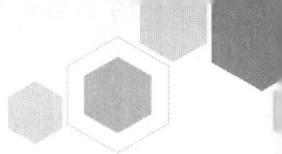

新板书内容，以确保学生能够跟随教学进程。

（三）简笔画应用

简笔画是通过简单的图画和符号来呈现信息，以帮助学生更好地理解和记忆教材。教师可以绘制图示来解释单词、短语或概念，从而使抽象的内容更具体化。

简笔画应用技能包括绘画的简单性、清晰性和与教材的一致性，以及确保图示能够有效地传达所需的信息。

（四）多媒体应用

现代多媒体资源如投影仪、电子白板、计算机、互联网等，为英语教学提供了丰富的资源。教师可以使用这些工具来展示视频、音频、动画、图像和互动内容，以吸引学生的兴趣。

多媒体应用技能包括选择合适的多媒体资源，有效地将它们整合到课堂教学中，管理技术设备，并确保学生能够与这些资源进行互动。

融合后的板画与媒体应用技能有助于提高教学的吸引力、互动性和效果。教师应根据学生的需求和学习目标，巧妙地运用板书、简笔画和多媒体资源，以创造一个更具启发性和有趣的学习环境，帮助学生更好地理解和掌握英语语言和文化。

二、板画与媒体应用技能的要素

不同学生有不同的学习偏好和方式。一些学生更容易通过文字和书写理解内容，而另一些学生可能更喜欢通过视觉元素（如图画和图示）或多媒体资源（如视频和音频）来学习。因此，板画与媒体应用技能的多样要素可以满足不同学生的需求，提供多样性的学习方式。结合传统的板书和简笔画与现代多媒体工具的应用，使教师能够在不同的情境下更灵活地选择和使用教学方法。这种综合运用可以更好地满足不同教学目标和学生的需求，增加教学的适应性。此外，板画与媒体应用技能需要教师根据学生的需求和学习风格，个性化地制作板书和简笔画，以及选择合适的多媒体资源，这有助于教学养成个性化教学风格。

板画与媒体应用技能的核心要素包含板书、简笔画及多媒体的制作和应用，同时需要体现采用多元性教学方法下的信息呈现、教学创造力和互动性。

（一）板书演示

板书是课堂上最直接的视觉元素，能够帮助学生快速理解和记忆知识，同时也能够为教学内容增加趣味性。教师需要具备清晰、规范书写的能力，确保学生能够轻松理解所呈现的内容。使用生动的图示、颜色和符号，及时更新板书内容，使得板书更具吸引力。

教师应用板书技能教学时还应该注意板书内容需要有明确的逻辑结构，帮助学生理解知识点之间的关联。教师可以通过注意以下几个方面的应用来提高课堂板书的效果，促进学生更好地理解和记忆知识。

1.视觉学习和记忆的重要性

板书作为最直接的视觉元素，对学生的学习和记忆起到了关键作用。有研究表明，视觉信息比纯文本更容易被学生理解和记忆。因此，教师应该利用板书来强调关键的知识点，帮助学生更好地理解和记住课程内容。

2. 增加教学趣味性

板书不仅仅是为了传达知识，还可以通过生动的图示、颜色和符号来增加课堂的趣味性。这不仅吸引学生的注意力，还能够激发他们对学习的兴趣。

3. 清晰和规范的书写

教师在板书时应该确保书写清晰和规范，以便学生能够轻松理解所呈现的内容。模糊或混乱的板书会导致学生的混淆和困惑，降低教学效果。因此，教师应该练习良好的书写技巧，或者考虑使用数码板书工具，以确保清晰度和规范性。

4. 适时更新板书内容

板书内容应该根据教学进度进行及时更新。当学生进展到新的知识点时，教师应该清除或修改旧的板书内容，以确保板书始终与当前教学内容相关。这有助于避免混淆和混乱，同时也让学生了解板书是一个不断更新的资源。

5. 逻辑结构

板书的内容应该有明确的逻辑结构，以帮助学生理解知识点之间的关联。可以使用标题、编号、箭头等方式来突出不同概念之间的关系，从而帮助学生更好地组织和记忆信息。逻辑结构也有助于学生在学习过程中建立知识框架，使他们能够更深入地理解和应用所学内容。

（二）简笔画演示

简笔画可以强化概念的视觉记忆，增加学生对知识的深入理解，并且能够提高学生的参与度。教师通过简单的图画和符号来呈现信息，以帮助学生更好地理解和记忆教材；还可利用简笔画传达情感和情境，使得学习更具情感共鸣。简笔画应用技能需要具备绘画的简单性、清晰性和与教材的一致性，以确保图示能够有效地传达所需的信息。简笔画是一种强大的教学辅助工具，可以通过以下几个方面进行更深入的理解：

1. 加强视觉记忆

简笔画可以帮助学生将抽象的概念可视化，从而加强他们的视觉记忆。通过绘制简单的图画和符号，教师将复杂的概念变得更具体和易于理解。这有助于学生更容易地记住学习内容，并在考试或实际应用中更好地回想起相关信息。

2. 增强概念理解

简笔画不仅有助于记忆，还能提高学生对知识的深入理解。通过绘制概念图、流程图或示意图，教师可以展示不同语言元素之间的关系，帮助学生更好地理解如何将这些元素整合在一起。这有助于培养学生的思维和问题解决能力。

3. 提高学生参与度

使用简笔画可以使课堂更生动有趣，从而提高学生的参与度。当教师开始绘制图画时，学生通常会更专注地聆听和观察，因为他们有急切看到绘图结果的期待。这种互动可以激发学生的好奇心，使他们更积极地参与课堂讨论。

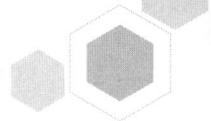

4. 情感共鸣

简笔画可以用来传达情感和情境，使学习更具情感共鸣。通过绘制角色、场景或情感符号，教师可以展示学习情境，让学生更好地理解阅读文本中的情感体验。这有助于加深学生对语言知识的理解和情感参与。

5. 简洁性和一致性

在应用简笔画时，教师需要确保绘画简洁、清晰，并与教材一致。过于复杂或混乱的图画可能会引起混淆，降低教学效果。因此，教师应该训练自己的绘画技巧，并确保图示能够有效地传达所需的信息。

（三）多媒体演示

多媒体应用可以提供多样化的学习体验，符合学生的多元智能特质，增加课堂的趣味性和互动性。这包括选择合适的多媒体资源，如图片、音频、视频等，有效地整合这些资源到课堂教学中，管理技术设备，以及确保学生能够与这些资源进行互动。多媒体应用技能需要教师掌握现代多媒体工具的使用和操作并关注以下几个方面：

1. 多元智能的支持

多媒体应用技能有助于满足学生的多元智能要求，因为不同学生有不同的学习方式和偏好。通过使用图像、音频、视频和文字等多种媒体形式，教师可以创造多样化的学习体验，满足不同学生的需求。这有助于提高学生的学术表现水平，同时也培养了他们的多元智能。

2. 趣味性和互动性

多媒体应用可以使课堂更加生动和有趣。图像和视频可以帮助学生更好地理解抽象的概念，音频可以增加学科的声音维度，而互动式多媒体可以让学生积极参与学习过程。这种互动性可以激发学生的好奇心，提高他们的参与度。

3. 资源的选择和整合

教师需要选择合适的多媒体资源，并将它们有效地整合到课堂教学中。这包括从互联网、图书馆或其他来源获取适当的资源，以支持教学内容。教师还需要了解如何使用多媒体工具来编辑、组织和展示这些资源，以确保它们对学生有意义。

4. 技术设备管理

使用多媒体在课堂中通常需要技术设备，如计算机、投影仪、音响设备等。教师需要学会管理这些技术设备，确保它们在教学中正常运作。这包括解决技术故障、保护设备免受损坏，以及熟悉使用不同设备的操作方法。

5. 学生互动和参与

多媒体应用技能还包括如何让学生与多媒体资源进行互动。这可以通过在线投票、讨论板、虚拟实验和互动式应用程序来实现。教师可以鼓励学生参与讨论、提出问题，以及与多媒体内容互动，从而加强他们的学习体验。

（四）多元化教学方法

多元化的教学方法可以满足不同学生的学习需求和学习风格，提高教学的灵活性和适应性，增强学生的参与度和学习动力。这涉及教师掌握多种教学方法，包括传统的板书和简笔画，以及现代的多媒体工具，能够灵活地在教学中运用这些方法，以满足不同学生的学习需求。

1. 学习差异化需求的满足

不同学生具有不同的学习需求和学习风格。一些学生可能更喜欢视觉学习，而另一些则更喜欢听觉或动手实践。多元化的教学方法可以满足这些不同的学习需求，使每个学生都能够以最有效的方式吸收知识。教师可以根据学生的需求和反馈，选择合适的方法来进行教学。

2. 教学的灵活性

教师可以根据特定的教学目标和学生的需求，选择不同的方法来传达知识。这种灵活性有助于应对不同教学情境和学生群体的挑战，提高了教学的效果。

3. 提高学生的参与度

当学生在不同的教学活动中获得多种学习体验时，他们更有可能积极参与课堂，并感到学习是有趣和有益的。这种积极的学习体验可以提高学生的学术成绩和学习动力。

4. 促进批判性思维和问题解决能力

多元化的教学方法有助于培养学生的批判性思维和问题解决能力。通过不同的教学活动，学生将面临各种不同类型的问题和挑战，需要运用不同的思考和解决问题的方法。这有助于他们发展综合的认知能力。

5. 综合性学习

多元化的教学方法鼓励综合性学习，即将不同学科和知识领域相互整合。通过结合传统的板书、简笔画和现代的多媒体工具，教师可以创造更丰富的学习体验，帮助学生看到不同知识之间的联系。这有助于培养跨学科思维和综合性的知识能力。

教学方法的多元化有助于建立更富有活力和成效的学习环境，可以强化教学的效果和学生的学习体验。教师应该积极探索和应用各种教学方法，以满足不同学生的需求，培养他们的多元智能，提高学习成绩，培养批判性思维和问题解决能力。

（五）信息呈现能力

创造性的信息呈现和教学设计可以激发学生的学习动力，促使他们更深入地参与到课程中，提高学习效果。教师需要确保信息呈现清晰、有组织，以便学生容易理解。无论是通过板书、简笔画还是多媒体资源，信息呈现能力是关键，确保教材能够有效传达。信息呈现能力可以进一步深化为以下几个方面：

1. 创造性的教学设计

信息呈现不仅仅是传递事实和知识，更是一种艺术和创造性的过程。教师在设计课程时应该考虑如何以吸引人的方式呈现信息，使学生对所学内容感兴趣。这包括使用引人入胜的案例分析、故事叙述或问题解决活动，以激发学生的好奇心和主动学习欲望。

2. 多样的呈现方式

教师应该灵活运用不同的呈现方式，根据学生的需求和学科的性质选择合适的方法。有

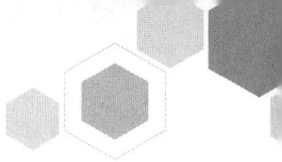

时候，通过生动的简笔画或图表可以更好地传达抽象的概念，而在某些情境下，使用多媒体资源则可以增加真实感和深度。多样的呈现方式有助于满足学生对多元智能和不同学习风格的需求。

3. 关注学生的情感共鸣

信息呈现不仅是冷冰冰的事实陈述，还可以通过情感共鸣来加深学生对知识的理解和记忆。教师可以通过真实的案例、个人经历或感人的故事来激发学生的情感共鸣，使得学习更具深度和意义。

4. 与实际应用的连接

信息呈现能力还包括将学科知识与实际应用相连接。教师可以通过举例、情境创设或语言实践来展示语言知识在现实生活中的应用，帮助学生将抽象的概念与实际场景相联系，提高他们的英语运用能力。

5. 反馈和调整

教师在信息呈现后应该及时收集学生的反馈，并根据反馈调整教学策略。这包括了解学生对所学内容的理解程度、兴趣点和困惑之处，以便及时做出调整，提高信息呈现的效果。

（六）互动及反馈

互动性和学生参与度是有效教学的关键，能够增强学生的学习兴趣，促使他们积极参与课堂活动。板书和简笔画的实时制作允许教师与学生进行互动，并能够根据学生的反馈和需要进行实时调整。这种互动性有助于提高教学效果，这是因为：

1. 积极学习体验

互动性和学生参与度能够创造积极的学习体验。当学生积极参与课堂互动时，更有可能专注于学习内容，感受到学习的趣味性。良好的学习体验可增加学生的学习动力，使他们更愿意主动探索和学习。

2. 定制化教学

互动性和反馈允许教师根据学生的需求和理解程度来调整教学。通过与学生互动，教师可以了解哪些概念更容易被学生理解，哪些可能需要更多的解释和示例。这有助于教师在教学中提供定制化的支持，满足不同学生的需求。

3. 检查理解和纠正错误

互动和反馈也可以帮助教师检查学生的理解程度并纠正错误。通过提问、讨论和小组活动，教师可以快速了解学生是否掌握了关键概念。如果学生存在误解或错误，教师可以立即进行纠正，以避免错误的知识传递。

4. 促进批判性思维

互动性可以激发学生的批判性思维。当学生参与讨论、提出问题和解决问题时，他们不仅仅是被动接受知识，还要积极地思考和分析。这有助于培养学生的批判性思维能力，使他们成为更好的问题解决者。

5.建立互动式学习社区

互动性和反馈有助于建立互动式学习社区，其中学生可以互相学习和分享知识。这种社区可以促进合作、协作和知识交流，使学习更具丰富性和互动性。

6.增强师生关系

通过积极的互动，教师能够建立更紧密的关系，并更好地了解每个学生的需求和个性。这有助于教师更好地指导和支持学生，以提高他们的学术成就和发展。

（七）教学创意和创造力

教学创造力是教师在教学中展现个性和独创性的表现，它可以激发学生的创造力和创新思维。通过创造性的教学活动和设计，学生可以在愉快的学习氛围中积极参与，提高学习效果，同时也培养了学生的创造性思维和解决问题的能力。教师应该具备教学创意和创造力，能够用独特的方式设计板书和简笔画，或者选择富有创意性的多媒体资源，以吸引学生的注意力，激发他们的学习兴趣。

此外，教师的教学创造力不仅仅体现在课堂设计中，也表现在对多种教学资源的巧妙运用上。他们能够创造性地利用各类多媒体资源，设计生动有趣的教学活动，激发学生的好奇心和求知欲。通过跨学科教学，学生能够拓宽视野，将英语学习与实际生活和其他学科知识相结合，形成更为综合的学习体验。

板画与媒体应用技能的核心要素之间相互交融，共同构建了一个丰富多样、互动性强的英语教学环境。在这样的环境中，学生不仅仅是知识的接收者，更是知识的创造者和运用者。而教师则扮演着引导者和激发者的角色，通过巧妙的教学设计和创意性的教学活动，使英语教学更为丰富和有效，引领学生走向更高层次的英语学习。

二、板画与媒体应用技能的类型

在英语教学中，板画与媒体应用技能可以分为多种类型，包括但不限于以下几种：

（一）板书技能类型

在英语教学中，板书可以分为多种类型，具体的类型可以根据不同的教学目的和教学阶段来区分。以下是一些常见的板书类型：

1.单词板书

单词板书是教学中常见的一种板书类型，主要用于展示和教授新单词的拼写、发音和含义。教师可以在黑板或白板上写出单词的拼写、音标和中文意思，并配以相关的图片或示例句子，帮助学生更好地理解和记忆新单词的用法。通过单词板书，学生可以快速地获取新单词的信息，并且可以在课后进行复习。

2.语法板书

语法板书主要用于解释和练习特定语法规则和结构。教师可以在板上详细解释语法规则，并举例说明，让学生更好地理解语法知识。同时，教师也可以设计相关的练习题目，让学生在板书上完成，以加强语法知识的应用和练习。

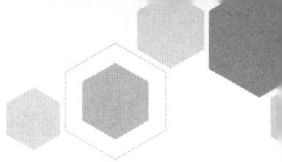

3. 主题板书

主题板书用于展示与当前教学主题相关的信息，包括有关一个国家、节日、文化活动或科学概念的图片和文字。这样的板书可以帮助学生更好地理解当前教学主题，增添教学内容的趣味性和实践性。

4. 句子板书

句子板书主要用于展示和分析句子结构、语法和标点符号。教师可以在板上展示不同类型的句子，让学生分析句子构成和语法规则，从而提高学生的语法理解和应用能力。

5. 对话板书

对话板书用于展示对话和对话模式，帮助学生练习日常会话和交流技巧。教师可以在板上展示不同场景下的对话内容，并引导学生进行模仿及练习，提高学生的口语表达能力。

6. 听力和口语练习板书

听力和口语练习板书用于展示听力材料和口语练习题目，帮助学生进行听力和口语训练。教师可以在板上展示听力材料，并设计相关的口语练习题目，让学生在板书上进行口语练习。

7. 文学板书

文学板书用于讲授文学作品、作者和文学分析。教师可以在板上展示不同文学作品的内容和作者背景，并对文学作品进行分析和讨论，让学生更好地理解和欣赏文学作品。通过文学板书的教学，学生可以对文学作品有更深入的了解和体会。

8. 文化板书

文化板书主要用于介绍英语国家的文化、习惯、传统和风俗。教师可以在板上展示有关英语国家文化的图片和文字信息，让学生了解和体验不同文化的特点，拓宽视野，增加跨文化交流的能力。

9. 项目和任务板书

项目和任务板书用于指导学生进行小组或个人项目和任务。教师可以在板上详细描述项目或任务的要求和目标，以及完成任务的截止日期和评估标准，让学生清晰了解任务目标和要求，有针对性地进行学习和实践。

以上各种类型的板书在英语教学中发挥着重要的作用，教师可以根据具体的教学目标和课程内容进行组合和应用，以便帮助学生更好地理解和掌握各种语言知识，提高他们的英语能力。

（二）简笔画技能类型

在英语教学中，简笔画可以作为一种有趣和有效的教学工具，有多种类型的应用技能。以下是一些常见的类型：

1. 单词教学

通过简笔画，教师可以帮助学生记忆和理解新的英语词汇。每个单词可以用一个简单的图画来表示，例如将"an apple"用一个苹果的图画表示，帮助学生将图像与单词联系在一起。这种方法可以激发学生的视觉记忆，帮助他们更快地记住单词的形状和意义。

2. 句子构建

简笔画可以用来帮助学生学习如何构建句子。教师可以使用图画来展示主语、动词和宾语之间的关系，比如通过简单的图画展示一个人（主语）吃（动词）苹果（宾语），帮助学生理解句子结构，从而提高他们的句子构建能力。

3. 叙述和故事

通过简笔画，学生可以创作自己的故事或叙述事件。他们可以使用图画来描绘故事中的情节和角色，从而提高他们的口头表达和写作能力。这种方法可以帮助学生更直观地理解故事情节，同时激发他们的创造力和想象力。

4. 情感和情感表达

简笔画可以用来帮助学生表达情感。学生可以绘制表情，如快乐、悲伤、惊讶等，帮助他们描述他们的感受，并学会用英语词汇来表达情感。这有助于提高学生的情感表达能力，同时帮助他们扩展情感词汇量。

5. 对话和沟通

教师可以使用简笔画来创建对话场景，帮助学生练习英语对话技能。学生可以根据图画中的情境进行对话，从而提高他们的口语交流能力。此外，通过简笔画呈现对话情景也可以提高学生对于语言环境的感知能力，进而加强对话的真实性。

6. 主题和课程拓展

简笔画可以用来介绍和探讨不同的主题和课程内容，如人与自我、人与社会、人与自然等学习主题。教师可以使用简笔画来激发学生对主题的兴趣，帮助他们理解和记忆相关的信息。同时，通过图画，学生可以进行深入的思考和讨论，增强他们的探究和分析能力。

这些是英语教学中简笔画应用技能的一些常见类型，它们可以根据教学目标和学生的需求进行定制和调整。简笔画可以激发学生的创造力，增强他们的学习兴趣，促进英语学习的互动和参与。

（三）多媒体应用技能类型

在英语教学中教师可以利用视听等多媒体应用，丰富学生的学习体验，提高他们在听力、口语、阅读和写作方面的能力。教师可以根据具体的教学内容和学生需求，选择合适的多媒体应用技能进行呈现。多媒体应用技能可以分为以下几个类型：

1. 音频应用

这包括使用音频资料如录音、音乐和语音播放，以帮助学生提高听力技能和语音发音能力。学生可以听取不同口音和语速的语音材料，以适应多样的语音环境。

2. 视频应用

使用视频素材可以让学生接触到真实的口语交流和不同的语言环境。教师可以使用视频剪辑来示范语法、文化、会话技巧等，并让学生通过观看视频来学习。

3. 互动多媒体应用

这包括使用互动教育软件、在线学习平台和应用程序，以提供学生自主学习的机会。这

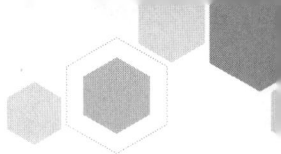

些工具可以包括练习题、互动课程、虚拟实验等，以激发学生的学习兴趣。

4.图片和图表应用

使用图片和图表可以帮助学生理解词汇、概念和复杂的主题。教师可以展示图片来说明新词汇，使用图表来解释数据，以便更好地理解和记忆信息。

5.演示文稿和幻灯片应用

通过创建演示文稿和幻灯片，教师可以将课程内容可视化呈现。这有助于学生更好地理解复杂的概念，并提供一种组织信息的方式。

6.虚拟实境和模拟应用技能

虚拟实境和模拟软件可以用于模拟真实语境，如旅游、商务交流、医疗对话等。学生可以在虚拟环境中练习语言技能，并增强实际应用的信心。

7.社交媒体和在线资源应用技能

使用社交媒体平台和在线资源可以帮助学生与他人交流和分享学习资源。学生可以参与在线讨论、加入语言学习社区，以增强他们的交流技能。

这些多媒体应用技能可以根据教学目标和学生的需求进行定制，以提高英语教学的吸引力和效果。多媒体工具可以丰富教学内容，使学生更积极地参与，并提供更生动的学习体验。

（四）综合应用技能类型

综合应用指的是将多媒体、板书和简笔画应用融合在一起的应用技能，在英语教学中可以分为以下几个类型：

1.综合资源库制作

教师可以结合多媒体、板书和简笔画技能来创建综合资源库以支持教学。资源库可以包括各种教育材料，如教材、演示文稿、图片、图表、音频和视频素材，以及教师自己创建的简笔画图像。这些资源可以用于课堂教学，以提供更多元化、生动和互动的学习体验，有助于学生更好地理解和掌握教学内容。这种综合资源库可以根据教学需要进行不断扩充和更新，以满足学生的需求并完成教学目标。

2.互动教学

通过将多媒体素材、板书和简笔画结合起来，教师可以打造互动教学体验。例如，他们可以播放音频或视频，然后在白板上绘制相关内容，以便让学生听、看、写并参与讨论。

3.课堂游戏和竞赛

教师可以创建多媒体内容和图画来设计有趣的课堂游戏和竞赛，以促进学生的积极参与。这可以包括单词拼写比赛、语法练习和角色扮演游戏等。

4.故事叙述

将多媒体元素、板书和简笔画结合，可以用于讲授叙述技巧。学生可以观看视频、听故事，并使用图画和板书来重述和创作自己的故事。

5.项目和研究

学生可以使用多媒体工具来展示他们的项目和研究成果。他们可以创建演示文稿、视频演示或绘制图画，以呈现他们的发现和分析。

6. 模拟考察和旅行

结合多媒体、板书和简笔画，教师可以模拟实地考察或虚拟旅行的体验。学生可以通过观看视频、绘制地图和板书记录来学习有关不同地点和文化的信息。

7. 口语和表达练习

教师可以使用多媒体素材来展示各种口音和语音模式，然后要求学生使用简笔画和板书来练习语音发音和口语表达。

综合应用技能充分利用了多媒体、板书和简笔画的各种元素，以创造更具创意和互动性的英语教学环境。通过结合这些技能，教师可以提供更多元化、吸引人的学习体验，有助于学生更好地理解和掌握英语语言和文化。

不同类型的板画与媒体应用技能在英语教学中具有各自的作用，教师可以根据课程内容和学生需求，选择适当的技能来增强教学效果。这也有助于提供多样性的学习体验，满足不同学生的需求。

三、板画与媒体应用技能使用策略

板画与媒体应用技能结合了板书、简笔画和现代多种媒体工具的使用，在使用策略上以各自技能的使用策略为主：

（一）板书使用策略

1. 清晰度与可读性

教师需确保板书内容清晰可读，使用清晰的字体和适当的字号，以便学生在教室各个角落都能看到。使用不同的颜色来强调重要信息。例如，可以使用红色标记关键词，使用蓝色标记例句，以增加信息的可视性。

2. 结构与组织

使用适当的标题、编号或符号，以便学生能够轻松地理解课程内容的结构和组织。划分板书区域，例如，使用不同的部分或行列来呈现不同的信息，以帮助学生更好地理解内容。

3. 互动性

鼓励学生参与板书的制作。例如，教师可以要求学生填补缺失的单词、完成句子、标记语法错误等。利用互动元素，例如拼图或卡片，来激发学生的兴趣和积极性。

4. 示范

演示英语的正确拼写、语法和语调。通过板书演示，学生可以更好地理解并模仿正确的发音和用法。举例说明语法规则和单词用法，以便学生能够看到实际的语言示例。

5. 重点突出

使用不同的字体大小、颜色或强调线条来突出重要的单词、概念或句子。这有助于学生识别和记忆关键信息。

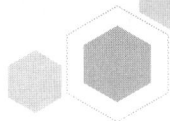

6. 图像和图表

使用图像、图表或示意图来解释抽象概念，特别是在涉及地理位置、历史事件或科学概念时。创建思维导图，帮助学生将不同概念和主题之间的关系可视化。这有助于促进批判性思维和概念之间的联系，帮助学生更深入地理解课程内容。

7. 总结和复习

在每节课结束时，使用板书来总结当天的教学内容。这有助于学生回顾和巩固所学。创造性地使用复习图表、列表或关键点，以帮助学生记住并理解核心概念。

8. 课后作业

将课后作业任务写在板上，以确保学生明白下一堂课需要准备什么。为学生提供额外的练习题目或拓展阅读。

（二）简笔画使用策略

简笔画是一种简单直观的图画形式，可以增加学习的趣味性和互动性，帮助学生更好地理解和记忆知识点，提高他们的学习积极性和参与度，尤其适用于初学者和儿童。以下是一些使用简笔画的策略：

1. 词汇教学

通过简笔画来教授基础词汇是一种高效的方法。老师可以画出日常生活中常见的物品、动物、植物等，然后让学生用英语命名它们。

2. 情境对话

利用简笔画可以创造出各种日常情境，让学生进行英语对话练习。例如，画出一个购物场景或者家庭聚餐的场景，然后让学生基于这些画面展开对话练习。

3. 语法解释

有时候一些复杂的语法规则通过简笔画可以更容易地被理解。例如，通过画图可以解释介词的使用、动词时态的变化等等。

4. 故事讲述

利用简笔画可以让学生更好地理解和记忆故事情节。老师可以画出故事的关键场景，然后鼓励学生用英语描述这些场景以及相关的故事内容。

5. 听力练习

通过简笔画可以设计听力练习，让学生听描述并根据所听内容画出对应的图画，以检验他们的听力理解能力。

6. 写作激励

在写作练习中，老师可以通过画图来激发学生的写作灵感。例如，可以画出一个神秘的场景，然后让学生根据这个场景展开想象，用英语写一篇短文或故事。

7. 互动游戏

利用简笔画设计一些趣味互动游戏，让学生在游戏中通过绘画和口语交流来提高英语能力。

8. 评估测试

可以利用简笔画设计一些视觉化的评估测试，让学生用画图的方式展示他们对所学知识的理解程度，从而帮助老师更好地评估他们的学习进度。

（三）多媒休使用策略

多媒体工具如 PPT 可以丰富英语教学的方式，提高学习效果，激发学生的兴趣，以及促进他们更深入地理解和应用英语知识。然而，使用多媒体也需要谨慎，确保它们与教学目标一致，不仅仅是为了增加视觉吸引力，而是真正帮助学生学到知识。在英语教学使用中需要注意以下这几方面：

1. 视觉辅助教材

将文字、图像、音频和视频结合在 PPT 中，可以更生动地呈现课程内容。使用图像和视频来解释概念，展示地理位置、文化特点等，有助于学生更好地理解。

2. 互动性

利用 PPT 的互动功能，例如超链接、按钮等，可以设计互动性强的教学材料。学生可以点击链接查看相关资源、回答问题或者完成小测验，从而积极参与学习。

3. 组织结构清晰

PPT 可以帮助教师将教学内容组织得清晰有序。使用标题、子标题、箭头等元素可以突出重点、引导学生注意力，帮助他们更好地理解知识结构。

4. 多感官刺激

通过添加音频和视频元素，可以激发学生的多感官参与，增加他们对英语教材的兴趣。例如，可以播放英语歌曲、视频片段，帮助学生练习听力和发音。

5. 实例和案例分析

使用 PPT 来呈现实际案例和例子，以说明抽象概念。这有助于学生将所学内容应用到实际生活中，提高他们的理解和记忆。

6. 时事和文化

利用 PPT 来展示当今世界的时事新闻和英语国家的文化特点。这有助于学生了解英语的实际应用场景，培养他们的跨文化意识。

7. 个性化学习

利用 PPT 中的分组或分屏功能，可以根据学生的水平和需求提供个性化学习体验。不同水平的学生可以在同一课堂中获得适合他们的材料。

8. 反馈和评估

使用 PPT 可以设计在线问卷、小测验和互动问题，以及展示学生作品。这有助于教师及时了解学生的学习进展，为他们提供反馈。

9. 自主学习

将 PPT 和相关资源上传至学习管理系统，鼓励学生在课后自主学习。他们可以随时查看课程内容，深化对知识点的理解。

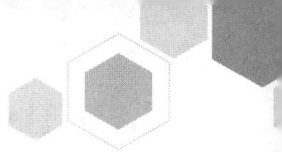

10. 可访问性

确保 PPT 的设计符合可访问性原则，以确保所有学生，包括有特殊需求的学生，都能够平等参与。

（四）综合使用策略

实际教学中，教师不可能使用单项教学技能贯穿教学始终，而是应该善于根据教学目标和教学环境选择最佳搭配，综合使用板书、简笔画和多媒体，才能达到最佳教学效果。综合使用这些技能需要一定的使用策略：

1. 明确教学目标

在开始教学之前，教师应明确教学目标。这将有助于确定何时以及如何使用不同的教学技能。例如，如果教学目标是介绍新词汇，可以使用简笔画来帮助学生理解和记忆单词。

2. 板书辅助

使用板书来记录关键概念、主要词汇和重要句子。这有助于学生在教学过程中有一个可视化的参考，同时也可以帮助教师组织教学内容。

3. 简笔画的启发

在解释复杂概念或情景时，教师可以使用简笔画来帮助学生更好地理解。例如，可以用简笔画来解释生态系统的各个部分，或者展示一个城市的地理特征。

4. 多媒体的丰富内容

多媒体工具可以用来呈现丰富的内容，如图像、音频和视频。在教学中，教师可以使用多媒体来展示实际情境、文化元素、英语口音等，以帮助学生更全面地了解英语的应用和多样性。

5. 互动和参与

教师可以设计互动活动，结合不同教学技能。例如，学生可以一起制作简笔画，展示他们对课程内容的理解，或者在多媒体展示后进行小组讨论。

6. 个性化学习

考虑学生的不同水平和学习风格，使用不同的教学技能来满足他们的需求。一些学生可能更喜欢视觉内容，而其他人可能更喜欢听觉或互动内容。

7. 评估和反馈

使用不同的教学技能来设计评估和反馈机制。例如，可以使用多媒体来创建在线测验，使用板书记录学生的表现，或者使用简笔画来评估他们的创造性表达能力。

8. 时机把握

教师需要根据教学内容和学生的需求，及时选择何时使用哪种教学技能。有些概念可能更适合通过简笔画来解释，而其他内容可能需要多媒体的帮助。

9. 实时调整

根据学生的反馈和需求，教师可以在课堂上实时调整教学策略。这意味着能够灵活地切换使用不同的教学技能，以满足学生的需求。

综合使用不同的教学技能需要教师具备敏锐的教学感知和适应能力。教学策略的选择应始终以教学目标和学生需求为基础，确保教学方法与教学内容相匹配，以达到最佳的教学效果。此外，不同教学技能的结合使用可以增加学生的参与度，提高他们的学习兴趣，促进更全面的学习体验。

四、板画与媒体应用技能教学设计

进行板画与媒体应用技能的教学设计需要一定的计划和策略，以确保教学过程顺利进行，学生能够充分理解和应用所学内容。教师首先需要确定教学目标，明确自己希望学生能够达到的学习成果，确保目标清晰、有针对性。然后根据教学目标，选择适当的内容来教授。这可能包括板画内容，如重要概念、关键词汇，以及多媒体内容，如图像、音频、视频等。

（一）板画与媒体应用技能的教学设计步骤

1. 制定教学计划

一个详细且有条理的教学计划能确保教师的教学目标清晰、教学资源得到充分利用，以及学生能够在一个有序、连贯的环境中进行学习。

教师首先要明确每一节课或每一模块的主题和学习目标。这有助于确定后续的教学方法和所需资源。分析教学内容中的重点和难点，确保在教学过程中给予它们足够的重视和时间。

根据教学内容的特性，教师应选择适合的教学方法。这可能是讲授、小组讨论、实验、案例分析等。还需要考虑到学生的需求和兴趣，选择能够促进互动和参与的教学方法。根据教学内容的复杂性和学生的掌握程度，合理分配每个主题或知识点的教学时间。预留时间让学生提问、讨论或进行小组活动。

尽管教学计划是事先制定的，但在实际教学中，教师应根据学生的反馈和理解程度灵活调整。如果学生对某个概念有困惑，教师可以暂时放下多媒体，转而用板画深入解释。

2. 教学资源准备

教学资源准备涵盖了所有为教学所需的物质和技术资源的获取和准备。这些资源的有效准备可以显著影响教学的流畅性和效果。

在传统教室环境中，板书是一种重要的教学工具。教师需要准备清洁的黑板或白板，以及适当的彩色画笔来书写和绘制图表、图像等。现代教室通常配备了投影仪或电子白板，用于显示多媒体内容。在使用多媒体资源时，确保投影设备正常运行。寻找并准备与教学内容相关的图像和图片。这可以包括图表、照片、插图等，用于丰富教学材料。

准备音频和视频文件，以进行实际情境展示、案例分析、听力练习等。确保这些文件的播放设备工作正常。如果计划使用在线资源或互动程序，确保网络连接畅通，学生能够访问所需的网页或应用。准备适用的教科书和参考资料，以支持教学内容。确保这些材料与教学计划一致。

在教学前，检查所有技术设备，如计算机、投影仪、音响设备等，确保它们工作正常。及时处理任何设备故障。准备备用选项，如备用笔、备用投影设备、备用音响设备，以防主

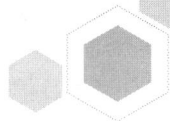

要设备出现故障。将所有资源清晰标示和组织，以便在教学中快速获取。这包括将多媒体文件按主题或章节存储，将教科书和教辅材料摆放整齐等。准备应对紧急情况的计划，如电力中断、技术故障等。知道如何应对这些问题以避免教学的中断。

3. 设计板画

板画是一种通过图示、颜色和文字来传达信息和概念的有效方式。大多数人是视觉学习者，他们更容易理解和吸收通过图像传达的信息。设计板画可以满足这一学习需求，帮助学生更好地理解教材和概念。清晰、简洁的板画有助于信息的有效呈现和记忆。颜色、图示和文字的结合可以帮助学生更容易地联想和记住特定概念。

板画可以跨越语言和文化的障碍，使信息更易传达给各种背景和语言能力的学生。这对于多语种或国际学习环境尤为重要。教师可以利用板画来提高教学互动，使用板画来解释复杂概念、进行示范演示，或启发学生的创造性思维。板画还可以用于激发学生的好奇心，鼓励提问和讨论。

通过使用颜色、图示和文字，板画可以帮助强调教材中的重要内容和关键信息。这有助于学生更好地理解什么是最重要的，以便更有针对性地学习和记忆。在教育场景中，板画可以提高课堂的效率。教师可以迅速绘制板画，以回顾或总结课程内容，或者在学生之间共享思维导图和概念图。

4. 设计多媒体内容

多媒体是一种强大的工具，可以通过各种感官通道传达信息，从而更丰富、更生动地呈现教育内容。通过图像、音频和视频，学生可以通过视觉、听觉感知信息，从而更全面地理解教材。这对于那些更倾向于听觉或视觉学习的学生尤为重要。

多媒体内容可以使教学更吸引人。生动的图像、音频和视频可以引起学生的兴趣，帮助他们更专注地参与学习过程。学生可以通过视觉和听觉元素跨越语言和文化的障碍，减少语言障碍对理解的影响。

多媒体内容可以根据学生的需求和学习速度进行个性化调整。学生可以在自己的学习节奏下重播音频或视频，以便更好地理解和消化信息。这有助于满足不同学生的学习需求。多媒体内容还可以与学生进行实时互动，还可以在各种设备上访问，有其灵活性和可访问性。

5. 综合使用技能

综合使用技能容易创造更全面、深入的学习体验，多感官学习可以帮助加强记忆和理解。通过综合使用板画和多媒体，教师可以提供多种角度来解释和展示教材内容。板画可以用来捕捉主要概念和框架，而多媒体可以提供更详细的信息和实际示范。这有助于学生更全面地理解主题。

教师可以鼓励深度互动，引导学生思考和提问。学生可以根据自己的需求和学习风格选择何时查看板画，何时浏览多媒体内容，以及何时回顾这两者，这种自主学习方法有助于满足不同学生的需求。使用综合技巧能丰富教师教学体验，这不仅提高了学生的参与度，还使教学更有趣，有助于培养学生的多重智能。

6.互动和参与

板画和多媒体的互动结合可以通过鼓励学生在板画上写下答案、举手回答问题，或者参与多媒体互动等方法实现。互动和参与可以促进批判性思维能力。学生通过参与讨论、提出问题和辩论，能够更深入地思考教材内容，形成自己的观点，并学会评估不同的观点和证据。

互动和参与也提供了及时的反馈机会。当学生参与板画上的问题或多媒体互动时，教师可以立即了解他们的理解程度，并提供必要的指导和纠正，这有助于学生更好地理解和记忆信息。不同学生在互动和参与方面可能有不同的需求。一些学生可能更喜欢书面答案，而另一些学生可能更喜欢口头参与或在线互动。个性化选择有助于满足不同学生的需求。

互动和参与也可以促进协作和团队工作。学生可以一起解决问题、分享见解，或者一起完成多媒体项目，有助于培养协作技能。

7.调整和改进

调整和改进是一个不断演进的过程，它对于持续改进教学质量至关重要。教师应该积极收集学生的反馈，包括他们对板画和多媒体内容以及教学方法的有效性的看法。反馈可以帮助教师了解学生的需求和期望。调整和改进教学是一种适应性的方法。不同学生可能在不同的时间点需要不同的支持和资源。通过灵活地调整板画设计、多媒体内容或教学方法，教师可以更好地满足学生的需求。

教学改进应该建立在数据和证据的基础上。通过收集和分析学生表现数据，教师可以确定哪些方面需要改进，并采取相应的措施。这种数据驱动的方法有助于提高教学效果。调整和改进也是教师的持续专业发展的一部分。教师应该不断学习和更新他们的教育方法。

教师可以定期收集反馈，然后根据反馈来制定改进计划。这个循环应该是连续的，以确保教学持续改进。

8.总结和反思

总结和反思是教育中的重要环节，可帮助教师和学生共同提高。教师反思教学设计的有效性并积极整合新的教育技术和方法，有助于不断改进教育质量。

教师应该定期反思他们的教学设计，以确保教学方法和资源与学生的需求相匹配。这包括考虑如何更好地整合板画和多媒体技能。对教学设计的反思可以包括审查教学材料、课程结构、学习目标和评估方法。这有助于不断改进课程，以使学生的学习更加有效和有趣。

综合使用板画和多媒体技能可以增强教学的多样性和吸引力，提高学生的学习体验。然而，教师需要根据具体情况和学生需求精心设计教学，确保这些技能的有机结合，以实现最佳的教学效果。

五、板画与媒体应用技能的规范及示例

（一）板书的规范及设计

英语字体有多种，各具不同书写风格，常用于不同的设计、排版和印刷项目。以下是一些常用英语字体。

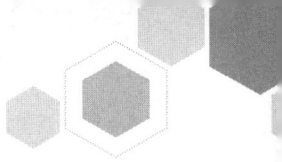

1. 意大利体

意大利体（italic）是一种斜体字体，通常用于强调文本或书写标题。它的特点是字母倾斜，呈现出流畅的外观，如图 4-6 所示。

图 4-6　意大利体

2. 斯宾塞体

斯宾塞体（Spencerian script）是一种美丽的手写字体，以其精致的花体和流畅的线条著称。它常用于特殊场合的书写，如婚礼请柬，如图 4-7 所示。

图 4-7　斯宾塞体

3. 铜板印刷体

铜板印刷体（copperplate）是一种有特色的印刷字体，具有精细的曲线和装饰性的特点。它常用于证书、名片等印刷材料，如图 4-8 所示。

图 4-8　铜板印刷体

4. 安瑟尔字体

安瑟尔字体（uncial）是一种古老的大写字母书写体，具有浓厚的历史感。它常出现在古代手抄本和装饰性文本中，如图 4.7.4 所示。

图 4-9 安瑟尔字体

5. 哥特体

哥特体（gothic）是一种黑体字体，具有尖锐的角和装饰性的元素。它通常与中世纪和哥特式建筑有关，如图 4-10 所示。

图 4-10 哥特体

6. 商务性书法

商务性书法（business penmanship）是一种商务书写字体，注重速度和清晰度。它常用于商务信函和文件，如图 4-11 所示。

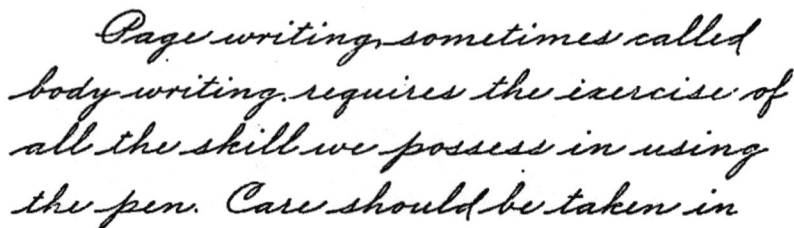

图 4-11 商务性书法

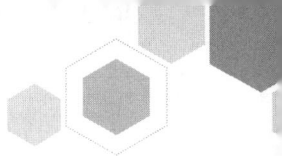

7. 花体

花体（cadels）是一种极具装饰性的字体，常包含花卉和装饰元素。它常用于装饰性文本和艺术作品，如图 4-12 所示。

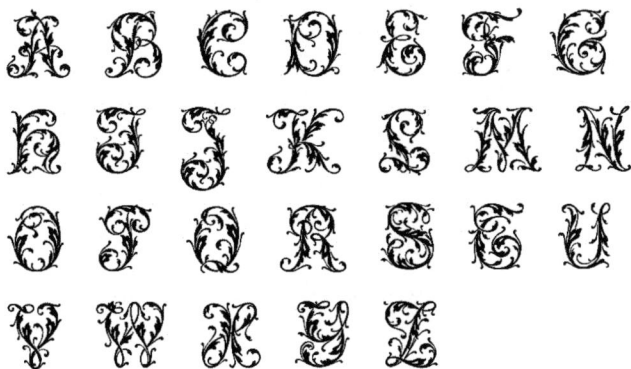

图 4-12   花体

8. 圆体

圆体（roundhand）是一种流畅的手写字体，通常使用圆润的线条。它适用于各种书写用途，从书信和笔记到海报和广告，如图 4-13 所示。

图 4-13   圆体

以上只是一些常见的英文字体种类，还有许多其他变种和特殊设计的字体可供选择，以满足各种设计和排版需求。字体的选择可以对文本的整体外观和传达的信息产生重要影响，因此在设计和排版中，选择合适的字体非常重要。

（二）匀笔斜体行书

目前中小学英语教学中采用的是匀笔斜体行书，属于改进后的意大利体。意大利体起源于意大利，从花体书法发展而来，是英文主要字体之一，在 16 世纪和 17 世纪的欧洲广泛流行，追求更加自由和动感的笔画。匀笔斜体行书的特点是字母倾斜，倾斜的角度通常为 15 度，去除意大利体中的笔画粗细变化，保持宽高比为 1：2，追求笔画的自然流畅和字母大小均匀，使得字体看起来简洁、整齐、平衡和优雅。

匀笔斜体行书是一种优雅、流畅和富有艺术性的英文字体，需要严格遵守一定的书写规范。字母间的间距和字母的形状都有一定的要求，以保证整个字体的美观和协调。

以下是匀笔斜体行书 26 个字母的规范要求，如图 4-14 所示。

图 4-14　26 个字母匀笔斜体行书范例

（三）板书的布局

英语板书设计需要美感，美观的板书布局和设计可以让学生在课堂中更愿意关注和与之互动，从而更有效地学习和理解英语内容。有美感的板书也传达出教师对教学内容的重视和教育的质量，给学生留下积极的印象，有助于建立良好的学习氛围。教学板书的美感主要来自板书的布局，具体的板书布局方式可以根据教学内容、学生年龄和教学风格等因素来选择。

1. 教学板书布局类型：

（1）时间线式布局

用于呈现事件的发展或时间顺序，适用于具有连续性事件的内容。

（2）图片和表格式布局

用图片和图示来帮助学生理解和记忆课程内容，适用于初级英语教学。图标和表格用于整理和比较数据、信息或概念，适用于听说读写中信息的搜集和展示。

（3）概念地图式布局

用于展示主题和子主题之间的关系，促进学生思维的联想，适用于语法、阅读分析等。

（4）常见词汇和短语式布局

用于教授常用词汇和表达，帮助学生扩展词汇量，适用于英语词汇教学。

（5）故事线式布局

用于讲述故事、小说或事件的情节，适用于阅读分析和创意写作。

（6）任务和问题式布局

提出问题或任务，鼓励学生积极参与课堂讨论和思考，适用于互动性强的教学。

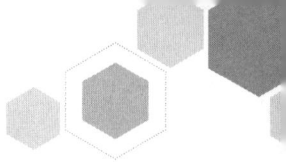

2.板书布局设计要点

（1）清晰简洁

板书内容应该简明扼要，避免文字过多，确保学生能够一目了然地理解。使用简单明了的语言，避免使用过于复杂的单词和句子结构。

（2）图文并茂

结合文字和图示，使用图片、图表、图像等元素来辅助说明，增加板书的吸引力和可理解性。图文并茂的板书可以帮助视觉学习者更好地理解教学内容。

（3）重点突出

强调关键信息、重点单词和短语，使用不同颜色、字体或下划线等使重点内容更为突出，帮助学生集中注意力。

（4）组织有序

板书内容应该有清晰的组织结构，按照逻辑顺序排列，使学生能够顺利地跟随教学进度。可以使用编号、分级标志等来展示内容的层次结构。

（5）互动设计

在板书中引入问题、任务或思考点，鼓励学生参与课堂讨论和互动。这样的设计可以激发学生的兴趣，增加他们的参与度。

（6）及时更新

随着课程内容的推进，及时更新板书内容，保持与教学进度的一致性。清除不再需要的信息，避免误导学生理解。

（7）语言规范

板书上的文字应该使用规范的语法和拼写，给学生提供良好的语言示范。避免错误的语法、拼写或标点符号。

（8）配合教学方法

板书的设计应该配合教学方法，例如，如果是采用互动式教学，可以设计互动问题；如果是任务型教学，可以设计相关任务和活动。

（9）界面友好

考虑学生的观感和需求，设计吸引人的板书，可以使用一些有趣的插图或漫画，让学生在视觉上感到愉悦。

（10）反馈与调整

观察学生对板书的反应，根据学生的理解情况和反馈及时调整板书的设计，以提高教学效果。

设计英语教学板书需要教师在教学内容和学生特点的基础上进行巧妙的整合，使得板书成为一个有力的辅助工具，促进学生的学习与理解。

（四）简笔画使用规范及示例

了解英语教学简笔画类型有助于教师选择恰当的简笔画服务教学，不同年龄和英语水平的学生适合使用的简笔画类型不同。总结后的英语教学简笔画类型有以下几种：

1. 解释型

解释型简笔画用于帮助学生记忆英语单词或理解句子结构。例如，为了教授动物词汇，教师可以画出不同动物的简笔画，以便学生在记忆单词时与图像相联系。如当讲授英语语法时，教师可以使用简笔画来解释不同句型的结构，例如，画出主语、谓语和宾语的图示，以帮助学生理解句子构建的基本规则。

2. 创设型

创设型简笔画可用于创造情境，帮助学生更好地理解特定主题或话题。例如，在教授有关购物的英语课程中，教师可以画出一个商店的简笔画，以模拟购物情景，让学生练习购物对话。如，当介绍旅行话题时，教师可以绘制一个简笔画的机场场景，以激发学生对旅行经验的讨论。

3. 情感型

情感型简笔画可以帮助学生表达不同情感和情绪。例如，教师可以要求学生画出自己的情感表达图，包括高兴、生气、悲伤等，从而帮助他们学会用英语描述他们的感受。

学生也可以使用简笔画来创造角色或场景，以展示小故事中角色的情感，这有助于提高学生的情感表达能力。

4. 激趣型

激趣型简笔画可以通过夸张、幽默或创造性的方式来激发学生的学习兴趣。例如，为了教授形容词，教师可以要求学生画出夸张的形容词描述，如"巨大的冰淇淋"或"迷你的大象"。学生也可以被鼓励创造自己的夸张简笔画，以演示他们对特定主题的理解和创造性思维。

5. 教育型

教育型简笔画用于解释和展示不同观点，以激发学生的思考。例如，在进行主题辩论时，教师可以画出正反两方的观点，以帮助学生理解不同观点的优缺点。如，当讨论社会问题时，学生可以使用简笔画来呈现统计数据或信息图表，以更生动地传达信息和观点。

6. 故事型

故事型简笔画用于呈现英语故事或故事情节，激发学生的想象力。例如，在教授童话故事时，教师可以用简笔画来展示主要情节和角色，以帮助学生理解故事的情节发展。

学生可以创建自己的英语故事，然后使用简笔画来呈现故事中的场景和角色，这有助于培养他们的创造性写作和表达能力。

英语教学中的简笔画是一种多功能的工具，可以用于各种类型的教学和学习目标。通过解释型简笔画，学生可以更容易地记忆单词和理解语法规则。创设型简笔画可用于创造情境和展示不同主题，使学习更具实际应用性。情感型简笔画帮助学生表达情感和情绪，提高情感表达能力。激趣型简笔画通过创造性和幽默的方式激发学生的兴趣，增强他们的创造性思维。教育型简笔画用于展示观点和引发思考，而故事型简笔画可激发学生的想象力，帮助他们理解和创造故事。综合运用这些类型的简笔画可以丰富英语教学和提高学生的学习体验。

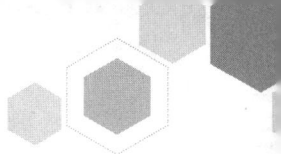

英语教学简笔画可为学生提供视觉辅助，帮助他们更容易理解和记忆英语单词、句子或概念。通过图像，学生可以将抽象的语言内容与具体的形象联系起来。简笔画是一种通用的表达方式，不受特定文化背景的限制，可以鼓励学生发挥创造力和想象力。教学上使用简笔画，学生可以通过观察和解释简笔画，更好地理解英语语言的结构、语法规则和语法关系。学生也可以经由简笔画，用自己的方式来表达单词、句子或主题，从而更好地理解和记忆。在使用英语教学简笔画时，有一些使用规范可以帮助确保教学效果和学习体验：

画面清晰：简笔画画面应该清晰简明，避免过于复杂或混乱的图像，以确保学生能够准确理解所表达的内容。

契合理解：确保选择的简笔画类型和内容符合学生的年龄和英语水平。不同年龄段和水平的学生对图像的理解能力有所不同。

关联课程：教学简笔画应该与课程内容相关，有助于强化教学目标，而不是仅仅是图画而已。

激发兴趣：选择引人入胜、有趣的主题和图像，以激发学生对英语学习的兴趣，提高学习积极性。

促进互动：利用简笔画促进学生之间的互动和合作。可以设计活动，让学生一起参与到简笔画的创作或解释中。

适度使用：不要过度依赖简笔画，确保其在教学中的使用是适度的。简笔画可以是强大的辅助工具，但不能替代其他教学方法。

反馈机制：设计反馈机制，让学生能够分享他们对简笔画的理解和看法，以及提出问题。这有助于促进学生思考和深入理解。

多样化结合：将简笔画与其他教学方法结合使用，创造多样化的学习体验，以满足不同学生的学习需求。

通过遵循这些规范，可以确保英语教学简笔画在课堂中发挥最佳效果，为学生提供更丰富、有趣的学习体验。

简笔画示例：（以下简笔画示例由笔者绘制）

人物示例见图 4-15，动物示例见图 4-16，蔬菜花果示例见图 4-17。

图 4-15　人物简笔画示例

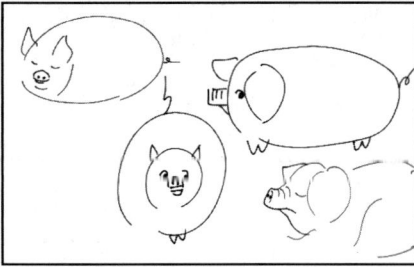

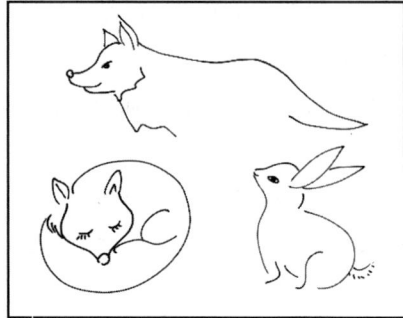

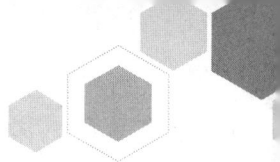

图 4-16　动物简笔画示例

图 4-17　蔬菜花果简笔画示例

（五）PPT 使用规范

规范教学 PPT 的使用可以提高英语教学的效果。有一些规范需要考虑，包括界面、内容和操作等方面：

1. 界面规范

简洁布局：PPT 界面应该具有清晰的布局，避免过多的元素和混乱的排列。通常每个幻灯片应该有一个主题，不要让学生在界面上感到混乱。

统一字体及颜色：使用统一的字体和颜色方案，确保文字清晰可读。不要在同一幻灯片上使用太多不同的字体或颜色。

适度使用图片和图示：图片和图示应该与教学内容相关，有助于理解。避免使用过于复杂或分散注意力的图像。

标注工具：在 PPT 中使用标注工具，如箭头、圈圈、线条等，以突出或解释重要内容。这可以提高互动性和理解度。

2. 内容规范

简明扼要：每张幻灯片的内容应该简洁明了，避免文字过多。使用短语和关键词，而不是完整的句子。

重点突出：强调重要信息，使用粗体、斜体、颜色或其他方式来使重点内容更为突出。

逻辑顺序：确保内容按照逻辑顺序排列，以便学生能够跟随和理解教学进度。

图文结合：结合文字和图示来解释和说明内容。这有助于不同类型的学习者更好地理解教学材料。

主题设定：每张幻灯片应聚焦于一个主题或概念，避免在一张幻灯片上涵盖太多内容。

3. 操作规范

自然过渡：使用自然而流畅的过渡效果，避免使用过于花哨或分散注意力的效果。

不过度使用动画：避免在 PPT 中过度使用动画效果，以免分散学生的注意力。

互动元素：在 PPT 中加入互动元素，如问题、讨论点或小测验，以激发学生的兴趣和参与感。

备用方案：准备备用方案，以防止技术故障。最好将 PPT 文件备份在多个设备上，以确保顺利的教学。

掌握操作：在使用 PPT 前，确保熟练掌握 PPT 软件的基本操作，以避免在课堂上出现技术问题。

时间控制：控制每张幻灯片的呈现时间，以确保整个课程按计划进行。

使用 PPT 进行英语教学需要谨慎设计，确保内容清晰、简洁，界面美观、易于理解，操作流畅，以促进学生的有效学习和参与。

六、板画与多媒体应用技能的使用原则

（一）结构性原则

结构性原则指的是教师将教学内容进行分组、分类和梳理，帮助学生更好地理解知识的逻辑结构和内在关系。这种有序的结构性信息展示有助于学生建立知识框架，使他们能够更加系统地学习和掌握知识。

在板画或多媒体应用中，教师可以利用图表、示意图、流程图等形式来展示知识结构和梳理内容，同时通过合理的排列和组织，使得学生能够清晰地理解知识的逻辑关系。这种视觉展示形式不仅能够激发学生的兴趣，还能够帮助他们更加直观地理解和记忆知识内容。

结构性原则有助于提高学生的学习效率。通过清晰的结构性信息展示，学生可以更加高效地理解和吸收知识，从而减少学习时间和精力的浪费。而且，一旦建立了良好的知识结构，学生在应对复杂问题和新知识时也能够更加从容自如。

教师应当充分利用板画与多媒体技术，通过清晰的结构性信息展示，帮助学生更加有条

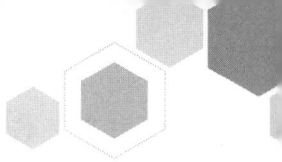

理地理解和掌握知识，提高学习效率和效果。

（二）讲演结合原则

讲演结合原则需要教师将讲解与视觉呈现相结合，可以通过多种感官刺激强化学生的学习，促进他们对知识的接受和理解。通过同步的教师讲解和视觉呈现，学生可以更容易对信息进行吸收和加工，并且提高他们的学习效果。

在使用板画或多媒体演示时，教师应当进行充分的准备，包括准备演讲稿或提纲，确保讲解的连贯性和流畅性，做到边画边讲，边讲边画。教师在讲解时应注意适当地配合板画或多媒体内容，解释画面中的关键信息，强调重点内容，澄清可能引起混淆的问题。通过语言讲解，教师可以强调和解释某些图像、图表或流程图中的重要细节，从而增进学生对内容的理解。

讲演结合原则也能够提高学生的参与度和专注力。视觉呈现可以激发学生对教学内容的兴趣，而讲解可以帮助学生更深入地理解内容，从而更积极地投入学习。这种互动式的教学方式也有助于加强师生之间的沟通和互动，促进更有效的学习成果。

（三）友好性原则

板画和多媒体演示应具有友好性。通过友好的板画和多媒体演示设计，教师可以吸引学生的注意力，让他们更积极地参与学习过程。

友好的界面设计可以让学生更容易理解和接受教学内容。简洁直观的界面设计可以减少学生在寻找信息上的困难，使他们更专注于主要教学内容。清晰的字体和图片资料、适当的颜色搭配，可以使信息更易于被学生理解和接受，提高学习效果。

吸引人的背景图像和合适的动画效果可以增加板画和多媒体演示的吸引力，激发学生的学习兴趣。动态的多媒体元素和适当的动画效果可以使教学内容更直观、更有趣味，从而能够吸引学生的关注和参与感。这些元素有助于增加互动性，让学生更愿意积极参与讨论和互动。友好的板画和多媒体演示设计还可以促进学生对教学内容的记忆和理解。通过吸引人的设计和互动性，学生更有可能在学习过程中保持专注，并更容易记住所学到的知识。

友好性原则在板画和多媒体演示中有着重要的作用。教师应该注重界面设计和吸引力，在教学中利用合适的多媒体元素和动画效果，增加互动性，从而提高学生的学习兴趣和参与度。界面设计简洁、直观，能够提高学生的注意力和参与度。可以选择有吸引力的背景图像、适当的颜色搭配以及清晰的字体和图片资料。通过运用合适的多媒体元素和动画效果，增加互动性，使学生更加愿意参与讨论和互动。

（四）个性化原则

教师在制作板画和多媒体演示时，可以充分展示自己的教学风格和个性特点，通过独特的设计和创意，使演示更加生动有趣，展示个性化的特点

教师可以根据自己的喜好和风格设计演示内容，从而使演示更具个性化。个性化的演示可以增加学生的兴趣和参与度，吸引学生的注意力，让他们更加愿意投入到学习过程中，从而提高学习的积极性和效果。

个性化的演示也可以激发学生的创新思维。教师可以通过自己的设计展示自己的创造力和创新能力，从而激发学生对于知识的兴趣和好奇心，培养学生的创新意识和创造能力。

个性化原则有助于树立教师的教学形象和风格。教师通过展现自己的特色和风格，能够让学生更深刻地记住教师的授课内容，同时也增进师生间的互动和理解。个性化的演示也能够激发学生的学习兴趣，促进更好的师生互动。

（五）综合使用原则

整合板书、简笔画和多媒体演示是一种非常有效的教学方法，可以帮助教师最大限度地辅助教学，并且能够满足学生多样化的学习需求。

使用板书可以使教师在课堂上实时进行概念和知识的梳理和呈现。教师可以通过书写关键语言结构、思维导图、绘制图表等方式，帮助学生理清思路，同时也可以根据学生的反馈及时调整板书内容。这种互动的教学方式可以使教学更加贴近学生的实际需求，并且有助于加深学生对知识的理解和记忆。

简笔画的运用可以帮助学生更加直观地理解情景和示例。通过简笔画的描绘，可以使抽象的知识变得更加具体和生动，激发学生的学习兴趣，提高他们对知识的接受度。对于英语学科，简笔画的运用可以使文本视觉化，帮助学生更好地理解语言结构，创设语言情景。

多媒体演示的使用可以为学生提供更加多样化的信息呈现形式。通过运用图片、声音和视频等多种媒体形式，可以更好地展示实际场景、地图、实验等内容，深化学生对知识的理解。多媒体演示还可以激发学生的视觉和听觉感官，增加学生的互动和参与度，提高学习效果。

通过遵循结构性原则、讲演结合原则、友好性原则、个性化原则和综合使用原则，教师可以更好地利用板画和多媒体演示来辅助教学，提高学生的学习效果和参与度。

七、板画与媒体应用技能评价

教师的板画与媒体应用技能综合了板书能力、简笔画能力和多媒体应用能力三个方面，构成了他们在英语教学中的综合应用能力。因此，评价这项技能需要综合考虑这三个方面的表现，以全面评估教师的应用能力。这种综合评价有助于提高教师的教学质量和教学成果。

（一）板书评价

评价英语教学的课堂板书可以根据一些定性和定量的标准，以便更全面地评估板书质量和布局：

1. 内容呈现

板书应准确呈现英语教学内容，包括单词、短语、句子等。评价时要考察内容的准确性和完整性。

2. 清晰度

板书内容应该清晰易懂，使用清晰的字迹和排版，以确保学生能够轻松理解。

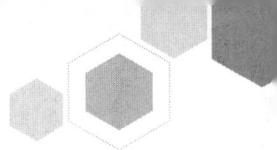

3. 美观度

板书的美观度也是重要的，它可以激发学生的兴趣，使他们更愿意关注板书内容。美观的板书包括字迹工整、颜色搭配得当等方面。

4. 互动性

板书可以包括互动元素，如填空、图表、问题等，以鼓励学生积极参与互动，检查他们的理解程度。

5. 维护和更新

板书应该及时维护和更新，以确保内容的新鲜和正确性。过时的板书可能会误导学生。

6. 结构

板书的布局应该有清晰的结构，使学生能够按照逻辑次序理解教学内容。例如，可以使用标题、编号、项目符号等来组织内容。

7. 适当的重点突出

板书可以使用不同颜色、字体大小、加粗等方式来突出重要的信息，帮助学生更好地理解和记忆。

8. 图示辅助

使用图示、示意图、图片等来辅助内容呈现，提供更多视觉信息，有助于理解。

9. 空间合理利用

合理利用板书空间，避免内容过于拥挤或冗余，以确保内容的清晰度。

10. 引导性

板书布局应该具有引导性，引导学生的学习流程，使他们能够有条理地理解教学内容。

为了定量评估板书质量和布局，可以使用分数或等级来衡量。每个标准可以分为不同级别，依据权重计算总分。此外，可以使用定量调查或教师和学生的反馈来了解板书的效果。这种综合评价方法可以帮助教师提高他们的板书技巧，以促进更有效的英语教学。

表 4-17 为板书技能评分表。

表 4-17　板书技能评分表

评价项目	指标	权重	评价内容	得分
内容呈现	1	10%	板书应准确呈现英语教学内容，包括单词、短语、句子等。评价时要考察内容的准确性和完整性。	
清晰度	2	10%	板书内容应该清晰易懂，使用清晰的字迹和排版，以确保学生能够轻松理解。	
美观度	3	10%	板书的美观度也是重要的，它可以激发学生的兴趣，使他们更愿意关注板书内容。美观的板书包括字迹工整、颜色搭配得当等方面。	
互动性	4	10%	板书可以包括互动元素，如填空、图表、问题等，以鼓励学生积极参与互动，检查他们的理解程度。	

续表

评价项目	指标	权重	评价内容	得分
维护和更新	5	10%	板书应该及时维护和更新，以确保内容的新鲜和正确性。过时的板书可能会误导学生。	
结构	6	10%	板书的布局应该有清晰的结构，使学生能够按照逻辑次序理解教学内容。例如，可以使用标题、编号、项目符号等来组织内容。	
适当的重点突出	7	10%	板书可以使用不同颜色、字体大小、加粗等方式来突出重要的信息，帮助学生更好地理解和记忆。	
图示辅助	8	10%	使用图示、示意图、图片等来辅助内容呈现，提供更多视觉信息，有助于理解。	
空间合理利用	9	10%	合理利用板书空间，避免内容过于拥挤或冗余，以确保内容的清晰度。	
引导性	10	10%	板书布局应该具有引导性，引导学生的学习流程，使他们能够有条理地理解教学内容。	
备注：				
			总得分	

（二）简笔画评价

评价英语教学简笔画的质量和速度可以依据一些定性和定量的标准。以下是一些可能的评价标准：

1. 准确性

简笔画应准确传达所描述的英语单词或句子。评价时可以考察图画是否正确表达了单词、短语或句子的含义。

2. 清晰度

简笔画应该清晰易懂，使学生和观众能够轻松理解所描述的英语内容。

3. 创意性

简笔画可以鼓励教师发挥创意，以更有趣的方式呈现单词或句子。创新性的图画有助于记忆和理解。

4. 图片细节

简笔画应该包含足够的细节，使学生能够准确理解单词或句子的含义，而不只是简单的符号或图像。

5. 与目标一致性

简笔画应与教学目标相关，能够帮助学生学习和记忆英语单词或句子。如果不符合课程要求，可能会被视为质量低劣。

6. 时间限制

根据任务的复杂性和学生水平，可以规定绘制简笔画的时间限制。较短的时间限制可以

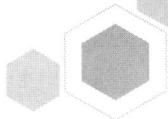

促使学生快速思考和表达。

7. 流畅性

评价简笔画的速度时，要考虑教师的绘画流畅性。不要因为过于仓促而导致质量下降。

8. 词汇量

速度也可以与教师的词汇量有关。更高水平的教师可以在短时间内绘制更多的单词。

9. 表达能力

速度不仅关乎绘画的快慢，还要考察教师是否能够在有限时间内有效地传达所需信息。

要具体评价质量和速度，可以将这些标准转化为分数或等级。每个标准可以被分为不同级别，依据权重计算总分。速度评价可以使用时间来度量，例如，规定在 5～10 秒内绘制一幅简单简笔画，30 内秒绘制简单组合画，然后评估其质量。这种方法可以为教师提供一个客观的评估体系，帮助教师提高他们的英语教学简笔画的质量和速度。

表 4-18 为简笔画技能评分表。

表 4-18　简笔画技能评分表

评价项目	指标	权重	评价内容	得分
准确性	1	15%	准确传达所描述的英语单词或句子，评价可以考察图画是否正确表达了单词、短语或句子含义。	
清晰度	2	10%	画面清晰易懂，使学生和观众能够轻松理解所描述的英语内容。	
创意性	3	10%	发挥创意，以更有趣的方式呈现单词或句子。创新性的图画有助于记忆和理解。	
图片细节	4	10%	简笔画应该包含足够的细节，使学生能够准确理解单词或句子的含义，而不只是简单的符号或图像。	
与目标一致性	5	10%	简笔画应与教学目标相关，能够帮助学生学习和记忆英语单词或句子。如果不符合课程要求，可被视为质量低劣。	
时间限制	6	15%	根据任务的复杂性和学生水平，可以规定绘制简笔画的时间限制，教师能在较短的时间内完成为佳。	
流畅性	7	10%	评价简笔画的速度时，要考虑教师的绘画流畅性。不要因为过于仓促而导致质量下降。	
词汇量	8	10%	速度也可以与教师的词汇量有关。更高水平的教师可以在短时间内绘制更多的单词。	
表达能力	9	10%	速度不仅关乎绘画的快慢，还要考察教师是否能够在有限时间内有效地传达所需信息。	

备注：

总得分

（三）多媒体制作及使用评价

评价英语教学的多媒体使用可以基于多个方面进行评估，如多媒体制作质量、内容选择与呈现、界面设计、使用技巧以及教学效果。下面是可能的评价标准和相应的量化标准：

1. 图像和音频质量

评价多媒体制作的图像和音频质量是确保多媒体教学效果的重要因素。图像和音频应当清晰、准确，并符合教学内容的需求。对于图像，可以评估其分辨率、色彩还原和内容的相关性。音频则需要关注音质和清晰度，以及发音的准确性。量化标准可以包括针对图像清晰度和音频清晰度的评分标准。

2. 动画和过渡效果

动画和过渡效果的流畅性和适当性对于多媒体教学的吸引力和效果至关重要。评估时应关注动画效果是否生动活泼，并且是否能够突出重点，过渡效果是否自然流畅。可以通过学生的反馈和观察评分进行评估。

3. 媒体文件排版和布局

多媒体教学的排版和布局应当使学生容易理解和获取所呈现的英语内容。布局应该清晰、有组织，内容易于查找和阅读。评估时可以关注排版是否简洁明了、页面布局是否合理。

4. 内容准确性与合适性

评估多媒体内容时，要求内容准确、相关，并且符合教学目标。内容的准确性和有效性是评估的关键要素。教师和学生的反馈可以作为评估内容的重要依据，同时也可以通过学生知识掌握情况来评估。

5. 界面易用性

多媒体界面的易用性直接影响着学生的学习体验。评估可以包括对界面布局的评估，如界面设计是否简洁清晰、功能按钮是否易于识别及操作。同时，菜单结构、导航方式应当符合学生的使用习惯，以提供便捷的信息获取和操作。评价可以通过学生的操作反馈和问卷调查等方式进行，以量化评估界面易用性。

6. 教学策略

评价多媒体使用技巧需要考察教师如何将多媒体应用到不同的教学策略中，以促进学生的学习和参与。这可能包括课堂互动、讨论引导、知识网络构建等教学策略。评估教学策略可以根据学生学习效果和参与度，以及教学内容的传递和理解情况等来进行。

7. 时间管理

多媒体使用应考虑时间管理，避免内容过于拖沓或冗长。评估时可以考察教师如何在适当的时间内使用多媒体，以满足教学需求，并确保学生的学习效果。可以通过课堂的时间分配情况和学生参与度来评估时间管理的效果。

8. 学生参与度

评价教学效果时，要考察学生对多媒体所呈现的内容的积极参与程度。学生的参与度与互动能够反映出多媒体教学的吸引力和有效性。评估可以通过观察学生的课堂表现、讨论参

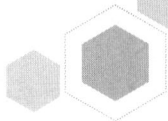

与度以及对多媒体内容的反馈来进行。

9. 学习成果

教学效果还可以通过学生的学习成果来评估。可以考察学生对所引入的多媒体内容的理解程度和记忆力，比如通过测验、考试成绩、作业表现等评价学习成果。学生的理解和应用情况能够反映出多媒体教学的效果和质量。

为了量化评估多媒体使用，可以使用分数或等级来衡量。每个标准可以分为不同级别，依据权重计算总分。此外，还可以结合定量调查或教师和学生的反馈，了解多媒体使用的效果。这种综合评估方法可以帮助教师提高多媒体应用能力，以促进更有效的英语教学。

表 4-19 为多媒体使用技能评分表。

表 4-19　多媒体使用技能评分表

评价项目	指标	权重	评价内容	得分
图像和音频质量	1	10%	评价多媒体制作质量时，要考察图像和音频的清晰度和准确性。可以使用分数或等级评估其质量。	
动画和过渡效果	2	10%	多媒体制作可以包括动画和过渡效果，以增强呈现的吸引力。评估时可以考察动画和过渡效果的流畅性和适当性。	
媒体文件排版和布局	3	15%	多媒体制作应具有合适的排版和布局，使学生易于理解和获取所呈现的英语内容。可以评估其布局的清晰度和美观度。	
内容准确性合适性	4	15%	评价多媒体内容时，要考察其准确性、相关性和适应教学目标的能力。可以通过教师和学生的反馈进行评估。	
界面易用性	5	10%	多媒体界面应易于操作和导航，以方便学生使用。评估时可以考察界面的布局、菜单结构和导航方式。	
教学策略	6	10%	评价多媒体使用技巧时，要考察教师如何将多媒体应用到不同的教学策略中，以促进学生的学习和参与。	
时间管理	7	10%	多媒体使用应考虑时间管理，避免内容过于拖沓或冗长。评估时可以考察教师如何在适当的时间内使用多媒体。	
学生参与度	8	10%	评价教学效果时，要考察学生对多媒体所呈现的内容的积极参与程度。可以通过观察学生的参与度和互动，以及学生的自评和互评。	
学习成果	9	10%	教学效果还可以通过学生的学习成果来评估。可以考察学生对所引入的多媒体内容的理解程度和记忆力。	
备注：				总得分

（四）板画与媒体应用技能综合评价

一个教师的综合能力很难用具体的数字来衡量。要综合考虑教师的板画与媒体应用技能，可以将板书、简笔画和多媒体应用的技能评价量表做一个综合评定，也可以通过观察和记录教师的实际表现、学生的反馈和学业成绩等来进行综合评价。教师的板书、简笔画和多媒体应用的综合能力评价可考虑教师在以下几个方面的表现：

1. 实际演示能力

评估教师在教学中实际展示板画与媒体应用的能力。这可以通过观察教师在教室中的实际表现、演示活动的质量和专业性来评估。

设备演示能力：教师是否能够有效地操作和展示教学所需的多媒体设备，比如投影仪、智能白板等。他们是否能够灵活运用这些设备，为学生呈现清晰、生动的教学内容。

媒体应用能力：教师是否能够熟练运用各种教学媒体，比如电子课件、视频、音频等。他们是否能够根据教学内容的需要，选择合适的媒体进行展示，并能够借助媒体扩大教学效果。

专业表现：教师在演示过程中是否能够保持专业的形象和态度。他们是否能够清晰、准确地解释教学内容，并能够对学生的问题进行及时的回答和解释。

2. 创造力与表达能力

评估教师在进行板画与媒体应用时的创造力和表达能力。这包括评估教师的画笔技巧、美术感知能力、图形表达能力以及在使用多媒体工具时的创造性应用能力。

创造力：表现在教师能否在教学板上或使用媒体工具上呈现新颖、有趣的教学内容，是否能够富有创意地设计和展示教学素材，以及是否能够灵活运用不同的媒体形式来呈现教学内容。这需要教师具备一定的想象力和创造性思维，能够提供丰富多彩的教学展示。

表达能力：体现在教师是否能够用清晰、饱满的语言来描述和解释教学内容，以及是否能够通过图形和多媒体工具来生动地展示教学内容。教师的画笔技巧、美术感知能力以及对图形表达的熟练程度都将直接影响到教学内容的生动性和吸引力。

3. 教学成效

评估教师利用板画与媒体应用技能所达到的教学效果。考察学生在教师应用板画与媒体时的学习成果、学习兴趣的提高以及在教学过程中获得的正面反馈。

学习成果：学生在接受教师板画和媒体应用教学后，是否能够更好地理解和掌握教学内容，是否能够在知识运用方面有所提升。可以通过对学生学习成绩的提升、考试表现以及课后作业完成情况进行评估。

学习兴趣：教师的板画与媒体应用是否能够吸引学生的兴趣，使学生更加主动、积极地参与到课堂学习中。可以通过学生在课堂上的参与度、讨论活动的热情以及学习态度的改变来进行评估。

学习反馈：学生在教师使用板画和媒体应用时是否给予积极的反馈，是否能够提供对教学方法的肯定和建设性的意见。可以通过学生的课后反馈、问卷调查以及教师和学生之间的交流来了解学生对教学效果的评价。

在评价中，重点可以根据教师的教学目标和课程要求进行调整。如果强调美学素养的培

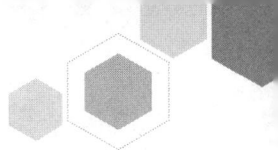

养，创造力和画笔技巧可能成为重点。如果强调多媒体应用的效果，创造力和教学成效可能会更加重要。

表 4-20 为 skill 7 板画与媒体应用技能综合评价表。

表 4-20　skill 7 板画与媒体应用技能综合评价表

评价要点	权重	指标	评价内容	权重	得分
实际演示能力	60%	1	设备演示能力	20%	
		2	媒体应用能力	20%	
		3	专业表现	20%	
创造力与表达能力	20%	4	创造力	10%	
		5	表达能力	10%	
教学成效	20%	6	学习成果	10%	
		7	学习兴趣	5%	
		8	学习反馈	5%	
备注：				总得分	

◆ **引导问题答案**

1. 板画与媒体应用技能在英语教学中有什么优势和劣势？

（1）优势包括

提升互动性：融合三者可以增加学生参与和互动的机会，创造更具活跃性的学习环境。多样化的呈现形式：结合三者可以以文字、图像、音频和视频的多种形式呈现教学内容，满足学生多样化的学习需求。创造性思维的激发：学生可以参与绘制、注释和改进板书和简笔画，促进他们的创造性思维和批判性思考能力的发展。

（2）劣势包括

时间消耗：制作高质量的板书和简笔画可能需要耗费较多时间，可能会在教师的准备时间上造成压力。缺乏互动性：使用 PPT 等现代演示工具可能导致学生的学习被动和对教材的理解不深入。

2. 教师如何更好地应用板画与媒体应用技能来提高英语教学效果？

（1）创造丰富的课堂环境：结合传统板书及简笔画与现代多媒体资源，创造丰富多样的教学课堂环境，以吸引学生的兴趣和提高教学效果。

（2）注重师生互动：在教学中灵活运用板书及简笔画制作及多媒体资源，注重师生互动，提倡学生间的合作交流与自主学习。

（3）个性化的教学方式：根据学生的学习需求和学习风格，教师应用不同形式的板画及简笔画和多媒体资源，采取个性化的教学方式，提高学生的学习效果。

3. 在教学中如何提高信息的呈现能力？

教师提高信息的呈现能力需关注以下几个方面：

（1）清晰的逻辑结构：信息呈现应有明确的逻辑结构，便于学生理解知识点之间的关联。逻辑结构可以通过标题、编号、箭头等方式突出不同概念之间的关系。

（2）引人入胜的教学设计：教师应通过案例分析、故事叙述或问题解决活动等方式，将信息设计得更具吸引力，激发学生的学习兴趣。

（3）情感共鸣的应用：通过真实的案例、个人经历或感人的故事激发学生的情感共鸣，以使学习更具情感共鸣，加深对知识的理解。

（4）学科知识与实际应用的连接：通过实际案例、情境创设或语言实践展示知识在现实生活中的应用，帮助学生将抽象的概念与实际场景相联系，提高他们的运用能力。

◆ 再思考

1. 评价英语教学的板书可以根据哪些定性和定量的标准？

（1）内容呈现：板书应准确呈现英语教学内容，包括单词、短语、句子等。

（2）清晰度：板书内容应该清晰易懂，使用清晰的字迹和排版。

（3）美观度：板书的美观度也是重要的，它可以激发学生的兴趣，使他们更愿意关注板书内容。

（4）互动性：板书可以包括互动元素，如填空、图表、问题等，以鼓励学生积极参与互动。

（5）维护和更新：板书应该及时维护和更新，以确保内容的新鲜和正确性。

（6）结构：板书的布局应该有清晰的结构，使学生能够按照逻辑次序理解教学内容。

（7）适当的重点突出：板书可以使用不同颜色、字体大小、加粗等方式来突出重要信息。

（8）图示辅助：使用图示、示意图、图片等来辅助内容呈现，提供更多视觉信息，有助于理解。

（9）空间合理利用：合理利用板书空间，避免内容过于拥挤或冗余，以确保内容的清晰度。

（10）引导性：板书布局应该具有引导性，引导学生的学习流程，使他们能够有条理地理解教学内容。

2. 如何评价英语教学的简笔画质量和速度？

（1）准确性：简笔画应准确传达所描述的英语单词或句子。

（2）清晰度：简笔画应该清晰易懂，使学生和观众能够轻松理解所描述的英语内容。

（3）创意性：简笔画可以鼓励教师发挥创意，以更有趣的方式呈现单词或句子。

（4）图片细节：简笔画应该包含足够的细节，使学生能够准确理解单词或句子的含义。

（5）与目标一致性：简笔画应与教学目标相关，能够帮助学生学习和记忆英语单词或句子。

（6）时间限制：根据任务的复杂性和学生水平，可以规定绘制简笔画的时间限制。

（7）流畅性：评价简笔画的速度时，要考虑教师的绘画流畅性。

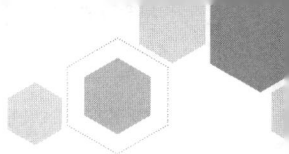

（8）词汇量：速度也可以与教师的词汇量有关。

（9）表达能力：速度不仅关乎绘画的快慢，还要考察教师是否能够在有限时间内有效地传达所需信息。

3. 讲演结合原则在使用板画或多媒体演示时的具体操作是什么？

讲演结合原则在使用板画或多媒体演示时的具体操作是教师进行充分的准备，包括准备演讲稿或提纲，确保讲解的连贯性和流畅性，做到边画边讲，边讲边画。教师在讲解时应注意适当地配合板画或多媒体内容，解释画面中的关键信息，强调重点内容，澄清可能引起混淆的问题。通过语言讲解，教师可以强调和解释某些图像、图表或流程图中的重要细节，从而增进学生对内容的理解。

第八节　结束与强化技能

※ 本节要点

1. 结束与强化技能构成要素

2. 结束与强化技能使用策略

3. 结束与强化技能的类型

4. 结束与强化技能的评价

※ 引导问题

1. 结束与强化技能是指什么？它包括哪些要素？

2. 为什么说结束与强化技能对学生满意度有积极影响？

3. 结束与强化技能的教学设计从哪些方面考虑？为什么要在结束与强化技能中考虑这些方面？

一、结束与强化技能的定义

在英语课堂教学中，结束阶段与强化阶段之间的关系非常重要，因为这是整个教学过程的总结和巩固阶段。在结束阶段，教师应该对整个课程或本节课的主要教学内容进行总结，可以提出问题鼓励学生回顾所学内容，从而巩固他们的理解，并确保他们能够掌握关键概念。教师还可以再次强调本节课或整个单元的关键信息，比如重复关键概念、展示相关图表或提供示例。同时，教师可以提出启发性问题或引导性讨论，帮助学生深入思考所学内容，培养他们的批判性思维和分析能力。教师在这个阶段的目标是巩固学生的学习，确保他们对所学内容有一个清晰的理解，并为下一步的学习做好准备。

好的结束阶段设计能让学生意犹未尽，为下一次学习创造期待。结束阶段和强化阶段之间是紧密相连的，教师的总结和强调可以直接引入强化阶段，使学生能够将所学的知识和技能应用于实际情境。

在结束阶段立即复习和强化所学的信息有助于加深记忆。结束和强化的结合可以帮助学生更好地保持所学的内容，巩固他们的理解和应用能力。在结束课程内容后立即进行信息的强化，可以帮助学生更好地记住和应用所学的内容。将结束和强化合并为一个统一的过程可以提高教学效率，教师可以充分利用有限的时间来确保学生充分理解和应用所学的内容。这样的教学过程使教师有机会根据学生的反馈和理解程度来调整强化的方式，满足不同学生的需求。

结束和强化之间的过渡应该毫无痕迹，学生不会感到结束和强化是两个不相关的步骤，而是一个连贯的过程。这有助于提高教学的时效性。结束和强化技巧的主要特点包括连贯性、重复性、个性化、实际应用、高效性和渐进性。这些技巧的应用不仅有助于巩固学生的学习，而且可以提高学习的连贯性，鼓励学生的参与，增强记忆力，并根据学生的反馈调整强化方法，以满足不同学生的需求。

结束与强化技巧强调重复性，通过在结束阶段对关键概念的总结和强调，然后在强化阶段进一步强调这些概念，有助于学生更好地记住和理解所学的内容。教师可以根据学生的反馈和理解程度调整强化的方式，使之更具个性化，为学生提供更有效的学习支持。结束与强化技巧可以提高教学效率，帮助教师创造一个渐进的学习过程，更有效地利用有限的教学时间。教师鼓励学生将所学的知识和技能立即应用于实际情境，使学生能够触及所学内容在实际生活中的用途，这有助于激发学生对语言应用的兴趣。

因此，结束和强化技巧是教师在教学结束阶段采取的行动和策略，以确保学生对所学知识和技能有全面的理解，并在接下来的学习中能够有效应用的一类教学行为。教师需要逐步构建技巧的不同方面，确保每一步都与前一步密切相关，避免跳跃式学习，以便更容易地理解和应用知识。在此基础上不断重复练习、回顾所学内容，有助于加深记忆并提高技能掌握程度。可以通过不同的练习方式巩固知识，比如做练习题、模拟实践或教授他人。强化阶段鼓励学生将所学知识应用于实际生活中的情境，并进行实践。通过模拟真实场景或参与实际项目来加深对语言知识的理解和应用能力。

在结束与强化阶段，教师还需要指导学生采用高效的学习策略，比如制定学习提纲、使用记忆技巧、拓展学习资源等，以确保学习的时间和精力得到充分的利用。同时，逐步增加学习的难度和挑战，从而让学生在掌握基本技能的基础上逐渐接触到更复杂和深入的内容。避免过于匆忙或过于保守，以保持学习的动力和挑战感。

毫无疑问，好的结束与强化阶段设计能够令学生对学习意犹未尽，形成对下一次学习的期待。教师可以在结束阶段巧妙地总结和强调所学内容，并在强化阶段进一步加强这些知识和技能的应用。这种连贯性和重复性有助于巩固学生的学习和记忆，同时也鼓励学生更好地应用所学知识。而且，教师也可以根据学生的反馈和理解程度来调整强化的方式，以满足不同学生的需求。

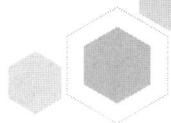

二、结束与强化技能构成要素

结束与强化技能是一堂课的关键组成部分，与良好的导入技能一样重要。有意义的课堂收尾会增加学生对课堂的满意度，这不仅对学生有益，也有助于教师提高教学质量和满意度。

善用结束与强化技能，教师能够为学生提供机会来巩固所学知识，通过强化练习加固学生的知识记忆和语言技能，培养学生的综合运用和迁移能力，提高学生的自信心和能力，确保学生在离开课堂后继续练习和巩固所学内容。

结束与强化技能主要包含结束时机、总结回顾、准确判断、强化练习和拓展迁移等要素。具体说明如下：

（一）结束时机

结束时机指的是在课堂教学的最后阶段教师在课堂中合理地安排时间，以确保学生能够充分理解和应用所学知识。

教师在课程设计中应考虑到所需的时间，包括教学内容的复杂性、学生的学习速度以及可能出现的问题讨论和例子解决的时间。教师应确保在课堂结束前至少留出一些时间，以便巩固和回顾所学的内容。同时，教师也应避免在学生注意力不集中或疲劳时过早结束课堂。适当的时间安排有助于提高学生的学习效果，并为结束阶段的强化提供必要的时间。

教师在开始课堂前应提前规划，并将结束时机纳入教学计划。这包括确定教学目标和学习任务，并合理分配时间给每个任务。如果教师能预见到可能引起学生兴趣、讨论和挑战的内容，可以提前为这些部分留出足够的时间。这样可以确保学生能够充分理解和应用所学的知识，同时还可以提供适当的结束阶段。

尽管在课程设计中已经做了时间安排，教师还需要灵活调整结束时机。如果学生出现了意外的问题或困难，教师应在课堂结束前为他们提供额外的支持和指导。这可能意味着需要延长课堂时间或在其他时间设立辅导。灵活调整结束时机有助于确保学生在重要学习时刻获得必要的补充和相关资源。

结束时机的合理安排对于学生的学习效果和满意度非常重要。教师应根据课程设计和教学内容来确定适当的结束时机，并灵活调整以满足学生的需求。通过多种方式的巩固回顾和合理安排时间提高学习的有效性。

（二）总结和回顾

总结和回顾是结束与强化技能中至关重要的一环。在一堂英语课的最后阶段，教师可以通过总结和回顾来巩固学生的知识，减少遗忘，并确保学生对所学内容有一个深入的理解。

在总结和回顾的过程中，教师可以帮助学生梳理知识点，强调重要的概念和难点。通过将学习的内容串联起来，学生可以更好地理解知识的连贯性和整体框架。例如，教师可以使用图表、概念地图或总结表格等工具来帮助学生将不同的语言知识点整合在一起，形成一个完整的学习路径。在此过程中，教师可以提出问题，引导学生自己回忆和总结所学知识。通过与学生的互动，教师可以发现学生的理解程度，并对学生进行适当的引导和补充。教师可以问一些开放性问题，鼓励学生回顾和总结课堂重点，并鼓励学生展示他们对所学内容的理解和应用。

教师在总结和回顾时，可以通过复习重点和难点来巩固学生的知识。设计一些练习题，让学生对所学内容进行回顾和巩固。这些练习题可以涵盖不同的思考层次，从基础语言知识的记忆到更高层次的语言分析和应用能力。通过这些强化练习，学生可以深化对所学内容的理解，并增强他们的记忆和应用能力。

总结和回顾不仅有助于巩固学生的知识，还可以帮助学生建立信心。当学生意识到他们已经掌握了所学内容，他们会感到自己在学习上取得了进步，这种成就感可以为未来的学习打下了良好的基础。

（三）准确判断

准确判断是结束与强化技能中的一个关键要素，它在结束阶段中扮演着至关重要的角色。通过准确判断，教师可以更好地了解学生的学习情况，帮助他们个性化地发展和提高他们的英语能力。

准确判断涉及观察和评估学生的学习表现。在课堂结束阶段，教师可以通过观察学生在课堂上的参与、回答问题的准确性、解决问题的能力以及其他学习表现来评估学生的学习进展。这种观察可以帮助教师确定哪些学生已经掌握了所教的内容，哪些学生可能需要额外的支持和指导。

准确判断还可以通过课堂练习和小组讨论来实现。教师可以设计一些形式多样的练习题，从基础知识的检测到更高层次的应用问题。通过学生的表现，教师可以了解他们对不同难度和类型的问题的掌握程度。这有助于确定哪些学生需要更多的练习和支持，以填补他们的知识差距。

提问也是准确判断的重要工具。通过提问，教师可以考察学生对特定知识点的理解和思考能力。提问可以引导学生深入思考，并表达他们的见解。通过分析学生的回答，教师可以了解他们的思维方式和理解水平，从而更好地满足他们的学习需求。

准确判断不仅有助于帮助那些需要额外支持的学生，还可以帮助教师调整教学方法和内容。如果教师发现大多数学生已经掌握了特定知识点，可以选择在未来的教学中加快节奏或引入更复杂的材料。反之，如果有学生在某些方面遇到困难，教师可以调整教学策略，提供更多的练习和解释，以满足他们的需求。

（四）强化练习

通过提供强化练习的机会，教师可以帮助学生加深对所学内容的理解并提高他们的技能水平。强化练习对于记忆和技能的加固非常重要。通过反复练习，学生可以巩固所学的知识和技能，增强记忆效果。这是因为通过重复的练习，大脑形成了更牢固的神经路径，加强了对已学内容的记忆。此外，通过练习，学生能够更好地理解和应用所学知识，提高他们的技能水平。

强化练习也有助于提高学生的自信心和能力。当学生通过练习不断地巩固知识和技能

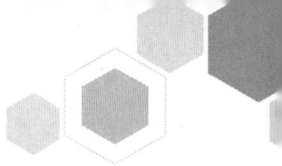

时，他们会逐渐掌握并信心倍增。这使他们相信自己可以成功完成类似的任务，并激发学习动力。同时，通过不断的练习，学生能够提高技能的熟练度，增强在实际应用中的信心。

良好的强化练习应该有针对性、多样性和挑战性，练习的设计也非常重要。教师可以根据学生的学习需求和水平，设计不同难度和类型的练习题目。这样，学生可以逐步提高自己的技能，并在日常实践中更好地应用和体现所学知识。教师可以鼓励学生在课后进行额外的练习，通过提供补充材料、习题册或在线平台等资源来支持学生的练习。这有助于延续课堂学习的效果，强化学生的知识和技能，并确保他们的学习成果得以持久。

（五）拓展迁移

拓展迁移是结束与强化技能中的一个关键要素，它有助于将学生的学习从课堂中延伸到现实生活和其他领域。通过拓展迁移，教师可以帮助学生将所学知识应用到不同情境和领域中，培养他们的综合运用和迁移能力，提高知识的实际应用价值。课堂上拓展迁移时间有限，大部分可以作为结束课堂的任务由学生课外完成。

教师可以与学生一起讨论和解决实际生活中的问题，这些问题可以涉及所学的英语知识和技能。例如，学生可以用英语讨论环保问题、社会问题或文化差异等。通过这种方式，学生将学习如何将所学英语应用于解决真实问题，提高他们的语言运用能力。

教师可以鼓励学生课外参与创造性项目，如写作、演讲、视频制作或设计。这些项目可以涉及学生在课堂上学到的知识和技能，帮助他们将所学内容与创造性应用相结合。通过这些项目，学生可以发挥创造力，提高英语能力，并产生实际的成果。

教师还可以引导学生使用多媒体资源，如英语电影、音乐、新闻报道或博客，来拓展他们的语言运用。学生可以分析、评论或模仿这些资源，以提高他们的听力、口语和写作技能。

通过拓展迁移，英语就不仅仅是一门学科，也是一种实际应用工具，能够在各种情境下发挥作用。这不仅提高了英语的实际应用价值，还培养了学生的综合能力，使他们能够更好地应对复杂的现实挑战。拓展迁移有助于将课堂学习与实际生活相结合，使学生在各个领域中都能够流利地运用英语，提高他们的综合英语能力。

（六）提高学生满意度

良好的结束技能包括对所学内容的归纳和总结。通过对课程内容的复习和总结，学生可以更好地理解所学内容的重点和关键信息，巩固所学知识，减少学习过程中的遗忘，并增强对课程整体构架的理解。课堂教学临近结束时有条理的知识点整理有助于提高学生的学习满意度。

在课堂结束时，教师可以与学生分享他们在课程中取得的学习成果。这可以通过学生展示他们的作品、报告他们的发现或演示他们掌握的技能来完成。通过展示学习成果，学生感到自己的学习得到了认可和肯定，从而增加他们对课堂的满意度。此外，分享学习成果也可以激发其他学生的兴趣，并鼓励他们在学习中积极参与。

在结束阶段，教师可以通过赞扬和鼓励来肯定学生的努力和进步。这会给学生带来满足和自豪感，激发他们的学习动力。通过将学生的成就与标准对比，教师可以帮助学生认识到他们取得的进步，并为未来的学习设定更高的目标。这种积极的反馈可以增加学生的满意度，并建立起更强的学习动力。

为了成功实施结束与强化技能，教师还需要运用生动、简练、准确而有概括性的语言，以确保学生深刻理解课程内容。此外，多样的结束教学形式，如小组讨论、问题与回答、案例分析、展示、写作任务等，可以满足不同学生的学习需求，提高他们的学习参与度。概括性总结有助于巩固知识，激发思考和提出问题，培养批判性思维，同时也应该回顾学习目标和成就，以促进学生的自信和动力。

三、结束与强化技能类型

结束与强化技能可以强化学生的学习，衔接新旧知识，提供教育价值，进行反馈和促进学生的发展。除此之外，还具有激励学生、巩固复习、评价改进以及促进思维和创新能力等作用。不同的作用所需要的结束与强化技能的类型也不同，教师需要善于应用不同类型的结束与强化技能来达到服务教学、促进学生巩固所学语言知识并应用语言知识的目的。

（一）归纳总结式

教师通过归纳总结的方式帮助学生将所学知识进行整理和概括，可以加深学生对知识的理解和记忆。这种整理和概括的过程可以帮助学生将散乱的知识点组织成一个有序整体，并形成系统的学习思维方式。这样一方面有助于学生更好地理解和消化所学内容，另一方面也为学生提供了一个复习和巩固知识的机会。

例如，在讲解动词时态的过程中，教师可以在课堂结束前进行一个归纳总结。教师可以指导学生根据所学过的各种动词时态，整理归纳出规则，并列举一些例句进行讲解。如此，学生可以更清晰地了解各种时态的用法和构成规则，同时也能够更好地记忆和应用。

另外，在讲解阅读理解技巧时，教师可以通过归纳总结来帮助学生整理常见的阅读理解题型及其解题技巧。例如，教师可以引导学生总结出判断正误、找主题句、解释词义等题型的特点和解题方法，并通过实例演练让学生掌握这些技巧。通过这样的归纳总结，学生可以更好地应对不同类型的阅读理解题目，提高阅读理解的能力。

教师通过归纳总结的方式可以帮助学生将所学知识整理成一个有机的框架，加深理解和记忆，同时也培养学生的学习思维方式。无论是在动词时态还是阅读理解等方面，教师都可以灵活运用归纳总结技巧，提高教学效果和学习成果。

（二）比较异同式

在课堂教学的最后阶段，通过比较英语和学生自己的母语之间的差异和共同点，可以帮助学生更好地理解和掌握英语语言的独特之处。这种比较一般强调正确的语言迁移，避免母语对英语学习的负面影响。

例如，在讲解英语语音的时候，教师可以与学生一起比较英语和汉语之间的发音差异。通过这种比较，学生可以更清楚地意识到英语中一些音素在汉语中不存在，例如英语中的 /θ/ 和 /ð/ 音，这样可以帮助学生注意发音并纠正自己的发音错误。同时，也可以与学生一起比较

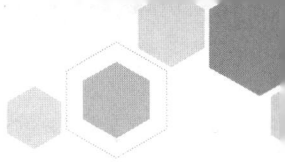

英语和汉语语法结构和语序的差异，例如汉语中的主谓宾结构与英语中的主谓宾结构顺序相同，可以给学生一种正迁移的概念，有利于降低学生理解句子结构的难度。通过比较汉语和英语的差异，学生可以更好地理解英语的语法规则和表达方式。

教师进行汉英比较时不仅要关注差异，也要关注英语和汉语之间的共同点。例如，在教授英语动词"believe"时，教师可以带领学生进行英汉比较：教师可以指出英语动词"believe"与汉语动词"相信"都表达信任的意思。这个共同点可以帮助学生将这个英语动词与母语联系起来从而强化记忆。随后，教师还可以强调"believe"与"相信"在用法和句法结构上的一些差异，如英语"believe"通常需要用介词"in"来引导"信仰"的对象，而汉语则不需要。这种差异可以帮助学生理解如何正确使用这个英语动词。

通过这种英汉异同比较，学生可以更好地理解和记忆英语单词，并且能够将其应用到实际语境中。这种方法有助于学生利用自己的母语知识，同时也让其意识到语言之间的差异，从而更好地掌握英语。这种比较方法可以在教学中帮助学生建立语言连接，帮助学生避免母语对英语学习的负面影响，并促使他们形成正确的语言迁移的习惯。

（三）首尾照应式

首尾照应主要指结束阶段的一种组织内容的方法。通过将整节课的教学内容分段，并为每个段落提供明确的开头和结尾，可以帮助学生更好地理解和掌握整个内容的结构和逻辑关系。这样做不仅能帮助学生更好地组织语言知识，还能够提高他们对课堂内容的整体把握能力。

首尾照应式期待学生可以更好地理解课堂内已分段落的主题和目的，同时也能将它们整合到整个话题的框架中。这种组织方式有助于学生进行思维整合和知识连接，提高他们对课堂内容的整体把握能力和理解深度。此外，通过提出问题和引导讨论，教师还可以促进学生的思考和参与，激发他们的学习兴趣和动力。

例如，教师正在教授关于健康生活的主题。在课堂中，教师可以将内容分为几个段落，例如饮食、锻炼、睡眠等。在每个段落开始时，教师可以提出一个问题，例如："What do you think is the importance of having a balanced diet?"（你认为均衡饮食的重要性是什么？）或者展示一张图片来引起学生的兴趣和思考。然后，教师可以介绍一些相关的信息，例如不同食物组成的均衡饮食的要点。在段落的结尾，教师可以进行小结，强调重要的观点和信息，并提出一个问题供学生思考，例如："How can you incorporate exercise into your daily routine?"（你如何把锻炼融入你的日常生活中？）或者带领学生参与一个小组讨论，分享他们的健康生活习惯。

通过首尾照应式强化，学生可以更好地理解每个段落的主题和目的，同时也能将它们整合到整个话题的框架中。

（四）延伸式

延伸式强化可以帮助学生将所学的知识应用到更广泛的语境中。这种教学方法通过提供相关的扩展材料或情境，鼓励学生主动运用所学知识，并将其应用到实际生活中。这样做可以帮助学生扩展语言运用能力和思维能力。

例如，在教授英语日常购物用语时，在课堂的最后阶段，教师可以提供一些与购物相关的扩展材料，例如广告、对话片段或购物情境等。然后，教师可以要求学生根据提供的扩展材料进行角色扮演或小组讨论，运用课堂学到的知识与伙伴进行购物对话。这样，学生不仅能巩固所学的购物用语，还能将其应用到更实际的情境中，提高他们在购物场景中的英语交流能力。

延伸式强化还可以通过提供相关的阅读材料或写作任务来扩展学生的语言运用能力。例如，在讲授课堂英语的食物与饮食话题时，教师可以提供一篇关于健康饮食的文章，并要求学生阅读并回答一些相关问题。随后，教师可以引导学生展开讨论或进行写作，例如要求学生写一篇关于如何保持健康饮食习惯的短文。通过这样的延伸任务，学生可以将所学知识应用到实际的阅读和写作中，并提高他们的语言表达和思维能力。

（五）直观演示式

通过提供具体的实例、图片、实物或视频等形式，让学生直观地感受到所学语言在实际情境中的运用，从而提高学习的有效性和学习的兴趣。

例如，在讲授食物和饮料的词汇时，教师可以展示一些真实的食物和饮料的图片，并带领学生用英语来描述这些食物和饮料的特征、味道和用途。通过这样的直观演示，学生可以更深入地了解和掌握这些词汇，同时也能够将其与实际生活情境联系起来，提高他们的语言运用能力。

直观演示的主要目的是帮助学生将语言知识与实际情境联系起来，提高他们的语言运用能力和沟通能力。

（六）语言强化

语言强化通常是指在课堂教学结束阶段或结束之后的练习和活动，旨在巩固和强化学生已学的语言知识和技能。这种语言强化可以采用多样化的方式，例如小组讨论、口语演讲、写作任务和反馈评估等。

小组讨论是一种常见的语言强化形式。通过将学生分组并就当堂学习的主题或相关问题展开讨论，可以促使学生积极参与，分享他们的观点和想法。教师可以给出一些问题或指导性话题，引导学生的讨论。

微型口语演讲或展示也是一种有效的语言强化方式。学生可以选择感兴趣的话题，准备一个短暂的口语演讲或展示。这样可以提高他们的口头表达能力，巩固他们的语言知识和技能，并加深理解和运用能力。

教师还可以给学生写作任务，例如写一篇短文或描述一个场景或事件。通过写作，学生可以运用所学的语言知识和技能，进一步巩固和应用所学的内容。教师可以提供写作指导，帮助学生掌握写作结构、词汇和语法等技巧。除此之外，教师还应在语言强化阶段给予学生反馈和评估。通过及时反馈和评估，学生能够了解自己在语言知识和技能方面的进展，并针对性地进行改进。

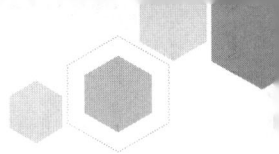

语言强化的形式可以在课堂结束前的最后一段时间内进行，或者布置成课外任务，综合的语言强化技巧有助于保持学生的积极性，提高他们的英语水平的长期记忆和应用能力。

（七）活动强化

在英语课堂教学的最后阶段，通过这些活动的设计可以帮助学生更好地巩固和强化他们所学的语言知识。口头回答问题是一种简单而有效的活动形式。教师可以提供一系列与当天授课内容相关的问题，并要求学生用英语回答。这可以促使学生积极思考并用所学的语言知识进行回答。例如，讲解完一个关于旅行的课程，教师可以问学生一个问题，例如 "What's your favorite travel destination and why?"（你最喜欢的旅行目的地是哪里？为什么？）这样的问题可以激发学生参与课堂并用英语描述自己最喜欢的旅行目的地的原因。

另一个活动是语音朗读，它可以帮助学生提高英语的发音和语调。教师可以准备一些段落或对话，然后要求学生按照正确的语音和语调进行朗读。这个活动可以让学生积极参与，并在实践中改善他们的发音技巧。例如，教师可以提供一段话，学生需要将其朗读出来并注意使用正确的重音和语调。这样的练习能够帮助学生有效地表达自己，并增强他们的口语流利度。

除了口头活动，课堂游戏也是一种极具趣味性的活动形式，可以加强学生对所学内容的记忆和理解。教师可以设计各种游戏，如单词挑战、谜语或角色扮演活动，这些活动可以使学生在娱乐中运用所学的语言知识。例如，教师可以设计一个单词配对游戏，学生需要迅速找到匹配的词汇。这种活动不仅可以帮助学生记忆和巩固单词，还可以培养他们的团队合作和竞争意识。

通过这些活动的组织和设计，学生可以在积极的氛围中复习和强化所学内容，提高他们的兴趣和参与度。这些活动不仅能够帮助学生在课堂上更好地运用所学的语言知识，也可以加强他们对学习内容的理解。

四、结束与强化技能使用策略

使用策略和使用原则在英语课堂教学中有着不同的含义和作用。使用策略是指为达到特定的教学目标而采用的一系列行动和方法。教师在教学过程中可以根据具体的教学内容和学生的需求，选择和运用不同的教学策略来促进学生的学习和理解。例如，提出问题、讨论、小组活动、使用多媒体资源等都是常见的教学策略。而使用原则指的是在教学过程中遵循的一些基本的指导原则和准则。这些原则是基于教育理论和实践经验，旨在提高教学效果和学生学习效果。使用原则是教学设计的基础及应用延伸，包括确保学生的参与和互动、复习和强化学习内容、提供积极的学习环境等。

在英语课堂教学结束阶段，教师需要明确使用结束与强化技能的目的除了对本节课的学习内容进行强化巩固外，更重要的是帮助学生对下一节课形成学习期待，因此需要采取一些使用策略来达成目的：

（一）引发兴趣

引发学生兴趣是激发学习期待的重要因素之一。在课堂结束前的几分钟，教师可以提出一个引人入胜的问题或活动，与当天所学内容相关，并告诉学生下一节课将解答或进行相关的探索。这种方法可以激发学生的好奇心和渴望学习的动力。

例如，假设当天课堂的主题是关于环保的。在课堂结束前，教师可以提出一个问题："Do you think your community has implemented any of the environmental protection measures we learned about in class today? If so, can you give some examples?"（你认为你所在的社区是否已经实施了我们今天在课堂上学到的一些环境保护措施？如果是，你能给出一些例子吗？）。这个问题既与当天课堂的主题相符，又能引发学生的思考和参与。

接下来，教师可以告诉学生下一节课将进行一个"环保社区赛"活动。学生需要在家庭、社区或学校中主动参与环保行动，采取一些具体的措施，如回收垃圾、节约用水和能源等。下一节课时，学生将分享他们所采取的环保行动，并评选最佳环保社区。

诸如此类的活动和问题，可以激发学生的学习兴趣，并期待着下一节课的探索和成果展示。它还能促使学生在课堂外主动参与实践所学，培养他们的环境意识和积极行动的习惯。

（二）提供挑战

提供挑战给学生是激发学习期待的有效策略之一。教师可以设计一个有趣的任务或活动，要求学生展示他们已掌握的技能，并给予一些额外的学习资源和挑战，以提升他们的学习动力和期待。

例如，教师可以安排学生进行英语口语表演，并以小组形式进行评比。在上一节课中，教师讲授了一些关于旅行的词汇和句子，如询问路线、订酒店等。下一节课时，教师可以要求学生以小组为单位，模拟旅行中的对话和交流情景。学生需要运用所学的知识、技能和创造力来准备和演示他们的口语表演。通过这个挑战性任务，学生会感到期待并渴望展示他们的英语口语能力。教师可以提供一些额外的学习资源，如旅行指南、英语旅游网站等，以帮助学生更好地准备和提升他们的表现。

再比如，在课堂结束时，教师可以给每个学生一个封闭的信封，里面包含下一节课的话题和任务。学生在下一节课之前不能打开信封，这样他们就会充满期待和渴望，想知道下一节课将会有什么挑战和学习机会。也可以让学生自己准备一个简短的演讲，分享他们最喜欢的一本书或电影，或者设计一个有趣的小游戏，鼓励学生积极主动地运用英语技能。

通过提供挑战性的任务和活动，教师能够激发学生的学习期待和兴趣，促使他们在课堂外进一步探索和强化所学的技能。这样的挑战性任务能够让学生投入学习，并期待展示他们的英语能力的成果。同时，提供额外的学习资源和挑战能够鼓励学生进一步拓展他们的知识和技能。

（三）建立学习目标

与学生一起制定明确的学习目标并告知下一节课的重点，能够增加学生的学习期待和动力，促使他们更有目标地强化相关技能。

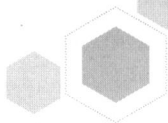

例如，在上一节课中，教师讲授了一些关于写作表达的技巧和策略。下一节课，教师可以与学生讨论并设定明确的学习目标，如提高句子结构的多样性、增强词汇运用的准确性等。教师可以告知学生下一节课将重点关注这些目标的实现，并提供一些练习和活动来帮助他们达到这些目标。学生会期待下一节课并感到有需要去强化他们的写作技能，因为他们知道下一节课将关注于他们自己设定的目标。

再比如，教师可以与学生一起制定学习目标，如口语流利度的提高、听力理解能力的增强等。下一节课，教师可以组织一些有针对性的练习和活动，如角色扮演、听力材料的分析等，以帮助学生实现他们所设定的学习目标。通过明确的目标设定和告知，学生会期待下一节课的探索，他们将有动力去强化他们的口语和听力技能。

通过与学生一起制定学习目标并告知重点，教师能够激发学生的学习期待和动力，使他们更有目标地去强化相关的技能。学生会明确知道下一节课的重点是什么，这样他们会更加专注和投入学习，从而更好地实现他们所设定的目标。

（四）加入竞赛元素

课堂结束阶段加进竞赛元素也是结束与强化技能一种使用策略。教师可以设计小组活动或比赛，鼓励学生在课堂外持续学习和强化他们的技能，并为表现出色的学生提供奖励或称赞，以激发学生保持兴趣。

例如，教师可以组织一个英语口语辩论比赛。学生被分为不同的小组，每个小组选择一个有争议的话题进行辩论。学生们需要运用自己所学的英语表达能力，通过论据和论证来支持自己的观点。比赛可以在课堂外进行，每个小组需要准备辩论材料并进行演讲。最后，教师可以评选最佳表现的小组，并给予奖励或称赞。这样的竞赛性活动可以激发学生的学习兴趣和期待，激发他们竞争的动力。

在设计一个英语阅读挑战时，教师可以给学生一系列不同难度的英语阅读材料，并设立一个时间限制。学生需要在规定时间内阅读并理解这些文章，并回答相关的问题。教师可以根据学生的成绩或进步情况来评选出表现出色的学生，并给予奖励或称赞。这种阅读挑战可以激发学生进一步提升阅读能力的动力。

通过加入竞赛元素的小组活动或比赛，学生会在课堂外继续学习和强化他们的技能。他们会激发学习期待和动力，希望通过表现出色来赢得奖励或获得认可。这样的竞赛性活动可以促进学生的积极参与和持续学习，同时增加学生对学习的期待。

（五）多样化结束方式

通过采用多种学习活动和资源，包括游戏、互动练习、视频、音频等，以多样化的结束方式激发学生的学习兴趣和期待，但需要根据时间和就教学环境采用恰当方式。

例如，教师可以设计一个英语单词游戏，引入学生在课堂中学习过的新单词。游戏可以采用口头回答问题、写单词等方式，让学生主动参与并巩固他们的词汇。此外，教师还可以使用视频或音频资源，如英语歌曲、短视频或电影片段，让学生在轻松愉快的氛围中继续接触英语语言和文化。这样的多样化结束方式能够激发学生的学习兴趣，让他们期待下一次的学习和探索。

教师也通过互动练习来结束课堂。教师可以设计一系列互动练习题，让学生从小组或个人的形式来解答。这些练习可以包括填空题、选择题、角色扮演等，让学生运用所学的知识和技能，展示他们的理解和应用能力。互动练习可以促进学生的参与和合作，同时增加他们对所学内容的信心和期待。

（六）鼓励学生主动参与

鼓励学生主动参与是培养学生学习期待的重要方式。教师应该创造一个积极互动的课堂环境，鼓励学生参与课堂讨论和小组活动，并在课堂结束阶段让学生展示他们的成果，从而让他们体验到成功和成就感，激发他们对下一次学习和强化机会的期待。

例如，在一节英语口语课中，教师可以组织小组讨论，让学生就一个话题展开对话。老师可以设定一个时间限制，鼓励每个小组成员都积极参与，发表自己的观点和意见。在课堂结束前，教师可以要求每个小组选择一名代表来展示他们的讨论成果，并鼓励其他学生提出问题或给予反馈。通过积极参与并将自己的成果展示给全班，学生会感到成功和成就感，他们会期待下一次的课堂讨论和交流机会。

课堂结束前也可以组织小组活动，如角色扮演或任务完成。教师可以给每个小组分配一个具体的任务，让他们在小组内合作完成。在课堂结束前，每个小组可以向全班展示他们的成果，并与其他小组分享经验和观点。这样的小组活动鼓励学生的合作与参与，激发他们在下一次的学习中取得更多的成功。

五、结束与强化技能教学设计

在结束与强化技能的教学设计中，教师需要从多个方面考虑，以确保教学的有效性。

（一）确定强化内容

结束与强化技能的教学设计首先要确定本堂课内需要强化的内容。通过明确强化内容，教师可以更有效地进行教学，提供有针对性的辅导和指导，帮助学生更好地掌握和运用所学的知识和技能。

确定强化内容可以解决学生在课堂上表现较差的问题。教师可以通过各种评估方式，如测验、考试、作业等，了解学生在哪些知识点或技能上存在困难。根据学生的学习表现和实际情况，教师可以有针对性地安排练习和活动，帮助学生弥补不足，加强理解与运用。在英语课堂教学的最后阶段，可以强化以下语言内容：

1. 词汇

复习并强化已学的词汇。可以通过词汇游戏、记忆法和应用练习等方式来巩固词汇的记忆和理解。

2. 语法

强化已学的语法知识，如时态、语态、句型结构等。可以通过语法练习题、拓展句子或段落、语法解析等方式来深入掌握和应用语法规则。

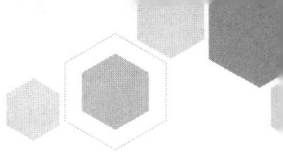

3. 句子构建

强化学生构建句子和表达的能力。可以通过句子填空、句子改错、句子组合等练习来提高学生的句子构建能力。

4. 听力理解

加强学生对英语听力的理解能力。可以进行听力材料的听写、填空、问题回答等练习，鼓励学生通过听力去捕捉关键信息和理解文章的主旨与细节。

5. 口语表达

加强学生的口语表达能力，包括流利地使用常用表达、正确发音等。可以通过角色扮演、对话练习、口语比赛等方式进行口语练习。

6. 阅读理解

强化学生的阅读理解能力，包括理解词汇、理解文章结构、筛选信息等。可以通过阅读理解练习题、文章摘要和提问等方式来促进学生对文本的理解和应用。

7. 写作能力

强化学生的写作能力，包括写作结构、连贯性和句子表达等。可以通过作文训练、写作提纲、写作评估等方式来提高学生的写作技巧和表达能力。

以上是一些常见的需要强化的语言内容，在结束阶段时间有限的情况下，教师可以根据以下几个建议来选择强化内容：

根据学生的需求和问题进行选择：观察学生在课堂上的表现和提问，了解哪些方面的语言内容对他们来说是较为困难或需要更多强化的。可以侧重强化那些学生在掌握上有困难的语言内容，以提高他们的理解和运用能力。

先强化基础知识和技能：确保学生对基础知识和技能有一定程度的掌握，这将为未来的学习打下坚实的基础。例如，可以优先选择一些基础词汇、基本语法规则和常用句型进行强化，以确保学生在后续学习中能够更好地理解和运用这些基础内容。

综合性强化内容：选择那些能够涵盖多个语言技能和内容的强化活动，以最大限度地促使学生综合运用所学的知识和技能。例如，通过给学生开展小组讨论或角色扮演等活动，让他们在口语表达、听力理解、问答等方面进行综合性的强化训练。

考虑学习目标和教材安排：根据教学目标和教材的安排，选择与之相符的强化内容。根据课程进度和计划，选择那些与当前教学内容相关的语言知识和技能进行强化，以确保学生能够在已学知识的基础上取得更好的理解和运用能力。

在结束阶段时间有限的情况下，教师需要根据学生的需求、基础知识、综合性训练和教学目标来选择强化内容。通过合理选择和安排，可以在有限的时间内帮助学生加强对语言知识和技能的理解和运用。当然具体强化内容需要根据学生的学习阶段、课程要求和学习目标来确定。教师可以根据学生的实际情况，选择适合的语言内容进行强化，以提高学生的英语综合能力。

（二）选择结束形式

课堂结束阶段旨在对学生的课堂学习进行总结和复习，以便巩固他们在课堂上所学的知识和技能。课堂结束可以采用多种形式，如总结讨论、知识竞赛、小组活动等：

1. 总结讨论

教师可以与学生一起回顾课堂内容，总结重点知识点和技能，并对学生的学习进行评价和反馈。通过讨论，可以巩固学生对所学的知识和技能的理解和记忆。

2. 小组活动

教师可以将学生分成小组，并给每个小组分配一个任务，要求小组成员合作完成。例如，让学生在小组内用英语进行对话、演绎短剧、解决问题等。通过小组合作，学生可以互相交流和分享所学的知识和技能，加深理解并提高口语表达能力。

3. 知识竞赛

教师可以设置一些趣味性的知识竞赛题目，让学生以个人或团队的形式参与答题。这样可以激发学生的学习兴趣，促使他们回忆和运用所学的知识，同时也可以检验学生的学习成果。

4. 思维导图

教师可以通过思维导图的形式，将课堂所学的知识整理出来，形成一个图形化的结构。教师可以指导学生参与制作思维导图，帮助他们梳理课堂内容，整合所学的知识点，加深对知识的理解和记忆。

5. 录制朗读

教师可以要求学生录制朗读所学的课文或对话，或者朗读自己写的文章。通过这种方式，学生可以在语音和语调上进行练习，巩固发音和语音语调的准确性。

这些教学形式可以根据课程内容和学生的学习需要进行选择和组合，以确保结束一堂英语课的教学效果。选择结束形式时，需要考虑不同学生群体和年级的学生对教学形式的喜好和适应有所不同。了解学生的喜好和能力水平，可以更好地选择适合的结束形式。教师需要注意结束形式应与教学内容和目标相匹配。如果教学内容是一篇课文，那么可以选择录制朗读作为结束，以巩固学生的朗读技巧。如果教学目标是提高学生的口语表达能力，那么小组活动可能更适合。根据具体的内容和目标，选择与之相关的结束形式。

选择结束形式时教师还应考虑教学时间和资源的限制。一些形式可能需要较长的时间或特定的设备，而一些形式则可以在短时间内快速进行。教师需要根据具体教学时间和资源的情况，选择适合的结束形式。

在教学设计中，可以结合多种形式，灵活运用，以提高学生的参与度和学习效果。最重要的是根据学生的需求和教学目标，确保结束形式能够在有效的时间内巩固和强化学生的知识和技能。另外，教师还可以根据具体情况创造新的教学形式，以适应不同的教学目标和学生群体。

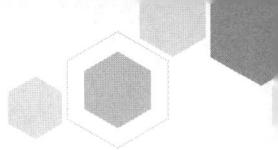

（三）引发学生思考

在结束与强化技能的教学设计中，教师需要激发学生的思维，帮助他们深入思考和理解所学的内容。这可以通过提出问题、开展小组合作活动、进行角色扮演等方式来实现。通过引发学生的思考，教师可以促使他们主动思考和探索，并巩固他们的学习成果。在英语课堂结束前，教师可以采用以下具体形式来引发学生的思考：

1. 问题导向活动

教师可以提出问题，引导学生思考并给出自己的观点或解决方案。这可以是开放性问题，如"How do you think to solve the problem of environmental pollution?"（你认为如何解决环境污染问题？）或者是具体问题，如"Name three ways to reduce plastic use."（列举三种减少塑料使用的方法）。

2. 小组合作活动

教师可以组织学生进行小组合作活动，让他们共同探讨问题或解决任务。通过合作讨论、交流意见和共同决策，学生可以互相启发和激励，并且可以学会听取他人观点并做出有意义的回应。例如，给学生几个与当前单元话题相关的问题，然后要求他们以小组的形式讨论并给出自己的答案。学生可以用英语进行讨论，共同寻求最佳解决方案。

3. 角色扮演

教师可以设计一个角色扮演的活动，让学生在语境中运用所学的英语知识和技能。例如，教师可以组织一个商店员工和顾客之间的对话情景，让学生模拟购物的过程，通过角色扮演来展示他们在语言应用方面的思考和理解。这样的活动可以帮助学生实践英语口语和对话技巧。

4. 创意写作或讨论

教师可以给学生一个刺激思考的话题、图片或文本，要求学生进行创意写作或讨论。通过写作或讨论，学生可以表达自己的想法、观点和感受，深入思考并扩展他们的表达能力。

通过以上形式，英语教师可以在有限的时间内引发学生的思考，在引发学生思考过程中要提供适当的支持和反馈，给予学生鼓励和赞赏，同时也可以提供指导和建议，以帮助学生进一步发展他们的思维能力和表达能力。

（四）布置课后任务

英语教学的课后任务可以是作业、项目、阅读任务等，旨在让学生在课堂之外继续巩固和强化所学的技能，布置课后作业或任务也是结束与强化技能的一部分，归入拓展与迁移要素。通过课后任务，教师可以促使学生进行自主学习和反思，加深对知识和技能的理解和应用。

要达到巩固所学、保持兴趣和应用语言的目标，教师可以在英语课堂结束时布置以下类型的作业或任务：

1. 实践型作业

布置一项任务，要求学生在现实生活中应用所学的语言知识和技能。例如，要求学生写一封英文电子邮件给外国朋友，介绍自己的家乡或一个喜欢的旅游目的地。鼓励学生运用所学的词汇、语法和写作技巧来实际交流和表达自己的想法。

2. 项目作业

给学生一个较长期的任务或课题，要求他们以小组或个人形式完成。例如，要求学生设计并展示一个英文演讲、制作一个口头报告、编写一个短剧本等。让学生在一个综合性的任务中综合运用所学的语言技能，并培养他们的独立思考和创造力。

3. 制定调查问卷

让学生设计一份调查问卷，通过采访同学、老师或其他人来收集数据。学生需要使用所学的英语语言技能进行问卷编写和访谈，然后整理和分析收集到的数据。这样的任务不仅可以巩固语言技能，还可以提升学生的调查研究和数据分析能力。

4. 阅读和讨论活动

选取一篇与所学话题相关的文章或故事，要求学生阅读并准备好讨论。学生可以以小组或全班的形式进行讨论，分享自己的观点和解读。这样的活动可以帮助学生提高阅读理解能力、表达能力，并拓展他们的思维。

布置此类比较常见的任务型作业，教师可以促使学生巩固所学的语言知识和技能，保持对英语的兴趣，并在实际交流和任务完成中发展他们的语言应用能力。此外，教师课后还应为学生提供适当的指导和反馈，帮助他们在作业中获得进步和提高。

5. 分层次设计任务

教师可以为不同语言水平的学生设计不同难度和要求的任务。例如，对于初级学生，可以提供较简单的任务，如填空练习或简单对话练习。对于中级和高级学生，可以提供更复杂的任务，如写作、辩论或研究项目。这样可以满足不同水平学生的需求，让每个学生都能够找到适合自己的任务。

6. 提供选择权

让学生在一定范围内自主选择自己感兴趣和适合自己水平的任务。教师可以提供一些主题或选项供学生选择，并鼓励他们根据自己的兴趣和能力来选择相应的任务，增加学生的学习动机和参与度，并使学生对自己的学习有更大的主动性。

7. 自主学习项目

教师可以为学生提供一些自主学习项目的指导和支持。例如，给学生一个主题或问题，让他们自己制定学习目标、选择学习资源，并设计自己的学习计划和方式。这样的项目可以激发学生的学习兴趣和创造能力，让他们更深入地探索和应用所学的内容。

8. 不同层次的扩展和加强

为了满足不同水平学生的需求，教师可以为每个任务提供不同层次的扩展和加强部分。这样高水平学生可以在已有的任务基础上进行更深入的思考和研究，而低水平学生则可以在完成基本任务后选择适合自己的扩展内容。

通过分层次和自主选择的英语作业设计，可以满足不同水平学生的需求，增加学生的学

习动机和兴趣，让学生在适合自己的任务上有更多的自主权和控制力。这样的作业设计鼓励学生积极参与，提高学习效果。

综上所述，结束与强化技能的教学设计需要从选择结束形式、确定强化内容、引发学生思考和课后任务布置等几个方面来考虑。通过兼顾学生之间的学习差异，设计更加合理的作业或任务。如此，教师才可以提高结束与强化技能的教学效果，帮助学生更好地掌握和应用所学的知识和技能。

六、结束与强化技能使用原则

在英语教学中，教师可以根据使用原则来选择和运用不同的教学策略。例如，在结束与强化阶段，教师可以遵循原则并使用策略来确保学生及时巩固和应用所学的知识和技能，引导学生参与讨论和互动，并提供示范和引导来帮助学生正确运用技能。使用原则指导教学策略的运用，能够增强教学效果，并提高学生的学习成果。

（一）及时性

在及时性原则中，教师在英语课堂教学结束阶段要确保他们的行动及时。以下是教师可采取的措施，以确保在教学中实现及时性：

教师需要在课堂时间内妥善管理时间，将课堂末尾的几分钟保留给结束与强化技能。在时间允许的情况下，教师可以灵活调整课堂进度，以确保学生有足够的时间来巩固和运用所学内容。

在课堂结束前几分钟内，教师应有计划地引入结束与强化技能，而不仅仅是简单地结束课堂。教师可以提前准备好相关资源和活动，以确保在有限的时间内有效地进行。

同时，教师还需要根据实际情况灵活调整和管理课堂时间，以便给学生留出足够的时间巩固和运用所学内容。

（二）引导性

在教师使用结束与强化技能时，引导性是确保学生正确理解和运用所学知识和技能的重要原则。

课堂教学结束阶段的时间有限，教师应提供简单明了的指导和解释，以确保学生准确理解所需学习的技能或知识点。教师可以使用简单的语言和直观的示例，将复杂的概念和过程解释清楚，帮助学生理解关键概念和步骤。还可以通过展示实际的示范和演示，帮助学生更好地理解技能的正确运用方式。通过给出范例或演示正确的操作步骤，教师可以让学生具体地看到所学知识和技能如何应用。

（三）示范性

在英语教学的最后阶段，教师可以通过示范对学生的课堂所学进行强化，以帮助学生巩固所学知识和技能，并在实际应用中提高他们的能力。

教师可以通过示范方式对先前的课堂内容进行复习，以帮助学生回顾所学的知识点。例如，在复习过去时态时，教师可以给学生提供几个句子，并示范正确的句子构造和动词时态的运用。学生可以通过观察和模仿教师的示范来强化他们的理解和运用能力。

示范方式也可以用来加深学生对语言或语法点的理解。例如，在教授连词的用法时，教师可以使用实际对话示范如何使用不同的连词连接句子。通过示范不同连词的具体运用，学生可以更好地理解连词的意义和用法。

教师还可以通过示范实际应用来帮助学生将所学知识运用到实际场景中。例如，在教授口语表达时，教师可以示范如何在特定情境下进行真实的对话，如点餐、购物或旅行。通过看到教师的实际应用示范，学生可以更好地理解和运用所学的语言。教师的示范方式还可以被用来扩展学生的知识。例如，在学习动词不规则变化时，教师可以示范一些常见的不规则动词，并让学生模仿示范进行口头练习。通过示范和练习，学生可以掌握更多的不规则动词形式，扩展自己的词汇知识。

（四）自主性

在使用结束与强化技能时，教师可以通过鼓励学生独立思考和积极参与来提高学生学习的自主性。

教师可以提出开放性的问题或情景，鼓励学生用英语表达自己的观点和想法。例如，在讨论一个关于环境保护的话题时，教师可以问学生应该如何减少塑料垃圾的使用，并让学生自由表达他们的想法和建议。通过这样的活动，学生被鼓励思考、分析和提出解决问题的方法，培养了他们独立思考的能力。

组织学生参与小组讨论、角色扮演或问题解决活动。例如，在进行一个辩论活动时，教师可以让学生分成两组，让他们围绕一个话题展开辩论。学生需要积极参与讨论，提供支持和反驳的观点，并用英语进行交流。这样的活动促使学生参与到英语学习中，培养了他们自主学习和表达的能力。

引导学生自主学习，鼓励他们从多种资源中获取信息和材料，并自我解决问题。例如，教师可以向学生介绍一本英语读物，激发学生的兴趣，让他们自主阅读并回答相关的问题。学生通过独立阅读和自我解决问题，培养了他们自主学习的能力和习惯。

以上原则的运用可以帮助教师在英语课堂教学结束阶段有效地使用结束与强化技能，从而促进学生的学习效果和能力提升。

七、结束与强化技能的评价

结束与强化技能的评价方面涉及其构成要素及其应用原则。包括结束与强化的时机、总结回顾技巧、结束与强化形式选择等。此项评价也很关注结束与强化技能的有效性、突出重点、学生兴趣保持以及作业与任务布置的恰当性。其评价标准可以从以下七个方面总结：

（一）结束与强化的时机

1.是否合适地选择了技能结束或强化的时机：

● 是否根据学习目标和进度合理地安排结束或强化技能的时间点。

● 是否结合学生的学习情况和理解程度来决定技能是否已经掌握或需要进一步巩固。

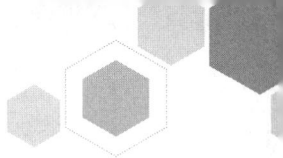

● 是否考虑到技能的重要性和学生的学习能力，避免过早或过晚结束或强化技能。

2.是否根据学习进展或学生的需求来决定：

● 是否通过对学生的评估和观察，了解学生在该技能上的掌握程度和需求。

● 是否灵活地调整结束或强化技能的时间点，以满足学生在不同阶段的学习需求。

● 是否有针对性地针对学生的弱点或挑战提供额外的结束或强化技能的机会。

通过合适地选择结束或技能强化的时机，可以确保学生在适当的时间内对技能有深入的理解和巩固。评价者应该给予足够的重视和关注，确保评价过程中对时机的判断准确、权威和可靠。

（二）总结回顾技巧

1.是否有效地总结了学习内容或技巧：

● 是否能够简洁、清晰地总结所学内容或技巧，将复杂的知识点转化为易于理解记忆的形式。

● 是否包含了重要的观点、关键概念或核心原理，能够准确地传递学习的要点。

● 是否通过图表、图像、实例等多种形式来辅助总结，增强学生对学习内容的理解和记忆。

2.是否能够帮助学生梳理知识结构和思考方式：

● 是否能够将学习的内容和技巧与已有知识联系起来，帮助学生建立知识的联结和框架，形成全局视角。

● 是否能够梳理思维导图、概念图、逻辑图等工具，辅助学生整理学习内容的关系和逻辑。

● 是否能够引导学生批判性思考，提出问题和发展思维能力，培养综合思考和创新能力。

总结回顾技巧在学习过程中起到巩固和深化学习的作用，能够帮助学生将学习内容内化为自己的知识体系。评价者应注重学生总结回顾的质量和效果，确保总结回顾的过程和结果能够真正帮助学生梳理知识结构和提高思考能力。

（三）结束与强化形式选择

1.结束与强化形式的多样性和适应性：

● 是否提供多种不同的结束与强化形式，如小组讨论、个人作业、实践演练、案例分析等，以满足不同学生的学习需求和喜好。

● 是否根据不同技能特点，选择相应的结束与强化形式，例如口语技能可以通过角色扮演和实际对话来强化，写作技能可以通过作文任务来结束。

2.是否根据学生的学习风格和个体差异来选择合适的形式：

● 是否了解学生的学习风格和偏好，例如他们是视觉、听觉还是动手实践型的学习者，是否选择了适合他们的结束与强化形式。

● 是否考虑学生的个体差异，例如他们的兴趣爱好、学习能力和注意力水平，在选择结束与强化形式时是否做到了个体化的考虑。

评价者应该重视学生的个体差异和学习特点，为不同学生提供适合他们的结束和强化形式，以提高学习效果和学习动机。同时，多样性的结束与强化形式也能够增加学习的趣味性和活跃度，更好地满足学生的需求。

（四）结束与强化技能的有效性

1.学生在结束与强化过程中是否能够达到预期的学习效果：

● 是否能够确保学生在结束与强化技能的过程中，达到预定的学习目标和学习成果。

● 是否能够通过适当的评估和反馈机制，及时了解学生在结束与强化过程中的学习情况，是否遇到了困难或问题。

2.是否让学生在技能上有所提升或突破：

● 是否能够促进学生在技能上的持续发展和进步，使其在技能上达到更高的水平。

● 是否能够通过不同的结束与强化方法，挑战学生的学习极限，激发其潜力，让学生在技能上有所突破。

评价者应对学生在结束与强化过程中的表现进行全面的观察和评估，确保学生能够达到预期的学习效果，并在技能上有所提升或突破。同时，评价者也应通过反馈和指导，帮助学生进一步加强和巩固技能，以促进学生的全面发展。

（五）突出重点

1.是否能够准确地把握学习重点和难点：

● 是否能够清晰地确定学习内容中的重要知识点和关键技能，确保教学的侧重点和目标清晰明确。

● 是否能辨别学生容易出现困难与疑惑的知识点和技能要素，及时进行强化和帮助。

2.是否能够通过结束与强化技能来帮助学生集中注意力并巩固重要知识点：

● 是否能够通过设计合理的结束与强化活动或方法，引导学生将注意力集中在重要知识点上，并加深对这些知识点的理解与记忆。

● 是否能够提供适当的练习和实践机会，让学生通过不断巩固与运用重要知识点和技能，真正掌握并能够运用于实际情境。

评价者应确保在结束与强化过程中，对学习重点和难点进行准确判断和把握，帮助学生集中注意力，强化关键知识点，避免学生在学习过程中出现偏差和疏漏。同时，通过提供适当的巩固和实践机会，帮助学生真正掌握和运用重要知识点和技能。评价者还应通过评估和反馈，了解学生对于学习重点的理解和掌握程度，为进一步巩固知识提供参考和指导。

（六）学生兴趣保持

1.结束与强化技能是否能够激发学生的学习兴趣：

● 是否能够设计与学生兴趣相关的结束与强化活动，激发学生的好奇心和求知欲，

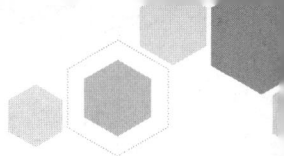

增加他们的学习动力和积极性。

●是否能够积极引导学生参与讨论和交流，让学生在结束与强化的过程中感受到思维碰撞和成就感。

2.是否能够通过活动设计或教学方法来增加学习的趣味性：

●是否能够运用多媒体、游戏、角色扮演或实践活动等具有趣味性的教学手段，营造积极、活跃的学习氛围。

●是否能够注重教学方法的多样性和创新性，根据不同学习内容和学生特点，灵活地采用适合的教学方法，提升学习的趣味性。

评价者应确保结束与强化活动具有足够的吸引力和趣味性，能够激发学生的学习兴趣和参与感。通过有趣的教学设计和活动安排，帮助学生在愉悦的学习环境中进行结束与强化，促进他们积极主动地参与学习并保持学习动力。评价者还可以通过观察学生在结束与强化过程中的表现和反馈，了解学生对于学习活动的兴趣度和满意度，从而进一步优化教学设计和活动的质量。

（七）作业与任务布置的恰当性

1.是否根据学生的实际情况和学习目来布置相应作业或任务：

●是否能够根据学生的学习进度、学力水平和学习目标，合理地选择难度或挑战性适中的作业或任务。

●是否能够根据学生的个体差异，考虑到他们的学习风格、兴趣爱好和学习特点，量身定制合适的作业或任务。

2.是否能够有效地促进学生对技能的理解和应用：

●是否能够通过作业或任务的设定，引导学生运用所学技能来解决实际问题，提高他们在技能应用方面的能力。

●是否能够设计具有启发性和开放性的作业或任务，激发学生的思考和创新能力，促进他们对技能的深入理解和应用。

评价者应确保作业或任务的布置与学生的实际情况和学习目标相匹配，能够充分考虑学生的个体差异和需求。通过合理的作业或任务，帮助学生巩固和应用所学技能，进一步提高学生的技能水平和能力。评价者还可以通过作业或任务的质量和效果，了解学生对技能的理解和应用程度，为进一步的教学提供反馈和调整。

综上所述，结束与强化技能可以从七个方面进行评价并赋予权重，权重的百分比用于表示在整个评价过程中每个评价标准的相对重要性。具体的评价项目和权重可根据教学目标、学生特点和教师自身的教学理念来调整。

表4-21为skill 8 结束与强化技能评价表。

表 4-21　skill 8 结束与强化技能评价表

评价要点	权重	指标	评价内容	权重	得分
结束与强化的时机	20%	1	是否合适地选择了技能结束或强化的时机	10%	
		2	是否根据学习进展或学生的需求来决定	10%	
总结回顾技巧	20%	3	是否有效地总结了学习内容或技巧	10%	
		4	是否能够帮助学生梳理知识结构和思考方式	10%	
结束与强化形式选择	20%	5	结束与强化形式的多样性和适应性	10%	
		6	是否根据学生的学习风格和个体差异来选择合适的形式	10%	
结束与强化技能的有效性	15%	7	学生在结束与强化过程中是否能够达到预期的学习效果	10%	
		8	是否让学生在技能上有所提升或突破	5%	
突出重点	10%	9	是否能够准确地把握学习重点和难点	5%	
		10	是否能够通过结束与强化技能来帮助学生集中注意力并巩固重要知识点	5%	
学生兴趣保持	10%	11	结束与强化技能是否能够激发学生的学习兴趣	5%	
		12	是否能够通过活动设计或教学方法来增加学习的趣味性	5%	
作业与任务布置的恰当性	5%	13	是否根据学生的实际情况和学习目标来布置相应的作业或任务	3%	
		14	是否能够有效地促进学生对技能的理解和应用	2%	
备注：				总得分	

◆ 引导问题答案

1. 结束与强化技能是指什么？它包括哪些要素？

结束与强化技能是指教师在教学结束阶段采取的行动和策略，以确保学生对所学知识和技能有全面的理解，并在接下来的学习中能够有效应用的一类教学行为。它包括结束时机、总结回顾、准确判断、强化练习和拓展迁移等要素。

2. 为什么说结束与强化技能对学生满意度有积极影响？

结束与强化技能包括对所学内容的归纳和总结，通过对课程内容的复习和总结，学生可以更好地理解所学内容的重点和关键信息。这有助于巩固学生的知识，减少学习过程中的遗忘，并增强学生对课程整体构架的理解，从而提高学生的满意度。

3. 结束与强化技能的教学设计从哪些方面考虑？为什么要在结束与强化技能中考虑这些方面？

结束与强化技能的教学设计需要从选择结束形式、确定强化内容、引发学生思考和课后任务布置等几个方面来考虑。这样做是为了能够兼顾学生之间的学习差异，设计更加合理的

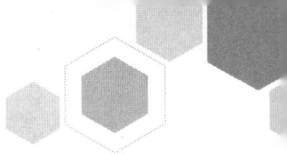

作业或任务，进而提高结束与强化技能的教学效果。

◆ **再思考**

1. 什么是"活动强化"？它是如何帮助学生巩固所学的语言知识？

"活动强化"指的是在英语课堂教学的最后阶段通过各种设计的活动帮助学生更好地巩固和强化所学的语言知识。这些活动包括口头回答问题、语音朗读和课堂游戏等。这些活动有助于提高学生的兴趣和参与度，让他们在积极的氛围中复习和强化所学内容。例如，课堂游戏可以帮助学生在娱乐中运用所学的语言知识，增强记忆和理解。

2. 什么是"语言强化"？教师可以如何帮助学生进行语言强化？

"语言强化"是指在英语课堂教学的最后阶段或结束之后的练习和活动，旨在巩固和强化学生已学的语言知识和技能。这些活动包括小组讨论、口语演讲、写作任务和反馈评估。教师可以通过提供相关的写作任务，帮助学生运用所学的语言知识，进一步巩固和应用所学的内容并给予学生及时的反馈和评估。

3. 在确定强化内容时，教师需要根据哪些方面来选择适合的强化内容？

在确定强化内容时，教师需要根据学生的需求和问题、先强化基础知识和技能、综合性强化内容与考虑学习目标和教材安排等方面进行选择。这样可以确保结束与强化技能的教学设计能够满足不同学生的需求，并确保在有限的时间内帮助学生加强对语言知识和技能的理解和运用。

第九节　评课技能

�֍ **本节要点**

1. 评课技能要素

2. 评课的具体实施

3. 评课技能使用原则

4. 评课的几个标准

5. 对评课教师的元评价

�֍ **引导问题**

1. 教师评课要素中的教学目标及重点有哪些方面需要评价？

2. 评价者在评价教师的英语专业素养时应该关注哪些方面？

3. 在评估评课教师的专业知识与经验时，元评价者可以采取哪些方式来进行评价？

一、评课技能的定义

评课是教师的基本功之一，教师不知道如何评课，就无法确定自己的教学定位。评课可以帮助教师反思自己的教学方法、教学内容和教学效果，从而更清楚地了解自己在教学中的定位和角色。建构合理的评课体系，还有助于教师了解自己在学生中的影响力和效果，从而进一步调整自己的教学策略和目标，提高教学的针对性和效果。评课可以促使教师和同事进行经验分享和交流，了解不同教师的教学方法和经验。通过评课的讨论和反思，教师可以从别人的成功经验中获得启发和借鉴，进一步提升自己的教学能力。

评课技能是指教师具备对一堂课的优劣进行综合判断和评价的能力，以及评估、分析和改进自己的教学过程和教学效果的一系列学习与教学行为。评课不仅是对教师的教学活动进行客观评价，也是一种反馈机制，促使教师不断提升教学能力和专业水平。通过评课，教师可以不断反思和更新教学理念和目标，提升专业素养和教育教学能力。同时，发现学生的学习难点和问题，观察学生的学习进度和兴趣，根据不同学生的特点调整教学策略和资源。

评课是教师对一堂课的评价过程，教师如果具备评课能力，有利于在教学过程中及时调整自己的教学态势。评课涉及对教学内容、逻辑结构、教学方法、资源应用、学生参与度等方面的综合评估，并且有自评、评他、互评和学生反馈等表现形式。通过自我评课，教师可以客观地了解自己的教学优势和不足，发现问题和改进空间，在教学实践中有针对性地深化和提升自己的教学能力。自我评课有助于教师建立自我驱动的学习机制，不断追求教学的改进和创新。同事间的互相评课还能够帮助教师通过彼此教学比较，了解自己的教学定位、目标和影响，从而提高认识，并为改进教学提供指导。评课过程中，教师需要对教学活动进行分析和反思，思考教学的效果和影响，发现问题并提出改进措施。通过互评，教师可以与同事一起分享教学经验、教学策略和成功案例，相互借鉴、学习和提升。教师共同评课的讨论和反思可以促进教师之间的交流与合作，加强专业发展和成长。

评课技能不仅是单纯对教师教学活动进行评价的能力，更是教师自我反思和教学能力提升的关键环节。通过评估、分析和改进教学过程和效果，教师能够实现自身的专业成长和教育水平的提升。评课强调教师的自我反思能力，这需要教师对自己的教学方式和教学效果进行深入思考。教师需要思考自己的教学目标是否达到，学生是否理解和掌握了所学内容，教学方法是否有效等。通过对教学过程和效果的反思，教师可以明确自己的教学方向和目标，调整教学策略并不断改进自己的教学。

掌握评课技能是教师专业发展的重要环节。评课帮助教师建立起自我驱动的学习机制，它不仅是一种教师自我评估的工具，也是一种教师自我发展的手段。通过评估、分析和改进教学过程和效果，教师能够提高教学质量，满足学生需求，并获得教学工作的成就感。因此，评课能够帮助教师保持热情和动力，不断追求教学的进步和创新。教师如果不具备评课技能，就无法有效地评估和提升自己的教学水平，从而阻碍了自身的专业发展和成长。

评课还为教师提供了持续学习和改进的机会。教师可以通过与同事及领导的交流和讨

论，分享教学经验、教学策略和成功案例，相互借鉴、学习和提升。与此同时，教师也可以借助专业发展的机会，接受培训或进行研究，不断提高自己的教学能力和专业素养。从而获得更高的教育水平和教学效果。

综上所述，评课技能是教师专业发展的重要环节，通过评估、分析和改进教学过程和效果，教师能够实现自身的专业成长和教育水平的提升。掌握评课技能不仅有助于提高教学质量和满足学生需求，也为教师提供了持续学习和改进的机会，从而获得更高的教育水平和教学效果。

二、评课技能类型

评课是一种对教师的教学进行评估和反思的过程，旨在提高教师的教学质量和效果。评课可以采用多种类型，每种类型都有其独特的作用和价值。以下是几种常见的评课类型。

（一）自评

自我评课是教师对自己的教学进行自我评价和反思的重要环节。它是一种主动的、客观的教学分析过程，旨在提高教师对自己教学效果的认识，发现问题并采取措施改进，可以从几个方面入手：

1.教学目标评估

自评可以帮助教师评估教学目标的达成程度。教师可以审视自己在课堂中所设立的目标并评估学生在此方面的表现。通过对教学目标的评估，教师可以对自己的目标设定能力进行反思，调整目标的难易程度以更好地满足学生的需求。

2.教学方法和资源的评估

自评可以使教师审视自己在课堂上使用的教学方法和资源的效果。教师可以思考自己的教学方法是否有助于激发学生的学习兴趣和参与感，以及是否能够促进学生的学习成果。同时，教师还可以评估所使用的教材、教具等教学资源的适用性和有效性。

3.课堂管理和学生参与度的评估

自评可以帮助教师评估自己在课堂管理和学生参与度方面的表现。教师可以反思自己的课堂组织能力，包括时间管理、纪律管理和学生行为引导等方面。同时，教师还可以自我评估课堂中学生的参与度，包括学生的互动、思维深度和主动性。

4.教师个人素养的评估

自评还涉及教师对自身教学态度、教师形象和师德师风等个人素养的评估。教师可以思考自己在教学中所展现的态度、品质和形象对学生的影响，以及是否起到了良好的榜样作用。这有助于教师进一步提升自身的教育修养和教学态度，及时发现并改正个人在教学中的不足之处。

自评是教师对自己教学进行自我评价和反思的重要环节。通过对教学目标、教学方法和资源、课堂管理、学生参与度以及教师个人素养等方面的评估和分析，教师可以发现自身在教学中的优点和不足，并采取相应的措施进行改进和提高。自评是教师持续专业发展和教学能力提升的关键步骤之一。

（二）评他

评他是教师对其他教师的教学进行评价和观摩的一种行为。这种形式的评价对教师的专业发展和教学能力提升有着重要的作用。

1. 观摩和借鉴优秀教师的教学经验

通过评他，教师有机会观摩和学习那些被认为是优秀教师的课堂。观摩优秀教师的教学方式和策略，了解他们如何组织和引导学生的学习，以及他们如何处理教学中的挑战和难点。教师可以从优秀教师的经验中得到启发和借鉴，将其应用在自己的教学中，以提升自己的教学能力。

2. 探索多样化的教学方法和策略

评他可以使教师接触到不同的教学方法和策略。教师可以了解到其他教师如何运用新颖的教学工具、教学技巧和教育技术，以提高学生的学习效果和参与度。通过观摩和评价他人的教学，教师可以拓宽自己的教学思路，并有机会尝试和应用新的教学方法和策略。

3. 促进教师间的交流与合作

评他也可以促进教师间的交流和合作。通过观摩其他教师的教学，教师可以与同事分享对教学的看法和观点。这种交流和合作不仅可以进一步加深对教学的理解，还可以激发创新思维和教学实践，共同提高教学质量和教育效果。

4. 建立专业共同体和学习型组织

评他有助于建立和发展教师的专业共同体和学习型组织。教师之间可以相互支持、相互鼓励，并通过观摩和评价他人的教学来互相促进成长。通过这种共同体和组织的建立，教师可以获得持续的专业发展和学习的机会，并共同追求教学的改进和创新。

评他是教师专业成长和教学能力提升的重要途径之一。通过观摩和评价其他教师的教学，教师可以学习到不同的教学经验和策略，并将其融入自己的教学实践中。评他有助于构建积极的学习环境和互惠互利的合作关系，激发教师的创造力和学习热情，推动整个学校或学区形成强大的教育团队。

此外，评他有助于加强教师间的师道关系和师生关系。通过观摩和评价其他教师的教学，教师们可以更加理解和欣赏他人的努力和成就。这种互相尊重和信任的氛围可以促进良好的师道关系，同时也能带动积极的师生关系。学生会感受到教师之间的合作和专业成长，从而更加乐于参与学习，并受益于教师的共同提升。

（三）互评

互相评课是一种教师间相互评价和反馈的重要环节。参与互评的教师可以形成评课小组或参与专业发展交流活动，在这个过程中分享、讨论和评价彼此的教学经验、教学策略和成功案例。通过与同事的互动和反馈，教师们能够审视自己的教学行为，对自己的强项和改进点有更清晰的认识，并愿意接受改变和提升。互评活动培养了教师的开放心态和持续学习的意识，使其能够不断追求教学的进步和自我完善。互评应重点关注以下几个方面：

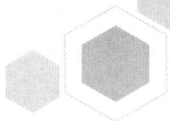

1. 提供宝贵的反馈和建议

互评可以让教师们相互提供宝贵的反馈和建议。在评课小组或专业发展交流中，教师们可以分享自己的教学经验和观察，并就彼此的教学进行评估和评价。互评的反馈有助于教师发现自身教学中的盲区和不足之处，改善教学方法和策略，从而提升教学质量。

2. 促进教师间的合作和学习

互评活动可以促进教师之间的合作和学习。教师们可以互相启发和借鉴对方的教学实践和经验。通过与同事的交流和讨论，教师们可以了解到不同的教学观点、方法和策略，拓宽自己的教学视野，进而更好地满足学生的需求并改进自己的教学。

3. 提升专业发展和职业认同感

参与互评可以帮助教师加强专业发展和职业认同感。互评活动鼓励教师在专业领域中进行深入思考和交流，提升专业素养和教学水平。通过与同行进行良性的竞争和合作，教师们在互评过程中感受到专业成长，并形成对自己教学能力的自信，从而提高教学质量和教育效果。

4. 建立正向的教育文化

互评有助于建立正向的教育文化。教师之间的互相评价和反馈应该是友好、支持式、建设性的。通过建立相互尊重、信任和合作的教育环境，教师们可以共同努力，为教育事业做出更大的贡献，形成良好的教学氛围和团队合作精神。

教师之间的相互评价和反馈能够促进教师个体和教师群体的学习与成长，促进教师间的合作和学习，提升专业发展和职业认同感，并建立正向的教育文化。互评活动的开展可以促使教师之间建立合作、分享和学习的理念，共同致力于提高学生的学习成果和整体教育质量。通过建立互相尊重和信任的关系，教师们能够更加开放地接受他人的建议和意见，同时也能够主动分享自己的经验和成功做法，相互成长和提升。

互评活动应该被视为一种有益而积极的专业发展方式。教师们可以从其他同事的教学中发现新的教学方法和策略，通过互相借鉴和启发，探索适合自己的教学方式，并运用于自己的教学实践中。因此，互评可以激发教师的创造力，推动教学方法的创新和优化，进而提高学生的学习效果和兴趣。

（四）学生反馈

学生反馈是评课中非常重要和有价值的形式之一。教师通过收集学生的反馈意见和建议，可以深入了解学生对教学的感受和学习体验，帮助教师更准确地评估自己的教学效果并做出改进。

1. 搜集反馈

学生反馈可以通过多种方式进行收集，如课堂讨论、作业反馈、课后问卷调查等。具体而详细的学生反馈可以为教师提供丰富的信息，涵盖学生对课堂内容的理解程度、教学方法的适用性、教师的表达方式和教学引导的有效性等方面。此外，学生的反馈还可以帮助教师了解学生对教学氛围、师生互动、学习兴趣和学习动力等方面的体验和反应。

2. 调整策略

通过学生的反馈，教师可以及时了解学生的学习需求和问题，从而有针对性地调整教学策略和方法。教师可以根据学生的反馈了解学生在学习过程中的困惑和难点，并及时提供有针对性的解决方案和支持。此外，教师还可以利用学生的反馈来调整教学节奏、内容的难易度和教学资源的使用，以更好地满足学生的学习需求。

3. 建立良好关系

学生反馈还有助于建立良好的师生关系和学习环境。教师积极倾听和回应学生的反馈，展示出对学生的关心和尊重，可以增强师生之间的互信和良好的沟通。学生感受到自己的声音被重视，会更加主动参与到教学活动中，提高学习的积极性和动力。

4. 优化教学

学生反馈是促进教师自我反思和专业发展的重要依据。教师可以通过学生的反馈回顾教学实践，评估自己的教学效果，并在教学改进方面做出相应的调整和优化。这种持续的反思和改进可以推动教师的专业成长，提高教学质量和学生的学习成果。

学生反馈是评课中一种重要的形式，它能帮助教师了解学生对教学的感受和学习体验，指导教师进行教学改进和提升。教师通过认真倾听和有效利用学生的反馈，能够更好地满足学生的学习需求，建立积极的师生关系，并推动自身的专业发展和教学质量的提高。学生反馈的重要性在于，它为教师提供了宝贵的参考意见，使教学更加贴近学生、富有针对性，以提供更有效的教学成果和学生学习体验。

（五）专家评课

专家评课是一种针对教师的教学进行深入评估和指导的方式。专家评课通常由教育领域的专家或具备丰富教学经验的资深教师担任评课者。专家评课对任课教师有以下益处。

1. 专业指导和建议

专家评课的重要作用之一是提供专业的指导和建议。专家凭借自己在教育领域的专业知识和经验，对教师的教学进行全面的评估和分析。专家通过详细观察课堂教学，收集教师和学生的反馈，并使用专业工具和方法进行评估，为教师提供具体、有针对性的改进意见和建议。

2. 问题发现和解决

专家评课有助于教师发现和解决教学中存在的问题。通过专业的评估和分析，专家可以识别教学中的盲区、不足之处、潜在障碍等问题，提供教师在课堂管理、知识传授、学生互动等方面的改进措施。专家评课还能帮助教师提高教学效果，解决教学难题，提升学生的学习成效和自主发展能力。

3. 促进教师的专业发展

专家评课对教师的专业发展具有重要意义。评课过程中，专家引导教师从专业的视角审视自己的教学实践、深入思考教学理念与策略，并提供专业的、个性化的发展建议。这有助于教师加强专业素养，拓展教学知识和教学技能，提高教学质量和教育水平，推动教师的专

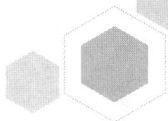

业成长。

4. 信任与合作

专家评课还可以促进教师与专家之间的信任与合作。评课过程中，专家和教师之间展开交流和互动，在教学观点、教育理念等方面进行深入沟通和思考。通过专家的指导和支持，教师能够更深入地了解自己的教学实践，并对专家的意见和建议持有较高的信任度，建立起良好的师生合作关系。

专家评课通过专业的评估和指导，帮助教师发现问题、提供改进建议、促进专业发展，并促进教师与专家之间的信任与合作。在专家评课的过程中，专家能够提供客观、中立的观察和评估，帮助教师更加准确地认识自己的教学实践和教育水平。专家评课能够帮助教师发现自身在教学过程中的潜在问题和改进空间，指出教学方法的不足或可改进之处。通过专家的意见和建议，教师可以得到更专业、有针对性的指导，能够引导教师思考和进一步提高自身的教学能力和专业素养。

以上这些评课类型相互补充，可以提供多角度、全面和准确地评估和改进教学的机会。通过掌握不同类型的评价，教师可以不断优化自己的教学过程和教学效果，提高学生成绩和学习动力，并最终实现自身的教学目标和专业发展。

三、课堂评课要素

教师的评课技能要素由教师职业素养、英语专业素养、英语教学法、教学目标及重点、教学环节过渡以及课堂活力六个要素组成。

（一）教师职业素养

教师职业素养涵盖了教师对职业道德的理解和遵守，不仅包括尊重和关爱学生、公正公平对待学生、保护学生隐私等精神方面，也包括教态、声音、教学形象、课堂管理等教学行为方面。教师职业素养是指教师在职业道德、教育理念和教学行为等方面的素养和修养。评价者在评课中可从以下几个方面观察和判断受评者的职业素养：

1. 职业道德

教师职业道德是教师作为职业人员应具备的道德规范和行为准则。这涵盖了教师对学生的尊重和关爱，教师应理解并尊重学生的个性、文化背景和特殊需求。同时，教师应保护学生的隐私，不将学生的个人信息泄露给他人。此外，教师还应保持公正公平的原则，不偏袒个别学生，不歧视任何学生。教师应注重在职业道德方面的自我教育与提升，积极践行职业道德准则。

2. 教态和声音

教师教态指的是教师在教学过程中的礼貌和举止。一个良好的教态可以为学生树立榜样，塑造良好的学习氛围。教师应保持微笑和友善的面孔，展示出耐心、温和以及亲切的教学态度。此外，教师的声音要清晰、响亮并富有表情，以吸引学生的注意力，传递信息和知识。一个富有教态和嘹亮声音的教师可以有效地引导学生的学习和参与。

3. 教学形象

教师的教学形象是指教师在学生心目中的形象和认知。一个良好的教学形象可以激发学生的学习积极性和兴趣。教师应该注重自己的仪容仪表，穿着整洁得体，举止得体，给学生以良好的示范。此外，教师还应具备良好的沟通能力和表达能力，能够用简单明了的语言和生动的教学方式吸引学生的注意力，使学生更易于理解和接受所教授的知识。

4. 课堂管理

良好的课堂管理是教师重要的职业素养之一。教师应具备有效的组织能力和时间管理能力，能够制定合理的课堂计划和教学流程，使课堂秩序良好、学生参与度高。教师要善于与学生建立良好的互动关系，鼓励学生积极发言、提问和思考。此外，教师还要灵活运用不同的教学方法和策略，满足不同学生的学习需求，激发他们的学习兴趣和学习动力。

5. 学习与专业发展

教师职业素养还包括不断学习和专业发展的意识与实践。教师要持续更新自己的教学知识和教育理念，关注教育领域的最新发展和研究成果。教师可以参加教师培训课程、研讨会和学术会议，与同行进行交流和经验分享，以提高自身的教学水平和专业素养。教师还可以通过阅读教育相关的书籍、期刊和文章，不断拓宽自己的教学视野，更新教学策略，提升教学能力。

6. 反思与持续改进

良好的教师职业素养还包括不断的反思和持续改进。教师应该反思自己的教学过程和效果，寻找自身的教学优势和不足，并制定改进计划和行动，以进一步提高教学质量和学生成绩。教师可以通过收集学生和同事的反馈意见，进行自我评估和教学反思，从而不断改进自己的教学方法和策略，发掘新的教学灵感和创新点。

教师职业素养是教师在职业道德、教育理念和教学行为等方面的修养与表现。这包括教师对学生的尊重和关爱，良好的教态和声音，塑造良好的教学形象，有效的课堂管理，持续学习和专业发展，以及不断反思和改进。通过不断提升教师职业素养，教师可以更好地实现自身的教学目标，更好地引导学生的学习和发展，也才能将教育作为终身事业。

（二）英语专业素养

英语专业素养是英语教师所具备的与英语教学和教育相关的知识、技能和态度。这包括外语教育心理学知识、英语学科知识、教学设计和评估等方面。评价者在评课过程中，应对受评英语教师的语音语调、口语表达、语言知识、文化知识储备等涉及英语专业语言知识及技能方面进行观察评价。

1. 外语教育心理学知识

英语教师需要了解外语学习者的心理特点和发展规律，以便更好地设计和实施教学策略。他们应熟悉各个年龄段学生的认知能力、情感需求和学习风格，了解如何激发学生的学习动机和促进他们的自主学习能力。同时，英语教师也应具备一定的辅导技能，能够帮助学生克服外语学习中遇到的困难和障碍。

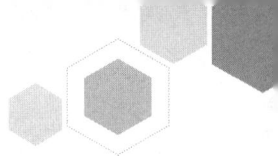

2. 英语学科知识

英语教师需要全面了解英语语言系统、语法、词汇、语音、阅读和写作等方面的知识，以便能够准确教授英语内容和帮助学生进行有效的语言实践。教师应该熟悉《英语课程标准》，能够有针对性地选择、组织和教授英语教材和教学资源，以满足学生的学习需要。

3. 教学设计与评估

英语教师需要具备良好的教学设计和评估能力，能够根据不同学生的需求和学习目标，制定合理的教学计划和课程设计。他们应熟悉多种教学方法和策略，能够根据教学内容和学生群体的特点，选择适当的教学活动和教学资源，以促进学生的学习效果和兴趣。此外，英语教师还应具备有效的评估和反馈能力，能够通过多种评估方法和工具，对学生的学习成果和进展进行客观、全面和及时的评估。

4. 语音语调和口语表达能力

作为英语教师，良好的语音语调和口语表达能力是至关重要的。他们应具备准确地发音和流利的口语表达能力，能够传递清晰的语言模型和指导学生进行口语交流。这涵盖正确使用语音规则、语调的变化、音素的区分以及流利的口语表达技巧，以提高学生对英语的听力理解和口语表达能力。

5. 文化知识储备

英语教师还应具备丰富的文化知识储备，包括中国与英语国家的文化背景、礼仪习惯、价值观念、社会习俗等。教师应能够教授英语语言背后的文化内涵和民俗传统，帮助学生理解不同文化之间的差异和交流方式。教师可以通过阅读中国传统文化及优秀英语文学作品、观看电影、参与文化交流活动等方式来扩展自己的文化知识，以便更好地引导学生进行文化交流和跨文化理解。

英语教师的专业素养能够帮助教师更好地理解学生的学习需求和心理特点，组织和实施有效的教学策略，提高学生的语言能力和跨文化交际能力。此外，持续的专业发展和学习也是英语教师提升专业素养的重要途径，只有不断提高自身的专业素质，才能更好地为学生的学习和发展做出贡献。

（三）英语教学法

教学法是指教师在教学过程中所运用的具体教学方法和策略。评课中，评价者应观察受评教师采用的教学方法是否能满足教学需求，是否能根据常用的英语教学法特点来选择，如交际法、任务型教学法、情景教学法、TPR 教学法、POA 教学法、听说法、翻转教学法以及情景创设教学法等。评价者应注意受评教师可以根据教学目标、学生特点和教学环境选择适合的教学方法和策略，并根据受评教师所用的教学法对教学效果进行观察和评价。

1. 交际法

交际法（communicative language teaching，CLT）是一种以交际为核心的教学法。评价者可以通过观察学生是否能积极参与课堂讨论和交流，是否能自由而流利地使用英语进行交流，以评估受评教师是否采用了交际法来培养学生的交际能力。

2. 任务型教学法

任务型教学法（task-based language teaching，TBLT）侧重于学生在真实任务中运用语言进行交际。评价者可以观察学生是否能有效地完成教师设计的任务，包括信息获取、信息加工与表达等，以衡量受评教师是否采用了任务型教学法来提高学生的语言运用能力。

3. 情景教学法

情景教学法（situational language teaching，SLT）注重在特定情景中进行语言教学，帮助学生掌握日常生活或特定情景中的常用表达。评价者可以观察学生是否能在实际情境中灵活运用所学语言知识，以判断受评教师是否运用了情景教学法来提高学生的语言应用能力。

4. TPR 教学法

TPR 教学法（total physical response）通过让学生用身体动作配合指令来帮助学生理解和运用英语，评价者可以观察学生是否能够准确、迅速地对教师的指令做出反应，并以适当的动作回应，以评估受评教师是否采用了 TPR 教学法来促进学生的语言理解和运用能力。

5. POA 教学法

POA 教学法（product oriented approach）侧重于培养学生语言的实际应用能力，注重学生的输出和表达。评价者可以观察学生是否能够自信地运用所学语言进行口语或写作表达，以评估受评教师是否采用了 POA 教学法来培养学生的实际语言运用能力。

6. 听说法

听说法（audio-lingual method）是一种通过反复听说练习来促进学生语言学习的教学方法。评价者可以观察学生是否具备较好的听力和口语表达能力，是否能够准确运用所学语言结构，以评估受评教师是否采用了听说法来促进学生的听力和口语能力的发展。

7. 翻转教学法

翻转教学法（flipped classroom）强调学生在课堂外预习学习材料，课堂时间主要用于互动和练习。评价者可以观察学生在课堂上的参与度和互动情况，以评估受评教师是否采用了翻转教学法来提高学生的学习效果和自主学习能力。

8. 情景创设教学法

情景创设教情景创设教学法学法（situation simulation）通过模拟真实情景，激发学生运用英语进行交际的兴趣和能力。评价者可以观察学生在情景模拟中的表现，如是否能流利地运用所学语言表达情景中的角色和对话，以评估受评教师是否采用了情景创设教学法来培养学生的语言交际能力和创造力。

评价者应留意受评教师是否根据教学目标、学生特点和教学环境选择适合的教学方法和策略，并针对所用教学法对教学效果进行观察和评价。综合分析教学法的运用情况以及学生在语言运用和发展方面的表现，需要时评价者可以提供有针对性的反馈和建议，帮助受评教师进一步改进教学，促进学生的语言学习和发展。

（四）教学目标及重点

教学目标和重点是教师在每堂课上设定的预期结果和关注点，旨在引导学生在特定的学

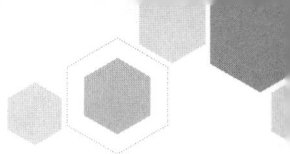

习过程中达到特定的学习目标。在评课过程中，评价者的任务是评估受评教师是否能够有效地设定并达到预期的教学目标和重点，并对未达到预期目标的情况进行分析和改进建议。

首先，教师设定教学目标指明了学生在本堂课程中应该达到的具体知识、技能或能力水平。教学目标应该具体、可衡量，并符合学生的学习需求和能力水平。评价者可以通过观察学生的学习成果和表现，以及与教学目标的对应程度，来评估受评教师是否能够设定明确的教学目标。

其次，教学重点是指受评教师在教学过程中重点关注和强调的内容、重要概念或技能。教学重点的设定应与教学目标相一致，以确保学生将主要注意力集中在最关键的学习内容上。评价者可以观察教师的教学安排、重点强调和教学活动选择等方面，以判断受评教师是否能够合理设定教学重点，并在教学过程中突出强调。

在评价教学目标和重点的过程中，评价者需要关注以下几个方面。

1. 清晰度和可衡量性

教学目标应该明确清晰，能够被学生理解和衡量。评价者可以观察教师在教学过程中是否清晰地传达教学目标，并对学生的学习成果进行评估。

2. 与学生需求和能力相匹配

教学目标和重点应根据学生的需求和能力水平进行设定，以确保学生在合适的挑战和支持下进行学习。评价者可以观察受评教师是否能够了解学生的学习需求，并根据学生的能力水平设定相应的目标和重点。

3. 教学过程中的突出强调

受评教师应在教学过程中合理地强调教学重点，以确保学生理解和掌握关键概念和技能。评价者可以观察教师是否能够在教学过程中准确传达教学重点，并设计相应的教学活动和演示，以帮助学生深入理解和掌握重点内容。

4. 学生参与和成效

评价者应观察学生在教学过程中的参与程度，以及他们对教学目标和重点的掌握和应用情况。这有助于评估受评教师能否有效地引导学生达到教学目标并掌握重点内容。

在评价教学目标和重点这一要素时，评价者可以根据教学材料、教学环境和教学方法的适应性来判断受评教师的教学设计和组织能力。此外，还可以通过与受评教师的沟通和观察学生的互动，了解到教学目标和重点的设定是否能够满足学生的学习需求，并提供与之相关的改进建议供受评教师参考。

总之，评价教师的教学目标和重点需要评价者综合观察和分析教师在教学过程中的教学策略、教学重点的强调程度以及学生对所设定目标和重点的理解和掌握情况。评价者的反馈和建议可以帮助受评教师调整和改进教学目标和重点的设定，以促进学生的有效学习和发展。

（五）教学环节过渡

教学环节过渡是指教学过程中不同教学活动之间的衔接和过渡，旨在确保课堂的连贯性、流程性和学习效果的持续性。评价者在评估教学环节过渡方面应关注受评教师在以下几个方面的表现：

1. 信息呈现和引导

受评教师应能够清晰地呈现新的学习内容或活动，并提供相应的引导，以帮助学生理解和准备进入下一个教学环节。评价者可以观察受评教师是否能够用简明扼要的方式概括上一个环节的重要内容，并引导学生思考和关联到下一个环节的主题或任务。

2. 过渡性语言和指令

受评教师应使用恰当的过渡性语言和指令，以帮助学生理解并顺利转移到下一个教学活动。过渡性语言可以包括一些过渡性的词语、短语或连接词，如"Now, let's move on to..."（现在，让我们继续……）等。评价者可以观察受评教师是否能够灵活运用过渡性语言和指令，并使学生迅速理解和适应新的环节。

3. 时间安排和控制

受评教师应合理安排教学时间，并能够控制过渡的速度和顺序，以确保学生能够顺利过渡到下一个环节。评价者可以观察受评教师是否能够准确估计每个环节的时间，并根据学生的学习进度和反应调整教学节奏。

4. 学生参与和注意力引导

受评教师应通过一些引导性的问题、提示或活动来激发学生的兴趣和主动参与，以保持学生的注意力和积极性。评价者可以观察受评教师在过渡时是否能够引导学生积极参与，并顺利转移到下一个活动的准备中。

评价者可以通过观察教师的教学技巧、语言技能和课堂组织能力，以及与学生的互动和反馈等方面，评估受评教师是否能够有效地进行教学环节过渡。反馈和建议可帮助受评教师改进过渡效果，进一步提高教学连贯性和流程性，以促进学生的学习效果和参与度。

（六）课堂活力

课堂活力是指教师创造一种积极、充满活力且有吸引力的学习氛围，激发学生的学习兴趣和参与感，使课堂成为一个互动和动态的学习环境。评价者在评估课堂活力方面应关注以下几个方面的表现：

1. 多样化的教学方法和资源

受评教师应能够灵活运用各种教学方法和资源，例如案例分析、小组讨论、角色扮演、游戏、多媒体资源等，以吸引学生的注意力和激发学习兴趣。评价者可以观察受评教师是否能够巧妙地结合不同的教学方法和资源，以增加课堂的多样性和趣味性。

2. 学生参与和互动

评价者可以观察学生在课堂中的参与度和互动情况，以评估课堂活力的表现。受评教师应鼓励学生积极参与讨论、提出问题、分享观点，并积极引导学生之间的互动和合作。评价者可以观察受评教师是否能够创造一个开放、鼓励倾听和尊重学生观点的学习氛围，以促进学生的积极参与和互动。

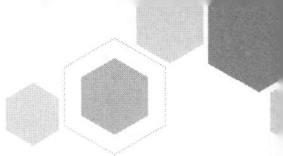

3. 设计引人入胜的教学活动

受评教师应能够设计引人入胜的教学活动，以激发学生的兴趣和动力。这可以包括与学生生活经验相关的话题、真实场景的任务、有挑战性和创造性的活动等。评价者可以观察受评教师是否能够设计和组织有趣且富有挑战性的教学活动，以吸引学生的积极参与和投入。

4. 教师的声音、面部表情和体态

评价者可以观察受评教师的声音、面部表情和体态等非语言因素，以评估是否能够通过肢体语言和表情来增强课堂活力。受评教师的声音应具有变化和表情，能够吸引学生的注意力和激发情感共鸣。

5. 创设积极的学习氛围

受评教师应该创造一个积极、支持和鼓励学习的氛围。这可能包括鼓励学生提问、表达观点，对错误持宽容的态度，以及提供积极的反馈和奖励。评价者可以观察受评教师是否能够建立积极互动的师生关系，激发学生的学习热情和自信心。

6. 调整教学节奏和内容

受评教师应具备敏锐的观察力，能够根据学生的反应和学习进展及时调整教学节奏和内容。评价者可以观察受评教师是否能够适时调整课堂的步调，以确保学生的参与度和专注程度，并提供适合学生学习需求和能力水平的教学内容。

7. 激发学生主动学习

受评教师应鼓励学生主动参与和探索学习。评价者可以观察受评教师是否能够鼓励学生提出问题、寻找解决方案，以及发展自主学习和批判思维能力。受评教师还可以设计具有启发性和探索性的任务和项目，激发学生的主动学习兴趣和能力发展。

8. 利用多媒体和技术

受评教师可以充分利用多媒体和技术资源，增加课堂的视听效果和吸引力。评价者可以观察受评教师是否能够运用多媒体、投影仪、音频、视频等资源，丰富教学内容，提供生动而丰富的学习体验。

通过评估课堂活力的表现，需要时评价者可以提供具体的反馈和建议，帮助受评教师进一步提高课堂活力，激发学生的学习兴趣和积极性，以提升学习效果和学习动力。

教师的评课技能要素涵盖了教师职业素养、专业素养、所用教学法、教学目标及重点、教学环节过渡和课堂活力等方面。这些要素相互交织，共同构成了教师评课能力的基础。教师在评课过程中应综合考虑这些要素，对自己的教学进行全面评估和反思，以持续提升自己的教学能力。

四、课堂评课原则

课堂评课是一个专业评估和提供反馈的过程，其中涉及一系列评估原则。以下是一些常见的课堂评课原则。

（一）客观原则

评课的客观原则要求评价者基于客观的证据和观察事实来判断教学质量，而不是被主观偏见或个人情感所影响。评价者需要真实和准确地记录和描述教师和学生在课堂上的行为、互动以及学习成果，这些记录应该是有根据的，能够支持评价的结果和结论。评价者可以观察和记录以下方面的客观证据：

1. 教师的语言运用和教学技巧

评价者可以观察教师在课堂上使用的英语语言是否准确、流利和丰富，教学技巧是否恰当和有效。评价者可以记录教师所用的语言表达和解释的准确性，以及能否引导学生理解和掌握英语知识和技能。

2. 学生的参与度和反应

评价者可以观察学生在课堂上的参与度和反应，这可以包括学生的积极回答问题、主动提出疑问、参与讨论等表现。评价者可以记录学生的参与度和反应，评估他们对教师教学的反应程度。

3. 教学资源和教材运用

评价者可以观察教师在课堂上使用的教学资源和教材是否适切且有助于学生学习。评价者可以记录教师如何有效地利用多媒体、图表、实物、教学资料等教学资源，以及教材的选择和使用是否能够引发学生的兴趣和提高他们的学习效果。

4. 教学组织和时间管理

评价者可以观察教师的课堂组织和时间管理能力。评价者可以记录教师在整个课程中的组织结构和布置，以及是否能掌握合适的教学节奏和时间分配，确保学习活动的顺利进行。

5. 学习成果和效果

评价者可以观察和评估学生在课堂期间的学习成果和效果。这可以包括学生对教学内容的理解和掌握程度，能否独立思考和运用所学知识和技能解决问题。评价者可以记录学生的学习表现和成果，以验证教师教学的有效性。

评价者应确保在评价过程中使用客观的标准和测量工具，以便提供真实和准确的反馈和建议。客观准则的应用有助于评价者的专业判断和评估，帮助教师改进教学实践和提高学习成果。

（二）目标导向原则

目标导向原则是在评价课堂教学时的一个重要准则。在评价过程中，评价者应以教学目标为中心，评估教师是否能够清晰地设定教学目标，并采取相应的教学策略和活动来帮助学生实现这些目标。评价者需要关注教师是否能够有效地引导学生实现目标，以及学生对目标的理解和掌握情况。

1. 目标的明确性

评价者可以关注教师设定的目标是否明确、具体和可衡量。明确的目标可以帮助学生明确学习内容和期望结果，提高学习的效果。

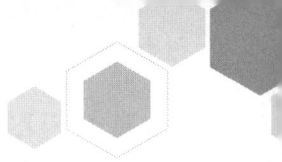

2. 目标的一致性和层次性

评价者可以观察教师设定的目标是否与教学内容和学生的学习需求相一致，并符合学生的发展水平和能力。教师应该能够合理地安排目标的层次和顺序，将学生的学习逐步引向更高的水平。

3. 目标的挑战性

评价者可以观察教师设定的目标是否具有一定的挑战性，能够激发学生的学习兴趣和动力。合理地调整目标的难易度可以帮助学生克服困难，并不断提高自己的能力。

4. 教学策略的多样性

评价者可以观察教师是否能够采用多种教学策略来解释和说明教学内容，以不同学生的学习风格，满足他们的需求。多样的教学策略可以激发学生的兴趣和参与感，有助于达成教师设定的教学目标。

5. 学生参与度和互动

评价者可以观察教师是否能够鼓励学生积极参与课堂活动，并促进学生之间的互动和合作。积极的学生参与和互动可以促进学习的发展和理解的深化。

6. 反馈和评估策略

评价者可以观察教师是否能够及时给予学生反馈，并采取合适的评估策略来评价学生对目标的理解和掌握情况。有效的反馈和评估可以帮助学生及时调整学习策略并提高学习效果。

评价者在使用目标导向原则时，需要了解教师设定的目标以及教学过程中采取的教学策略和活动。评价者可以观察教师在课堂上的实际教学行为，如教师引导讲解的方式、激发学生思考的提问方式、组织学生的小组讨论或合作活动等，以及如何调整教学策略和活动来满足学生的学习需求和达成教学目标。

评价者还可以关注学生对目标的理解和掌握情况。评价者可以观察学生在课堂上的参与度、表现和学习成果，以了解学生是否能够在教师的引导下实现教学目标。评价者可以观察学生是否能够明确理解教学目标，并能够运用所学知识和技能解决问题。

目标导向的评价旨在促进教学的有效性和学生的学习发展。评价者能够提供具体和有针对性的反馈和建议，帮助教师进一步改进教学方法和提高学生的学习效果。同时，教师也可以通过目标导向的评价了解自己的教学目标是否清晰，并能够根据评价结果来调整和改进自己的教学实践。

（三）学生导向原则

学生导向原则是评价课堂教学时的另一个重要准则。在评价中，评价者应关注学生的学习需求和发展，将学生放在教学的核心位置。评价者应观察和评估教师是否能够根据学生的个体差异和需求来调整教学策略和方法，以提高学生的参与度、理解力和学习成效。评价者可以关注以下几个方面：

1. 学生的学习风格和兴趣

评价者可以观察教师是否能够了解学生的学习风格和兴趣，并相应地调整教学策略和方法。教师可以通过多样的教学策略来满足不同学生的学习需求，如视听学习、语言实践、小组合作等方式。

2.学生的学习差异和水平

评价者可以观察教师是否能够根据学生的学习差异和当前的学习水平来设定教学目标，并选择合适的教学策略和方法。教师应根据学生的学习水平和能力，适时地提供个别辅导或有挑战性的任务。

3.学生的学习需求和目标

评价者可以观察教师是否能够了解学生的学习需求和目标，并相应地调整教学内容和活动。教师可以引导学生共同制定学习目标，并根据学生的需求提供有针对性的教学资源和支持。

4.个性化教学

评价者可以观察教师是否有意识地关注学生的个体差异，并有针对性地调整教学策略和方法，以满足不同学生的学习需求。教师可以提供多样化的学习资源和活动，使每个学生都能够参与和受益。

5.实际应用与相关背景

评价者可以观察教师是否能够将所教的内容与学生的现实生活和兴趣联系起来，使学习更具意义和相关性。教师可以引入真实的语言环境、实际的听说读写任务，帮助学生将所学知识和技能应用到实际中。

6.学生参与及互动

评价者可以观察教师是否能够积极鼓励学生主动参与和互动，创设积极互动的课堂氛围。教师可以运用小组讨论、合作项目和角色扮演等活动，激发学生的合作精神和探究欲望。

7.学生自主学习和反思

评价者可以观察教师是否能够促进学生的自主学习和反思能力。教师可以提供探究性的学习任务，鼓励学生自主探索，同时引导学生反思学习过程和成果。

通过学生导向原则的评价，教师可以不断调整和改进自己的教学方法，提高学生对英语学习的兴趣和积极性。学生导向的评价可以帮助教师和学生共同实现教学目标，学生也能够在学习过程中感受到被关注和尊重，更主动地参与学习，提高学习效果和成就感。

（四）全面性原则

评价者在评课过程中应全面考虑教学的多个维度，以形成对教学全貌的真实和全面的了解。评价者需要从多个角度观察和评估教师的教学方法和组织能力、学生的参与度和学习成果、教学资源的运用等方面。

1.教学方法和组织能力

评价者可以观察教师在课堂上采用的教学方法和策略，包括讲解、示范、讨论、实践、引导等。评价者可以观察教师的讲解是否清晰和引人入胜，教学策略和方法是否多样化和有效，以及教师是否能够适应和掌握教学环境和学生群体的特点。评价者可以注意教师的口头

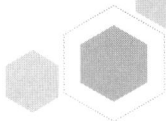

表达能力、教学技巧和教学资源的运用情况，以及课堂活动的组织和安排是否合理。

2.学生参与度和互动

评价者可以观察学生在课堂上的参与度和互动情况，包括学生是否能够积极回答问题、提出观点、和其他同学交流合作。评价者还可以观察和评估学生的学习过程，包括课堂表现、课后作业的完成情况和考试成绩等，以此评估学生的参与度和互动是否与教师的教学策略和组织有关联。

3.学习成果和学习效果

评价者可以观察学生的学习成果，包括学生是否理解和掌握教学内容，能否独立运用所学知识解决问题，以及是否能够在学习任务中展示所学的能力。评价者可以通过学生的作业、语言展示或考试结果来评估学习成果和学习效果的实际情况。

4.教学资源和支持

在评价教学资源的运用方面，评价者可以观察教师是否能够合理地运用教学资源和教学材料，如教科书、多媒体设备、实物展示等，以支持和丰富教学内容。评价者可以关注教师在选择和运用教学资源方面的灵活性和创新性，以及教师是否能够根据学生的需要和课程目标进行适当调整。

对课堂教学的全面性评价，使得评价者能够获取广泛的信息和观察结果，有助于对教学的全貌进行客观分析和评估。教师也可以从评价结果中发现自身优势和改进的空间，进一步提升自己的教学能力和教学质量。综合考虑教师的教学方法和组织能力、学生的参与度和学习成果、教学资源的运用等多个方面，可以更全面地了解教学的效果和学生的学习情况，为提高教学质量和学生的学习效果提供有针对性的建议和改进方案。

（五）综合性原则

评价课堂时应综合考虑不同的评估因素，如教学目标的达成程度、教学方法的适应性、学习氛围的活跃程度、学生参与度和学习成果等。评价者需要综合分析和权衡不同的评价数据，形成全面而准确的评估结论。

1.数据收集分析

评价课堂教学时应综合考虑多个评估因素，以综合分析和权衡不同的评价数据，形成全面而准确的评估结论。评价者需要综合考虑教学目标的达成程度、教学方法的适应性、学习氛围的活跃程度、学生的参与度和学习成果等多个方面的数据和观察结果。通过对这些数据进行分析，比较不同数据之间的一致性和差异性，评价者可以进行教学效果的综合判断。

2.多元评估方法

评价者可以采用多种评估方法来收集数据，如观察法、问卷调查、学生自评等。不同的评估方法可以提供不同的视角和信息，从而丰富评价结果的多样性和全面性。

3.评估标准和指标

评价者可以制定明确的评估标准和指标，针对不同方面的教学和学习进行综合评价。这样可以确保评价的全面性，并使评价结果更具准确性和可比性。

4.综合评估结论

评价者应根据收集到的数据和观察结果，综合考虑不同的评估因素，形成全面的评估结论。评价者可以权衡不同因素之间的关系和重要性，以及它们对教学和学习的影响程度，从而做出准确且全面的评估。

通过综合不同评估因素的数据和观察结果，评价者能够全面而准确地了解教学的效果和学生的学习情况。这种综合性的评价有助于发现教学的优势和改进空间，提供有针对性的建议和改进措施。

（六）反馈原则

反馈原则强调评价者应该提供具体、准确和有建设性的反馈和建议，以帮助受评教师改进教学和提高学习效果。评价者在给予反馈时，应注重强调教师在教学中的优点和成功之处，并提供具体的改进建议，让受评教师能够有针对性地改进和发展。

1.具体反馈

评价者应针对观察到的教学行为和学生的学习表现，给出有事实根据的具体描述和观察结果。评价者可以引用具体的教学案例和学生的实际表现，描述教师的教学策略是否引起了学生的积极参与和英语学习的进展。具体的反馈可以帮助教师更好地了解自己的教学情况，并在改进中有明确的方向。例如，评价者可以指出教师在解释语法规则时使用了生动的比喻和实例，有效地激发学生的学习兴趣和理解能力。

2.准确反馈

评价者应根据所观察到的事实和实际表现，给出准确的评估和分析。评价者需要确保反馈中的描述和评估与观察到的教学情况一致，并能够准确地反映教学效果和学生的学习成果。准确的反馈可以帮助教师对自己的教学进行深入的反思和认知，并有针对性地进行改进。例如，评价者可以准确地指出教师在引导学生运用新学到的单词和句型时，能够提供实际场景和情境来激发学生的兴趣和应用能力。

3.建设性反馈

评价者应以帮助受评教师改进教学和提高学习效果为目标，给出具体的改进建议。评价者可以根据教学过程中的观察结果和评估，提出一些具体可行的教学策略和方法，或者给出有针对性的培训和发展建议。这样的反馈可以激励教师进行专业发展，改进他们的教学实践，并提高学生的学习成效。例如，评价者可以建议教师在课上更加注重激发学生的自主学习能力，通过学生合作探究、开放性问题引导等方式，培养学生思考和解决问题的能力。

4.具体改进建议

评价者应尽量针对具体的教学场景和需求提供具体的建议。评价者可以建议教师尝试不同的教学方法和策略，例如使用多媒体资源来丰富教学内容，或者增加小组合作活动来促进学生的互动和合作能力。

除了指出改进方面，评价者还应注重强调教师在教学中的优点和成功之处。这样的正面反馈有助于鼓励教师的积极性和自信心，同时也感知到他们在教学中的价值和贡献。评价者

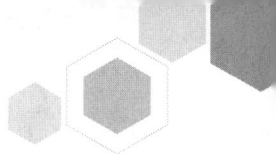

可以指出教师在课堂组织、学生激励或教学资源运用等方面的优秀表现，以及他们在学生学习上的积极影响。有效的反馈能够激发教师的自我反思和专业成长，促使他们不断改进教学实践，进一步提升教学质量和学生的学习成果。

评课原则是为了确保评价过程的准确性、公正性和有效性，有助于共同进步和提高教学质量。评价者应根据具体的评估目标和环境，恰当地运用这些原则，并结合专业知识和经验，进行有针对性的评估和反馈。评价课堂时应充分考虑教师和学生的个体差异。评价者应重视受评教师和学生的特点和需求，适应不同的教育背景、学习风格和学习能力，以便提供个性化的反馈和建议，帮助他们实现个人和教学目标。

评课应该是一个持续和循环的过程，而不仅仅是一次评估活动。通过反复评估，评价者和受评教师可以形成共同的课堂观察和了解，并通过持续的反馈和合作不断改进和提高教学质量。评价课堂时应鼓励多方参与，包括教师、学生和可能的同行评价者。教师应积极参与评课过程，分享自己的观察和反思，以及对改进和发展的想法。学生也可以参与评课过程，提供对教学方式和效果的意见和反馈，使其成为真正的学习参与者。

五、评课技能的具体实施

评课是实践性很强的教学行为，需要有具体的操作标准，设定评估要点、进行权重分配才能提高评价的准确性、可操作性和公正性。

评估要点的设定可以明确评课的方向和内容，确保评价的全面性和客观性。评估要点应包含教师在职业素养、专业素养、教学方法等各个方面的表现，以便全面了解教师的教学质量和能力。

权重分配的目的是凸显各项评估要点对于课堂教学的重要性程度。不同方面的评估要点可能对教学效果的影响程度不同，对关键方面和重要环节给予更高的权重，以便更准确地了解受评教师的优势和不足，为教师提供有针对性的改进建议。

评估要点和权重分配的设定可以使评价结果更具指导性。通过评价得出的具体结果，可以帮助教师了解自己的教学问题和不足，以及需要改进的方向，从而有针对性地调整教学策略和改进教学效果。明确评估要点和权重分配，有利于对教师的各个方面进行有针对性的评估和比较。教师可以根据不同的评估要点和权重，了解自己在哪些方面需要改进和提高，从而更有针对性地提高教学质量。

评课要点的设定和权重分配可以增加评价的客观性和公正性，避免主观意见的干扰。通过明确评估的指标和比重，可以有效减少评价者的主观偏见，使评价更加客观公正。评课要点主要从教师职业素养、专业素养、教学法、教学目标及重点、教学环节过渡以及课堂活力六个方面设定，具体分配权重如下：

（一）教师职业素养

1. 教态声音

评估教师使用的声音，如音量、语速、语调等是否能够使学生听清楚、理解和感受到教师的情感。考察教师的语音技巧和声音表达能力。

2. 行为形象

评估教师的仪表仪容、穿着是否整洁得体，以及身体语言的运用是否得体自然，能够给学生留下积极的印象。

3. 沟通与协作能力

评估教师与学生、同事、家长之间的沟通和合作能力，如倾听能力、表达能力、说服力和处理冲突的能力等。

4. 教育情怀与责任心

评估教师对学生的关心和关注程度，包括对学生个体差异和特殊需求的关注以及对学生成长的责任心和热爱程度。

（二）教师专业素养

1. 英语专业知识

评估教师对英语专业知识的掌握程度，包括词汇、语法、语音、听说读写等方面的知识。

2. 语音语调

评估教师的英语发音准确性和语调的规范性，包括英音、美音等的掌握情况，以及语调的自然流畅程度。

3. 口语表达

评估教师的口语表达能力，包括词汇丰富度、语法运用、语句流畅性以及语言表达的准确性等。

4. 文化知识储备

评估教师对于英语国家的文化背景、习俗、历史等方面的了解和掌握程度，以便能够在教学中更好地体现文化差异。

（三）教学法的采用

1. 教学方法多样性

评估教师在课堂中采用的教学方法是否丰富多样，如讲述法、问答互动法、小组合作等。

2. 教学方法的有效性

评估教师所选择的教学方法是否能够有效地激发学生的学习兴趣和积极性，并提高学习效果。

3. 教学过程设计的合理性

评估教师对课堂教学过程的设计是否合理，包括课堂内容的组织、学习活动的安排和时间控制等。考察教师的课堂组织能力和时间管理能力。

（四）教学目标及重点

1. 教学目标的明确度

评估教师制定的教学目标是否明确具体，能够清晰地指导学生的学习方向和预期学习成果。

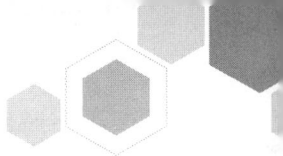

2.重点内容的把握

评估教师是否能够准确地把握教学内容的重点，将重要的知识点和技能重点明确传达给学生。

3.教学目标和重点与学生能力的匹配度

评估教师制定的教学目标和重点是否与学生的学习能力和水平相匹配，能否激发学生的学习兴趣和动力，帮助他们进步。

（五）教学环节过渡

1.课堂内容过渡的流畅性

评估教师在教学过程中，在不同的教学内容之间进行过渡的流畅程度，使学生能够理解和接受。

2.教学环节衔接的合理性

评估教师在不同教学环节之间衔接是否合理流畅，充分利用上一环节的学习成果和知识，顺利推进下一环节。

3.知识点之间的联系和融会贯通

评估教师是否能够将不同知识点进行联系和融会贯通，帮助学生建立知识的整体性和连贯性。

（六）课堂活力

1.学生参与度

评估学生在课堂上的积极参与程度，包括回答问题、提问、讨论等，通过学生的参与度来反映教师是否能够有效激发学生的兴趣和参与感。

2.激发学生学习兴趣的能力

评估教师是否能够通过适当的教学方法和教学资源，激发学生的学习兴趣，提高他们的学习动力和积极性。

3.课堂氛围的营造

评估教师是否能够营造积极、愉快的学习氛围，使学生享受学习并愿意积极参与课堂活动。

六、英语课堂教学评价表

通过对课堂教学评估要点的量化和权重的再分配，可以形成一份英语课堂教学评价表。这个评价表可以用于教师自评和他评，帮助教师更具体地把握英语课堂教学的实施要点。

英语课堂教学评价表应包括教师应具备的职业素养和专业素养、采用教学法、教学目标及重点、教学环节过渡和课堂活力等方面的评估要点。对于每一个评估要点，可以设定具体的评估指标和标准，并根据重要性为它们分配相应的权重。

表 4-22 为 skill 9 英语课堂教学评价表。

表 4-22　skill 9 英语课堂教学评价表

评价要点	权重	指标	评价内容	权重	得分
教师职业素养	15%	1	教态声音	3%	
		2	行为形象	3%	
		3	沟通与协作能力	3%	
		4	教育情怀与责任心	6%	
教师专业素养	15%	5	英语专业知识	4%	
		6	语音语调	4%	
		7	口语表达	4%	
		8	文化知识储备	3%	
教学法的采用	20%	9	教学方法多样性	5%	
		10	教学方法的有效性	5%	
		11	教学过程设计的合理性	10%	
教学目标及重点	20%	12	教学目标的明确度	5%	
		13	重点内容的把握	5%	
		14	教学目标和重点与学生能力的匹配度	10%	
教学环节过渡	10%	15	课堂内容过渡的流畅性	3%	
		16	教学环节衔接的合理性	3%	
		17	知识点之间的联系和融会贯通	4%	
课堂活力	20%	18	学生参与度	6%	
		19	激发学生学习兴趣的能力	6%	
		20	课堂氛围的营造	8%	
备注：					
				总得分	

　　教师可以通过评价表进行自我评估，根据每个评估要点的指标问题进行自我评分。通过自我评估，教师可以了解自己在每个方面的优点和不足，并确定改进的重点和方向。

　　同时，该评价表也可以用于同行评估或资深教师对新教师的评估。评价者可以根据他们对教学的观察和了解，对教师的表现进行评估。通过与其他教师对比，可以得出详细的评价结果，帮助教师了解自己的教学情况，发现问题，提出改进建议，并制定相关的发展计划。

　　英语课堂教学评价表可以为教师提供一个具体的评估框架，将教学的关键要点和权重明确呈现，帮助教师更好地了解自己的教学情况，提高教学质量。此外，具体的评价项目和权重可根据教学目标、学生特点和教师自身的教学理念来调整。

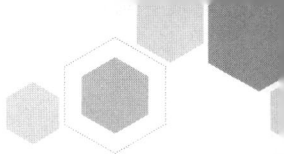

七、英语评课技能的元评价

元评价是对评价过程本身进行综合评估和反思的评价。它不仅关注评价结果，更注重评价方法、过程、效果及评价者的评价能力和素养。元评价的目的是提高评价的质量和有效性，为评价者和被评价者提供改进和进步的机会。

在元评价中，评价者会考察评价的整体过程，包括评价的目标是否明确、评价标准是否合理、评价者是否具备评价能力、评价过程是否公正、评价反馈是否及时有效等。元评价还会关注评价的效果和影响，即评价结果是否能够促进被评价者的成长与发展，以及评价对教育改进和教学提高的促进作用。

元评价通常通过定性和定量的方法进行，可以包括观察记录、访谈、问卷调查等方式来收集评价相关的数据和信息。评价者会根据收集的数据对评价过程进行分析和总结，然后提出评价改进的建议和发展方向。英语课堂评课技能的元评价对于改进评价方法、提高评价质量和有效性具有重要的作用。它能够帮助评课教师了解自己的评价能力和素养，并及时调整和改进评价方法和策略。

评估评课教师的评价者可称为元评价者。元评价者需要具备英语学科的专业知识和经验，还需要跟进英语教学的最新动态和研究成果，以确保评价的专业性和有效性，同时具备良好的沟通能力，能够清晰、明确地表达自己的评价观点和建议。通过提供专业的指导和反馈，元评价者能帮助评课教师发展和提高他们在英语评课中的专业能力，以提升英语课堂的教学质量。

对于英语评课教师的元评价，可以从以下几个方面进行评估：

（一）分析能力

在评价评课教师的分析能力时，元评价者可以观察评课教师在评课过程中对英语课堂教学的分析深度和广度，是否能够明确界定目标的具体内容，以及目标与学生的学习需求和能力是否相符。此外，还可以考察评课教师对教学内容的分析，包括教材选择、教学资源利用、教学内容的组织和安排等方面，以确定评课教师是否能够合理设计课程，形成有序的教学结构。

评课技能元评价关注评课教师对于教学方法和教学策略的选择和运用的分析是否到位，是否能根据教学目标和学生的学习特点对使用的教学方法进行分析。此外，元评价者还需要关注评课教师对于学生学习情况的分析。评估评课教师是否能准确观察和评估学生的学习表现和进步，能否根据学生的不同特点和需求，提出调整教学策略和教学内容。

在评价评课教师的分析能力时，元评价者可以采用观察、记录、访谈等方式收集评课教师的教学行为和言行，并通过综合分析和总结，来评估教师的分析能力和给出有针对性的建议。元评价者可以提供针对性的培训和反馈，帮助评课教师发展和提高他们的分析能力，以提升英语课堂的教学质量。

（二）判断能力

在评估评课教师的判断能力时，元评价者可以关注评课教师在评课过程中是否能做出准确、客观的判断。这包括评课教师对课堂教学的优点和不足进行全面评估的能力，如评课教师能否准确地辨别和强调课堂教学中的亮点和闪光点，包括教学目标的达成程度、学生的有效参与、教学方法的创新应用等。同时，也需要考察评课教师对于课堂教学中存在的问题和不足进行准确的评估能力，包括学生理解程度、学习兴趣、教学策略的有效性等。

元评价者还需要考察评课教师在评价过程中是否受到偏见、主观性和个人喜好的影响，评估评课教师对于教学表现的评判是否基于客观事实和教育原则，而非主观偏好。需要关注评课教师是否能从学生的角度出发，全面考察学生的学习情况和需要。同时，关注评课教师的评价内容和表达方式。

对评课教师的评估可以采用定性和定量的方法进行评估指标和标准的制定，并根据实际情况进行评分或得出评测结果。元评价者还可以通过评价结果和反馈，帮助评课教师了解自己的评价能力和偏见，可以通过集体评课、同行评课等方式，促进评课者之间的学习和交流，以进一步提高评课的客观性和准确性。

（三）表达能力

在评价评课教师的表达能力时，可以观察评课教师在评价过程中是否能清晰、准确地表达自己的评价观点和建议，评估评课教师在语言表达方面的流畅度、条理性和准确性。评价者需要考察评课教师是否能使用恰当的语言和词汇，以确保评价内容能够被听众准确理解。

评估评课教师的反馈方式和效果包括评课教师对于评价结果和结论的整体总结，以及对教师的改进建议和发展方向的明确表达。评价者需要关注评课教师是否能清晰地传达评价的目的和重点，并确保评价内容具有可操作性和指导性，能够帮助教师改进教学实践。

通过评估评课教师的评价报告、评语、访谈等方式，对评课教师的表达能力进行评估和反馈。还可以考察评课教师是否能灵活运用多种沟通方式，例如口头表达、书面反馈等，以确保评价结果能够清晰地传达给教师和其他相关人员。同时，观察评课教师是否能与受评教师建立积极的沟通氛围，倾听受评教师的观点和想法并合理回应和反馈。

（四）反思能力

元评价者在评估评课教师的反思能力时，需要了解评课教师对于自己的评课过程是否能进行深入的反思和分析，并能够客观、全面地找出自身的不足之处。此外需要考察评课教师是否能针对发现的问题进行积极的改进和发展。

元评价者可以通过观察评课教师的评课报告、反思日志、教学文件等来评估其反思能力，也可以通过面谈、访谈和反馈等方式，引导评课教师进行自我反思，鼓励教师思考自己的教学过程和方法，促使其主动发现问题并寻找解决方案，并促使其提出改进和发展的计划，也可评估评课教师对自己的评课过程进行的反思的深度与广度。这包括评课教师是否对自己的评价观点和方法进行了详尽的思考和分析，是否能够全面地审视自己的评课过程和决策。

元评价者需要评估评课教师是否能够客观地看待自己的评课过程和结果，并能坦诚地反

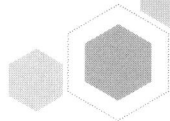

思自己的不足之处。评课教师是否具备自省的品质，能够客观地审视自己的行为和做法，认识到自身的局限和不足。

（五）专业知识与经验

在评估评课教师的专业知识与经验时，元评价者需要评估评课教师是否具备扎实的英语学科知识和教学经验。可以考察评课教师在评课过程中是否准确把握英语学科的核心概念和理论，在评价中能够运用这些知识来深入分析课堂教学情况。

元评价者还可以关注评课教师的教学经验及教育背景。元评价者可以评估评课教师是否具备丰富的英语教学经验，特别是与所评课程或年级相关的经验。评课教师的教学经验能帮助其更好地理解英语教学的实际情况，从而提供更有针对性的评价和建议。

元评价者需要考察评课教师对于英语教学的教育原则和方法的理解应用能力，可以评估评课教师是否熟悉有效的英语教学原则，例如交际法、任务型教学法、个性化教学等，并能将其应用到评课过程中。评价者还可以考察评课教师是否能结合评课指标，明确指出教学方法的优点和不足，以及提出有针对性的改进建议。

评估评课教师的专业知识和经验时，可以通过观察评课教师在评价报告中是否对教学内容的准确度和深度进行评估，还可以通过与评课教师的讨论和提问，进一步了解评课教师的教学经验和知识水平。

对评课教师的评课技能进行评价时，可以采用定性和定量的方法进行综合评估。定性评价可以通过综合观察、记录评课教师的评课报告、观察评课教师的教学行为和言行，并通过与评课教师的交流和访谈等方式来收集和分析评价数据。元评价者可以根据评课教师在分析能力、判断能力、表达能力、反思能力和专业知识与经验等方面的表现，给予综合性的描述性评价。这种定性评价能够帮助评课教师更全面地了解自己的评课能力和发展需要，并帮助评价者提出针对性的建议和支持。

定量评价方式指的是通过设定评价指标和标准，对评课者的表现进行打分或评级。可以使用问卷调查、量化评分表等工具，将评价者在评课技能方面的表现进行量化和分数化评估。这种定量评价可以更直观地反映评课教师的评课能力水平，并提供具体的分数和等级，以便于比较、统计和总结。

无论是定性还是定量评价，都需要根据实际情况制定评价指标和标准，并确保评价过程的客观性、公正性和可靠性。同时，也需要注意评价的目的和使用，评价结果应该作为评课教师自身发展和学习的依据，并能提供有针对性的反馈和指导，以促进评课教师的成长和提高评课质量。

表 4-23 为评课教师元评价表。

表 4-23　评课教师元评价表

评价要点	权重	指标	评价内容	权重	得分
分析能力	20%	1	教学目标分析：评估评课教师对教学目标的明确程度及目标与学生学习需求的匹配性。	5%	
		2	教学内容分析：评估评课教师对教材选择、教学资源利用、教学内容组织和安排的分析能力。	5%	
		3	教学方法分析：评估评课教师在选择和运用教学方法和策略方面的准确性和有效性。	5%	
		4	材料分析：评估评课教师对教材适用性和有效性的分析能力。	5%	
判断能力	20%	5	优点评估：评估评课教师对课堂教学优点的全面评估，包括教学目标达成程度、学生参与度、教学方法创新等方面。	10%	
		6	不足评估：评估评课教师对教学中存在的问题和不足进行准确评估的能力，包括学生理解程度、教学策略有效性。	10%	
表达能力	20%	7	清晰度：评估评课教师在评价过程中的语言表达清晰度和准确性。	8%	
		8	逻辑性：评估评课教师在评价过程中的逻辑思维和论述的条理性和连贯性。	7%	
		9	语言运用：评估评课教师是否能恰当地使用语言和词汇，以确保评价内容准确传达。	5%	
反思能力	20%	10	深度与广度：评估评课教师对评课过程的深入反思和全面分析能力。	10%	
		11	客观与坦诚：评估评课教师对评课过程的客观反思和坦诚度。	7%	
		12	自我发现与问题解决：评估评课教师的自我发现和解决问题的能力。	3%	
专业知识与经验	20%	13	英语学科知识：评估评课教师对英语学科核心概念和理论的掌握程度。	10%	
		14	教学经验：评估评课教师在英语教学领域的经验丰富程度。	10%	
备注：				总得分	

在评价过程中，元评价者可以根据每个评价项目及其具体内容，使用定量评分或等级评定的方法进行评价。可以通过给每个评价项设定一个分值范围或等级划分，根据评课教师在每个项目上的表现进行打分或评级。最终，根据各项评价的权重，计算得出整体评价得分或等级，用于综合评估评课教师的评课能力。

元评价者可以根据具体情况和实际需求，进行有针对性的权重分配和评价标准的制定。这样可以确保评价过程的准确性、公正性和可靠性。同时，也要将评价结果视为评课教师个

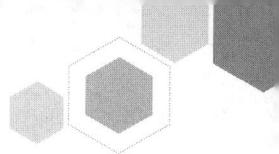

人发展和学习的参考，并提供相关的反馈和指导，以帮助评课教师提升评课能力和提高英语课堂教学质量。

◆ **引导问题答案**

1. 教师评课要素中的教学目标及重点有哪些方面需要评价？

在评价教师的教学目标及重点时，需要评价教师的目标设定的清晰度和可衡量性，与学生需求和能力的匹配程度，在教学过程中对重点的突出强调，以及学生的参与程度和对目标与重点的掌握情况。

2. 评价者在评价教师的英语专业素养时应该关注哪些方面？

在评价教师的英语专业素养时，评价者应关注教师是否具备外语教育心理学知识，掌握英语学科知识，具备教学设计与评估能力，具备良好的语音语调和口语表达能力，以及是否有丰富的文化知识储备。

3. 在评估评课教师的专业知识与经验时，元评价者可以采取哪些方式来进行评价？

在评估评课教师的专业知识与经验时，元评价者可以采取观察评课教师的评价报告、评语、访谈等方式来进行评估，也可以通过面谈、访谈和反馈等方式，引导评课教师进行自我反思，鼓励教师思考自己的教学过程和方法。

◆ **再思考**

1. 评课的客观原则要求评价者基于哪些方面进行判断和评估？

评课的客观原则要求评价者基于客观的证据和观察事实来判断教学质量，主要从教师的语言运用和教学技巧、学生的参与度和反应、教学资源和教材运用、教学组织和时间管理、学习成果和效果等方面进行评估。

2. 在评价课堂教学时，目标导向原则要求评价者关注哪些方面？

在评价课堂教学时，目标导向原则要求评价者关注目标的明确性、目标的一致性和层次性、目标的挑战性、教学策略的多样性、学生参与度和互动、反馈和评估策略等方面。

3. 在元评价中，评价者需要关注评课教师的哪些方面的能力和素养？

在元评价中，评价者需要关注评课教师的分析能力、判断能力、表达能力、反思能力和专业知识与经验。

第五章 英语教学微技能训练

❈ **本章重点**

1. 两个模块、五个系统

2. 形成教学综合能力的途径

3. 对教学微技能的综合评价

4. 过程导向型训练

5. 技能训练的有效性

❈ **引导问题**

1. 教师在习得模块中需要掌握哪些英语教学技能？

2. 在形成英语教师教学综合能力的过程中，综合系统和反馈修正的作用分别是什么？

3. 英语教学微技能综合训练的共性原则有哪些？

4. 形成性评价如何帮助教师提高教学质量和效果？

第一节 英语教学微技能体系

一、英语教学微技能体系构建

上一章详细介绍了英语教师应该掌握的九项教学基本技能。然而，仅仅明确单项英语教学微技能只是分析和梳理教学过程中的具体技能和要点。只有构建英语教学微技能体系才能将这些单项技能有机地串联和整合起来，形成一个完整的学习和训练体系，帮助教师提升自己的综合教学能力。

构建英语教学微技能体系的目的是为了提高英语课堂教学的有效性和效率，使教学过程更加系统化和科学化。通过将单项技能融合到统一的教学体系中，可以使教师在教学过程中更有针对性地选择和使用技能，更有效地组织和安排教学内容和活动。完整的英语教学微技能体系构建还可以帮助教师更好地进行教学评估和反馈。通过对教学微技能的系统监测和评估，教师可以及时发现自己在使用不同技能方面的弱点和需要改进的地方，有针对性地进行教学调整和改进。

掌握各项英语教学微技能的最终目的是提升英语教师的教学综合能力，更好地满足学生的学习需求。熟练使用各种教学微技能，并将其内化为自己的教学行为，意味着教师能够将

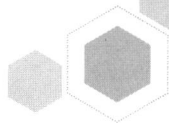

这些技能应用到自己的实际教学中，并能够在教学过程中自如地运用。这不仅需要教师深刻理解这些微技能的本质和原理，还需要通过实践不断地熟悉和改进，才能将这些技能转化为自己的教学方式和方法。

具备优秀的教学综合能力标志着教师能够全面地应对各种教学挑战和问题。一个优秀的教师不仅能够设计出高质量的教学活动，有针对性地选择合适的教学方法，还能够根据学生的不同特点和需求进行有效的课堂管理，并且及时准确地评估学生的学习成果。此外，教师还应具备一定的创新能力，不断地探索和尝试新的教学方法和策略，以适应不断变化的教育环境和学生需求。

因此，掌握各项英语教学微技能，并将其融入自己的教学实践中，对于提升英语教师的教学综合能力来说具有重要的意义。只有通过不断地学习和反思，教师才能不断提升自己的教学能力，为学生提供更加优质的英语教育。

（一）英语教学微技能的两大模块

英语教学微技能建构体系是为了提高教师的教学能力和教学质量而设计的一种教学技能训练体系。它由两大模块组成，即习得模块和应用模块，每个模块有相对应的操作系统。

在教学技能训练中，习得指的是通过练习和实践，让教师逐渐掌握教学技能的过程。习得教学技能需要教师进行大量的实践，从实践中获得教学经验，并不断反思和改进自己的教学行为。在习得模块中，主要是针对教师掌握九项教学技能进行训练。这些技能包括教学活动设计技能、导入技能、讲解技能、提问技能、调控技能、学习支架建构技能、板画与媒体应用技能、结束与强化技能以及评课技能。通过训练，教师将学习如何设计能够达到课堂教学目标的教学活动，并且能够在课堂中采用适合的导入方式引起学生的兴趣，同时也能够灵活运用不同的讲解技巧来传授知识。提问技能是教师引领学生思考和激发学习兴趣的关键，调控技能则帮助教师适应不同的教学情境和学生需求，并灵活调整教学内容和方法。此外，学习支架建构技能可以帮助教师设计有效的学习支持结构，促进学生自主学习和自我监控能力的发展。板画与媒体应用技能能够帮助教师灵活使用多样化的教学资源和工具，提高课堂教学的趣味性和多样性。结束与强化技能和评课技能可以帮助教师对课堂教学进行总结，并及时给予学生反馈，以及对自己的教学进行评估和改进。

在应用模块中，教师将组合九项教学微技能进行教学综合应用训练。这意味着教师需要将所学的各项技能有效地结合起来，形成一个有机系统的教学过程，使各项技能协同合作、相互补充，再运用到实际的教学中。在真实的教学情境下，教师需要灵活运用所学技能，把握教学节奏和氛围，以达到最佳的教学效果。教师通过综合应用九项技能不断训练和实践，教学综合能力将得到有效提升，为提供高质量的英语教学奠定基础。这一模块旨在帮助教师真正成为能够在课堂中熟练运用各项技能的教育者，提高教学的效果和质量。

通过英语教学微技能建构体系的学习和训练，教师可以不断提升自己的教学能力和专业水平，有效地促进学生的语言学习进步。这一体系的设计和实施，旨在帮助教师在教学中更加灵活、自信地应对各种教学情境，提供有效的教育方法和工具，激发学生的学习兴趣和主动性。

英语教学微技能建构体系的目标是提供给教师一套有效的方法和工具，使他们能够更好地引导学生学习、激发学生的学习兴趣和主动性，并促进学生的语言学习进步。通过这样的培训和训练，教师将能够更加自信、灵活地应对各种教学情境，并提供高质量的教育。

整个英语教学微技能体系由习得模块和应用模块两个模块组成，每个模块有相对应的操作系统。习得模块包含技能系统、训练系统和反馈系统，应用模块包含综合系统和修正系统。

（二）习得模块

1. 技能系统

在技能系统中教师或受训者需要了解九个技能特点、技能操作流程以及使用原则。具体如下：

（1）教学活动设计技能

①特点：教师能够根据学生的学习需求和教学目标，设计出有结构性和连贯性的教学活动。

②技能操作流程：

图 5-1　教学活动设计技能操作流程

需要考虑教学内容、教学方法、教学时间、教学活动、教学活动的后备活动等内容的呈现方式和形态序列。

③使用原则：有效性原则、引导性原则、层次性原则和生成性原则。

（2）导入技能

①特点：教师通过各种方式吸引学生的注意力，激发学习兴趣，为后续学习做准备。

②技能操作流程：

图 5-2　导入技能操作流程

重点考虑语境设置、内容导引、知识联结、引发参与四要素。

③使用原则：激趣性原则、关联性原则、引导性原则、互动性原则和时间性原则。

（3）讲解技能

①特点：教师用清晰简明的语言、适当的示范和举例，向学生解释和传达知识和技能。

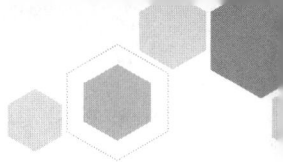

②技能操作流程：

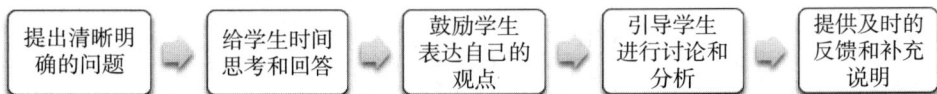

```
┌──────────┐   ┌──────────┐   ┌──────────┐   ┌──────────┐   ┌──────────┐
│ 理清讲解的 │ → │ 提供简明扼 │ → │ 展示相关  │ → │ 简化和概括 │ → │ 引导学生深 │
│ 逻辑结构  │   │ 要的定义和 │   │ 例子     │   │ 重要概念  │   │ 入理解    │
│          │   │ 解释      │   │          │   │          │   │          │
└──────────┘   └──────────┘   └──────────┘   └──────────┘   └──────────┘
```

图 5-3　讲解技能操作流程

重点考虑语言表达、内容知识储备、课堂管理、口语表述、视觉辅助手段和学生互动引导。

③使用原则：可理解性原则、逻辑性原则、视觉参与原则、语言管理原则和互动性原则。

（4）提问技能

①特点：通过提问引起学生思考和参与，促进学生的学习和思维能力的发展。

②技能操作流程：

```
┌──────────┐   ┌──────────┐   ┌──────────┐   ┌──────────┐   ┌──────────┐
│ 提出清晰明 │ → │ 给学生时间 │ → │ 鼓励学生  │ → │ 引导学生  │ → │ 提供及时的 │
│ 确的问题  │   │ 思考和回答 │   │ 表达自己的 │   │ 进行讨论和 │   │ 反馈和补充 │
│          │   │          │   │ 观点      │   │ 分析      │   │ 说明      │
└──────────┘   └──────────┘   └──────────┘   └──────────┘   └──────────┘
```

图 5-4　提问技能操作流程

重点考虑信息沟通、问题类型、提问技巧、提问顺序、提问语气、提问反馈、提问策略、提问的有效性。

③使用原则：渐进性原则、实用性原则、交互性原则、巩固性原则和融合性原则。

（5）调控技能

①特点：教师能够根据学生的学习情况和需求，灵活地调整教学策略和方法，以帮助学生更好地理解和掌握知识。包括对课堂管理和教学环境的调控。

②技能操作流程：

```
┌──────────────┐   ┌──────────────┐   ┌──────────────┐   ┌──────────────┐
│ 观察学生学习表 │ ⇒ │ 根据观察结果进行调 │ ⇒ │ 调控学生参与度、课 │ ⇒ │ 及时给予学生反馈 │
│ 现和情感反应  │   │ 整和改进教学方法  │   │ 堂秩序及教学秩序  │   │ 和指导        │
└──────────────┘   └──────────────┘   └──────────────┘   └──────────────┘
```

图 5-5　调节技能操作流程

重点考虑教学目标、教学方法、学生参与度、课堂管理、差异化及教学节奏的调控。

③使用原则：灵活性原则、个性化原则、时间管理原则、多元化原则和及时反馈原则。

（6）学习支架建构技能

①特点：教师能够为学生提供适当的学习支持和引导，帮助他们建立有效的学习框架和认知结构。

②技能操作流程：

```
┌──────┐   ┌──────┐   ┌──────┐   ┌──────┐   ┌──────┐   ┌──────┐
│了解学生│   │提供合适│   │引导学生│   │监督和反│   │适度提高│   │应用强化│
│的学习背│⇒ │的学习资│⇒ │学习  │⇒ │馈学习过│⇒ │层次  │⇒ │    │
│景和现状│   │料和资源│   │    │   │程   │   │    │   │    │
└──────┘   └──────┘   └──────┘   └──────┘   └──────┘   └──────┘
```

图5-7　学习支架建构技能操作流程

重点考虑如何确定学生水平、明确建构任务、适时提供支架、引导学生学习、适度提高层次和撤支架后强化。

③使用原则：适时性原则、动态性原则、引导性原则、多元性原则和渐退性原则。

（7）板画与媒体应用技能

①特点：教师能够巧妙地运用黑板、白板、投影仪等工具和媒体资源，使教学更加生动和直观。

②技能操作流程：

```
┌────────┐   ┌────────┐   ┌──────────┐   ┌────────┐
│准备相关资源│⇒ │灵活运用板画媒│⇒ │设计引人入胜的│⇒ │与学生进行互动│
│      │   │体资源   │   │板画和媒体应用│   │和讨论   │
└────────┘   └────────┘   └──────────┘   └────────┘
```

图5-7　板画与媒体应用技能操作流程

重点考虑板画和媒体的应用能力、信息呈现能力、互动与反馈以及教学创造力。

③使用原则：结构性原则、讲演结合原则、友好性原则、个性化原则和综合使用原则。

（8）结束与强化技能

①特点：教师能够通过巩固、复习和总结，使学生对所学内容有更好的理解、掌握和记忆。

②技能操作流程：

```
┌────────┐   ┌────────┐   ┌────────┐   ┌────────┐
│复习和强化关│⇒ │概括和总结学│⇒ │评估学生的学│⇒ │鼓励学生运用所│
│键知识点  │   │习内容   │   │习成果   │   │学知识   │
└────────┘   └────────┘   └────────┘   └────────┘
```

图5-8　结束与强化技能操作流程

重点考虑结束时间、总结和回顾、判断力、强化练习、拓展迁移和提高学生满意度。

③使用原则：及时性原则、引导性原则、示范性原则和自主性原则。

（9）评课技能

①特点：教师能够客观评估自己的教学活动和学生的学习情况，反思并改进自己的教学方法和策略。

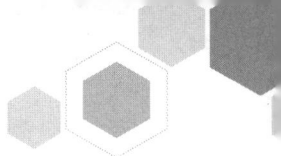

②技能操作流程：

图 5-9　评课技能操作流程

重点考虑教师职业素养、英语专业素养、教学法的采用、教学目标及重点、教学环节过渡和课堂活力。

③使用原则：客观原则、目标导向原则、学生导向原则、全面性原则、综合性原则和反馈原则。

2.训练系统

九项技能训练系统是习得模块三系统之第二，旨在帮助教师通过自训式训练、反馈式训练以及模拟训练等方法，全面提升九项关键技能。

（1）自训式训练

自训式训练是指个人通过自我学习和经验积累来培养和提升技能的方法。在这个训练系统中，教师可以通过自己制定学习计划、积极探索和实践，不断发展自己的技能。

以单项式技能如导入技能为例，英语教师可以通过以下自训式训练提升导入技能，其他技能的自训式训练依此类推。导入技能的自训式训练步骤如表 5-1 所示。

表 5-1 导入技能的自训式训练步骤

序号	步骤	内　容
1	阅读教学资源	阅读与教学导入相关的书籍、教材和学术文章，了解不同导入方法的理论依据和实践经验。通过自主学习，教师可以了解新颖且高效的导入策略。
2	观察他人的教学	观察其他经验丰富的英语教师的教学过程，特别是他们如何启发学生兴趣、引入新知识的过程。从他们的实践中学习导入技巧和策略，并尝试应用到自己的教学中。
3	反思教学实践	在每堂课后进行反思，思考导入环节的有效性和改进空间。教师可以记录下每个导入环节的具体内容、学生的反应以及计划达到的目标，然后分析其中成功的地方和不足之处。
4	制定学习计划	根据个人教学需求，制定一个系统而有目标性的学习计划。包括定期阅读、参加教育讲座或研讨会，以及参加在线课程和培训。这些学习活动可以帮助教师拓展思路、了解最新教学方法，并引入自己的导入环节中。
5	实践和调整	通过实际教学实践中不断尝试各种导入方法，并根据学生的反馈和表现进行调整和改进。尝试不同的导入桥梁、故事、问题等，以激发学生的兴趣和引导他们进入新的知识领域。
6	寻求反馈与交流	与其他英语教师建立交流合作的机会，分享教学经验和导入技巧。可以通过参加教师论坛、参与教师社群或与同事进行对话，以获得反馈和建议。

通过自训式训练，英语教师可以不断提升各项技能。自主学习、观察他人、反思实践、制定计划、实践和调整，并与他人交流反馈，这些方法将有助于教师不断提升各项技能的效

果和自身能力。

（2）反馈式训练

反馈式训练是指通过接受他人或专业指导者的反馈和建议，来弥补自身技能不足并持续改进的方法。在这个训练系统中，受训者可以利用他人的意见和建议，从中发现自己技能中的缺陷，并通过调整和改进来提升自己的技能水平。

同样以单项式技能中的导入技能为例，英语教师可以通过以下反馈式训练提升导入技能，其他技能的反馈式训练依此类推，表5-2是一些具体的方法和步骤。

表5-2 导入技能的反馈式训练步骤

序号	步骤	内容
1	寻求观察和评估	邀请同事或专业指导者来观察自己的课堂，并提供详细的反馈。他们可以注意到你在导入环节中的表现，包括引入新课程内容的方法、学生参与程度以及学生的反应。观察者可以根据自己的经验和专业知识，提供有针对性的建议和意见。
2	分析学生反应	在课堂上，教师可以密切关注学生的反应，如他们的参与度、理解程度和兴趣表现。这些反馈可以帮助教师评估自己的导入技巧的有效性。例如，在导入阶段，如果学生出现困惑或缺乏兴趣的迹象，教师可以根据学生的反应进行相应的调整和改进。
3	提供学生问卷调查	教师可以设计简短的问卷，询问学生对于每节课的导入环节的看法和感受。这些问卷调查可以收集学生的意见和建议，以了解学生对导入技巧的理解和满意度。根据学生的反馈，教师可以发现自己导入技巧的盲区并做出相应的改进。
4	参与专业发展活动	参加专业发展活动，如教育研讨会、研究小组或教师培训课程。在这些场合，教师可以与其他教师和专家进行交流，并接受他们的反馈和建议。同时，教师还能学习新的导入技巧和策略，以丰富自己的教学工具箱。
5	制定行动计划	根据接收到的反馈和观察结果，教师可以制定具体的行动计划，以改进自身的导入技巧。例如，如果观察者认为导入环节缺乏足够的引起学生兴趣的元素，教师可以寻找适合的故事、问题或实例来更好地吸引学生的关注。
6	反思和跟进	在调整和改进导入技巧后，教师应该不断进行反思和跟进。教师可以再次邀请观察者来观察他们在导入环节中的表现，并收集学生的反馈。通过反思和跟进，教师可以评估自己的改进措施是否成功。教师可以自我评估是否在导入环节中更好地引发了学生的兴趣和参与，并是否促进了学生的理解和学习效果。通过不断反思和跟进，教师可以继续优化和完善自己的导入技巧，以提供更好的学习体验和教学成果。

通过反馈式训练，教师可以利用观察、评估、学生反应、问卷调查、专业发展活动等各种方法来获取反馈，并利用这些反馈来改进自身的导入技巧。重要的是，教师应该持续地进行反思和跟进，以确保改进措施的有效性，并不断提高教学能力。

（3）模拟训练

模拟训练是指通过模拟实际情境，进行类似真实场景中的训练，以提高技能水平和应对能力的方法。在这个训练系统中，教师可以通过参与角色扮演、虚拟实境等活动，模拟真实场景，并通过不断实践和反思来提高自己的技能。表5-3是一些具体的方法和步骤：

表 5-3　模拟训练方法

序号	方法	内　　容
1	角色扮演	教师可以与其他教师或同事进行角色扮演，扮演不同的教学角色，例如师范生课互相扮演师与生。通过模拟不同场景和情境，教师可以接受反馈和意见，了解自己的教学技能表现，并发现改进的空间。
2	虚拟实境	利用虚拟实境技术，教师可以获得参与模拟教学场景的虚拟体验。通过在虚拟环境中面对学生、设计课程、处理问题和挑战，教师可以磨练自己的教学技能和决策能力。同时，教师可以接受系统或导师的反馈，从而深入了解自己的表现和改进的方向。
3	问题解决演练	教师可以参与问题解决的演练，模拟真实教学中可能遇到的困难和挑战。例如，组织小组讨论或情景模拟，要求教师在有限的时间内提出解决方案。通过这种练习，教师可以提高自己的思考能力、应变能力和解决问题的能力，并通过反馈和评估不断改进。
4	寻求同行合作	与其他教师建立合作伙伴关系，互相观摩和交流教学经验。教师可以邀请其他教师观察自己的课堂，并提供反馈和建议。同样，教师也可以观摩他人的教学，并从中学习新的教学技巧和策略。这种同行合作可以帮助教师在实践中锻炼和提高各项教学技能。
5	定期反思和总结	在模拟训练结束后，教师需要进行反思和总结。教师可以回顾模拟训练的经验，并分析自己的表现和改进的方向。关键是识别自己在模拟训练中遇到的挑战，并思考如何应用这些经验到真实的教学中。

通过模拟训练，教师可以更加深入地体验教学环境，并通过实践、反思和反馈不断提高自己的教学技能。这种综合性的训练方法可以帮助教师在真实的教学环境中更加自信。

综上所述，九项技能训练系统是一个涵盖自训式训练、反馈式训练以及模拟训练等多种方法的系统，通过这些训练方式，教师可以全面提升自己的关键技能。无论是在职教师还是师范生，都可以利用这个系统来培养和发展技能，提高教学效能。

3. 反馈系统

在整个英语教学微技能体系中，反馈系统扮演了核心的角色，它是习得模块的一部分，起到评估和引导教师持续改进教学实践的作用。反馈系统为教师的教学方法和技能提供实时和具体的评价信息，可以帮助教师了解自己在教学过程中的表现。通过系统性的反馈，教师可以更清晰地识别出自己的教学中哪些方面是有效的，哪些方面还有改进的空间。这有助于教师更加有针对性地进行教学修正和调整。反馈系统有助于教师促进自我修正，反馈信息可以帮助改善教学策略和方法，进一步提炼教学微技能。这种自我修正的过程是教师持续发展专业能力的关键。

在习得模块中，反馈系统不仅仅是评价工具，而且可以促进教师在技能系统和训练系统中的学习和成长，这是通过将反馈整合到教师的持续训练和实践中来实现的。在习得模块的学习和训练过程中形成的教学技能，需要在实践中得到运用和验证。反馈系统所提供的信息能够帮助教师监测自己在应用模块中运用技能的效果，并对教学进行必要的修正。通过收集和分析教学活动的反馈，它使教师能够精准地了解到自己的教学效果，从而持续提高教学质量和效率。

教师在建立反馈系统之前应制定清晰和具体的教学目标，并与学生、同事和学校管理员共享，确保教学目标得到认可和支持。反馈系统可以从以下几个方面构建：

（1）设计反馈收集机制

采用多元化方法收集反馈，包括：

● 运用问卷、面谈、小组讨论及课后反馈来收集学生的看法；

● 邀请其他教师观摩课堂或共同分析教学录像，以便进行同行评议；

● 通过编写教学日志和自我录像回顾来进行自我评估；

● 与家长进行交流，了解他们对子女英语学习的看法；

● 通过参加学校的评估活动来获得校方的反馈和指导。

（2）数据收集和分析

系统地收集并分析来自不同渠道的反馈信息，以找出教学的优势与待改进之处。

（3）监控和评价教学

定期通过学生的考试成绩、作业表现和课堂参与情况等来监测学生的学习进度，并与同事交流反馈信息以共同进步。

（4）采纳建议和调整教学

基于收到的反馈对教学策略进行改进，如更新课程设计、优化教学方法等。

（5）建立积极互动的环境

鼓励学生、家长和同事提供反馈，并向他们说明其反馈对教学改进的重要性。

（6）培养持续学习和成长的心态

把反馈作为学习和成长的机会，总是以开放的态度对待各种反馈信息。通过参加教育研讨会、培训班、工作坊和网络课程等形式，不断获取新的教学知识和策略。

（7）定期审查反馈系统

周期性地评估和优化反馈系统，保证其满足教师的职业发展需求，并根据收到的反馈做出必要的调整。

习得模块示意如图 5-10 所示。

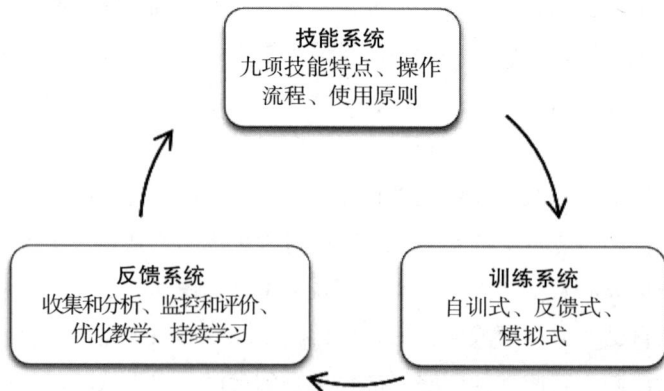

图 5-10 习得模块示意图

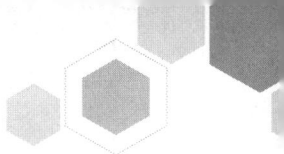

如图 5-10 所示，技能系统提供了对英语教学技能的理论知识和理解，而训练系统则提供了实际训练和提升技能的方法和手段。技能系统为训练系统提供了基础和指导，而训练系统通过实践性训练帮助教师将理论知识转化为实际能力。反馈系统则提供了对教师训练过程中的表现进行评估和反馈的机制，帮助教师认识到自己在某项技能上的不足之处。这些反馈信息可以反过来影响教师对技能系统的理解和学习，促使教师对自己的技能进行反思和修正。

（二）应用模块

1. 综合系统

英语教学的综合系统是提高课堂教学效果的关键组成部分，它要求教师不仅要掌握各种教学技能，还需要综合运用多元化的教学资源，并具备跨学科和跨文化的整合能力。

（1）综合技能

综合使用这些英语教学微技能意味着在教学过程中，教师将多种技能融合应用，形成一个相互支持和增强的教学流程。例如：课程开头的导入与讲解结合；讲解与学习支架建构相结合；调控与结束技能的配合；提问与评课技能的结合；教学活动设计技能和板画与媒体应用技能融合；等等。

通过灵活地结合这些技能，教师可以在课堂上创造一个丰富、有效和动态的学习环境，增强学生的学习体验。这不仅有助于学生吸收新知识，还能提高他们的批判性思维和解决问题的能力。

（2）资源利用

在现代英语教学中，充分利用教学资源对于提升教学有效性和学生参与度至关重要。教师可以通过整合多样化的教材，结合书本内容与配套的音频、视频资源，以及交互式练习，创造出更具吸引力和实用性的课堂体验。电子课件和多媒体工具的动态使用可以丰富视觉和听觉刺激，帮助学生更加深入地理解和记忆英语知识。

网络资源，包括在线论坛、教育视频和实时新闻，提供了广阔的自主学习平台，鼓励学生进行自我探索和练习。在线学习平台如 MOOC 为学生的课外学习提供了补充材料，同时，社交媒体和网络空间等让学生获得了书面表达和跨文化交流的实践机会。此外，模拟真实语境的课堂活动，如角色扮演和讨论会，能够增强学生将英语运用于实际交流的能力。综合资源的利用不仅使英语课堂更生动有趣，也促进了学生综合语言能力的提升，帮助他们在不同环境中自信地运用英语。

（3）跨学科整合

将英语作为工具语言与其他学科内容融合，能够极大地提高语言的实际应用价值并丰富学生的学习体验。在这种跨学科的教学模式中，英语教师可以与其他学科教师合作，共同开发项目，使英语学习紧密结合学生所学的科学、历史和其他学科知识。例如，鼓励高阶中学生用英语撰写科学报告，则学生可以在学习科学知识的同时，练习使用英语进行精确的描述和分析，这不仅能锻炼他们的写作能力，也能提高他们用英语进行学术交流的能力。

通过实际情境中应用英语的方式，如项目学习、案例研究和研究报告，学生能学习如何将知识应用于实际问题解决中，进而加深对专业领域概念的掌握。这种跨学科的英语教学不仅激励学生将英语运用到真实的语境中去，还帮助他们建立起更为广阔和多元的知识视野，成为能够在多学科交叉领域内流畅使用英语的全面人才。

（4）跨文化教育

在英语教学中注重文化的交流和理解是极其重要的。教师通过融入各种文化元素，不仅传递语言知识，还搭建起学生探索世界的桥梁，从而拓展他们的思维边界。当课堂上介绍不同国家的文化背景和习俗时，学生可以以更加开放的心态理解言语背后蕴含的深层文化含义，这种对文化的理解才是学习语言的真正意义。通过讨论不同文化下的文学作品，教师鼓励他们从多角度解读和欣赏文学，这不仅锻炼了他们的语言表达和批判性思维能力，也加深了他们对人类多样性的认识。同时，分享历史故事能够使学生感受到不同时代、不同地区英语的发展和演变，让他们认识到语言与文化的密切关系，从而建立起对全球历史脉络的宏观了解。

引导学生在学习过程中树立全球视角不仅有利于英语学习，更有助于形成国际合作与竞争所需的跨文化沟通能力。教师可以设计模拟真实国际交流的活动，如模拟联合国会议或国际项目策划，让学生在拟真环境中实践语言技能，同时锻炼其解决问题和团队协作的能力。这样的教学方式有效地将语言学习与实际生活中的社会实践结合起来，从而培育学生的国际视野和跨文化理解力。在跨文化教育的过程中，学生不仅能学会使用一门语言，更能学会如何在多元文化背景下与他人交流，尊重文化差异，成为具有全球意识和国际竞争力的中国公民。

（5）语言应用

教师可以采取多种教学方法，比如实际语境模拟和任务驱动教学，以确保学生能将所学的英语知识转化为实用技能。这些教学策略鼓励学生走出课堂，将语言运用到现实生活的具体情境中去。例如，通过创建英语角，教师提供一个非正式的环境，让学生在轻松的氛围下使用英语进行日常对话，增加语言实践的机会。戏剧表演则是另一种强有力的工具，学生在准备和展演戏剧的过程中不仅能够练习发音、语调和表达能力，还能加深对不同文化背景的理解。此外，辩论赛能够锻炼学生的快速思考和有效表达能力，还能够增进他们对全球问题的认识和理解。

通过这类学以致用的活动，学生得到了在真实或模拟的语境中积极使用英语的机会。不仅如此，参与这些活动还能显著提升学生的自信心，因为它们需要学生积极表达自己的观点、与他人协作，并呈现出自己的创意。随着学生在这些英语实践活动中的参与度增加，他们的语言技能也会得到相应的提升。

综合系统是一个全面涵盖语言教学多个方面的框架，它促进了教师综合教学能力的发展，并为学生提供了一个富有挑战性和创新性的英语学习环境。

2. 修正系统

由于教学环境和学生需求的不断变化，教师需要不断自我修正，以提供符合学生需求和教学目标的高质量教学。自我修正系统在教学领域中是一种自主学习和发展教学技能的重要方法。该系统鼓励受训者通过反思改进、重新设计、自我引导和监控进步等环节，来修正自

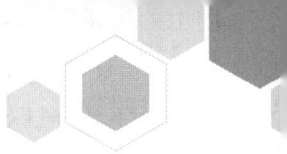

己的教学技能。

（1）反思改进

通过对教学目标、教学方法、学生理解和课堂环境的反思，英语教师可以评估自己的教学效果，并发现可能存在的问题和不足。

首先，英语教师可以反思自己设定的教学目标是否合理，并思考这些目标是否达到了预期效果。如果目标没有达到，他们可以考虑调整目标或改变教学策略以实现目标。

其次，反思自己使用的教学方法是否有效。教师可以思考学生是否积极参与课堂活动、是否能够灵活运用英语等。如果发现教学方法不够有效，教师可以尝试使用不同的教学方法，如游戏化教学、小组合作学习等。

再次，教师可以反思学生对所教授知识的理解程度。他们可以思考是否有学生需要额外辅导或更多练习，以加强他们的理解能力。教师还可以尝试使用多样化的教学资源，如视频、音频等，来帮助学生更好地理解和掌握英语知识。

最后，教师需要反思课堂环境是否积极、鼓励学习。教师可以思考是否给予学生足够的支持和鼓励，是否能够提供积极的学习氛围。如果发现教学环境不够理想，教师可以采取通过改变自己的教学风格、与学生建立良好的关系等方法改善教学环境。

（2）重新设计

根据反思的结果，教师可以重新设定教学目标，确保它们具体、明确，并符合学生的需求和能力水平。教师可以考虑将目标分解为小步骤，以便更好地指导学生的学习进程。

反思过程中，教师可能会发现一些教学方法的效果不佳或需要改进。在重新设计教学过程中，教师可以尝试新的教学方法，如情境教学、语言游戏、小组合作学习等。采用不同的教学方法可以激发学生的兴趣，增加互动性，并提高他们的英语能力。教师可以重新考虑使用的教学资源，包括课本、练习册、多媒体素材等。通过引入多样化的教学资源，教师可以增加学生的学习动力，提升他们的学习效果。

在重新设计教学过程中，教师可以思考如何创设有趣且有效的教学活动，以增加学生的参与度和积极性。例如，教师可以组织角色扮演、辩论、讨论小组等活动，让学生在实际语境中运用英语。

教师可以根据学生的个体差异，设计个性化的教学策略。这包括根据学生的学习风格、能力水平和兴趣，进行教学内容和任务的个性化调整，以促进学生的学习效果。通过对英语教学的重新设计，教师可以更好地适应学生的需求和教学环境，提高教学效果，推动学生在英语学习中取得更好的成果。

（3）自我引导

通过自我引导，英语教师能够不断地学习和发展，提高自己的教学能力和专业水平，为学生提供更有效、有趣和可持续的英语教学。

教师首先要有一个明确的方向，为自己的学习和发展设定清晰的目标。可以确定自己想要达到的教学目标，并明确目标的具体内容和时间安排。

教师需要经常阅读教育期刊、教材和专业书籍，了解最新的教学方法和研究成果，还可以利用互联网和在线教育平台，获取各种教学资源和学习资料。这些信息可以帮助教师更新自己的教学理念和教育观念，并引入自己的教学中。教师可以参加各种教师培训和研讨会，学习与英语教学相关的新知识和技能。这些培训和研讨会可以提供与教育专家和其他教师的交流机会，从他们的经验中学习和获取灵感。

教师应该持续地进行反思和评估自己的教学实践，思考自己的教学优势和不足，并寻找改进的空间。这可以通过记录教学日志、观察学生的反应和成绩，以及与同事进行交流来实现。同时，教师可以建立与其他教师和专家的联系，分享教学经验和资源，并互相支持和激励。

（4）监控进步

通过监控自己的进步，教师可以更好地了解自己的教学能力和需要改进的方面，从而提高自己的教学效果和专业发展水平。

教师可以设立明确的教学目标，并将其转化为具体的标准和要求。这些目标和标准可以涵盖教学技能、学生表现、课堂管理等方面。通过设立目标和标准，教师可以对自己的教学进行评估和监控。

通过使用观察和记录工具来监控自己的教学进程。例如，教师可以使用记录教学日志、进行课堂观察和记录学生表现等方式，以收集教学数据和评估信息。这些工具可以帮助教师识别自己的教学优势和改进方向。

主动收集学生、同事和上级的反馈，以评估自己的教学进步情况。例如，教师可以进行课后反思，与同事进行教学交流，接受学生评估等。这些反馈和评估结果可以提供有价值的信息，帮助教师发现自身的教学优点和有待改进的空间。教师还可以参加专业发展活动，如教师培训、研讨会和学术会议等。通过不断学习和调整，教师可以实现自我提升，并监控自己的教学进步。

自我修正系统是指教师在教学过程中，通过反思、学习与不断的调整和改进，以提高自己的教学效果和教育质量的系统化方法。自我修正是一个循环往复、螺旋上升的自我认识和实践的过程，旨在不断完善和改进教学实践。

应用模块示意如图 5-11 所示。

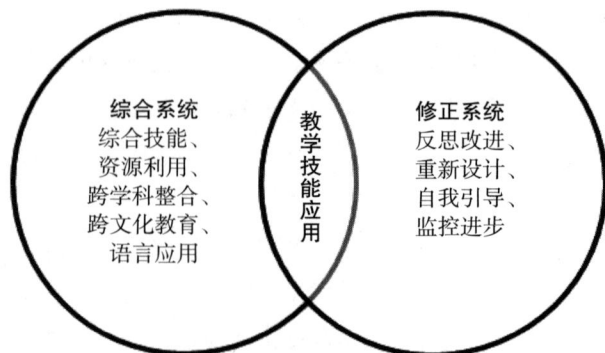

综合系统
综合技能、
资源利用、
跨学科整合、
跨文化教育、
语言应用

教学技能应用

修正系统
反思改进、
重新设计、
自我引导、
监控进步

图 5-11 应用模块示意图

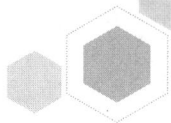

技能系统提供了关于不同技能的理论知识和教学方法，而综合系统则将这些技能有机地整合起来，并将它们应用到实际的英语教学中。综合系统通过整合和协调不同技能之间的联系，让教师能够综合运用各项技能来进行有效的教学。

综合系统是实际教学的应用阶段，但在教学过程中需要根据学生的反馈和表现进行修正。修正系统通过学生的反馈和教学效果评估来不断调整和优化教学过程，以满足学生的需求。综合系统将教师的各项技能有机地应用到教学实践中，而修正系统则为教师提供教学过程中的反馈和调整机制，以确保教学的有效性和适应性。

通过这两个模块下五个系统之间的联系和相互作用，教师可以通过训练、反馈和应用不断提升自己的综合英语教学能力，并根据学生的需求进行灵活调整和修正，从而实现更好的教学效果。在这个过程中，教师还可以拓展自己的知识和技能，以适应不断变化的教学环境和学生需求。

第二节　英语教学微技能训练

一、各系统之间的关系和相互作用

英语教学微技能体系中习得模块和应用模块之间有着密切的关系和很强的相互作用。习得模块和应用模块相辅相成，共同形成英语教师的教学综合能力。

（一）技能系统

技能系统是习得模块的核心部分，它提供了对英语教学九项技能的理论知识和教学方法。这些理论知识帮助教师全面了解每个技能的要点和重点，有助于教师对这些技能进行系统性和科学性的理解和应用。

针对每个技能，技能系统给出了相应的教学方法和策略，帮助教师更好地进行教学设计和实践，提高教学效果。

此外，技能系统还提供了教学资源和示范，如教学材料、教学案例和教学示范视频等，这些资源可以帮助教师更好地理解和应用技能系统中的知识和方法。

技能系统的作用在于为教师提供了一个系统化的理论框架，引导教师了解和学习英语教学的各项技能。教师通过掌握技能系统中的知识和方法，能够更准确地把握教学重点，更有效地进行教学设计和实施，提升教学水平和综合能力。通过不断地学习和实践，教师能够在实际教学中更自信和灵活地运用所学的英语教学技能，为学生提供更优质的教育。

（二）训练系统

训练系统是习得模块的实践部分，旨在帮助教师通过实际训练活动提升各项技能的实际能力。该系统提供了广泛的实践机会，采用多样化的训练方法和内容，针对不同技能领域进行设计。多元化的实践活动确保了教师能够在接近真实语境的情况下进行训练，并在实际应用中增加自身技能。

训练系统通常嵌入了反馈机制，以确保教师在实践活动后获得关于自己表现的评价和改进建议。反馈可以通过多种方式获取，如自我评价、同伴评议或专家指导。这些反馈有助于教师明晰自己在各技能方面的实际水平，并提供针对性的改进策略。凭借这些反馈，教师能够及时调整训练方法，进一步提升技能。

此外，训练系统鼓励教师将理论知识应用到实践中，不断深化对理论概念和原则的理解。同时，实践也揭示了理论在应用时可能遇到的局限，为进一步的理论修正和改善提供依据。

训练的持续性和循环性是系统的另一个关键特点。教师可以通过重复实践来巩固所学技能，而训练活动的难度层级不同，使教师能够逐步提高各技能方面的实践能力。因此，训练系统通过一系列切实的实践活动、多样有效的反馈体系以及理论与实践的紧密结合，协助教师在各教学技能领域不断取得进步。

（三）反馈系统

反馈系统是教师习得模块中的评估环节。它通过对教师在培训过程中的表现进行评估和反馈，帮助教师认识到自身技能水平及取得的进步。定期评估让教师从反馈中了解自己在不同教学领域的表现，识别自身优势，揭示待提高的技能领域，为教师的专业发展提供指引和方向。

反馈系统提供了直接的反馈和建议，帮助教师了解自己在培训中的表现。可采取自我评估、同行评估和导师的专业指导等形式。通过详尽而具体的反馈，教师能明确自身长处和弱点，获得有针对性的建议和指导。

评估和反馈促进了教师的自我反思和持续改进。教师可根据反馈结果反思教学方法和表现，并确定改进的路径。这样的过程帮助教师察觉潜在的不足之处，鼓励他们积极追求成长和提升。

反馈系统根据教师的个人需求和能力水平，提供个性化的支持，包括专属评估和指导。这样的个性化支持更精准地满足教师个别需求，促进他们在专业技能上的发展和提升。

反馈系统为教师提供了有关他们技能水平的清晰意见、及时的反馈和建议，以及促使他们不断自我反省和改进的动力。这些都是提升教师专业教学能力、推动他们在英语教育领域持续进步的有效手段。

（四）综合系统

综合系统是应用模块的核心部分，旨在将习得模块中的各项技能整合起来，并应用到实际教学中，以实现教师的综合能力的发展。在实际教学活动中，教师需要同时运用教学活动设计技能、导入技能、讲解技能、提问技能、调控技能、学习支架建构技能、板画与媒体应用技能、结束与强化技能以及评课技能这九项技能。通过综合系统的应用，教师能够将这些技能互相补充和配合，使得教学能够全面而有条理地展开。

教师需要根据学习目标、学生需求和教学内容，设计和安排适当的教学活动和资源，将多个技能有机结合起来，以促进学生各项技能的全面发展。通过综合的教学设计，教师能够更好地满足学生的需求，提供更有效的教学。

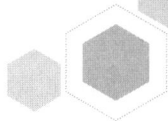

在教学过程中，教师需要灵活运用上述九项技能，通过多种教学方法和策略激发学生的学习兴趣和参与感，提高学习效果。综合系统帮助教师在教学实践中将技能与情境融合起来，使教师能够更好地发挥各项技能的作用，实现教学目标。教师需要根据不同的学习情境和任务，选择合适的技能进行应用。

通过综合系统的应用，教师可以将九项技能有机地整合起来，使得英语教学更全面和有序。同时，综合应用要求教师具备系统的思维和教学能力，在教学设计和实施中能够综合运用各项技能，促进学生的语言学习和发展。

（五）修正系统

修正系统是应用模块的调整部分，通过学生反馈、同事评估、自我评估和教学效果评估等手段，帮助教师及时调整和优化教学过程，使教学更加有效和适应学生的需求。

修正系统的反馈渠道多种多样。其中，学生的反馈对教师进行教学调整和优化至关重要。学生作为教学的受众，对教学过程和效果有直接的感受和意见。教师可以收集和分析学生的反馈，了解他们对教学内容、教学方法以及教师教学效果的评价。这些反馈可以帮助教师了解学生的需求，有针对性地调整和改进教学，使教学更贴合学生的实际需求。

同事评估也是修正系统中重要的一环。教师可以通过观摩授课、相互评估等方式，向同事们请教和借鉴经验，获得宝贵的反馈和建议。同事们能够提供不同的观点和经验，帮助教师发现自身的盲点和有待改进的空间。教师可以借鉴并应用同事们的经验和实践，探讨教学策略和方法，并进行相应的改进，提高教学效果。

自我评估是修正系统中教师进一步反思和调整教学的机会。教师可以通过自己的观察和分析，审视自己的教学过程和效果。自我评估有助于教师认识到自身在教学中的优点和不足，进而制定计划和策略来改进教学，提升教学质量和效果。

通过对教学效果进行评估，修正系统帮助教师了解自己的教学成果。教学效果评估可以通过多种方式进行，如学生测评、教学观察和成果展示等。教师可以借助评估结果，判断自己的教学是否达到预期目标，进而进行调整和改进。借助修正系统的调整和优化，教师能够不断提升自身的教学能力和适应性。教学是一个动态的过程，学生和教学环境都在不断变化和发展，因此教师需要不断地反思、调整和改进自己的教学方法和策略。

二、形成英语教师教学综合能力的过程

形成英语教师的教学综合能力是一个系统性、渐进式的过程，需要经历多个环节和不断的反思、实践和修正。

（一）综合运用

教师首先通过技能系统习得英语教学的基本理论和方法，了解整个技能体系的九项技能的重要性和教学要点。这九项教学技能之间相互关联，相互作用，共同构成了教师的综合教学能力。教师在教学过程中需要灵活运用这些技能，根据具体的教学情境和学生需求，综合运用这些技能来达到教学目标。每个技能在教学中都有着独特的作用和重要性，缺一不可。

　　九项技能的综合运用可以帮助教师更全面地实现教学目标。例如，教学活动设计技能能够帮助教师设计符合学生需求和教学目标的活动；讲解技能和提问技能可以帮助教师清晰地传授知识和引导学生理解知识；调控技能和学习支架建构技能则可以帮助教师调整教学过程，满足不同学生的需求。

　　每个技能都有助于提升学生的学习效果。例如，导入技能可以激发学生的兴趣和参与感，促使学生投入学习；提问技能和强化技能可以帮助教师引导学生思考、巩固知识和强化学习成果；评课技能能够帮助教师及时调整教学，改进教学策略，提升学生的学习效果。

　　教师需要在教学过程中根据不同的教学情境和学生需求进行调整和优化。综合运用这些技能，教师可以更好地适应不同的学习情况和学生背景，创造积极的学习环境，提高教学的质量和效果。

　　这九项技能之间相互关联、相互作用，共同构成了英语教师的教学综合能力。教师需要全面掌握这些技能，并在教学实践中灵活运用并不断反思和改进自己的教学实践。通过不断地练习和修正，教师能够逐渐形成自己的教学风格和方法，并逐步提高自己的教学综合能力。

（二）实践训练

　　在技能系统的基础上，教师通过训练系统进行实践训练，通过各项训练活动提升自己在不同技能领域的能力水平。

　　训练系统提供了丰富多样的训练活动，旨在帮助教师在不同技能领域进行实践训练。训练系统能够根据教师所需的技能提供有针对性的训练和指导。通过课堂观摩、个案讨论、小组讨论等方式，教师可以在专业指导下进行具体的训练，并得到有针对性的指导和反馈。这种有针对性的训练和指导有助于教师准确把握技能的要领和难点，及时改正错误，提高教学效果。

　　在训练系统中，教师可以通过反复的实践和巩固，不断提高自己在不同技能上的能力水平。训练系统可以提供大量的练习和机会，让教师不断重复实践和巩固所学的技能，直到教师能够更加熟练地运用技能，形成自动化反应，提高反应速度和准确性。

　　训练系统还鼓励教师之间的合作和互助学习。教师可以组成学习小组，分享训练和教学实践经验，相互观摩和评估，互相讨论和学习，从各自的实践中汲取经验和启发。只有通过训练系统的实践训练，教师才能够在实际教学中更加自信和熟练地运用所学的各项技能。

（三）反馈修正

　　教学实践过程中，反馈系统起到评估和反馈的作用，帮助教师了解自己在训练过程中的不足之处，促使其进行反思和修正。

　　教师可以经由反馈系统对自己的教学效果进行全面的评估，通过收集和记录分析学生的学习成果和表现，包括知识掌握、技能运用、学习态度等方面，反馈系统直观地展示教师的教学成果和学生的学习情况，帮助教师了解自己在教学过程中的优势与不足。

　　反馈系统还能够帮助教师发现教学中存在的问题和挑战。通过分析学生的学习情况和表现，教师能够得到一些关键信息，比如学生的易错点、不理解的概念、学生的学习难点等。这些问题和挑战可以帮助教师意识到自己在教学过程中可能存在的问题，进而进行反思和改进。

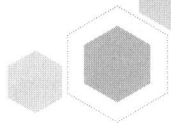

一旦教师意识到存在的问题，反馈系统能够通过个性化的反馈与建议，帮助教师进行有效的反思和修正。系统可以根据教师的教学行为和学生的学习情况，提供详细的建议和指导，比如改进某个教学策略、采用更有效的教学资源等。这些建议和指导能够帮助教师认识到自己的不足，并提供具体方法和措施来加以改进。

　　反馈系统不仅能帮助教师解决当前的教学问题，还能够促进教师的专业成长。通过不断接收反馈和建议，并在实践中不断改进自己的教学方法和策略，教师能够逐渐提高自己的教学能力和专业水平。反馈系统的功能也逐渐拓展，提供更广泛的教学资源和支持，帮助教师进行深入的教学研究和实践创新。

　　反馈系统在教学实践过程中扮演着评估和反馈的关键角色。它能够帮助教师评估教学效果、发现教学问题、引导教师反思修正，并促进教师的专业成长。通过与反馈系统的互动，教师能够不断改进自己的教学实践，进一步提高英语教学的综合能力。

（四）能力提升

　　教师通过综合系统将学到的各项技能有机地整合起来，并将其应用到实际教学中，以实现教学的全面性和高效性。

　　例如，在讲授一个英语话题时，教师可以通过运用导入技能激发学生的兴趣，通过讲解技能向学生传授相关知识，通过提问技能引导学生进行互动讨论，通过练习技能巩固学生的学习成果，最后通过评价技能对学生的掌握情况进行评估。通过综合运用各项技能，教师能够更全面地实现教学目标，促进学生在各个技能方面的发展。

　　综合系统的应用可以促进学生学习效果的提升，创造积极的学习环境。通过有针对性地将各项技能融入教学中，教师能够更好地满足学生的学习需求，提供多样化的学习机会和活动。通过合理运用提问技能，教师可以提高学生的积极性和参与度；通过练习技能，提高学生的实际操作能力。综合运用各项技能，教师能够使教学过程更加紧凑、有序，从而提高教学效能。

　　科学地应用综合系统，教师能够增强自己的教学自信，并促进专业发展。当教师能够将学到的各项技能灵活地运用到实际教学中，并取得较好的教学效果时，很自然地会增强自信心，也能够提升自己的专业发展。通过综合系统的应用，教师不仅可以在实践中不断积累经验和成长，还能够在教学过程中主动反思和调整教学策略，不断改进自己的教学方法和技能。这种专业发展的过程促使教师从一个简单的技能运用者逐渐成长为一个能够灵活运用各项技能、应对复杂教学情境的专业教师。

（五）习得应用

　　综合系统和训练系统的持续习得及应用是提升英语教师教学能力的关键。习得应用阶段让教师将在理论学习和实践训练中获取的知识和技能应用于真实的教学场景中，实现知识与实践的融合。

　　在习得应用过程中，教师需要不断地将所学的理论知识和技能应用在日常教学活动中，处理实际的教学问题，以适应不断变化的教学环境和学生需求。通过亲身体验，教师可以更深刻地理解技能的实际作用，学会如何根据课堂情况灵活调整教学策略和方法。

习得应用还包括教师持续参与专业发展活动，如研讨会、工作坊或持续教育课程，以对最新教育趋势有所了解，掌握前沿的教学方法。通过这种持续学习，教师能够将新的理念和技巧内化为自己的教学实践，不断优化和创新。

此外，习得应用也意味着教师需要在实际教学中进行自我评估和改进。通过对课程的反思记录、学生反馈和同行评课等方式，教师能够识别自己的强项和待改进之处，从而有针对性地调整教学方法和内容。这种经过反思的实践不仅提升了教学质量，也成为教师专业成长的催化剂。

习得应用的过程还应鼓励教师与同事进行知识和经验的共享，通过团队协作、交流和互助，建立起支持性的专业网络社区。这样的社区不仅能够提供教师间互相学习的机会，还能够形成集体智慧，共同提升教学实践水平。

习得应用阶段是英语教师综合教学能力提升过程中不断学习、应用、反思和共享的整合环节。教师通过这个过程逐渐形成并巩固自己的教学哲学，发展出符合自身风格的教学方法，从而达到专业发展的巅峰，不断为学生提供高效且有意义的英语学习体验。

通过习得模块和应用模块之间的关系和相互作用，教师不断提高自己在各项教学技能上的专业水平和能力，并能够灵活地运用各项技能来应对不同的教学场景和学生需求。教师通过习得模块的学习和训练，能够提升自己在各项技能上的知识和技术水平；通过应用模块的实践和修正，能够将所学的技能有机地整合、运用并优化它们。习得模块和应用模块之间的交互作用，能够帮助教师逐步形成综合的教学能力，提高教学质量和效果。

总之，教师的教学综合能力的形成是一个循序渐进的过程，需要不断地在习得模块和应用模块之间进行交互学习和实践。通过不断地迭代、修正和优化，教师能够在教学实践中不断得到反馈和经验积累，从而逐渐形成全面的教学综合能力。

图 5-12 是英语教师教学综合能力构成示意图，作为对上述内容的总结。

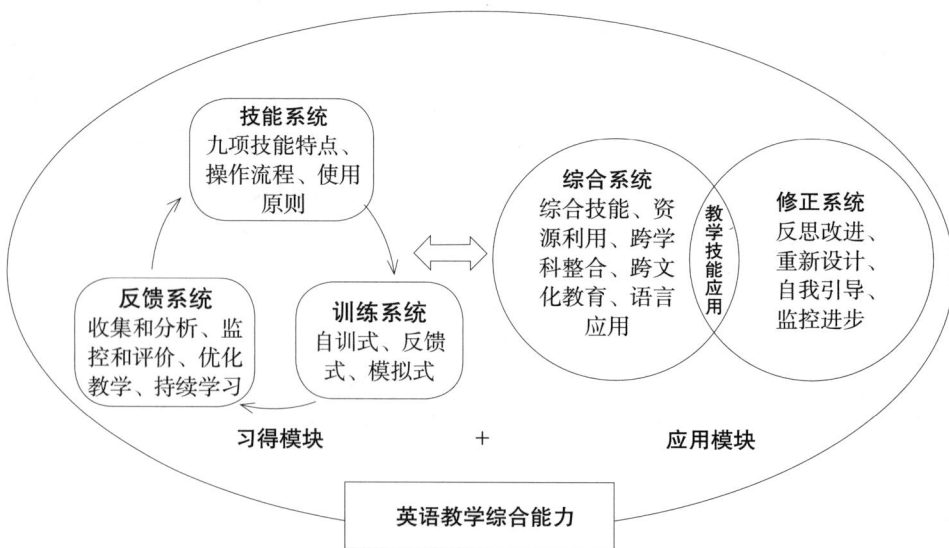

图 5-12　英语教学综合能力构成

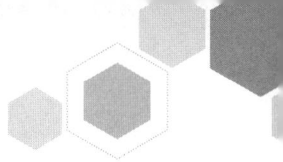

三、英语教学微技能训练流程

建构英语教学微技能训练流程需要侧重以下九项技能：教学活动设计技能、导入技能、讲解技能、提问技能、调控技能、学习支架建构技能、板画与媒体应用技能、结束与强化技能以及评课技能。

不同教学技能的训练流程不尽相同，是因为每个技能涉及的知识、技巧和实践内容都有所差异。例如，教学活动设计技能需要教师学习教学设计的理论知识和原则，而导入技能则涉及吸引学生注意力和引导学生进入学习状态等方面。因此，不同技能的训练流程需要根据具体的技能特点和教学实践需求进行个体化的规划。

虽然不同教学技能的训练流程各有差异，但它们也有许多共同点。这是因为教学本身具有一些基本的原则和要素，这些原则和要素在不同技能中都适用。比如，教学本身都需要考虑学生的需求和能力水平，针对性地设计教学活动；都需要引导学生参与和思考，激发他们的学习兴趣和积极性；都需要及时反馈和评价学生的学习，以便调整教学策略；都需要持续学习和更新知识，以保持教学的质量和效果。

（一）整体训练流程

虽然训练不同教学技能的流程存在差异，但它们也有一些共同点，这些共同点体现了教学的基本原则和要素。教师在训练不同技能时可以参考这些共同点，深入理解教学的本质，并根据具体的技能特点进行个性化的训练和发展。

分析每种教学技能的训练流程，可以得到一些共同的训练要点，总结出整个训练体系的共同流程。整体训练教学技能的流程可以包括以下六个步骤：理论学习和知识积累、观摩和借鉴优秀案例、实践和反思、探索和创新、反馈和交流、持续学习和更新知识，层层递进，如图 5-13 所示。

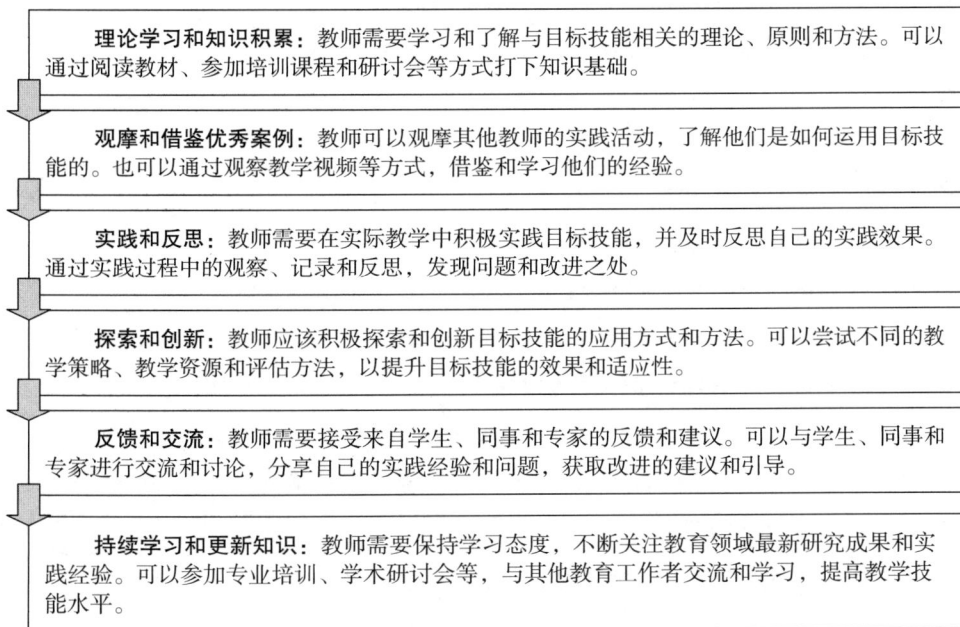

理论学习和知识积累：教师需要学习和了解与目标技能相关的理论、原则和方法。可以通过阅读教材、参加培训课程和研讨会等方式打下知识基础。

观摩和借鉴优秀案例：教师可以观摩其他教师的实践活动，了解他们是如何运用目标技能的。也可以通过观察教学视频等方式，借鉴和学习他们的经验。

实践和反思：教师需要在实际教学中积极实践目标技能，并及时反思自己的实践效果。通过实践过程中的观察、记录和反思，发现问题和改进之处。

探索和创新：教师应该积极探索和创新目标技能的应用方式和方法。可以尝试不同的教学策略、教学资源和评估方法，以提升目标技能的效果和适应性。

反馈和交流：教师需要接受来自学生、同事和专家的反馈和建议。可以与学生、同事和专家进行交流和讨论，分享自己的实践经验和问题，获取改进的建议和引导。

持续学习和更新知识：教师需要保持学习态度，不断关注教育领域最新研究成果和实践经验。可以参加专业培训、学术研讨会等，与其他教育工作者交流和学习，提高教学技能水平。

图 5-13　技能整体训练流程图

（二）各项技能训练流程

不同教学技能的训练流程可能会有一些相似之处，但并不完全一样。因为不同的教学技能涉及的知识、技巧和实践内容也会有所不同。所以，针对不同的教学技能，需要制定相应的训练流程和培训计划。

以下是针对九项英语教学技能制订的训练流程和培训计划，教师在实际使用中可根据不同教学环境进行增减：

1. 教学活动设计技能的训练流程和培训计划

这项技能涉及教师根据教学目标和学生需求设计合适的教学活动。教师需要考虑到教学内容、教学资源和教学方法的选择，以及活动的组织和安排等方面。通过这项技能的训练，教师能够设计出有针对性、启发性和趣味性的教学活动，激发学生的学习兴趣和积极性。

（1）训练流程

学习教学设计的理论知识和原则 → 观摩分析优秀的教学活动设计案例 → 开展自己的教学活动的设计与实践 →

及时反思和调整 → 与同行分享经验和观点 → 持续学习和更新教学设计的知识

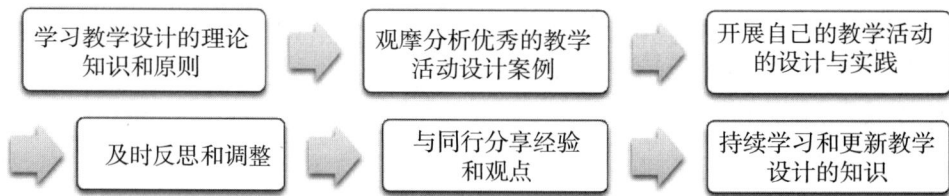

图 5-14　教学活动设计技能的训练流程

（2）培训计划

①培训目标

● 掌握教学活动设计的基本理论知识和原则。

● 能够设计符合学习目标和学生需求的教学活动。

● 能够灵活运用各种教学资源和工具，提升教学活动的效果。

● 能够反思和调整教学活动，不断提高教学设计的质量。

②培训步骤

● 学习教学设计基础知识：

了解教学设计的重要性和目标。

深入掌握教学活动设计的原则和要素。

了解常用的教学设计模型和方法。

● 观摩和分析优秀教学活动设计案例：

观看优秀教师的教学视频，分析他们的教学活动设计策略。

阅读教学资源和教科书，研究其中的教学活动设计案例。

● 设计自己的教学活动：

根据自己的教学需求和学生特点，设计教学活动。

结合教学目标和评估方法，设定活动的内容和步骤。

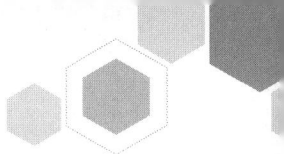

确定使用的教学资源和工具。

● 实践教学活动设计：

在实际教学中，应用自己设计的教学活动。

观察和记录学生的反应和表现。

反思自己设计的教学活动的有效性和改进点。

● 反馈和交流：

与同事和专家分享自己的教学设计，接收他们的反馈和建议。

参与教学研讨和讲座，与其他教师进行交流和学习。

参与教学设计的反思小组，共同探讨和改进教学设计。

● 持续学习和更新知识：

关注教育领域的最新动态和研究成果。

参加培训课程、学术会议等活动，不断扩充教学设计的知识和技能。

阅读教育方面的书籍和期刊，持续提升自己的专业素养。

通过以上的简要培训计划，教师逐步提升教学活动设计的能力和水平，设计出有针对性、有效和符合学生需求的教学活动，以提高学生的学习效果和参与度。同时，通过反思和不断学习，教师可以持续改进和更新自己的教学设计，与教育领域的最新发展保持同步。

2. 导入技能的训练流程和培训计划

导入是教学过程的重要环节，教师需要运用各种方式和手段吸引学生的注意力，并引导他们进入学习状态。通过不同类型的导入，教师可以更好地抓住学生的注意力，引发学生的思考和讨论，为接下来的教学做好铺垫。

（1）训练流程

学习不同导入方式的理论知识和原则 → 观摩和分析其他教师在导入环节中的实践 → 开展导入方式和手段的实践，观察学生的反应和参与度

→ 反思和调整导入方式和手段，提高效果 → 与其他教师交流和分享经验，寻求反馈和建议

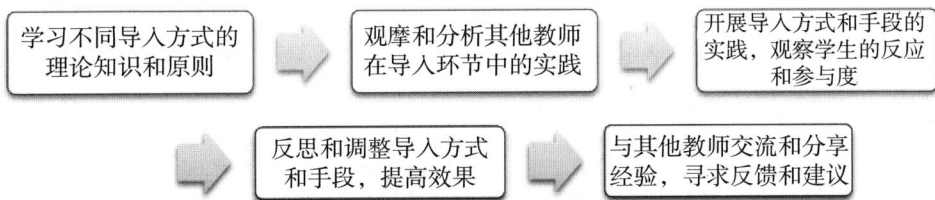

图 5-15　导入技能的训练流程

（2）培训计划

①培训目标

● 理解导入技能的重要性和目的。

● 掌握不同导入方式和手段的理论知识和原则。

● 能够设计和运用有效的导入方式和手段，吸引学生的注意力和引导学生进入学习状态。

● 能够灵活调整和改进导入方式和手段，适应不同学生的需求和教学环境。

● 通过与其他教师的交流和学习，不断提高导入技能水平。

②培训步骤

● 学习导入技能的基本概念和原则：

　　学习导入技能的定义、作用和影响因素。

　　理解有效导入的原则和要素。

● 观摩和分析其他教师的导入实践：

　　观看其他教师的教学视频，重点分析他们在导入环节中采用的方式和手段。

　　分析他们的导入效果、学生反应以及适应不同学习需求的能力。

● 设计和实践导入方式和手段：

　　根据学习目标和学生特点，设计导入方式和手段，并明确实施步骤。

　　进行导入方式和手段的实践，在实际教学中观察学生的反应和参与度。

● 反思和调整导入方式和手段：

　　反思自己的导入实践，评估导入效果，发现问题和改进点。

　　调整导入方式和手段，根据学生的反馈和教学环境进行适当改进。

● 与其他教师交流和分享经验：

　　参与教学研讨会、研讨小组或专业社群，与其他教师交流导入经验和策略。

　　分享自己的导入实践，借鉴他人的经验，寻求反馈和建议。

● 持续学习和更新知识：

　　关注教育领域的最新发展和研究成果，学习新的导入方式和手段。

　　参加培训课程、学术研讨会等活动，提高专业知识和技能。

通过以上简要培训计划，教师可以逐步提高导入技能，灵活运用不同的导入方式和手段，吸引学生的注意力和引导学生进入学习状态。同时，通过反思和与其他教师的交流，不断改进和提高导入效果，为教学奠定坚实的基础。

3. 讲解技能的训练流程和培训计划

讲解是教师传授知识和解释概念的重要环节。教师在讲解过程中需要清晰地表达、逻辑严密、条理清晰。教师可以运用具体的例子和实际的场景来帮助学生理解和消化知识。通过讲解技能的训练，教师能够提升自己的表达和讲解能力，使学生更好地理解教学内容。

（1）训练流程

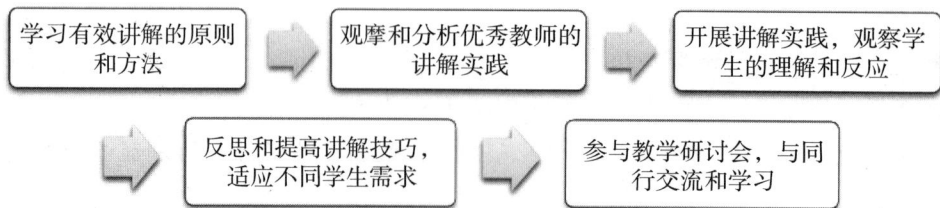

图 5-16　讲解技能的训练流程

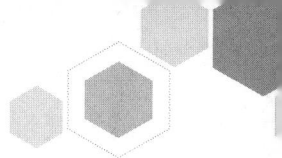

（2）培训计划

①培训目标

● 理解讲解技能在教学中的重要性和作用。

● 掌握有效讲解的原则和方法。

● 能够设计清晰、逻辑严密的讲解内容，并能够灵活应用不同的讲解方法。

● 提高与学生的互动和理解沟通能力，确保学生对讲解内容的理解。

● 通过与同行的交流和学习，不断完善和提高讲解技能。

②培训步骤

● 学习讲解技能的基本概念和原则：

学习讲解在教学中的作用和目标。

理解清晰、简洁和易理解的讲解原则。

掌握与讲解相关的有效表达和沟通技巧。

● 观摩和分析优秀教师的讲解实践：

观看其他教师的教学视频，重点分析他们在讲解环节的实践方式和策略。

分析他们的讲解效果、学生理解度和互动性。

● 设计和实践清晰的讲解实践：

根据学习目标和学生特点，设计清晰、逻辑严密的讲解内容。

开展讲解实践，观察学生的反应和理解度。

● 反思和提高讲解技巧：

反思自己的讲解实践，评估讲解的效果和学生的理解情况。

提高讲解技巧，包括声音语调、语速、姿势动作等方面的调整和改进。

针对不同学生的需求和理解水平，调整讲解的难度和深度。

● 与其他教师交流和分享经验：

参与教学研讨会、研讨小组或专业社群，分享自己的讲解经验和策略。

学习其他教师的经验，借鉴他们的讲解方式和技巧。

提供和接受同行的反馈和建议，共同学习和成长。

● 持续学习和更新知识：

关注教育领域的最新发展和研究成果，学习新的讲解方法和技巧。

参加专业培训、学术研讨会等活动，提高讲解技能和深化专业知识。

通过以上的简要培训计划，教师可以逐步提高讲解技能，掌握有效讲解的原则和方法，并能够根据学生的需求和理解水平进行适当调整和改进。同时，通过与同行的交流和学习，可以共享经验。

4. 提问技能的训练流程和培训计划

提问是教师激发学生思考和参与的重要手段。教师需要在提问中巧妙地引导学生思考，激发他们的思维和想象能力。合理的问题设计和高超的提问技巧能够激发学生的探究欲望和积极性,帮助他们深入理解和应用所学知识。

(1)训练流程

学习提问的原则和技巧 ➡ 观摩和分析优秀教师的提问实践 ➡ 开展提问实践,观察学生的思考和回答

➡ 反思和调整提问方式和策略,提高学生的参与和思考能力 ➡ 与其他教师交流和分享经验,寻求反馈和建议

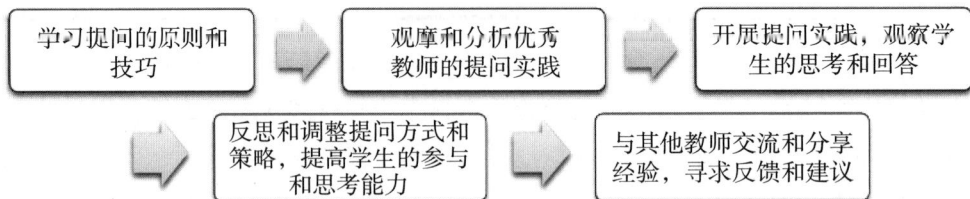

图 5-17 提问技能的训练流程

(2)培训计划

①培训目标

● 理解提问在教学中的重要性和作用。

● 掌握有效提问的原则和技巧。

● 能够设计恰当和具有挑战性的问题,激发学生的思考和参与。

● 提高学生的批判性思维和解决问题的能力。

● 通过与其他教师交流和分享经验,不断完善和提高提问技能。

②培训步骤

● 学习提问技能的基本概念和原则:

了解提问的定义、优点和目标。

理解恰当提问的原则和要素。

掌握开放性、封闭性和引导性问题的区别和适用场景。

● 观摩和分析优秀教师的提问实践:

观看其他教师的教学视频,重点关注他们在提问环节的实践方式和策略。

分析他们的提问效果、学生参与度和思考能力。

● 设计和提出有挑战性的问题:

根据学习目标和学生特点,设计刺激思考的问题。

开展提问实践,观察学生的思考过程和回答。

● 反思和调整提问方式和策略:

反思自己的提问实践,评估问题的挑战性和学生的参与度。

调整提问方式和策略,根据学生反馈和教学环境进行适当改进。

● 与其他教师交流和分享经验:

参与教学研讨会、研讨小组或专业社群,分享自己的提问经验和策略。

学习其他教师的经验,借鉴他们的提问方式和技巧。

提供和接受同行的反馈和建议,共同学习和成长。

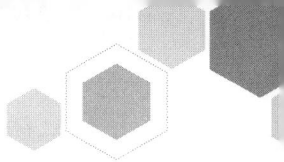

● 持续学习和更新知识：

关注教育领域的最新发展和研究成果，学习新的提问技巧和方法。

参加专业培训、学术研讨会等活动，提高提问技能和拓宽专业知识。

通过以上的简要培训计划，教师可以逐步提高提问技能，设计恰当和具有挑战性的问题，并能够灵活调整提问方式和策略，从而激发学生的思考和参与

5. 调控技能的训练流程和培训计划

调控是指教师根据学生的学习情况，灵活调整教学过程中的内容和方法。教师需要根据学生的表现和反馈，调整自己的教学策略、语速、难度等，以保证学生的学习效果。通过调控技能的训练，教师能够更好地满足学生的学习需求，适应不同学生的学习进度和能力，使教学更加有针对性和个性化。

（1）训练流程

学习教学调控的原则和方法 ➡ 观摩和学习其他教师在教学过程中的调控实践 ➡ 开展自己的调控实践，观察学生的学习进展和表现

➡ 反思和调整调控策略，根据学生的需求和反馈进行适当调整 ➡ 持续学习和更新调控的知识和方法

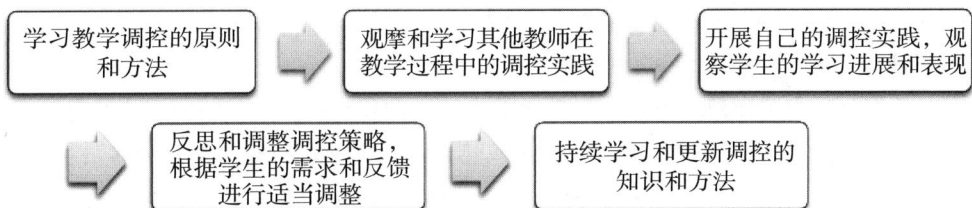

图 5-18 调控技能的训练流程

（2）培训计划

①培训目标

● 理解教学调控的重要性和目标。

● 掌握教学调控的基本原则和方法。

● 能够观察和学习其他教师的调控实践。

● 能够开展自己的调控实践。

● 能够进行反思和调整调控策略。

● 持续学习和更新调控知识和方法。

②培训步骤

● 理解教学调控的概念和重要性

理解教学调控的定义和作用

理解教学调控对于学习效果的影响

● 学习教学调控的基本原则和方法

学习教学调控的基本原则，如个性化、激发兴趣等

学习常用的教学调控方法，如提问、示范等

● 观摩和学习其他教师的调控实践

　　观看其他教师在教学过程中的调控实践视频或课堂讲义

　　分析和讨论优秀调控实践的特点和策略

● 开展自己的调控实践

　　根据学习目标设计调控策略并应用于教学中

　　观察学生的学习进展和表现，记录调控实践的效果

● 反思和调整调控策略

　　进行调控实践的反思和讨论，分享经验和观察结果

　　根据学生的需求和反馈进行适当的调整和改进

● 持续学习和更新调控知识和方法

　　掌握教育领域相关的最新发展的资料和资源

　　进行自主学习和研究，并分享新的调控知识和方法

6.学习支架建构技能的训练流程和培训计划

　　学习支架是指教师在教学过程中提供给学生的辅助和支持，以帮助他们达到更高的学习目标。教师需要运用适当的教学资源和工具，建构学习支架，引导学生充分参与到学习中。这包括提供适当的示范、提示、指导和反馈等。通过学习支架建构技能的训练，教师能够更好地辅导学生，帮助他们解决学习中的困难和挑战。

（1）训练流程

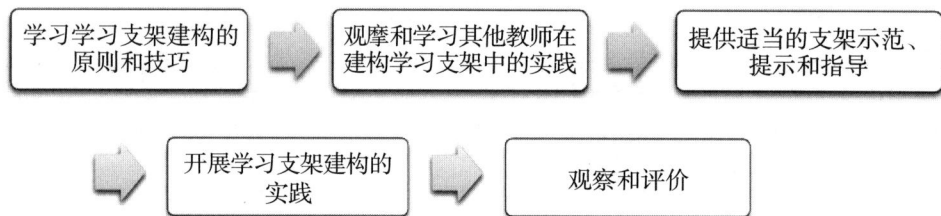

图 5-19　学习支架建构技能的训练流程

（2）培训计划

①培训目标

● 掌握支架建构的原则和技巧。

● 能够设计和建构有效的学习支架，提升教学效果和学生的学习成果。

● 学会利用资源构建学习支架。

②培训步骤

● 学习支架建构的原则和技巧：

　　学习支架建构的基本原理、概念和方法。

　　了解支架建构的原则，如适应性、引导性和渐进性等。

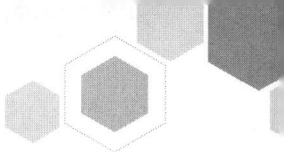

掌握支架建构的技巧，如示范、提示和指导等。

● 观摩和学习其他教师在建构学习支架中的实践：

参观其他教师的课堂，了解他们如何建构学习支架，并观察实际效果。

分析和讨论教师在建构学习支架时采用的方法和策略。

● 提供适当的示范、提示和指导：

实践操作中，教师通过示范和演示，展示建构学习支架的实际过程。

提供适时的提示和指导，引导学生理解和运用支架建构的技巧。

● 开展学习支架建构的实践：

在实际训练中参与建构学习支架的实践。

根据实际情况和学生能力，提供不同程度的支持和指导。

● 观察和评价：

观察学生在实践中的表现，并进行评价和反馈。

回顾和讨论已建构的学习支架的有效性和适应性。

7. 板画与媒体应用技能的训练流程和培训计划

教师需要掌握合适的板书、简笔画和媒体应用技巧，以便更好地展示和辅助教学内容的呈现。板书和简笔画可以帮助学生更好地理解和记忆知识点，媒体应用可以让学生通过多种感官参与学习。教师通过板画与媒体应用技能的训练，能够提高教学呈现的效果，激发学生的兴趣和参与。

（1）训练流程

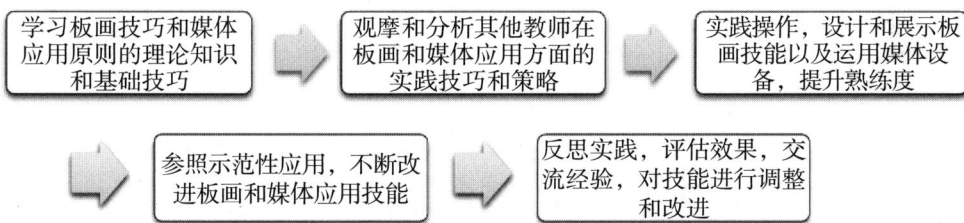

图 5-20　板画与媒体应用技能的训练流程

（2）培训计划

①培训目标

● 掌握板画技巧，能够有效地利用黑板、白板等教学板书资源，清晰地呈现教学内容。

● 熟悉媒体应用工具和技巧，如投影仪、多媒体设备等，能够使用它们增强教学效果。

● 能够根据课程需要，合理地选择和应用板画或媒体工具，以提高教学可视化效果和互动性。

②培训步骤

● 学习板书与简笔画技巧：

学习基本板书规范和书写技巧，使板书文字清晰易懂。

掌握简笔画绘图技巧和条理性布局，能够用简洁明了的图示展示教学内容。

学习使用不同颜色、粗细笔触等元素增强板书和简笔画效果。

● 学习媒体应用技巧：

熟悉多媒体设备的操作和设置，包括投影仪、幻灯片软件等。

学习利用多媒体资源和教学辅助工具，如 AI 辅助、演示文稿、视频、音频等，丰富教学内容。

掌握适当的媒体使用时机和切换方式，以提高教学的视听效果和互动性。

● 实践操作与指导：

在实际教学中，进行板画和媒体应用的实践操作。

根据指导和反馈，掌握正确的技巧和运用方法。

● 反思和改进：

反思自己的板画和媒体应用实践，评估其效果和改进点。

● 与同行交流：

分享经验和策略，以提高板画和媒体应用技能。

8.结束与强化技能的训练流程和培训计划

教学结束阶段的技能包括总结归纳、提出问题或任务等，以巩固学生的学习成果。教师需要及时对学生进行反馈和评价，引导学生对教学内容进行思考和总结。同时，教师还可以给予鼓励和奖励，以增强学生的动力和积极性，巩固所学知识。

（1）训练流程

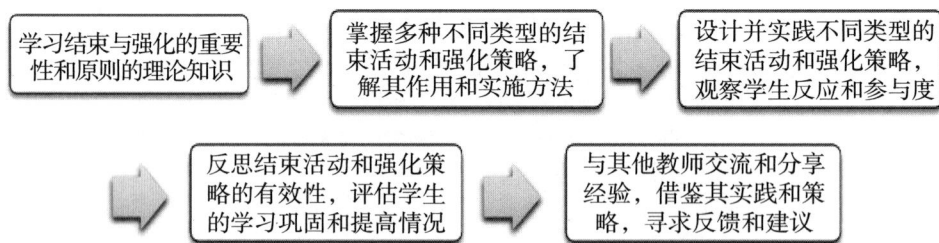

图 5-21　结束与强化技能的训练流程

（2）培训计划

①培训目标

● 理解结束与强化在教学中的重要性和作用。

● 掌握不同类型的结束活动和强化策略，以促进学生学习的巩固和提高。

● 能够设计和运用有效的结束活动和强化策略，巩固学生的学习成果。

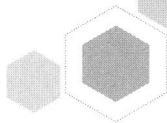

● 能够根据学生的反馈和需要，灵活调整和改进结束与强化策略。

②培训步骤

● 学习结束与强化的重要性和原则：

学习结束活动和强化策略在学习过程中的作用和效果。

掌握结束与强化的基本原则，如积极反馈、个人化策略等。

● 掌握不同类型的结束活动和强化策略：

学习不同类型的结束活动，如总结回顾、问题解答、小结演讲等，以巩固学生的学习成果和知识点。

掌握不同类型的强化策略，如奖励和赞扬、鼓励和认可、激发学习动机等，以激励学生继续努力和提高学习成绩。

● 设计和实践结束活动和强化策略：

根据课程内容和学生需求，设计相关的结束活动和强化策略，并明确实施步骤。

在教学实践中，运用设计的结束活动和强化策略，观察学生的参与度和学习效果。

● 反思和调整结束活动和强化策略：

反思自己的结束活动和强化策略的效果，评估学生的反应和学习成果。

根据反思结果，调整和改进结束活动和强化策略，以更好地促进学生的学习巩固和提高。

● 与其他教师交流和分享经验：

参与教学研讨会、研讨小组或专业社群，与其他教师交流结束与强化的实践经验和策略。

分享自己的结束活动和强化策略，借鉴他人的经验和建议，以不断改进和提升自己的技能。

9. 评课技能的训练流程和培训计划

评课是教师在教学结束后对自己的教学进行评估和反思的过程。教师需要分析教学过程中的优点和不足，并思考如何改进教学方法和策略。通过评课技能的训练，教师能够更好地认识自己的教学，不断提高教学质量和效果。

（1）训练流程

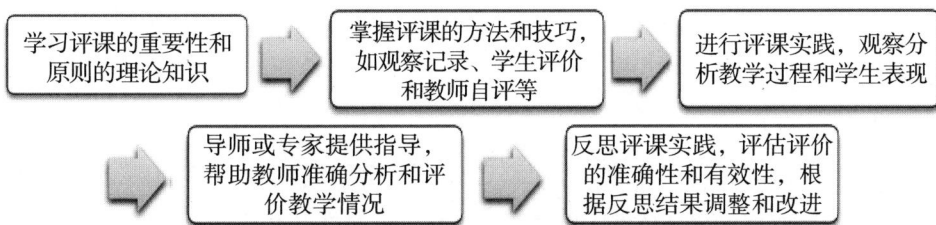

图 5-22 评课技能的训练流程

（2）培训计划

①培训目标

● 理解评课在教学中的重要性和作用。

● 掌握评课的基本原则和方法，能够准确分析教学过程和学生表现。

● 能够有效地提供评价和反馈，帮助学生改进和提高学习成果。

● 能够进行教学反思和改进，提升自身的教学能力和效果。

②培训步骤

● 学习评课的重要性和原则：

　　学习评课对教学发展和学生学习的正面影响。

　　掌握评课的基本原则，如客观性、具体性、建设性等。

● 掌握评课的方法和技巧：

　　学习不同类型的评课方法，如观察记录、学生评价、教师自评等。

　　掌握有效提问和引导的技巧，以促进深入的教学反思和分析。

● 评课实践和指导：

　　在实际教学中，通过观察和分析教学过程和学生表现进行评课实践。

　　导师或专家提供评课指导，帮助教师准确分析和评价教学情况。

● 反思和改进评课技能：

　　教师反思自己的评课实践，评估评价的准确性和有效性。

　　根据反思结果，调整和改进评课实践。

　　在英语教学微技能训练流程中，教师可以按照上述九项技能展开训练。可以通过培训课程、观摩他人的教学、参与教学研讨等方式，提升自己的技能水平。此外，反馈系统也是一个非常有用的工具，可以提供教学反馈和建议，帮助教师不断促进自己的教学能力和专业发展。

（三）英语教学微技能综合训练原则

　　教师经过单项技能的训练并内化形成教学综合能力后，他们能够更好地应对不同情境和学生需求，并以更灵活和有效的方式进行教学。教师应该充分理解每个微技能的使用方法和特点，并灵活运用在不同的教学情境中，最大限度地促进学生的语言习得和发展。此外，对英语教学微技能的综合训练也需要遵循一个总原则，即教师应该将这些微技能有机地结合起来，形成一个有条不紊的流程，以确保课堂教学的连贯性和有效性。以下是英语教学微技能综合训练的共性原则。

　　1.渐进性原则

　　渐进性原则是九项技能训练的共性原则之一。从简单到复杂，循序渐进地进行训练。教师可以逐步增加技能难度和复杂度，确保学习过程的连贯性，并使学习者能够在前一技能的基础上逐步发展和提升。

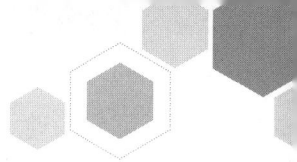

渐进性原则的重要性在于它为教师提供了一个有条不紊的训练框架，并确保学习者能够循序渐进地掌握各项教学技能。例如，在教学活动设计技能中，教师可以从简单的活动开始，逐步引入更复杂的任务和教学模式。这样的渐进性训练可以帮助学生在适当的学习环境中逐步适应和掌握新的教学方法和技能。

同样地，在讲解技能中，渐进性原则可以帮助教师将知识和概念循序渐进地引入，并通过逐步深入的解释、示范和示例来帮助学生理解。教师可以从简单的示范和实例开始，然后逐渐引入更复杂的内容和案例，确保学生能够逐步理解和运用所学的知识。

此外，渐进性原则还可以帮助教师根据学生的学习需求和能力水平进行个性化的教学。通过渐进性的训练，教师可以根据学生的理解和掌握程度，适当调整教学的难度和进度，确保学生能够在现有基础上逐步提高。

2. 实践性原则

实践性原则是基于学以致用的理念，强调将教学微技能与实际教学相结合，以促使教师在实践中应用这些技能。通过实际的操作和练习，在真实的教学环境中，教师可以更好地理解和掌握每个微技能，并能够灵活运用于实际教学中。例如，在教学活动设计技能中，教师可以通过实际设计和实施教学活动来检验其设计的有效性和可行性，从而不断改进和完善自己的设计技能。在导入技能中，教师可以通过实际的导入环节来吸引学生的注意力和激发学习兴趣。在讲解技能中，教师可以通过实际的讲解过程和示范来确保学生能够理解和掌握知识点。在提问技能中，教师可以通过实际的提问方式和策略来引导学生思考和参与课堂互动。

实践性原则还可以帮助教师在评估和反馈中更好地使用各项微技能。在评估技能中，教师可以通过实际的评估工具和方法来了解学生的学习情况，并及时给予反馈和指导。在自我评价和反思中，教师可以通过实际的教学反思来总结经验和提高教学效果。

通过实践性原则，教师能够将所学的微技能转化为实际行动，提升自己的教学能力和水平。同时，实践性原则也能够使教师更加有信心和能力应对各种教学挑战和需求，促进教学的有效性和学生的学习成果。

3. 反馈原则

反馈原则对提供及时、准确的反馈对教师的学习和成长至关重要。教师可以寻求同事、专家或学生的反馈，发现自己的强项和有待改进的空间，并获取改进的建议和指导。

教师可以通过多种渠道获得反馈，其中包括同事、专家或学生。同事的反馈可以是非正式的交流和观察，也可以是正式的教学评估和互评。教师可以与同事分享自己的教学经验，并寻求他们的观点和建议。这样的反馈可以帮助教师从不同的角度看待自己的教学，发现自己的盲点并改进教学策略和方法。

专家的反馈可以通过参加专业发展活动、参加研讨会或向专家请教来获取。专家的反馈可以提供专业的指导和建议，以帮助教师在各个教学微技能上不断提高和发展。教师可以通过与专家的交流和咨询，获得个性化的反馈和指导，从而改善自己的教学能力。

学生的反馈也是教师反馈中至关重要的一部分。通过学生的观察和回馈，教师可以了解学生对教学活动和方法的反应，进而调整自己的教学策略和方法，以更好地迎合学生的学习需求和提高教学效果。教师可以通过问卷调查、课堂讨论和个别对话等方式收集学生的反馈。

反馈原则帮助教师全面了解自己的教学效果，发现自己的优势和改进的方向，并通过改进和反思不断提高教学质量和教学能力。反馈不仅是一个评估工具，更是教师专业发展的重要组成部分。通过积极主动地寻求反馈，并将其融入教学实践中，教师能够不断精进自己，提供更高质量的教学，并最终促进学生的学习成果。

4. 自我反思原则

自我反思原则是教师通过主动对自己的教学实践进行反思，能够及时总结和评估在每个微技能上的表现。通过自我反思，教师可以发现自己的优点和不足，并找到改进的方向和策略。

自我反思是一种深入思考和评估自己教学效果的过程。教师可以在课后或教学周期结束时，通过回顾教学中的各个环节和细节，审视自己的教学目标、教学方法和教学成果。教师可以问自己一系列问题，比如自己的教学设计是否能够满足学生的学习需求，是否能有效引导学生参与课堂活动，以及自己在知识讲解和提问技巧等方面是否能够达到预期效果。

在自我反思的过程中，教师应该诚实客观地评估自己的表现，并找出自己的优点和不足。教师可以回顾教学过程中的亮点和成功之处，以激励自己并保持积极的教学态度。同时，教师也要勇于直面自己的不足和问题，并寻找改进的方向和策略。自我反思不仅是对自己教学的评估，更是自身专业发展的机会，通过不断的反思和改进，教师能够提高自身的教学质量和能力。

自我反思可以以多种方式进行，比如写教学日记、记录教学视频并回顾、与同事进行互相观摩和交流等。这些方法可以帮助教师更全面地审视自己的教学，并从中获得宝贵的经验和教训。

5. 学习共享原则

学习共享原则强调与其他教师进行交流和合作，分享经验和教学资源。通过与他人的互动和合作，教师可以获得更多的启发和借鉴，促进彼此的学习和进步。

教师在教学过程中经常面临各种挑战和问题，在这些挑战和问题中，借鉴他人的经验和集思广益是非常有益的。通过与其他教师进行交流和合作，教师可以了解不同的教学方法和策略，汲取他人的成功经验和教训。这种学习共享的过程可以促进教师的个人发展和成长。

学习共享不仅仅是传统的面对面交流，还包括利用现代科技手段进行远程交流和合作。教师可以通过线上平台和社交媒体组织教学群组，共享教学资源和经验。这种方式使得教师可以与来自世界各地的教师进行互动和合作，拓宽自己的教学视野，获取不同文化背景和学校环境下的教学经验。

此外，学习共享也可以通过参加教师专业发展活动、研讨会和研究小组来实现。在这些活动中，教师可以与其他教师面对面交流和互动，分享和讨论各自的教学实践和研究成果。这种合作与互动不仅能够促进个人发展，还能够为提高整个教师群体的质量和水平做出贡献。

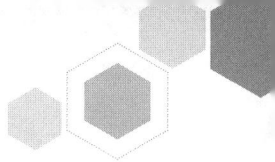

6. 持续学习原则

英语教学微技能训练是一个持续学习的过程。教师应该保持对最新教学理论和研究的关注，不断更新和提升自己的专业知识和技能。

随着社会的发展、教育的变革以及人工智能的高速发展，教学方法和技术也在不断更新和演进。教师需要时刻关注和学习最新的教学理论、方法和技术，以适应不断变化的教学需求和学生的学习方式。只有持续学习，教师才能紧跟教育的最新发展，为学生提供更高质量的教育和学习体验。

持续学习可以通过多种方式实现。教师可以通过参加英语教师专业发展活动、研讨会、研究小组等进行学习。这些活动可以帮助教师深入了解最新的教学理念和方法，并与其他教师进行互动和交流，分享经验和学习成果。

教师还可以通过阅读教育和教学相关的期刊、书籍和研究论文来进行持续学习。通过阅读，教师可以了解最新的研究成果和教学实践，从中获取新的思路和启发。同时，教师也可以通过参与在线学习平台和社交媒体上的教育专业课程和讨论，掌握最新的教学技术和资源。

持续学习还需要教师具备一种积极向上的学习态度和意识。教师应该保持学习的热情和动力，愿意不断投入时间和精力来学习和提升自己的专业知识和技能。只有始终保持学习的心态，教师才能不断适应变化的教学环境和学生需求，提供优质的教育服务。

总体来说，对教师的英语教学技能进行训练需要充分了解技能体系，通过训练和反馈不断提高自己的技能水平，然后将这些技能应用到实际教学中，并根据学生的需要进行灵活调整和修正。这样才能有效提升教师的英语教学技能。

第三节　英语教学微技能评价

一、九项技能的综合评价

在第四章的章节里，各项技能有单独的具体评价作为对单项技能训练效果的评估，在九项技能训练完成后，教师对单项技能也需要有一个整体的概括性综合评价。

（一）概括性评价

1. 教学活动设计技能

评价教师在教学活动设计方面的能力，包括是否能合理安排和组织各种教学活动，是否能够确保教学内容的连贯性和有效性，以及是否能够根据学生的学习需求和程度设计适宜的教学任务和练习活动。

2. 导入技能

评价教师启动课程的能力，包括是否能够引起学生的兴趣，激发学生的思考和好奇心，以及能否将新的知识和技能与学生已有的知识和经验联系起来。

3. 讲解技能

评价教师讲解和解释英语知识和技能的能力，包括是否能够用简洁明了、准确易懂的语言讲解复杂的概念和语法规则，以及是否能够提供具体的例子和实际应用场景来帮助学生理解和掌握。

4. 提问技能

评价教师提问的方式和问题的质量，包括是否能够设计引导性的问题激发学生的思考和表达，是否能够给予学生足够的时间来思考和回答问题，以及是否能够鼓励学生提出问题和展开讨论。

5. 调控技能

评价教师在课堂上控制和引导学习进程的能力，包括是否能够根据学生的不同反应和需求进行及时的调整和适应，是否能够合理安排课堂时间和任务，以及是否能够有效管理学生的注意力和行为。

6. 学习支架建构技能

评价教师提供学习支持和帮助的能力，包括是否能够提供清晰的指导和范例，是否能够给予学生必要的反馈和纠正，以及是否能够提供额外的学习资源和辅助工具来支持学生的学习。

7. 板画与媒体应用技能

评价教师在使用板书和多媒体等教具上的能力，包括是否能够清晰、有序地记录和展示教学内容，是否能够合理运用多媒体资源来增强教学效果，以及是否能够灵活应用各种教具和视听材料来促进学生的理解和记忆。

8. 结束与强化技能

评价教师结束课堂和巩固学习的能力，包括是否能够有效总结和复习本节课的内容，是否能够激发学生对所学知识的兴趣。

9. 评课技能

评价教师对自己的教学进行反思和评估的能力，包括是否能够及时收集学生的反馈和意见，并加以分析和应用于教学改进，是否能够不断学习和更新自己的教学知识和技能，以提高教学质量和效果。

九项教学技能涵盖了教师在不同方面的教学能力，包括教学设计、课堂管理、教学方法和策略等。通过综合评价而不仅仅评价其中某一项技能，可以更全面地了解教师的综合教学能力。综合评价可以帮助确定教师的教学效果。通过对教师的教学技能进行综合评估，可以更准确地了解学生在知识、技能和态度等方面的学习成果，以及教师对学生学习的积极影响程度。

（二）综合评价要素

对九项教学技能进行综合评价可以全面了解教师的教学能力和教学效果，为教师提供反馈和改进机会，促进教师职业发展，同时也是保证教学质量的重要手段。综合评价这九项技

能时，可以考虑以下几个因素。

1. 教学目标达成程度

评估教师在教学目标达成方面的能力，一方面，需要关注教师在教学活动设计、讲解和提问技巧等方面的表现。具体评估内容包括教师的教学活动设计是否符合学生的学习需求和目标，讲解是否清晰、准确且易于理解，以及提问技巧是否能够促进学生的思考和参与。

另一方面，主要关注学生的学习成果和能力的提升情况。这包括学生对所学英语知识和技能的掌握程度，是否能够在实际应用中灵活运用所学的知识和技能，以及学生对英语学习的兴趣和动机是否增强。

为了综合评估教师在教学目标达成方面的能力，可以采用多种评估方法和工具。例如，可以通过课堂观察、学生作业、小组讨论以及考试成绩等来评估学生在知识、技能和语言运用上的表现。同时，还可以利用问卷调查、学生反馈和作品展示等方式收集学生对教学目标达成情况的感知和评价。

综合评估教师在教学目标达成方面的能力，可以为教师提供有价值的反馈和改进机会。教师可以根据评估结果，调整和优化教学设计、讲解方式和提问技巧，以提高教学效果和学生的学习成果。同时，评估教师在教学目标达成方面的能力，也有助于学校和教育机构监控和提升教学质量，确保学生能够得到有针对性和有效的英语教育。

2. 学生参与度和积极性

学生参与度和积极性是评价教师教学能力的重要方面，涉及教师的导入技能、调控技能和学习支架建构技能等。评估教师在这些方面的能力，主要关注教师是否能够激发学生的兴趣并使其积极参与到课堂活动中，以及学生是否能够主动思考和表达。

导入技能是指教师在开始课堂时用引人入胜的活动或问题吸引学生的注意力，激发他们对学习的兴趣和好奇心。评估教师的导入技能时，可以观察教师是否能够设计具有吸引力的开场活动，并能够引发学生的思考和互动。

调控技能是指教师在教学过程中对学生的参与和表现进行引导和调节，以促进他们的积极参与和思考。评估教师的调控技能时，可以观察教师是否能够灵活运用各种教学策略和方法，如小组讨论、角色扮演和案例分析等，以提高学生的参与度和积极性。

学习支架建构技能是指教师提供恰当的支持和引导，帮助学生逐步理解和掌握知识和技能。评估教师的学习支架建构技能时，可以观察教师是否能够提供清晰的学习目标和指导，设计适合学生水平和需要的学习活动，并及时给予反馈和支持。

综合评估教师在学生参与度和积极性方面的能力，可以通过课堂观察、学生反馈、小组讨论和学生作业等方式进行。教师可以利用评估结果来反思和改进自己的教学方法，提高学生的主动参与程度和思考能力，以推动学生的学习成长和发展。

3. 教学效果和学习成果

教学效果和学习成果的评价是对教师在使用板书和媒体应用技能、结束与强化技能等方面的能力进行评估，以确定教师是否能够有效地巩固学生的学习成果，学生是否能够在英语学习中取得进步。

使用板书和媒体应用技能是指教师在教学过程中巧妙地运用板书、多媒体等教学工具，使学生对所学内容有更清晰、生动的理解。评估教师在这方面的能力时，可以观察教师是否能够恰当地运用各种板书技巧和多媒体资源来呈现和解释复杂的英语知识，以提高学生的学习效果。

结束与强化技能是指教师在课堂结束时有效地巩固和总结所学内容，为学生提供复习和再次强化的机会。评估教师在这方面的能力时，可以观察教师是否能够进行有效的课堂总结，概括学生已经学到的知识和技能，并提供适当的学习指导和任务，以帮助学生巩固所学，并将新知识与旧知识进行关联。

综合评估教师在教学效果和学习成果方面的能力，可以通过评价学生表现、学生作业、考试成绩，以及课堂观察等方式进行。教师可以借助这些评估结果来了解学生的学习水平和进步情况，并相应地调整教学方法和策略，以更好地支持学生的学习发展。

教学效果和学习成果的评价对于教师了解教学质量和学生学习状况非常关键。通过评价教师在使用板书和媒体应用技能、结束与强化技能方面的能力，可以推动教师提供更有效的教学，促进学生的学习成果和进步。

4. 教学反思和改进能力

教学反思和改进能力的评价涉及教师在评课技能方面的表现，即教师是否能够及时收集、分析和应用学生的反馈和建议，是否能够持续进行自我反思和提升，以不断提高自己的教学质量和效果。

教师通过评估学生的反馈和建议，可以了解学生对教学内容和方法的理解和接受程度，以及学生的学习需求和困难。评估教师的评课技能时，可以观察教师是否能够积极主动地收集学生的反馈和建议，例如通过问卷调查、口头反馈等方式。此外，教师还需具备分析学生反馈和建议的能力，以便对自己的教学进行客观的评估和改进。

同时，教师对自己的教学进行反思和提升也是评估中的重要方面。教师应当能够客观地审视自己的教学方法和效果，思考和反思教学中的成功和不足之处，并制定相应的改进计划。评估教师的反思和改进能力时，可以观察教师是否能够持续进行自我反省和提升，例如参加教师培训、研究最新的教学方法和理论、与同事进行教学交流等。

综合评估教师在教学反思和改进能力方面的表现，可以通过观察教师的自我评价报告、教学改进计划以及参与专业发展的情况等进行。评估结果可以为教师提供反馈和指导，促使教师调整教学方法和策略，提高教学质量和效果。

教学反思和改进能力的评价对教师的专业发展和教学质量提升至关重要。通过及时收集、分析和应用学生的反馈和建议，并持续进行自我反思和提升，教师可以不断改进自己的教学方法和效果，更好地满足学生的学习需求，提升教学质量和效果。

总体而言，综合评价这九项英语教学技能需要综合考虑教师的教学设计能力、教学方法的多样性和灵活性、学生的参与度、教学效果和学习成果，以及教师的教学反思和改进能力。

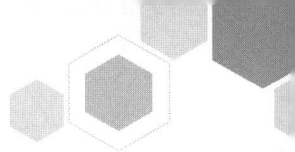

一个优秀的英语教师只有在这些方面展现出较高水平，才能达到更好的教学效果。

二、英语教学微技能的形成性评价

形成性评价的理论基础包括认知发展理论、社会交互理论和建构主义理论等。这些理论认为学习是主动的、积极的过程，学习者通过参与和互动来建构新知识和技能。形成性评价强调对学习者思维过程、理解和知识建构的关注，以便提供有针对性的指导和支持。形成性评价通过提供具体、明确和有针对性的反馈来促进学习者的自我调节和进一步学习。自我调节学习理论强调学习者在学习过程中需要具备自我监控、自我评价和自我调整的能力，以达到学习的目标。形成性评价通过提供自我评价和反思的机会，促进学习者积极参与和自主学习。

英语教学评价中，形成性评价是一种持续进行的、交互性的评价方法，旨在评估教师在教学过程中的专业发展和教学成果。与传统的总结性评价和判断性评价不同，形成性评价注重对教学过程的监控、反馈和促进，以帮助教师理解自己的教学进展及教学效果，并提供有针对性的指导和支持。

形成性评价是一种持续进行的过程，不仅关注教学最终成果，更关注教师在教学过程中的发展和成长。同时，形成性评价是一个双向的过程，涉及教师和学生之间的交流和互动。教师通过观察、记录和搜集反馈，及时反思并改进自己的教学不足。英语教师教学综合能力的形成性评价可以采用多种形式，以下是一些常见的做法。

（一）教学观察和记录

教学观察和记录是一种形成性评价方法，通过评估者或教学观察员（以下统称评价人员）对教师的课堂教学进行观察和记录，以收集教师在教学设计、教学方法和教学效果等方面的数据和信息。这种评价方法有助于获取客观的教学情况和教师的教学表现，提供给教师宝贵的反思和改进的机会。

在教学观察过程中，评价人员可以关注教师的教学准备和组织、教学活动的设计和安排、学生参与的程度、教学方法的运用、教学资源的使用等方面。评价人员需要记录课堂中的关键信息，如教师的语言和声音运用、板书和媒体应用、教学策略的灵活性、学生互动等。

评价人员可以通过教学观察和记录收集到关于教师教学能力和教学效果的定性和定量数据。这些数据可以用于评估教师在教学设计、教学方法和教学效果方面的表现，帮助教师发现自己的优势和有待改进的空间。评价人员可以将观察和记录的数据与评估指标进行对照，分析教师的表现和学生的反应。

教学观察和记录的结果对教师的教学发展和改进至关重要。教师可以根据评价人员的观察和记录提供的反馈，了解自己的教学效果和需要改进之处。教师通过对自己的教学观察和记录进行反思分析，发现自己的优点和不足，并制定改进计划，以提高教学质量和效果。

综合来说，教学观察和记录是一种有效的形成性评价方法，通过观察教师的课堂教学并记录相关信息，提供给教师有关自己教学能力和教学效果的反思和改进的机会。这种评价方法有助于教师了解和改进自己的教学实践，以提高教学质量和学生的学习成效。

（二）教学文件和作品展示

教学文件和作品展示是一种形成性评价方法，教师通过提交教学文件和作品，如教案、学生作业、教学设计等，来展示他们的教学准备和教学成果，供评价人员进行评估。

教学文件和作品展示可以展示教师在教学设计、教学内容和教学方法等方面的实际操作和成果。教师可以提供详细的教案，说明教学目标、教学步骤、教学资源和评价方式等。学生作业可以展示教师对学生学习成果的要求和期望。教学设计可以反映教师的教学思路和方法选择，以及对课堂教学的安排和组织。

教学文件和作品可以供评价人员深入了解教师的教学准备和教学成果，从中评估教师的教学能力和教学效果。评价人员可以根据所提供的教学文件和作品，考察教师在教学设计和实施方面的合理性、创新性、学习目标的明确性、教学资源的合理性和学生评价的准确性等。

教学文件和作品展示既是教师对自己教学工作的总结和展示，也是供评价人员评估教师教学能力的重要依据。教师通过提交教学文件和作品，可以更全面地展示自己的教学水平和教学成果，获得更准确的评价和反馈。同时，教师可以通过评价人员的反馈，对自己的教学进行反思和改进，进一步提高教学质量和效果。

（三）学生评价和反馈

学生评价和反馈是一种形成性评价方法，通过收集学生对教师教学的评价和反馈意见，可以了解学生对教师的教学效果和个人特点的看法。这种评价方法可以通过问卷调查、发放教学反馈表或面谈等方式进行。

学生评价和反馈的方法旨在收集学生对教师教学效果的主观感受和观点。通过问卷调查，学生可以匿名回答一系列与教学相关的问题，评估教师在教学内容、教学方法、互动和评价等方面的表现。教师也可以设计教学反馈表，让学生在课堂结束后提供对教师教学的具体反馈。此外，教师可以通过面谈等方式与学生进行一对一或小组讨论，以更深入地了解学生对教学的评价和建议。

学生评价和反馈可以获取学生的观点和意见，帮助教师了解学生的学习需求，改进教学方法和策略，以提高教学效果。学生的反馈可以涵盖教师教学内容的清晰度、教学方法的吸引力和适应性、教学时间的合理性以及教师对学生问题的回应等方面。

学生评价和反馈对于教师的教学发展和改进具有重要意义。教师可以通过分析学生的评价和反馈，了解学生对自己的教学效果和教学方式的感受，看到自己的优势和有待改进的空间。教师可以认真对待学生的反馈意见，考虑如何改进自己的教学策略，以更好地满足学生的学习需求。

因此，学生评价和反馈是一种重要的形成性评价方法，通过收集学生对教师的教学反馈进行评价和提供改进意见，有助于教师了解学生对教学的感受和需求，以提高教学质量和效果。

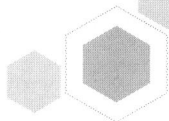

（四）同行评价

同行评价是指其他教师对教师的教学进行评价和反馈，通过观察教师的课堂教学、进行教学讨论等方式，以获取不同教师的专业意见和建议。

同行评价可以帮助教师从不同的视角和专业角度来观察和评估教学。其他教师可以通过实地观察教师的课堂教学来获得对教学过程和学生反应的直接观察。他们可以关注教师与学生的互动、教学策略的运用、学生的参与度等方面，并进行评价和反馈。

此外，教师之间的教学讨论也是同行评价的重要形式之一。教师可以参与教学研讨会、教学小组、教师培训等活动，在这些平台上分享教学经验、观察和评价彼此的教学，互相提供专业意见和建议。

同行评价的目的是利用教师之间的专业互助和合作，提供教师教学能力的反馈和改进机会。通过同行评价，教师可以获得来自其他专业人士的中肯评价和建议，从而深入了解自己的教学实践，发现不足并寻找改进的方向。

同行评价的好处是提供了避免孤立教学和互相学习的机会。通过同行评价，教师可以学习和借鉴其他教师的教学优点和成功经验，共同提高教学质量。

（五）教师自我评价和反思

教师自我评价和反思是指教师对自己的教学进行评估和思考。通过编写教学日志、自评报告等方式，教师能够对自己的教学方法和效果进行自我检视和总结，从而找出不足之处并加以改善。

教师自我评价和反思对于教师的教学发展具有重要意义。教师通过写教学日志、自评报告等形式，能够记录和回顾自己的教学过程，了解自己在教学中的表现、方法和效果。通过反思教学过程，教师可以发现自己在教学中存在的问题和不足，并能够分析问题的原因，找到改进的方法和策略。

教师自我评价和反思不仅对教师的个人教学发展有益，也对学生的学习成果有积极影响。通过不断反思和改进教学方法，教师能够提高自己的教学质量，给学生提供更有效的学习资源和教学环境。同时，教师的自我反思也能够促进与学生的良性互动，增强教师对学生学习情况的观察和反馈能力，从而更有针对性地帮助学生提高学习效果。

教师自我评价和反思是教师进行教学改进和提升的关键环节。通过反思个人的教学方法和效果，教师能够更好地找到教学中的不足之处，改进自己的教学方式，提高教学质量，给学生提供更好的学习体验和效果。

（六）教学团队合作评价

教学团队合作评价是指教师与同事共同组成教学团队，通过集体评价和反馈的方式，互相学习和共同成长。

教师团队合作评价的目的在于促进团队成员之间的交流和合作，提高整个团队的教学水平和效果。在教学团队中，教师们可以分享自己的教学经验、教学方法和教学资源，相互借鉴和学习。通过集体评价和反馈，教师们可以互相检视和指导，在彼此的建议和意见中找到改进教学的方法和策略。同时，教师团队合作评价还可以促进教师之间的互相支持和激励，增强团队的凝聚力和合作精神。

通过团队评价，教师们可以共同分析和思考教学问题，找出共同的缺点和难点。同时，团队评价也可以促使教师们深入思考和研究教学理论和教育改革的相关问题，从而推动教学工作的创新和进步。教师团队合作评价也对学生的学习成果产生积极影响。团队中的教师们可以通过合作评价，共同提高自己的教学水平，给学生提供更好的学习资源和学习环境。同时，团队评价还可以促进教师之间的经验交流和教学策略的分享，从而提高学生的学习效果。

形成性评价注重教学过程中的监测和反馈，多种形式的形成性评价可以帮助教师全面了解自己的教学实践，从不同角度获取评价和反馈，以促进个人的教学发展和持续提高教学质量。同时，形成性评价也为教师提供了改善教学方法和策略的机会，以更好地满足学生的学习需求。

对于英语教学微技能的形成性评价，进行量化和权重分配是一种有助于全面评估教师综合教学能力的方法。根据英语教学微技能的九项技能，将其划分为不同的评估维度和指标。虽然在英语教学中有许多量化指标和权重可用来评估每个形成性评价要点，但具体的指标和权重会根据教学目标、学校要求和课程特点的不同而不同。从评估者的角度看，可以将九项技能的形成性评价的评估维度分为教学观察和记录、教学文件与作品展示、学生评价与反馈、同行评价、教师自我评价和反思与文档分析等，如表 5-4 所示。

表 5-4　英语教学微技能形成性评价表

评价要点	权重	指标	评价内容	权重	得分
教学观察和记录	50%	1	教学准备和组织	10%	
		2	教学活动设计和安排	10%	
		3	学生参与度	10%	
		4	教学方法的运用	10%	
		5	教学资源的使用	10%	
教学文件和作品展示	15%	6	学生作业、教师教案等的质量	10%	
		7	教学文件的清晰度和逻辑性	3%	
		8	教学设计的创新性	2%	
学生评价和反馈	15%	9	学生对教师整体教学表现的满意度	5%	
		10	学生对教师教学效果和个人特点方面的评价	5%	
		11	学生对教师教学资源和评价方式的评价	5%	
同行评价	10%	12	其他教师对教师教学表现的评价	4%	
		13	教师对同行评价的分析和反思程度	4%	
		14	参与同行评价的教师比例	2%	

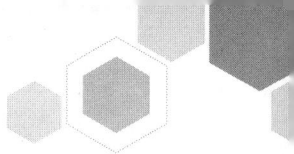

续表

评价要点	权重	指标	评价内容	权重	得分
教师自我评价和反思	5%	15	对教学过程的反思和总结的质量	3%	
		16	对教学方法和效果的自我评价	2%	
文档分析	5%	17	教学资料的质量和适用性评估	5%	
备注：				总得分	

具体的评价指标和权重应根据实际情况和评估目的进行调整和确定。需要强调的是，量化评价只是评估的一部分，还应考虑教师的专业发展和个人教学风格等因素。学校和教师应以量化评价为辅助，结合其他定性评价方法，以全面了解英语教学微技能的优势和改进方向。

三、英语教学微技能的总结性评价

英语教学技能的形成性评价可以提供关于教师在教学过程中所展现的能力，以及教师教学过程的直接反馈，但形成性评价只是对教师在特定时间段内的教学进行评估，而总结性评价能够对一段时间内的教学进行综合和全面的评估，能够考察教学技能和方法的持久性和稳定性，这是形成性评价所无法完全涵盖的。通过长期的评估，可以判断教师在教学领域的持续发展和成长情况。形成性评价应该和总结性评价相辅相成，共同促进教师的专业成长和教学水平的提高。

形成性评价和总结性评价都是对英语教师教学技能和教学综合能力的评价。教师通过接受英语九项教学微技能的训练，能够更好地掌握和应用教学方法和各项教学技能。教师有能力在课堂教学中持久综合运用各种教学技能来提高课堂教学效果，就能形成教师教学综合能力。教师教学综合能力包括授课能力、组织管理能力、备课能力、沟通能力等各项能力的综合。这些综合能力的提高需要教师不断地实践和积累经验，并结合教学技能的训练和提升来提高自身的教学能力。

因此，英语九项教学技能训练是教师教学综合能力提高的基础和保障。教师教学技能的训练，可以帮助教师提高在各个方面的教学能力，从而提升整体的教学综合能力。

英语教师教学综合能力的总结性评价涉及以下几个方面。

（一）教学技巧

1. 教学方法的多样性

评价教师是否能够根据不同学生的个体差异和学习需求，运用多种教学方法和策略进行教学，是否能灵活运用直观教学、交际教学、合作学习等方法，促进学生的积极参与和学习效果的提高。

2. 教学资源和教具的运用

评价教师在教学中是否能充分利用各种教学资源和教具，如多媒体、教学软件、教学游戏等，提升教学效果。同时，评估教师是否能适时地选用和整合教学资源，以满足学生的学习需求。

3. 差异化教学的实施

评价教师是否能根据学生的不同水平、兴趣和学习风格，进行差异化的教学，是否能提供个性化的学习选择，培养学生的自主学习能力和发展潜力。

4. 课堂管理和学习氛围

评价教师是否能有效地组织和管理课堂，保持良好的学习氛围，是否能合理分配时间，提高学生的专注度和参与度。

5. 学习成果和学生反馈

关注学生的学习成果和反馈，评估教师的教学效果。询问学生对教学的满意度、学习收获以及对教师教学方法的意见和建议。同时，观察学生在课堂上的互动和参与情况，了解教师是否能够激发学生的学习兴趣和积极性。

（二）知识传递能力

1. 教师的专业知识水平

评价教师是否具备丰富的英语知识，并对教学内容有深入的了解。可以考察教师的学历背景、专业培训经历以及教学经验等方面的信息。

2. 教师的教学能力

评价教师是否能够将复杂的英语知识转化为简明易懂的教学内容，使学生能够理解和掌握。可以通过观察教师的教学过程和教学设计，或者听取学生对教师教学的反馈，来评估教师的教学能力。

3. 教师的授课方式

评价教师在知识传递过程中的授课方式是否生动有趣，能够吸引学生的注意力。可以考察教师是否有效利用多媒体教具、示范讲解和互动等教学手段，使学生在掌握知识的同时保持兴趣和积极性。

4. 学生的学习成绩和表现

评价教师的知识传递能力可以考察学生在课堂上的学习成绩和学习表现。可以通过测验、考试、布置作业等方式综合评估学生的学习情况，进而反映教师的知识传递能力。

5. 学生对教师的评价

可以采取学生问卷调查、访谈等方式，听取学生对教师的评价，了解学生对教师知识传递能力的认知和看法。

（三）沟通能力

1. 与学生的沟通能力

评价教师是否能够与学生建立积极的师生关系，以及是否能够运用适当的语言和非语言沟通方式与学生进行有效的交流。可以观察教师在课堂上的互动，包括提问、回答学生问题、倾听和反馈等。

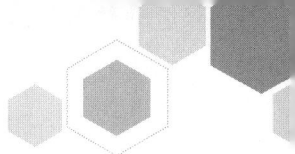

2. 与家长的沟通能力

评价教师是否能够主动与家长进行沟通，及时反馈学生的学习情况和表现，并与家长合作制定学生的学习计划。可以了解教师与家长进行沟通的频率、方式和效果等方面的信息。

3. 与同事的沟通能力

评价教师是否能够积极与其他教师进行有效合作和交流，共同研究教学问题，分享教学经验。可以了解教师是否参与教研活动、教学讨论会以及是否能够在团队中协作和做出贡献。

4. 教师培训和专业交流参与度

评价教师是否积极参与教师培训和专业交流活动，如研讨会、座谈会等。可以了解教师参与这些活动的频率、参与的方式以及与他人有效交流的能力。

5. 对反馈和指导的接受能力

评价教师是否能够主动寻求反馈和指导，并对反馈和指导持开放和积极的态度，以提升自身的沟通能力和教育水平。可以考察教师对学生、家长或同事的反馈态度和反应。

（四）课堂管理能力

1. 课堂秩序管理

评价教师是否能够有效地管理课堂秩序，包括维持安静的学习环境，确保学生守纪律、准时到课和有序交流等。可以观察教师在课堂中采取的行为和策略，以及学生的反应和参与情况。

2. 课堂时间管理

评价教师是否能够合理利用课堂时间，安排教学内容的展示和学习活动的进行。可以了解教师是否能够有效控制每个教学环节的时间，使得教学内容得以充分呈现和学生的学习时间得到合理分配。

3. 学生参与度管理

评价教师是否能够鼓励和促进学生的积极参与，包括提问与回答、小组讨论与合作等。可以考察教师在课堂中引导学生发言的方式和频率，学生在课堂中的主动参与程度。

4. 教学资源管理

评价教师是否能够充分利用各种教学资源，包括教材、多媒体设备、教具等，以提升教学效果。可以观察教师在课堂中使用教学资源的情况，是否能够合理运用，丰富教学内容和学习体验。

5. 个别学生管理

评价教师是否能够针对不同学生的需求和特点，进行个别化的管理和关怀。可以考察教师是否能够及时发现和解决学生的学习困难，给予个别指导和辅导，以促进学生的进步和发展。

（五）评估能力

1. 评估方法的科学性和有效性

评价教师是否能够选择适合的评估方法，包括测试、作业、项目、口语表达等，以全面评估学生的语言能力和学习情况。可以考察评估方法是否与教学目标和内容相匹配，能够客观、准确地衡量学生的学习成果。

2. 评估标准的公正性和明确性

评价教师是否能够制定明确的评估标准，使学生了解评估的标准和要求。可以考察评估标准是否公正、客观，并与教学大纲和学科标准相符合。

3. 对学生反馈和建议的反应能力

评价教师是否能够及时和有效地给予学生评估结果的反馈和建议，帮助学生了解自己的学习情况，并提供有针对性的学习指导。可以考察教师是否能够清晰地传达评估结果和建议，与学生进行积极的交流和互动。

4. 对学生学习进步的观察和记录能力

评价教师是否能够仔细观察学生的学习进步和发展趋势，并进行记录和分析。可以考察教师是否关注学生的学习过程，能否及时发现学生的困难和问题，并采取相应的教学策略和措施。

5. 对不同层次学生的个体评估能力

评价教师是否能够针对学生的不同水平和需求，进行个别评估并给予相应的反馈和指导。可以考察教师对学生个体差异的关注程度，是否能够采用不同的评估方式和标准。

英语教师的教学综合能力不仅关乎教师自身的素质和能力，也直接影响到学生的学习效果和发展方向。一个全面发展的英语教师应具备以上各方面的能力，并能不断提升自身教学水平，以更好地为学生的英语学习提供帮助。

英语教师教学综合能力的总结性评价指标和权重的具体分配因评估者的需求和实际情况而定。表 5-5 是对每个方面的评价指标的提炼和可能的权重分配，教师可以根据具体情况进行调整。

表 5-5　英语教学综合能力的总结性评价表

评价要点	权重	指标	评价内容	权重	得分
教学技巧	25%	1	教学方法多样性	5%	
		2	教学资源和教具的运用	5%	
		3	差异化教学的实施	5%	
		4	课堂管理和学习氛围	5%	
		5	学习成果和学生反馈	5%	
知识传递能力	25%	6	教师的专业知识水平	5%	
		7	教师的教学能力	5%	
		8	教师的授课方式	5%	
		9	学生的学习成绩和表现	5%	
		10	学生对教师的评价	5%	

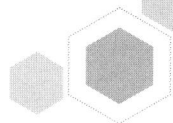

续表

评价要点	权重	指标	评价内容	权重	得分
沟通能力	15%	11	与学生的沟通能力	3%	
		12	与家长的沟通能力	3%	
		13	与同事的沟通能力	3%	
		14	教师培训和专业交流参与度	3%	
		15	对反馈和指导的接受能力	3%	
课堂管理能力	25%	16	课堂秩序管理	7%	
		17	课堂时间管理	5%	
		18	学生参与度管理	7%	
		19	教学资源管理	3%	
		20	个别学生管理	3%	
评估能力	10%	21	评估方法的科学性和有效性	2%	
		22	评估标准的公正性和明确性	2%	
		23	对学生反馈和建议的反应能力	2%	
		24	对学生学习进步的观察和记录能力	2%	
		25	对不同层次学生的个体评估能力	2%	
备注：				总得分	

应该注意的是，总结性评价侧重于教学结果，应该与侧重于教学过程的形成性评价相结合，才能更全面、准确地评估英语教师的教学能力。

总结性评价是在教学过程结束后进行的，通过综合考察教师的整体表现、学生的学习成绩和反馈等方面的信息，对教师的教学能力进行综合评价。总结性评价注重教师整体的教学质量和教学成果，以及教师对学生发展的影响。它具有全面评估、综合判断的特点。

形成性评价是在教学过程中进行的，通过对教师的实际教学过程和学生学习情况的观察、记录和反馈，及时发现教学中的问题并给予指导和调整。形成性评价注重教师的实际教学行为、教学策略和教学效果，旨在帮助教师改进教学方法、提高教学效果。它具有及时反馈、针对性强的特点。

形成性评价可以帮助教师及时发现和解决教学中的问题和困难，改进教学方法和策略，提高教学效果。总结性评价可以对教师的整体教学质量和教学成果进行全面评估，为教师的成长和发展提供综合性的反馈和指导。

因此，结合形成性评价和总结性评价能够提供更全面、准确的教学能力评估结果，帮助教师自我发展和提升教学水平。

四、影响评价的几个心理学效应

为了保证教师教学能力评估的准确性和公正性，避免评估结果的无效和主观偏见，除了要考虑到教学环境和学生因素对教师表现的影响，还需要关注一些心理学效应对教师教学能力评估的影响。心理学效应可能扭曲评估结果，使评估者无法准确地评估教师的真实表现。例如，霍桑效应指的是在被观察者知道自己正受到观察时，会改变自己的行为和表现，以符合观察者的期望。如果评估者不意识到这一效应，可能会高估或低估教师的表现。再比如，首因效应指的是评估者在评估过程中会更加关注和重视首次接收到的信息，而忽视后续获得的信息。这可能导致评估者对教师的某些特定方面做出过于片面和不准确的评价。在评估教师教学能力时，还需要考虑到教学环境和学生因素对教师表现的影响。心理学效应可以帮助评估者更好地理解这些影响，并在评估过程中加以考虑。

影响教师教学能力评价的心理学效应主要有以下几个：

（一）霍桑效应

霍桑效应（Hawthorne effect）是指当人们知道自己正受到观察或评估时，他们的行为会改变，往往表现出比平时更良好的情况。这种效应的发现源自于一系列早期的实验研究，这些实验最初在1924年至1932年期间在美国伊利诺伊州的霍桑工厂进行。

在霍桑工厂的研究中，研究人员希望了解提高工人生产效率的方法。他们进行了一系列实验，包括改变照明强度、调整工作时间等。然而，不论他们采取何种干预措施，工人的生产效率都有所提升。研究人员发现，这与实验本身并没有直接关联，而是因为工人们意识到自己正在接受观察，所以他们在工作时表现得更加努力和专注。

霍桑效应的出现有以下几个原因：第一，关注：当人们注意到他们正在被观察时，他们会特别关注自己的行为和表现，以满足观察者的期望。第二，激励：知道自己正在接受观察或评估的人，可能会对自己的行为或结果感到更加自豪和满意，从而产生更积极的态度和行为。第三，反应性：人们可能因为对观察的反应而主动改变他们的行为，试图展示自己的优点和能力。虽然霍桑效应在早期的工厂实验中被广泛研究，但它同样可以在其他环境和情境中出现，包括教育领域。

在教学评估中，当教师意识到自己正接受评估时，霍桑效应可能会对其教学行为产生一定的影响。首先，教师可能会表现出更积极和投入的态度，更加关注课堂准备和演示。他们可能会特地准备更多教学资源和活动，以展示自己的教学能力。这种积极的表现不一定能准确地反映教师的日常教学水平，因为他们可能在被观察时投入更多精力和时间。

其次，教师可能会对学生付出更多关注和关心，并采取更多的互动和参与活动，以使课堂更具吸引力。他们可能会更频繁地与学生交流、提问和鼓励，并更快地回应学生的问题和需求。这种额外关注和互动可能会提高学生参与度，营造积极的课堂氛围，但这并不一定说明教师在平时也能保持同样的表现。

此外，教师也可能会更加关注评估者的期望和要求，并试图满足这些期望。他们可能会

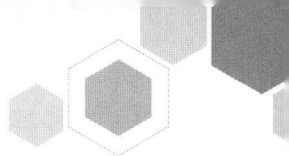

特别强调评估者所看重的方面，而忽略一些其他的教学目标或技巧。这种行为可能会导致评估者对教师的真实表现产生误解，无法全面评估其教学能力。

评估者也应意识到霍桑效应的存在，并对其在评估中的影响加以控制。评估者可以采用多种评估方法和工具，从多个角度观察和检验教师的教学表现，还可结合其他信息和数据，如学生反馈、观察记录、课堂作业和考试结果等，综合评估教师的教学能力。

因此，霍桑效应在教学评价中是一个需要警惕和控制的心理学效应，评估者应该在评估过程中采取措施来减少其影响，评估者和教师应共同努力，确保评估过程的准确性和公正性，真实反映教师的教学水平和能力。

（二）首因效应

首因效应（primacy effect）指的是人们在接收一系列信息时，对最早获得的信息给予更高的重视，留下更深的记忆，往往会对整个信息序列的印象产生较大的影响。人们倾向于更加记得最初的信息，而将后续的信息记忆淡化或忽略。

首因效应是基于认知心理学中的序列效应理论而提出的。它认为由于最初接收到的信息占据了记忆的优先位置，人们在把握和处理信息时更倾向于基于最初的印象进行评估和决策。这可以解释为什么在观看一系列呈现的产品、竞选演讲或考试答卷时，人们更容易看重或评价最先接触到的产品、演讲或答卷。

心理学家大都认为首因效应是由注意因素和记忆加工因素共同作用而产生的。在注意方面，最初的信息更容易引起人们的关注，因为这是对新信息的首次接触。在记忆加工方面，最初的信息在短期记忆中有更高的存储强度和优先性，使得它更容易迁移到长期记忆中。

在教育和教学评估中，首因效应可能会对教师的评估结果产生倾向性影响。当评估者对教师进行教学评价时，通常会观察和收集一系列数据和信息，例如教师的课堂展示、学生互动、教学资源等。如果教师的最初表现较好，评估者可能会倾向于给予更积极和正面的评价，而忽略后续可能出现的问题或不足之处。反之，如果教师的最初表现不佳，评估者可能会对他们持负面的印象，即使教师在后续的教学中出现改善或突出表现，这些正面表现也可能被忽视。这可能是因为初始阶段的信息对于评估者来说是全新的、鲜明的，而且可以产生更深刻的印象。因此，这些初始信息更容易在评估者的记忆中留下深刻印象，并在整个评估过程中产生较大的影响。

首因效应在教学评价中可能会导致评估者对教师的整体表现产生偏见。为了减少首因效应对教学评价的影响，评估者可以采取以下措施：

1.综合多个信息来源

评估者应该收集和综合多个信息来源，包括观察记录、学生反馈、课堂作业和考试成绩等。这样可以获得更全面、客观的教师表现。

2.时间分配均衡

在评估的过程中，评估者应该充分观察和评估整个时间段内的教学表现，而不局限于最初的阶段。这样可以保证评估结果更加全面和准确。

3. 过程评价

除了最终评价，评估者可以考虑采用过程评价的方式，定期和持续地对教师的表现进行评估。这样可以善于发现教师的进步和突出表现，而不仅仅依赖于最初的印象。

首因效应在教学评价中是一个需要充分注意的心理学效应。评估者应该了解和认识到这一效应的存在，并采取相应措施。

（三）近因效应

近因效应（recency effect）是与首因效应相对应的概念，指的是人们在接收一系列信息后，对最后获得的信息给予更高的重视，留下更深的记忆。与首因效应不同，近因效应强调了最后的印象对整个信息序列的影响。

由于最后的信息在人们的短期记忆中较为鲜明，因此更容易被回忆和提取。此外，最后的信息通常能够更好地激发人们的注意力和情绪反应，从而在记忆加工过程中产生更深刻的印象。

在教育和教学评价方面，近因效应也需要引起重视。教师在教学的最后阶段所展示的表现和影响可能会对评价结果产生较大的影响。如果教师在课程结束前组织一次有趣的活动，也会给听课者留下一个深刻的印象，那么听课者在评价时可能会更加关注这一部分，从而影响整体评价结果。

要减少近因效应对教学评价的影响，评估者可以采取以下措施：

1. 综合考虑整个教学过程

评估者应该综合考虑整个教学过程中的各个阶段和表现，而不仅仅是最后的阶段。了解学生在整个学期或课程中的学习表现和进步可以更准确地评估教师的教学能力和学生的学习成果。

2. 使用多种评估方法和工具

使用多种评估方法和工具可以更全面地观察和记录学生的学习情况和教师的教学能力。除了考试分数，还可以采用作业、小组讨论、展示、实验等多种形式的评估，以获得更多角度和来自不同阶段的信息。

3. 观察和记录学生的进步和反馈

评估者可以定期观察和记录学生在学习过程中的进步和反馈。这可以通过学生的作业、课堂参与情况、问题解决能力等方面来评估学生的学习情况。通过这种方式，评估者可以更客观地评估学生在整个学期或课程中的学习发展。

4. 提高评估者的专业素养

评估者应具备专业的评估技能和知识，了解评估的原则和方法，以及如何避免个人偏见和倾向性评价。专业的评估者需要持续学习和提高自身的能力，以提供客观和准确的教学评价。

5. 保持公正和客观

评估者在评价过程中应保持公正和客观，避免被最后阶段的表现所左右。他们可以采

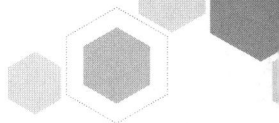

用评估标准和评分规则，确保评估过程的公正性，并在评估前尽量消除任何个人偏见或主观判断。

近因效应强调了最后接收到的信息对记忆和印象的影响。在评估和决策过程中，评估者需要意识到首因效应和近因效应的存在，并采取相应措施来减少这些效应对评价结果的偏影响。

（四）镜像效应

镜像效应（mirror effect）指的是人们在社会互动的过程中，倾向于模仿或跟随他人的行为、态度和情绪。这种效应的产生源于人类的社会性和群体行为，人们倾向于通过模仿他人来获得认同感和社会接纳。镜像效应在教学评价中也扮演着重要的角色。以下是镜像效应如何影响教学评价的几个方面：

1.教师表现的影响

教师在教学中的行为和表现往往会对学生产生影响，激发他们的参与和学习动机。当教师展现积极、激情和专业的表现时，学生往往也会模仿这种积极的态度，从而在教学评价中得到更好的评分。相反，如果教师表现不佳，缺乏热情和专业性，学生可能会受到负面的影响，评价结果也可能不尽如人意。

2.学习氛围和师生关系的影响

镜像效应还涉及学习氛围和师生关系。当教师能够营造积极向上、互动融洽的学习氛围，并与学生建立良好的信任和亲密关系时，学生往往会更投入学习并取得更好的成果。这种积极的师生关系可以影响学生对教学过程的感知和评价，从而对教学评价产生影响。

3.学生之间的影响

学生之间也存在着镜像效应。当一些学生在学习上表现出色、积极参与课堂活动时，其他学生可能会受到激发，愿意跟随他们的行为来参与学习。这种同伴影响在教学评价中体现为学生间的成绩差异或参与程度的差异，从而影响评价结果。

要避免镜像效应对教学评价的不利影响，评估者需要保持客观和公正的评价态度，摆脱个人偏见和主观判断。他们需要综合考虑多方面的因素，不局限于教师的表现，还要考虑学生的努力程度、学习成果等因素。同时，评估者还可以使用多种评估方法和工具，对学生的不同表现进行观察和记录，以获得更全面和客观的评价结果。

需要注意的是，以上这些心理学效应在教师评价中可以起到一定的作用，但评价教师的能力和效果时应综合考虑多个因素，包括学生学习成果、学生反馈、同行评估等，以得出全面和准确的评估结果。

五、1+1 评价反馈

（一）即时第一反馈

除了系统化的形成性评价和总结性评价外，即时的教学反馈也是很重要的，即时的第一反馈容易改变教师的教学行为。即时的教学评价反馈是指在教学过程中即时获得的、对教师教学情况和教学效果进行评价的简洁、快速和高效的信息。与量化的评价相比，即时评价反馈重在简单扼要、快速高效，可以作为简洁的定性评价。即时反馈有利于对教师教学过程和教学方法的及时调整和改进。

即时评价反馈有各种表现形式，在不具备进行复杂评价的教学条件下，1+1评价反馈模式简单易用、高效有力，尤其适用于新手教师或师范生的教师技能训练。1+1评价反馈模式指的是听课者在授课教师完成课堂教学后，即时向授课教师提供一条课堂教学中教师表现最好的正面反馈和一条教师需要改进的负面反馈，以描述性的表达形成定性评价反馈。它的优势在于能够快速而直接地收集来自听课者的反馈信息，这些反馈信息可以帮助教师了解自己在教学过程中的表现，并找出自己的优点和不足之处。反馈信息的数量取决于听课者的数量，因此可以收集到丰富的信息以供分析。

1+1评价反馈模式首先强调了正面反馈和负面反馈的平衡，确保了评价的全面性和公正性。正面反馈可以帮助教师认识和巩固自己在教学中表现出色的方面，增强自信和动力。同时，负面反馈则指出了教师在教学中需要改进的方面，为教师提供了具体的指导和建议。

这种模式在提供反馈时注重描述性的表达，属于定性评价反馈，能够更加直观地展现教师在课堂中的表现，帮助教师理解反馈的意义和目的。通过描述具体的示例和情境，教师可以更好地了解自己的教学实践，同时也能够更好地接受和理解反馈。

此外，这种评价模式的简洁性也使得它在快节奏的教学环境中得到广泛应用。在1+1评价反馈模式中，授课教师只需接收并综合一条正面反馈和一条负面反馈，不会被过多的信息所分散。这样的简洁性帮助教师更快地理解和接受反馈，同时也方便了评估者的工作，减轻了评价负担。

1+1评价反馈模式简单直观、正反平衡，并且强调精准和具体的反馈，适用于大多数教学场景，尤其适用于新手教师和师范生的教学技能训练，以及快节奏教学环境下的评价需要。1+1评价模式也能够鼓励教师继续保持优秀的教学表现，并帮助他们及时调整和改进自己的教学方法。

需要指出的是，1+1评价反馈模式并不适用于所有教学场合和评价情境。在一些复杂的教学场景中，可能需要更加详细和细致的评价反馈。因此，在实际应用中，评估者需要根据具体的情况和目标选择合适的评价模式，以确保评价的准确性和有效性。

（二）1+1评价模式特点

1. 简单易用

1+1评价模式非常简单，易于理解和应用。评估者只需要给出一条正面反馈和一条负面反馈，不需要进行复杂的评价指标和打分。评估者可以根据自己的观察和感受，直接提供简明扼要的反馈，使评价过程更加高效快捷。

2. 注意平衡

1+1评价模式注重正面反馈和负面反馈的平衡，以确保评价的全面性和公正性。正面反馈可以肯定教师在教学中的优点和出色表现，增强其自信心和教学积极性。负面反馈则指出

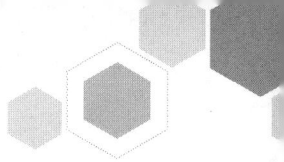

教师需要改进的方面，为其提供具体的指导和建议，促使教师的进一步发展。

3.描述性的表达

1+1评价模式鼓励评估者使用描述性的表达，以形成定性评价反馈。通过具体描述教师在课堂中的表现、行为或结果，可以让教师更加直观地了解评估者的看法，并更好地接受和理解评价。描述性的反馈也可以帮助评估者更准确地反馈教师在教学中的优点和改进的方向。

4.即时反馈

1+1评价模式强调在课堂结束后即时给予反馈，有助于教师在接收到反馈后能够即时调整和改进自己的教学。评估者可以利用课后反馈的机会，与教师进行反馈交流，共同探讨如何进一步提升教学效果。

5.精准和具体

1+1评价模式要求评估者给出具体的正面反馈和负面反馈，以便教师能够明确了解自己在教学中的优势和改进点。这种精准和具体的反馈有助于教师做出有针对性的调整和改进，提升教学质量。

此外，1+1评价模式还鼓励积极的反馈文化的建立。通过即时给予正面反馈和指出需要改进的方面，教师和其他评估者之间可以建立起积极的沟通和合作关系。评估者的反馈可以激发教师的教学热情和动力，同时也促进教师之间互相学习和分享经验。但在某些复杂的教学场景中，需要更加细致和全面的评价方法来提供更具体和详尽的反馈。因此，在使用1+1评价模式时，评估者需要根据具体情况和评价目的灵活运用，确保评价的准确性和有效性，在与其他评价方法结合使用时，可以更好地提高教学质量和促进教师专业成长。

（三）1+1定性评价

除了评课涉及的教师职业素养、教师专业素养、采用教学法、教学目标及重点、教学环节过渡以及课堂活力六个要素可以做定性评价外，1+1评价模式的描述性定性评价可以从教学目标的实现、教学方法的运用、学生参与度和互动性、教学资源的利用、师生互动和关系建立以及教师语言和表达等方面进行评判，并提出教学优点和有待改进之处。

1.教学目标的实现

在描述性定性评价中，可以评判教师是否能够有效地实现教学目标。这包括评估教师是否能够明确阐述学习目标、向学生解释目标的重要性以及通过教学方法帮助学生达到目标，教师能否清晰地向学生传达预期的学习成果，是否能够根据学生的学习进展进行相应的调整和反馈。

2.教学方法的运用

评估者可以描述教师在教学过程中所采用的具体方法和策略，并判断其效果和适用性。他们可以观察教师是否运用多样化的教学方法，如讲授、讨论、小组活动等，并评估这些方法是否能够激发学生的学习兴趣、提高学习效果。

3.学生参与度和互动性

教学评价还应关注学生的参与度和互动性。评估者可以通过描述学生是否积极参与课堂讨论和活动、与教师和同学互动交流等方面来评估教师的表现。教师鼓励学生思考、提问和展示自己的意见，能够促进学生的参与度和互动性。

4. 教学资源的利用

评估者可以描述教师如何利用教学资源。这包括观察教师是否恰当地使用教材、多媒体资源，以及是否能够利用互联网和其他教学工具提供学习资源。有效的教学资源使用可以丰富课堂内容，提供多样化的学习体验。

5. 师生互动和关系建立

评估者应关注教师与学生之间的互动和关系建立情况。他们可以描述教师是否能够与学生保持积极的交流，并建立师生之间的信任和尊重。教师的有效沟通和个性化指导，能够促进学生的学习和发展。

6. 教师语言和表达

在描述性定性评价中，可以考察和评判教师的语言和表达能力。教师的语言清晰度、表达能力以及用词准确性都是评价的方面。评估者可以描述教师在课堂中的语言运用情况，包括使用的教学语言、表达方式和语调等。同时，评估者也可以指出教师需要改进的语言和表达方面，以帮助其提高教学效果。

（四）注意事项

在对教学优点的评价方面，评估者可以描述教师在实现教学目标、运用教学方法、促进学生参与、优化教学资源利用和建立良好师生互动关系方面的优点，也可加入对评课六要素的观察和记录。例如，评估者可以指出教师能够清晰地阐释学习目标，灵活运用各种教学方法，鼓励学生积极参与和表达观点，充分利用多媒体资源等。

在对教学改进的评价方面，评估者可以描述教师需要改进的方面，并提出具体建议。这可以涉及教师在目标设定、教学方法运用、学生参与度、资源利用和师生互动方面的不足之处。评估者可以提供有针对性的建议，如改进目标的明确性、增加多样化的教学方法、鼓励更多学生参与等。

1+1评价反馈简单有效，同时评估者也容易受到首因效应和近因效应的影响，出现评价偏差。因此，评价者应该尽可能客观地观察和收集教师的表现，注意观察整个课堂过程，而不仅仅是片段或特定时刻。这样可以减少首因或近因效应对评价的影响，确保评价的全面性和公正性。在评价前进行充分准备和思考，制定一份评价指标或评价维度，明确关注和观察的方面，评估者需要避免只关注首要的或最近发生的事件，避免过度依赖印象或主观感受从而陷入首因效应或近因效应的影响。

为了减少首因效应和近因效应的影响，评估者还应该保持反思和自我审视的态度，可以不断检视自己的评价偏好和倾向，尽量消除个人主观的影响，真实客观地反映教师的表现。1+1教学评价反馈表示例如表5-6所示。

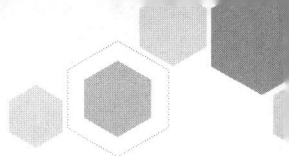

表 5-6 1+1 教学评价反馈表

授课教师		授课内容		授课日期		授课地点	
教学优点							
教学改进							
印象分：						提议人：	

第四节　过程导向型（POT）技能训练

一、POT 模式

认知结构学习理论（cognitive structural learning theory）强调学习过程中对学生的思维结构和认知结构进行调整和重构，学习是通过现有知识与新的信息进行交互、调整和重构的过程。学习者在学习过程中会遇到新的信息和观点，通过与已有的知识进行对比、整合和调整，形成新的认知结构和知识体系。

在教学技能训练过程中，教师或受训者对教学技能的认知是教学技能训练过程的重要一环，在此基础上才可能进行模拟或实践。受训者不但需要了解与所要训练的教学技能相关的知识和理论，而且还需要了解与所要训练的教学技能相关的具体操作和技能，通过反思和判断来评估和改进自己的教学技能。

教学技能的获得是一个操作性很强的重复过程，强调训练过程中教师（受训者）在解决问题或实施教学技能过程中的思考、实践和反思。这与认知结构学习理论的观点相呼应，即通过探究、体验和实践等过程，学生能够主动地调整、重构和发展自己的认知结构。因此，英语教学微技能的训练必须是一个以过程为导向的训练模式，即 POT（process-oriented training）。这种教学技能训练模式具有以下几个重要的意义：

（一）重视学习过程

POT 模式将学习过程置于教学的核心地位。这意味着更重视教师（受训者）在学习过程中的实际操作、思考和反思，而不仅是对结果的评估。通过关注学习过程，可以帮助学生深入理解教学技能的本质和操作过程，促进他们的学习效果和学习动机。

（二）培养批判性思维能力

POT 模式要求教师在实践中不断思考和评估，发展批判性思维能力。教师需要分析、评估和判断自己的教学策略和行为，以及实现教学目标的效果。这种思维能力的培养有助于教师更好地理解和应用教学技能，提高他们的教学水平和效果。

（三）促进经验与反思

POT 模式强调教师通过实践和反思来不断提高自己的教学技能。教师需要在实践中积累经验、发现问题并提出改进措施。通过反思和总结经验，教师可以加深对教学技能的理解和掌握，从而不断提高自己的专业水平。

（四）促进合作与交流

POT 模式强调教师之间的合作和交流，以促进共同学习和发展。在实践中，教师需要相互协作、分享经验和观点，通过合作与交流来推动彼此的进步。这有助于培养教师的合作能力和团队精神，并从他人的经验和思考中汲取有益的教训。

POT 教学技能训练模式的意义在于强调学习过程、培养批判性思维能力、促进经验与反思以及促进合作与交流。这种以过程为导向的训练模式帮助教师全面提升教学能力和效果，更好地应对教学挑战和变化。通过与他人的合作与交流，教师可以借鉴他人的经验和知识，进一步提升自己的教学水平。

二、POT 模式质量控制

在 POT 模式中，质量控制是确保教学技能训练达到预期目标的关键环节。以下是一些质量控制的策略和方法，以确保 POT 模式中的教学技能训练的质量。

（一）设定明确的训练目标

在教学技能训练中，设定明确的训练目标非常重要。训练目标能够为受训者和指导者提供明确的方向和期望，使教学技能训练更加有针对性和有效，进而提高受训者的学习和发展水平。

明确的训练目标帮助受训者和指导者明确学习和训练的方向，为学习提供了一个指导框架，使之更加有目的性和导向性。训练目标不仅帮助受训者了解需要达到的技能和知识水平，还能够指导指导者确定训练的重点和内容。

明确的训练目标有助于提高受训者的动机和努力程度。当受训者知道需要达到什么样的目标时，会更有动力去努力学习和训练。目标还能帮助受训者意识到自己的训练努力与目标之间的联系，激发他们更加积极和有动力地去学习和提升教学技能。

通过设定具体和明确的训练目标，可以更好地评估受训者在教学技能训练中的表现和

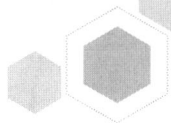

进步，目标可以作为评估学习成果的依据。同时，受训者也可以通过与目标进行对比来了解自己的学习成果和需要改进的方面。这有助于提高训练的质量，并为后续的训练和发展提供指导。

指导者在观察受训者的表现和反馈的基础上，调整和优化教学方法，了解受训者在实现目标上面临的困难和挑战，并相应地调整教学方法和策略，以帮助受训者更好地达到训练目标。

因此，设定明确的训练目标在教学技能训练中至关重要。它能够指导学习方向，提高受训者的参与动力和努力程度，提供评估学习成果的依据，以及帮助教师调整教学方法。

（二）提供清晰的指导

提供清晰的指导可以帮助教师（受训者）准确理解训练的目的。指导应明确说明训练的目标和意义，以便教师能够理解训练目的及其价值。这使得教师能够更好地认识到他们在训练中的角色和目标，从而投入更多的精力和努力。

在提供指导时，应明确说明训练的步骤和程序。详细解释每个步骤的目的和执行方法，以确保教师能够按照正确的顺序和方法进行训练。这有助于避免混淆和误解，提高训练的效果。

清晰的指导还包括明确的评估标准。教师应准确了解他们将如何被评估和评价，以及所期望的技能和表现水平是什么。这样，教师就能明确自己需要做些什么，以达到所期望的评估标准。同时，明确的评估标准还可以帮助教师自我评估，了解自己的优势和需要改进的方面。

通过提供实例和示范来帮助教师更好地理解和实施训练。实例可以是具体的案例、场景或问题，以帮助教师学习如何应用所学的技能。示范可以是指导者或专家进行的实际操作演示，以展示正确的技巧和步骤。这样，教师可以模仿和参考实例和示范，更好地掌握和应用所需的技能。

明确训练的目的、步骤和评估标准，以及提供实例和示范，都有助于教师准确理解和执行任务，避免误解或混淆。清晰的指导能够提高教师的学习和执行效果，从而推动整个训练过程的顺利进行。

（三）实施有效的评估

实施有效的评估对于教师（受训者）的训练过程和成果的监控、教师的专业发展和教学质量的提升均具有重要意义。

为了全面评估教师的训练过程和成果，可以采用多样化的评估方法。除了观察和记录教师的实际表现外，可以使用问卷调查收集教师的自我评价和反馈，也可以进行同行评价或互相观摩。通过多种评估方法的综合应用，可以获取更全面和客观的评估结果，更好地了解教师的训练效果。

评估方法和工具应与训练目标和教师的实际表现相匹配。评估应关注训练目标所强调的核心技能和能力，并通过相应的标准和指标来衡量教师的表现。例如，如果目标是提高教师的课堂管理能力，评估者可以关注教师的教学组织、学生管理和秩序维持等方面。这样，评估可以更有针对性和准确性，评估结果也更具实际意义。

评估应该及时提供给教师，并伴随着具体的反馈和建议，帮助教师了解自己在训练中的表现和进步情况，发现自己的优势和改进的方向。具体的建议可以指导教师在后续的训练中做出改进，从而提高教学技能。反馈和建议应该具体、明确，并与训练目标和教师的实际表现相联系，以提供有针对性的支持。

评估应该是一个持续的过程，而不应局限于训练的特定阶段。通过持续的追踪和评估，可以了解教师的训练进展和成果，发现问题并及时采取纠正措施。这样可以确保教师在整个训练过程中得到适当的支持和指导，以实现最终的训练目标。

通过实施有效的评估，可以监控教师的训练过程和成果，了解他们的表现和进步情况，并提供具体的反馈和建议。这有助于指导教师的学习，提高他们的教学技能，确保训练的效果和质量。同时，持续的追踪和评估也为教师提供了一个反思和调整的机会，他们可以根据评估结果来进行自我评估，了解自己的强项和需要改进之处，并在后续的训练中做出相应的改进。实施有效的评估还可以促进教师的专业发展和成长。通过评估，教师可以识别自己的培训需求和学习机会，明确下一步的发展方向。这不仅有助于教师的个人发展，也对教学质量的提升起到了重要作用。通过对教师的训练过程和成果进行评估，可以及时发现问题和误区，判断培训的有效性和可持续性，然后采取相应的调整措施，优化教学技能训练的设计和实施，确保达到预期的培训效果，提高教学质量。

实施有效的评估对于教师的训练过程和成果的监控、教师的专业发展和教学质量的提升均具有重要意义。采用多样化的评估方法，与训练目标和教师的实际表现相匹配，及时地提供反馈和建议，并持续追踪教师的发展，可以帮助教师更好地改进和提升自己的教学技能，从而提升整个训练的质量和效果。

（四）鼓励反思和自主学习

鼓励教师在训练过程中进行反思和自主学习，以促使他们思考自己的行动、成果和改进方向。这有助于培养教师的思考能力和自主学习能力，让他们深入思考和了解自己的优势和改进之处，并主动寻求解决方案和学习机会。

在教师进行反思和自主学习的过程中，指导者或培训者应提供支持和建议。支持可以包括提供额外的资源、参考资料或专家意见，以帮助教师深入思考和解决问题。建议可以是对教师行动的改进建议，或提供不同的观点和方法来解决问题。这些支持和建议能激发教师的创造力和学习动力，促使其在专业发展中不断成长和进步。

鼓励教师进行反思和自主学习的另一个重要方面是促进合作和分享。教师可以相互交流和分享自己的反思和学习经验，从中获取新的思路和启发。合作可以包括小组讨论、同伴观摩或互相协作等形式，通过相互学习和交流，教师可以相互支持和提供建议，共同解决问题和追求进步。

为了有效推动教师的反思和自主学习，需要建立一个反馈机制。反馈可以是定期的评估

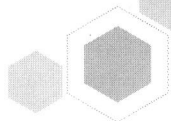

和回顾，也可以是指导者和同行的具体意见和评价。反馈应及时、具体和有建设性，以帮助教师更好地了解自身的表现和改进方向。通过建立反馈机制，教师可以获得及时的反馈和指导，从而加强其反思和自主学习的能力。

（五）提供及时的反馈

及时提供针对教师的反馈非常重要，这样可以突显他们的优点并指明改进的方向。反馈需要具体明确，针对教师的行为和表现进行描述，而不是简单笼统地评价好坏。具体的反馈有助于教师更好地了解自己的优点和改进的方向。此外，反馈应与训练目标相关，坚持正面的鼓励，并提供具体的建议和指导，帮助教师准确了解自己在哪些方面表现出色，以及需要在哪些方面改进。

反馈应围绕教师在训练中需要掌握的技能和知识点展开，确保教师能够理解他们的表现是否符合预期，帮助教师意识到自己的进步和发展空间。教师一旦意识到自己在某个领域取得进步，或者需要进一步提高某个方面的能力时，他们就会更有动力和积极性去努力学习和进步。

在提供反馈时，坚持正面的鼓励非常重要。发现并鼓励教师的优点是激励教师积极学习的关键。通过强调教师已经取得的成功，可以提供正面的反馈，增强教师对自己能力的自信。除了鼓励之外，提供具体的建议和指导也非常重要。建议和指导应该是具体和可行的行动建议，以帮助教师进一步完善自己的教学能力。

（六）持续改进和升级

持续改进和升级是一个不断迭代的过程，需要对教育训练的反思和评估。只有这样才能发现训练过程中的不足和问题，进而及时采取行动进行改进和完善。

教师的反馈和成果是改进和完善训练的重要依据。教师对训练的评价和意见可以帮助指导者深入了解他们的需求和期望，从而调整和改进训练策略和方法。如果教师反馈训练内容不够丰富，指导者可以引入更多的案例和实际教学情境来加强训练的实践性；如果教师反映训练形式单一，就需要增加互动性和个性化的元素以提高训练的吸引力和效果。

随着教育环境的变化和教学需求的不断演变，需要及时更新和调整训练内容，确保其与时俱进。通过准确的评估和反思，可以及时发现问题并采取相应的改进措施。同时，也要密切关注教育领域的最新发展和需求变化，及时更新和调整训练内容和形式，以满足教师的需求，并提高其教学水平和专业素养。

三、POT 模式应用步骤

（一）PORI 步骤

POT 是一种教学训练模式，针对英语教学中的九项技能进行训练。这些技能包括教学活动设计技能、导入技能、讲解技能、提问技能、调控技能、学习支架建构技能、板画与媒体应用技能、结束与强化技能以及评课技能。

POT 技能训练模式主要包括四个步骤，即 PORI 步骤。首先是预测（prediction），根据每个教学技能训练要点，预测在实施技能时可能遇到的教学困难和学生反应，从而制定心理预案。然后是观察（observation），通过观察和记录自己在教学过程中的行为，结合技能要点的比对，初步发现自身不足之处。接下来是反思（reflection），通过教学记录、自我评价、同事评价以及小组讨论等方式，搜集信息并反思教学过程，思考并提出改进措施。最后是改进（improvement），在重新制定技能训练计划的基础上再次实践，以实现改进的目标。

通过 POT 技能训练模式，教师能够有针对性地训练和提升英语教学中的各项关键技能。预测可能遇到的困难和反应可以帮助教师提前做好准备，增强应对能力。观察和记录自身在教学过程中的行为，能帮助教师发现自己的不足之处，为进一步改进提供依据。反思阶段则是对教学过程和效果进行深入思考和评估，帮助教师发现问题并提出改进措施。最后，通过改进阶段的再实践，教师能够将改进的目标落实到实际教学中，提高自己的教学能力和水平。

（二）具体实施

1. 预测

在 POT 技能训练的预测阶段，教师通过深入了解每个技能的要点和难点，以及学生可能面临的困难和反应，可以为教学活动做出合理的安排和准备。

首先，教师需要了解每个技能的要点和难点。例如，在教学活动设计技能中，教师需要考虑如何设计具有挑战性和吸引力的教学活动，以激发学生的兴趣和积极参与。通过了解技能要点，教师可以在预测阶段提前思考这些要点在具体的教学情境中可能遇到的困难，以及学生可能的反应。

其次，教师需要考虑学生可能面临的困难和反应。不同的学生在掌握不同的技能时往往会面临不同的困难。例如，在提问技能中，某些学生可能不太习惯回答问题或表达自己的观点，教师可以预测到这一点，并提前思考如何帮助这些学生克服困难。另外，也要考虑学生对各项技能的理解程度，以及他们可能对教学活动的反应。通过预测学生的困难和反应，教师可以提前做好应对措施，为学生创造更有利于学习的环境。

预测教学活动中可能出现的问题并预设应对方案主要是帮助教师构建心理预案。通过提前预测可能出现的问题和困难，教师可以准备解决方案，并在教学中进行灵活调整。这种心理预案的建立有助于教师保持冷静和应对突发情况，同时也可提高教师的教学效果。

在 POT 技能训练的预测阶段，教师通过深入了解技能要点和学生可能面临的困难和反应，可以为教学活动做出有针对性的准备和安排。预测阶段能为教师提供思考和策划的时间和机会，使其能够更好地应对教学中可能出现的各种情况，从而提供更有效和个性化的教学。

2. 观察

在 POT 技能训练的观察阶段，教师通过观察和记录自己在教学过程中的行为和表现，可以更深入地认识自己的教学风格和效果。通过与技能要点的比对，将自己的行为与目标进行对照，从而确定自己的不足之处。

首先，教师通过观察自己在教学中的行为和表现，可以发现自己可能存在的不足之处。例如，在导入技能中，教师可能无法有效地吸引学生的注意力或激发学生的兴趣，也可能导

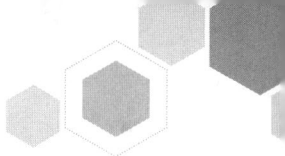

致学生无法有效地学习。通过观察自己的导入过程，教师可以发现自己是否使用了足够多样化和具有吸引力的教学方法，是否能够创设出积极的学习氛围。

其次，观察重点是与技能要点的比对。教师可以将自己的行为与技能要点进行对照，以确定自己在具体技能方面的不足之处。例如，在提问时，教师可能没有提出具有挑战性和引导性的问题，或者没有适时地给予学生反馈。通过观察自己的提问过程，教师可以发现自己是否能够提出充分引导学生思考的问题，是否能够及时给予学生指导和鼓励，以达到技能要点的要求。

观察阶段的关键是教师的反观和自省。通过自录教学视频，观察和记录自己在教学过程中的行为和表现，教师能够更客观地认识到自己的教学风格和效果。同时，将观察结果与技能要点进行比对，教师可以发现自身不足，并确定改进的方向和重点。这种自我观察和反省的能力是教师提高教学质量和效果的重要基础。

总的来说，在 POT 技能训练的观察阶段，教师通过观察和记录自己在教学中的行为和表现，并将其与技能要点进行比对，可以发现自己的不足之处。通过反观和自省，教师能够更好地认识和理解自己的教学风格和效果，并为改进教学提供有针对性的方向和重点。观察阶段的重要性在于，它帮助教师从实际行动中找出问题，并为下一步的改进提供指导和支持。

3. 反思

进入反思阶段，教师需要通过多种方式进行反思，可以从不同角度审视和评估自己的教学过程。这有助于教师更全面地认识到自己的优点和不足，并为改进提供指导和支持。

教师可以通过教学记录来反思自己的教学过程。教学记录可以包括课堂笔记、教学日志、学生作品等。通过回顾这些记录，教师可以回顾自己在教学中的行为和决策，发现自己在某些方面的优点和不足。教师可以通过教学视频来查看自己是否能够提出有启发性和引导性的问题。教学记录帮助教师深入思考和评估自己的教学效果，并为进一步改进提供参考。

自我评价是反思阶段的重要组成部分。教师可以对自己的教学过程进行评估，发现自己的优点和不足，并思考如何改进。自我评价需要教师对自己的教学行为和效果进行客观的评估，从而意识到自己可能存在的问题，同时也肯定和利用自己的教学优点。

此外，同事评价和小组讨论也是反思阶段的重要方式。教师可以与同事一起评价和探讨彼此的教学经验和观察结果。通过与其他教师的交流和讨论，教师可以获取不同的观点和意见，从而得到更全面的反馈。同事评价和小组讨论能够促使教师思考自己的教学方法和策略，并寻求改进的建议和意见。

在反思阶段，教师通过多方面的反思方式，可以更加客观地认识到自己的教学优点和不足，审视和评估自己的教学过程，思考自己是否达到了技能要点的要求，并提出相应的改进措施。

教师在自我反思阶段可以通过教学记录、自我评价、同事评价以及小组讨论等多种方式进行反思，客观地认识到自己在教学中的强项和弱项，从而能够有针对性地改进自己的教学方法和策略。

教师在进行技能训练反思时可以从自问以下几个问题开始：

（1）我掌握教学技能训练要点了吗？

通过评估自己的教学行为和效果，教师可以判断自己是否按照技能要点进行了相应的教学活动设计、导入、讲解、提问、调控等。

（2）我激发学生听课兴趣了吗？

教师可以回顾学生在教学活动中的表现和学习成果，评估自己的教学是否能够激发学生的兴趣、提高他们的参与度和理解能力。

（3）我的教学效果达到了吗？

教师可以回想自己的教学方法和策略，评估其对学生学习产生的效果和提升的效率。教师可以思考如何更好地利用时间、资源和教学活动，以达到更好的教学效果。

（4）我正确使用教学方法和策略了吗？

通过反思，教师可以发现自己的不足之处，并提出相应的改进措施。教师可以思考如何进一步提高自己在教学活动设计、导入、讲解、提问、调控等方面的能力，以及如何提高学生的学习积极性和参与度。

教师应该在反思阶段保持客观和开放的态度，接受反馈和建议，并勇于面对自己的不足之处。同时，教师也应该肯定和利用自己的优点和教学经验，将其融入改进的过程中。反思阶段是 POT 技能训练模式中的关键环节，通过教学记录、自我评价、同事评价以及小组讨论等方式，教师可以全面地审视和评估自己的教学过程，并提出相应的改进措施。

4. 改进

在 POT 技能训练模式的改进阶段，教师需要根据经过反思的结果和制定的改进计划，进行实际操作并应用所学的改进措施。这一阶段的目的是通过实践的过程来改进教学效果，提高自己的教学水平。在改进阶段，教师可以采取以下措施：

（1）重新制定技能训练计划。根据反思阶段的结果，教师应该能够识别出自己在教学中可能存在的不足，并制定改进的目标和计划。例如，如果在教学活动设计技能中发现自己的设计不够具有吸引力或挑战性，教师可以设定改进目标为提升教学设计的创造性和吸引力，并制定一系列的行动计划来实现这个目标。

（2）在实践中应用所学的改进措施。通过实践，教师可以将改进的目标和计划付诸行动。比如，在导入技能中，教师可以尝试探索不同的引入方法，利用多媒体资源引发学生的思考，以增加导入部分的吸引力和启发性。教师需要密切观察并评估这些改进措施的效果，反馈给自己并进行调整。

（3）改进阶段是一个循环的过程，教师需要持续地进行观察和评估，通过不断地实践和反思来验证和优化所采取的改进措施。如果评估发现某个改进措施没有达到预期效果，教师可以重新思考和调整方案，并尝试不同的方法。通过实践和反思的循环，教师可以逐步改善自己的教学方法和策略，提高教学效果。

（4）教师应该不断寻求反馈和建议，与同事进行交流和讨论。通过与其他教师的交流，

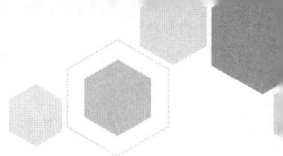

学习和借鉴他人的经验和成功实践，为自己的改进提供更多的参考和指导。教师也可以利用专业发展活动，如研讨会和培训课程，以增强自己的专业知识和技能。

POT技能训练模式的改进阶段是一个重要的循环过程，教师根据反思的结果和改进计划进行实际操作，并通过持续的实践、反思和调整来不断提高自己的教学水平和效果。教师需要制定改进目标和计划，并在实践中应用所学的改进措施。通过实践和反思的循环，教师能够逐渐改善自己的教学方法和策略，提高教学效果。

POT技能训练模式通过预测、观察、反思和改进四个阶段，帮助教师提升在英语教学中的不同技能。这种系统性的训练模式能够帮助教师全面提高教学素质，提供更有效和有针对性的教学活动方案，从而提升学生的学习效果。通过POT技能训练模式，教师能够不断反思和改进自己的教学方法和策略，更好地满足学生的需求和提高他们的学习成果。

POT模式应用步骤图如图5-23所示。

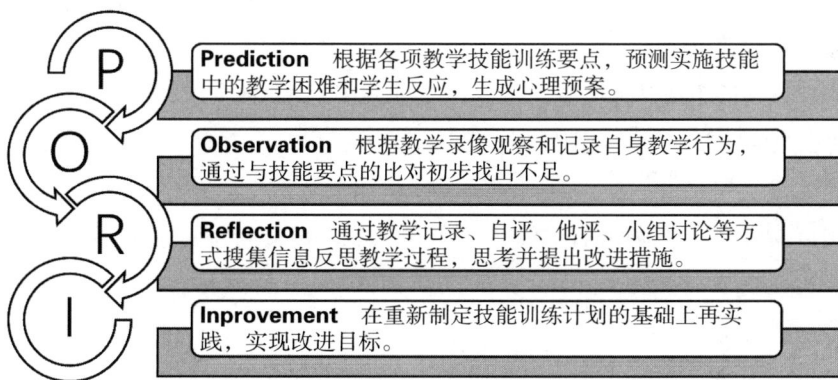

图 5-23　POT 模式应用步骤

四、POT 模式应用原则

使用POT进行教学技能训练，除了需要进行过程质量监控，还需要使用应用原则来指导训练过程。应用原则可以帮助教师理解POT训练模式的核心要点和关键步骤，有针对性地运用这些要点和步骤，使训练更加高效。教师可以根据以下应用原则对自己的技能训练过程进行参照分析。

（一）反思原则

反思原则在英语教师的教学技能训练中不可或缺。教师通过回顾和反思整个技能训练过程，能够深入了解到训练目标和教学要点是否成功达成。这种反思过程可以帮助教师审视自己的教学方法是否有效，学生是否积极参与学习，以及所使用的技能是否全面覆盖了各个技能要素，并符合应用原则。

通过反思，教师可以发现自己在某些方面的教学方法和策略非常有效，能够激发学生兴趣，提高他们的学习动力，从而达到训练目标。教师也能够发现自己在某些方面可能存在一些不足，如教学内容的组织不够清晰，教学方法不够多样化等。反思可以帮助教师制定出相应的改进计划，例如尝试新的教学方法、寻求同事的建议等。

在反思过程中，教师需要关注学生的参与度和理解程度。他们可以思考自己在训练过程中是否给予学生足够的机会和空间去实践和运用所学的技能，是否及时给予他们反馈和指导。通过反思，教师可以找到提高学生学习参与度和理解能力的方法，例如设置小组合作活动、提供个性化的学习支持等。

反思原则还可以帮助教师更好地应用其他原则，如发现原则。教师可以在反思中更好地理解和使用发现原则，关注训练过程中的实际操作，发现实际教学中应用 POT 训练模式时的问题和挑战，并寻找解决方案，从而提高教学效果。具体的反思方法包括：

1. 教学日志

教师可以记录每一堂课的过程，包括自己的教学设计、学生的表现和教学效果等。通过阅读和回顾教学日志，教师可以发现自己在教学中的优点和问题，并提出改进的措施。

2. 教学观察和同伴评价

教师可以邀请同事或其他专业人员观摩自己的课堂，并征求他们的意见和建议。他们可以从不同角度提供反馈，帮助教师发现自己的不足并提供改进方案。

3. 问卷调查

教师可以向学生征求他们对课堂教学的反馈意见。通过问卷调查或讨论，教师可以了解学生对教学的满意度、理解程度和参与度等方面的情况，从而对自己的教学进行评估和改进。

4. 专业发展活动

教师可以积极参与教学研讨会专业发展活动和培训课程等专业发展活动，与其他教师进行交流和分享经验。通过与其他教育专业人员的互动，教师可以借鉴他们的教学方法和经验，为自己的教学提供更多的启发和改进方向。

（二）发现原则

在英语教师的教学技能训练中，发现原则强调教师通过持续的发现来提升自己的教学能力，其目标是让教师能够自主发现技能训练过程中的不足，并积极寻找改进的方法。通过自己的发现，教师可以进一步提升自己的教学技能。应用发现原则能够激发教师的好奇心和探索欲望，积极探索新的技能应用环境、应用技巧和教学资源。以下几种发现方式可以应用于POT 模式中的发现原则：

1. 视频录制与观看

鼓励教师将自己的教学过程录制下来，并与他人一起观看和讨论。这一方法可以使教师客观地了解自己在教学过程中的表现，包括优点和不足之处。教师可以从观看录像中发现语言表达是否清晰，学生的参与度如何等问题，并提出改进的建议和行动计划。

2. 同伴观摩与互动评价

鼓励教师互相观摩教学，并进行互动评价。这种方式可以使教师从其他教师的教学中学习新的策略和方法，并发现自己在某些方面的不足之处。通过观摩和评价，教师可以互相启

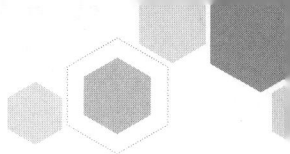

发，提供新的思路和建议，进一步改进自己的教学技能。

3. 学生反馈与问卷调查

教师可以向学生征求反馈意见，以了解自己的教学效果和不足之处。学生的反馈可以帮助教师发现自己的不足，并根据学生的反馈进行调整和改进。教师可以询问学生对教学内容的理解程度、教学方法的可行性等方面的意见，从而针对性地提高自己的教学效果。

4. 专业发展活动与资源

鼓励教师积极参加专业发展活动，并利用相关的教学资源。参与培训、研讨会和教学研究小组等活动可以帮助教师在专业领域保持更新，进一步发现自己的不足，并通过与他人的交流和合作来提升自己的教学技能。同时，教师可以利用相关教学资源，如教学案例、教学视频等，来拓宽自己的视野，从中发现新的教学方法和策略。

教师可以通过以上的发现方式，充分利用POT模式中的发现原则，自主发现自己的不足，进而寻找改进的方法。这种持续的发现过程可以不断提升教师的教学能力，使其能够更好地应用POT训练模式进行教学。教师通过发现原则能够认识到自己在教学中的不足和局限，实现自我认知，促使自己主动寻求改进和发展。

（三）强化原则

强化原则在英语教师的教学技能训练中起着至关重要的作用。教师在接受训练和提升自己教学能力的过程中，需要得到及时的反馈和积极的奖励，以提升他们的动力、自信心和教学效果。

接受同行评估或教学观摩是一种有效的反馈和奖励方式。教师可以邀请同事或其他教学专家来观摩自己的课堂，并提供意见和建议。这种同行评估和教学观摩是一种互相学习和成长的机会，通过与其他教师交流和分享经验，教师可以从中获得启发，并及时改进自己的教学方法。

此外，教育专家的指导和评估也是教师技能训练中的一种强化方式。教育专家可以对教师的教学进行评估，并给予具体的指导和建议。这种指导和评估可以帮助教师发现自己的不足，并提供改进的方向。教师可以根据专家的建议进行反思和改进，以提升自己的教学能力。

除了同行评估和教育专家的指导，教师还可以通过参与教学竞赛、获得教学奖励和荣誉来增强他们的自信心和动力。参与教学竞赛可以激发教师的竞争意识和创造力，同时也给予教师展示自己教学成果的机会。获得教学奖励和荣誉是对教师工作的肯定和鼓励，这不仅可以增强教师的自信心，还可以激励他们继续努力和改进。

通过强化原则，教师可以得到积极的反馈和奖励，增强他们的动力和自信心，提升教学效果。这将有助于教师更好地应用POT训练模式，为学生提供优质的英语教学训练，促进学生的英语学习和发展。

（四）再实践原则

再实践原则是英语教师教学技能训练中将技能内化的关键。教师应该将反思、发现和强化的过程持续进行下去。然而，仅仅靠理论的学习和思考并不能完全确保教学效果，最终的验证需要通过实践来实现。教师可以根据反思和发现的结论，调整自己的教学方法和策略，并尝试新的教学实践。

再次实践是教师能力提升和专业发展的关键。在实践中，教师可以尝试新的教学方法和策略，将其应用于真实的教学环境中。通过实践，教师可以了解新方法和策略的实际效果，发现得失和有待改进之处。在实践中，教师还可以与学生和同事进行交流和合作，以共同改进教学。

再实践的过程是一个持续的循环，教师不断尝试新的教学实践，并根据实践的结果再次进行反思和发现。这种循环的实践过程可以帮助教师不断改进和提升自己的教学能力。通过不断地实践和调整，教师能够不断适应变化的教学环境和学生需求，提供更符合实际情况的教学。

此外，再实践也可以通过教学研究和教学小组的形式来实现。教师可以参与教学研究项目，与其他教师一起研讨和共同实践，互相学习和启发。教师还可以加入教学小组，与同事们分享教学经验和教学实践，以提升整个教育团队的教学质量和效果。

通过再次实践，教师能够不断调整和改进自己的教学方法和策略，提高教学效果。这种不断实践和反思的循环过程是英语教师教学技能训练中的关键，也是教师能力提升和专业发展的动力。通过坚持再实践原则，教师能够更好地应用 POT 训练模式，为学生提供更具效果的英语教学训练。

综上所述，将 POT 训练模式应用于英语教师的教学技能训练时，英语教师应该运用反思原则来分析自己的教学经验，发现自身的优点和不足；同时，要运用发现原则积极探索新的教学方法和技巧；通过强化原则，及时给予教师积极的反馈和奖励以提高他们的自信心和动力；最后，要遵循再实践原则，持续反思、发现和强化，不断调整和改进教学实践。

五、POT 模式与综合实践

POT 模式注重技能获得的过程，强调过程中的技能综合应用。这种模式适用于单项教学技能的训练，通过综合运用不同的技能，使教学活动更具针对性、有效性和创造性。

（一）教学技能与能力

单项教学技能的训练需要一个良好的训练模式来保证技能的获得。POT 模式提供了系统化的训练步骤，包括预测、观察、反思和改进。通过这一系列的步骤，教师能够更有目的地进行技能训练，从而确保技能的有效获得。

同时，POT 模式也有助于教师的教学综合能力的提升。教学综合能力是指教师在实际教学中综合运用多个技能，以达到更有效的教学效果。POT 模式强调技能的综合应用，通过反思和改进阶段的实践，教师能够在实际教学中不断调整和完善自己的教学方法和策略，提升教学综合能力。

单项教学技能、教学综合能力和 POT 模式之间相互作用、相辅相成。POT 模式提供了针对单项教学技能的训练框架和步骤，使教师能够系统地学习和运用这些技能。同时，单项技

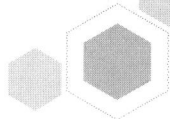

能的训练和提升也有助于教师在实际教学中综合运用这些技能，从而不断完善自己的教学综合能力。POT 模式通过其预测、观察、反思和改进的步骤，为教师提供了一个循环的过程，使他们能够不断反思和改进自己的教学方法和策略。

在 POT 模式的预测和观察阶段，教师能够更好地了解每个技能的要点和学生可能面临的困难和反应。这使他们能够有针对性地设计教学活动，提前准备解决方案，并构建心理预案。在实践中观察和记录自己的教学行为和表现，教师可以发现自己在特定技能方面的不足之处，从而为进一步的改进提供指导。

通过 POT 模式的反思和改进阶段，教师能够加强对教学过程和效果的思考和评估。教师可以利用教学记录、自评、同事评价和小组讨论等方式收集信息，并通过分析和反思，发现自己的优点和不足，并提出相应的改进措施。同时，教师还在实践中应用这些改进措施，不断调整和完善自己的教学方法和策略。

经由持续实践、反思和改进，教师能够逐渐提高自己的教学综合能力。他们能够更好地运用各项教学技能，根据学生的需求和教学情境做出调整，并有效地组织和展开教学活动。教师的教学综合能力得到提升后，才能更好地激发学生的学习兴趣，提高他们的学习成果。

因此，POT 技能训练模式通过对九项教学技能的训练，帮助教师逐渐掌握这些技能，并通过进一步的教学实践和反思改进，完善自己的教学综合能力。单项技能的训练和教学综合能力的提升通过 POT 模式的应用相互促进，使教师能够提供更优质的教学体验和学习机会，提高学生的学习成果。这一过程是一个循环的持续发展过程，教师通过不断的实践、反思和改进来不断提升自己的教学能力。

（二）训练与综合实践

POT 模式与综合实践紧密相连，相辅相成。POT 模式强调针对单项教学技能的训练和提升，而综合实践则是将这些技能综合运用于实际教学中。两者相互促进，共同促进教师的教学能力的发展。

POT 模式通过针对不同的教学技能进行的训练和练习，帮助教师逐步掌握和提升各项技能。教师通过 POT 模式，通过预测、观察、反思和改进的循环过程，不断优化和完善各项技能的运用。POT 模式提供了有针对性的训练和指导，使教师能够系统地学习和应用各项教学技能。

但是，单项教学技能的训练不等于教师在实际教学中能够有效地应用这些技能。这就需要综合实践的环节。综合实践是将各项教学技能有机地结合起来，根据实际教学情境和学生的需求，灵活运用这些技能来达到更有效的教学效果。只有在实际教学实践中，教师才能真正体验到这些技能的应用和效果，并发现其中的挑战和机遇。

通过综合实践，教师能够更好地理解各项教学技能之间的相互关系，并能够将他们有机地结合起来，以提供更有效的教学。教师能够根据学生的需求和教学目标，合理地运用各项技能，创造积极的学习氛围，并促进学生的主动参与和积极学习。综合实践使教师的教学变得更加灵活和创新，能够更好地满足学生的个性化需求。

POT 模式和综合实践相辅相成，共同推动教师的教学能力的发展。POT 模式提供了对单项教学技能的有针对性的训练和提升，使教师能够逐步掌握和应用这些技能。而综合实践则是将这些技能融会贯通，并在实际教学中加以运用。通过综合实践，教师可以更好地应对复杂的教学情境，提高教学效果，并不断发展和完善自己的教学能力。

综合实践还能够促进教师的创新思维和探索精神。教师可以根据学生的学习特点和教学目标，不断尝试新的教学方法和策略，以提高教学效果。综合实践能够激发教师的创造力和创新意识，使教师在教学中不断寻找新的方式和方法，以满足学生的学习需求和提升教学效果。

需要注意的是，综合实践并不意味着教师在教学中要同时运用所有的教学技能，而是根据实际需求和教学情境灵活运用各项技能。教师需要根据学生的学习特点和课程目标，有选择地结合并运用适当的教学技能，以达到更好的教学效果。

总而言之，POT 模式和综合实践是相互支持和相互促进的。POT 模式促进了对单项教学技能的训练和提升，使教师能够逐步掌握和应用这些技能。而综合实践则是将这些技能有机地结合起来，并根据实际教学情境和学生的需求灵活运用。通过综合实践，教师能够发展和完善自己的教学能力，并达到更有效的教学效果。综合实践还促进教师的创新和探索，提升教学质量和效果。因此，POT 模式与综合实践是教师教学发展中不可或缺的两个要素。

第五节　教学微技能训练的有效性

一、有效训练

英语教学微技能训练的有效性是一个值得探讨的课题。实践证明，通过提升和训练英语教学微技能，教师能够更加灵活、有效地应对不同的教学情境，从而提高学生的学习成果。

英语教学微技能训练显著提升教师的教学能力。接受有针对性的技能训练和反思使教师更深入地理解技能的要点和运用方式，从而更准确地应用这些技能。在技能提升的基础上，教师能够更好地组织教学活动、激发学生的兴趣和参与感，提高学生的学习效果。

教师可以通过英语教学微技能训练更好地关注和应对学生的个体差异。培训提供了提问技巧、调控技能和学习支架建构技能等方面的指导，使教师更了解学生的需求和特点，采取个性化的教学方法和策略，以满足不同学生的学习需求，帮助他们取得更好的学习成果。

教师通过技能培训和反思可以更好地了解自己的教学实践和效果，增强自信心。教师的自信心提升往往会带来更好的教学效果，激发学生的学习动力和参与度。

通过英语教学微技能训练，教师能够提高教学能力、关注学生的差异、增强自信心并提高教学成果。实践证明，教师可以更好地运用教学策略，提高学生的参与度和动力，促进自主学习。另外，教师可以应对课堂管理问题，提高学生的学习动力和积极性。

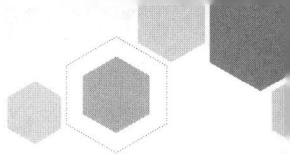

值得注意的是，英语教学微技能训练的有效性与反思和持续发展密切相关。通过反思，教师可以审视自己的教学实践，结合所学的技能进行调整和改进。此外，持续发展是教师职业生涯中不可或缺的一环，英语教学微技能训练提供了一个持续学习和发展的平台，使教师能够不断提升自己的教学能力和效果。

二、影响微技能训练的因素

英语教学微技能的训练和应用需要结合实际情况进行灵活调整和适应，其训练的有效性会受到多个因素的影响。了解这些因素可以帮助教师更好地设计和实施教学微技能训练，以提高其效果和成效。

（一）教师的专业知识和能力

英语教师的专业知识和教学经验对于教学微技能训练的有效性有着重要影响。教师需要具备优秀的学科知识、教学理论和丰富的教学实践经验。这能够帮助教师更好地理解和应用各项教学技能，进而提高教学效果。

首先，英语教师需要拥有扎实的学科知识。在英语教学微技能训练中，教师需要了解语言学、语言教学理论、语言习得、外语教育心理学等相关领域的知识，以更好地把握语言教学的本质和规律。这些基础知识可以帮助教师更有效地运用各项教学技能，因为这些技能的应用是建立在对语言学习过程和语言教学原则深刻理解的基础上的。

其次，丰富的教学实践经验也是至关重要的。在教学微技能训练过程中，教师通过积累丰富的实践经验，能够更好地理解和运用所学的教学技能。例如，当教师面临学生学习动力不足的情况时，有丰富经验的教师可能能够更快速地调整教学方法，找到激发学生学习兴趣的方法。相对而言，缺乏经验的教师可能需要更长时间来克服类似挑战。

英语教师还可以通过培训课程和继续教育来不断提升专业知识和能力。参加关于教学方法、课堂管理、评估和反思等方面的专业培训，可以提升教师的教学技能和水平。在培训课程中，教师有机会学习并实践各种教学技能，逐步应用和完善。

总体而言，教师的专业知识和能力对于教学微技能训练的有效性至关重要。教师通过扎实的学科知识、丰富的教学实践经验以及持续的教育学习和培训，能够更好地理解和应用各项教学技能，从而提高教学效果。这些因素有助于教师更好地理解学生的需求、灵活应对不同的教学场景，并取得更好的教学成果。

（二）训练的内容和方法

教学微技能训练的内容和方法对其有效性产生重要影响。训练内容应与英语教学实践密切相关，具有可操作性和实用性。例如，在培训课程中，可以包括如何提问、解释语法、引导学生讨论等实际教学技能的训练，这些技能直接影响教师在实际教学中的准备和效果。通过具体的训练内容，教师能更好地理解和掌握这些技能，并在实际教学中应用。

教学微技能训练的方法应多样化、灵活。可以采用研讨会、研讨课、教学案例分析、教学实验等方式，为教师提供不同形式的学习与交流机会。同时，利用技术手段如在线学习平台、教学视频和直播等，为教师提供便捷、灵活的学习途径。比如，学校或教育机构提供在线教学技能培训课程，让教师可以根据自身时间和节奏学习，更好地掌握技能。

注重激发教师的自主性和探索精神。设计实践任务或案例，让教师在实际教学中运用所学技能，发现问题、总结经验，不断提升教学水平。促进教师之间的互动与交流，建立专业学习共同体，相互切磋、分享经验、共同成长。

教学微技能训练方法应促进实践与反思的结合。通过实际教学实践活动，教师发现问题、总结经验。在反思中深入分析问题，探索解决方案，为下一轮实践做准备。

（三）反思和实践环节

反思和实践环节在英语教学微技能训练的有效性中发挥着关键作用，能够帮助教师改进和提升教学能力。反思过程让教师认识自身优势和不足，并提出改进措施；实践环节则让教师将所学技能应用于实践中，并不断优化调整。

反思过程使教师能全面审视和评估自己的教学实践。这种反思包括教学表现、学生参与度等方面，也包括教师对教学目标、策略和学生需求的理解。通过反思，教师能发现不足，比如缺乏特定教学技能或在某些环节存在疏忽。如果一个教师在反思中意识到自己在课堂管理和提问环节需要改进，将能促使教师有针对性地进行教学微技能训练和提升。

实践环节让教师将所学技能应用于实践中，并不断优化调整。实践设计应相对真实，模拟实际教学情境。比如，教学案例分析、教学试验或模拟授课等活动让教师尝试所学技能。通过实践，教师可发现适合自身风格和学生需求的方法，借助同事意见共同探讨问题、分享解决方案。

反思和实践环节是英语教学微技能训练中不可或缺的。这两环节帮助教师深入了解教学实践、提出改进措施，将所学技能应用于实际教学并持续调整优化。这对于提升教师教学水平至关重要。

（四）学生特点和教学环境

学生的特点和教学环境对英语教学微技能训练的有效性产生影响。不同年龄段、水平和文化背景的学生对教学技能有不同需求和反应。例如，小学生和成年学习者需要不同的教学方法。针对小学生，需要更多的游戏化和趣味性教学，而成年学习者更注重实用性和专业性。此外，教学方法和内容也需要根据学生的文化背景和语言习得特点进行调整，以更好地满足他们的需求。

教学环境的特点也会影响教师运用教学技能的方式和效果。教学资源的丰富程度、课堂管理的良好与否，以及学生的参与度，都会对教学微技能训练产生影响。在资源匮乏的环境中，教师需要更依靠创造力和灵活性，利用有限资源进行训练。在课堂管理和学生参与度不理想的环境中，教师可能需要学习新技能以解决问题。因此，根据不同的教学环境，教师需要灵活调整教学微技能训练，以适应环境的特点。

在多元化的学校环境中，教师需学习如何应对不同文化背景学生对语言习得的需求，提供更多元化、包容的教学方式。而在资源匮乏的环境中，教师可能要学习如何通过简单、有

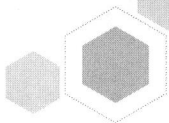

创造性的方法进行训练。

因此，教学微技能训练需要个性化实施。教师可根据自己的英语教学目的和学生群体的特点，定制专属的训练计划。例如，针对英语写作的技能训练，教师可能关注引导一个学生构思，而对另一个学生强调句子结构调整。个性化实施能更好地满足实际教学需求，提升学生学习效果。教学微技能训练的实践必须考虑学生特征和环境多样性，灵活调整以提高训练的有效性。

（五）持续发展和支持机制

英语教学微技能的训练需要持续发展和支持的机制。单次训练课程可能有一定效果，但持续发展和支持可以帮助教师巩固和应用所学技能。这可通过定期的指导与辅导会议、个人跟进辅导以及集体教研和反思会议实现。学校可组织教师教研活动，让教师分享经验、互相交流，机构可定期评估教学技能并提供指导，帮助教师了解自身在微技能方面的表现，有针对性地提升和改进。

奖励与激励措施如专业成长计划、评优奖励机制、组织教学比赛等可鼓励教师参与训练。学校还可为积极参与教学技能培训的教师提供学分或资质升级，激发持续学习和提高动力。培训的连续性对于训练也至关重要。单次训练或许提升技能，但持续巩固和提高需要不断学习。指导者或机构应设计系统性、计划性的培训体系，持续提供相关课程和资源。

（六）政策层面的支持

有关英语教育的政策层面支持也对英语教学微技能的训练至关重要。需要政策支持专业的培训资源和持续的支持计划，关注教师的工作环境和待遇，拓展职业发展空间，为教师提供学习和发展的机会。

英语教学微技能训练的有效性受到多个因素的影响。教师的专业知识和能力、训练的内容和方法、反思和实践环节、学生特点和教学环境、持续发展和支持机制，以及教育政策层面的支持都是影响训练有效性的要素。了解并综合考虑这些因素，有助于设计和实施更具针对性和有效性的教学微技能训练计划，帮助教师提高教学能力，提升学生的学习成果。

三、有效的微技能训练

（一）确定训练目标和重点

有效的教学技能训练对于提升教师、学生水平以及促进团队合作具有重要意义，而无效的训练则会导致时间和资源浪费，难以达到预期效果，从而降低教师的教学积极性。

明确训练目标和重点是确保英语教学微技能训练高效、效果显著的关键。教师应明确训练目标，指明希望在哪些方面提升技能，如教学活动设计、导入、讲解、提问等。同时，明确训练重点侧重于培养和发展重要的技能要素，以提升教学水平。

通过明确训练目标和重点，教师能有针对性地专注于提升特定领域的技能，有效提高教学能力；增强自我约束与自律，有计划有条理地学习和训练，使评估和反馈更准确，促进教师对自身技能水平的认知和改进；评估机构或学校可更合理安排师资和资源，提供有针对性的培训和资源支持。

（二）提供实际案例

实际案例的训练有助于教师在实际情境中应用技能，培养解决实际问题的能力。例如，在提高讲解技能的训练中，通过英语教学视频，让教师观看讲解过程，并分析优点和不足。

实际案例的训练使教师更深入了解针对不同学生需求和水平的讲解方法，如何运用多媒体辅助，以及提升讲解清晰度和效果。这种方法使教师获得具体经验，增强解决实际问题的能力，学习成功案例和避免失败做法。

教师在实际情境中操作和实践技能，学习解决实际问题。这不仅让教师将抽象的技能转化为具体实践操作，提高教学水平，也增强应对挑战的能力。

（三）提供反馈和指导

教学技能训练过程中，及时的反馈和指导可以帮助教师明确自己所面临的挑战和问题，并提供改进和进步的方向。每位教师在训练中可能会遇到不同类型的问题和困难，反馈和指导应该具备有针对性，有利于他们解决自己在教学技能方面的困难。

反馈不能过于笼统，应具体说明教师在哪些方面做得好，以及在哪些方面需要改进。同时，指导者要提供清晰的建议，针对具体技能提出改进的方法和措施，注重鼓励和认可教师的努力和进步。

为了更好地进行反馈和指导，可以建立教师互相交流的平台，让他们能够通过平台分享经验和寻求帮助，同时也可以由专业人士提供指导和建议。

（四）多种形式的训练

采用多样形式的训练激发教师学习兴趣，满足不同学习需求，丰富培训形式，提高综合素质。具体如：

研讨会、研修班是学术沟通的平台，教师互相交流，学习最新教学方法和理论，拓展教育视野；观摩优秀教师课堂可感受成功实践，学习成功教学策略，改善教学方法；通过实践参与教学设计、课堂实施，将理论转化为实践，结合反思持续提高教学能力；网络平台自主学习利用碎片时间学习，获取最新教学资源，提高教育水平。

（五）持续跟踪和反馈

训练结束后，需要进行持续跟踪和反馈，了解教师在实际教学中的应用情况，及时发现问题并指导改进，确保训练效果的持续性和稳定性。

在教师实际应用所学技能的过程中，教育部门或学校督导可以对教师进行实时跟踪和反馈，及时发现问题并提供建议，使教师能够立即调整自己的教学方法。

定期对教师进行技能评估，并针对评估结果进行反馈和指导，可以帮助教师认识到自己在教学实践中存在的问题，推动其不断改进和提高。

建立教师学习社区，让教师之间能够相互分享经验、互相学习。这样的学习社区可以为教师提供一个持续学习和反思的平台，促进教师教学技能不断提升。

针对新手教师或需要额外帮助的教师，建立导师制度，由具有丰富教学经验的导师进行

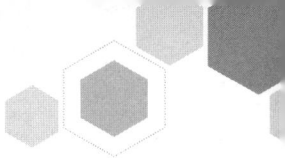

一对一指导，他们进行持续跟踪和反馈，使得培训效果能够更好地持续下去。

（六）创设情境和角色扮演

在训练中可以创设情境，教师进行角色扮演，通过模拟实际教学场景来进行技能训练，这样可以更贴近实际教学情境，提高训练效果。

通过丰富多样的情境模拟，训练教师面对各种教学挑战的应对能力，例如学生学习兴趣不高、学习能力差异大等情况，从而帮助教师提前准备并制定相应的教学策略。

角色互换，可以让教师身临其境地感受学生的角度，从而更好地理解学生的需求和反应，为其改进教学方法提供灵感。

将教师分成小组进行团队合作，通过模拟实际教学情境进行互动和协作，有助于促进他们之间的交流和合作，共同学习，提升整体的教学水平。

使用多媒体技术进行情境创设，让教师通过视听体验，更加生动、直观地感受到真实的教学情境，从而更深入地理解和应用所学技巧。

通过以上这些情境创设和角色扮演的培训方法，可以让教师在临近真实的教学场景中进行技能训练，提高他们的应变能力，更好地应对实际的教学挑战。

（七）鼓励自主学习和实践

鼓励教师进行自主学习和实践可以带来积极的影响。首先，教师可以根据自身需求和兴趣选择适合自己的学习内容和方式，从而提升专业技能和教学能力。其次，自主学习也培养了教师的学习能力和自主发展能力，使他们能够不断应对教育领域的变化和挑战。最重要的是，自主学习和实践帮助教师更深入地理解所教授的内容，并能更好地运用于实际教学中，提高教学质量。

为了鼓励教师进行自主学习和实践，教育管理部门和学校可以提供相关的学习资源和指导材料，如教学视频、案例和策略，让教师随时获取所需资料。同时，建立教师自主学习的平台和社区，让教师们分享经验、交流想法，相互学习和促进成长。此外，学校和管理部门可以采取以下具体措施。

1. 提供教师参与教育研究项目、课题研究、课程改革等实践机会，并给予支持和资源，让教师付诸实践，不断积累经验和提高能力。

2. 建立教师的自主学习和实践的奖励机制，鼓励教师积极参与自主学习和实践，并对取得成绩的教师进行肯定和奖励。

3. 提供持续性的反馈和指导，包括同行评课、专家指导等形式，帮助教师总结经验、改进教学，持续提高教学水平。

4. 建立教师发展平台，包括教师成长档案、发展轨迹等，为教师提供个性化的教育培训和发展规划，让教师自主选择学习内容和方式。

（八）建立学习共同体

可以组建微技能训练的学习小组，让教师们在共同讨论和交流中相互学习，共同进步，这样可以增强学习的互动性和参与度。除此之外，还可以通过其他方式来建立学习共同体，促进教师的自主学习和实践：

1. 建立导师制度，邀请有经验和专长的老师担任导师，指导和帮助新教师或者技能需要提升的教师进行学习和实践。导师可以提供个性化的指导，并分享自己的教学经验和技能。

2. 定期组织学习分享会，鼓励教师分享自己在课堂实践中的成功经验和问题解决方案，让大家在分享和交流中互相学习，激发更多创新的教学方法和理念。

3. 建立学校资源共享平台，教师可以分享自己编写的教学材料、教案、课程设计等资源，方便其他教师学习借鉴，也可以促进教师之间的资源共享和合作。

4. 鼓励教师们参与学习项目合作，可以是课题研究、实践探究等形式，让教师们可以在项目中合作学习，共同探讨和解决教学中的问题，促进共同成长。

以上方式可以对教师的专业发展和教学水平提升起到积极的推动作用，也可以促进学校内部教师之间的合作交流，营造积极向上的学习氛围。

（九）持续学习和反思

教师在进行微技能训练后，需要持续学习和反思总结，以不断提高自身的教学水平。教育是一个不断变革的领域，新的教育理念、教学方法和教育技术不断涌现。教师需要通过持续学习来了解和掌握这些新理念、方法和技能，以便更好地服务学生。此外，学生的认知发展和学习需求也在不断变化，教师需要更新自己的知识和技能，以满足学生的个性化需求。

在微技能训练中，教师可能发现自己在某些方面存在不足，如教学设计、课堂活动组织、学生思维引导等。通过反思，教师可以深入分析问题产生的原因，并寻求有效的解决办法。在反思过程中，教师还可以总结教学中的成功经验，为今后的教学提供借鉴。

教师专业发展是一个持续的过程，需要教师保持对教育教学的热情和好奇心。通过不断学习新知识、新技能，教师可以丰富自己的教育教学理念，提高自己的教育教学能力。同时，反思总结使教师能够从实践中提炼教学规律，形成自己独特的教学风格。

四、有效的整体评价

英语教学微技能包括教学活动设计、导入、讲解、提问、调控、学习支架建构、板画与媒体应用、结束与强化以及评课等九项技能。每项技能在各章节中都有定量评价，同时也有1+1反馈式的定性评价。此外，微技能教案设计也可以作为整体评价的一部分，并且教师对参与训练过程的自我评价也应包含在整体评价中。

整体评价主要通过以下几个方面对英语教师的教学微技能进行评估。

（一）九项技能的整体定量评估（九项技能总分）

通过对九项技能的量化评估，可以清晰了解教师在每个技能方面的训练效果，为英语教师的教学综合能力提供反馈。整合各项技能训练评估结果，有助于全面了解教师对教学微技能的掌握及实际应用情况。（具体单项技能评价参阅第四章各项技能的量化评分表）

（二）1+1评价反馈的定性评估

1+1评价反馈指的是听课者提供教师表现最佳和需要改进的反馈信息，快速收集正反馈，

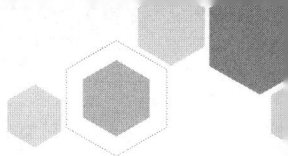

帮助教师及时了解自身优势和不足，以描述性的表达形成定性评价反馈。搜集到的信息数量取决于听课者的数量，通过分析信息可以找出共性的优缺点。这种快速评价反馈可以为教师指明改进的方向。

（三）微技能教案设计及完成情况评估

评估教师是否能够根据教学微技能的要求，设计出既符合教学目标又具有操作性的教案，并且能够在实际教学中有效地运用这些微技能，这直接反映了教师对微技能的掌握程度和实际应用能力。这一环节的评估结果为教师提供了一个自我反思和自我提升的平台，有助于揭示教师在教学设计阶段的思考过程，以及他们在实际教学中如何运用所学微技能来提升教学效果。

（四）教师训练过程自评

通过自评，教师可以深入理解自己在教学微技能方面的表现，发现优势和不足，从而实现自我认知的提升，有针对性地进行调整和优化。此外，自评还有助于教师制定后续的培训计划，为教师的专业发展提供方向。

综上所述，整体评价是对教师英语教学微技能训练的一个重要反馈，可以帮助教师了解自己的训练效果，发现自己的优点和不足，从而有针对性地进行改进和提高。同时，这种评价方式也可以促进教师之间的交流和合作，提高整个英语教学的质量和水平。

（五）综合性评价表汇总

1. 九项技能得分汇总表

表 5-7　九项技能得分汇总表

序号	技能名称	得 分	九项平均得分
1	教学活动设计技能		
2	导入技能		
3	讲解技能		
4	提问技能		
5	调控技能		
6	学习支架建构技能		
7	板画与媒体应用技能		
8	结束与强化技能		
9	评课技能		

备注：

注：单项技能评价参阅第四章各项技能的量化评分表

2.英语教学微技能形成性评价表

表 5-8　英语教学微技能形成性评价表

评价要点	权重	指标	评价内容	权重	得分
教学观察和记录	50%	1	教学准备和组织	10%	
		2	教学活动设计和安排	10%	
		3	学生参与度	10%	
		4	教学方法的运用	10%	
		5	教学资源的使用	10%	
教学文件和作品展示	15%	6	学生作业、教师教案等的质量	10%	
		7	教学文件的清晰度和逻辑性	3%	
		8	教学设计的创新性	2%	
学生评价和反馈	15%	9	学生对教师整体教学表现的满意度	5%	
		10	学生对教师在教学效果和个人特点方面的评价	5%	
		11	学生对教师教学资源和评价方式的评价	5%	
同行评价	10%	12	其他教师对教师教学表现的评价	4%	
		13	教师对同行评价的分析和反思程度	4%	
		14	参与同行评价的教师比例	2%	
教师自我评价和反思	5%	15	对教学过程的反思和总结的质量	3%	
		16	对教学方法和效果的自我评价	2%	
文档分析	5%	17	教学资料的质量和适用性评估	5%	
备注：				总得分	

3.英语教学综合技能总结性评价表

表 5-9　英语教学综合能力的总结性评价表

评价要点	权重	指标	评价内容	权重	得分
教学技巧	25%	1	教学方法多样性	5%	
		2	教学资源和教具的运用	5%	
		3	差异化教学的实施	5%	
		4	课堂管理和学习氛围	5%	
		5	学习成果和学生反馈	5%	
知识传递能力	25%	6	教师的专业知识水平	5%	
		7	教师的教学能力	5%	
		8	教师的授课方式	5%	
		9	学生的学习成绩和表现	5%	
		10	学生对教师的评价	5%	

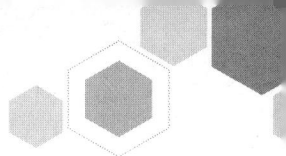

续表

评价要点	权重	指标	评价内容	权重	得分
沟通能力	15%	11	与学生的沟通能力	3%	
		12	与家长的沟通能力	3%	
		13	与同事的沟通能力	3%	
		14	教师培训和专业交流参与度	3%	
		15	对反馈和指导的接受能力	3%	
课堂管理能力	25%	16	课堂秩序管理	7%	
		17	课堂时间管理	5%	
		18	学生参与度管理	7%	
		19	教学资源管理	3%	
		20	个别学生管理	3%	
评估能力	10%	21	评估方法的科学性和有效性	2%	
		22	评估标准的公正性和明确性	2%	
		23	对学生反馈和建议的反应能力	2%	
		24	学生学习进步的观察和记录能力	2%	
		25	不同层次学生的个体评估能力	2%	
备注				总得分	

4. 1+1 教学反馈表

表 5-10   1+1 教学反馈表

授课教师		授课内容		授课日期		授课地点	
教学优点							
教学改进							
印象分：						提议人：	

5. 英语教学微技能教案

表 5-11　英语教学微技能教案

授课 内容		训练 技能		受训者		指导者	

片段教学目标：

微技能训练目标：

教学辅助：

反馈方式：（手机拍摄 + 协同文档如腾讯文档等）

时 间 （分秒）	教学行为	应掌握的 微技能要素	学生行为预测	教学意图
00 分 00 秒				

年　　月　　日

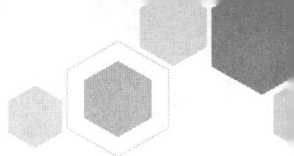

6.英语教学微技能总得分

表 5-12　英语教学微技能总得分

序号	项目名称	项目得分	权重	实际得分
1	九项技能平均分		70%	
2	形成性评价		10%	
3	总结性评价		10%	
4	1+1 反馈		5%	
5	技能教案设计		5%	
备注：			总得分	

◆ 引导问题答案

1.教师在习得模块中需要掌握哪些英语教学技能？

教师在习得模块中需要掌握教学活动设计技能、导入技能、讲解技能、提问技能、调控技能、学习支架建构技能、板画与媒体应用技能、结束与强化技能以及评课技能。

2.在形成英语教师教学综合能力的过程中，综合系统和反馈修正的作用分别是什么？

在形成英语教师教学综合能力的过程中，综合系统的作用是帮助教师将所学到的各项技能有机地整合起来，并将其应用到实际教学中，实现教学的全面和高效发展。通过综合系统，教师能够进行综合应用教学技能、综合利用教学资源、跨学科整合、跨文化人文教育和引导学生应用语言等方面的综合运用，促进学生在各个方面的发展。而反馈修正的作用是帮助教师根据学生的反馈和教学效果评估进行调整和修正，使教师通过学生的反馈了解自己在训练过程中的不足之处，促使其进行反思和修正，从而不断满足学生的需求，并帮助教师实现教学过程的优化，提高教学质量。

3.英语教学微技能综合训练的共性原则有哪些？

英语教学微技能综合训练的共性原则包括渐进性原则、实践性原则、反馈原则、自我反思原则、学习共享原则和持续学习原则。渐进性原则要求从简单到复杂，循序渐进地进行训练，确保学习过程的连贯性，使学习者能够在前一技能的基础上逐步发展和提升。实践性原则强调将微技能与实际教学相结合，促使教师在实际教学中应用技能。反馈原则要求提供及时、准确的反馈，对教师的学习和成长至关重要。自我反思原则要求教师应该主动进行自我反思，及时总结和评估自己在每个微技能上的表现。学习共享原则要求与其他教师进行交流和合作，分享经验和教学资源。持续学习原则要求教师应该保持对最新教学理论和研究的关注，不断更新和提升自己的专业知识和技能。

4.形成性评价如何帮助教师提高教学质量和效果？

形成性评价通过提供具体、明确和有针对性的反馈来促进学习者的自我调节和进一步学习。英语教师教学综合能力的形成性评价可以采用多种形式，如教学观察和记录、教学文件和作品展示、学生评价和反馈、同行评价、教师自我评价和反思、教学团队合作评价等。这些评价方法可以为教师提供宝贵的反馈和改进机会，帮助教师了解自己的教学进展及教学效果，并提供有针对性的指导和支持，从而提高教学质量和效果。

◆ 再思考

1. 自我修正系统是指什么？它主要依赖于哪些方法来进行教学修正？

自我修正系统是指教师在教学过程中，通过反思、学习和不断的调整和改进，以提高自己的教学效果和教育质量的系统化方法。自我修正依赖于及时得到反馈和评估。教师可以通过学生反馈、同事评估和自我评估等方式收集信息来进行教学修正。

2. 英语教学微技能训练的渐进性原则和实践性原则分别强调了什么？

英语教学微技能训练的渐进性原则强调了从简单到复杂，循序渐进地进行训练的重要性，确保学习过程的连贯性，使学习者能够在前一技能的基础上逐步发展和提升。实践性原则强调了将微技能与实际教学相结合的重要性，促使教师在实际教学中应用技能。

3. 形成性评价的理论基础是什么？

形成性评价的理论基础包括认知发展理论、社会交互理论和建构主义理论等。这些理论认为学习是主动的、积极的过程，学习者通过参与和互动来建构新知识和技能。

4. 英语教师教学综合能力形成的过程包括哪些环节？请具体描述每个环节的内容。

英语教师教学综合能力形成的过程包括综合运用、实践训练、反馈修正和能力提升四个环节。综合运用是指教师通过技能系统习得英语教学的基本理论和方法，然后灵活运用这些技能以达到教学目标；实践训练是指教师通过训练系统进行实践训练，提升在不同技能领域的能力水平；反馈修正是指教师在教学实践中根据学生的反馈和教学效果评估进行调整和修正，促进专业成长；能力提升是通过综合系统将学到的各项技能有机地整合起来，并将其应用到实际教学中，实现教学的全面和高效发展。每一个环节都是教师教学综合能力形成的关键步骤。

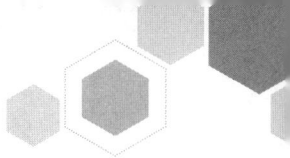

参考文献

826全美. 基于课程标准的 STEM 教学设计：有趣有料有效的 STEM 跨学科培养教学方案 [M]. 林悦, 译.
　北京：中国青年出版社, 2018.

布鲁克斯. 建构主义课堂教学案例 [M]. 范玮, 译. 北京：中国轻工业出版社, 2005.

布伦特, 约翰逊. 交际法语言教学 [M]. 上海：上海外语教育出版社, 2000.

陈殿兵, 杨新晓. 有效课堂教学的组织与实施 [M]. 北京：科学出版社, 2018.

陈琳. 现代教育技术 [M]. 2 版. 南京：河海大学出版社, 2002.

陈琦. 当代教育心理学 [M]. 北京：北京师范大学出版社, 1997.

崔允漷. 有效教学 [M]. 上海：华东师范大学出版社, 2009.

杜德栎, 曹汉斌. 简明教育学教程 [M]. 2 版. 北京：中国人民大学出版社, 2014.

段建敏. 英语教学实践与反思 [M]. 太原：山西人民出版社, 2009.

法雷尔. 反思实践：重燃你的教学热情 [M]. 北京：外语教学与研究出版社, 2013.

方元山. 基础教育课程与教学改革 [M]. 北京：长虹出版公司, 2006.

冯塔纳. 教师心理学 [M]. 王新超, 译. 北京：北京大学出版社, 2000.

《高中新课程通识性培训丛书》编写组. 高中新课程通识性培训丛书 [M]. 呼和浩特：内蒙古人民出版社,
　2004.

耿修林. 应用统计学：学习指导、软件介绍及习题 [M]. 北京：科学出版社, 2004.

顾明远. 教育大辞典 [M]. 上海：上海教育出版社, 1986.

广东省教育厅. 小学英语教学技能培训教程 [M]. 2 版. 广州：广东高等教育出版社, 2005.

郭英, 张雳. 教学技能训练教程 [M]. 北京：科学出版社, 2012.

郭友. 讲解技能训练 [M]. 天津：天津教育出版社, 2010.

郝瑞经. 微格教学训练引导 [M]. 北京：中国文联出版社, 2007.

胡郑辉. 英语学习策略 [M]. 厦门：厦门大学出版社, 2006.

黄绍裘, 黄露丝玛丽. 如何成为高效能教师 [M]. 北京：中国青年出版社, 2011.

黄兆明, 游世成. 课堂结尾艺术 [M]. 北京：中国林业出版社, 2003.

加涅. 学习的条件和教学论 [M]. 皮连生, 王映学, 郑葳, 等译. 上海：华东师范大学出版社, 1999.

教育部师范教育司. 教师专业化的理论与实践 [M]. 北京：人民教育出版社, 2003.

教育部基础教育司. 走进新课程：与课程实施者对话 [M]. 北京：北京师范大学出版社, 2002.

康淑敏. 英语课堂教学艺术经典案例评析 [M]. 福州：福建教育出版社, 2018.

克里亚科. 有效教学基本技能 [M]. 王为杰, 译. 广州：广东教育出版社, 2013.

泰勒. 课程与教学的基本原理 [M]. 施良方, 译. 瞿葆奎, 校. 北京：人民教育出版社, 1994.

李宏业, 高兰英. 英语教学技能训练教程 [M]. 青岛：中国海洋大学出版社, 2003.

李经天，王小兰 . 教师教学技能训练教程 [M]. 武汉：华中科技大学出版社，2012.

李涛 . 导入技能训练 [M]. 天津：天津教育出版社，2010.

李志欣 . 优秀教师的自我修炼：给青年教师的成长建议 [M]. 上海：华东师范大学出版社，2018.

林德斯特伦伯格 . 如何策划行之有效的英语课堂活动 [M]. 北京：外语教学与研究出版社，2009.

林万新 . 结束技能训练 [M]. 天津：天津教育出版社，2010.

刘庆华 . 课堂组织艺术 [M]. 北京：中国林业出版社，2001.

刘显国 . 板书艺术 [M]. 北京：中国林业出版社，1999.

刘显国 . 课堂提问艺术 [M]. 北京：中国林业出版社，2000.

鲁子问 . 英语教学论 [M]. 上海：华东师范大学出版社，2012.

罗树庚 . 教师如何快速成长：专业发展必备的六大素养 [M]. 上海：华东师范大学出版社，2018.

孟宪凯 . 教学技能有效训练：微格教学 [M]. 北京：北京出版社，2007.

闵志平，朱淑贤 . 英文书法典范 [M]. 北京：北京工业大学出版社，2003.

纽南 . 体验英语教学 [M]. 北京：高等教育出版社，2004.

帕尔默 . 教学勇气：漫步教师心灵（十周年纪念版）[M]. 吴国珍，等译 . 上海：华东师范大学出版社，
    2014.

邵思源 . 我国英语教师专业能力标准发展框架研究——基于国际比较视野 [J]. 语言政策与语言教育，
    2019（01）：84-92, 119.

斯考隆 . 教师备课指南：有效教学设计 [M]. 陈超，郗海霞，译 . 北京：中国轻工业出版社，2009.

田式国 . 英语教学理论与实践 [M]. 北京：高等教育出版社，2001.

王德春，孙汝健，姚运 . 社会心理语言学 [M]. 上海：上海外语教育出版社，1995.

王笃勤 . 初中英语有效教学 [M]. 北京：北京师范大学出版社，2015.

王凤桐 . 微格教学在中国 [M]. 北京：新华出版社，2012.

王莉 . 课堂教学技能训练教程 [M]. 西安：陕西师范大学出版总社有限公司，2016.

王蔷 . 英语教学法教程 [M]. 北京：高等教育出版社，2006.

王天锢 . 观察技能训练 [M]. 天津：天津教育出版社，2010.

王之江 . 基础英语教学理论与实践 [M]. 杭州：浙江大学出版社，2001.

凯斯佩斯 . 英语书法 24 课 [M]. 尤婵婵，译 . 南宁：广西美术出版社，2019.

文秋芳 . 认知语言学与二语教学 [M]. 北京：外语教学与研究出版社，2013.

吴萍 . 新编教师教学技能训练教程 [M]. 北京：北京师范大学出版社，2011.

伍德沃德 . 如何巧妙设计英语课堂 [M]. 北京：外语教学与研究出版社，2009.

希尔伯曼 . 积极学习：101 种有效教学策略 [M]. 上海：华东师范大学出版社，2005.

席兴发 . 中小学英语教学简笔画 [M]. 北京：外语教学与研究出版社，2004.

许智坚 . 多媒体外语教学理论与方法 [M]. 厦门：厦门大学出版社，2010.

杨美凤 . 组织教学技能训练 [M]. 天津：天津教育出版社，2010.

杨香玲 . 英语教学技能应用指导 [M]. 北京：光明日报出版社，2010.

杨宣 . 强化技能训练 [M]. 天津：天津教育出版社，2010.

杨阳 . 英语教学法——技能与技巧 [M]. 北京：高等教育出版社，2005.

余文森 . 有效教学的理论和模式 [M]. 福州：福建教育出版社，2011.

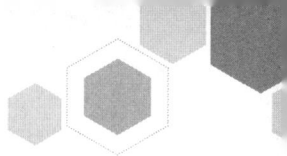

袁振国. 当代教育学 [M]. 3 版. 北京：教育科学出版社, 2005.

张琳琳. 小学英语课程教学论 [M]. 郑州：郑州大学出版社, 2008.

张占亮. 师范生教育教学技能训练教程 [M]. 北京：高等教育出版社, 2012.

章兼中. 外语教育学 [M]. 2 版. 杭州：浙江教育出版社, 1999.

赵明任. 教学反思与教师专业发展 [M]. 北京：北京师范大学出版社, 2009.

中华人民共和国教育部. 普通高中英语课程标准（2017 年版, 2020 年修订）[M]. 北京：人民教育出版社, 2020.

中华人民共和国教育部. 义务教育英语课程标准（2022 年版）[M]. 北京：人民教育出版社, 2022.

钟启泉. 教育方法概论 [M]. 上海：华东师范大学出版社, 2002.

周彬. 叩问课堂 [M]. 2 版. 上海：华东师范大学出版社, 2011.

周静. 媒体运用技能训练 [M]. 天津：天津教育出版社, 2010.

朱纯. 外语教学心理学 [M]. 上海：上海外语教育出版社, 1994.

朱萍, 苏晨杰. 英语教学活动设计与应用：中学卷 [M]. 上海：华东师范大学出版社, 2006.

庄志强. 学习支架建构技能训练 [M]. 天津：天津教育出版社, 2010.

左焕琪. 外语教育展望 [M]. 上海：华东师范大学出版社, 2001.

后　记

十年前起心动笔
其间零零碎碎
时常缝缝补补
难言纸笔适意

所幸众人鼓励支持
自己亦不曾放弃
十年后凑得此书
一并感谢感恩

若遇同路
翻一翻
权当问候
各自前行

若读之有点滴之益
当值与你煮茶望月
如当废纸卖之
务必换一两酒
温之 唤我

庄舍

2023 年 12 月 7 日